한국해양전략연구소 총서 108

미국 외교정책
약소국에서 극초강대국으로의 이행

THE FOUR AGES OF AMERICAN FOREIGN POLICY

Michael Mandelbaum 저 · **이상환** 역

박영사

마이클 맨델바움의 저작

「지구상 평화의 흥망성쇠」 (2019)

「임무 실패: 탈냉전기 미국과 세계」 (2016)

「글로벌 번영으로의 길」 (2014)

「예전의 우리: 미국이 창설한 세계에서 미국이 어떻게 뒤처지게 되었는지, 그리고 어떻게 다시 돌아올 수 있는지 (토마스 L. 프리드먼과 공저)」 (2011)

「검소한 초강대국: 현금이 부족한 세계에서 미국의 글로벌 리더십」 (2010)

「민주주의의 좋은 이름: 세계에서 가장 인기 있는 정부 형태의 부상과 위험」 (2007)

「골리앗의 사례: 21세기에 미국이 세계 정부로서 행하는 방식」 (2006)

「스포츠의 의미: 미국인들이 야구, 축구, 농구를 보는 이유와 그들이 볼 때 보는 것」 (2004)

「세계를 정복한 아이디어: 21세기의 평화, 민주주의, 자유시장」 (2002)

「유럽 평화의 여명」 (1996)

「글로벌 라이벌들 (수어린 비알러와 공저)」 (1996)

「국가의 운명: 19세기와 20세기의 국가안보에 대한 탐색」 (1988)

「레이건과 고르바초프 (스트로브 탈보트와 공저)」 (1987)

「핵의 미래」 (1983)

「핵 혁명: 히로시마 전후의 국제정치」 (1981)

「핵 문제: 미국과 핵무기, 1946-1976」 (1979)

존경하는 동료 학자분께

다니엘 B. 배저 Jr.

마이클 G. 버거

H. 닐 벅슨

메릴 T. 보이스

제임스 N. 가드너 (1946-2021)

앤드류 T. 힝슨

피터 C. 코스탄트

제임스 L. 쿠겔

리차드 B. 스토너 Jr.

로버트 A. 스털츠

제임스 R. 비비안

스티븐 R. 와이즈먼

잭 M. 와이즈 3세

마크 L. 울프

예일대학교, 1968;

그리고 존경하는 아내 앤 맨델바움에게(Yale MA, 1968)

머리말

미국 외교정책의 역사를 출간하는 이유는 무엇인가? 결국 좋은 책은 이미 나와 있다.[1] 『미국 외교정책: 약소국에서 극초강대국으로의 이행(The Four Ages of American Foreign Policy)』이 존재하는 세 가지 이유가 있다. 첫째, 이 책은 그것이 다루는 역사에 관한 새로운 시각을 제공한다. 역사라는 학문은 네덜란드 역사가 피터 게일(Pieter Geyl)의 표현을 빌리자면 '끝이 없는 논쟁'이다. 이 책은 그 지속적인 논쟁에 기여하기 위한 것이다. 둘째, 이 책은 쓰인 시기로 인해 다른 책들보다 더 오래, 즉 2015년까지 이야기를 끌고 간다.

셋째, 가장 중요한 점은 『미국 외교정책: 약소국에서 극초강대국으로의 이행』은 독자들에게 미국 외교정책의 역사를 이해하는 새로운 틀을 제공한다. 이 책은 미국이 다른 나라와의 관계에서 지속적으로 힘을 키워온 시기의 성격에 따라 역사를 네 시대로 구분한다. 또한 미국 외교정책의 목표와 수단, 정책이 채택되고 실행되는 방식에서 이 책이 다루는 250여 년 동안 세 가지 두드러진 연속성을 기록한다.

모든 역사서가 다루는 시대의 연속성과 변화를 모두 파악하지만, 『미국 외교정책: 약소국에서 극초강대국으로의 이행』이 가장 중요한 연속성과 변화로 지적한 점은 미국 외교정책의 역사에서 가장 중요한 연속성과 변화의 선택에 있어 이전의 기록과 다르다는 것이다.

이 저작은 미국이 처음에는 약소국, 다음에는 강대국, 그다음에는 초강대국, 궁극적으로는 세계 유일의 극초강대국으로 부상하는 과정을 묘사한다. 미국 외교정책의 세 가지 뚜렷한 특징은 이념적 목표, 이를 추구하기 위한 경제적 수단의 사용, 그리고 이에 관한 결정을 수립하고 실행하는 민주적 과정이다. 이 세 가지 특징이 1765년과 2015년 사이의 250년 동안 미국 외교정책의 양상이다.

감사의 말씀

제1차 세계대전과 제2차 세계대전에 관한 유용한 대화에 대해 니콜라스 X. 리조풀로스(Nicholas X. Rizopoulos)와 폴 M. 케네디(Paul M. Kennedy)에게 각각 감사를 표한다.

연구지원을 해준 스타 리(Starr Lee)와 존스홉킨스대학교 국제대학원 메이슨 도서관의 직원들, 그리고 기술 지원을 해준 마이클 프리퐁(Michael Frimpong)에게 감사의 마음을 전한다.

원고에 대한 유용한 의견을 제공한 옥스포드대학교 출판부의 익명의 검토자 두 분께 빚을 지고 있다.

저자는 C. 밴 우드워드(C. Vann Woodward)가 편집하고 지금은 데이비드 M. 케네디(David M. Kennedy)가 편집한 옥스포드 미국사 시리즈의 책을 읽으면서 많은 도움을 받았다. 이 책들은 총체적으로 역사학에 관한 훌륭한 연구업적물이다.[2]

옥스포드 대학 출판부의 데이비드 맥브라이드(David McBride)와 다시 한번 함께 일하게 되어 기뻤다.

언제나 그렇듯이 저의 가장 큰 빚은 탁월한 편집, 예리한 재치, 현명한 조언, 동행의 기쁨, 변함없는 사랑을 보여준 아내 앤 맨델바움(Anne Mandelbaum)에게 갚아야 할 것이다.

서문

1765년부터 2015년까지 250년 동안의 미국 외교정책을 관통하는 주제는 간단히 말해 확장과 상승이다. 이 2세기 반 동안, 미국은 북미 동부 해안에 흩어져 있는 소규모 유럽 정착촌들의 중요치 않은 무명의 집합체에서 대륙을 가로지르는 거인으로 성장하여 다른 모든 주권 국가를 압도하는 글로벌 존재감을 갖게 되었다. 미국은 힘의 확장, 그 힘의 기반인 부의 확장, 그리고 그 힘이 드리우는 그림자인 영향력의 확장을 통해 이러한 지위를 달성했다.

미국의 상승은 의도적으로 이루어진 것이 아니었다. 미국인들은 대륙 정복을 일관되게 단호하며 때로는 무자비하게 추구했으며, 19세기 중반까지 나라의 영토는 태평양까지 3,000마일에 달했다. 이러한 확장은 처음부터 미국 생활의 중심에 있었다. 그러나 대륙 정착 외 대외관계의 다른 문제에 있어 미국은 궁극적으로 달성한 세계적인 우위를 일관된 목표로 삼지 않았다. 종종 그것은 목표조차 아니었으며, 오히려 다양한 도전과 기회에 대응하여 취한 정책들, 특히 미국의 관점에서 방어적인 정책들의 결과로 나타났다.

미국의 상승은 의도적이지 않았을 뿐만 아니라 일관되게 진행된 것도 아니었다. 대신 네 개의 뚜렷한 단계로 이루어졌다. 따라서 다음에 나올 미국 외교정책의 설명은 네 부분으로 나뉜다.

★★★

가장 중요한 조건은 경제적, 특히 군사적 힘이다. 힘은 상대적이다. 즉, 모든 나라는 다른 나라와의 관계에서 더 강하거나 약하다.

힘은 항상 불균형하게 분포되어 있다. 어떤 나라는 강하고, 어떤 나라는 약하며, 약한 나라가 직면하는 도전과 기회는 강한 나라가 직면하는 것과 다르다.[1] 마치 부유한 개인이 가난한 사람보다 더 많은 선택지를 가지듯이, 강한 나라는 약한 나라보다 외교정책에 있어 더 많은 선택지를 가진다. 여기에서 설명된 미국 외교정책의 역사는 국가의 증가하는 힘이 놓인 변화하는 환경에 대한 일련의 대응이다.

미국은 약소국 중 하나로 시작하여 여러 강대국 중 하나가 되었고, 다음으로 전통적인 강대국과 구별되는 자원과 야망을 가진 두 국가 중 하나인 초강대국의 지위에 올랐으며, 마지막으로 경쟁 초강대국의 붕괴로 세계 유일의 초강대국으로 군림했다. 이 네 가지 역사적 시대 각각에서 미국의 외교정책은 유사한 힘을 가진 다른 나라들의 외교정책과 닮았다.

그러나 미국의 힘은 외교정책의 유일한 결정 요인은 아니었다. 정책을 담당한 사람들의 가치, 선호, 희망, 두려움도 중요한 요소였다. 따라서 모든 시기의 미국 외교정책은 몇 가지 특별하고 지속적인 특징을 나타낸다.

이 때문에 미국 외교정책의 역사는 지속성과 변화를 모두 보여준다. 변화는 250년에 걸친 미국의 국제적 힘의 증가에서 비롯된다. 지속성은 처음부터 존재하고 정치적으로 강력했던 미국 사회와 공공 생활의 세 가지 특성에서 비롯된다. 이어지는 국가 외교정책의 설명은 이 두 가지를 모두 포함한다.

★★★

역사적으로 미국 외교정책의 세 가지 독특한 속성이 두드러진다. 첫 번째는 정치적 아이디어를 제도와 관행에 담아 전파하려는 미국의 열망이다. 두 번째는 이러한 목표를 추구하기 위한 경제적 지렛대의 반복적인 사용이다. 세 번째는 외교정책을 수립하여 수행하는 미국의 특유한 방식으로, 이는 국가의 민주적 성격을 반영한다. 비정상적으로 넓은 범위의 그룹, 개인, 견해가 정책 결정자에게 영향을 미칠 수 있다. 즉, 미국의 외교정책은 유별나게 이념적이고, 경제적이며, 민주적이었다. 이 세 가지 중 어느 것도 미국에서 기원한 것이 아니며 미국 외교정책에만 독특한 것도 아니다. 이 모두는 역사적으로 다른 주권 국가의 외교정책에서도 발견되었다.[2] 예를 들어, 한때 이 모든 요소는 영국 외교정책의 일부를 이루었다. 그러나 이 세 가지 요소는 다른 어떤 나라의 외교정책보다 미국 외교정책에서 더 두드러지고 더 자주 나타나고 더 큰 영향을 미쳤다.

미국 외교정책의 이념적 기초

미국은 국가가 설립된 아이디어인 자유, 대중 주권—즉, 자유 선거—및 개혁 정신, 사회 및 정치적 개선 가능성에 대한 믿음을 국경 너머로 전달했다. 미국인들은 이러한 아이디어를 세 가지 다른 대상으로 전파하기 위해 노력했다. 이러한 아이디어는 다른 나라의 개인 그룹을 목표로 하는 정책에 영향을 미쳤으며, 그들의 인권 보호는 초강대국 미국과 이후 극초강대국 미국의 목표가 되었다. 미국의 아이디어는 주권 국가에 대한 정책에도 영향을 미쳤다. 미국의 예를 통해 민주 정치로 다른 나라를 전환하려는 희망은 18세기부터 미국 지도자와 대중을 고무시켰으며, 20세기와 21세기에는 그 당시 훨씬 더 큰 군사 및 경제력을 통해 이루어졌다. 마지막으로, 국가의 지배적인 정치적 아이디어는 때때로 국제 시스템 자체에 대한 접근 방식을 형성했으며, 미국인, 특히 28대 대통령 우드로 윌슨은 이를 더욱 평화롭게 만들기 위해 개혁하려고 했다.

왜 이러한 아이디어가 그렇게 중요했을까? 국가의 창립자들은 영국으로부터 독립을 확보하기 위한 성공적인 노력을 이러한 아이디어를 보존하고 수호하려는 방법으로 정당화했으며, 이는 미국의 정치적 정체성에 중심이 되었다.

미국의 강력한 종교 전통도 외교정책의 이념적 성격에 공헌했다. 초기 유럽에서 건너온 개신교 정착민들은 북미 황야에 신앙적인 공동체를 세우기 위해 대서양을 건넜으며, 18세기와 19세기에 "대각성"으로 알려진 종교적 부흥의 시기는 그들의 후손의 신앙을 강화했다.[3] 그 신앙의 중심 아이디어인 개인주의와 계급 원칙의 거부는 자유와 자치 정부의 명시적인 정치 원칙을 강화했다.[4] 미국의 종교 전통은 개신교뿐만 아니라 복음주의적이었으며, 그 신봉자들은 종교적 믿음과 관행을 전파하려고 했다.[5] 그 선교 정신은 외교정책으로 이어져 미국인들이 자국의 정치적 아이디어와 그에 기반한 제도와 관행을 가능한 한 널리 퍼뜨리려 했다.

국제정치 학자들은 외교정책의 원동력을 크게 두 가지 범주로 나눈다. 국가가 힘과 영토를 강화하거나 방어하려는 "현실주의"와 아이디어가 다른 나라와의 관계를 형성하는 "이상주의"이다. 거의 모든 역사를 통틀어 거의 모든 주권국가는 어떤 형태로든 현실주의를 실천했으며, 역사적으로 그것은 모든 곳에서 외교정책의 주요 추진력이었다. 그러나 미국의 출현으로 대안적인 접근 방식이 점점 더 두드러졌다. "이상주의"는 사실 미국 외교정책의 특징적인 접근 방식이며, 더 정확히 말하자면 영미 접근 방식이다. 영국도 이러한 아이디어를 채택했기 때문이다.

그 중요성에도 불구하고, 250년에 걸쳐 미국은 이상주의를 세계와의 관계에서 배타적이거나 심지어 주요 접근 방식으로 삼지 않았다. 힘의 고려가 전체적으로 미국의 외교관계에 있어 미국 사상의 전파보다 더 중요했다. 현실주의와 이상주의의 명령이 충돌할 때, 미국인들은 대개 현실주의를 선택했다. 그럼에도 불구하고 자유, 대중 주권, 개혁을 확산시키려는 소망은 영향을 미쳤고, 다른 어떤 나라의 외교정책보다 더 두드러지게 영향을 미쳤다.

미국 외교정책의 경제적 수단

18세기부터 21세기까지 미국은 주기적으로 다른 나라의 행동에 영향을 미치기 위해 무역 제재를 가했다. 외교정책의 도구로서 무역 사용은 미국이 약할 때 군사적 조치가 효과적이지 않을 가능성이 크기 때문에 매력적이었다. 미국이 강해진 후에도 제재는 여전히 매력적이었다. 왜냐하면 미국이 부유해졌고 따라서 다른 나라에 대한 경제적 지렛대가 커졌기 때문이며, 군사 작전은 국가의 목표를 달성할 수 있었으나 종종 너무 비용이 들어서 바람직하지 않은 것처럼 보였기 때문이다.

20세기에 미국은 세계에서 가장 큰 경제를 구축한 후 자본 수출과 미국 시장 접근을 이용하여 다른 나라의 국내 및 외교정책에 영향을 미쳤다. 그 세기의 후반과 그 이후 세기까지 미국은 경제적 수단으로 더 광범위한 목표를 추구했다. 초강대국인 미국은 무역과 투자를 동맹국과의 동맹을 강화하는 메커니즘으로 여겼으며, 이는 원래 안보 고려에서 비롯되었다. 초강대국인 미국은 무역과 해외 투자에 더욱 야심찬 목표를 가지고 있었는데, 이는 미국식 정치 및 경제 제도와 관행을 전 세계에 확산하려는 것이었다.

미국 외교정책 결정 과정에서의 민주주의 역할

마지막으로, 미국은 다른 나라보다 더 민주적으로 외교정책을 입안하고 수행했다. 여론은 특히 전쟁 문제에 상당한 영향을 미쳤다. 미국을 위협하거나 단순히 미국인을 괴롭히는 극단적인 사건들은 미국 정부가 대응하도록 하는 대중의 압박을 반복적으로 불러일으켰으며, 그러한 대응이 군사적 형태를 취할 때는 적어도 한동안 대중의 지지를 얻었다. 또한 미국이 수행한 모든 전쟁은 국내 반대를 불러일으켰고, 때로는 정부가 전쟁을 계속할 수 없을 정도로 널리 퍼지고 강렬했다.

미국 정치 시스템은 또한 민주적이며, 이는 대중의 영향에 열려 있다. 그것은 공공 정책을 특정 방향으로 이끌거나 자극하려는 사람들에게 여러 접근 구실을 제공한다. 이해 당사자들은 외교정책을 포함한 그들의 선호를 증진하기 위해 일상적으로 조직된다.

이러한 방식으로 미국의 외교정책은 전통적으로 군주와 귀족이 지배했던 유럽의 강대국들과 다르다. 미국은 그러한 군주나 귀족이 없었고 그들이 지지하는 경의 문화를 가지고 있지 않았다. 처음부터 미국 시민들은 유럽의 대중들과 달리 자국의 해외 활동에 주요한 영향을 미쳤다. 미국 정부는 종종 국가의 외교정책을 수행할 폭넓은 자유를 누렸고, 때로는 비밀리에 그렇게 했지만, 일반적으로 대중의 감정은 다른 나라보다 더 무겁게 작용했다.

시민들은 1788년 미국 헌법 덕분에 영향력을 행사했다. 그 문서는 행정부와 입법부 사이의 권력을 나누어, 대통령과 의회 모두가 국가의 외교정책을 수립할 권리를 주장할 수 있게 하고, 대중이 자신의 희망과 우려를 전달할 두 기관을 제공했다. 헌법은 또한 미국인들에게 선호에 따라 자유롭게 글을 쓰고 말할 수 있으며 평화롭게 모일 권리를 보장함으로써 정책결정과정에서 대중의 참여를 보장한다. 18세기부터 미국인들은 정상적으로 이 권리를 이용해 왔다.

★★★

요약하자면, 영토 확장, 군사 및 경제력 확장, 북미 대륙 너머에서의 영향력과 위신의 확장을 통해 국제적 힘과 위신의 정점에 오른 것; 약소국, 강대국, 초강대국, 세계 유일의 초강대국(극초강대국)으로서의 네 가지 다른 단계를 거친 것—각 단계는 국가의 상대적 힘(국력 수준)에 따라 정의된다. 그리고 이념적 목표, 경제적 수단의 사용, 결정의 수립 및 실행을 위한 민주적 과정이라는 세 가지 지속적인 특징: 이것들이 1765년 인지세법에서 2015년 이란협정까지 250년 간의 미국 외교정책의 특징을 이루는 주제들이다.

차례

2부

두 번째 시대

강대국, 1865~1945 111

3부

세 번째 시대
초강대국, 1945~1990 241

4부 네 번째 시대

1부

첫 번째 시대

약소국, 1765~1865

유럽의 어려움은 미국에게 기회가 되었다.

사무엘 플래그 베미스(Samuel Flagg Bemis)[1]

주권 국가들의 국제 체제는 때때로 정글에 비유된다. 두 경우 모두에서 치열하고 종종 치명적인 경쟁이 일어난다. 정글에서는 일부 동물(포식자)이 더 약한 동물(먹잇감)을 추적하고 사냥하며 잡아먹는다. 국제체제에서도 강대국들은 약소국들을 먹잇감으로 삼으며, 때때로 주권 독립의 상실 즉 정치적 죽음과 같은 결과를 초래한다.[2]

미국은 약소국으로 시작했고, 그 후 100년 동안 주요 적국인 영국에 비해 국제체제에서 약한 위치에 있었다. 초기 13개 식민지는 자체적으로 효과적인 군사력을 갖추지 못했고, 정책을 조정할 정치적 메커니즘도 없었다. 모든 힘의 측정 기준에서 영국은 미국을 훨씬 능가했다. 그럼에도 불구하고 미국은 전 식민지 본국인 영국과의 지속적인 정치적 마찰과 두 차례의 전쟁 속에서 살아남았다. 이는 약소국이 강대국에 맞서 독립을 유지할 수 있는 세 가지 주요 수단인 접근의 어려움, 적극적인 방어, 그리고 강대국 간 경쟁을 통한 관심 분산을 활용했기 때문이다. 이 세 가지 수단은 자연 세계에서도 유사한 예를 찾을 수 있다.

동물 왕국의 작고 약한 구성원들은 위장을 통해 포식자로부터 자신을 보호한다. 대다수 동물은 환경에 잘 적응하도록 진화했다. 그들의 포식자들은 그들을 보지 못해 접근할 수 없다. 국제체제에서 접근의 어려움은 지리적 특성에 의해 발생하며, 여기서 미국은 큰 혜택을 누렸다. 세계에서 두 번째로 큰 대양이 미국을 유럽의 강대국들과 분리했다. 유럽인들은 대서양을 건널 수 있었고 실제로 건너기도 했지만, 그 여행은 길고 불확실했다. 전쟁을 목적으로 북미에 도달하는 것은, 당시 가장 강력한 해군력을 가진 영국조차도 육군력으로 국경을 넘는 것보다 훨씬 어려웠다. 또한 북쪽의 최북단 식민지인 매사추세츠(당시 메인을 포함)에서 남쪽의 최남단 식민지인 조지아까지 약 1,500마일의 거리는 점령하기에 매우 값비싼 제안이었다. 마지막으로, 식민지 서쪽의 광대한 황야는 은신, 재편성 및 유럽 군인들에 대한 공격을 개시하기 위한 적절한 지형을 제공했다.

자연에서 사냥감이 되는 동물들은 진화 덕분에 방어 메커니즘을 개발해 왔다. 흔한 예로는 고슴도치의 가시가 있다. 가시뿐만 아니라 발톱, 이빨, 굽, 단단한 외피는 포식자로부터 자신을 방어하고 때로는 포식자를 해칠 수 있는 수단을 제공하여 포식자가 공격을 포기하거나 처음부터 공격을 억제할 수 있게 한다.

유사하게, 비록 약소국이 장기 전쟁에서 궁극적으로 승리할 수 없더라도 약소국들은 강대국들에게 피해를 입힐 만큼 충분한 군사력을 동원할 수 있다. 예를 들어, 1960년대에 프랑스가 소련에 비해 약한 핵무기를 갖추었던 것은 양국 간의 핵전쟁에서 승리하기 위해서가 아니라 더 강력한 적에게 타격을 가하고 소련의 공격을 막기 위한 수단을 갖추기 위해서였다. 다음 10년 동안 베트남 공산주의자들은 동남아시아에서 싸우고 있는 미군의 생명에 대해 미국 국민이 감내한 것보다 더 많은 희생을 초래했기 때문에 훨씬 더 강력한 미국을 패배시켰다. 반면 공산주의자들은 미국이 겪은 것보다 훨씬 더 심각한 손실을 감수했다.

동물들과는 달리, 약소국들은 자동으로 강대국에게 고통을 주는 메커니즘을 사용하지 않는다. 약소국은 싸울 결정을 내리고 강대국에게 싸울 의지와 지속할 의지가 있음을 설득해야 한다. 미국은 초기 반세기 동안 영국에게 독립을 확보하고 유지할 결심을 설득하는 데 성공했다.

마지막으로, 포식자들은 서로 싸우면서 먹잇감을 추적하는 것을 방해받을 수 있다. 포식 포유동물들은 같은 종의 다른 개체들과 영토, 암컷에 대한 접근, 음식 등을 위해 싸운다. 국제체제에서 강대국 간의 경쟁은 약소국에게 강대국이 제기하는 위험으로부터 일시적인 숨통을 틔워주고, 약소국이 기동할 여지를 제공할 수 있다. 또한 정글의 큰 동물들 사이의 내부 싸움은 간헐적이지만, 강대국 간의 경쟁은 계속되는 경향이 있다. 이것은 미국 외교정책의 첫 100년 동안 그랬으며, 미국은 이를 이용했다.* 실제로, 이는 미국 외교정책이 처음 50년 동안 성공을 거두는 가장 강력한 요인이었다.

★★★

자연에서 애벌레는 나비로 변하고, 사슴은 사자로 변할 수 없지만, 약소국들은 스스로 강하게 만들어 약함이 야기하는 문제를 벗어날 수 있다. 미국은 처음 100년 동안 이를 해냈다. 지리적, 인구적, 경제적 확장은 미국을 19세기 중반의 내전 이후 세계의 강대국으로 승격시켰다.

성장은 주로 개인의 비(非)조정된 주도권에 의해 이루어졌다. 정착민들은 서부로 이동해 땅을 스스로 차지하고 농업이나 목축업을 위해 개간했다. 국가 인구는 자연 증가로 확대되었고, 이 시기에 미국인들은 일관되게 높은 출생률을 유지했으며, 주로 북유럽에서 대규모 이민자가 유입되었다.

인구 성장은 경제 성장을 촉진했다. 다수의 노동자들이 더 많은 생산을 이루었다. 반대로 경제 성장은 이민자들을 끌어들이는 기회를 창출했다. 이러한 성장은 또한 기계의 인간 힘 대체를 핵심으로 하는 산업 혁명의 진행에서 비롯되었으며, 이는 대략 미국 독립을 달성한 시기에 영국에서 시작되어 그 기술은 대서양을 건너 미국으로 넘어갔다. 미국이 약소국으로서의 첫 번째 100년의 후반 동안, 군사력의 새로운 기초를 마련하는 혁신이 도래하기 시작했다. 전신, 베세머 공정 강철, 증기기관 및 그 파생물—증기선 및 철도 기관차. 이러한 산업 과정과 제품에 대한 미국의 숙달은 영토와 인구 성장보다 더 미국이 국제

* 역사학자 사무엘 플래그 베미스의 "유럽의 어려움은 미국의 기회가 되었다."는 이와 같은 주장을 담은 인용문은 오해를 불러일으킬 수 있다. 왜냐하면, 1765년부터 1865년까지 미국이 이용한 강대국 간의 경쟁은 단순히 유럽 역사의 암울한 시기만을 의미하는 것이 아니기 때문이다. 1792년부터 1815년까지 이어진 프랑스 혁명과 나폴레옹 정복 전쟁은 과거의 분쟁보다 더욱 유혈이 낭자하고 장기적이었지만, 그것은 오히려 유럽 역사에서 근본적이고 지속적인 조건이었다.

체제에서 높은 지위로 전환하는 근간을 이루었다.

공공 정책도 미국의 확장에 기여했다. 연방 정부는 북미의 큰 부분을 미국에 통합시켰고, 1865년까지 미국은 태평양까지 뻗어나갔다. 미국인들은 정부가 추가한 영토에 정착했으며, 때로는 앞서나가며 그들의 합병을 위해 노력했다.

초기 13개 식민지는 1803년 루이지애나 영토를, 1819년 플로리다를, 1845년 텍사스를, 1846년 멕시코 북부를, 같은 해 오레곤을, 1853년 애리조나와 뉴멕시코의 일부를, 1867년 알래스카를 추가했다. 군사 활동의 위협은 스페인으로 하여금 플로리다를 포기하게 하는 데 도움이 되었지만, 미국 정부는 또한 스페인에 대한 미국인들의 법적 청구를 지불하고 프랑스로부터 루이지애나를, 멕시코로부터는 애리조나와 뉴멕시코에 통합된 땅을 구매—가즈덴 매입—했다. 이러한 초기 확장의 경우, 유럽 정치의 조건, 특히 스페인과 프랑스의 대륙 강대국들과의 관계는 미국에 유리하게 작용했으며, 미국은 전쟁을 통해서도 영토를 확장했다.

★ ★ ★

미국의 약소국으로서의 100년 경험은 두 개의 50년 기간으로 나뉜다. 첫 번째는 1765년부터 1815년까지로, 미국은 고전적인 약소국으로서, 더 강한 국가들의 실제 및 잠재적 약탈로부터 생존하는 것이 시급하고 최우선 목표였다. 두 번째는 1815년부터 1865년까지로, 이 기간 동안 미국은 군사적으로 여전히 유럽 강대국들보다 약했지만, 이전 50년 동안 직면했던 정도의 위협에 직면하지 않았고, 약소국들이 전형적으로 겪는 문제에 직면하지 않았다.

1765년부터 1865년까지 100년 동안 미국은 네 차례의 전쟁을 치렀으며, 전반기 동안 두 차례, 후반기 동안 두 차례를 치렀다. 처음 두 차례의 전쟁은 미국인들이 영국과 맞서 싸웠고, 미국의 독립이 걸려 있었다고 미국인들은 생각했다. 마지막 두 차례의 전쟁은 서반구의 사람들 사이에서 벌어졌으며, 나라의 국경을 결정했을 뿐 독립 여부를 결정하지는 않았다. 미국은 각 전쟁에서 승리했다. 1812년 전쟁의 경우도 패배하지 않았다. 그리고 각 전쟁의 결과는 미국의 힘을 증가시켰다.

1775년부터 1783년까지의 혁명전쟁의 결과로, 미국인들은 영국으로부터 독립을 확보했다. 이 전쟁에서 미국인들은 접근의 어려움, 방어, 그리고 분산이라는 약소국의 세 가지 전략을 모두 사용했다. 유럽의 강대국 경쟁은 일반적으로 미국에게 유리하게 작용했지만, 나폴레옹 프랑스와 영국 사이의 지속적인 갈등이 두 번째 미국과 영국 간 전쟁을 촉발했을 때인 1812년에는 반대의 영향을 미쳤다. 약소국들이 강대국과의 충돌에서 사용할 수 있는 세 가지 조치는 1812년 전쟁에서도 중요한 역할을 했다.

1812년 전쟁 종식과 내전 종식 사이, 1815년과 1865년 사이의 50년 동안 유럽 정치가 덜 폭력적이 되었고, 미국은 그들과 더 멀어졌다. 미국의 안보에 계속 중요한 유럽 강대국인 영국과의 관계는 가끔 긴장이 있었지만, 두 나라는 다시 충돌하지 않았다.

1846년부터 1848년까지의 멕시코 전쟁에서 미국은 두 전쟁국 중 더 강한 쪽으로서의 낯선 역할을 맡았다. 이는 영토 확장을 목적으로 한 가장 제국적인 전쟁이었다. 미국의 첫 번째 100년 동안의 네 번째 전쟁인 1861년부터 1865년까지의 남북 전쟁은 독립 전쟁과 제2차 세계대전과 함께 미국이 싸운 가장 중요한 세 전쟁 중 하나로 간주된다. 이 전쟁은 전적으로 미국인들 사이에서 벌어졌지만, 영국의 그림자가 내내 드리워져 있었다. 영국이 남부를 지원했다면 미국에 심각한 피해를 입힐 수 있었을 것이다. 그들은 멕시코에게 했던 것처럼 미국 크기를 영토의 큰 부분으로부터 분리하여 미국의 힘을 감소시킬 수 있었을 것이다. 하지만 영국은 남부를 지원하지 않았고, 북부가 승리했다.

남북 전쟁의 결과는 미국의 영토적 범위와 정치적 및 경제적 성격을 결정했으며, 미국 외교정책에도 영향을 미쳤다. 이 과정에서 미국은 국제체제에서의 초기 위치를 벗어나 성장하고, 북부 연합군의 승리로 그 절정에 이르렀다. 1865년까지 미국은 강대국이 되었고, 다음 세기 동안 미국의 힘은 세계를 변화시켰다.

1장
독립, 1765~1788

★★★★★

미국 혁명의 기원

1765년, 대서양 연안을 따라 1,500마일에 걸쳐 뻗어 있는 메인(당시 매사추세츠의 일부)에서 조지아까지의 13개 영국 식민지는 번영하고 있었다. 이들 식민지의 집단 인구는 급증하고 있었다. 18세기 초반 약 25만 명이었던 인구가 자연 증가와 이민을 통해 약 200만 명으로 증가했다. 경제적으로 식민지들은 번창하고 있었으며, 특히 모국과의 무역이 급성장하고 있었다.[1] 한 추정에 따르면, 당시 미국 식민지 주민들은 영국 본토 주민들보다 최대 50% 더 높은 생활 수준을 누리고 있었다.[2] 식민지 주민들은 자신들을 영국 왕실에 충성하는 신민이자 대영제국 해외 제국의 자랑스러운 구성원으로 여겼다. 그들은 영국과 언어와 정치 문화를 공유하고 있었다. 미국인들은 심지어 한 번도 가본 적이 없더라도 영국 제도(諸島)를 '고향'으로 여겼다.[3]

그러나 10년 만에 북미 식민지 주민들은 영국과의 관계를 끊고 대영제국으로부터 벗어나기 위해 전쟁을 벌이게 되었다. 이러한 극적인 변화의 씨앗은 미국인들과 영국이 함께 싸워 승리한 전쟁, 즉 1763년에 끝난 전쟁의 결과 속에

뿌려져 있었다.

7년 전쟁[4]은 1689년 이후 네 번째로 영국과 프랑스가 서로 맞붙은 전쟁이었다. 이 전쟁은 북미, 유럽, 인도 인근 대륙에서 주요 전투가 벌어졌기 때문에 최초의 세계대전이라는 주장을 받을 만하다. 이 전쟁은 200년에 걸친 다섯 번의 글로벌 분쟁(프랑스 혁명 전쟁,[5] 제1차 세계대전, 제2차 세계대전, 냉전 포함) 중 유일하게 북미에서 시작된 전쟁이었다. 1754년 5월 28일, 오늘날 펜실베이니아 서부에 위치한 오하이오 밸리에서 프랑스군과 버지니아 연대 소속 민병대 사이에 벌어진 소규모 충돌로 전쟁이 시작되었다. 당시 민병대는 22세의 중령 조지 워싱턴이 지휘하고 있었다.[6] 7년 전쟁은 영국의 압도적인 승리로 끝났다. 이 승리로 프랑스는 북미에서 밀려났으며,[7] 영국은 대서양에서 미시시피강까지 대륙의 통제권을 확보하게 되었다.[8] 이 전쟁 결과로 영국은 1688년까지 유라시아 북서부의 비교적 작은 나라에서 17세기 유럽의 패권국이었던 부르봉 프랑스를 능가하는 지위로 올라서게 되었다.

승리와 함께 새로운 책임이 따랐다.[9] 영국은 북미를 수호해야 했으며, 이는 그들이 전쟁을 벌인 동기 중 하나인 미국인들과 프랑스를 지지한 원주민을 통제하는 것을 포함했다. 대서양 연안에서 북미 내부로 이동하는 유럽 정착민들은 인디언 부족들을 쫓아내고 있었고,[10] 인디언들은 저항을 결심했다. 영국은 또한 프랑스와 스페인의 영토 획정을 막아야 했다.[11] 영국 정부는 전쟁 전보다 더 큰 주둔군을 대서양 건너에 유지하기로 결정했다. 이 주둔군을 유지하는 데는 많은 비용이 들었으며, 더 많은 세수가 필요했다. 7년 전쟁을 치르기 위해 영국 정부가 빌린 돈을 갚기 위해서도 더 많은 세수가 필요했다. 그 전쟁은 국가 부채를 거의 두 배로 늘렸으며,[12] 이는 정부의 평시 예산이 겨우 800만 파운드인 상황에서 연간 이자 비용이 500만 파운드에 달하는 무거운 부담이었다.[13]

정부가 영국 국민에게 합리적으로 부과할 수 있는 세금 수준이 한계에 다다랐기 때문에, 영국이 식민지 주민들에게 필요한 세수의 일부를 기여하도록 요구하는 것은 거의 불가피했다. 미국인들은 번영하고 있었고, 세금도 적게 부과되었다. 그들은 전쟁에서 승리한 덕분에 큰 혜택을 누렸지만, 비용과 관련해서는 거의 기여하지 않았다. 식민지들은 북미에서 강화된 영국의 영향력으로 인해 추가 혜택을 누릴 것이다. 더욱이, 주권 국가로서 영국 정부는 그 통치하에 있는 사람들에게 세금을 부과할 권리가 있었다.[14]

영국 정부가 식민지에 부과하려는 세금은 예상했던 세입을 올리지 못했다. 대신 저항, 반란, 궁극적으로 전쟁으로 이어졌다. 1775년에 시작된 전쟁은 1783년에 13개 식민지를 독립 국가로 인정하면서 끝났다. 그 독립 국가, 미국의 등장은 다음 250년 동안 국제정치에서 가장 중요한 발전으로 이어지게 된다.

전쟁으로 가는 길

1765년 3월 22일, 영국 의회는 '인지세법'이라는 세수 증대 조치를 통과시켰다.[15] 이 법은 미국인들이 신문, 법률 문서, 심지어 카드와 같은 다양한 종이 제품에 대해 정부가 발행한 스탬프를 구매하도록 요구했다. 이 법은 식민지에서 예상치 못한 강력하고 광범위한 부정적인 반응을 불러일으켰다. 미국인들은 '자유의 아들들'이라는 느슨한 네트워크 그룹이 조직한 시위와 데모를 벌였다. "대표 없는 과세는 폭정이다."라는 슬로건을 내걸었다. 군중들은 북미에서 스탬프를 판매할 권한이 있는 대리인들을 협박했다. 9개의 식민지는 뉴욕에서 '인지세법 의회'를 열어 이 법에 반대하는 청원서를 작성했다. 미국 상인들은 영국 상품의 수입을 거부하여 의회가 법을 철회하도록 압력을 가하기로 동의했다.

인지세법은 미국 독립으로 이어지는 일련의 사건을 초래했다. 또한 미국의 외교정책에서 향후 250년 동안 반복될 패턴을 시작했다. 즉, 미국의 안보를 위협하거나 미국의 감정을 해치는 행동은 대중의 강력한 대응을 불러일으켰고, 어떤 형태로든 반응을 요구했다. 이번 경우, 그리고 이후 유사한 경우들에서도 종종 군사적 대응이 이루어졌다.

1766년 3월 19일, 영국 정부의 교체 이후, 의회는 미국 상인들의 불매 운동으로 인해 이익이 감소한 영국 상인들의 압력에 부분적으로 대응하여 인지세법을 철회했다.[16] 동시에 영국 정부는 식민지에서 어떤 세금이든 부과할 권리를 주장했다. 단기적으로는 철회가 미국의 분노를 완화했다. 또한 이번 경우[17]에 유효했던 무역 제재가 경제적, 정치적 목표를 달성하는 효과적인 수단이 될 수 있다는 아이디어를 탄생시켰다.

1767년과 1768년에 영국 정부는 다시 시도했다. 재무장관 찰스 타운센드의 이름을 따서 명명된 타운센드 법령은 식민지에서 생산되지 않아 영국에서 구입해야 하는 유리, 납, 페인트, 종이, 차에 대한 관세를 부과했다. 타운센드 법령은 인지세법보다 더 강력한 미국의 거부 반응을 불러일으켰다. 보스턴 상인들은 또 다른 영국 상품 불매 운동을 조직했고, 다른 식민지 항구의 상인들도 동참했다. 1770년에 의회는 차에 대한 관세를 제외한 모든 타운센드 관세를 철회했다. 그동안 영국 정부는 저항의 중심지인 보스턴에 군대를 보냈다. 1770년 3월 5일, 일부 병사들이 시위자들에 발포하여 5명이 사망한 사건이 발생했다. 이 사건은 보스턴 대학살로 알려지게 되었다.

3년 후, 영국 의회는 '차법(Tea Act)'을 통과시켰다. 이 법은 동인도 회사(East India Company)에게 식민지에서의 차 판매 독점권을 부여했다. 주된 목적은 당시 재정적으로 어려운 상황에 처해 있던 동인도 회사를 지원하는 것이었지만,[18] 그 결과 식민지 차 상인들에게 불이익을 초래했다. 이에 대한 항의로, 1773년 12월 16일 보스턴에서 한 무리의 미국인들이 신원을 숨기기 위해 인디언으로 위장하고 동인도 회사의 차 선적물(약 10,000파운드 가치)을 압수한 뒤 항구에 버리는 사건이 발생했다.

보스턴 차 사건은 식민지와 영국 정부 간의 관계에서 전환점이 되었다. 법적으로 제정된 조치를 계속해서 식민지 주민들이 무시하자, 의회는 미국을 처벌하고 제국의 권위를 주장하기 위해 '강제법'을 통과시켰다. 이 법 중 하나는 보스턴 항구를 폐쇄하여 식민지 주민들이 파괴된 차에 대한 비용을 지불할 때까지 폐쇄했다. 다른 법은 매사추세츠의 식민지 헌장을 철회하고 이를 영국 정부의 통제하에 두었다. 또 다른 법은 매사추세츠에서 기소된 영국 관리들의 재판을 미국에서 공정한 재판이 불가능하다고 판단될 경우 영국으로 옮기는 것을 허용했다. 네 번째 법은 모든 식민지에 적용되어, 영국 군대의 주둔을 허용했으며, 일부 식민지 주민들은 이를 집주인의 의사에 반하여 군인들을 사유 주택에 설치할 수 있는 허가로 해석했다.

이에 따른 미국의 분노는 1775년 9월 5일 필라델피아에서 첫 번째 대륙회의를 소집하게 했다. 이 회의는 저항을 계획하고 조정하기 위한 것이었다. 13개 식민지 중 조지아를 제외한 12개 식민지가 대표를 보냈다. 미국인들은 인지세법과 타운센드 관세에 대응했듯이, 이번에도 영국 상품의 수입을 금지하기로 결정했다. 양측 모두 자신의 행동이 무력 충돌을 촉발할 것이라고 예상하지 않았다.[19] 그러나 그것이 결국 일어나고 말았다.

왕은 매사추세츠를 반란 상황으로 선언하고, 1775년 4월 19일 보스턴을 통제하는 영국군 사령관은 콩코드 마을에 무허가 무기고가 있다는 소식을 접했다. 그는 이를 압수하기 위해 파견대를 보냈고, 무장한 식민지 주민들이 이를 저지하려 했다. 렉싱턴과 이웃한 콩코드에서 두 군대 간의 총격전이 벌어졌다. 이날 총 사망자는 영국 병사 275명과 미국인 95명이었다. 미국 독립 전쟁이 시작되었다.

전쟁이 일어나는 과정은 일련의 사건들이 점점 더 큰 의심과 적대감, 위협감을 조성하면서 냉전과 유사한 패턴을 보여준다. 1945년과 1950년 사이, 또 다른 전시 동맹국인 소련이 적으로 전환된 방식과 유사하다.[20] 냉전 경쟁자들은 근본적으로 다른 정치체제와 다른 세계질서에 대한 야망을 가지고 있었고, 유럽에 대한 견해가 상충했다. 20세기 경쟁의 원인은 명백하다. 그러나 13개 식민지와 모국 사이의 갈등 원인은 그렇지 않았다. 그렇다면 왜 1765년의 영국-미국 연대가 10년 만에 무력 충돌로 변했는가?

미국인들은 자신들이 신성한 정치 원칙인 자유를 수호하기 위해 싸우고 있다고 믿었다. 미국 공공 생활의 이념적 성격은 미국 혁명에서 비롯되었다. 미국인들은 영국 정부가 자신들이 투표하지 않은 세금을 부과함으로써 그들이 항상 누려 왔던 권리, 즉 '영국인의 권리'를 침해한다고 보았다. 많은 미국인은 영국이 이 권리를 빼앗기 위해 적극적으로 음모를 꾸미고 있다고 믿었다.[21] 또한 영국 역사를 잘 알고 있었던 그들은 자신들의 반란을 17세기 영국 본국에서 일어난 반란들과 비교하며 정당화했다. 1645년의 찰스 1세 폐위와 특히 1688년의 명예혁명(Glorious Revolution), 즉 그의 아들 제임스 2세를 왕좌에서 물러나게 한 사건을 자신들 행동의 정당성 근거로 삼았다.[22] 자유를 수호하는 데 있어, 미국인들은 자신들이 영국인들의 발자취를 따르고 있다고 여겼다.

식민지 주민들은 자신들이 하는 일이 방어적일 뿐만 아니라 혁명적이라고 여겼다. 17세기 초 북미에 첫 번째 영국 정착민들이 도래하면서 시작된 미국의 특수성, 후에 '미국 예외주의'라 불리게 된 전통을 바탕으로,[23] 그들은 자신의 사업 성공이 전 세계에 울려 퍼질 것이라고 확신했다.[24] 당시 정치적 논쟁과 설득의 주요 수단이었던 정치 팸플릿을 통해 북미에서 가장 널리 읽힌 팸플릿 작가인 토마스 페인(Thomas Paine)은 그의 가장 널리 유포된 작품 '상식(*Common Sense*)'에서 "우리는 세상을 새롭게 시작할 권한을 가지고 있다."고 썼다. 이렇게 해서 미국인들은 다음 250년 동안 종종 외교정책을 수행할 때 선교적 정신을 가지고 있었다.

미국인들의 갈등의 중심에는 정치적 원칙의 문제 외에도, 그들은 영국 정부에 대한 구체적인 불만을 가지고 있었다. 하나는 토지에 관한 것이었다. 1763

년, 인디언들과의 평화를 위해 영국은 애팔래치아 산맥을 따라 선을 그어 그 서쪽으로의 정착을 금지하는 왕실 선언을 발표했다. 이 선언은 7년 전쟁에서 프랑스와 싸운 사람들에게 주어진 토지 보조금을 무효화시켰을 뿐만 아니라, 18세기 미국 생활의 근본적인 특징을 침해했다. 미국인들은 자신들이나 조상들이 정착민이었다. 토지를 청구하고 정착하여 농업을 개발할 권리는 북미 초기부터 영국 북미 문화의 필수 요소였다. 영국은 '선언라인(The Proclamation Line)'을 통해 정착을 제한하려 했는데, 이는 미국인들의 관점에서 볼 때, 그들이 미개척지를 획득할 권리보다 우선시될 수 없는 목적이었다.[25]

또한, 미국인들은 영국의 중상주의 법률들에 의해 부과된 경제 활동에 대한 제약들에 대해 불만을 가지고 있었다. 주로 17세기에 걸쳐 존재했던 항해법에 따라 식민지 주민들은 영국과 영국 제국 외의 국가 및 제국 소유지와 자유롭게 무역을 할 수 없었다. 이 법들이 없었다면 식민지들이 더 부유할 수 있었겠지만, 그 비용은 특별히 높지 않았으며, 특히 이러한 제한은 18세기 후반에 그들이 즐길 수 있었던 번영을 막기에는 충분하지 않았다.[26]

이러한 제한들과 미국인들의 태도와 관련된 중요한 사실은 이 법들이 전혀 엄격하게 시행되지 않았다는 것이었다. '선언라인'은 인디언들을 위한 영토에 질서를 가져오지 못했으며,[27] 심지어 미국인들이 이동하는 것을 막지 못했다. 그리고 식민지들은 항해법의 제한을 밀수로 회피했다.[28] 이는 1765년부터 시작된 의회의 조치들과 미국의 반응에 중대한 영향을 미쳤다. 전쟁이 발발하기 직전 10년 동안 양측은 상대가 위반하고 있다고 믿었고, 그 자신이 유지하고 있는 북미의 현 상태를 방어하고 있다고 생각했다. 그들 입장에서 각 측은 옳았다.

영국은 정당한(de jure)—즉, 법적 상태를 방어하고 있었다. 이 법적 상태에 따르면 런던의 제국 정부는 영국과 마찬가지로 북미를 위해 법을 제정하고 시행할 권리가 있었다. 그러나 미국인들은 실질적(de facto)—실제 상태를 유지하기를 요구했다. 그들은 영국 당국이 사실상 역사적으로 그들의 북미 식민지를 통제한 적이 거의 없었다고 주장했다.

영국 정부는 대체로 식민지 총독을 임명했지만, 실질적인 권력—세금을 포함한 권력—은 지역 선출 의회에 있었다. 또한, 영국과 마찬가지로 투표 자격은 재산 소유에 따라 달렸지만, 식민지에서는 남성 인구의 상당 부분이 재산을 소유하고 있어 선거에 참여할 수 있었다. 비례적으로 말하면, 북미에서는 영국 제도(諸島)보다 더 많은 사람이 그들의 투표를 통해 스스로를 통치했다.

북미에서 영국의 전반적인 철회를 앵글로-아일랜드 의원인 에드먼드 버크(Edmund Burke)는 '유익한 방치'라고 불렀고, 인지세법과 그에 따른 조치는 급격한 단절을 나타냈으며, 이는 여러 가지 원인이 있었는데, 그중 가장 중요한 것은 거리였다. 1760년대에 대서양을 건너는데 최소 6주가 걸렸고, 때로는 2개월 또는 3개월이 걸렸다. 게다가 식민지는 북남으로 1,500마일에 이르며, 해안 도시 외에는 인구가 넓게 퍼져 있었고, 북미 내륙과 미시시피강 사이의 무성한 숲이 있었기 때문에 18세기에는 실질적으로 접근하기 어려웠다.

사실, 그 전쟁 전에 영국은 미국인들을 더 엄격히 통제할 동기가 거의 없었다. 식민지는 왕실 헌장으로 시작되었지만, 대부분은 사적인 시행이었다. 영국이 신경 썼던 식민지에 대한 이득은 주로 경제적인 것이었으며, 영국이 식민지를 거의 관심을 가지지 않은 상태에서 18세기 초반(첫 70년간)의 경제적 수익은 만족스러웠다.[29] 결국, 영국 정부가 브리튼 섬 이외의 세계에 할애할 수 있었던 모든 관심과 자원은 해협 건너의 라이벌인 프랑스와의 반복적인 전쟁에 투입되었으며, 그 전쟁에서는 북미에서의 어떤 이해관계보다 훨씬 더 중요한 이익들이 걸려 있었다.[30]

서로 다른 현상 유지의 정의 때문에, 영국이 식민지에 새로운 세금을 부과하기로 결정했을 때 논쟁이 된 것은 누가 그들을 통치할 것인가에 관한 문제였다. 개인 간의 분쟁에 관한 오래된 속담에 따르면, 관련된 당사자들이 그 분쟁이 돈과 관련된 것이 아니라고 말할 때, 실제로는 돈과 관련된 것이다. 그러나 본질적으로 식민지와 영국 정부 간의 과세에 관한 분쟁은 돈에 관한 것이 아니었다. 그것은 근본적인 정치적 원칙에 관한 것이었다. 쟁점이 된 것은 주권, 즉 주권을 둘러싼 문제였다. 결국, 중앙 주권의 특권 중 하나는 세금을 부과할 수 있는 권한이다. 양측은 그 권한을 자신들에게 있다고 주장했다. 적어도 처음에는 원칙적으로 대영제국에 대한 충성을 선언하면서도, 영국이 자신들에게 세금을 부과할 권리가 없다고 주장함으로써 미국인들은 사실상 자신들이 항상 주권을 가졌고 앞으로도 그래야 한다고 선언했다. 즉, 독립을 주장한 것이다. 그들은 그 독립을 지키기 위해 전쟁을 벌였다. 반면, 영국은 자신들에게도 마찬가지로 중요한 제국의 특권을 지키기 위해 전쟁을 벌였다. 이러한 특권이 없으면 모든 제국적 영토를 잃고 다른 유럽 열강들에 의해 취약해질 것을 우려했기 때문이다.[†]

식민지에 대한 제국의 통제를 종식하거나 최소한 영국의 통제권 주장을 종식하기 때문에, 이 전쟁과 그에 이르는 정치적 분쟁은 종종 20세기에 흔히 볼 수 있었던 반제국주의적 반란과 독립 국가로의 전환의 첫 사례로 회고적으로 여겨지곤 한다. 그러나 이 비교는 중요한 점에서 오해를 낳는다. 20세기의 반식민지 운동은 모든 자율적으로 정의된 민족 집단이 독립된 국가를 가질 권리가 있다는 민족 자결의 원칙에 근거하여 독립할 권리를 주장했다. 이 원칙은 20세기 동안, 특히 28대 미국 대통령 우드로 윌슨의 노력 덕분에 세계적인 규범으로 자리 잡았다.[31]

그러나 이 원칙은 18세기에는 그러한 지위를 갖지 못했다. 다민족 제국은 당시 정치적으로 용납될 수 없는 일탈이 아니라, 전 세계적으로 널리 받아들여

---

† 로버트 W. 터커(Robert W. Tucker)와 데이비드 C. 헨드릭슨(David C. Hendrickson), *The Fall of the First British Empire: Origins of the War of American Independence*, 볼티모어 및 런던: 존스홉킨스대학교 출판부, 1982년, p. 196. 또한 브렌던 심스(Brendan Simms)의 *Three Victories and a Defeat: The Rise and Fall of the First British Empire*, 뉴욕: 베이직 북스, 2007년, pp. 629-630, 654-655도 참조.

지는 주요 정치 조직 형태였다. 또한 미국인들은 제국의 원칙에 도전하고 있지 않았다. 그들이 영국과의 전쟁을 벌이는 것은 독립을 추구하기보다는, 그들의 눈에는 이미 가지고 있던 독립을 방어하고 영국 정부가 취소하려고 하던 독립을 지키려는 것이었다.[32]

주권의 본질이 곧 세금 부과이며, 주권이 국가성의 정의라면, 13개 식민지는 세계가 그들을 하나의 국가로 인식하기도 전에, 실제로 그들 스스로 하나의 국가라고 선언하기도 전에 이미 국가로서 행동하고 있었다. 영국에 대항해 전쟁을 벌이면서, 그들은 약소국이 자주 하는 일을 하고 있었다. 자신들의 독립을 지키려고 노력하는 것이었다. 놀랍게도, 미국인들이 그들의 혁명전쟁이라고 부르게 된 전쟁에서, 그들은 이 목적을 위해 약자의 전형적인 전략들을 사용했다.

북미 전쟁

렉싱턴과 콩코드에서 충돌이 일어난 지 두 달 후, 전쟁의 첫 중요한 전투가 보스턴 외곽 찰스타운에서 벌어졌다. 식민지군은 도시 내 영국군을 포위하고 있었고, 영국군이 주변 언덕을 강화하여 보스턴 항구를 장악하려는 계획을 알게 되었다. 이를 예상한 식민지군 1,200명은 은밀히 두 개의 언덕을 점령했다.[33] 6월 17일 아침 일찍, 영국군은 식민지군의 위치를 파악하고 공격을 개시했다. 결국, 이 전투에서도 영국군이 승리했는데, 이는 전쟁 중 양측이 선택한 전투에서 영국군이 주로 승리한 것과 같다. 미국인들이 탄약이 떨어져서 보스턴 근처의 다른 마을인 캠브리지로 후퇴해야 했기 때문에 영국군은 반란군이 점령했던 위치를 차지했다.

하지만, 더 큰 관점에서 보면 이 전투는 미국인들에게 성공적인 전투로 간주되었다. 런던의 여러 관료들과 북미의 몇몇 인사들은 훈련받지 못하고 조직되지 않은 미국군이 영국군에 맞설 수 없으며, 필연적인 치욕스러운 패배로 인해 반란이 무너질 것이라고 믿었다. 벙커힐 전투는 이 믿음이 잘못되었음을 증명했다. 미국인들은 훌륭하게 싸웠으며, 실제로 자신들이 입은 피해보다 더 많은 피해를 영국군에게 입혔다.[34] 그들은 자신들이 화력과 병력에서 열세임에도 불구하고 싸울 의지와 능력이 있음을 영국과 자신들에게 보여주었다. 이는 더 강한 적에 맞서기 위해 필수적인 조건이었다.[35]

6월에 제2차 대륙회의는 이제 일종의 식민지 정부 역할을 하면서 캐나다를 영국의 통치에서 해방시키기 위한 작전을 승인했다. 12월 말, 후에 배신자로 미국 역사에 악명을 떨치게 되는 유능한 지휘관 베네딕트 아널드가 이끄는 소규모 부대가 길고 고된 여정을 거쳐 퀘벡에 도착했다. 이들은 리처드 몽고메리가 이끄는 또 다른 소규모 미국 부대와 합류했다. 1775년 마지막 날, 그들은 도시를 공격했지만, 함락시키지 못했다. 그들은 캐나다 사람들이 그들을 환영하고 심지어 도울 것이라고 기대했지만, 이는 이루어지지 않았고, 이는 그들의 실패에 기여했다. 결국 미국인들은 국경을 넘어 후퇴해야 했다.[36]

이 경우, 과잉 자신감으로 인해 미국인들이 피해를 입었다. 그들은 19세기 말 필리핀, 20세기 베트남, 21세기 이라크에서 반복될 실수를 저질렀다. 그들은 외국인들이 미국의 개입과 미국의 보호를 얼마나 선호하는지를 과대평가했다. 퀘벡의 대다수 캐나다인들은 프랑스계 가톨릭 신자로, 무장한 영국계 개신교도와 운명을 함께 할 열정이 매우 제한적이라는 것이 밝혀졌다.

대륙회의는 조지 워싱턴을 미국군의 수장으로 임명했다. 이는 20년 전 오하이오 밸리 황야에서 충돌에 참여했던 같은 조지 워싱턴으로, 그 충돌은 그가 13개 식민지를 대표하여 수행해야 하는 전쟁의 긴 연쇄적 사건을 일으켰다. 그는 의회 일부 구성원들의 눈에 중요한 자격을 갖추고 있었다. 그는 버지니아의 중요한 시민이었으며, 매사추세츠에서 발생한 사건으로 촉발된 전쟁에 버지니아의 완전한 참여가 이 사업의 성공에 중요했다. 뉴잉글랜드 출신이 주로 구성된 군대를 이끌 수장을 버지니아인으로 선택하는 것은 버지니아의 전쟁 참여를 보장하는 데 도움이 될 것이라고 기대되었다.[37]

워싱턴은 물론 군사 경험이 있었지만, 그의 새로운 직책이 요구하는 규모로 부대를 지휘하거나 병참 작전을 감독한 경험은 없었다. 또한, 8년 동안 그는 역사상 가장 대담하거나 상상력이 풍부하거나 성공적인 전투 지휘관으로 자리 잡지 못했다. 그러나 그는 자신에게 주어진 직무에 이상적인 인물로 밝혀졌다. 사실, 그는 자신이 '영광스러운 대의'라고 부른 것의 성공을 위해 필수적인 인물로 판명되었는데, 이는 그의 개인적 자질 때문이었다.

그는 강철 같은 청렴함, 상당한 개인적 용기,[38] 지루한 행정 업무를 포함한 끊임없는 근면,[39] 그리고 사람과 상황에 대한 예리한 판단력을 지닌 사람이었다. 그의 가장 큰 업적은 군사적 좌절, 가혹한 생활 조건, 그리고 간헐적인 급여에도 불구하고 종종 낙오된 군대를 현장에 유지하고 싸우게 한 것이었다.[†]

워싱턴이 지휘한 군대는 전적으로 자원봉사자들로 구성되어 있었다. 그들이 싸우고 있는 영국군과 비교했을 때, 경험, 훈련, 그리고 규율이 부족했다. 식민지 민병대는 때때로 대륙군을 보강했지만, 종종 자의적으로 집으로 돌아가곤 했다. 전쟁 후반부에 특히 남부 식민지에서의 게릴라 전쟁은 미국 측에 큰 이익을 주었다. 그럼에도 불구하고 북미의 영국군은 거의 항상 미국군보다 수적으로 우세했다.[40] 워싱턴 덕분에 미국군은 싸우려는 의지를 유지했으며, 시간이 지남에 따라 전투 능력도 향상되었다.[41]

---

† "키가 6피트 4인치에 달하고 흰 말을 타고 다니며, 그는 전쟁동안 살아 있는 전설이 되었다. 그는 부하들의 충성을 이끌어냈으며, 하급 지휘관들이 불만을 표출할 수 있도록 겸허히 받아들였다. 그는 프랑스와의 종종 힘든 관계에서도 냉정함을 유지했으며, 의회와 협력할 때도 같은 평정심과 외교적 태도를 보였다. 그는 전쟁의 정치적 측면을 잘 이해했다. 무엇보다 중요한 것은, 그는 자신의 군대를 온전하게 유지했으며 대부분 영국군의 손길에서 벗어나게 했다." 앤드루 잭슨 오쇼니스(Andrew Jackson O'Shaughnessey), *The Men Who Lost America: British Leadership, the American Revolution, and the Fate of the Empire* (뉴헤이븐 및 런던: 예일대학교 출판부, 2013), 359쪽.

워싱턴의 또 다른 주요 업적은 대륙회의와의 올바른 관계를 유지한 것이었다. 대륙회의는 그에게 필요한 병력과 보급품을 신뢰할 수 있게 제공하지 않았다. 그는 항상 궁극적인 권위에 순응함으로써 새로운 나라에 민간인이 군대를 통제하는 필수적인 민주적 원칙을 확립했다.

그의 개인적 미덕은 조지 워싱턴을 그가 창출한 나라의 상징으로 만들었다. 이미 1779년 미국인들은 그의 생일을 기념하고 있었다. 1775년에 그를 임명한 것은 행운의 패턴을 시작한 것이었다. 미국은 세 차례의 주요 전쟁—남북 전쟁과 제2차 세계대전 포함—에서 그 전쟁과 그에 직면한 임무에 잘 맞는 총사령관을 두었다. 조지 워싱턴은 에이브러햄 링컨과 프랭클린 루스벨트와 함께 선택된 소수의 인물 중 하나로 자리매김한다. 순수한 군사 지도자로서—그의 부하들에게 영감을 주는 자신감, 그의 정직성과 훌륭한 판단력, 그리고 다양한 어려운 동맹국들과 부하들과의 좋은 관계를 유지하는 그의 능력—미국 역사에서 그와 가장 유사한 인물은 남북 전쟁 당시 연합군 사령관이었던 율리시스 그랜트와 제2차 세계대전에서 유럽 연합군 최고 사령관이었던 드와이트 아이젠하워이다. 세 전쟁의 승리 후 이들 세 장군 모두 미국 대통령으로 재임했다.

미국이 수도 도시의 이름을 조지 워싱턴의 이름을 따서 짓는 것은 매우 적절했다. 그가 없었다면, 1790년부터 워싱턴 D.C.가 수도로서 역할을 하는 나라가 존재하지 않았을 것이다.

워싱턴은 처음에 자신의 영광을 위해 군인이 되었으며, 이는 전투에서만 얻을 수 있었다. 그는 전쟁 초기인 1776년 8월 27일 롱아일랜드에서 영국군과 주요 전투를 벌였으나, 영국군이 승리했다. 이후 그는 개인적인 선호를 버리고, 군사적으로 열세인 상황에 적합한 방어 전략을 채택했다. 그는 이를 '보루의 전쟁'이라고 불렀으며, 이는 강력한 요새에서 싸우는 것을 의미했다.[42] 그는 영국군의 결정적인 타격을 피하기위해 기동성과 속도에 의존했고, 영국이 결국 식민지를 제압하려는 노력을 포기하기를 바랐다. 미국 민간인들 사이의 영국에 대한 적대감은 게릴라 전술을 통한 영국군의 괴롭힘으로 이어졌으며, 이는 대륙군의 노력을 보강했다.

군사적으로 우세한 영국군은 공격적인 전략을 취했다. 그들은 미국군을 패배시키고 분산시키며, 식민지를 분열시키기 위해 병력을 배치하려 했다. 또한 명시적으로 밝히지는 않았지만, 반란군이 전투에서 패배하면 왕에게 충성을 지키는 미국인들을 통해 식민지를 통치할 수 있을 것이라는 기대, 또는 최소한 희망이 있었다.[43]

영국 관리들은 제국 통치를 다시 확립하기 위해 식민지의 동의가 필요하다는 것을 이해했다. 그들의 병력은 주요 항구 도시를 점령할 수 있었지만, 보스턴에서의 경험은 인구가 적극적으로 반대할 경우 이는 쉽지 않을 것임을 보여주었다. 해군 강국으로서 대규모 상비군[44]의 전통이 없었던 영국은 인구의 90%가 거주하는 모든 크고 작은 마을과 농장[45]을 제압하기 위해 충분한 병력을 동원할 수 없었다. 하물며 반란군이 피신할 수 있고 저항을 준비할 수 있는 광대한 북미 내륙을 감시하는 것은 더욱 불가능했다.[46] 영국은 최소한 묵시적으로라도 "잘 훈련된 유럽 군대에 의해 미국 사람들은 정복될 수 있지만, 미국 땅은 정복할 수 없다."라는 프랑스 목격자의 주장을 인정했다.[47] 지리적 특성은 약자가 강자를 저지할 수 있는 주요 방법의 하나인 접근의 어려움을 미국인들에게 제공했다.

영국이 의존한 충성파는 식민지 인구의 상당 부분을 차지했으며, 한 추정에 따르면 20%에 달했다. 나라의 모든 전쟁에서 일부 미국인들은 정부의 정책에 반대했다. 그러나 이후의 전쟁과 달리, 혁명전쟁에서는 거의 모든 반대자가 실제로 적을 지지했으며, 약 2만 명이 영국군 연대에서 싸웠다. 또한 이후의 미국 전쟁들과 달리, 전쟁이 끝난 후 반란군을 반대한 사람 중 6만에서 10만 명이 여전히 영국령인 캐나다[48]로 도망갔다. 그러나 충성파는 다수는 아니었고, 전쟁 중 영국은 그들의 동조를 효과적으로 이용하지 못했다. 그들이 싸운 정치적 목표를 확보하기 위해, 즉 식민지에 대한 효과적인 통제를 유지하기 위해 영국은 2세기 후 인도차이나 전쟁에서 인기 있었던 표현을 빌리자면, 미국인들의 마음과 생각을 얻어야 했다. 그러나 그들은 이를 해내지 못했다.

순수하게 군사적 관점에서 보면, 전쟁 초기 단계에서 영국은 상당한 성공을 거두었다. 벙커힐 전투 이후, 주요 영국군은 배를 타고 뉴욕으로 이동했는데, 영국 지휘관들은 뉴욕을 미국의 중력 중심으로 여겼다. 롱아일랜드 전투에서 영국군이 승리한 후, 워싱턴의 군대는 먼저 맨해튼으로, 그다음 뉴저지로, 궁극적으로 펜실베이니아로 후퇴했다. 그러나 영국 지휘관들은 그들을 강력히 추격하지 않았고, 이는 결과적으로 식민지 군대를 격파할 수 있었던 최고의 기회를 놓친 것으로 보인다. 게다가, 패배 후 워싱턴은 뉴저지의 영국군 주둔지에 성공적인 기습을 가했다. 1776년 12월 트렌턴과 1777년 1월 프린스턴에서. 군사적으로 큰 가치는 없었지만, 이러한 출격은 이전 해 보스턴 외곽에서의 첫 번째 전투처럼 미국인의 사기를 북돋우고, 대륙군이 뉴욕에서의 패배에도 불구하고 계속 싸울 의지와 능력이 있음을 입증했다.

군대가 싸우는 동안, 대륙회의는 중요한 정치적 단계를 밟았다. 뉴욕 전투 전 달인 1776년 7월 4일, 독립 선언서를 발표했다. 선언서는 "이 연합 식민지는 자유롭고 독립적인 국가이며, 그들은 모든 충성을 영국 왕실로부터 벗어나며, 그들과 영국 국가 사이의 모든 정치적 연결은 완전히 해체되어야 한다."고 선언했다. 수년에 걸쳐, 주로 식민지 주민들의 불만을 나열한 이 선언서는 미국이라는 나라의 창립 문서로 여겨졌다. 이 문서는 미국 공공 생활에서 어떤 면에서는 미국 종교 생활에서의 성경과 비교할 수 있는 지위를 갖게 되었다.[49]

미국 역사 대부분 동안, 대부분의 미국인은 문서의 두 번째 단락의 첫 문장에 익숙했다. "우리는 다음 진리를 자명한 것으로 여긴다. 모든 사람은 평등하게 창조되었으며, 그들은 창조주로부터 생명, 자유, 행복 추구의 권리를 부여받았다." 이 문장은 미국 정치에 퍼져 있고 250년 동안 미국 외교정책에 강력한 영향을 미친 이념을 요약하고 있다. 1776년 7월 4일, 미국 혁명은 가장 이념적인 순간을 맞이했다.

독립선언서에 서명한 대륙회의 회원들은 선언서의 내용을 분명히 믿었지만, 그들이 그것을 발표한 시점에는 다른 의도가 있었다. 이는 그들이 선언한 독립을 확보하려는 희망에 중심적인 동기였다. 그들은 처음부터 약소국이 그렇듯이, 강력한 적을 성공적으로 저항할 가능성은 다른 나라들을 자신의 편으로 끌어들일 수 있는 정도에 따라 증가한다는 것을 알고 있었다. 더 많은 나라, 더 강한 나라일수록 그 가능성은 높아질 것이다. 또한 그들은 영국의 지정학적 경쟁자인 대륙 강대국들이 북미에서 영국이 패배하는 것을 기쁘게 여길 것이며, 그 패배를 돕는 데 기꺼이 기여할 수도 있다는 점을 인식하고 있었다. 그러나 그들은 영국 제국 내에서 단지 더 나은 대우를 받고자 하는 반란 식민지들을 위해 적극적으로 개입하지는 않을 것이라는 것도 알고 있었다.[50]

미국인들은 독립을 선언함으로써 자신들의 결의와 의지를 보여주며 유럽의 지원을 더 매력적으로 끌어들이기를 희망했다. 대영제국으로부터의 완전한 분리를 목표로 한 선언은, 독립선언서의 표현대로, 그들이 제국의 지배자들과의 투쟁에 자신들의 생명, 재산, 그리고 신성한 명예를 모두 걸었다는 것을 입증하는 것이었다.[51]

미국인들은 방어와 접근의 어려움과 함께 약소국의 세 번째 전략인 분산을 활용하여 유럽의 지원을 얻었다. 그들이 받은 지원은 전쟁의 성공적인 결과에 결정적인 역할을 했다. 독립 선언만으로는 그 지원을 확보하기에 충분하지 않았다. 유럽 강대국들은 1776년 7월 4일 이후 15개월이 지나서야 미국의 첫 번째 중요한 군사적 승리 후에, 그리고 그로 인해 미국인들에게 중요한 지원을 제공했다.

영국군은 전쟁을 그들 조건에 맞춰 끝내기 위해 1777년에 두 개의 주요 군사 작전을 계획했다. 윌리엄 하우 장군은 뉴욕에서 필라델피아로 병력을 이동시켜 브랜디와인과 저먼타운에서 워싱턴 군대를 격파하고 1777년 9월 26일 도시에 입성했다. (영국군의 움직임을 예상한 대륙회의는 그 전 겨울에 볼티모어로 이전했다.)

두 번째 작전에서 영국군 존 버고인 장군은 캐나다에서 남쪽으로 레이크 샹플레인과 허드슨 밸리를 따라 남하하는 경로를 통해 군대를 이끌었다. 목표는 뉴잉글랜드를 다른 식민지들로부터 차단하는 것이었으며,[52] 이는 반란을 종식시키는 데 도움이 될 것이라고 기대했다. 버고인의 군대는 남하하는 과정에서 군수 문제와 미국 비정규군의 괴롭힘에 직면했다.[53] 사라토가에서 영국군은 호레이쇼 게이츠 장군이 지휘하는 미국군과 맞닥뜨렸다. 전쟁에서 처음으로, 주요 전투에서 미국군이 더 나은 싸움을 펼쳤다. 10월 17일, 버고인은 항복했다.

사라토가 전투는 이후 2세기 반 동안의 다른 군사적 교전만큼 잘 알려지지는 않았지만, 미국 군대가 승리한 가장 중요한 세 전투 중 하나로 간주된다. 이는 혁명전쟁의 전환점이 되었으며, 남북 전쟁의 게티즈버그와 제2차 세계대전의 대서양 전투와 마찬가지로 중요한 역할을 했다.[54] 이 승리는 프랑스 왕 루이 16세 정부가 공식적으로 식민지 편에 서서 전쟁에 참전하는 결정을 확고히 하는 계기가 되었다. 프랑스의 참전은 전쟁의 양상을 바꾸어, 약소국인 미국인들이 패배를 피하려고만 했던 전쟁에서 다른 주요 국가의 도움으로 승리를 기대할 수 있는 전쟁으로 변모시켰다.

유럽 전쟁

전쟁이 일어난 지 62년 후, 랄프 월도 에머슨은 렉싱턴과 콩코드의 교전에서 시작된 첫 번째 발포를 '세계에 울려 퍼진 총성'[55]이라고 표현했다. 에머슨의 표현은 과장이었지만, 미국 독립 전쟁의 시작이 중국 베이징의 황실에까지 알려졌다는 증거는 없다. 그러나 이 반란은 파리에서 큰 관심과 상당한 동정심을 불러일으켰다.

절대 군주제였던 프랑스 정부는 식민지 반란의 원칙을 지지하지 않았다. 실제로 전쟁이 끝난 지 6년 후에는 훨씬 더 광범위하고 역사적으로 중요한 결과를 가져온 혁명이 루이 16세와 그의 정권을 전복시켰다.[56] 그러나 프랑스는 유럽의 강대국 정치에 뿌리를 둔 강력한 이유로 영국이 북미에서 패배하기를 원했다. 17세기의 유럽에서 가장 강력한 강국이었던 프랑스는 18세기에 들어서면서 영국이 주요 경쟁자로 떠오르고 7년 전쟁에서 큰 승리를 거두는 것을 보았다. 영국과 프랑스의 경쟁에서 한 쪽의 패배는 다른 쪽의 이득이었다. 식민지 주민들이 영국 제국과의 싸움에서 승리하면 이는 영국의 글로벌 지위를 약화하고 영국의 명성을 떨어뜨려 프랑스에 유리하게 작용할 것이다. 따라서 프랑스는 미국의 성공을 바라고 이를 위해 노력할 강력한 동기를 갖추고 있었다.

미국인들은 적대 행위가 시작되자마자 지원을 찾기 위해 해외로 눈을 돌렸다.[57] 1775년 11월, 대륙회의는 해외의 잠재적 친구들과 소통하기 위한 비밀 통신 위원회를 설립했다.[58] 대륙회의는 아서 리와 실라스 딘을 프랑스의 대리인으로 임명했고, 1776년 12월에는 훨씬 중요한 대표인 벤자민 프랭클린을 파리로 파견했다. 1705년 보스턴에서 태어난 프랭클린은 필라델피아에서 인쇄업자, 편집자, 과학자, 발명가로서 뛰어난 경력을 쌓았다. 그는 펜실베이니아 대학이 된 단체를 포함한 여러 시민 단체를 설립했다. 그는 또한 런던에서 펜실베이니아 의회의 대리인으로서, 그리고 다른 여러 식민지의 대리인으로서 상당한 외교 경험을 쌓았다. 프랭클린은 미국의 대의를 위해 프랑스의 지원을 얻는 데 누구보다도 중요한 역할을 했다. 그는 프랑스인들을 매료시켰고, 그들은 그를 '영웅과 성인 사이의 존재'로 대우했으며,[59] 프랑스 정부로부터 무기와 상당한 대출을 이끌어낼 수 있었다.[60] 그는 혁명전쟁에서 가장 중요한 외교관이었고, 그 전쟁에서 외국의 지원이 절실히 필요했기 때문에 아마도 미국 역사상 가장 중요한 외교관일 것이다.

반란이 일어나자마자 프랑스는 미국에 대한 비밀 지원 프로그램을 시작했고, 이는 대륙군이 싸움을 계속하고 특히 사라토가 전투에서 승리하는 데 중요한 역할을 했다.[61] 그 전투 이후 영국은 식민지 주민들에게 독립을 제외한 대부분의 요구를 수용하는 합의를 제안했다. 프랭클린은 이 제안을 활용하여 프랑스 정부가 미국과 공식적인 동맹 조약을 체결하도록 설득했다. 프랑스는 1778년 2월 6일에 조약을 체결했다.[62] 조약에 따라 프랑스는 공식적으로 영국과의 전쟁에 참전하게 되었다.[63]

다음 해에 스페인은 프랑스와 동맹을 맺고 영국에 대항했다. 스페인 왕실은 프랑스와 마찬가지로 미국의 공화국, 즉 반군주제 원칙의 승리를 원할 이유가 없었고, 독립된 미국이 북미에서 영토 경쟁을 벌일 수 있다는 점을 두려워했다. 그럼에도 불구하고 스페인은 1713년에 영국에 양도한 지브롤터를 되찾기 위해 전쟁에 참전했다. 네덜란드는 식민지와 무역을 했고, 이는 영국을 분노하게 했으며, 영국은 1780년에 네덜란드에 전쟁을 선포하여 대항 연합을 넓혔다. 러시아는 유럽 국가들 사이에서 중립국 연맹을 조직하여 그들의 선박을 보호하도록 했으며, 이는 간접적으로 식민지의 대의를 지원했다.[64]

프랑스 동맹과 그에 따른 외교적 연계는 두 가지 방식으로 전쟁을 미국에 유리하게 변화시켰다. 이는 식민지 군대의 전투력을 향상시켰다. 조약을 체결한 후 프랑스는 무기와 자금뿐만 아니라 군대와 선박도 북미에 보냈으며, 이는 1781년 전쟁의 결정적 전투에서 프랑스-미국 연합군이 승리할 수 있게 했다.

미국의 성공에 있어 마찬가지로 중요한 것은 프랑스가 공식적으로 전쟁에 참전함으로써 전쟁의 지리적 범위가 크게 확장되었다는 점이다.[65] 이는 영국군, 특히 해군을 분산시키게 했으며, 북미 해안에서의 존재를 줄였다. 영국은 카리브해와 지중해에서 자국의 영토와 해군 위치를 방어해야 했고, 프랑스와 스페인이 1779년에 자국 섬을 공격할 계획을 세우자 이를 진지하게 받아들여야 했다.[66] 북미는 여러 전쟁의 장(場) 중 하나가 되었으며, 반드시 가장 중요한 전쟁의 장은 아니었다.

실제로 1778년 이후 7년 전쟁과 이전의 영국-프랑스 간 갈등의 지정학적 조정은 영국에 유리했던 것이 뒤집혔다.[67] 이전 전쟁에서는 프랑스가 영국의 동맹국인 프로이센과 유럽 대륙에서 싸워야 했고, 이는 프랑스의 자원 분산을 초래해 영국의 승리에 크게 기여했다. 그러나 프랑스-미국 동맹 이후에는 영국이 여러 전장에서 전쟁을 벌여야 했으며, 북미 대륙뿐만 아니라 세계 여러 해양에서도 전쟁을 벌여야 했다. 이전 갈등에서 영국이 육지에서 싸울 수 있는 동맹국을 가졌던 것과 달리, 이번 전쟁에서는 프랑스가 대륙군이라는 형태로 동맹국을 가졌다. 1756년에서 1763년 사이 프랑스가 겪었던 것처럼, 이 장애물은 혁명전쟁에서 영국의 군사적 노력에 영향을 미쳤으며, 궁극적으로 결정적인 결과를 낳았다.

프랑스-미국 조약 이후, 영국은 북미 군사 작전의 중점을 남부 식민지로 옮겼다. 남부 식민지는 영국에 경제적으로 더 중요했고, 더 강력한 충성파 정서가 존재한다고 여겨졌다.[68] 남부 전역은 어느 정도 성공을 거두었다. 영국군은 1779년 8월 조지아의 사바나와 1780년 5월 사우스캐롤라이나의 찰스턴이라는 두 주요 항구 도시를 점령했다. 두 번째 경우, 대륙군의 5,500명이 항복했으며, 이는 전쟁 전체에서 대륙군이 입은 최대 손실이었다. 그러나 영국군은 심각한 게릴라 저항에도 직면했다.[69] 1781년 여름까지 미국인들은 남부 대부분의 관할권을 회복했다. 그들의 마음과 생각을 얻으려는 전쟁은 가장 유망한 곳에서 실패했다.[70]

1781년, 남부를 지휘하던 영국군 사령관 찰스 콘월리스 경은 버지니아로 북상했다. 요크타운에서 그들은 두 배나 되는 규모의 프랑스와 미국 연합군과 마주쳤다. 조지 워싱턴과 그의 프랑스 동맹자 장 바티스트 로샹보 백작은 뉴욕에서 남쪽으로 빠르게 병력을 이동시켰으며,[71] 이는 이후 미국 군사 활동의 특징이 될 기동력을 잘 보여주었다. 중요한 것은, 프랑수아 드 그라스 제독이 지휘하는 프랑스 함대가 버지니아 해안의 해역을 통제하여 왕립 해군의 분산을 이용했다는 점이다. 콘월리스는 궁지에 몰렸다. 10월 19일, 그의 군대는 요새에서 나와 항복했다. 이때 군악대는 '세상이 뒤집혔다(The World Turned Upside

Down)'라는 곡을 연주했다.[72]

요크타운에서의 영국군 패배는 고통스럽고 굴욕적이었지만, 전쟁을 끝내야 할 필요는 없었다. 왕의 군대는 북미에서 여전히 강력한 위치를 유지하고 있었다. 왕 자신은 전쟁을 계속할 것을 선호했다. 그러나 영국 정부는 붕괴되었고, 새 정부는 평화를 모색했다. 특히 새 정부의 주도적인 인물인 셸번 백작[73]은 영국이 맞서고 있는 광범위한 연합군과의 대결을 끝내기를 원했으며, 외교적 수단으로 미국을 연합군에서 제거하려 했다. 이는 그의 나라가 유럽의 적들과 더 잘 대처하기 위함이었다. 식민지는 여전히 중요했으며, 6년간 전쟁을 벌일 만큼 중요했다. 그러나 1781년까지 다른 글로벌 및 제국의 이익이 더 중요하게 여겨졌다. 이렇게 해서 더 강력한 영국이 약소국인 미국과 화해하는 패턴이 시작되었으며, 이는 이후 100년 동안 여러 번 반복되었다.

에드먼드 버크를 포함한 많은 동료들과 마찬가지로 셸번도 미국 독립 전쟁으로 이어진 조치들에 반대했지만, 그는 또한 식민지의 독립을 부여하는 것에도 반대했다. 그러나 벤자민 프랭클린과의 협상 과정에서 독립이 미국 측에서 갈등을 해결하기 위한 필수 조건이 되었음을 깨달았다. 결국 그는 1782년 7월에 독립을 인정했다.[74] 한편, 미국인들은 프랑스에게 영국과 별도의 평화를 맺지 않겠다고 약속했지만, 실제로 프랭클린은 그렇게 했다.

협상은 추가로 6개월간 지속되었지만, 1783년 1월 20일, 영국은 다른 모든 교전 당사자들과 합의에 도달했다. 미국, 프랑스, 스페인(네덜란드를 대신하여)은 영국과 휴전 및 예비 평화 협정을 체결했다. 최종 조약은 1783년 9월 3일 파리에서 서명되었다.

중요한 조항은 다음과 같았다. "그의 브리타니아 폐하께서는 ... 미국 합중국이 자유롭고 주권적이며 독립된 국가임을 인정하신다."[75]

영국은 1765년부터 미국인들이 때때로 자신들이 그렇게 하고 있다는 사실을 완전히 인식하지 못하면서 주장했던 주권을 공식적으로 인정했다. 조약은 새로운 나라의 국경을 확립했다. 물론 동쪽으로는 대서양, 북쪽으로는 오대호 라인(21세기의 캐나다 국경과 가까운 라인), 남쪽으로는 31번째 평행선(현재 플로리다 북부 경계의 일부), 서쪽으로는 미시시피강이 포함되었다.[76]

전쟁 결과로 프랑스는 20년 전 잃었던 일부 명성을 되찾았지만, 실질적인 이득은 거의 얻지 못했다. 스페인은 약간의 영토 보상을 받았지만, 지브롤터는 얻지 못했다.[77] 미국 식민지를 잃은 것을 제외하고, 영국은 협정을 통해 비교적 잘 해냈다.[78] 더구나 영국은 식민지를 잃으면 강대국으로서 지위가 심각하게 저하될 것이라는 두려움 때문에 전쟁을 벌였지만,[79] 이후 몇십 년 동안 이 두려움은 현실화하지 않았다. 실제로 프랑스 혁명으로 촉발된 일련의 유럽 전쟁 이후, 영국은 가장 강력한 강대국으로 떠올랐다.[80]

혁명전쟁에서 약소국인 미국 측은 영국의 약점과 실수 덕분에 더 강한 적을 상대로 목표를 달성할 수 있었다. 영국 정치계는 처음부터 식민지와의 대결에 대해 분열되어 있었으며, 일부 중요한 인사들은 식민지에 세금을 부과하려는 노력이 현명하지 않다고 생각했고, 그들 중 더 많은 사람은 정부의 전쟁 정책을 비판했다.[81] 북미 현지의 군 지휘관들은 영국 혈통을 가진 동료 개신교도들과 싸우는 것에 대해 혼합된 감정을 가지고 있었다.[82]

이 지휘관들은 몇 가지 전술적 오판을 저질렀다. 예를 들어, 하우 장군은 1776년 롱아일랜드에서 워싱턴 군대를 물리친 후 추격했어야 했으며, 다음 해에 남쪽에서 버고인을 지원하려고 노력했어야 했다. 귀족 출신의 배경으로 자격을 갖추게 된 군 지도자들은, 전장에서 공적과 성취가 훨씬 더 중요했던 미국의 상대 인물들과 달리, 회고적으로 보면 때때로 소심하고 자만하며 상상력이 부족한 것으로 보였다. 이러한 상반되는 특성이 그들의 대의를 더 잘 섬기게 했을 것이다.

그럼에도 불구하고, 전쟁 결과에 대한 공로는 주로 미국인들에게 있으며,

특히 약자가 강자에 맞서기 위해 사용할 수 있는 세 가지 전략을 잘 활용한 능력에 있다. 그중 가장 중요한 것은 방어, 즉 싸우려는 의지였다. 이것 없이는 식민지 주민들은 다른 두 가지를 활용할 수 없었을 것이다. 그들은 확실히 싸웠으며, 항상 효과적이지는 않았고 전장에서 명확한 승리를 거둔 경우도 드물었지만, 지속적으로 그리고 상당한 비용을 치르며 싸웠다. 미국 측 사망자는 25,000명으로, 18세기 전쟁에서 큰 수치였으며 13개 식민지 인구의 거의 1%에 해당한다. 이는 남북 전쟁을 제외한 미국의 모든 무력 충돌에서 비율적으로 가장 높은 희생자 수치이다.[83]

그들이 왜 싸웠는지를 정확히 판단하는 것은 쉽지 않다. 무기를 들었던 사람들 사이에서는 동기가 다양했을 것이며, 그들 자신도 감수했던 위험에 대해 여러 가지 이유를 가지고 있었을 것이다. 그러나 전쟁이 자유를 방어하기 위해 벌어진 것이라는 원칙이 미국인들이 희생을 감수하는 데 일부 영향을 미쳤을 가능성이 높다. 이러한 방식으로 이념은 첫 번째 미국 전쟁에서 중요한 역할을 했다.

미국인들의 싸우려는 의지와 특히 사라토가에서 보여준 전장에서의 역량 증가는 프랑스 정부로 하여금 영국과의 전쟁에 참전하는 것이 지정학적 이익을 가져다줄 것이라고 확신시켰다. 프랑스의 참여 없이는 미국인들이 요크타운 전투에서 승리할 수 없었을 것이다. 더 넓게 보면, 1778년 프랑스-미국 조약 이후 영국이 다른 유럽 강대국들과 벌여야 했던 전쟁은 런던이 식민지와의 갈등에 몰입할 수 있는 관심과 자원을 분산시키고 희석했다. 이는 궁극적으로 셀번이 식민지와 화해해야 한다는 필요성을 인식하게 했으며, 그는 화해가 독립을 인정하는 것을 필요로 한다는 것을 받아들였다.

영국이 미국 조건에 따라 전쟁을 끝내려 한 또 다른 이유는 미국의 적극적인 저항 의지였다. 요크타운 이후에도 계속 전쟁을 벌였고, 미국과 프랑스 군대와의 후속 전투에서 승리했더라도, 영국은 1765년 이전의 북미 상태를 회복할 실질적인 방법이 없었다. 식민지가 차지한 영토는 너무 넓었고, 미국 인구는 널리 흩어져 있었으며, 영국의 통치를 거부하는 증거가 너무 명백했다. 미국을 통치하기 위해 영국은 그들이 한 번도 모은 적이 없고 영국 정치 체제상 모을 가능성도 없는 군대를 영구히 배치해야 했을 것이다.[84]

19세기와 20세기 전반에 걸쳐 영국은 인도에서 아주 적은 수의 관리와 군인들로 훨씬 더 큰 영토와 인구를 통제할 수 있었다. 사회적, 정치적, 문화적 조건이 이를 가능하게 했다. 그러나 1783년, 그리고 실제로 1765년까지 북미의 비교 가능한 조건들은 지리적 사실들과 결합하여, 영국이 강요할 수 있는 제국 통치를 더 이상 가능하지 않게 만들었다. 따라서 미국인들의 저항 의지는 약자의 세 번째 전략인 접근의 어려움을 가동했다.[85] 다른 유럽 강대국들과 싸워야 하는 힘의 분산과 방어와 함께, 이는 그들이 더 부유하고 인구가 많으며 군사적으로 더 강력한 영국 제국과의 전쟁에서 승리하는 데 기여했다.

헌법과 외교정책

1783년 영국과 다른 나라들에 의해 독립국으로 인정받은 새로운 주권 국가는 또한 약소국이었다. 그것은 유럽의 강대국들과 비교하여, 그리고 전쟁을 포함한 집단적 노력을 위해 자원을 동원할 정치적 능력 면에서 약했다. 1781년 대륙회의는 그들 사이의 관계를 관리하기 위해 연합 규약을 채택했으며, 이 규약은 미국 최초의 정부의 헌장 역할을 했다. 이 규약은 실질적으로 모든 권력을 초대 13개 주가 된 13개 식민지 정부에 부여했다. 새로운 나라는 세금을 통한 수익 창출, 모든 시민에게 적용되는 법률 제정, 외교관계 규제, 국가 방어와 같은 중앙 정부가 수행해야 하는 기능을 효과적으로 수행할 수 있는 중앙 권위(체)가 거의 없었다.

조약 규약이 규정한 의회는 하나의 중요한 법안을 통과시키는 데 성공했다. 1787년 북서부 조례는 다른 주들이 원래 13개 주에 추가될 절차를 규정했다.

그러나 전반적으로 규약의 설계는 미국을 다양한 위험에 취약하게 만들었고, 이는 곧 명백해졌다.

무역은 13개 식민지의 경제생활에서 중요한 역할을 했으며, 새로운 나라는 그 역할이 계속되기를 기대했다. 실제로, 미국인들은 항해법의 제한에서 벗어남으로써 무역이 확장될 것으로 기대했다. 영국은 여전히 가장 큰 무역파트너였지만, 영국은 서인도 제도를 미국 상인들에게 폐쇄했다.[86] 다른 유럽 강대국들도 더 나은 태도를 보이지 않았다.[87] 독립은 번영을 가져오지 않았으며, 오히려 그 반대였다.[88] 효과적인 정부가 없었던 미국은 무역 문제에 있어서 다른 나라들과 협상하거나 보복할 수단이 없었다. 즉, 무역정책을 수행할 수단이 없었다.

미국은 북미의 원주민으로부터도 어려움을 겪었다. 서부로 이동하는 정착민들은 인디언의 땅, 생계, 때로는 생명을 위협했으며, 위협을 받은 이들은 반격했다. 독립 직후, 미국은 서부에서 전면전과 맞먹는 상황에 직면했지만,[89] 독립을 위해 싸운 자원봉사 군대는 해산되었고, 싸울 군대와 이를 조직할 메커니즘이 없었다.

인디언으로부터의 도전은 유럽 강대국들이 그들에게 어느 정도 지원을 제공했기 때문에 더욱 불길했다.[90] 게다가, 유럽 강대국들은 단순히 인디언의 저항 능력을 증강시키는 것 이상의 야망을 가지고 있었다. 역사적으로 거의 모든 공화국이 결국 실패했기 때문에,[91] 미국이 독립국으로서 지속되지 않을 것이라는 예상이 널리 퍼져 있었다.[92] 만약 미국이 실패한다면, 프랑스, 스페인, 영국 중 적어도 일부는 그 일부를 차지하려고 할 것이다.[93] 그들 각각은 이미 서반구에 영토를 가지고 있었다. 프랑스는 카리브해에, 스페인은 신생 미국의 남쪽과 서쪽에, 영국은 캐나다에.

1783년 파리 조약의 조건에 따라 영국은 미국과 캐나다 사이의 새로운 국경 남쪽에 있는 군사 초소를 철수하기로 약속했다. 그러나 그들은 그렇게 하지 않았고, 새로운 미국 정부가 영국에 빚을 갚지 않았다는 명목으로 샹플레인 호수에서 슈피리어 호수까지 주둔지를 유지했다.[94]

새로운 나라에 대한 위험을 더한 것은 1786년과 1787년에 미국 내에서 군사적 위협이 발생한 것이었다. 혁명전쟁의 부상병인 대니얼 셰이스는 매사추세츠 서부에서 경제 상황에 항의하기 위해 무장봉기를 이끌었다.[95] 이러한 경제적, 정치적, 군사적 도전에 대해 신생 공화국은 실질적으로 중앙 정부가 거의 존재하지 않아 효과적으로 대응할 방법이 없었다. 미국인들 사이에는 정부 구조에 극적인 변화를 주지 않으면 미국이 살아남지 못할 것이라는 두려움이 퍼졌다.[96]

이에 따라, 1787년 5월 25일 필라델피아에서 미국의 정부 체제를 강화하기 위한 회의가 열렸다. 이 회의는 결국 헌법을 작성하게 되었고, 이 헌법은 이후 몇 가지 수정과 함께 미국을 통치하게 되었다. 민주주의 정신에 따라, 참가자들은 타협을 통해 최종 문서를 작성했다. 헌법 회의의 대표자들이 직면한 핵심 딜레마는, 한편으로는 당시와 미래에 직면할 문제를 해결하기 위해 더 강력한 중앙 정부가 필요하다는 것을 알고 있었다는 것이었다. 다른 한편으로는, 미국인들이 독립을 위해 싸운 이유가 바로 영국의 강력한 중앙 권위에서 벗어나기 위함이었다는 것이다. 따라서 대표자들은 억압적인 공공 권위와 무능한 공공 권위 사이에서 균형을 잡아야 했다.[97]

그들은 권력을 분산시켜 독재의 위험을 방지하려 했다. 권력은 수평적으로 분산되어, 입법부, 행정부, 사법부라는 세 연방 정부의 지부에 나뉘었다. 이를 권력 분립이라고 한다. 권력은 또한 수직적으로 분산되어, 연방 정부와 주 정부 모두에 권한을 부여하는 연방주의라는 설계가 이루어졌다. 회의는 무역을 규제할 권한을 연방 정부에 부여하기로 결정하여 다른 나라들과 유리한 협정을 협상할 수 있도록 했다.[98]

헌법 회의 대표자들은 또한 입법 대표성을 위한 공식을 두고 대규모 주와 소규모 주 간에 타협을 이끌어냈다. 하원의 경우 인구에 따라 배분되고, 상원은 주의 크기와 관계없이 각 주에 두 명의 의원을 배정하는 것으로 합의되었다. 또한, 남부 주와 북부 주를 분열시키고 수십 년 동안 쟁점이 된 노예제 문제에서도 타협이 이루어졌다. 이 문제는 결국 1861년 남북 전쟁을 일으켰다.[99]

헌법이 작성된 후, 회의는 헌법이 13개 주 중 9개 주에 의해 비준되어야 한다고 결정했다. 반연방주의자들은 헌법이 중앙 정부에 너무 많은 권한을 부여하며, 그대로 두면 미국인들이 영국과의 전쟁에서 보호하려 했던 자유를 위협한다고 믿었다. 비판자들을 안심시키기 위해 원래 문서에 열 가지 수정안이 추가되었으며, 이는 주로 정부가 침해해서는 안 되는 개인 권리를 열거하는 데 집중했다. 1788년 6월 21일, 아홉 번째 주인 뉴햄프셔가 비준을 투표하였고 헌법이 발효되었다.

헌법은 미국 공공 생활의 중심 텍스트와 틀이 되었다. 이후 두 세기 동안 대부분의 헌법 문제는 미국 국내 정치 및 경제의 한 측면과 관련이 있었지만, 이 문서의 기원은 미국과 세계와의 관계와 큰 관련이 있었다. 헌법을 협상하고 채택하는 주요 목표 중 하나는 신생 공화국이 자신을 방어할 수 있는 능력을 보장하는 것이었다. 헌법 초안의 첫 문장에서, 더 완벽한 연방을 형성하고 국내 평화를 보장한 후 공통 방위를 제공하는 것이 세 번째로 언급되었다.[100]

헌법은 미국을 강화하는 주요 외교정책 목표를 달성했다. 미국 역사와 250년 동안의 미국 외교정책의 주요 주제는 국가의 권력 확장이다. 인지세법에 대한 항의가 일어난 지 한 세기가 지나, 미국은 약소국에서 지구상의 강대국 중 강대국으로 성장했으며, 이후 수십 년 동안 국제체제에서 더욱 높은 위치로 상승했다. 미국 국력의 기하급수적인 증가는 영토 확장, 인구 증가, 산업 혁명의 숙달, 전쟁에서의 성공을 통해 이루어졌다. 그러나 첫 번째이자 아마도 가장 중요한 자력 강화 운동은 헌법의 작성과 채택을 통해 미국 정부를 재조직하는 것이었다.

필라델피아에서 모인 대표들은 국가의 지리적 범위와 경제 생산의 놀라운 확장을 주도하고 여러 전쟁에서 승리할 만큼 강력한 정부 구조를 설계했다. 그러나 이 구조는 18세기 미국인들이 두려워했던 개인의 자유에 대한 영구적인 침해 없이 작동하도록 고안되었다. 다만, 간헐적인 침해는 발생하기도 했다. 헌법이 마련한 정부 구조는 미국 외교정책의 주요 반복적 특징 중 하나인 민주적 성격을 가능하게 했다. 권력 분립은 공공 문제, 특히 외교정책을 포함한 모든 사안에서 다양한 목소리와 관점을 수용할 여지를 마련했다. 헌법의 설계는 외교정책 결정 과정에서 다원주의적 접근을 장려했다. 정부 내 여러 장소에서 시민들이 자신의 의견을 전달하고, 헌법적으로 보호된 청원권을 통해 공무원들에게 이를 채택하도록 촉구할 수 있는 기회를 제공했기 때문이다.

독립을 달성하고 이를 방어하고 활용할 수 있는 정치 체제를 마련한 후, 미국인들은 이제 내부 문제에 집중할 수 있기를 바랐다. 그러나 이는 실현되지 않았다. 헌법이 발효되고 그에 따라 최초의 정부가 구성된 후, 천 년 만에 가장 중요한 유럽 정치 사건이 일어났다. 프랑스 혁명으로 알려진 이 거대한 정치 지진의 충격파는 전 세계로 퍼져나갔다. 이 역사적 사건은 20년 이상 유럽에서 대규모 전쟁을 일으켰다. 프랑스 혁명 이후의 전쟁은 대서양을 건너며, 미국을 마지못해 끌어들였다.

2장
프랑스 혁명의 그늘, 1788~1815

새로운 공화국

새로 채택된 헌법에 따라 미국은 1788년에 단일 국가 정부를 선택했다. 첫 번째 의회는 2년 동안 열렸다. 조지 워싱턴은 미국의 행정부 수장인 첫 번째 대통령이 되어 또 한 번 나라를 위해 큰 봉사를 했다. 13개 주에서 선출된 유력 시민들로 구성된 선거인단은 만장일치로 그를 대통령으로 선출했으며, 이는 그가 유일한 사례였다.[1]

헌법이 연합 규약보다 미국인들이 그들의 안보, 즉 국가 독립에 대한 도전에 더 잘 대비하도록 했기를 기대했지만, 실제로 그러한 도전들을 제거하지는 못했다. 북미에서 실제 또는 잠재적인 위협은 북쪽의 캐나다에 자리 잡은 영국, 남쪽의 광대한 영토를 가진 스페인, 그리고 서쪽의 자신의 땅을 지키려는 결의에 찬 원주민들로부터 왔다.

이러한 적대적인 존재들을 경계하면서, 그리고 외교와 관련된 세 개의 행정부 부서(국무부, 재무부, 전쟁부)를 창설하면서, 새로운 정부는 외교정책이 상업적인 문제에만 국한되기를 희망했다. 구체적으로는 무역을 최대한 확장하기를 원했다. 그러나 이러한 희망은 충족되지 않았다. 대신, 미국의 첫 번째 25년 동안의 외교정책은 미국인들, 거의 모든 유럽인이 예상하지 못한 사건, 즉 프랑스 혁명에 의해 지배되었다.

7년 전쟁이 미국 혁명으로 이어졌듯이, 북미에서의 혁명전쟁은 유럽에서 프랑스 혁명으로 이어졌다. 영국 정부가 이전 분쟁에서 그랬던 것처럼, 프랑스 정부도 이후의 분쟁에 기여하기 위해 빚을 지게 되었다.[2] 영국 정부가 필요한 자금을 모으기 위해 1765년에 인지세를 도입했듯이, 루이 16세는 같은 목적으로 1789년[3]에 오랫동안 휴면 상태였던 총회를 소집했다. 이 총회는 급진화되어 파리와 프랑스 전역에서 혼란과 폭력을 촉발했다. 1791년에 프랑스는 첫 번째 헌법을 채택했고, 다음 해에는 왕을 단두대로 보냈다. 이후 17,000명이 처형된 공포의 시기가 이어졌다. 1799년, 프랑스의 가장 성공적인 장군인 나폴레옹 보나파르트가 쿠데타로 권력을 잡았고, 1804년에는 스스로를 황제로 선언하고 대관식을 올렸다.

초기에는 미국인들이 프랑스 혁명을 자신들의 혁명을 재현한 것으로 보았으며, 일부는 자신들이 이룬 성취가 프랑스에 영감을 주었다고 결론짓기도 했다.[4] 두 사건은 공통점을 가지고 있었다. 두 혁명 모두 군주제를 종식했다. 두 혁명의 주역들은 권력이 세습 군주가 아닌 국민에게 정당하게 귀속된다고 선언했으며, 특정한 양도할 수 없는 개인의 권리에 대한 충성을 천명했다.

그러나 프랑스 혁명은 미국 혁명보다 훨씬 더 큰 글로벌 및 역사적 중요성을 가지고 있었고, 훨씬 더 강력한 결과를 가져왔다. 프랑스 혁명은 유럽의 서해안에서 3,000마일 떨어진 곳이 아니라, 18세기 말 당시 지구에서 가장 부유하고 강력한 지역인 유럽에서 발생했다. 전 세계는 북미에서 일어난 사건을 작은 지진으로 경험했지만, 프랑스에서의 사건은 거대한 지진으로 경험했다. 더욱이 미국 혁명은 몇몇 먼 지방을 영국 왕실로부터 분리했지만, 조지 왕을 왕좌에 남겨두고 영국 정치체제를 그대로 유지했다. 반면, 프랑스 혁명은 프랑스

군주제를 완전히 제거하여 17세기와 18세기에 유럽에서 가장 중요한 군주제와 세속 군주를 위협했다. 또한, 프랑스의 귀족정과 부유하고 강력한 오랜 역사를 지닌 강력한 가톨릭교회도 폐지했다.

미국 혁명과 프랑스 혁명의 국제적 결과도 달랐다. 북미에서의 혁명전쟁은 19세기까지 지속될 영국-프랑스 경쟁의 단순한 한 에피소드로, 그다지 중요한 에피소드는 아니었지만, 프랑스 혁명은 유럽 전체와 그 너머의 많은 지역을 뒤흔들며, 장기간 집권하던 정권들을 전복시키고 경계를 재편성했다. 결국, 대략 같은 시기에 영국에서 시작된 산업혁명으로 알려진 인간의 노동력을 기계로 대체하는 과정과 함께, 이는 현대 시대를 정의하는 두 가지 주요 발전 중 하나로 자리 잡았으며, 그 영향은 오늘날까지 계속되고 있다.[5]

프랑스 혁명은 그 예의 힘으로 프랑스 국경 너머에 큰 영향을 미쳤을 뿐만 아니라, 1792년부터 시작된 전쟁으로 인해 거의 25년 동안 중단 없이 계속되었다. 이 긴 전쟁기간 동안 프랑스는 다시 한번 영국과 대결했다. 영국은 해상 우위를 확보하고 유지하려는 익숙한 전략을 추구하는 한편, 프랑스 군대에 맞서기 위한 대륙 동맹을 형성하고 유지하는 데 힘썼다. 궁극적으로 이러한 접근은 승리를 거두었지만, 23년간의 전투, 7개의 다른 연합(프랑스가 첫 6개를 패배시키거나 좌절시킴), 그리고 500만 명의 사망자가 발생한 후였다.

프랑스는 과거보다 패배하기 더 어려웠다. 이는 혁명의 사회적, 정치적 효과 덕분에 가능했던 프랑스 사회의 더 광범위한 전쟁 동원 덕분이었다. 프랑스 군인들은 자유, 평등, 박애라는 이념적 원칙뿐만 아니라 프랑스 국가의 권력과 영광을 위해 싸웠다. 프랑스는 또한 나폴레옹 자신이 가장 뛰어난 사령관인 능력 있는 지휘관들을 제공했다. 프랑스는 귀족 혈통에 기반하여 지위를 얻은 귀족들이 지휘하고 전문 군인들이 참여하던 18세기식 기동 작전 대신, 무제한 정복 전쟁을 벌였다. 프랑스는 고대 로마 이후 유럽에서 가장 큰 규모의 군대를 투입했으며, 현장에서 지휘관으로서의 능력을 입증한 대담하고 기발한 장군들

의 지휘 아래 전투를 적극적으로 추구하고 승리를 거두었다.[6]

미국은 이 거대한 격변 속에서 뚜렷한 소극적 역할을 했다. 유럽의 전쟁국들에게 새로운 나라는 그들의 게임에서 하나의 말에 불과했지만, 그 게임의 일부였다. 즉, 미국은 강대국 간의 시대적 충돌의 주변에 있는 약소국이었다. 그러나 미국이 프랑스 혁명의 경과에 영향을 미치지 못하고, 그에 따른 전쟁에 제한된 영향을 미쳤지만, 그 반대는 사실이 아니었다. 프랑스 혁명은 미국 국내 문제와 외교 정책에 강력한 영향을 미쳤다.

국내적으로, 프랑스 혁명이 급진화됨에 따라 미국의 여론은 분열되었고, 이 분열은 미국 정치에서 첫 번째 큰 균열의 기초가 되었다. 미국의 대외관계에 있어, 유럽의 지진과 그 여파는 상반된 결과를 가져왔다. 한편으로, 전쟁은 무역을 확장했다. 미국이 어느 한쪽 편을 들지 않으려 노력하는 동안, 자국의 상인들은 가능한 한 전쟁 중인 국가들과 무역을 이어갔다. 또한, 미국인들은 카리브해와 유럽의 항구들 사이에서 식량과 완제품을 운송하는 데 대한 수요 덕분에 이익을 얻었다.[7]

게다가, 이 시기 동안 유럽 강대국들이 서로에게 몰두한 탓에, 그들은 북미에서 영향력을 확대하려는 계획에 할애할 시간과 관심, 그리고 자원이 줄어들었다.[8] 반면, 신생 공화국은 양측 모두로부터 유럽의 치명적인 분쟁에 본의 아니게 끌려 들어가게 되었다. 결국, 미국 정부는 영국과 전쟁에 나설 수밖에 없었다.

초기 미국 외교정책은 독립 후 벌어진 국내 정치적 대분열과 프랑스 혁명의 영향을 결합하여 형성되었다. 이 대분열은 새로운 나라의 미래에 대한 급진적으로 다른 비전들에 기초하여 미국의 첫 번째 정치 정당인 연방주의자와 공화주의자들을 형성했다. 이 비전들은 주로 미국의 국내 문제에 관한 것이었지만, 새로운 공화국의 세계와의 관계도 포함되었다. 미국 혁명과 신생 공화국의 일들에서 중요한 역할을 한 두 주요 인물이 이 두 가지 비전을 위한 주요 설계자이자 대변인이 되었다.—연방주의자 알렉산더 해밀턴(Alexander Hamilton)과 공화주의자 토머스 제퍼슨(Thomas Jefferson).

해밀턴은 대륙군에서 뛰어난 활약을 펼쳤으며 조지 워싱턴의 측근 고문이 되어, 워싱턴에 의해 초대 재무장관으로 임명되었다. 그는 미국이 강력한 상업 및 산업 공화국으로 성장하여 유럽 강대국들과 어깨를 나란히 하게 될 것을 예견했다.[9] 해밀턴은 1688년 이후 한 세기 동안 영국이 이룬 발전을 미국의 미래 모델로 삼았으며, 특히 영국의 재정적 강점에 깊은 인상을 받았다.[10]

제퍼슨은 1776년 독립 선언문의 주요 작성자로, 버지니아 주지사와 프랑스 주재 외교관을 지냈으며, 초대 국무장관으로서 해밀턴과 의견 충돌을 빚었다. 제퍼슨은 미국의 미래에 대한 다른 비전을 가지고 있었다. 그는 독립 농민의 공화국을 만들고자 했으며, 북미 전역에 걸쳐 일련의 농업 공화국을 만들기를 원했다.[11] 그가 무엇보다도 가치 있게 여겼고, 새로운 나라에서 기르기를 원했던 것은 권력이 아니라 덕이었다. 그는 해밀턴이 선호했던 상업, 제조업, 도시, 그리고 부채가 도덕성을 타락시킨다고 믿었고, 따라서 이를 반대했다. 해밀턴의 비전이 필연적으로 요구하는 정부의 확장은 13개 식민지가 영국과의 전쟁을 통해 보호하려 했던 소중한 자유를 위협한다고 제퍼슨은 확신했다.

제퍼슨은 미국 농민들에게 넓은 땅을 제공하기 위해 대륙 확장을 촉진했다. 해밀턴도 미국의 확장을 지지했지만, 상업적 확장에 중점을 두었다.[12] 해밀턴은 사회를 자연스럽고 적절하게 계층적으로 보았지만, 제퍼슨은 급진적 평등주의자였다. 이는 그들의 사회적 출신 배경을 생각하면 아이러니했다. 제퍼슨은 유럽 귀족의 가장 가까운 미국적 동등자로서 버지니아의 신사 농민이자 노예 소유자였다. 해밀턴은 카리브해의 작은 섬 네비스에서 서자로 태어났고, 야망과 능력을 통해 세상에서 성공을 거두었다.

제퍼슨은 미국의 세 번째 대통령이 되었다. 그가 창당한 정당은 초기에는 공화당으로 알려졌으며, 19세기 전반 대부분 동안 미국 정치에서 지배적인 위치를 차지했다. 이후 이 정당은 이름을 민주당으로 바꾸었지만, 지속적이고 영향력 있는 존재로 남았다. 반면, 해밀턴은 재무부를 떠난 후 다시는 중요한 공직을 맡지 못했다. 그의 삶은 1804년 7월, 한때 부통령이었던 애런 버(Aaron Burr)와의 결투에서 사망하며 비극적으로 끝났다. 그러나 해밀턴의 사상은 그 이후로도 미국 공공생활에 큰 영향을 미쳤다. 해밀턴은 마틴 루터 킹 주니어와 함께, 선출직 공직을 한 번도 맡지 않았음에도 불구하고 국가 공공 문제에 가장 큰 영향을 미친 두 명의 미국인 중 한 사람으로 평가된다.

19세기 후반에 발전한 도시적이고 산업화된 미국은 산업적 역량을 통해 강대국이 되었으며, 이는 제퍼슨의 비전보다는 해밀턴의 비전에 더 가깝다. 남북전쟁에서 북군은 해밀턴의 경제적 선호를 구현한 반면, 남군은 여러 면에서 제퍼슨의 모델을 따랐다. 물론 북군이 승리했고, 그 결과 북군의 가치와 제도가 이후 미국 사회에서 우세를 차지하게 되었다.

사실, 두 사람이 각기 다른 비전을 제시한 이후 200여 년 동안 미국은 두 사람의 비전에서 가져온 요소들을 통합해 왔다. 이러한 경향은 20세기 가장 중요한 대통령으로 평가받는 프랭클린 루스벨트의 임기에서 잘 드러난다. 루스벨트는 미국 지도자들 가운데 제퍼슨의 위상을 크게 높이는 데 기여했다. 그는 1943년 워싱턴 D.C.에 세 번째 대통령을 기리는 기념비를 건립하는 일을 주관했다. 또한 루스벨트는 미국 역사상 가장 큰 연방 정부 확장의 설계자이기도 했다. 이는 연방 정부 권력을 두려워하고 평생 저항했던 제퍼슨을 놀라게 했을 만한 발전이었다.[13] 그러나 1943년 당시 미국은 강력한 독재 정권들과 전쟁을 벌이고 있었고, 제퍼슨은 자유라는 정치적 가치를 위해 싸우는 국가 역사상 가장 두드러진 옹호자로 루스벨트에게 깊은 인상을 남겼다.[14]

따라서 프랭클린 루스벨트와 대부분의 미국인은 해밀턴주의자이면서도 제퍼슨주의자라고 공정하게 묘사될 수 있다. 제퍼슨과 달리, 해밀턴은 미국 수도에 전면적인 기념비를 가지고 있지 않다. 그는 백악관 옆 재무부 건물 앞에 세워진 동상으로 기억되고 있다. 그러나 그 동상이 위치한 21세기 워싱턴 D.C.는 많은 부서와 기관, 막강한 재정 시스템, 그리고 세계에서 가장 강력한 국가의 수도라는 지위로 인해 알렉산더 해밀턴을 기리는 기념비로 볼 수 있다.

해밀턴과 제퍼슨은 외교정책에서도 의견을 달리했다. 해밀턴은 국제정치가 항상 그래왔듯이, 경쟁과 때로는 전쟁이 국가 간 관계의 정상적인 상태로 이어질 것이라고 보았다. 그는 이러한 지속적인 현실을 감안할 때, 미국이 필연적으로 경쟁적이고 위험한 국제체제 속에서 생존하고 번영하기 위해 스스로 강화해야 한다고 믿었다.

반면, 제퍼슨은 외교정책에서 대안을 제시하며, 그의 시대 이후로 미국의 외교 관계에서 반복되어 온 접근 방식을 개척했다. 그는 국제질서를 두 가지 방식으로 개혁할 것을 주장했다. 첫째는 자유, 즉 민주주의의 확산을 촉진하는 것이었고, 둘째는 국가 간 관계의 규칙과 절차를 변혁하여 오래된 전쟁 관행을 제거하는 것이었다. 그는 첫 번째 개혁이 두 번째 개혁으로 이어질 것이라고 보았다. 특히, 팸플릿 작가 토머스 페인과 제퍼슨의 가까운 동료이자 대통령직 후계자인 제임스 매디슨 같은 동시대의 저명한 인물들과 마찬가지로, 제퍼슨은 전쟁을 일으키기 쉬운 군주제를 미국과 같은 평화적인 공화국으로 대체함으로써 전쟁을 폐지하는 것이 가능하다고 믿었다.[15]

해밀턴과 달리, 제퍼슨은 직접 미국의 외교정책을 수행할 기회를 가졌으며, 국제관계를 변혁하려는 그의 헌신에도 불구하고, 몇몇 면에서는 해밀턴적인 정책을 추구했다. 예를 들어, 그는 지중해 연안의 바르바리 해적들이 미국인을 납치하여 몸값을 요구하는 관행에 대응하기 위해 이들에 대한 전쟁을 승인했다. 또한, 유럽 강대국들에게 전쟁을 위협하기도 했는데,[16] 이는 그의 후임 대통령 제임스 매디슨이 실제로 실행에 옮긴 위협이었다.

사실, 국내 문제와 마찬가지로 미국의 외교정책도 두 가지 접근 방식을 모두 통합해 왔다. 미국은 다른 나라들처럼 해밀턴이 구상한 유형의 정책들을 일상적으로, 그리고 상당한 성공을 거두며 추구해 왔다. 1783년 이후 미국은 11차례의 주요 전쟁[17]과 여러 소규모 충돌에 참여했다. 1950년대부터는 평화 시기에도 대규모 군사력을 유지해 왔으며, 이는 세계에서 가장 강력한 군사력을 자랑하는 수준이다. 동시에, 특히 제퍼슨과 매디슨 행정부 동안, 그리고 제1차 세계대전 이후 28대 대통령 우드로 윌슨의 주도로 자유를 촉진하고 전쟁을 폐지하려는 열망이 미국의 대외관계에 영향을 미쳤다. 이러한 경향은 다른 나라들보다 더 두드러졌다. 미국 외교정책은 지속적으로 이념적인 요소를 포함해 왔다.

프랑스 혁명의 전쟁동안 미국은 영국과 프랑스에 비해 약소국으로, 어느 한 쪽도 전면 전쟁에서 이길 수 없었다. 이 시기 동안 미국은 독립 전쟁 당시 활용했던 약자의 전략들을 다시 한번 사용했다.

국내 문제와 외교 정책에 대한 두 가지 대조적인 접근 방식은 프랑스 혁명 전쟁이 미국에 가져다 준 문제와 기회를 다루는 미국의 접근 방식을 형성했다. 해밀턴과 연방주의자들은 프랑스 혁명의 급진적인 방향에 처음에는 당황했고 나중에는 경악했다.[18] 독립 이후에도 프랑스의 주요 적수인 영국과의 유대감을 느꼈다. 반면 제퍼슨과 공화주의자들은 프랑스에서의 대격변을 열광적으로 환영했고, 제퍼슨은 공포 정치 기간동안에도 이를 지지했다. 그의 열정은 결국 식었지만, 그는 영국에 대한 강한 혐오감을 유지했다.[19]

처음 세 번의 대통령 임기 동안, 즉 1789년부터 1800년까지, 해밀턴의 연방주의자들이 권력을 잡았고, 그들의 외교정책은 대략 해밀턴의 길을 따랐다. 이는 영국과의 타협과 그들의 우월한 권력과의 타협을 의미했다. 그 이후 네 번의 임기 동안, 즉 1800년부터 1816년까지, 제퍼슨과 매디슨이 대통령직을 차지했다. 그들은 국가의 외교정책을 그들의 이념적 원칙에 맞추려고 시도했으며, 이는 영국과의 화해를 멀리하게 만들었고, 역설적으로 전쟁을 기피했던 사람들로서 궁극적으로 영국과의 군사적 대결로 향하게 했다. 이 시기의 공화당 대통령들의 외교정책에서, 국내 변혁과 국제 변혁을 촉진하려는 경향은 미국의 외교정책을 다른 나라들과 구별하는 요소로 생생히 드러났다.

연방주의자 외교정책

1792년 유럽에서 전쟁이 발발했을 때, 미국은 중립을 유지하기로 결정했다. 신생 국가는 프랑스나 반프랑스 진영(실질적으로는 영국) 어느 쪽에도 명확히 편을 들어 얻을 것은 많지 않지만, 잃을 것이 많았다. 제퍼슨과 해밀턴은 중립이 최선의 정책이라고 동의했지만, 제퍼슨은 프랑스에 기운 중립 입장을 원했다. 그는 중립이 1778년 13개 식민지가 프랑스와 체결한 조약을 유지하는 것과 양립할 수 있다고 주장했다. 해밀턴은 이에 동의하지 않았고, 그 조약을 폐기하고자 했다.[20]

조지 워싱턴 대통령은 1793년 4월 22일 중립 선언을 발표했으나, 프랑스와의 조약을 공식적으로 종료하지는 않았다. 그의 선언은 중요한 선례를 남겼다. 유럽 전쟁에 대한 미국의 대응을 공식화하는 데 있어 주도권을 잡음으로써, 그는 외교정책에 있어 대통령의 우위권을 확립하는 데 도움을 주었다. 이는 이후의 대통령들이 주로 성공적으로 주장한 특권이었다.[21]

20세기 러시아 혁명가 레온 트로츠키의 관찰처럼 "당신은 전쟁에 관심이 없을 수 있지만, 전쟁은 당신에게 관심이 있다."는 말은 18세기 후반과 19세기 초의 유럽 전쟁과 미국의 관계에 적용된다. 중립 선언의 의도와는 반대로, 이 선언은 미국이 프랑스와 영국 모두와의 어려움을 피하지 못하게 했다. 1793년 혁명적 프랑스 정부는 에드몽 제네를 미국에 대표로 파견했다. 그는 '시민 제네'로 알려져 있었고, 혁명에 호의적인 미국 대중으로부터 따뜻한 환영을 받았다. 그러나 그는 곧 문제를 일으켰다. 그는 미국을 프랑스 편으로 전쟁에 끌어들이려고 했다. 그는 미국 항구에서 프랑스의 사략선을 장비하여 영국 상선을 공격하도록 했다. 또한, 행정부를 우회하고 친프랑스 성향의 대중이 자신을 지지할 것이라는 가정하에 직접 대중에게 호소하려 했다.[22] 그는 미국이 혁명의 적들에 맞서 어느 정도까지 혁명을 지지해야 하는지에 대해 미국인들 사이에서 논쟁을 불러일으키는 데 성공했다.[23]

제퍼슨은 처음에 제네와 가까운 관계를 맺었으나, 제네의 계획이 점점 더 노골적으로 미국 정책을 조종하려 하자 워싱턴 정부가 이에 동의하지 않음에 따라 그와 거리를 두었다. 결국 제네는 파리에서 점점 더 급진화하는 정부의 신뢰를 잃고, 혁명에 대한 불충실 혐의와 처형의 위험을 감수하기보다는 미국에 남아 시민이 되기로 선택했다.

제네 사건은 미국 외교정책의 민주적 성격을 초기부터 보여주었다. 프랑스 특사의 활동은 미국 외교정책이 다양한 이해 당사자, 반드시 미국 시민이 아닌 이들로부터 영향을 받을 수 있음을 보여주었다.[24] 이는 프랑스 혁명과 그로 인해 촉발된 전쟁이 미국을 분열시킨 첫 번째 사건이자 마지막 사건이 아니었다. 그가 불러일으킨 논쟁은 외교정책이 군주제 유럽보다 민주적 미국에서 국내정치에서 논쟁의 여지가 될 수 있는 훨씬 더 큰 잠재력을 가지고 있음을 보여주었다.

미국과 영국 간의 분쟁은 중립적 해상 권리의 정의를 둘러싼 것이 중심이었다. 미국은 수익성 있는 무역에 광범위한 자유를 허용하는 포괄적인 정의를 지지했다. 반면, 프랑스와의 치열한 전쟁에서 해상 지배력이 군사적 우위를 제공했던 영국은, 프랑스를 약화하기 위해 그들의 무역을 차단하려는 노력의 일환으로, 더 제한적인 조건을 주장했다.

구체적으로, 두 나라는 모두 중립 선박이 불법 상품을 운반하는 것을 허용하지 않아야 한다는 데 동의했지만, 영국은 불법 상품의 범위를 더 넓게 정의하여 식량과 무기를 포함했고, 이러한 화물을 운반하는 미국 선박을 압수할 권리를 주장했다. 또한, 미국은 "자유 선박은 자유 화물을 만든다."는 원칙을 주장하며, 중립 선박에 실린 교전국의 사유 재산은 압수되지 않는다는 입장을 취했다. 영국은 이 원칙을 받아들이지 않았고, 그에 따라 행동했다.

영국은 카리브해에서 미국 선박을 압수하고 검색하며, 그들의 중립 정의를 위반한 화물을 압수하기 시작했다.[25] 미국 정부는 항의했고, 미국 여론은 급격히 영국에 반대하게 되었다. 상응하는 조치를 취해야 한다는 압박 속에서, 워싱턴 행정부는 군사 준비를 시작했다.[26] 그러나 바다에서 영국의 결정적인 군사적 우위를 인식한 워싱턴 대통령은 전쟁을 피하기를 강력히 원했고, 영국과 협정을 시도하기로 결정했다. 그는 이 목적을 위해 대법원장 존 제이를 런던에 파견했다.

제이는 그의 나라를 위해 몇 가지 이득을 얻는 합의를 도출했다.[27] 영국은 1783년 이후 유지해온 미국 영토의 요새를 비우고, 서인도 제도에서 이전보다 더 넓은 미국 무역을 허용했다. 그러나 제이는 중립권한의 정의에서 영국의 입장을 수정하는 데 실패했으며, 이는 미국이 군사적으로 도전할 수 없는 입장이었다.[28]

워싱턴은 조약을 수용하기로 결정했지만, 그것이 논란을 일으킬 것을 예상했기 때문에, 헌법이 요구하는 상원의 비준 절차를 비밀리에 진행했다. 상원은 역사상 가장 근소한 비준 투표인 20대 10의 투표로 필요한 3분의 2 다수를 겨우 충족시켰다.

조약의 내용이 알려지자 대중의 반발이 일어났다. 외교정책은 다시 한번 국내 정치에서 뜨거운 이슈가 되었고, 많은 미국인에게 미국의 주권 문제에서 영국에 굴복한 것으로 보였다. 제퍼슨과 공화주의자들은 '제이 조약'으로 알려진 것을 맹비난했다. 제퍼슨은 이를 '어리석음과 부패의 기념비'라고 불렀다.[29] 어느 미국 국제 협정도 더 적대적인 반응을 받은 적은 없다.[30]

그러나 그 모든 비인기에도 불구하고, 조약은 미국에 상당한 이익을 가져왔다. 이는 잘못된 생각이었지만, 영국-미국 동맹이 스페인의 신세계 소유지에 대항할 수 있다고 의심한 마드리드 정부는 미국을 달래고자 했다. 그 결과, 미국 장관 토머스 핀크니(Thomas Pinckney)가 협상한 1795년 10월의 산 로렌조 조약(핀크니 조약으로 알려짐)이 체결되었다. 이 조약에 따라 스페인은 1783년 이래로 미국이 주장해 온 스페인 플로리다와의 경계를 처음으로 인정하고, 서부 농민들에게 중요한 미시시피강 접근을 허용했다.

핀크니 조약의 소식은 제이 조약에 대한 대중의 분노를 감소시켰고, 영국의 양보로 인해 미국 무역이 향후 몇 년 동안 크게 증가했다는 사실도 그랬다.[31] 연방주의자의 외교정책은 국내 반대에 부딪히고 미국이 선호하는 중립 해양권 기준을 확립하지는 못했지만, 미국의 대륙 내 입지를 크게 강화했다.

제이 조약이 체결된 지 2년 후, 조지 워싱턴은 세 번째 임기의 대통령에 출마하지 않음으로써 그의 마지막 국가 봉사를 수행했다. 이는 어떤 대통령도 두 번 이상 임기를 수행하지 않는 전통을 확립했다. 이 전통은 1940년에 프랭클린 루스벨트가 위반했으며, 1951년 수정 헌법 제22조로 헌법에 포함되었다. 워싱턴의 퇴임 결정은 미국이 공화국으로 남아 평생동안 한 사람이 통치하는 준군주제(quasi-monarchy)가 되지 않을 것임을 확인시켜주었다. 대통령은 의회와 국민에게 국가의 미래에 대한 생각을 전달하기로 결정하고, 알렉산더 해밀턴의 도움을 받아 후세에 '워싱턴의 고별 연설'로 알려진 것을 작성했다. (이는 구두로 발표된 것이 아니므로, 엄밀히 말하면 연설이 아니라 공식 문서이다.)

고별 연설은 두 부분으로 나뉘었다. 첫 번째 부분은 국내 문제를 다루며, '파벌'이라고 불리던 점점 더 두드러지고 종종 격렬한 정치적 분열의 위험을 경고했다. 워싱턴은 대통령직을 초당파적 정치 위에 서 있는 직위로 보고, 국가가 가능한 한 이러한 분열을 피하기를 원했다. 어느 민주주의가 공식적인 정치적 분열 없이 제대로 기능할 수 있는지는 의문이다.[32] 어떤 경우든, 워싱턴의 공개적인 경고에도 불구하고, 이는 미국에서 일어나지 않았다. 그의 시대부터 현재까지, 정당은 헌법의 일부는 아니지만 미국 공공 생활에서 중요한 역할을 해 왔다.

고별 연설의 두 번째 부분은 외교관계에 대한 경고로, 일시적이고 임시적인 동맹 이상의 동맹을 경계했다. 워싱턴은 다른 나라에 대한 '열정적 애착'을 비난했다.[33] 독립 전쟁 동안, 그는 프랑스의 군사 지원을 환영하고 프랑스 관리들과 협력했지만, 식민지가 영국의 지배를 벗어나 또 다른 강대국인 프랑스의 지나친 영향력 아래로 들어가는 위험을 경계했다.

이 메시지의 이 부분은 오랜 생명력을 가졌다. 1862년부터 시작되어 1893년부터 연례 행사로 자리 잡은 이 연설은 미국 상원에서 낭독되었다. 20세기 군사 개입 반대자들은 이를 인용하여 그들이 선호하는 비개입 정책을 정당화했으며, 이는 흔히 '고립주의'[†]라고 불리지만, 정확하지 않다.

사실상, 워싱턴은 영원히 유효한 외교정책 조언을 제공한 것은 아니었다. 그는 특정한 상황에서 그의 메시지를 전달했다. 그는 제퍼슨과 공화당이 혁명적 프랑스와 역사, 이념, 감정에 근거하여 동맹을 맺으려는 노력에 반대했다. 이는 영국과의 적대적 관계를 불가피하게 만들어 미국의 이익에 심각한 피해를 줄 수 있기 때문이었다. 더 넓게 보면, 그의 처방은 당시 미국의 국제적 위치, 즉 약소국으로서의 위치에 적용되었다. 그러나 그는 나라가 항상 약하지 않을 것이라고 확고히 믿었다. 그의 동료 해밀턴의 국내 프로그램이 가능한 한 빨리 강대국으로 만들기 위해 설계되었을 때, 더 넓은 선택의 여지가 있을 것

---

† 조지 워싱턴을 비롯한 어떤 미국 대통령도 미국이 세계로부터 자신을 고립시킬 수 있거나 그렇게 해야 한다고 믿지 않았다. 올바르게 이해된 고립주의(isolationism)란 비개입주의(nonintervention)를 의미하며, 여기서 개입이란 미국 전투 부대를 해외로 파병하는 것을 암시한다.
참고 문헌: George C. Herring, *From Colony to Superpower: U.S. Foreign Relations Since 1776* (뉴욕: 옥스포드대학교 출판부, 2008), 83쪽. Walter A. McDougall, *Promised Land, Crusader State: The American Encounter with the World Since 1776* (보스톤: 하우튼 미플린, 1997), 39-40, 43쪽.

이라고 믿었다. "평화나 전쟁을 선택할 수 있는 시간이 멀지 않았습니다. 우리의 이익이 정의에 의해 인도될 때,"[34]라고 워싱턴은 말했다. 그가 특정 상황에 대해 준 조언이 항상 유효한 것은 아니었다. 20세기에 미국이 맡게 된 광범위한 글로벌 역할은 따라서 첫 번째 대통령의 원칙을 배반하지 않았다.

조지 워싱턴의 부통령이었던 매사추세츠 출신의 존 애덤스는 1783년 파리에서 평화 협상에 참여한 사람 중 한 명으로, 1797년에 대통령이 되었다. 애덤스는 프랑스와의 어려운 관계를 처리해야 했다. 그들은 제이 조약에 분노했고, 이를 미국이 영국 쪽으로 기울어지는 것으로 해석했다. 이에 따라 프랑스는 영국 상품을 운반하는 중립적인 미국 선박을 압수하기 시작했다.[35] 유사한 상황에서 워싱턴이 영국에 대해 했던 것처럼, 애덤스도 프랑스의 공격에 대응하여 군사 준비를 승인하면서도 프랑스와의 화해를 모색했다.

1799년 그는 협상팀을 파리로 파견했다. 프랑스 외무장관 탈레랑은 처음에는 그들을 받지 않았다. 그들이 만난 프랑스 정부의 가상의 대표자들은 'X', 'Y', 'Z'로 알려졌으며, 협상을 진행하기 위한 조건으로 뇌물을 요구했다. 미국인들은 이를 거부했다. 파리에서 일어난 일의 소식이 공개되자, 많은 미국인은 제이 조약 때와 마찬가지로 분노했지만, 이번에는 프랑스에 대해 분노했다. 'XYZ 사건'으로 알려진 사건은 "국방에 수백만 달러, 그러나 공물에 1센트도 안 된다."는 인기 있는 구호를 낳았다.[36]

두 나라 간에는 2년간의 간헐적인 해상 충돌이 이어졌고, 애덤스는 이를 '반(半)전쟁'이라고 불렀다. 특히 연방주의자들 사이에서는 일부 미국인이 프랑스와 공모하여 미국 정부를 전복하려 한다는 두려움이 커졌다. 이에 따라 애덤스와 연방주의자의 요청으로 의회는 두 가지 억압적인 법안을 통과시켰다. 1798년의 외국인법은 대통령에게 미국에서 위험하다고 여겨지는 거주 외국인을 추방할 권한을 부여했으며, 이는 공화정치의 정신과는 맞지 않았다.[37] 같은 해의 선동법은 미국 정부에 대한 "허위, 중상모략적, 악의적인 글"[38]을 출판하는 것을 범죄로 규정했으며, 이는 헌법 제1차 수정안의 취지에 위배되었다.

연방주의자들은 친프랑스 요소가 공화국에 실제 위협을 가하고 있다고 믿었다. 이러한 신념에서 비롯된 법은 국가의 역사에서 반복될 패턴을 확립했다. 외부 위협이 심각해 보일 때마다, 미국 정부는 대중의 지지를 받아 상대방과 연결된 것으로 간주되는 사람들에 대해 조치를 취했으며, 이는 기본적인 미국의 자유 가치를 침해했다. 1798년 이후 이러한 사례로는 남북전쟁 동안 에이브러햄 링컨의 인신 보호 원칙 중단, 제1차 세계대전 직후의 '팔머 단속(Palmer Raids)', 제2차 세계대전 동안의 일본계 미국인 수용, 그리고 1950년대 조지프 매카시(Joseph McCarthy) 상원의원이 주도한 공산주의자 색출 등이 있다. 이 모든 경우, 자유에 대한 침해는 일시적이었다. 위험의 느낌이 지나가면, 제약은 완화되었다.

1800년 미국과 프랑스는 마침내 갈등을 해결했다. 1798년 애덤스는 자신의 연방당[39] 내에서 심각한 반대에도 불구하고 또 다른 대표단을 파리로 보내기로 결정했다. 이제 프랑스 정부를 완전히 장악한 나폴레옹은 미국과 화해하는 것이 유리하다고 보았다.[40] 1800년의 협약은 1778년의 동맹을 암묵적으로 종료하고, 제이 조약과 충돌하지 않는 중립권을 포함했다. 프랑스 지도자는 1800년 10월 3일 파리 북동쪽 25마일에 위치한 모르트퐁텐에서 성대한 서명식을 열었다.[41]

국내에서 심각한 논쟁을 불러일으키고, 연방당 내에서도 분쟁이 있었음에도 불구하고, 조지 워싱턴과 존 애덤스의 지도 아래 해밀턴의 신중한 접근 방식을 따르며, 영국과 프랑스에 비해 미국의 힘의 한계를 염두에 두어, 연방주의자의 외교정책은 국가에 주요한 이득을 가져왔다. 이는 미국의 북미 대륙에서의 위상을 개선하고, 미국 무역의 확장을 준비했으며, 유럽 전쟁에서 훨씬 강력한 주요 교전국과의 주요 충돌을 피했다.

마지막 연방주의자의 외교 협정인 프랑스와의 협약은 1801년 12월, 토머스 제퍼슨의 대통령 임기 동안 비준되었다. 제퍼슨은 1800년 선거에서 애덤스를 물리쳤다. 이 선거는 국내 문제와 외교정책 모두에서 미국 역사상 가장 중요한 선거 중 하나였다. 처음으로 한 정당의 구성원이 다른 정당의 현직 대통령을 계승하게 되었으며, 이는 미국 민주주의를 특징짓는 평화로운 권력 이양의 패턴을 확립했고, 연방 정부의 정책 변화를 초래했다. 1800년까지 정치적 분열은 매우 깊어져,[42] 공화주의자들은 연방주의자들이 군주제를 복원하려 한다고 두려워했고, 연방주의자들은 공화주의자들이 프랑스 혁명의 관행과 정책을 미국에 가져오려 한다고 두려워했다. 이러한 의심은 연방주의 시대를 미국 역사상 가장 정치적으로 양극화된 세 시기 중 하나로 만들었다. 다른 두 시기는 노예제를 둘러싼 남북전쟁 이전의 시기와 냉전 이후의 문화 갈등 시기이다.

다른 나라들과의 관계에서도, 1800년 이후 더욱 두드러진 방향 전환이 일어났다. 제퍼슨과 그의 후임자 제임스 매디슨은 연방주의자들과 달리 영국에 대한 강한 반감을 가지고 있었다. 또한 공화주의자들은 연방주의자들과 달리, 그들이 보기에 식민지가 독립을 위해 싸운 이념적 원칙과 그들이 만든 공화국이 의존하는 이념적 원칙을 구현하는 외교정책에 헌신했다. 제퍼슨과 매디슨은 또한 미국이 비록 무력은 약소하나, 영국과의 분쟁에서 연방주의자들이 생각한 것보다 훨씬 더 잘 대처할 수 있다고 믿었다. 두 대통령은 이념적 외교정책을 실험하는 데 착수했다.

공화당의 외교정책은 설계자들이 기대했던 결과를 달성하지 못했다. 그 실험은 성공하지 못했으며, 국제 문제에 대한 미국의 사상에서 이념적 요소가 지속되었음에도 불구하고, 미국은 이를 다시 시도하지 않았다. 1차 세계대전 이후, 매우 다른 지정학적 상황 속에서야 100년 만에 다시 시도되었다. 그러나 제3대 대통령 제퍼슨에게 더 높은 우선순위를 두었던 관련 노력에서 그는 목표를 달성했다. 사실, 그는 처음 의도했던 것 이상을 성취했으며, 이는 미국에 깊은 영향을 미쳤다. 그는 미국 역사상 가장 중요한 영토 확장을 확보했다.

루이지애나

미국의 19세기 역사의 주요 주제는 영토 확장이다. 이 시기에, 주로 19세기 전반에 걸쳐, 미국은 태평양까지 국경을 확장했다. 땅에 대한 욕망은 미국 문화의 DNA에 내재되어 있으며,[43] 확장의 원동력은 초기에는 정부가 아닌 개인들로부터 나왔다. 초기 유럽 이주자들은 종교적 자유를 찾아 대서양을 건넜지만, 그들의 후손과 수백만의 후속 이주자들은 신대륙에서 경제적 향상을 위한 전례 없는 기회를 보았다. 19세기 이전과 19세기 내내 이 기회는 토지 소유의 기회를 의미했다. 북미는 지구상의 어느 곳보다도 접근 가능하고 경작 가능한 토지가 많았고, 미국인들은 토착민과 유럽에서 온 이주자 모두 서쪽으로 꾸준히 이동하여 토지를 점유하고 농사를 짓고 건물을 세웠다. 그들은 땅이 공식적으로 미국에 속하지 않은 곳에서도 그들의 권리를 주장했고, 미국 정부는 이를 장려하고 지원하며 따라갔다.[44]

워싱턴의 연방 당국은 총과 돈이라는 두 가지 전통적인 수단을 통해 여러 큰 조각으로 영토를 추가했다. 전쟁, 또는 전쟁의 위협은 미국이 원했던 북미 대륙의 땅을 가진 다른 국가들이 이를 기꺼이, 때로는 마지못해 포기하게 만들었다. 미국 정부는 획득한 영토에 대해 기꺼이 대가를 지불했다.

모든 미국 대통령 중에서도 토머스 제퍼슨은 영토 확장에 대한 욕망에서 누구에게도 뒤지지 않았다.[45] 영토 추가는 그의 정치적 관점에 필수적이었다. 그는 '자유의 제국'을 세우기 위해 미국이 가능한 한 많은 영토가 필요하다고 믿었다. 자유를 유지하려면 시민들 사이에서 땅을 소유한 농민이 상인이나 중개인보다 우세해야 했고, 미국의 영토가 넓을수록 더 많은 경작자를 지원할 수 있었다.[46]

제퍼슨은 1804년부터 1806년까지 메리웨더 루이스와 조지 클락이 주도한 원정을 세인트루이스에서 미주리강을 따라 태평양의 컬럼비아강 하구까지, 그리고 다시 돌아오는 장대한 여정을 보내면서 이러한 확장을 추진했다. (이 여행은 20세기의 우주 프로그램과 달 착륙으로 이어진 정부 주도의 탐험 전통을 시작했다.) 루이스와 클라크가 과학적 및 상업적 가치를 가진 정보를 수집하며 탐험한 경로는 미국이 매우 최근에 획득한 영토를 통과했다. 그리고 미국 확장의 설계자로서, 그 영토인 루이지애나를 획득한 것은 제퍼슨의 가장 뛰어난 업적으로 입증되었다.

루이지애나 영토는 17세기에 프랑스가 주장했던 루이 14세의 이름을 따서 명명되었으며, 북쪽으로는 캐나다에서 남쪽으로는 33도선(현재의 루이지애나와 아칸소주 경계 남쪽)까지, 동쪽으로는 미시시피강에서 서쪽으로는 로키 산맥까지 뻗어 있었다. 캐나다와는 달리, 1763년 프랑스가 7년 전쟁의 일환으로 스페인에 정식으로 양도하기 전까지는 이곳에 정착한 프랑스 이민자가 거의 없었다.[47] 1800년 나폴레옹은 이 땅을 다시 원했으며, 초기에는 비밀리에 진행된 산일데폰소 조약(Treaty of San Ildefonso)을 통해 스페인은 훨씬 강력한 이웃의 지도자를 거부할 위치에 있지 않아 이를 따랐다.[48]

루이지애나의 프랑스 소유권 회복은 서부 확장에 대한 미국의 열망, 심지어 미국 자체에 심각한 위협을 제기했음을 제퍼슨 대통령은 인식했다. 그는 다른 사람들이 이 영토를 시간에 따라, 조각조각 통제하게 될 것이라고 가정했으며, 미국 정착민들은 이미 그곳으로 이동하고 있었다.[49] 이는 스페인 소유일 때는 타당했지만, 스페인은 16세기 이후로 쇠퇴해왔으며, 여전히 강대국으로 간주되었다면 가장 약한 나라였다. 반면 나폴레옹의 프랑스는 의심할 여지 없이 대륙에서 가장 강력한 나라였다. 미국을 군사적으로 패배시키는 것도 충분히 가능했으며, 스페인보다 훨씬 더 위험한 이웃이 되었다.

프랑스는 더욱 위험했는데, 나폴레옹은 자신이나 자국을 위해 소박한 야망을 가진 사람이 아니었으며, 루이지애나가 중요한 부분을 차지할 신세계에서의 프랑스 제국 설립을 염두에 두고 있었다. 제퍼슨은 이에 충분히 위협을 느껴, 이전에는 생각조차 할 수 없었던 아이디어—그가 혐오하던 적국인 영국과의 동맹이나 프랑스와의 전쟁—을 받아들이거나 최소한 고려하는 모습을 보였다.[50] 그는 또한 미국에 치명적인 위협이 될 가능성을 가진 상황에 대처하기 위한 또 다른 방안을 추진했다. 그는 버지니아 주지사이자 프랑스 주재 미국 공사를 지낸 제임스 먼로와 현재 같은 직책을 맡고 있던 로버트 리빙스턴에게 미시시피강이 멕시코만으로 흘러드는 지점에 위치하며 미국 서부에 큰 경제적 중요성을 가진 항구인 뉴올리언스의 매입 협상을 시도하도록 승인했다.

그동안 행운은 제퍼슨과 미국에 미소를 지었다. 나폴레옹은 북미 프로젝트를 포기했다. 그의 계획에서 필수적인 첫 단계는 현재의 아이티가 위치한 카리브해 섬 생도밍그의 평정이었다.[51] 이곳에서는 이전에 노예였던 사람들이 반란을 일으켜 정부를 전복시켰다. 나폴레옹은 통제권을 되찾기 위해 20,000명의 군대를 파견했으나, 프랑스군은 예상보다 훨씬 더 강한 저항에 부딪혔고, 황열병을 비롯한 질병으로 인해 심각한 피해를 입었다. 결국 프랑스는 재정복 시도를 포기했다. 이로 인해 이전 노예들의 용기는 미국에 엄청난 도움을 주었지만,[†] 미국 정부는 1862년까지 그들이 세운 공화국을 인정하지 않는 등 이에 대해 적절한 보답을 하지 못했다.

또 다른 사건도 나폴레옹의 생각을 바꾸는 데 기여했다. 그의 계획은 영국과의 평화에 달려 있었는데, 이를 위해 1802년 3월 두 나라는 프랑스 북부 도시 아미앵에서 조약을 체결했다. 그러나 아미앵 평화 조약은 오래가지 못했다. 1년 후인 1803년 5월 두 나라는 다시 전쟁에 돌입했으며, 그 이전부터 평화는 이미 균열을 보이기 시작했다. 영국이 프랑스를 상대로 해상 우위를 점하고 있었고, 프랑스의 북미 제국 건설에는 신세계와의 자유로운 해상 통신이 필요했

† 알렉산더 해밀턴에 따르면, "생도밍그의 치명적인 기후와 그곳의 흑인 주민들이 보여준 용기와 완강한 저항 덕분에 우리는 루이지애나 식민화가 지연되는 장애물을 얻을 수 있었다."(출처: 로버트 W. 터커와 데이비드 C. 헨드릭슨, *Empire of Liberty: The Statecraft of Thomas Jefferson*, 뉴욕: 옥스포드대학교 출판부, 1990, 91쪽) "프랑스의 계획을 계속해서 방해하며 원정대 파견을 지연시키고 예정된 병력을 축소시킨 것은 생도밍그 원정이 요구한 막대한 자원 때문이었다. 이러한 요구가 없었더라면, 1802년 말까지 뉴올리언스는 프랑스군에 의해 점령되었을 것이며, 그 병력은 상당히 규모가 컸을 것이라는 이유가 충분히 있다." (같은 책, 120쪽)

기 때문에, 영국은 적으로서 나폴레옹의 계획을 저지할 수 있었다.[52] 이에 나폴레옹은 이 계획을 포기했으며, 이는 그에게 크게 어렵지 않은 결정이었다. 그의 전략적 우선순위는 3,000마일 떨어진 인구 희박한 대륙이 아닌 유럽이었기 때문이다. 나폴레옹의 이 결정으로 미국은 놀라운 행운을 거두게 되었다.

프랑스 정부는 파리에서 미국 협상자들에게 뉴올리언스뿐만 아니라 프랑스가 통제하고 있는 모든 루이지애나를 매각하겠다고 제안하여 그들을 놀라게 했다. 나폴레옹은 영국과의 전쟁이 재개됨에 따라 결국 이를 잃을 가능성이 크다고 판단했으며, 차라리 영국이 아닌 미국이 이를 가지길 바랐다. 또한, 그는 받은 대금을 그의 미래 군사 캠페인을 위한 자금으로 사용할 수 있었다.[53] 미국은 뉴올리언스 항구를 위해 최대 1,000만 달러를 지불할 준비가 되어 있었다. 그런데 루이지애나 전체 영토의 요구 가격은 1,500만 달러였다. 그들은 이 제안을 빠르게 수락했다. 1803년 4월 30일의 루이지애나 매입으로 미국의 영토는 두 배로 늘어났으며, 에이커당 약 15센트의 비용이 들었다.

이 매각은 미국 내에서 두 가지 장애물에 직면했다. 첫째, 연방당은 이를 반대했지만, 제퍼슨과 공화당은 이를 무시하고 강행했다. 둘째, 헌법은 대통령에게 이런 거래를 할 권한을 명확히 부여하지 않았고, 초기 공화국의 다른 어떤 인물보다도 헌법의 엄격한 해석과 연방 권력의 제한을 주장했던 제퍼슨은 이러한 신념을 제쳐두고 매입을 진행했다.[54]

루이지애나 획득은 북미의 지정학적 구조를 결정한 20년 간격의 세 가지 중대한 발전을 완성했다. 1763년 7년 전쟁을 종결하는 협정으로 프랑스는 대륙에서 추방되었고, 영국과 스페인이 가장 큰 소유권을 가지게 되었다. 1783년 혁명전쟁을 종결하는 조약으로 영국의 소유권은 캐나다로 축소되었으며, 영국이 포기한 영토에서 새로운 정치적 실체인 미국이 탄생했다. 1803년 루이지애나 매입으로 미국은 대륙에서 우위를 차지하는 큰 걸음을 내디뎠다. 스페인은 상당한 토지를 보유하고 있었지만, 그 당시에도 스페인이 미국의 힘에 맞서 이를 방어할 힘이 부족하다는 것이 명백해지고 있었다.

미국은 독립 전쟁에서 승리한 것과 같은 방식으로 루이지애나를 획득했다. 강력한 적국이 다른 더 중요한 위협에 의해 주의를 돌리게 되면서 미국에게 양보를 하게 된 것이다. 첫 번째 경우에는 프랑스와의 전쟁이 영국을 약화시켰고, 두 번째 경우에는 영국과의 전쟁이 프랑스를 약화시켰으며, 두 경우 모두 미국에게 유리하게 작용했다. 이 두 경우에서 미국은 약자의 전략 중 하나인 강력한 적의 관심과 자원을 분산시키는 전략을 잘 활용했다.

그들은 목표를 달성하기 위해 힘을 빌리는 데 성공했다. 1783년에는 독립을, 20년 후에는 확장을 이루었다. 첫 번째 경우에는 명시적이고 적극적으로 행동하여 군대를 파견하고 프랑스와 조약을 체결했다. 두 번째 경우에는 명시적이거나 적극적으로 행동할 필요가 없었다. 강대국 간의 경쟁 역학이 미국 정부가 아무것도 하지 않아도 엄청난 혜택을 가져다주었다. 루이지애나 문제에 있어 미국은 아미앵 평화의 붕괴로 인한 제3자 수혜자였다.

사우스다코타주의 러시모어 산에 조각된 네 명의 대통령 중 조지 워싱턴, 아브라함 링컨, 시어도어 루스벨트가 다른 세 명인데, 토머스 제퍼슨은 미국 전쟁에 적극적으로 참여하지 않은 유일한 인물이다. 루이지애나 매입은 그의 가장 큰 업적으로 남아 있으며, 이는 미국이 치른 대부분의 전쟁만큼이나 중요한 기여를 한 것이다.

제퍼슨은 다른 세 명과 달리 전쟁 경험이 없을 뿐만 아니라 전쟁에 대한 태도에서도 차이가 있었다. 그는 국가 전략의 수단으로서 전쟁을 경멸했을 뿐만 아니라, 미국이 싸우지 않고도 세계에서 길을 찾고 종종 야심찬 목표를 달성할 수 있다고 생각했다. 그는 전쟁 없이 승리를 믿었다.[55] 1803년 영불 전쟁이 재개되면서 미국은 다시 한번 미국 선박의 권리를 둘러싸고 영국과 갈등을 빚었다. 제퍼슨과 그의 후임 대통령인 제임스 매디슨은 이 갈등에서 연방당 선임자인 워싱턴과 애덤스와는 다른 접근 방식을 채택했다. 그들은 승리를 거두지는 못했지만, 전쟁을 얻게 되었다.

공화당의 외교정책

영국과 프랑스 간의 전쟁이 다시 시작되자, 영국은 프랑스 무역을 최대한 제한하여 프랑스에 압박을 가하기 위해 해상 우위를 활용했다. 1790년대와 마찬가지로 이는 영국과 미국 간에 중립권의 정의에 대한 갈등을 초래했다. 미국은 상업 기회를 최대화하기 위해 광범위한 정의를 채택했고, 영국은 프랑스로 유입되는 상품과 귀금속을 최소화하기 위해 훨씬 더 좁은 정의를 주장했다.

영국과 미국 사이에 두 가지 문제가 특히 논란이 되었다. 첫째는 영국이 미국과 전쟁 중인 나라의 항구와 무역하는 중립국의 권리를 부정한 것에서 비롯되었다. 프랑스와 스페인의 항구가 평시에는 미국에 닫혀 있었던 것이다. 미국은 프랑스와 스페인의 상품을 제국 항구에서 미국으로 가져와 이를 중립 화물로 간주해 영국의 압류 대상에서 벗어나게 한 후, 다시 프랑스와 스페인으로 보냈다. 한동안 이를 허용했던 영국은 결국 입장을 바꾸었다.[56]

두 번째 논란은 미국에서 광범위한 분노를 일으킨 영국의 징발(사람들을 그들의 선박에서 일하도록 강제하는) 관행이었다. 영국 선원들은 더 안전하고 더 높은 임금을 제공하는 미국 선박으로 이직하거나 탈영했다. 미국의 중립 무역이 급증하면서 선원의 수요가 증가했고,[57] 더 많은 영국 선원이 이러한 길을 따랐다. 전함에 숙련된 인력이 절실히 필요했던 영국은 미국 선박을 가로채고, 탈영 혐의가 있는 승무원을 강제로 징발하여 영국 함선에서 일하게 했다.[58]

영국에게 이는 나폴레옹과의 생사를 건 투쟁에서 생존을 위한 정당한 전술로 보였다.[59] 그러나 미국인들은 이를 그들이 살아 있는 기억 속에서 영국으로부터 쟁취한 국가 주권에 대한 모욕이자, 심지어 중대한 침해로 여겼다. 아미앵 평화 조약이 붕괴된 후, 미국 정부는 유럽 분쟁에 휘말리지 않기를 강력히 원했지만, 미국 선박의 압류와 특히 징발로 인해 미국인의 시각에서 미국의 독립이 공격받고 있다고 여겨졌다.[60]

무언가 조치가 필요했다. 제퍼슨 행정부는 처음에 연방당의 선례를 따랐다. 1806년 6월 윌리엄 핑크니를 특별 사절로 런던에 보냈고, 그는 당시 미국 대사였던 제임스 먼로와 함께 그해 12월 영국과 합의에 도달했다. 그 조건에 따라 영국은 징발을 줄이고, 미국의 재수출 무역에서 양보를 했으며, 제이 조약을 재확인했다. 그러나 연방주의적 접근에서 벗어나, 제퍼슨 대통령과 매디슨 국무장관은 이념적 이유로 먼로-핑크니 협정을 거부하였다. 이는 미국의 원칙을 완전히 만족시키지 못했기 때문이었다.[61]

거부 후, 1807년 6월 22일 버지니아주 노퍽 해안에서 영국 군함 레오파드(Leopard)는 4명의 영국 해군 탈영병이 타고 있는 미국 프리깃함 체서피크(Chesapeake)를 공격해 3명이 사망하고 18명이 부상당했으며, 이는 미국 여론에 폭발적인 분노를 일으켜 제퍼슨에게 영국의 만행에 대해 심각한 대응을 할 압박을 가했다.[62]

제퍼슨의 대응 방식은 미국 외교정책에서 무역을 도구로 사용하는 전통의 가장 이례적인 순간 중 하나였다. 1806년에 그는 미국으로의 수입을 금지하려 했지만, 미국인들이 영국산 상품에 크게 의존한다는 것을 알게 되었다.[63] 그래서 그는 1807년 금수법을 서명해 모든 미국 수출을 금지했다.[64] 이는 다른 나라로 상품을 보내는 것을 불법으로 만들고 미국 선박이 출항하는 것을 금지했다. 적국의 국가를 봉쇄하는 것은 전쟁의 일부였다. 제퍼슨은 자국을 봉쇄했다.

그는 영국의 도발과 이에 대한 미국 내 분노를 마주했을 때 아무런 조치를 취하지 못했지만, 두 가지 다른 행동 방안을 받아들일 수 없었기 때문에 금수를 선택했다. 그는 영국의 해군력이 우세했기 때문에 전쟁을 배제했을 뿐만 아니라, 무력 충돌은 그의 기본 정치 원칙을 위반했기 때문이다. 전쟁은 자유의 재앙이며, 따라서 미국 공화국은 이를 피해야 한다고 제퍼슨과 매디슨은 굳게 믿었다.[65] 전쟁의 대안은 연방당이 유사한 상황에서 선택했던 협상 해결책이었으며, 핑크니와 먼로가 이를 달성했다. 그러나 제퍼슨의 이념적 접근이 여기에 작용했다. 그는 국가의 이익을 증진하기 위해 기본적인 미국 원칙을 타협하는 것을 거부했다.

그는 경제적 도구에 의존했다. 제퍼슨은 금수가 효과가 있을 것이라고 믿었다. 즉, 미국에서의 수입이 영국에 너무 중요하여 영국 정부가 이를 회피하기 위해 큰 양보를 할 것이라고 생각했다. 제퍼슨은 1765년에서 1775년 사이 영국과의 정치적 갈등이 심화되던 10년 동안을 직접 경험했다. 이 시기 동안 미국은 영국 상품에 대한 보이콧을 통해 영국 상인들이 정부에 압력을 가해 미국의 항의를 촉발한 조치를 철회하도록 만들었다. 이러한 경험으로 인해 제퍼슨은 경제 제재의 효과에 대해 매우 높은—결국 지나치게 높은—평가를 내리게 되었다.[66]

마지막으로 제퍼슨은 금수를 국제관계의 성격을 변화시키려는 노력의 일환으로 보았다. 주권 국가 간의 갈등에서 경제적 조치를 군사적 조치로 대체함으로써 이를 실현할 수 있기를 희망했다. 미국 수출 금지는 평화적 강제력의 행사였다.[67] 제퍼슨의 금수 조치는 미국 외교정책이 이념적 요소가 지배했던 역사적 순간 중 하나를 대표한다. 금수를 시행함으로써, 미국의 세 번째 대통령은 무력과 전쟁이라는 오래된 국가 전략의 도구를 초월하는 실험을 하고 있었다.[68]

그의 실험은 실패했다. 미국 수출 접근성을 상실한 영국은 상당한 불편을 겪었지만,[69] 그들은 이를 되찾기 위해 그들의 생존에 필수적인 관행을 포기하지 않았다. 게다가 금수로 인해 경제적으로 미국인들이 더 큰 고통을 겪었으며, 특히 무역에 의존하는 북동부에서 더 큰 피해를 입었다.[70] 한 추정에 의하면 이는 미국 GDP의 5%를 감소시켰다.[71] 국제 문제에서의 혁명을 위한 중요한 단계로 의도되었지만, 이는 자초한 경제적 상처로 끝났다.

놀랍지 않게도 많은 미국인은 금수를 회피하기 위해 할 수 있는 모든 것을 했다. 그들은 영국의 중상주의 법을 피한 식민지 시대의 선조들을 따라갔고, 20세기 헌법 제18조의 금주법(1920~1933)을 위반한 많은 후손의 전례를 마련했다.[72] 제퍼슨은 이탈 행위를 막기 위해, 종종 강력한 중앙 정부가 개인의 자유를 위협할 수 있다는 자신의 반대 입장과 일치하지 않는 다양한 제한 조치를 부과했다. 예를 들어, 그는 밀수를 단속하는 법을 집행하기 위해 군대를 동원하기도 했다.[73]

금수가 미국인에게 벌을 주면서 영국의 해상 관행에 눈에 띄는 영향을 미치지 않자 점점 더 인기를 잃었고, 1809년 의회는 이를 폐지했다. 그 시점에서 제임스 매디슨이 제퍼슨을 이어 대통령이 되었다.[74] 금수가 해결하려 했던 문제, 즉 미국이 중립적 권리로 간주한 영국의 위반 행위로 인한 미국 독립에 대한 공격은 여전히 남아 있었다. 매디슨 대통령 재임 동안 미국은 연방당이 철저히 피했던 대응, 즉 제퍼슨과 매디슨이 원칙적으로 반대했던 대응, 그리고 약소국이 강국을 상대로 거의 선택하지 않는 대응을 택했다. 미국은 영국에 전쟁을 선포했다.

1812년 전쟁

제퍼슨의 금수 조치는 1809년 비교적 덜 엄격한 비통상법으로 대체되었으며, 이 법은 영국과 프랑스를 제외한 모든 국가와의 무역을 허용했다. 이후 의회는 메이컨 법안 2호를 통과시켰는데, 이는 두 강대국과의 무역을 허용하면서도 이들 중 하나가 중립 상업에 대한 제한을 철회하면 미국이 다른 쪽과의 무역을 중단하도록 규정했다. 프랑스는 제한을 철회하겠다고 (사실과 다르게) 약속했으며, 매디슨 대통령은 상당한 반대에도 불구하고 영국과의 무역 제재를 재개한다고 발표했다.[75] 이는 전쟁의 발단이 되었다.

나폴레옹 프랑스가 영국에게 제기한 도전에 몰두했던 영국은 미국의 불만에 신경을 쓸 여유가 거의 없었다.[76] 반면에 미국, 특히 공화당은 영국의 중립 침해에 점점 더 분노했다. 매디슨은 제퍼슨과 공유한 무력 충돌에 대한 원칙적 반대와 의회가 군사 준비를 위한 자금을 공급하지 않는 상황에도 불구하고 영국과의 전쟁을 수용하게 되었다.[77] 마침내 1812년 6월, 미국은 전쟁을 선포했다.

전쟁 이슈에 대한 의회 분열은 미국 역사상 그러한 투표 기준으로 비교적 근소했다. 하원에서는 79대 49, 상원에서는 19대 13으로 나뉘었다. 두 투표는 당파 노선에 따라 분열되었으며, 제퍼슨과 매디슨의 공화당은 찬성했고 연방당은 반대했다. 따라서 1812년 전쟁은 시작부터 통합된 국가적 노력이라기보다는 당파적 성격이 강한 사건이었다. 게다가 전쟁에 찬성한 의원들은 대부분 해상 무역과 직접적인 관련이 적은 남부와 서부 출신이었다.[78] 이는 미국 외교정책의 독특한 민주적 스타일의 초기 표출을 의미했다. 전시 중 반대 의견이 존재하는 것. 연방당과 그들의 북동부 지지자들은 결코 영국과의 전쟁을 받아들이지 않았으며, 많은 이들이 적극적으로 이를 반대했다. 이는 향후 갈등에 대한 선례를 세웠고 1812년 전쟁을 아마도 국가 역사상 가장 인기 없는 전쟁으로 만들었다.[79] 또한 전쟁이 선포되기 전, 미국이 가장 반대했던 영국의 포고령을 영국이 실제로 철회한 사실이 전쟁을 불필요한 것으로 만들었다. 이 결정의 소식은 의회가 전쟁을 선포한 후에야 북미에 도달했다.[80]

전쟁의 원인은 종종 복잡하고 때로는 불투명하지만, 1812년 전쟁의 원인은 되돌아보면 유독 불명확하고 이해하기 어렵다. 양국 모두 이를 원하지 않았다. 전쟁을 책임진 미국인들은 전쟁에 대한 공포를 가지고 있었고, 쟁점은 타협 가능해 보였으며, 전쟁을 공식적으로 시작한 국가는 약자였다. 그럼에도 불구하고 왜 미국은 전쟁을 선택했는가?

일부 미국인들은 자신들이 전쟁에서 이기고 쉽게 이길 것이라고 믿었다. 나폴레옹과의 위대한 유럽 갈등에 몰두한 영국이 이 믿음의 근거를 제공했지만, 이는 지나치게 자신만만한 믿음이었다. 다른 이들은 전쟁을 통해 캐나다를 병합하는 방법으로 보았다. 전쟁을 향한 압력은 공화당이 1794년 이후로 영국의 해상 만행에 항의해왔고 지난 18년 중 12년을 아무런 조치를 취하지 않고 정권을 잡았기 때문에 정치적으로 몰릴 수밖에 없다는 데서 나왔다.[81] 매디슨은 영국의 중립권 침해로 인해 두 나라가 이미 전쟁 상태에 있으며 미국이 이에 맞서 싸우지 않고 있다고 주장했다.[82]

미국의 전쟁 동력은 대부분 영국의 미국 해상권 무시가 어렵게 얻은 주권을 위협한다고 믿는 확신에서 나왔다. 공화당원들은 영국의 행위가 그들의 국가 독립을 위태롭게 한다고 자신들을 설득했다.[83] 그들에게 1812년 전쟁의 원인은 독립전쟁과 동일했다. 당시에도, 그리고 이후에는 더욱더, 그들은 이를 주권을 방어하기 위한 필수적인 조치로 간주했다. 독립을 유지해야 한다는 필요성은 약소국이 일반적으로 신중하게, 논리적으로 더 강한 국가와의 무력 충돌을 피하려고 하더라도, 때로는 그러한 강대국과 전쟁을 벌이게 되는 상황을 나타낸다. 이는 미국이 영국과 전쟁을 벌인 사례에서도 드러난다.

1812년 전쟁 초기, 독립 전쟁 때와 마찬가지로 미국은 캐나다를 공격했다. 영국령 북미 전체를 정복하고 미국에 통합하지 못하더라도, 영국을 어떤 식으로든 타격하기 위해 유일한 방법이었다. 또한 적어도 영국을 압박하기 위해 캐나다 영토를 확보하려 했다.[84] 두 번째 시도에서도 첫 번째와 마찬가지로 공격은 실패로 끝났다. 캐나다인들은 남쪽의 공화국 이웃과 합류하려는 의향이 전혀 나아지지 않았다. 게다가, 미국은 전쟁을 제대로 준비하지 못했으며, 이러한 준비 부족은 전장에서의 부진한 결과로 이어졌다.[85] 이에 대한 대응으로 영국은 해상 봉쇄를 단행하여 미국 경제에 심각한 타격을 입혔다.

1814년, 전쟁의 글로벌 맥락이 극적으로 변화했으며 이는 미국에 불리한 결과를 가져왔다. 1812년 6월, 의회가 전쟁을 선포한 며칠 후, 나폴레옹은 러시아를 침공했지만 이는 프랑스에 재앙적인 결과를 가져왔다. 가혹한 러시아 겨울, 군대가 행군해야 할 광대한 거리, 러시아군의 괴롭힘은 프랑스 군대에 막대한 피해를 입혔고, 대부분의 병력을 잃은 채 치욕스러운 퇴각을 겪었다.[86] 반(反)프랑스 연합은 마침내 나폴레옹을 패배시키고, 1814년 4월에 그를 지중해의 엘바 섬으로 유배 보냈다.

1812년에 전쟁을 선포했을 때, 미국인들은 영국의 군사력이 프랑스와의 전쟁에 분산되는 상황을 기대할 수 있었다. 이는 독립전쟁 당시 영국과 프랑스 간의 갈등이 미국에게 필수적인 전략적 자산으로 작용했던 상황의 재현이었다.[87] 그러나 프랑스가 참담한 러시아 원정 이후 패배하자, 영국은 군사적 관심을 북미에 집중할 수 있게 되었고, 상당한 성과를 거둔 공세를 시작했다. 북부에서는 여러 차례 승리를 거두며, 만약 이 공세가 지속되었다면 뉴잉글랜드를 미국의 나머지 지역과 단절시키고 미국 영토의 일부를 캐나다에 합병할 수도 있었던 상황이었다.[88] 그러나 미국은 샴플레인 호수 근처 플래츠버그 전투에서 마침내 영국군을 저지하는 데 성공했다.

체서피크 만 지역에서는 영국이 상륙 침공을 감행하여 블라덴스버그에서 미국군을 물리치고 워싱턴 D.C.를 점령했으며, 백악관을 포함한 대부분의 공공건물을 불태웠다. 우체국과 특허청만이 남아 있었다. 매디슨 대통령은 버지니아로 피신했다. 영국군은 볼티모어에 도착했지만, 항구의 포트 맥헨리가 그들을 저지했다.[89] 1815년 초, 영국은 걸프 해안의 뉴올리언스를 공격했지만 앤드류 잭슨 대령이 이끄는 미국군에게 패배했다.[90] 사실, 그 당시 전쟁은 이미 끝났지만 그 소식은 뉴올리언스에 도착하지 않았다.

1814년 8월, 미국과 영국 간의 평화 협상이 겐트시에서 시작되었다. 매디슨 대통령은 전쟁 초기부터 협상을 통한 해결에 관심을 가지고 있었다.[91] 그 해 하반기에는 영국군이 메인의 동부 지역을 점령하고 있었으며,[92] 이와 함께 미국이 겪은 군사적 패배와 경제적 고난은 미국 정부로 하여금 전쟁의 종식을 더욱 간절히 원하게 만들었다.[93] 한편, 영국은 캐나다의 영국 통치하에서의 안전을 확보하며 중요한 전략적 목표를 달성했다.[94] 미국의 실제 정복은 1814년 당시 미국 독립전쟁 때보다도 훨씬 더 어려운 과제로 여겨졌다. 독립전쟁에서 중요한 역할을 했던 접근성의 문제는 더욱 심화되었으며, 1783년보다 영토가 훨씬 넓어지고 인구도 증가한 미국은 정복하기에 더욱 까다로운 대상이 되었다.[95]

나폴레옹이 패배했음에도 불구하고 유럽은 여전히 불안정했다. 대서양 건너편에 영국 군대를 계속 분산시키는 것은 유럽에서 영국을 약화시킬 것이다.[96] 유럽은 여전히 영국에게 더 높은 전략적 우선순위를 가지고 있었다. 사실, 많은 영국인은 그들의 나라가 미국과 전쟁 중이라는 사실조차 알지 못했다.[97] 웰링턴 공작은 북미에 있는 영국군의 지휘권을 제안받았으나 이를 거절하였다. 이로 인해 그는 1815년 6월 15일에 벌어진 워털루 전투에 참전할 수 있게 되었고, 이 전투에서 엘바 섬에서 탈출해 프랑스군을 재건한 나폴레옹은 최후의 패배를 겪었다.

1814년 12월 24일에 체결된 겐트 조약의 조건은 전쟁 전 상태로 돌아가는 것이었다. 2년 반의 전투로 인해 미국은 2,260명이 사망하고 4,505명이 부상당했지만,[98] 아무것도 바뀌지 않았다. 매디슨은 미국 협상가들이 영국의 징발 관행을 중단할 것을 요구하기를 원했지만, 그들은 이를 요구하지 않기로 결정했다. 그러나 징발은 실제로 중단되었다. 나폴레옹의 패배로 인해 영국은 더 이상 이를 위한 군사적 이유가 없었기 때문에 일방적으로 중단했다. 따라서 미국은 결국 그들이 전쟁을 시작한 주요 이유에 대해 만족을 얻었다.[99]

비록 이러한 평가에 대한 경쟁이 존재하지만, 회고적으로 볼 때 1812년 전쟁은 미국이 벌인 전쟁 중 가장 불행하고 잘못된 전쟁으로 손꼽힐 수 있으며,[100] 제3대와 제4대 대통령은 미국 역사상 외교정책을 가장 무능하게 관리한 인물로 평가된다. 영국의 미국 선박에 대한 괴롭힘이 국가 경제에 타격을 준

것은 사실이지만, 제퍼슨이 명령한 봉쇄 조치는 훨씬 더 큰 피해를 입혔다. 특히 공화당원들은 영국이 미국이 중립적 권리라고 여기는 것들을 무시하는 것이 미국 독립을 위협한다고 믿었을지 모르지만, 그러한 권리를 방어하기 위해 미국이 시작한 전쟁이야말로 국가에 진정한 위기를 가져왔다. 그러나 공화국의 통합에 가장 큰 위협은 영국군이 아니라, 전쟁이 만들어내고 심화시킨 미국인들 간의 깊은 분열에서 비롯되었다.

연방주의자가 주도하던 뉴잉글랜드에서는 제퍼슨과 매디슨의 공화당과 여러 국내 문제로 인해 이미 소원해진 상태였는데, 1812년 전쟁은 이 지역에서 매우 인기가 없었다. 이로 인해 분리 독립에 대한 논의가 촉발되기도 했다. 1814년 12월, 뉴잉글랜드의 다섯 개 주는 하트퍼드에서 회의를 열어 자신들의 불만을 논의하기 위해 대표들을 파견했다. 이 회의는 '하트퍼드 컨벤션'으로 알려지게 되었다. 참석자들은 헌법에 대한 여러 개정안을 제안하는 보고서를 작성하고, 이를 워싱턴에 전달하기 위해 세 명의 대표단을 임명했다. 그러나 이들이 워싱턴에 도착했을 때는 이미 뉴올리언스 전투에서의 승리 소식과 겐트 조약 체결 소식이 전해져 그들의 임무는 무의미해졌다. 컨벤션은 뉴잉글랜드가 미국에서 탈퇴하자는 제안을 하지는 않았지만, 이 회의 자체는 연방 정부에 대한 심각한 불만을 나타내는 것으로, 전쟁이 계속되었다면 이 지역이 연합에 남아 있는 것을 위태롭게 할 수도 있었음을 보여준다.[101]

1812년 전쟁은 상당한 위험을 초래했다.[102] 13개 식민지도 영국에 대항한 독립전쟁에서 위험을 감수했지만, 그 목적은 큰 보상인 독립을 얻기 위함이었다. 그러나 1812년의 갈등에서는, 미국이 더 나은 군사적 성과를 거두었더라도 그에 상응하는 보상이 기대되지는 않았다.

영국과의 타협을 피하며 공화당이 이해한 중립성을 확고히 하려 했던 매디슨은, 결국 제퍼슨이 금수조치를 시행했던 것처럼, 미국식 이념적 외교정책을 추구하며 원칙을 위해 국가의 이익을 희생했다고 볼 수 있다. 그러나 이 전쟁은 이상도, 이익도 충족시키지 못했다. 미국은 창립자들이 자유를 구현하고 본보기로 삼길 원했던 국가였음에도, 역사상 가장 위대한 독재자 중 한 명인 나폴레옹 보나파르트와 동맹을 맺고,[103] 정치적 자유와 대의정치에 헌신했던 유럽 열강 중 유일한 국가인 영국에 대항했다. 이 전쟁은 미국의 원칙을 훼손했을 뿐만 아니라, 국가의 장기적인 이익에도 부합하지 않았다. 결국, 나폴레옹이 영국을 물리쳤다면 북미에 제국을 세우려 했을 것이며, 이는 제퍼슨도 인식했듯 미국에 위협이 되었을 것이다.[104] 따라서 유럽 전쟁에서 미국은 오히려 1812년 전쟁에서 그 정책이 약화한 결과, 즉 영국의 승리가 중요한 이해관계였지만, 미국의 노력에도 불구하고 그 결과는 실현되었다.[†]

그러나 미국인들은 이 전쟁의 결과를 더 큰 피해를 면한 다행으로 여기지 않고, 승리로 받아들였다.[105] 영국에 맞선 두 번째 전쟁은 미국의 집단적 기억 속에서 승리로 자리 잡았다. 볼티모어의 변호사 프랜시스 스콧 키(Francis Scott Key)는 영국군이 맥헨리 요새를 포격하는 광경을 목격하고, 공격 중에도 살아남은 성조기를 기리는 시를 썼다. 이 시는 곡조에 맞춰 노래로 만들어졌고, 결국 국가로 채택된 "성조기여 영원하라(The Star-Spangled Banner)"가 되었다. 전국적으로 공공 행사에서 불리는 이 노래는 1812년 전쟁에서 유일하게 지속적으로 남아 있는 상징물이다.

앤드루 잭슨은 뉴올리언스 전투에서 그의 부대가 성공을 거두며 전국적인 영웅으로 떠올랐다. 이 성공은 그가 1828년에 제7대 대통령이 되는 길을 열었지만, 이 전투는 군사적으로는 큰 의미가 없었다. 전쟁을 시작하고 난 후 선택지가 없어 전쟁을 시작했고 이후 무능하게 이를 관장했던 공화당은 그 후로 한 세대 동안 미국 정치에서 지배적인 위치를 차지했다. 한편, 영국과의 무력 충

---

† 아이러니하게도, 훨씬 더 강력해진 미국은 20세기의 두 차례 세계대전에 참전하며, 궁극적으로 미국을 위협할 수 있는 유럽 대륙의 가장 강력한 국가의 야망을 저지하기 위한 목적을 주로 추구했다. 영국은 프랑스 혁명 전쟁에서 바로 이러한 이유로 나폴레옹에 맞섰지만, 공화당이 집권했던 당시의 미국은 실질적으로 반대편에 섰다.

돌에 반대하고 경고했던 연방당은 사라지게 되었다.

비록 미국이 평화 협정으로부터 실질적인 이익을 얻지 못했지만, 전쟁은 미국인들에게 몇 가지 심리적 이점을 가져다주었다.[106] 이는 국가의 자신감을 높였다. 독립적이고 주권적인 국가로서 미국의 장기적인 존속 가능성에 대해 대서양 양쪽에서 의심이 사라졌다. 이 전쟁은 국가의 '두 번째 독립 전쟁'으로 여겨지게 되었다.[107] 또한 뉴잉글랜드에서의 탈퇴에 대한 진지한 고려를 종식시켰다. 이후 40년 동안 연방에 대한 반대와 궁극적인 무장 저항은 남부 주들로 넘어갔다.

이 전쟁은 미국 역사에서 두 가지 중요한 종결을 의미했다. 1814년은 적대적인 외국 군대가 마지막으로 미국 땅에 발을 들인 해였다. 그리고 1812년 전쟁은 미국이 군사적으로 우월한 적과 싸운 마지막 전쟁이었다.

3장
대륙 공화국, 1815~1865

미합중국과 대영제국

나폴레옹의 몰락은 유럽과 국제 문제에 새로운 질서를 가져왔다. 미국은 1812년 전쟁에서 영토와 독립을 유지한 채로 나왔지만, 유럽의 위대한 제국 국가들처럼 군사력을 갖추지 못한 채로 약소국으로 남아 있었다. 미국은 여전히 그들에 비해 약소국이었다.

새로운 질서는 향후 반세기 동안 미국이 직면할 기회와 도전을 규정했으며, 이러한 기회는 이전 50년 동안 직면했던 것보다 더 넓고, 국제적인 측면에서 덜 부담스러운 것으로 나타났다. 이전 시기에는 미국이 더 강한 적인 대영제국과 두 번의 전쟁을 벌여 독립을 확보하고(자체적으로는) 유지했다. 그 이후 50년 동안 미국은 두 번의 중요한 전쟁을 치렀지만, 이번에는 나라의 주권이 아닌 국경을 걸고 제국주의 영국보다 덜 강력한 적과 싸웠다. 일반적으로, 새로운 나폴레옹 이후의 질서는 약소국인 미국에게 두 가지 가장 가치 있는 기회를 제공했다. 더 강한 경쟁자로부터의 긴급한 공격 위협에서 벗어나고, 그 자유를 이용해 더 강력해지는 것이다.

두 가지 특징이 새로운 국제질서를 정의했다. 유럽 대륙의 강대국들은 내부를 주시했다. 프랑스 혁명과 그 결과는 그들의 군주 정부를 멸망의 직전까지 몰아넣었다. 그들의 정권을 유지하기 위해, 통치자들은 파괴적인 전쟁의 재발을 피하고 또 다른 프랑스의 지배 시도를 막기 위해 전례 없는 정도로 협력했다. 이 협정은 '유럽 협조체제(the Concert of Europe)'로 알려지게 되었다.[1] 강대국들은 내부 문제에서의 큰 변화를 피하기위해 외교 정책에서 큰 변화를 이루었다. 유럽 문제에 몰두한 그들은 18세기 초 이후 어느 때보다도 북미에 관여할 시간, 에너지, 자원이 적었다.

1815년 이후 새로운 세계질서의 또 다른 결정적인 특징은 대륙 강대국들이 신세계에 개입하는 것을 최소화했다. 도전받지 않는 대영제국의 해상 우위는 다른 유럽 국가들의 북미 접근을 제한했다.[2] 영국의 해상 지배는 나폴레옹 전쟁의 결과, 특히 프랑스를 물리친 영국의 승리에서 비롯되었다. 19세기 동안의 두 가지 중요한 발전이 이를 강화했다. 이는 진행 중인 산업혁명에서의 영국의 선도와 관련된 글로벌 상업 및 금융에서의 지배력이다.[3] 왕립 해군의 우위는 이전 세기보다 더 평화로운 해상 질서를 만들어냈으며, 이는 고대 로마 제국이 서유럽과 지중해 지역 전역에 부과한 '팍스 로마나'에 비견되는 '팍스 브리타니카'였다.

미국에게 이 새로운 질서는 세 가지 특정 결과를 가져왔다. 첫째, 미국은 정치적으로는 유럽과 더 먼 관계를 가지게 되었지만, 동시에 이전 수십 년보다 경제적으로는 더 가까운 관계를 맺게 되었다.[4] 둘째, 새로운 국제 환경은 1812년 전쟁의 종결과 남북전쟁의 종결 사이의 50년 동안 미국 공화국이 주된 국가 프로젝트가 된 영토 확장을 추구할 지정학적 공간을 제공했다.[5] 셋째, 1765년에서 1865년까지의 세기의 후반기에 전반기보다 미국과 세계 나머지 국가들과의 관계는 달랐고, 미국의 관점에서 더 유리했지만, 두 시기 간에 하나의 중요한 연속성이 있었다. 대영제국이 계속해서 미국의 가장 큰 무역파트너였고, 영국이 캐나다에서 북미에 주요한 존재를 계속 유지했으며, 영국 해군이 대서양을 통제했기 때문에, 대영제국과의 관계는 미국에게 다른 어떤 국가와의 관계보다 훨씬 더 중요한 의미를 가졌다.

이 시대의 관계는 긴장 요소와 몇 가지 공통의 이익, 그리고 다른 상호 억제의 요소를 결합한 복합적인 것이었다. 적대감에서 우정으로 이어지는 스펙트럼에서, 이는 혁명과 초기 공화국 시기의 적대감과 20세기의 연대 사이 어딘가에 해당했다.

상호 불신은 당 세기(19세기) 중기까지 이어졌고 그 이후에도 지속되었다. 미국인들은 세 방향에서 강력한 위상을 지닌 제국을 계속해서 우려했다. 북쪽으로는 캐나다에서 군사적으로, 동쪽으로는 대서양에서, 그리고 세기가 지나면서 점점 남쪽으로는 라틴 아메리카에서 경제적으로 조심했다.[6] 미국인들이 대영제국과 싸운 두 전쟁은 그들의 집단 기억에서 사라지지 않았다.

실제로, 미국인들은 그들의 민족주의, 즉 미국인으로서의 의미를 어느 정도 옛 본국에 대한 저항으로 정의했다.[7] 1908년까지도, 스포츠용품 제조업자인 앨버트 스팔딩(Albert Spalding)은 국가의 국민 스포츠인 야구의 기원을 결정하기 위한 위원회를 조직하고, 그 게임이 뉴욕의 전형적인 미국 소도시인 쿠퍼스타운에서 남북전쟁의 연합 장군 애브너 더블데이(Abner Doubleday)에 의해 발명되었다고 밝혀내도록 지시했다. 이 계보는 스포츠의 공식 기원 이야기로 받아들여졌지만, 거짓이었다. 야구는 영국의 크리켓 게임에 뿌리를 둔 라운더스 게임에서 발전했다. 그러나 스팔딩은 야구가 영국과 연관되면 그 인기가 떨어지고 따라서 자신의 수익도 감소할 것이라고 생각했기 때문에, 야구가 흠잡을 데 없는 미국적 혈통을 필요로 한다고 느꼈다.[8] 한편, 영국은 미국의 끊임없는 영토 확장이 잠재적으로 강력한 지정학적 경쟁자를 만들어내는 것으로 보고, 전 식민지들이 캐나다를 그들의 연합에 포함하려는 야망을 완전히 포기하지 않았다는 점에 대해 우려했다.

반면, 두 나라가 서로 벌인 두 번의 전쟁은 상호 존중심을 불러일으켰고, 영국이 여전히 미국에 대한 군사적 우위를 유지하고 있었지만, 그들은 제국의 책임과 유럽의 이익으로부터 관심과 자원을 빼앗아 갈 수 있는 세 번째 전쟁을 피하고자 했다. 게다가, 영국이 해군력에서 누리는 군사적 우위는 북미 본토에 적용하기 쉬운 일이 아니었다. 또한 두 나라는 강력한 상업적 관계를 맺고 있었고, 그들의 무역은 양국 모두를 부유하게 만들었다.[9]

마지막으로, 두 나라가 추구하는 주요 이익은 충돌하지 않았다. 영국은 그들의 정치적 영향력과 경제적 존재를 서반구를 포함하여 그들의 해안 너머로 확장하려고 했지만, 이미 지배하고 있는 것보다 더 많은 영토를 공식적으로 정복하는 방법으로는 하지 않았다. 그들은 오히려 통치 책임을 지지 않고도 영향력을 행사하고 무역 및 투자에서 주요 지위를 차지하는 비공식 제국을 확대하는 것을 선호했다. 그들은 특히 라틴 아메리카에서 그렇게 했다.[10]

이 목표는 19세기 전반기에 미국이 북미의 서쪽과 남쪽으로 직접 통치하는 영토의 범위를 확장하려는 미국의 추진력과 양립할 수 있었다. 사실, 왕립 해군은 대륙 강국들이 신세계에 개입하는 것을 막을 수 있었고, 동시에 대서양 무역을 보호했기 때문에, 영국의 해상력에 대해 미국은 경제학자들이 '무임승차자'라고 부르는 자격을 갖추었으며, 영국의 해군 우위의 혜택을 지불하지 않고도 누릴 수 있었다.[11]

그럼에도 불구하고, 미국과 영국이 동일한 목표와 열망을 가지고 있지 않았음에도 불구하고, 미국과 캐나다의 영토적 인접성은 두 나라 간에 마찰 지점을 만들어냈다. 겐트 조약 이후 50년 동안 미국이 가진 가장 중요한 외교 관계의 핵심 특징은 두 나라가 여러 차례 외교적 타협을 통해 이러한 차이점을 해결하려고 했다는 것이다.[12]

1812년 전쟁 이후, 양국은 1817년 러시-배곳 협정을 체결하여 대호수(the Great Lakes) 지역에서의 해군 군비를 제한했다. 이 협정은 미국이 체결한 최초의 공식적인 무기 제한 협정이라는 구별을 가지며, 따라서 1970년대와 1980년대의 훨씬 더 강력한 무기를 포함하는 훨씬 더 복잡한 군비 통제 협정의 전신이다.[13] 1818년 협정은 미네소타의 우즈호와 록키산맥 사이의 49도선을 따라 미국과 캐나다를 구분하는 국경을 설정하고, 록키산맥과 태평양 사이에 위치한 오레곤 영토를 10년 동안 공동 관리하기로 했다.[14]

1842년 웹스터-애쉬버튼 조약은 주요 협상자였던 미국 국무장관(역사적으로는 상원 의원으로 더 유명한) 다니엘 웹스터(Daniel Webster)와 미국 주재 영국 대사 알렉산더 배링(Alexander Baring), 애쉬버튼(Ashburton) 경의 이름을 따서 명명되었으며, 캐나다-미국 국경 문제를 해결했다.[15] 1846년, 상당한 논란과 심지어 전쟁 위협 후에, 두 나라는 오리건 영토를 통해 그 국경을 그려 49도선을 따라 태평양까지 확장했다.

마지막으로, 1850년에 두 나라는 웹스터-애쉬버튼처럼 미국 국무장관과 협상한 영국 장관의 이름을 따서 각각 존 클레이튼(John Clayton)과 헨리 불워(Henry Bulwer)가 협상한 클레이튼-불워 조약을 체결했다. 이는 두 나라가 기대했던 대서양과 태평양을 연결하는 지협 운하에 대한 공동 통제를 규정했으며, 이는 파나마를 통해 조기에 건설될 것으로 예상되었다.[16]

이 세 가지 협정인 러시-배곳 협정, 1818년 협정, 오레곤 협정은 민주당원 제임스 먼로(James Monroe)와 제임스 K. 포크(James K. Polk)의 대통령 재임기간 동안 협상되었다. 그들이 토마스 제퍼슨과 제임스 매디슨의 정치적 후손임에도 불구하고(먼로는 매디슨의 후임자), 그들 중 어느 누구도 두 선임자처럼 영국과의 협정을 꺼리지 않았다. 1812년 전쟁 이후, 대안적인 연방주의자 접근 방식의 외교가 우세했다.

이 시기의 가장 잘 알려진 그리고 아마도 가장 중요한 영미 협력 사례는 공식적인 협정을 이루지 못했다. 그것은 암묵적으로 이루어졌다. 그것은 1823년 일방적인 대통령 선언으로 표현되었고, 후속 수십 년 동안 먼로 독트린으로 알려지게 되었다.

먼로 독트린은 프랑스 혁명과 미국 혁명에 영감을 받아 대제국으로서의 스페인의 꾸준한 쇠퇴(1808년 나폴레옹 프랑스의 점령으로 분명해진)를 이용하여 1811년에서 1824년 사이에 라틴 아메리카를 휩쓴 정치적 봉기에 그 기원을 두고 있다.[17] 이러한 격변은 신세계에서 스페인 제국이었던 지역에 일련의 독립 공화국들을 만들어냈다.

미국은 남쪽에서 군주 통치의 종말을 환영했지만, 국무장관 존 퀸시 애덤스(John Quincy Adams)는 먼로 대통령에게 즉시 새로운 정부를 공식적으로 인정하지 말라고 권유했다. 왜냐하면 애덤스는 북미에서 스페인의 영유권 주장 범위에 대한 미묘한 협상 중이었기 때문이다.[18] 미국인들이 자유와 공화주의 정부의 확산에 원칙적으로 헌신했지만, 실제로 애덤스는 이러한 정치적 사상과 제도의 촉진은 구체적인 지정학적 이익 추구에 양보해야 한다고 믿었다. 라틴 아메리카에서 민주주의를 장려하는 것은 바람직할지 모르지만, 그에게는 북미에서 미국의 영토를 확장하는 것보다 중요하지 않았다.[19] 애덤스는 뛰어난 외교 경력을 가졌고, 그 후 하원에서 노예제도의 가장 강력한 반대자로 두드러진 활약을 했으며, 1825년에서 1829년 사이에 실망스러운 대통령 임기를 거쳤다. 이는 그가 미국 역사상 대통령직이 그의 정치 생활의 하이라이트가 아니었던 유일한 인물이 되었다. 그로부터 1821년 7월 4일 연설에서 해외에서 미국 형태의 정부를 촉진하려는 적극적인 노력을 피하는 것에 찬성하는 가장 자주 인용되는 발언이 나왔다. "자유와 독립의 깃발이 펄럭이는 곳마다,"

> 그곳에 [미국의] 마음, 축복, 그리고 기도가 있을 것이다. 하지만 미국은 파괴할 괴물을 찾으러 해외로 가지 않는다. 미국은 모든 이의 자유와 독립의 지지자이며, 오직 미국 자신의 챔피언이자 옹호자이다.[20]

그런 정신으로 그는 먼로가 1822년 오스만 제국에 대한 그리스 민족주의 반란을 지지해서는 안 된다고 주장했으며, 실제로 미국은 그리스 독립을 인정하지 않았다.[21] 1848년 유럽 군주제에 대한 대륙 전역의 봉기는 미국인들 사이에서 상당한 동정을 불러일으켰지만, 미국 정부는 반군주제 운동을 돕기 위해 아무런 조치도 취하지 않았다.[22] 미국은 외교정책에서 이념적 성향을 완전히 포기하지는 않았지만, 19세기 대부분 동안 미국인들은 거의 전적으로 수사법을 통해 자신들의 정치사상을 전파하겠다는 의지를 표현했다.

물론, 건국 이념에 대한 신념 부족과는 구별되는 국가의 상대적 약점이 이러한 절제된 접근 방식과 큰 관련이 있었다. 미국 정부는 20세기와 21세기에 미국이 국제체제에서 훨씬 강력한 구성원이 되었을 때 애덤스의 조언을 자주 무시했다.

먼로 행정부는 궁극적으로 1822년 멕시코를 포함한 새로운 라틴 아메리카 국가들을 인정하고, 그 지역으로부터 잠재적인 위협에 직면하게 되었다. 미국인들은 유럽 강대국들이 스페인 통치를 회복하기 위해 그곳에 개입할 것이라고 의심했다. 대륙 군주국들은 러시아, 오스트리아, 프러시아가 창립 멤버인 신성 동맹을 결성했으며, 이는 유럽 협조체제 내에서 군주제 통치에 대한 도전에 저항하는 데 전념했다. 회고해 보면, 유럽의 왕당파가 스페인 주권을 재확립하기 위해 서반구에 원정군을 파견하는 것을 진지하게 고려한 적이 없다는 것이 분명해졌다.[23] 그러나 당시 미국인들은 이를 확신할 수 없었다.

미국 정부는 유럽 군대가 자신들의 이웃으로 간주하는 곳으로 돌아오는 것을 강력히 반대했으며, 점점 더 독점적인 태도를 취하게 되었다. 1821년, 러시아 황제가 베링 해협과 알래스카에서 남쪽으로 캐나다를 관통하는 51도선까지 태평양 해안에서 100마일 이상 확장되는 독점 해양 구역을 발표했을 때, 애덤스는 그 황제의 칙령의 정당성을 신속히 거부했다.[24]

영국도 라틴 아메리카 공화국들의 독립을 유지하는 데 관심이 있었으며, 그들 중 여러 국가와 수익성 있는 경제적 유대[25]를 맺었기 때문에 스페인 통치의 회복은 이를 위태롭게 할 것이었다. 따라서 영국 외무장관 조지 캐닝(George Canning)은 먼로 행정부에 두 나라가 이러한 시도에 반대하는 공동 성명을 발표할 것을 제안했다. 제퍼슨과 매디슨은 영국에 대한 오랜 적대감에도 불구하고, 그 제안에 동의할 것을 권장했다.[26] 그러나 애덤스는 먼로에게 그렇게 하지 말고 일방적으로 행동할 것을 설득했다.[27] 따라서, 1823년 12월 2일 의회에 보낸 대통령 메시지에서 먼로는 유럽과 서반구에 관한 부분을 포함했다. 그는 구세계와 신세계를 구별하고, 어느 쪽도 다른 쪽에 영향을 미쳐서는 안 되며, 아메리카 대륙은 이제부터 유럽의 식민지 대상이 되어서는 안 되며, 유럽인들은 미국인들이 두려워하는 군사 개입을 결코 시도해서는 안 된다고 주장했다.[28]

이 메시지는 대통령이 발표했을 때 외교적 이정표로 간주되지 않았지만, 세기 후반에는 국가의 외교적 독립과 서반구에서 필요시 군사적으로 시행할 미국의 우위를 선언한 것으로 여겨지게 되었다. 20세기 대통령들인 트루먼, 아이젠하워, 카터는 세계의 특정 지역에서 미국의 특별한 이익을 선언하고 그 이익을 군사적 수단으로 방어하려는 의도를 '독트린'으로 발표했다. 그러나 초기의 먼로 독트린은 후대의 해석과는 달리 그러한 의미를 내포하지 않았다. 워싱턴의 고별사처럼, 이는 처음 발표되었을 때 없었던 정치적 의미를 나중에 가지게 되었다.

약소국으로서, 미국은 유럽인들을 나중에 미국인들이 자신들의 지정학적 영향권으로 간주하게 된 곳에서 몰아낼 군사적 수단이 부족했다. 오직 영국만이 해군력 우위로 그것을 할 수 있었고, 실제로 영국의 해군력은 대서양 반대편에서 유럽의 식민지 시대가 끝났음을 보장했다. 애덤스는 왕실 정부가 먼로 독트린의 '서반구 무단 침입 금지' 표지를 미국과 함께 공식적으로 내세우는 일에 참여하지 않도록 했지만, 19세기 중반까지 이를 실질적으로 뒷받침한 것은 소규모의 미국 군대가 아니라 영국 해군이었다.[29]

그러나 19세기 후반까지 미국인들은 먼로 독트린을 그들의 외교정책의 중심 기둥으로 여기게 되었다. 이는 앞선 수십 년 동안, 영국 해군의 우월성과 나폴레옹 전쟁 이후 유럽 정부들이 자국 대륙 문제에 몰두한 상황을 활용해, 미국이 지정학적 강대국으로서의 요소를 축적했기 때문에 가능했다. 이를 통해 미국은 약소국으로서의 입지를 마감하고 보다 강력한 국제적 지위로 도약하게 되었다.

성장

미국은 세 가지 종류의 성장, 즉 인구 증가, 경제 성장, 영토 확장을 통해 강력한 국제적 힘의 기반을 확보했다.[30] 근대 시대 이전처럼, 한 나라나 제국의 상대적 힘은 인구 규모, 영토 크기, 그리고 부에 달려 있었다. 1812년 전쟁이 끝난 후부터 남북전쟁이 끝날 때까지 이 세 가지가 미국에서 상당히 확장되었다.

식민지 시대와 초기 공화국 시기의 패턴을 계속해서, 이 시대 동안 미국의 인구는 빠르게 증가했다. 1815년에는 840만 명이었고, 1830년에는 1,290만 명, 1840년에는 1,710만 명—대략 영국 인구와 같았다. 1850년에는 2,320만 명이었고, 1860년에는 3,150만 명에 달하여 45년 만에 거의 300% 증가했다.[31]

대부분 성장은 자연 증가에서 비롯되었다. 미국인들은 계속해서 많은 자녀를 가졌다.[32] 17세기에 시작된 미국이 된 과정, 즉 유럽으로부터의 이민도 그 성장에 기여했다. 1820년과 1840년 사이에 70만 명이 대서양을 건넜다. 그다음 20년 동안 그 속도는 가속화되어 470만 명의 이민자가 도착했다.[33] 대부분은 북부와 중서부에 정착했으며, 많은 이들이 이 시기 동안 점점 더 많은 미국인이 살게 된 도시로 이동했다.[34]

국가의 인구 증가는 궁극적으로 나라를 세계에서 가장 강력한 나라의 반열에 올려놓은 또 다른 추세, 즉 경제 성장을 촉진했다. 산업혁명은 18세기 영국에서 시작되어 이후 전 세계로 퍼져나갔으며, 신석기 시대의 농업혁명(10,000년 이상 전) 이후 인류의 삶에 가장 광범위한 변화를 가져왔다. 산업혁명의 결과 중 하나는 기계의 힘을 활용함으로써 식량과 물품 생산이 처음으로 꾸준히 증가하여[35] 개인의 건강이 개선되고 수명이 연장되며 더 풍요로운 삶을 누릴 수 있게 되었다는 점이다. 또 다른 결과는 군사력의 성격을 변화시켰다는 것이다. 거의 모든 역사에서 군사력은 정부가 모집하고 급여를 지급할 수 있는 병사의 수에 의존했다. 그러나 이후로는 한 국가의 산업 생산량과 품질 또한 군사력의 중요한 원천이 되었으며, 이 분야에서 결국 미국은 모든 다른 국가를 능가하게 되었다.

미국은 산업혁명의 가능성을 일찍이 폭넓게 활용할 수 있었는데, 이는 비교적 높은 교육 수준, 개방적이고 평등한(남부를 제외하면)—엄격하고 위계적인 구조가 아닌—사회 구조, 풍부한 천연자원, 강력한 재산권을 포함한 견고한 법 체제, 이동성과 혁신의 문화, 그리고 점점 늘어나는 인구 덕분이었다. 이 인구 증가는 점점 더 많은 농부, 노동자, 상인, 투자자, 발명가를 공급했다.

성장에는 세 가지 요소가 필요하다. 토지, 노동, 자본; 그리고 미국은 이 세 가지를 모두 풍부하게 가지고 있었다. 19세기 전반기에 미국은 3.7%의 경제 성장률을 유지했다.[36] 이는 특히 1837년에서 1843년 사이의 금융위기와 경기 침체가 경제확장을 억제했음에도 불구하고 놀랄 만한 업적이었다.[37] 이는 그 이전 거의 모든 역사에서의 경제적 정체와 비교할 때, 그리고 산업혁명의 선구자인 영국의 경제 성장률 2.2%와 비교했을 때 놀랄 만한 업적이었다.[38]

1815년과 1840년 사이의 25년 동안, 미국 남부에서 재배된 면화가 국가 경제 성장의 엔진 역할을 했다. 주로 영국으로 수출되었고, 이는 전국에 수익을 가져다주어 모든 곳의 경제 활동을 활성화했다.[39] 1840년과 1860년 사이에는 경제 역동성의 중심이 빠르게 제조업이 확장된 북부로, 그리고 중서부로 이동했다.[40] 그곳에서는 대평원의 정착, 곡물 파종과 수확, 그리고 점점 더 많은 양의 곡물을 유럽, 특히 영국으로 수출하게 되면서 상당한 수익을 올렸다. 이는 북미의 철도 건설, 더 빠른 대서양 횡단 운송, 그리고 1846년 영국의 보호무역주의 곡물법 철폐 덕분이었다.[41] 두 시기 모두에서 외국 시장은 미국 성장에 큰 기여를 했으며, 이는 20세기 후반 동아시아에서의 경우와 같았다. 영국에서도 생산량의 급격한 증가는 주로 수출에서 비롯되었는데, 19세기 미국이 농산물을 수출했던 것과 달리, 영국은 제조품을 해외 시장으로 수출했다. 그중에서도 가장 중요한 수출 대상은 바로 미국이었다.

미국 내의 내부 발전도 이 시기에 경제확장을 촉진했다. 산업혁명은 교통과 통신 분야에서 세 가지 혁신적인 발명을 가져왔다. 첫 번째는 증기 엔진으로, 이는 바람과 돛의 힘으로 움직이던 선박보다 훨씬 빠르고 더 많은 화물을 운반할 수 있는 증기선을 가능하게 했다. 두 번째는 철도였고, 세 번째는 전신이었다.[42] 이 세 가지 발명품은 지리적으로 확장되고 있는 나라의 여러 지역을 경제적인 목적으로 더욱 가깝게 연결했다. 물품과 정보는 이전보다 훨씬 빠르게 이동할 수 있게 되었다. 육지에서 이동 속도가 빨라짐에 따라 물류 운송이 가속화된 것과 더불어, 운하 건설을 통해 수상 운송의 속도와 편리함도 크게 향상되었다. 가장 주목할 만한 것은 1825년에 완공된 이리 운하로, 이는 허드슨강을 통해 대서양과 오대호를 연결했다.[43] 운하는 미국 공화국이 자연적으로 보유한 항해 가능한 강들을 보완하는 역할을 했다.

증기력과 전신은 느슨하게 연결되어 있던 지역들을 하나의 단일한 국가 시장으로 묶어주었다. 모든 조건이 동일하다면, 내부 시장이 클수록 그 나라의 경제 잠재력도 커지기 마련인데, 19세기 전반기 미국이 그러했다. 미국 제품을 위한 국내 시장 외에도 유럽, 특히 영국이 경제확장에 필요한 자본의 상당 부분을 제공했다.[44] 이러한 경제 성장의 모든 요소들이 결합되어, 미국은 남북 전쟁 이전부터 이미 경제 대국, 즉 세계 최대의 경제력을 가진 나라로 가는 길을 닦고 있었다.

1815년 이후 몇십 년 동안 무역은 경제 성장을 촉진했을 뿐만 아니라 국내 정치와도 깊이 얽히게 되었다. 미국의 대외 관계 중에서 국경을 넘는 상업이 가장 민주적인 측면을 띠게 되었는데, 이는 여론, 이익 집단, 그리고 당파적인 고려가 그 안에 스며들었기 때문이다. 그러나 이전 50년과는 달리, 연방 정부는 1815년 이후 반세기 동안 그 상업을 정치적 목표를 달성하기 위한 지렛대로 사용하려는 시도를 하지 않았다. 대신, 19세기 두 번째 10년대부터 시작하여 이후 거의 200년 동안 무역 정치의 핵심에는 관세, 즉 수입품에 부과되는 세금 문제가 자리 잡았다.

정부는 모든 정책을 실행하는 데 필요한 수입을 관세에 의존했으며, 미국 역사의 상당 기간동안 다른 형태의 과세는 거의 불가능했다.[45] 그러나 관세를 얼마나 높여야 할지, 그리고 수입 징수 외에 어떤 목적을 관세가 수행해야 하는지에 대한 문제는 1812년 전쟁 이후 곧 논쟁의 대상이 되었다. 이러한 문제에서 나라는 지리적 선을 따라 분열되었는데, 이는 서로 다른 지역에서 서로 다른 경제 활동이 주도적이었기 때문에, 그로 인해 무역 정치에 반영된 지역별 정치적, 경제적 이해관계가 달랐다.[46]

19세기 초반 미국의 경제 지리학에서 남부는 농업 생산, 특히 면화에 크게 의존했으며, 면화는 남부 경제의 중심이었다. 면화 재배자들은 그들이 생산한 대부분의 면화를 북부 주로, 특히 해외로 수출했다.[47] 남부 사람들은 '면화 왕국(King Cotton)'과 기타 농산물로 벌어들인 수익을 통해 필요한 다른 상품들을 구입했다. 이러한 이유로 남부, 그리고 이를 주로 대표했던 정당인 토머스 제퍼슨과 앤드루 잭슨의 공화당(19세기 이후 민주당으로 알려짐)은 낮은 관세를 강력히 지지했다. 그들은 상업 정치 용어로 '자유무역주의자' 경향을 띠었다. 관세는 두 가지 방식으로 그들에게 해를 끼쳤다. 하나는 해외에서 구매하는 상품의 가격을 높였고, 다른 하나는 다른 나라들이 보복성 무역 장벽을 세우게 하여, 그들이 의존하는 수출을 위태롭게 만들었다.

이 시기에 북동부, 중부 대서양 주들, 그리고 중서부(원래 '구 북서부'라고 불리며, 오하이오, 인디애나, 일리노이, 미시간, 위스콘신주를 포함했던 지역)는 미국의 산업 중심지로 발전했다. 이로 인해 이 지역 사람들은 남부 주민들보다 관세에 대해 더 우호적이었다. 첫째, 북부 사람들은 관세로 인해 정부의 세수가 증가하는 것을 환영했는데, 이는 경제 활동을 촉진하기 위한 정부 지출을 긍정적으로 바라보았기 때문이다. 더 중요한 점은 관세가 그들의 산업을 유럽, 특히 19세기 대부분 동안 제조업에서 세계 선도국이었던 영국의 경쟁으로부터 보호해 주었다는 것이다. 관세는 남부 주민들을 가난하게 만들었지만, 무역 장벽은 많은 북부 주민들을 더 부유하게 만들었다. 결과적으로 이들의 이익을 대변하기 위해 등장한 정치 세력인 휘그당은 민주당보다 관세를 더 적극적으로 지지했다.[48]

1816년, 공화-민주당 소속의 제임스 매디슨 대통령은 자신 정당의 이전 정책과는 결을 달리하여, 세수 확보 이외의 목적으로 관세를 도입할 것을 요구했고, 의회는 이를 법으로 제정했다. 이 관세는 영국 제품을 배제함으로써 국가가 영국에 대한 의존을 줄이는 것을 목표로 했으며, 이는 1812년 전쟁이 국가적 의제로 부각시킨 사안이었다.[49] 이 조치에 대한 논쟁은 국가의 지역별 경제 차이에 따라 두 가지 상반된 파벌, 즉 대략적으로 북부와 남부로 나뉜 집단을 드러냈고, 이들은 이후 관세 관련 법안을 두고 지속적으로 싸우게 되었다.[50]

1824년, 남부의 반대에도 불구하고 의회에서 근소한 차이로 관세 인상이 통과되었다.[51] 4년 후, 남부인들이 '가증스러운 관세'라고 부른 법안이 남부의 분노를 자아냈고, 사우스캐롤라이나의 몇몇 정치인들, 그중에서도 가장 저명한 인물인 존 C. 칼훈 부통령은 '무효화' 교리를 제안했다. 이 교리는 개별 주가 자신들이 마음에 들지 않는 연방 법안을 무효화할 수 있다는 주장이었다.[52] 1833년 타협안이 채택되면서 정치적 위기[53]로까지 번진 상황이 진정되었고, 그 결과 남부가 이 시기 동안 국가 정치에서 우위를 점하면서 25년 동안 관세가 지속적으로 인하되었다.[54] 그럼에도 불구하고 무역 정치의 갈등은 여전했는데, 그 갈등이 기초하고 있던 지역적 분열이 더 폭발적인 쟁점인 노예제와 맞물렸기 때문이다. 노예제 문제는 1850년대에 이르러 국가의 정치 생활을 지배하는 주요 이슈가 되었다.

인구 성장, 경제 성장, 영토 확장은 북아메리카에 살고 있던 사람들의 삶을 풍요롭고 나아지게 만들었지만, 노예와 원주민만은 눈에 띄는 예외였다. 미국을 번영하고 점점 더 강력한 나라로 만든 힘은 아메리카 원주민들의 권리를 약화하고 그들을 몰아내는 결과를 초래했다. 19세기가 미국 공화국에게는 진보의 시대였다면, 그 혜택을 받은 것은 유럽계 사람들이었고, 그 주된 피해자는 아메리카 원주민들이었다.

유럽에서 온 최초의 정착민들이 도착했을 때, 그들은 최소 1만 년 전부터 그곳에 살고 있던 사람들과 다양한 관계를 맺었다. 오늘날 미국의 추수감사절로 상징되는 우호적인 만남과 협력이 있었지만, 무력 충돌도 발생했다.[55] 그러나 협력과 공존은 궁극적으로 실패했는데, 그 이유는 두 집단 간의 만남 중심에 화해할 수 없는 갈등이 자리 잡고 있었기 때문이다. 유럽 정착민들은 땅을 원했고, 그들의 땅에 대한 욕망은 대서양에서 태평양까지 북아메리카 대륙을 장악하게 되었을 때만 충족되었다. 그들의 끝없는 땅에 대한 추구는, 그리고 그럴 수밖에 없었던 이유는, 그 땅에 대한 자유로운 접근이 필수적인 인디언들의 삶의 방식을 희생시키는 것이었다. 유럽 정착민들은 그들이 부정하려는 땅을 인디언들이 마음대로 사용할 수 없도록 했기 때문이다.

인디언들은 할 수 있을 때마다 자신들의 존재를 주장했다. 많은 인디언에게 전쟁은 그들 문화의 일부였지만, 그들이 익숙하게 사용하던 전술과 무기는 결론적으로 유럽인들이 사용할 수 있었던 무기와 맞설 수 없었다. 게다가, 인디언들은 추가적인 약점이 있었는데, 일부 추정에 따르면 600여 개의 부족과 하위 부족으로 분열되어 있었고, 각 부족은 고유의 언어, 관습, 사회 구조를 갖추고 있었다.[56]

유럽 정착민들이 대서양 연안을 넘어 북아메리카 내륙으로 진출하자, 인디언들은 자신들이 침략자로 경험한 그들에 맞서 단결하려는 진지한 노력을 기울였다. 여러 부족이 싸웠으나, 몇 차례 중요한 전투에서 패배했다. 1794년, 독립 전쟁의 장군 앤서니 웨인이 이끄는 미군이 오하이오 북동부 폴른 팀버스에서 인디언 부대를 격파했으며,[57] 1811년에는 윌리엄 헨리 해리슨 장군이 인디애나 영토에서 또 다른 인디언 연합을 티페카누 전투에서 무찔렀다.[58] 해리슨은 이 승리를 통해, 또 다른 성공적인 '인디언 전사'로 알려진 앤드루 잭슨처럼, 미국 대중에게 영웅적인 명성을 얻었고, 이는 잭슨과 마찬가지로 대통령직으로 이어졌다.

정착민들에 맞서 저항하는 과정에서, 인디언들은 약자들이 자주 사용하는 주요 전략 중 하나를 채택했다. 이는 바로 공통의 이해관계를 가진 더 강한 세력과 동맹을 맺는 것이었으며, 이는 미국 독립 전쟁에서 식민지 주민들이 효과적으로 사용한 전략이기도 했다. 18세기 북아메리카에 온 프랑스인들은 주로 모피를 팔기 위한 경제적 목적을 가지고 왔고, 고향으로 돌아갈 계획이 있었던 반면, 영국에서 온 이들은 가족을 만들고 공동체를 세우며 땅을 차지하기 위해 머물렀다. 이러한 이유로 7년 전쟁에서 부족들은 주로 프랑스 편에 섰다.[59] 독립 전쟁에서도 인디언들은 자신들에게 덜 위협적인 세력, 즉 영국과 동맹을 맺었으나, 그들의 동맹국은 두 전쟁 모두에서 패배했고, 1783년 이후 인디언들은 이제 독립한 미국 정부와 직접 대면하게 되었다.

미국 정부는 인디언들에 대해 여러 접근 방식을 채택했다. 때로는 그들을 독립된 주권자로 대우하며 조약을 체결했으나, 그 조약의 조건을 엄격하게 준수하지는 않았다.[60] 또한 미국인들은 인디언들이 유럽인들의 문화에 동화되도록 교육과 고용 기회를 제공하는 등의 다양한 방법을 시도했으며, 일부 성공을 거두기도 했다.[61]

그러나 많은 부족은 여전히 자신들의 원래 생활 방식에 대한 애착을 유지하며 이를 지키기 위해 노력했다. 유럽인의 침략이 계속되고 그들이 알던 세상이 점차 축소되자, 인디언 공동체 내에서 부흥 운동이 일어나 열정적인 저항을 불러일으켰다. 그러나 이러한 저항은 결국에는 헛된 시도로 끝나고 말았다.[62]

1812년 전쟁은 중대한 분기점이 되었다. 독립 전쟁 때와 마찬가지로, 아메리카 원주민들은 영국 편에 섰으며, 겐트(Ghent)에서 진행된 평화 협상에서 영국은 미국과 영국령 캐나다 사이에 중립적인 인디언 완충 지대를 설립하자는 제안을 내놓았다. 그러나 협상 과정에서 영국은 이 제안을 철회했고, 북아메리카에서 원주민들이 안전한 피난처를 가질 수 있는 마지막 기회는 사라졌다.[63]

그 전쟁 이후, 미국의 인디언에 대한 대우는 더욱 가혹해졌다.[64] 미국 정부는 부족들에게 강제로 땅을 팔게 했고, 대규모로 원주민들을 조상 대대로 살아온 고향에서 쫓아내 서부로 몰아냈다. 이 과정은 '인디언 이주'라고 불리게 되었고, 20세기 유럽에서 일어난 잔혹한 '인종 청소'와 유사한 면이 있었다.[65] 19세기 내내 산발적인 저항이 계속되었으며, 그중에서도 1876년 몬태나주 리틀빅혼 전투에서 조지 암스트롱 커스터 대령이 지휘한 미군을 인디언들이 격퇴한 사건이 가장 큰 승리로 기록되었다. 그러나 이러한 일시적인 성공에도 불구하고, 저항은 결국 헛된 것이었다. 19세기 말에 이르러 원주민들은 완전히 패배했으며, 그들은 땅을 잃었고, 그와 함께 수천 년 동안 이어온 자신들의 삶을 영위할 수 있는 능력도 상실하게 되었다.

인디언들이 전장에서 패배한 이유는, 정착민들과 달리 그들이 산업혁명의 기술을 익히지 못했기 때문이다. 그 결과, 기계 시대가 가능하게 한 무기들을 갖추지 못했다.[66] 그러나 두 집단 간의 근본적인 권력 차이는 훨씬 이전에 일어난 농업혁명에서 비롯되었다. 이 혁명은 17세기 영국 정착민들이 북아메리카에 도입하기 전까지 이 대륙에 완전히 도래하지 않았다. 바로 이 농업혁명이, 일반적으로 문명이라고 불리는 개념을 탄생시켰다. 이는 대규모 인구, 도시, 경제적 및 사회적 전문화(그리고 이로 인한 사회적 계층화), 훈련된 군대, 문자 언어와 같은 요소들을 의미하는데, 이는 산업 이전 세계에서 권력의 토대였다.

인디언들이 이러한 요소들을 갖추지 못한 것은 그들과 유럽 정착민들 사이의 권력 격차를 매우 크게 만들었고, 그 격차는 인디언들의 패배와 재산 상실을 피할 수 없게 만들었다. 역사에서 거의 모든 결과는 미리 정해졌다고 말하기 어려우나, 북아메리카 원주민의 운명은 그중 하나라고 할 수 있다. 유럽인들이 대륙을 지배하겠다는 확고한 결심을 가지고 있었고, 정착민들에 맞설 동맹이 없었던 상황에서, 원주민들은 모든 후방 저항에도 불구하고 처음부터 운명 지어져 있었다.

영토 확장

19세기 전반부 동안 미국의 영토 확장은 두 가지 상호 보완적인 수준에서 이루어졌다. 개별 미국인들은 공화국의 경계를 넘어 서부로 이동하여, 그곳에 정착하고 집을 짓고 농장을 일구었다. 그들은 자신들이 정착한 지역이 미국 공화국에 편입되기를 요구했다. 실제로 미국의 영토 한계를 넘어서 이주한 사람들은 그 지역이 조만간 자신들의 고국의 일부가 될 것이라는 기대를 가지고 있었다. 워싱턴의 정부는 대개 자국 시민들이 기존 국경의 서쪽(때로는 남쪽)에서 편입을 요구하는 것에 기꺼이 응답했으며, 이 시민들은 종종 자신들이 원하는 편입을 이루기 위해 무기를 들고 싸울 준비도 되어 있었다.[67]

연방 정부는 새로운 영토의 이전 소유자에게 대가를 지불할 의향도 있었다. 그러나 그 지불은 보통 20세기 후반에 1972년 영화 '대부(*The Godfather*)'를 인용해 '거부할 수 없는 제안'이라고 불리게 된 것과 유사했다. 즉, 지불 제안 뒤에는 암묵적이지만 거의 명확한 무력 사용의 위협이 존재했다. 미국이 마지막으로 대규모 영토를 획득한 1848년 멕시코 할양, 즉 캘리포니아와 남서부 대부분이 미국 연방에 편입된 사건에서도 미국은 실제로 전쟁을 벌였다.

1845년, 신문 편집자 존 오설리반은 미국의 서부 진출을 설명하기 위해 '명백한 운명(Manifest Destiny)'이라는 용어를 만들었다. 이 용어는 미국의 서부 확장을 국가적 과제로 명명했고, 그 확장이 예정된 것이며 신의 승인까지 암시된 것처럼 보였다. 또한, 미국인들이 그들이 획득 중인 땅에 대한 권리가 있다는 생각을 내포했다. 이는 공화정 정부와 자유를 북미 전역에 확산시키려는 사명을 암시하며, 미국의 이념적 성향과 맞아떨어졌다.[68] 오설리반이 이 용어를 만든 당시에는 새로운 표현이었지만, 명백한 운명이라는 개념은 오랜 기간 미국의 삶에 뿌리 깊이 자리해 온 패턴을 반영한 것이었다. 대륙 확장은 루이지애나 매입 때로 거슬러 올라가며, 실제로는 북미 대륙에 첫 유럽인 공동체가 세워질 때부터 시작된 것이었다.

주요 영토 병합 행위는 당파적 논쟁을 불러일으켰다.[69] 민주당은 가능한 한 많은 영토를 병합하는 것을 강력히 지지했으며, 주요 영토 확장은 대개 민주당 출신 대통령들의 임기 동안 이루어졌다. 1830년대 후반에 두 번째 주요 정당으로 등장한 휘그당은 확장에 원칙적으로 반대하지는 않았으나, 그에 대해 덜 열정적이었다. 휘그당은 이미 미국의 일부인 지역에서의 경제 개발을 강조했으며, 도덕적·경제적 모범을 통해 자발적이고 평화로운 수단으로 영토를 획득하는 것을 선호했지, 강제나 정복을 통한 확장은 선호하지 않았다.[70] 그러나 휘그당은 일단 미국이 공식적으로 획득한 영토를 포기하자는 주장을 한 적은 없었다. 또한, 휘그당은 새로운 영토에서의 노예제 확장을 반대하는 경향이 있었다. 반면, 19세기 전반 대부분 동안 노예 소유주들이 주도했던 민주당은 대체로 그와는 반대되는 입장을 취했다.

19세기 미국인 중 영토 확장에 대한 열정이 존 퀸시 애덤스만큼 강한 사람은 없었다. 그는 미국이 서쪽 경계를 태평양에 두어야 하며, 그렇게 할 것이라고 믿고 이를 공언했다.[71] 이 목표를 이루는 데 있어 그의 주요한 기여는 1819년에 스페인 외교관 루이스 데 오니스와 맺은 협정으로, 역사적으로 '대륙횡단 조약(Transcontinental Treaty)'으로 알려져 있다.

미국은 1812년 전쟁에서 큰 손실 없이 살아남았고, 루이지애나 영토의 추가로 확장에 대한 욕구가 커지면서 군사 능력에 대한 자신감도 고조되었다. 반면, 스페인은 나폴레옹 전쟁과 자국 아메리카 식민지에서의 반란으로 약화되었으며, 이 반란은 결국 스페인 제국의 해체로 이어졌다. 유럽 열강들이 그 제국을 보호하려는 의지가 없자, 스페인 정부는 북쪽에 성장하는 공화국에 일부 영토를 양도하기로 결정했다. 당시 국무장관이었던 애덤스는 오니스와 미국과 뉴 스페인 간의 경계선을 합의했는데, 이 선은 멕시코만의 루이지애나 매입지 서쪽 끝에서 북서쪽으로 지그재그를 그리며 당시 오레곤 영토의 남쪽 경계선까지 태평양으로 이어졌다.[72]

이 조약에 따라, 스페인은 장기적으로 미국으로부터 지킬 희망이 없던 영토를 포기했고, 텍사스와 캘리포니아는 일시적으로 스페인 영토로 남아 있었으나, 1821년 멕시코 독립과 함께 멕시코의 주가 되었다. 미국은 이후 중부 지역이 된 대규모 영토를 획득했으며, 그중 상당 부분은 당시 미주리 영토로 알려져 있었다. 또한, 애덤스의 목표였던 태평양까지의 확장도 달성했다.[73] 미국 정부는 새로 병합된 영토의 주민들이 스페인 정부에 대해 제기한 청구액 중 최대 500만 달러를 지불하는데 동의했다. 무엇보다 중요한 것은, 1821년에 발효된 이 조약이 미국에게 플로리다에 대한 완전한 통제권을 부여했다는 점이다.

현재의 플로리다주는 미국이 획득하기 전 두 개의 스페인 영토로 나뉘어 있었다. 서플로리다는 현재의 플로리다 팬핸들(북서부 돌출부)과 앨라배마 및 미시시피의 멕시코만 해안을 포함했고, 조지아 주 경계에서 카리브해로 뻗어 있는 반도는 동플로리다로 불렸다. 프랑스로부터 루이지애나 영토를 획득한 후, 두 플로리다 지역은 모두 미국과 육지로 국경을 맞대게 되었다. 이는 미국인들에게 루이지애나 매입의 미완성된 과제로 보였다.[74]

미국 정착민들은 플로리다로 흘러 들어가 스페인 통치에 대한 불만을 표출했다.[75] 스페인령 플로리다는 또한 미국에서의 억압을 피해 도망친 탈주 노예와 원주민들을 끌어들였고, 이는 미국인들에게 플로리다를 병합하려는 두 가지 동기를 제공했다.[76] 토머스 제퍼슨 대통령은 이를 시도했으나 실패했고, 그의 후임자인 제임스 매디슨 대통령이 1813년에 서플로리다의 두 지역을 성공적으로 병합했다.

플로리다의 나머지 지역을 획득하는 과정에서, 미국은 암묵적인 위협으로만 무력을 사용한 것이 아니었다. 1818년 앤드루 잭슨은 세미놀 인디언들을 진압한다는 명목으로 동플로리다에 군대를 이끌고 들어갔고, 실질적으로 그 지역을 미국을 위해 정복했다. 제임스 먼로 대통령은 이를 명시적으로 승인하지 않았으나, 그와 국무장관 애덤스 모두 잭슨의 의도를 어느 정도 의심했음에도 이를 적극적으로 저지하지 않았다.[77] 애덤스는 이미 오니스와 협상을 진행 중이었고, 잭슨의 침략은 그의 협상력을 강화하는 데 기여했다.[78] '대륙횡단조약'의 조건에 따라, 스페인은 플로리다 전역을 미국에 양도했다.

그다음 주요 영토 획득 목록에 오른 것은 텍사스였다. 새로 성립된 멕시코 정부는 1823년, 인구가 희박한 텍사스 주에 미국 정착민을 환영하는 법을 통과시켰다.[79] 1836년까지 미국인 정착민 수는 히스패닉 인구를 10 대 1로 압도했다.[80] 이 미국인들은 집단적인 트로이 목마 역할을 했다. 그들은 멕시코 정부에 반기를 들었고, 미국의 지원을 받아 1836년에 독립을 쟁취했다. 이 과정에서, 비록 미국 정부가 직접적으로 무력을 사용한 것은 아니었지만, 무력이 새로운 영토를 미국에 추가하는 데 다시 한번 기여했다. 그러나 텍사스의 미국 편입은 10년에 걸쳐 완성되었다. 거의 모든 정착민은 텍사스의 무기한 독립보다는 미국에 편입되기를 강하게 원했고, 민주당원과 남부 사람들(그리고 그중 많은 사람이 두 집단에 모두 속함)은 텍사스가 주가 되기를 바랐다. 그러나 다른 미국인들은 노예제가 번성할 수 있는 새로운 영토의 추가에 반대했다. 결국 1845년, 제임스 K. 포크 대통령의 첫 임기 동안 텍사스의 미국 합병이 최종적으로 이루어졌다.

미국인들이 북아메리카의 지도를 완성해 나가는 과정에서, 개별 정착민들의 이주와 전쟁 위협을 배경으로 한 협상이 결합된 마지막 주요 에피소드는 태평양 북서부 지역에서 발생했다. 오레곤 영토와 관련해서 미국은 스페인이 아닌 영국과 대립하게 되었는데, 스페인은 '대륙횡단조약'에서 그 지역에 대한 권리를 포기했기 때문이다. 영국은 군사적, 정치적, 경제적으로 훨씬 더 강력한 국가였으며, 캐나다에서 강력한 입지를 점하고 있었다.

1827년, 미국과 영국은 오레곤 영토를 양국 시민들에게 무기한 개방하기로 합의했다.[81] 그 기간동안, 플로리다와 텍사스에서처럼 미국인들이 다른 어느 국적보다도 더 많이 이 지역으로 이주했다.[82] 오레곤 문제로 알려진 논쟁은 미국과 캐나다 사이의 국경 위치에 관한 것이었다. 당시 대통령 제임스 K. 포크는 국경선을 북위 54도 40분에 설정하겠다고 공약했는데, 이는 영국이 양보할 의사가 있던 선보다 더 북쪽에 위치한 경계선이었다. 그 당시 미국 정치 슬로건 중 하나가 '54-40 아니면 전쟁'이었으며, 두 나라 간의 긴장이 고조되면서 오레곤을 둘러싼 무력 충돌이 현실적으로 보이기 시작했다.[83] 그러나 1846년에 포크는 타협에 동의했고, 오레곤 동쪽에서 이미 존재하던 캐나다-미국 간의 경계선인 북위 49도를 태평양까지 이어지는 최종 국경선으로 수용했다. 이 경계선은 이후로도 유지되고 있다.[84]

포크가 후퇴한 이유는 의회의 다수, 즉 그의 민주당원들과 야당 휘그당원들이 오레곤 문제로 영국과의 전쟁을 지지하지 않을 것임을 분명히 했기 때문이다.[85] 그는 또 다른 이유로 초기 입장에서 물러났는데, 바로 또 다른 전쟁을 시작했기 때문이다. 이 전쟁은 루이지애나 매입과 애덤스-오니스 조약에 필적할 정도의 영토를 연방에 편입시키는 결과를 가져왔으며, 이후 미국의 대륙 경계를 확정하게 될 전쟁, 즉 멕시코와의 전쟁이었다.

멕시코 전쟁

1844년 대통령 선거는 미국 역사에서 가장 중대한 선거 중 하나로 기록되었다.[86] 이 선거에서 승리한 제임스 포크는 첫 번째 '다크호스' 후보였으며, 상대적으로 덜 알려진 테네시 주지사 출신의 민주당 후보였다. 그는 더 유명하고 경험이 많은 휘그당 후보인 켄터키의 헨리 클레이를 물리쳤다. 포크는 토머스 제퍼슨과 존 퀸시 애덤스와 함께 19세기 전반기 미국의 세 명의 위대한 확장주의자 중 한 명으로 평가된다. 대통령으로서 그는 '명백한 운명(Manifest Destiny)'의 대리인으로서 행동했다.

포크의 당선은 텍사스 합병으로 직결되었고, 그는 취임 후 네 가지 주요 목표를 제시했다. 그중 하나는 오레곤 문제를 해결하여 국경을 태평양까지 확장하는 것이었으며, 그의 임기 중에 이를 달성했다. 또한 그는 캘리포니아를 획득하는 목표도 달성했다.[87] 헨리 클레이는 거의 확실히 포크와 같은 방식으로 행동하지 않았을 것이다.[88] 포크는 플로리다, 텍사스, 오레곤이 미국에 편입된 것처럼, 미국인 정착민들이 유입되어 영토를 정치적으로 미국 쪽으로 기울게 한 뒤, 멕시코와의 협상에서 우위를 점해 캘리포니아를 획득하는 것에 만족할 수도 있었다.[89] 그러나 미국 외교 정책의 첫 100년 동안 자주 그랬듯이, 포크의 계산에 영향을 미친 것은 영국의 실제 또는 잠재적, 상상된 정책이었다. 포크는 영국이 캘리포니아에 야망을 품고 있거나 최소한 멕시코가 캘리포니아를 유지하도록 도울 것을 우려했다.[90] 이러한 이유 등으로 그는 멕시코에 대해 공격적인 정책을 채택했고, 이는 결국 전쟁으로 이어졌다.

다른 전쟁을 일으킨 대통령들과 마찬가지로, 포크는 당시와 이후에 멕시코 전쟁*을 고의로 유발했다는 비난을 받았다. 이 비난이 완전히 공정한 것은 아니다. 포크는 확실히 전쟁을 불사할 의향이 있었고, 실제로 전쟁이 일어났으며, 이를 촉발하는 조치를 취했지만, 전쟁 없이 캘리포니아를 얻기를 바랐다.[91] 1845년 11월, 그는 전직 하원의원 존 슬리델을 특별 사절로 멕시코에 보내 그

* 프랭클린 루즈벨트는 예를 들어, 1941년 진주만에 대한 일본의 공격을 사전에 알고도 이를 저지하지 않았다는 비난을 받았다. 2003년 이라크 침공에 대한 비판자들은 조지 W. 부시가 대량살상무기의 존재에 대해 거짓말을 했다고 주장했는데, 이는 침공을 개시한 주요 이유 중 하나였다(206, 428-430쪽 참조).

정부를 설득해 캘리포니아를 매각하도록 시도했다. 그러나 당시, 그리고 이후에도 종종 그렇듯이, 미국은 가난하고 약한 나라에서 강력한 민족주의 정서와 충돌했다. 멕시코인들은 자신들의 영토를 법적으로 포기할 수 없다고 판단했으며, 비록 그들이 그 지역을 거의 통제하지 못했더라도 이를 고려하지 않았다.[92] 멕시코 수도의 당국자들은 슬리델과의 면담조차 거부했다. 일부 멕시코인들은, 결과적으로 틀린 믿음이었지만, 전쟁이 발발하면 영국이 자신들을 도울 것이라고 생각했다. 영국은 전쟁이 발발했을 당시 여전히 미국과 오레곤 문제로 분쟁 중이었다.[93]

포크 대통령은 강경한 전술이 협상에서 성공을 가져온다고 믿었고,[94] 멕시코 측에 압력을 가하기 위해 장군 자카리 테일러가 이끄는 무장 군대를 최근에 합병된 텍사스와 멕시코의 경계로 파견했다. 그러나 두 나라는 그 경계의 위치에 대해 의견이 달랐다. 텍사스는 리오그란데강까지 남쪽의 영토를 주장한 반면, 멕시코는 경계가 리오그란데강 북동쪽의 누에세스강을 따라 있다고 주장했다. 1846년 4월, 미국 군대가 분쟁 지역에 진입했을 때 멕시코 군대와 소규모 충돌이 발생했다. 포크는 미국 병사들이 미국 영토에서 공격받았다고 주장하며 의회에 전쟁 선포를 요청했다. 미국 역사에서 이전에도, 그리고 이후에도 여러 번 그랬듯이, 전투 소식은 여론을 자극했고 보복을 지지하는 분위기가 형성되었다. 애국적 분노 속에서, 1846년 5월 의회는 상당한 다수결[95]로 전쟁 결의안을 통과시켰다.

전쟁의 목적이 미국의 영토 확장이었기 때문에, 전쟁이 발발한 직후 포크는 멕시코가 법적으로 관할하고 있었지만 실질적인 통제를 거의 하지 못했던 지역들에 소규모 군대를 파견하여 미국의 공식적인 존재를 확립하려 했다. 그는 뉴멕시코에 스티븐 커니 대령을 보냈고, 커니는 저항 없이 그 지역을 미국 일부로 선언했다.[96] 이후 커니는 캘리포니아로 이동했으며, 거의 같은 시기에 두 명의 미국 군 장교, 로버트 스톡턴 사령관과 존 프리몬트 대위는 '곰 깃발 반란'으로 알려진 소규모 봉기를 이용해 이 멕시코 주를 미국 영토로 선언했다.[97]

포크는 여전히 미국이 멕시코 북부 지역에 대한 법적 권리를 얻기 위해 멕시코와의 공식 조약이 필요했지만, 멕시코 정부는 이에 응할 기미를 보이지 않았다.[98] 따라서 뉴멕시코와 캘리포니아로의 원정이 시작되기 직전에 개시된 멕시코에 대한 미국의 공식적인 군사 작전은 계속 진행되었다.

1846년 9월, 테일러는 멕시코 북부 몬테레이에서 규모가 더 큰 멕시코군을 격파했다.[99] 두 달 간의 휴전과 멕시코군의 도시 철수 후, 테일러는 남쪽으로 진격했고, 1847년 2월 부에나 비스타에서 다시 한번 멕시코군과 맞섰다. 이 전투에서 멕시코군은 미국군보다 세 배나 많았으나, 테일러는 이를 방어해 냈다.[100] 두 전투 모두 미국의 군사적 역량을 입증했으며, 특히 부에나 비스타 전투에서는 포병의 역할이 결정적이었다. 하지만 이 두 전투 중 어느 것도 결정적인 승리는 아니었으며, 멕시코는 평화 협상을 요청하지 않았다.

포크는 전쟁에서 또 다른 전선을 멕시코 중심부에 열기로 결정했다. 1847년 3월, 멕시코만의 베라크루스에서 미국의 육군과 해군 연합군은 윈필드 스콧 장군의 지휘 아래 상륙 작전을 감행했다. 이는 모든 군사 작전 중에서도 가장 복잡하고 위험한 작전 중 하나로, 미국 역사에서 가장 뛰어난 지휘관 중 한 명으로 평가받는[†] 스콧이 이끌었다. 이 상륙 작전은 20세기에 이루어진 두 차례의 중요한 미국 상륙 작전, 즉 제2차 세계대전의 노르망디 상륙과 한국전쟁의 인천 상륙 작전을 예견한 것이기도 했다. 상륙에 성공한 스콧의 군대는 강력하게 방어된 베라크루스 도시를 포위하고 정복한 후, 내륙으로 진격했다. 이 과정에서 그들은 해안과의 연결이 끊겨 안정적인 보급원으로부터 멀어진 상태에서 전진을 이어갔다.

---

† 존 S. D. 아이젠하워의 'So Far from God: The U.S. War with Mexico, 1845-1848'에 따르면, 스콧은 군사적으로는 매우 뛰어났지만, 대중에게는 그만큼 존경받지 못했다. 그의 별명은 '올드 퍼스 앤 페더스(Old Fuss and Feathers)'로, 세심하고 까다로운 성격을 반영한 것이다. 반면, 자카리 테일러는 '올드 러프 앤 레디(Old Rough and Ready)'라는 별명으로 더 나은 평판을 얻었고, 1848년 대통령에 당선된 것은 스콧이 아니라 테일러였다.

스콧의 군대는 세로 고르도에서 또 하나의 중요한 전투에서 승리했으며, 이 전투에서 공병대 소속의 로버트 E. 리 대위가 두각을 나타냈다. 그 후, 군대는 마침내 9월에 멕시코시티에 도착해 점령했다. 미국은 마침내 전쟁 목표를 달성할 충분한 협상력을 확보하게 되었고, 포크와 많은 미국인이 갈망하던 멕시코 영토를 획득하며 전쟁을 끝낼 수 있게 되었다.

다른 미국 전쟁들처럼 멕시코와의 전쟁도 국내에서 반대에 직면했다. 1812년 전쟁 때와 마찬가지로, 반대의 중심지는 뉴잉글랜드였으며,[101] 그곳에서 작가 헨리 데이비드 소로는 전쟁에 반대하여 세금 납부를 거부한 이유로 하룻밤 감옥에 갇히기도 했다.[102] 대부분의 정치적 반대는 휘그당에서 나왔는데, 그중 한 명은 후에 잘 알려지게 된 아브라함 링컨으로, 당시 하원의원으로서 그의 유일한 임기를 보내고 있었다. 링컨은 포크 대통령이 주장한 것처럼 전쟁이 멕시코의 명확한 침략 행위로 시작된 것이 아니라는 점을 밝히기 위해 일련의 의회 결의안을 제출했다.[103]

비평가들은 이 전쟁의 책임이 미국에 있으며, 그 목적이 영토 획득에 있었기 때문에, 이는 단순히 도둑질을 시도한 것에 불과하다고 비난했다.[104] 또한, 그들은 노예제가 허용될 수 있는 새로운 영토를 연방에 추가하는 것에 반대했다.[105]

의회에서 소수의 휘그당 의원들만이 초기 전쟁 결의안에 반대표를 던졌는데, 이는 당시 멕시코에 교훈을 주자는 대중의 열광적인 분위기 속에서 정치적으로 위험한 행동이었을 것이다.[106] 이러한 열광 덕분에 소규모 전문 군대만 유지하고 있던 미국이 1845년에 자원병을 모집할 수 있었으며, 이 자원병들이 없었다면 미군이 실제로 그랬던 만큼 전쟁에서 잘 버티지 못했을 가능성이 크다.[107] 그러나 전쟁이 결정적인 결론에 이르지 못한 채 계속되면서 인기는 시들어졌고, 휘그당은 이 상황을 정치적으로 이용했다. 그들은 이 전쟁을 대통령과 연관 지어 '포크의 전쟁(Mr. Polk's War)'이라고 불렀다.[108] 또한, 그들은 대통령의

전쟁 관련 두 가지 주요 정책을 저지하거나 지연시키는 데 성공했다.[109]

결국 휘그당의 반대와 그 시점 선택은 정치적으로 큰 성과를 거두었다. 그들은 전쟁 초기, 인기가 높을 때 전쟁에 반대하는 표를 던지는 비난을 피할 수 있었다. 1846년 중간선거에서 하원(상원은 제외)을 장악하는 데 성공했으며, 1848년 대통령 선거에서는 자신들이 반대했던 전쟁에서 주도적인 장군이었던 자카리 테일러(Zachary Taylor)를 후보로 내세워 승리했다.

1847년 4월, 스콧(Scott)이 멕시코 수도를 향해 진격하고 있었지만 전쟁의 인기가 점점 시들어지자, 포크(Polk) 대통령은 전쟁을 끝내기 위해 다시 한번 협상을 시도하려고 멕시코에 대표를 보냈다. 니콜라스 트리스트(Nicholas Trist)는 국무부의 고위 공무원으로, 포크의 정치적 정당을 창립한 토머스 제퍼슨(Thomas Jefferson)과 인연이 있었으며, 라틴 아메리카에서 상당한 경험을 쌓은 인물이었다.[110] 한편, 일부 미국 여론은 초기 포크 대통령이 계획했던 것보다 더 넓은 북부 멕시코 영토를 평화 협상 조건에 포함시킬 것을 요구하기 시작했다. 이러한 요구가 실현되었다면 많은 히스패닉계 가톨릭 멕시코인들이 연방에 포함되었을 것이다. 심지어 일부 미국인들은 멕시코 전체를 미국의 일부로 만드는 것을 지지하기도 했다.[111]

이에 따라 포크(Polk) 대통령은 평화 협상을 위한 영토 요구를 확대하기로 결정했고, 10월에 국무장관 제임스 뷰캐넌(James Buchanan)은 트리스트(Trist)에게 귀국하라는 명령을 내렸다. 그러자 미국 역사에서 가장 눈에 띄는 불복종 행위가 발생했다. 트리스트는 귀국 명령을 거부했고,[112] 대신 처음에 부여받았던 보다 관대한 조건을 바탕으로 멕시코와 협상을 체결했다. 이 협정에 따라 미국은 멕시코의 더 적은 영토를 병합하게 되었으며, 그에 따라 훨씬 적은 수의 멕시코인들이 미국에 편입되었다.[113]

1848년 2월 26일, 트리스트(Trist)와 멕시코 측 협상가들은 이러한 조건을 반영한 과달루페 이달고 조약(Treaty of Guadalupe Hidalgo)에 서명했다. 멕시코는

1,500만 달러의 대가로 캘리포니아주가 될 지역, 애리조나주 대부분, 뉴멕시코주 절반, 콜로라도주 4분의 1, 그리고 와이오밍주의 작은 일부를 미국에 양도했다. 포크(Polk)는 트리스트에게 화가 났지만, 상원에 이 조약을 제출해 비준을 받는 것이 자신의 이익에 부합한다고 판단했다.[114] 일부 상원의원은 조약이 너무 가혹하다고 반대했고, 또 다른 일부는 영토 획득이 충분하지 않다고 여겼지만, 1848년 3월 10일 조약은 승인되었다.[115] 멕시코 정부가 포크의 더 광범위한 영토 요구를 수용했을지, 멕시코 전체(그리고 모든 멕시코인)를 미국 일부로 만드는 것이 어떤 결과를 초래했을지는 알 수 없지만, 되돌아보면 트리스트의 명령 불복종은 포크 대통령 개인적으로나 미국 전체적으로나 상당한 기여를 한 결정으로 보인다. 비록 당시 포크는 그렇게 생각하지 않았을지라도 말이다.[116]

오레곤(Oregon)과 텍사스(Texas)를 포함한다면, 제임스 포크(James K. Polk)는 그 전후 어떤 대통령보다도 더 많은 영토를 미국에 획득한 인물이다. 이는 전쟁을 수행하는 대통령의 권한을 확대한 것[117]과 함께 그의 지속적인 업적으로 남아 있다. 멕시코 전쟁의 결과로 미국의 남서부 지도가 완성되었고,[118] 캘리포니아(California)에서는 미국에서 가장 인구가 많고 때로는 경제적으로 가장 역동적인 주가 될 지역을 얻었다.

미국의 영토 확장은 19세기 후반에 이 나라가 세계 강대국 중 하나로 부상하는 기반을 마련했다. 또한, 미국의 군사적 성과 역시 그 역할을 했다. 멕시코 전쟁은 방어를 넘어선 목적으로 군사력을 동원하고 사용할 수 있는 국가로서 미국의 첫 등장이었으며, 이는 강대국이 가진 특성이자 약소국이 가지지 못한 특징이다.[119] 이 전쟁은 미국의 군사적 강점을 보여주었는데, 그중 하나는 탁월한 물류 능력이었다. 멕시코시티까지 군사력을 투사하는 것은 대단한 업적이었고, 미국은 가장 발전된 군사 기술을 개발하고 활용할 수 있는 능력을 발휘했다. 이러한 기술력 덕분에 테일러(Taylor)와 스콧(Scott)은 병력 면에서 수적으로 우세했던 멕시코를 물리칠 수 있었다.[120]

미국 측에서 이 전쟁의 도덕성은 당시에도 논란이 되었으며, 지금까지도 논쟁의 여지가 있다. 되돌아보면, 전쟁 발발의 상황을 둘러싼 논쟁에도 불구하고 이 전쟁을 침략 전쟁으로 보지 않기 어렵다. 그 결과는 명백히 영토 확장을 위한 전쟁이었으며, 이는 유럽 강대국들이 수 세기 동안 벌여온 전쟁의 형태였으나, 미국 공화국은 일관되게 반대해 온 유형이었다. 이런 의미에서, 이 전쟁은 공화국 창립 이래 미국인들이 국경 너머로 확산시키고자 했던 가치들을 진전시키지 못했다.[†]

반면에, 19세기 전반기 미국 역사에서 영토 확장은 중심적인 주제였으며, 거의 모든 미국인이 어떤 방식으로든 이를 지지했다. 미국이 획득한 영토는 대체로 인구가 희박했으며, 역사적으로 그곳에 정착한 사람들은 멕시코 국경 반대편에 사는 사람들보다 더 자유롭고 번영한 삶을 살아왔다. 트리스트(Trist)의 협상 덕분에 그들 또한 미국인이 되었을 가능성도 있었다. 확실한 것은, 상원이 평화 조약을 비준한 이후 영토를 멕시코에 반환하는 문제는 제기되지 않았다는 점이다.[121] 아마도 이 전쟁은 19세기 기준으로는 성공적이었으나, 21세기 기준으로는 명예롭지 못한 전쟁이라고 할 수 있을 것이다.

이 전쟁의 또 다른 특징은 미국의 미래를 예고하는 역할을 했다. 1846년, 펜실베이니아 출신 민주당 하원의원 데이비드 윌모트(David Wilmot)는 멕시코로부터 할양된 영토에서 노예제가 허용되는 지역을 포함시키는 데 자금을 사용하는 것을 금지하는 제안을 제출했다. 이 '윌모트 조항(Wilmot Proviso)'은 하원에서는 통과되었으나 상원에서 실패하여 법으로 제정되지 못했다. 이 사건은 멕시코 전쟁이 이미 논쟁의 중심에 있었던 노예제 문제를 더욱 중요한 국가적 사안으로 만들었으며, 이 문제가 당파적 경계를 넘어 지역적 분열을 초래했다는 것

† 애국자로서의 자격이 의심될 여지가 거의 없는 율리시스 S. 그랜트(Ulysses S. Grant)는 멕시코 전쟁에 대해 "강한 나라가 약한 나라를 상대로 벌인 가장 부당한 전쟁 중 하나"라고 말했다. (Kori Schake, *Safe Passage: The Transition from British to American Hegemony*, 캠브리지, 매사추세츠: 하버드대학교 출판부, 2017, 70쪽.)

을 보여주었다.[122] 결국, 노예제를 둘러싼 논쟁은 미국 정치의 중심 문제로 부상했고, 이는 북미 역사상 가장 유혈적이고 파괴적인 전쟁, 즉 국가 내전으로 해결되었다.

남북전쟁

미국을 국제체제에서 강대국으로 만든 두 가지 발전, 즉 산업혁명과 영토 확장은 동시에 남북전쟁의 원인이 되기도 했다. 18세기에는 많은 미국인이 노예제가 결국 사라질 것이라고 믿었거나 최소한 그렇게 희망했다.[123] 그러나 산업혁명은 방직 산업을 훨씬 더 생산적으로 변화시켰고, 그 결과 저렴하고 풍부해진 의류 제품에 대한 세계적인 수요는 거의 무한에 가까웠다. 이 변화로 인해 면화가 방직 산업의 기본 원료가 되었으며,[124] 루이지애나 매입을 통해 획득한 영토 중 많은 지역이 면화 재배에 이상적인 곳이었다. 면화는 엄청난 수익을 창출하게 되었고,[125] 노예 노동은 수익성 측면에서 자유노동보다 우수하다는 사실이 밝혀졌다.[126] 이에 따라 노예에 대한 수요가 증가했다.[127]

면화 재배가 번성한 남부에서는 재산으로 취급되는 노예제도가 굳건히 자리 잡고 인기를 얻었지만, 다른 지역에서는 점점 더 많은 미국인이 이를 혐오스럽게 여겼다. 그들은 노예제를 비인간적이고 미국이 세워진 원칙에 대한 참을 수 없는 위반으로 간주했다. 남부를 제외한 주들은 자국 내에서 노예제를 금지했으며, 노예 폐지에 대한 지지 여론도 점차 커졌다. 이는 미국이 영토를 확장함에 따라 새로운 주가 추가될 때마다 그곳에서 노예제가 허용될 것인지 여부를 두고 갈등을 촉발했다.[128]

19세기 전반부에는 노예제 문제를 둘러싼 일련의 타협 노력이 있었다. 1821년의 '미주리 타협(Missouri Compromise)'은 메인을 자유주로, 미주리를 노예주로 편입하고, 미주리 남쪽 경계의 36도 30분선 이북에서 노예제를 금지했다. 1850년의

'타협안(Compromise of 1850)'은 멕시코 전쟁에서 획득한 영토로 인해 촉발된 분쟁을 일시적으로 해소했다. 1854년의 '캔자스-네브래스카 법(Kansas-Nebraska Act)'은 미주리 타협을 폐지하고, 이 두 주가 될 예정인 지역 주민들이 노예제 허용 여부를 스스로 결정할 수 있도록 했다.

그러나 노예제 문제로 인한 국가의 분열은 더욱 심각해졌다. 노예제 지지자들과 반대자들 사이에 사실상 전쟁이 벌어졌으며, 이는 '피의 캔자스(Bleeding Kansas)'로 알려지게 되었다. 1857년 '드레드 스콧 판결(Dred Scott decision)'에서 대법원은 아프리카계 사람들이 미국 시민으로서 아무런 권리가 없다는 판결을 내렸고, 이는 노예제가 영구히 도전받을 수 없는 제도로 확립된 것처럼 보이면서 북부인들을 깊이 분노하게 만들었다. 한편, 남부인들은 열성적인 노예제 폐지론자 존 브라운(John Brown)이 남부 전역에서 노예 반란을 일으키려는 시도로 현재 웨스트버지니아에 있는 '하퍼스페리(Harper's Ferry)'의 연방 무기고를 장악하자 경악했다. 브라운은 체포되어 재판을 받고 유죄 판결을 받은 뒤 처형되었으나, 그는 북부에서 많은 사람에게 영웅이자 순교자가 되었다.[129]

1850년대에 노예제에 반대하는 공화당(Republican Party)이 휘그당(Whigs)을 대신하여 미국의 두 번째 주요 정당으로 떠올랐다. 1860년 대통령 선거에서 공화당 후보 아브라함 링컨(Abraham Lincoln)이 승리하자, 남부의 11개 주는 미국에서 탈퇴하여 남부 연합(Confederate States of America)을 결성하겠다고 발표했다. 그중 하나인 사우스캐롤라이나(South Carolina)에서는 1861년 4월 12일 찰스턴 항구에 위치한 연방군 요새인 섬터 요새(Fort Sumter)에 현지군이 포격을 가했다. 다른 미국 전쟁들과 마찬가지로, 이 공격은 양측에서 여론을 결집했다. 이렇게 해서 남북전쟁이 시작되었다.

교전 당사자인 북부 연방(Union)과 남부 연합(Confederacy)은 노예제 문제 외에도 여러 중요한 측면에서 차이가 있었으며, 이는 전쟁 결과에 결정적인 영향을 미쳤다. 북부는 점점 더 산업화되었지만, 남부는 주로 농업에 의존하고 있었다. 북부는 국가 자산의 70%, 은행 자산의 80%를 보유하고 있었다.[130] 북부 연방은 인구 면에서도 우세했는데, 북부는 1,850만 명의 인구를 가졌고, 남부 연합은 550만 명의 자유 백인과 350만 명의 노예로 이루어져 있었다.[131] 따라서 북부는 군사력의 잠재력이 훨씬 더 컸다.

양측은 서로를 공격적인 세력으로 간주하며, 자신들은 피해자이자 자국을 방어하기 위해 행동하고 있다고 믿었다. 북부인들은 '드레드 스콧 판결(Dred Scott decision)'과 1850년 '도망 노예법(Fugitive Slave Act)' 같은 조치들을 통해 남부가 노예제를 북부에 강요하려 한다고 보았다. 도망 노예법은 자유주에서조차 도망친 노예들을 주인에게 반환할 것을 요구했으며, 연방 정부가 이를 강제 집행하도록 했다. 반면, 남부는 더 많은 자유주가 연방에 편입됨에 따라 북부가 결국 국가 정치를 장악하고 남부에 노예 폐지를 강요할 날이 다가오고 있다고 두려워했다.[132]

양측 모두 자신들이 근본적인 미국 가치를 방어하고 있다고 믿었으며, 남북 전쟁은 아마도 미국 역사상 가장 이념적인 갈등이었다. 양측은 자신들이 18세기에 미국인들이 영국에 맞서 싸웠던 자유를 지키고 있다고 믿었으나, 그 자유의 정의는 달랐다.[133] 북부는 남부가 노예들에게 부정하고 있는 개인의 자유를 위해 싸웠다.

그러나 아브라함 링컨(Abraham Lincoln)을 포함한 일부 북부인에게는 그보다 더 중요한 문제가 걸려 있었다. 그들은 미국이 세계적으로 중요한 자기 통치의 실험을 대표한다고 믿었다. 만약 이 실험이 나라의 분열로 인해 실패한다면, 그 정치적 가치가 전 세계적으로 치명적인 타격을 입을 것이라고 생각했다.[134] 1863년 7월 게티즈버그 전투(Battle of Gettysburg)에서 전사한 연방군을 추모하며 링컨이 남긴 연설은 미국 역사상 가장 유명한 연설로, 연설의 끝에서 링컨은 청중들에게 "이 죽은 자들이 헛되이 죽지 않도록" 결의하고, "국민의, 국민에 의한, 국민을 위한 정부가 이 땅에서 사라지지 않도록" 해야 한다고 촉구했다.

반면, 남부 연합(Confederacy)은 노예가 아닌 자신들이 선호하는 방식으로, 그리고 항상 그래왔던 대로 각 지역과 주의 자유를 보존하려고 했다. 남부인들은 자신들이 마치 13개 식민지가 대영제국에서 독립을 선언했던 미국 혁명을 반복하고 있다고 생각했다.[135] 그들이 수호하려고 했던 자유는 20세기에 '자결권(self-determination)'이라고 불리게 되었으며, 남부인들은 북부인들 못지않은 결단력과 더 큰 희생을 감수하며 이를 위해 싸웠다.[136]

남북전쟁의 기본적인 전략적 형태는 미국 혁명전쟁과 유사했다. 남부 연합(Confederacy)은 13개 식민지처럼 약자였지만 여러 가지 이점을 가지고 있었다. 남부 병사들은 자신들의 고향을 방어하고 있었기 때문에 보급선이 짧았고, 싸워야 할 강력한 동기가 있었다. 또한, 많은 최고의 장교들과 경험 많은 병사들이 남부 출신으로, 남부에 봉사했다.[137] 중요한 점은, 남부 주들은 단순히 패배를 피하기만 하면 되었다. 그들의 목표는 북부가 남부를 다시 연방으로 끌어들이려는 군사적 노력을 포기하게 만들거나, 무력 또는 설득을 통해 독립을 인정받는 것이었다. 북부는 1770년대의 영국처럼 더 강력한 쪽이었지만, 군사 자원을 동원하고, 장거리에 걸쳐 군대를 투사하고 유지하며, 승리할 때까지 싸우기 위한 정치적 의지를 지속하는 과제를 안고 있었다.[138]

전쟁의 전개는 두 개의 전선, 두 시기, 그리고 두 명의 장군을 중심으로 전개되었다. 동부 전선에서는 북부의 포토맥 군(Army of the Potomac)이 남부의 북버지니아 군(Army of Northern Virginia)과 맞섰으며, 이 전선은 버지니아, 웨스트버지니아, 메릴랜드, 펜실베이니아주를 포함했다. 전투의 대부분은 남부 연합이 수도로 삼았던 리치먼드가 있는 버지니아에서 벌어졌으며, 결국 이곳에서 전쟁의 결말이 결정되었다. 서부 전선은 애팔래치아 산맥을 기준으로 남북으로 나뉘었으며, 앨라배마, 조지아, 플로리다, 미시시피, 켄터키, 사우스캐롤라이나, 테네시, 그리고 미시시피강 동쪽의 루이지애나가 포함되었다.

처음에는, 1861년부터 1863년 중반까지 남부가 특히 동부에서 전투에서 우위를 점했다. 그러나 1863년 중반 이후, 북부는 계속되는 격렬한 저항에도 불구하고 남부 연합의 군대를 점차 소모시키며 마침내 1865년 4월 9일, 버지니아 중부의 애퍼매톡스 코트하우스(Appomattox Courthouse) 마을에서 남부의 항복을 받아냈다.

남부 연합의 로버트 리(Robert E. Lee) 장군과 북부 연방의 율리시스 그랜트(Ulysses S. Grant) 장군은 모두 미국 육군사관학교 웨스트포인트 출신이었다. 리는 45명 중 2등으로, 그랜트는 39명 중 21등으로 졸업했으며, 둘 다 멕시코 전쟁에 참전한 경험이 있었다. 리는 버지니아의 저명한 가문 출신으로, 남북전쟁 이전의 군 경력이 더 뛰어났다. 그는 뛰어난 전술가이자 대담한 지휘관, 그리고 영감을 주는 지도자로 인정받았다. 남부 연합의 대통령인 제퍼슨 데이비스(Jefferson Davis, 역시 웨스트포인트 졸업생이자 멕시코 참전 경험이 있음)보다도 리는 남부의 대의를 상징하는 인물이 되었으며, 전쟁 후 그를 기리는 기념물이 남부 전역에 세워졌다.

그랜트(Grant)는 보다 비천한 배경에서 자랐으며, 그의 아버지는 오하이오에서 가죽을 만드는 직공이었다. 남북전쟁 이전, 군에서의 경력도 리보다 덜 성공적이었다. 1861년 그는 군을 떠나 일리노이에서 아버지를 도우며 일하고 있었다. 하지만 그는 북부 연방군에 합류해 빠르게 승진했으며, 전쟁 말기에는 포토맥 군(Army of the Potomac)의 총사령관으로서 전쟁을 지휘했다. 그랜트는 많은 다른 북부 장군들과 달리, 북부의 목표를 달성하는 데 필요한 성향과 재능을 가지고 있었다. 그는 남부군을 끊임없이 추격하며, 심지어 자신의 군대에 큰 피해가 발생하더라도 전투에서 싸우고 승리하는 능력을 발휘했다. 대통령을 제외하고, 그랜트는 전쟁에서 승리하는 데 가장 큰 기여를 한 인물이었다.

전쟁이 시작될 때, 양측 모두 전쟁 준비가 잘 되어 있지 않았고, 각각 빠르게 승리할 수 있을 것이라고 믿었다.[139] 그러나 첫해의 전투, 특히 테네시에서 벌어진 '셜로 전투(Battle of Shiloh)'로 인해 이러한 생각은 사라졌다. 셜로 전투는 당시까지 미국 역사상 가장 피비린내 나는 전투였으며, 이 전쟁이 길고 어렵고 막대한 희생을 치르게 될 것임을 분명히 보여주었다.[140]

남부의 초기 군사적 성공은 리(Robert E. Lee)의 탁월한 전술 능력과 북부 지휘관들의 소극성 덕분이었다. 리는 '반도 전역(Peninsular Campaign)', '제2차 매나사스 전투(Second Battle of Manassas)', '프레더릭스버그 전투(Battle of Fredericksburg)', 그리고 특히 '챈슬러스빌 전투(Battle of Chancellorsville)'에서 주목할 만한 승리를 거두었으며, 이들 전투는 모두 버지니아에서 벌어졌다.[141]

1862년 하반기에 북부의 전쟁 목표는 급격히 변화했다. 7월에 링컨(Lincoln)은 두 명의 내각 구성원에게 남부 연합 주의 모든 노예를 해방하겠다는 의도를 밝혔다. 그리고 1863년 1월 1일, 그는 공식적으로 '노예 해방 선언(Emancipation Proclamation)'을 발표했다.[142] 이는 북부 연방과 링컨 자신에게 있어 큰 전환점이었다. 링컨은 노예제가 도덕적으로 잘못되었다고 믿었지만, 대통령직에 오를 때 열렬한 노예 폐지론자는 아니었다. 그의 최우선 목표는 연방을 보존하는 것이었다. 링컨은 해방 계획을 공개하기 전, 신문 발행인 호러스 그릴리(Horace Greeley)에게 보낸 편지에서 이렇게 썼다.

> 이 투쟁에서 나의 최우선 목표는 연방을 구하는 것이지, 노예제를 구하거나 파괴하는 것이 아니다. 내가 노예 한 명도 해방하지 않고 연방을 구할 수 있다면 그렇게 할 것이고, 모든 노예를 해방시켜 연방을 구할 수 있다면 그렇게 할 것이다. 그리고 일부를 해방시키고 나머지는 그대로 두는 방식으로 연방을 구할 수 있다면, 또한 그렇게 할 것이다.[143]

'노예 해방 선언(Emancipation Proclamation)'은 위험을 수반했다. 링컨은 불안정한 친전쟁 연합을 이끌고 있었는데, 이 연합의 일부, 예를 들어 많은 북부 민주당원들은 미국을 통합 상태로 유지하길 원하면서도 노예제 폐지에는 반대했다.[144] 실제로, 다른 시기의 미국 역사에서 전시 상황과 마찬가지로, 링컨과 그의 내각은 내부 반대에 대해 충분히 우려하여 시민의 자유를 침해하는 정책을 시행하게 되었다. 그중 하나는 '인신보호영장(habeas corpus)' 권리를 일시적으로 중단하는 조치였다.[145]

링컨의 해방 선언 결정, 특히 그 시기는 1776년 7월 독립 선언과 유사했다. 당시 식민지 주민들이 독립 선언을 통해 프랑스와 같은 다른 나라의 지원을 기대했듯이—그 기대는 실제로 실현되었고—링컨도 연방의 대의를 위해 중요한 지지층을 염두에 두고 있었다. 그중 가장 중요한 것은 국내 지지층이었다. 링컨은 연방군에 병력을 제공하는 주들에게 의존했으며, 해방 선언이 병력을 충원할 수 있는 열의를 불러일으킬 것이라고 판단했다.[146] 또한 그는 해외 여론, 특히 영국의 반응에도 신경을 썼다. 영국에는 영향력 있는 남부 연합 지지자들이 있었지만, 노예제는 영국에서 널리 비인기였다.[147]

링컨은 그가 필요로 했던 병력을 확보했고, 영국 대중의 여론에서도 진전을 이루었다. 해방 선언은 남부 연합의 노동력을 감소시켜 전쟁 노력에 타격을 주었고, 전 노예들이 연방군에 복무할 수 있게 만들었다. 가장 중요한 것은, 이 선언이 전쟁의 목적을 변화시킴으로써 북부의 전쟁 자체를 변모시켰다는 점이다. 북부는 더 이상 남부의 정치적 현상을 복원하기 위해 싸우는 것이 아니라, 남부에서 사회 혁명을 일으키기 위해 전쟁을 벌이고 있었다.[148] 그리고 어느 정도까지는 그 일이 실제로 일어났다.

1863년 중반, 두 번의 중요한 승리를 통해 전쟁의 흐름이 북부에게 유리하게 돌아섰다. 서부에서는 그랜트(Grant)가 전략적이고 단호한 군사 작전을 통해 빅스버그(Vicksburg)를 점령하여 북부에 미시시피강을 장악하게 했고, 남부 연합을 사실상 둘로 분리시켰다.[149] 동시에 리(Lee) 장군은 북부 영토로 침공했으나, 펜실베이니아 남부의 게티즈버그(Gettysburg)에서 저지당했다. 리의 군대는 여러 지점에서 북부 연방군의 방어선을 뚫을 뻔했으나, 결국 북부군이 굳건히 버티며 남부군을 물리쳤다. 링컨의 좌절에도 불구하고, 리는 추격을 받지 않고 군대를 철수할 수 있었지만, 그의 공세는 여기서 끝이 났다.[150] 게티즈버그 전투는 남북전쟁의 전환점이 되었으며, 이 전쟁이 미국이 치른 가장 중요한 세 전쟁 중 하나였기 때문에, 게티즈버그는 미국 역사에서 가장 중요한 군사적 성공 중 하나로 꼽힌다. 이는 독립전쟁의 사라토가 전투(Saratoga)와 제2차 세계대전의 대서양 전투(Battle of the Atlantic)와 함께 미국 역사상 세 가지 중요한 군사 승리로 기록된다.

1864년 3월, 그랜트(Grant)는 포토맥 군(Army of the Potomac)을 지휘하게 되었고,[151] 남부 연합군과의 일련의 고비용 전투에서 승리했다.[152] 이와 동시에, 윌리엄 테쿰세 셔먼(William Tecumseh Sherman)이 지휘하는 북부 연합군은 애틀랜타(Atlanta)를 점령했다. 이 승리는 링컨의 정치적 운을 높여주었고, 링컨은 1864년 대선에서 패배할까 두려워했지만,[153] 그해 11월 재선에 성공했다. 셔먼의 군대는 다음으로 사바나(Savannah)로 향하고, 이후 사우스캐롤라이나로 진격했다. 그들은 초토화 작전(scored earth tactics)을 사용하여 농장을 불태우고, 철도 및 기타 기반 시설을 파괴하며, 지역 주민들로부터 식량을 몰수했다.[154] 많은 남부 연합 지역이 파괴되고 그의 군대가 패배하면서, 리(Lee)는 애퍼매톡스(Appomattox)에서 항복했다. 그 시점까지 36만 명의 북부 병사와 최소 26만 명의 남부 병사가 사망했으며, 이는 미국 역사상 다른 모든 전쟁의 사망자 수를 합친 것과 같은 규모였다.[155]

북부는 남부에 비해 군사 자원에서 압도적으로 우세했기 때문에 남북전쟁에서 승리했다. "신은 더 큰 군대 편에 있다."고 나폴레옹이 말했듯이, 북부의 군대는 결국 남부보다 더 많은 숫자와 더 나은 장비를 갖추고 있었다. 그러나 영국은 독립전쟁에서 군사적 우위를 점하고도 승리하지 못했다. 북부 연방은 강력한 영국 제국이 실패한 몇 가지 이유를 극복했다.

기술은 북부가 영국이 겪었던 접근의 어려움을 극복할 수 있는 수단을 제공했다. 철도와 증기선은 북부가 75년 전에는 불가능했던 방식으로 남부 연합에 군사력을 발휘할 수 있게 했다.[156] 게다가, 정치적 분열이 존재했음에도 불구하고, 북부는 남부 주들의 탈퇴를 막기 위해 더 강한 동기를 가지고 있었으며, 이는 영국 정부와 대중이 식민지를 유지하기 위해 가졌던 동기보다도 더 컸다. 미국 실험을 방어하고 그 안에 담긴 자유를 수호하려는 헌신은 북부의 수십만 젊은 남성들이 자원봉사하도록 영감을 주었고, 그들은 4년이라는 긴 시간 동안 피비린내 나는 전투를 계속했다. 전쟁의 길이와 격렬함, 그리고 사용된 기계 시대 무기의 파괴력, 특히 셔먼(Sherman)이 이끄는 군대가 사용한 전술은 남부에 큰 재앙을 안겼다. 이 전쟁은 주로 농업 중심이었던 남부 주들의 가축의 절반을 파괴했고, 그들의 부동산 가치를 절반으로 줄였다.[157] 1865년 전쟁이 끝날 무렵 리치먼드(Richmond)의 사진[158]은 1945년 패배를 겪은 독일의 수도 베를린(Berlin)에서 촬영된 사진과 놀라운 유사성을 보인다. 남부 사람들은 오랜 시간 동안 끈질기게 싸웠고 상당한 고난을 견뎌냈지만, 결국 북부의 군사적 공격은 그들의 저항 의지를 꺾어버렸다.[159]

남부는 독립전쟁 동안 13개 식민지가 성공적으로 사용한 군사 전략을 채택하지 않기로 선택했다. 조지 워싱턴(George Washington)이 일반적으로 전투를 피했던 것과는 달리, 리(Lee)는 연이어 전투에 임했다. 이는 부분적으로 남부의 정치적 및 군사적 문화에서 기인한 것으로, 전투를 통해 영광을 추구하는 것을 강조했다.[160] 남부는 워싱턴의 예를 따르지 않은 이유 중 하나는 남부 연합 정부가 대륙군이 그랬던 것처럼 모든 영토를 방어해야 할 의무를 느꼈기 때문이다.[161] 이 접근 방식은 전략적 합리성도 가지고 있었다. 만약 남부군이 충분히 전투에서 승리하고 많은 피해를 입힌다면, 남부 연합은 북부의 사기를 약화시키고 정치적 분열을 확대하며, 결국에는 타협 평화를 지지하는 세력을 집권시키기를 희망할 수 있었다. 이는 1864년 대통령 선거에서 가능성이 있는 결과로 보였던 시점과 관련이 있다. 남부의 공격적 전투 강조는 전략적 논리에 반하는 것이 아니었지만, 결국에는 성공하지 못했다.[162]

북부의 또 다른 자산은 승리에 큰 기여를 했다. 미국 역사에서 가장 중요한 전쟁들인 독립전쟁과 제2차 세계대전과 마찬가지로, 남북전쟁에서도 미국은 우수한 리더십의 혜택을 보았다. 아브라함 링컨(Abraham Lincoln)은 조지 워싱턴(George Washington)이나 프랭클린 루스벨트(Franklin Roosevelt)보다 훨씬 더 비천한 배경에서 자랐다. 워싱턴과는 달리 링컨은 전투에서 군을 이끌지 않았고(남부의 제퍼슨 데이비스(Jefferson Davis) 또한 전문 군인이었음에도 불구하고 마찬가지였다), 링컨은 루스벨트가 백악관에 있었던 시절보다 훨씬 적은 행정 경험으로 대통령직에 들어섰다. 그러나 링컨은 전시 대통령이 직면하는 가장 중요하고 어려운 임무인 국가가 전쟁에 헌신하도록 유지하는 데 능숙했다.

제16대 대통령 링컨(Abraham Lincoln)은 그가 수행해야 할 임무에 필요한 자질을 풍부히 갖추고 있었다. 군인으로서의 경험이 부족했지만, 그는 빠르게 군사 문제에 대한 지식을 쌓았고, 승리를 위한 요구 사항을 이해하게 되었으며, 훌륭한 총사령관으로서의 역할을 수행했다.[163] 그는 심각한 좌절과 끊임없는 비판에도 불구하고 전쟁을 결정적인 결론까지 계속 추진하겠다는 주목할 만한 용기를 보였다. 가장 중요한 점은, 링컨이 전쟁의 정치적 측면을 능숙하게 관리했다는 것이다. 그는 서로 심각하게 이견을 가진 개인, 그룹, 정치 정당, 주들로 구성된 복잡한 연합을 조정하고 그들을 돌보았으며, 1860년 공화당 대선 후보로 지명되기를 원했던 유능하지만 야망이 큰 내각을 잘 활용했다. 연방을 보존하는 데 강력하고 효과적인 리더십이 필요했던 시기에, 아브라함 링컨은 그 리더십을 제공했다.

남북전쟁은 독립전쟁과 다른 중요한 점이 하나 더 있었다. 18세기에는 강한 세력으로부터 독립을 추구하는 약한 세력이 외국 후원국의 도움을 받았다. 프랑스와의 동맹은 식민지에게 필수적이었다. 반면, 19세기에는 분리하려는 세력이 해외로부터 결정적인 지원을 받지 못했지만, 그들은 시도를 멈추지 않았다. 실제 전투에는 미국인만 참여했지만, 이 전쟁은 여전히 중요한 국제적 차원을 가지고 있었다.

세계의 산업 및 상업의 중심국이자, 북아메리카에 대한 제한 없는 접근을 가진 유일한 유럽 국가인 영국의 남북전쟁에 대한 태도는 다른 어떤 나라보다도 중요했다.[164] 남부 연합(Confederacy)은 영국의 지원을 기대했으며, 전투 초반에는 이를 당연하게 여겼다. 영국은 남부에 외교적 인정을 해줄 수 있었고, 그렇게 된다면 다른 나라들도 뒤따를 가능성이 높았다. 이는 분리 독립에 대한 세계적인 승인을 부여하여 큰 정치적 이점을 가져다줄 수 있었다. 또한 영국은 대규모로 무기를 공급하고, 전쟁 첫 해 북부가 남부에 부과한 해상 봉쇄를 깨뜨려 무기 운송을 보장할 수도 있었다.[165]

남부 지도자들은 면화 수출이라는 결정적인 지렛대를 통해 이러한 혜택을 일부 또는 전부 받을 수 있을 것이라고 낙관했다. 영국 경제는 주로 랭카셔(Lancashire)에 위치한 섬유 산업에 크게 의존하고 있었으며, 이 산업은 다시 미국 남부의 면화에 의존하고 있었다.[166] 남부 연합은 따라서 미국 외교 정책의 오랜 전통 중 하나를 활용하여 무역을 정치적 양보를 얻기 위한 수단으로 사용했다. 그들은 면화 수출에 대해 비공식적인 금수 조치를 취했으며, 이를 해제하기 위해 영국 정부가 남부 연합의 대의에 유리한 조치를 취할 것이라고 믿었다.

이 전술은 실패했다. 1860년, 풍작인 면화 수확이 남부에서 발생하여 영국 섬유 산업이 이를 활용할 수 있는 잉여를 만들어냈다. 또한, 영국의 섬유 산업은 공급원을 다변화하기 시작했으며, 이집트와 인도 등지에서 면화를 구매하기도 했다.[167]

북부의 영국에 대한 정책은 물론 남부의 정책과는 정반대였다. 북부는 영국 정부가 남부를 주권 국가로 인정하고 어떤 형태로든 지원하는 것을 막으려 했다. 링컨(Lincoln) 정부는 이 목표에서 상당한 성과를 거두었으며, 그 성공의 한 이유는 영국 정부가 남부 연합에 편향될 경우 미국과의 갈등을 촉발할 수 있다는 우려 때문이었다. 이는 아마도 영국령 캐나다에도 불리한 결과를 초래할 수 있었다.[168] 이러한 방식으로 북부는 효과적으로, 비공식적으로 영국을 저지했다.

영국의 정치 시스템은 미국보다 덜 민주적이었지만, 공적 여론은 영국 외교 정책의 결정에 영향을 미쳤으며, 남북전쟁 초반에는 그 여론이 분열되어 있었다. 상류층은 공공정책에 불균형한 영향을 미치며 남부에 대한 일정한 동정심을 가지고 있었고, 남부는 계층적이고 농업 중심의 사회로서 그들의 사회적 및 정치적 선호에 부합했다.[169] 또한, 영국 정부는 미국의 분열이 지정학적 경쟁자인 미국을 약화할 것이라고 계산했다.[170] 반면, 중산층과 노동자들 사이에서는 노예제에 대한 반대가 깊게 자리 잡고 있었다.[171] 결국, 전쟁의 경과는 영국 정책에 결정적인 영향을 미쳤다. 정부는 리(Lee)의 초기 승리에 따라 남부 연합에 편들고자 하는 유혹을 느꼈지만, 그렇게 하지 않기로 했다. 북부가 전투에서 우위를 점해가면서 남부를 위한 개입은 점점 덜 매력적으로 여겨졌다.

몇 차례의 외교적 사건이 북부와 영국 간의 심각한 갈등을 초래할 위기를 맞았다. 1861년 11월, 북부의 해군 선장이 독단적으로 영국 선박인 '트렌트(Trent)'를 가로채고, 그 안에서 유럽으로 가던 남부 연합의 두 대표를 납치했다. 이 중 한 명은 1845년 포크 대통령이 멕시코와의 협상을 위해 보낸 존 슬리델(John Slidell)이었다. 북부는 처음에 이 납치를 축하했지만, 영국 정부는 이것이 국제법을 위반했다고 이의를 제기했다. 영국과의 관계가 심각하게 악화될까 두려웠던[172] 링컨(Lincoln)은 몇 주 후 두 사람을 석방하라고 명령했다.[173]

남부 연합 해군은 영국의 공식적인 중립에도 불구하고 여러 함선의 건조를 영국 조선소에 위탁했다. 그중 하나인 '앨라배마(Alabama)'는 1864년 6월 침몰하기 전까지 64척의 미국 상선을 파괴하거나 나포했다. 이번에는 미국 정부가 항의할 차례였으며, 1863년 영국은 이러한 함선들이 대서양을 건너는 것을 차단하기 위한 조치를 취했다.[174]

다른 유럽 강국들도 영국의 본보기를 따르며 남부 연합을 인정하지 않았다. 나폴레옹 3세(Napoleon III) 통치하의 프랑스는 미국이 남북전쟁에 몰두하고, 멕시코에서 지속적인 불안이 이어지는 상황을 이용해 먼로 독트린(Monroe

Doctrine)에 반하여 멕시코에 프랑스 보호국을 세우려 했다. 프랑스 군대는 멕시코를 점령하고, 오스트리아 대공이 그 나라의 황제로 파견되었다. 애퍼매톡스에서의 항복 이후, 미국 정부는 프랑스의 행동에 대해 강력히 반대 의견을 표명했다. 결국 프랑스는 이를 철회하고, 1867년에는 그 가상의 제국이 붕괴되었다.[175]

강력하고 파괴적인 무기, 대규모 군대와 큰 전투, 양측이 시행한 징병제, 그리고 민간인들에게 미친 피해 등으로 인해 남북전쟁은 세계에 '전면전'이라는 개념을 소개했다. 이는 20세기 동안 두 번, 세계적으로 벌어지게 된다.[176] 또한, 이 전쟁은 미국과 멕시코 간의 갈등에서 드러난 교훈을 강조했다. 미국은 인구 증가, 산업혁명의 숙달, 대규모 군대와 무기를 생성하고 광범위한 거리에서 이를 배치할 수 있는 능력을 통해, 전통적인 유럽의 강대국들과 동일한 군사적 잠재력을 보유하게 되었다.

또한, 전쟁이 끝나는 방식은 이 나라의 군사적 미래의 한 측면을 예고했다. 애퍼매톡스(Appomattox)에서 북부 연방은 남부 연합에 평화 조건을 강요했다. 그 결과, '무조건 항복(unconditional surrender)'은 미국 전쟁의 결말을 맺는 바람직한 방식일 뿐만 아니라 일반적인 방식으로 여겨지게 되었지만, 미국 정부가 항상 이를 강제할 수 있었던 것은 아니었다.

전후 시대는 20세기와 21세기에 미국 외교정책의 또 다른 특징이 될 내용을 미리 보여주었다. 남부의 재건 프로그램은 이후 '국가 건설'로 알려진 활동에 대한 첫 시도로 여겨졌다. 북부는 인종적 종속에 기반한 전쟁 이전 남부의 계층적 정치체제를 대체하기 위해 보다 평등주의적인 제도와 관행을 도입하려 했다. 이 과정에서 노예제는 완전히 폐지되었으며, 한동안 전 노예들이 자신들이 거주하는 지역사회와 주의 정치 생활에 완전히 참여할 수 있었다. 그러나 인종적 평등은 백인 인구의 강한 저항에 직면했고, 전쟁 이후에도 이를 유지하기 위해 북부 군대의 주둔이 필요했다.

결국 북부 주들은 남부 전역에 군사 주둔을 유지하는 데 피로를 느끼고 철수하게 되었다. 그 결과, 인종적 종속이 새로운 형태로 되돌아왔다. 즉, 인종 차별과 소작제가 노예제를 대체하게 되었다.[177] 다음 세기 및 그 이후의 외국에서의 경우처럼, 미국의 정치적 변혁 노력은 변혁될 사람들 사이에 수용 가능한 문화적 기반이 부족하고, 미국인들이 이를 지속적으로 시도할 의지가 한계에 부딪혔기 때문에 실패했다.

남북전쟁의 가장 중요한 지속적인 의의는 미국이 그 이후 어떤 종류의 국가가 될지를 결정한 사실에 있다. 북부의 승리는 알렉산더 해밀턴(Alexander Hamilton)의 원칙과 선호가 토마스 제퍼슨(Thomas Jefferson)의 것보다 우세하다는 것을 확정지었다. 전쟁의 결과는 이 나라가 도시화되고 산업화되며 상업 중심이 되어, 대규모 금융 부문과 궁극적으로 강력한 국가기구를 갖추게 된다는 것을 의미했다. 이는 최소한의 정부를 가진 정치적으로 분산된 소농 공화국과는 대조적이었다. 해밀턴적인 국가가 제퍼슨적인 국가와 달리 군사력을 배치하고 전 세계에서 정치적 및 경제적 영향을 행사할 수 있는 기반을 마련했으며, 이는 미국이 다음 세기와 그 이후에 행한 일이기도 하다.

남북전쟁의 결과는 또 다른 방식으로 미국이 강대국으로 부상하는 기반을 마련했다. 이 전쟁은 미국이 통합된 국가로 남을 것을 보장했다. 만약 남부가 독립하는 데 성공했다면, 미국이 두 개(혹은 그 이상의)[178] 주권 정치 공동체로 분열되었다면, 남부가 아닌 미국이 계속 존재하는 경우, 이후 수십 년 동안 북미 문제에 몰두하게 되어 해외 활동에 참여할 여유가 줄어들었을 것이다. 또한, 그런 경우에는 국제 활동의 기반으로 사용할 자원, 즉 인구와 경제 규모가 줄어들었을 것이다.

이러한 역사적 발전은 세계 다른 지역, 특히 20세기 유럽에 깊은 영향을 미쳤을 것이다. 미국은 그 세기 동안 세 번에 걸쳐 유럽인들을 폭정으로부터 구하고 보호하는 데 필수적인 역할을 했는데, 만약 북부가 남북전쟁에서 승리하지 않았다면 미국이 그렇게 할 의향이나 능력이 없었을 수도 있다. 영국의 한 속담은 영국 상류층, 특히 웰링턴 공작(Duke of Wellington)과 같은 인물들이 교육받고 리더십의 기술을 배운 준비 학교를 언급하며 “워털루 전투는 이튼(Eton)의 운동장에서 승리했다.”고 말한다. 이와 유사하게, 두 차례의 세계대전과 냉전은 게티즈버그(Gettysburg) 전투에서 승리했다고 할 수 있다.

2부

두 번째 시대

강대국, 1865~1945

미국이 최고등급 강대국이며, 화나게 하면 매우 위험하고 공격하기는 거의 불가능한 나라라는 점에 대해서 더 이상 아무도 의심하지 않는다.

런던 스펙테이터(The London *Spectator*), 1866[1]

미국이 독립을 얻었을 때 합류한 주권 국가들의 세계는 항상 하나의 특징을 가지고 있었다: 그것은 가장 중요한 자산인 권력의 불평등한 분포였다. 역사적으로 대부분의 국가는 약하고, 몇몇 국가만이 강했다. 19세기에 일반적으로 사용된 지정학적 거인의 용어는 '강대국'이었다. 남북전쟁 이후, 미국은 이 특별한 집단에 합류했다. 미국의 새로운 국제 체제 내 위상은 향후 80년 동안 국가가 직면한 도전과 기회를 설정했으며, 이 시기는 미국이 여러 강대국 중 하나로 존재했고, 그 외교 정책은 강대국들이 일반적으로 수행하는 외교 정책의 미국식 버전이었다.

강대국을 정의하는 것은 풍부한 국력, 경제적이지만 주로 군사적인 힘이다. 약한 국가들과 달리 강대국은 자주독립을 유지하기 위해 지속적인 경계를 취할 필요가 없다. 약한 국가들과는 달리 강대국은 자국의 국경을 넘어, 때로는 매우 멀리까지도 힘을 투사할 수 있다.

강대국의 공식적인 등록부는 존재하지 않는다. 강대국이라는 용어는 공식적인 칭호라기보다는 비공식적인 명칭이지만, 특정한 상황에서 세계는 이 범주에 속하는 국가들을 암묵적으로 인정해 왔다. 근대의 세 차례 주요 전쟁이 끝난 후, 가장 강력한 국가들은 전쟁으로 파괴된 국제질서를 재건하고 향후 이러한 충돌을 방지하기 위해 함께 행동했다. 비록 그 기간은 짧았고 반드시 효과적이지는 않았지만 말이다. 1815년 나폴레옹 전쟁 이후 빈 회의에 참석한 유럽 국가들, 제1차 세계대전 이후 1919년 파리 평화회의를 주도한 국가들, 그리고 제2차 세계대전 이후 국제연합 안전보장이사회의 상임이사국들은 당대의 강대국으로서 세계의 인정을 받았고, 서로를 인정했다.*

---

* 비엔나 회의에서 4대 강대국은 영국, 러시아, 오스트리아-헝가리, 프로이센이었다. 파리에서의 '빅4'는 미국, 영국, 프랑스, 이탈리아를 포함했다. 1945년 당시 유엔 안전보장이사회의 5개 상임이사국은 미국, 러시아(이전의 소련), 영국, 프랑스, 중국이었고, 지금도 그러하다. 각각의 그룹은 최근에 끝난 전쟁의 패배국을 모두 제외했기 때문에 당시의 강대국을 불완전하게 대표했다. 첫 번째 경우에는 프랑스, 두 번째 경우에는 독일과 당시 설립된 소련, 세 번째 경우에는 독일과 일본이 제외되었다.

강대국의 지위는 반드시 영구적인 것은 아니다. 국제적인 힘의 분포는 시간이 지남에 따라 변화해 왔고, 이에 따라 국제정치의 정상에 있는 등장인물들도 달라졌다. 미국이 그 목적지에 도달했던 시기에, 두 가지 변혁적인 사건인 산업혁명과 프랑스 혁명이 힘의 분포를 변화시켰고, 이에 따라 강대국의 반열도 바뀌었다. 한때 국제질서의 강국이었던 스페인, 포르투갈, 네덜란드는 충분히 빠르게 산업화하지 못했고(포르투갈과 네덜란드는 당시 강대국과 경쟁할 만한 규모가 부족했다), 그래서 세계 상류층에서 탈락했다. 프랑스 혁명이 고취한 민족주의는 다민족 합스부르크 제국과 오스만 제국을 심각하게 약화시켰고, 이들은 결국 제1차 세계대전에서 패배한 후 붕괴했다.

이 국가들이 강대국의 비공식적 클럽에서 탈퇴하는 동안, 19세기 후반에 다른 세 국가가 이 클럽에 합류했다. 미국이 그중 하나였다. 영토 확장, 인구 증가, 산업화, 그리고 남북전쟁의 결과로 확보된 정치적 통합은 미국의 새로운 국제적 지위를 뒷받침했다. 프로이센은 1866년과 1870년의 두 차례 승리한 전쟁을 통해 영토와 인구를 확장했고, 산업 생산을 빠르게 증가시켰다. 일본은 수십 년 동안 세계 다른 국가들과 거의 접촉하지 않다가 가장 강력한 유럽 국가들에 필적하는 군대와 해군을 지원할 수 있는 산업 기반을 구축한 최초의 아시아 국가로 부상했다.

강대국은 두 가지 종류의 대외정책을 수행한다. 약소국을 상대로 하는 정책과 강대국 서로를 상대로 하는 정책이다. 1865년부터 1945년 사이의 미국 대외 정책의 역사는 이 두 가지를 모두 포괄하며, 각각의 경우 다른 강대국들의 정책의 일반적인 윤곽을 따르지만, 두 경우 모두 미국 특유의 특징을 가지고 있다.

★★★

국제관계에서 강자는 약자를 지배하는 경향이 있는데, 보통은 지리적으로 가까운 곳에 있는 약자들이지만 때로는 멀리 떨어진 곳에 있는 약자들도 지배한다. 19세기에는 지배가 거의 항상 다민족 제국의 형태를 취했다. 하나 이상의 민족, 종교 또는 국가 집단이 살고 있는 영토를 세습 군주제가 통치했던 것이다.

대조적으로 미국은 군주가 없었고 군주를 원하지도 않았다. 반대로 미국인들은 18세기에 영국 왕실을 버렸다. 19세기 전반에 국가의 규모가 커지면서 유럽 각지에서 이민자들이 유입되었는데, 이민자들은 새로운 고향의 언어와 관습을 받아들일 것으로 기대되었다. 미국은 단호하게 다민족 국가가 아니었으며, 실제로 백인 개신교도가 아닌 사람들이 거주하는 영토를 합병하는 것을 의도적으로 자제했다. 또한 제국주의 국가도 아니었다. 토머스 제퍼슨은 미국이 '자유의 제국'이 될 것이라 예견했지만, 19세기 제국주의 통치의 기준으로 볼 때 이 용어는 모순어법이었다. 제국은 많은 (때로는 모든) 주민들에게 자유를 부인했고, 이런 의미에서 미국은 제국으로 인정받지 못했다.

19세기는 제국주의 통치의 시대일 뿐만 아니라 제국주의 팽창의 시대이기도 했는데, 그 이유는 산업혁명이 강자와 약자 사이의 힘의 격차를 더욱 벌렸기 때문이다. 운송 수단과 전쟁 무기에서의 초기 이점은 유럽 제국들에게 이전보다 훨씬 더 먼 곳까지 쉽게 접근할 수 있게 해 주었고, 아프리카, 아시아, 태평양의 정복되지 않은 지역으로 제국의 영향력을 확장할 수 있는 수단을 제공했다.[†] 다른 제국들도 유사한 기회를 가지고 있다는 사실은 그들에게 제국주의 경쟁국들을 견제하기 위해 영토를 확장할 동기를 부여했다.

미국은 제국주의 팽창의 마지막 큰 사건에 참여하게 되었고, 남쪽과 서쪽의

† 영국은 남아시아와 동남아시아에서 제국을 확장했고, 프랑스는 북아프리카와 인도차이나에서, 러시아는 유라시아를 가로질러 태평양까지 영역을 확장했다. 강대국들은 또한 중국 해안에 무역 거점을 만들었고, 세기말에는 아프리카라는 마지막으로 정복되지 않은 대륙을 서로 나누었다.

인접 지역에서 공식적인 제국을 획득하게 되었다. 남북전쟁 이후 수십 년 동안, 미국은 이러한 방향으로 영향력을 확대해 왔다. 1898년이라는 중요한 해에 미국은 스페인과 전쟁을 벌였는데, 이는 이후 120년 동안 해외에서 벌일 여러 전쟁 중 첫 번째 전쟁이었다. 이 전쟁 결과로 미국은 카리브해의 쿠바와 푸에르토리코, 그리고 태평양의 하와이와 필리핀을 지배하게 되었다.

미국이 제국주의 세력이 되었지만, 제국으로서의 경험은 유럽 국가들과 중요한 면에서 달랐다. 미국 외교정책의 반복적인 특징 두 가지가 미국의 제국주의 경험을 특징지었다. 하나는 민주주의로, 해외 영토 획득에 대한 국내의 반대 형태로 나타났다. 다른 하나는 이념으로, 미국인들은 최소한 일부는 자유를 확산시킬 목적으로 제국주의적 소명을 받아들였다고 믿었다. 게다가 유럽 제국들에 비해 미국 제국은 수명이 짧았다.

마지막으로, 제국의 존재는 유럽 강대국들의 역사에서 중요한 요소였지만, 미국에는 그 영향이 매우 미미했다. 미국이 제국의 영토를 가졌을 때, 그와 관련된 일을 직접적이거나 간접적으로 다룬 미국인은 거의 없었고, 그들에 대해 많은 가치를 두거나 주의를 기울이지도 않았다. 반면, 20세기 전반기 동안 미국과 다른 강대국 간의 관계는 미국의 국가 생활에 막대한 영향을 미쳤다.

★★★

강대국들은 때때로 서로 협력해 왔으며, 특히 나폴레옹 전쟁과 두 차례의 세계대전 이후 국제질서를 재건하려는 노력에서 협력했다. 그런 맥락에서, 남북전쟁 이후, 워싱턴 정부는 미국에 가장 중요한 외부 강대국인 영국과 협력할 방법을 찾았다. 이 협력은 세기말과 그 이후에도 계속되었다. 또한, 20세기 초, 미국은 약화된 중국 제국에서 경제적 기회를 활용하려는 유럽 강대국들과 제한적인 협력을 했다.

그러나 역사적으로 강대국들은 협력보다는 경쟁을 해 왔다. 그들이 전쟁을 벌였을 때, 이러한 갈등은 국제 역사에서 결정적인 사건이 되어 국가와 제국을 만들고, 파괴하며, 강대국들의 위계 구조를 재편성하는 역할을 했다.[2]

강대국 간 갈등에서 미국은 특정한 경로를 따랐다. 이 경로는 미국 혁명 이전에 설정되었고, 이후 영국에 의해 유지되었다. 모방이 가장 진지한 형태의 찬사일 수 있지만, 미국인들은 영국을 찬양하기 위해, 또는 모든 강대국 중에서 미국이 영국과 가장 가까운 정치적 가치를 공유하기 때문에 영국의 강대국 습관을 따르지는 않았다. 물론 이것이 미국의 외교정책에 중요한 영향을 미쳤지만, 미국이 영국 방식을 선호한 근본적인 이유는 지리적 요인에 있었다.

유럽 해안에서 떨어진 섬나라인 영국은 대륙에서 특별하고 중요한 이해관계를 가졌다. 그것은 바로 어떤 단일 강대국도 대륙 지배를 이루지 못하도록 방지하는 것이었다. 왜냐하면 그런 강대국이 영국 제도를 침략하고 점령할 수 있을지도 모르기 때문이다.[3] 비슷한 계산이 미국의 정책을 이끌었다. 영국과 마찬가지로 미국은 유럽에서 영토를 통제하려는 욕망은 없었지만(영국과 달리, 미국은 보호해야 할 방대한 해외 제국을 가지고 있지 않았다), 북미를 위협할 수 있는 유럽의 강대국이 없도록 하는 데 강한 관심을 가졌다. 물론, 신세계와 구세계 사이를 가로지르는 대서양은 영국 해협보다 북미를 보호하는 데 훨씬 더 많은 보호를 제공했지만, 기술의 발전은 대서양을 점점 더 쉽게 횡단할 수 있게 만들었다(그리고 20세기 후반에는 대륙간 탄도 미사일이 북미를 먼 거리에서의 공격으로부터 보호하는 데 무용지물이 되었다.). 따라서 미국의 유럽에 대한 정책은 영국의 정책과 같은 일반적인 목표를 가지고 있었지만, 20세기 전반기에는 그 목표의 긴급성이 덜했다.

유럽의 강대국이 대륙 지배를 시도할 때, 예를 들어 프랑스의 루이 14세와 나폴레옹, 제국주의와 나치 독일, 그리고 20세기 후반의 소련처럼, 이를 저지하기 위한 연합이 형성되었고, 영국은 그 연합에 합류했다. 이러한 연합의 일원으로서 영국은 '해양의 균형자(offshore balancer)' 역할을 선호했다. 영국은 대륙에서의 세력균형을 보장하기 위해, 지배를 시도하는 국가의 야망을 차단하는 연합을 통해 이를 달성하고자 했다.[4] 유럽에서 떨어져 있는 위치에 있던 영국은 대륙의 동맹국들이 더 큰 군대를 일으킬 수 있도록 금전적 지원을 보내는 방식으로 '반헤게모니(counterhegemonic)' 연합에 기여하는 것을 선호했으며, 영국 군대를 보내 직접적으로 파괴적인 세력과 싸우는 것을 피했다. 전통적으로 영국은 대륙 강대국들보다 작은 군대를 유지했으며, 대부분의 군대는 제국을 경찰처럼 관리하는 데 배치되었고, 우수한 해군을 유지했다. 그러나 결국 프랑스와 독일과의 전쟁 과정은 영국이 대륙에서의 헤게모니를 저지하기 위해 자국 군대를 보내 대륙 전투에 참여하도록 만들었다.

두 차례의 세계대전에서 미국도 처음에는 해양의 균형자(offshore balancer) 역할을 하며, 차단 연합의 일원인 영국을 포함한 국가들에 금전과 군사 물자를 보냈다. 그러나 결국, 독일이 유럽을 지배하는 것을 막기 위해,—그리고 제2차 세계대전에서는 일본이 아시아를 지배하는 것을 막기 위해,—미국은 전투에 참전하게 되었으며, 그 전투는 육지뿐만 아니라 바다와 공중에서도 벌어졌다.

1898년의 스페인-미국 전쟁이 미국이 본격적인 제국주의 강국으로 데뷔한 사건이라면, 제1차 세계대전은 미국이 유럽 강국으로서의 경력을 시작한 전환점이었다. 이 전쟁은 미국과 전 세계에 더 중요한 영향을 미친 사건이었다. 두 차례의 세계대전 사이에서, 그리고 대중의 일반적인 믿음과는 달리, 미국은 대륙에서 완전히 후퇴하지 않았다. 미국은 여전히 유럽 문제에 일정한 역할을 유지했지만, 해양의 균형자 역할을 선호하며 직접적인 군사적 개입을 피한 채 그 역할을 주로 경제적인 측면에서 수행했다.

미국이 제국주의 강국으로서 짧고 적당한 시기를 거친 것처럼, 세계 다른 강대국들과의 관계에서도 미국의 외교정책은 민주적이고 이념적인 성격을 보였다. 대중 여론은 두 차례의 세계대전에서 개입을 반대했으며, 특히 제2차 세계대전에서 그 영향을 크게 미쳤다. 1941년 12월 공식적으로 전쟁에 참전하기

전에, 프랭클린 루스벨트 대통령은 영국에 최대한의 지원을 제공하고 싶어 했지만, 대중의 반대가 그를 제지했다. 두 차례의 전쟁에서 미국 정부는 자유의 확산을 주요 전쟁 목표로 선언했다. 두 세계대전에서 미국의 이념적 목표는 국가의 지정학적 목표와 충돌하지 않았다. 두 전쟁에서 미국의 가치와 이익은 일반적으로 일치했지만, 완전히 일치하지는 않았다. 미국은 두 경우 모두 유럽에서 단일한 비자유적 세력이 지배하는 것을 막기 위해 싸웠지만, 제2차 세계대전에서는 이 목적을 위해 또 다른 명백히 비자유적인 국가인 소련과 동맹을 맺었다.

남북전쟁이 끝난 직후인 1865년, 북부 연방은 군을 해산하고 유럽 문제에 개입할 생각이 전혀 없었다. 80년 뒤인 제2차 세계대전 직후, 미국은 전 세계에 강력한 군사력을 배치하고 유럽과 아시아에 중요한 군사적 존재감을 확립했으며, 이는 다음 세기까지 계속될 운명이었다. 이렇게 보면 이 시기 미국의 글로벌 역할은 초기에는 군을 해산한 북부 연방으로서 강대국 중 가장 미미한 존재였으나, 결국에는 가장 강력한 강대국으로 성장했으며, 그 힘은 강대국의 지위를 넘어서는 새로운 국제적 위상을 획득하는 데까지 이르게 되었다.

4장
강대국으로의 부상, 1865~1914

강대국의 토대

국가의 국제체제에서의 권력은 그 나라의 영토 크기, 인구 규모, 그리고 아마도 가장 중요한 것인 부의 크기에 달려 있다.[1] 19세기 이후, 부는 산업적인 측면에서 측정되었다. 남북전쟁이 끝난 후부터 제1차 세계대전 발발 전까지의 50년 동안, 미국의 인구와 경제는 놀라운 속도로 확장되었다.[†] 그 확장은 미국을 다른 어떤 50년 동안보다 극적으로 변화시켰다.[2] 미국은 주로 농업 중심의 농부들로 구성된 공화국에서 도시산업 국가로 변화했으며,[3] 아프리카계 미국인을 제외한 대다수 인구가 주로 영국 제도 출신인 국가에서 남부 및 동유럽, 그리고 동아시아에 뿌리를 둔 시민들로 구성된 종교적으로 다원적인 사회로

† "남북전쟁이 끝난 후부터 제1차 세계대전 발발 전까지의 수십 년 동안, 미국은 눈에 띄게 현대적인 사회로 변모했다. 1864년, 이 나라는 여전히 자급자족의 구세계의 흔적을 간직하고 있었다. 도시에는 사람만큼이나 많은 동물이 있었고, 말뿐만 아니라 소, 돼지, 닭도 있었다... 대부분의 건물은 여전히 나무로 지어졌다. 그러나 1914년까지 미국인들은 코카콜라를 마시고, 포드 차를 운전하며, 지하철을 타고, 고층 빌딩에서 일하며... 전기로 집을 밝히고 난방을 했으며, 비행기를 타거나 최소한 비행에 관한 기사를 읽었고, AT&T 덕분에 전화로 이야기를 나누었다." "앨런 그린스펀(Alan Greenspan)과 에이드리언 울드리지(Adrian Wooldridge), 미국 자본주의: 역사(*Capitalism in America: A History*) (뉴욕: 펭귄 프레스, 2018), 91쪽."

변모했다.

이러한 변화는 사회적, 경제적 문제를 일으켰고, 이를 어떻게 해결할지에 대한 날카로운 정치적 분열을 초래했다. 이 문제들은 국가의 정치적 관심과 에너지를 거의 전적으로 소모했다. 그로 인해 외교정책에는 거의 신경을 쓸 여유가 없었다. 애퍼매톡스(Appomattox) 전투 이후의 30년 동안, 다른 국가들과의 관계는 미국의 공적 삶에서 이전이나 이후보다 덜 중요한 역할을 했다. 그럼에도 불구하고, 그 30년 기간은 미국의 외교정책에 중요한 영향을 미쳤다. 왜냐하면 그 시기 동안 미국이 강대국으로서 역할을 하기 위한 기초가 마련되었기 때문이다.

19세기 전반과 달리, 남북전쟁 이후 미국은 한 가지 예외를 제외하고는 영토를 크게 확장하지 않았다. 1867년, 윌리엄 시워드(William H. Seward) 국무장관은 러시아 제국의 북미 경제 식민지를 720만 달러에 구입했고, 의회는 이 거래를 승인했다. 이 식민지는 러시아와 베링 해협을 사이에 두고 북극해(Arctic Ocean)의 끝자락에 위치하며, 주로 캐나다와 연결되어 있었다. 결국 거의 1세기 후, 이 지역은 미국 연방의 가장 북쪽에 위치한 주가 되었다.

러시아는 나폴레옹이 60년 전에 루이지애나를 매각한 것과 비슷한 이유로 이 땅을 팔기로 결정했다. 그들은 미국이 결국 이 영토를 가져갈 것이라고 믿었고, 매각은 러시아가 크림 전쟁에서 패배한 후 필요한 수입을 가져다주었다.[4] 미국인들은 그들의 새로운 북쪽 영토를 알래스카(Alaska)라고 불렀다.[5]

그 이후로 미국 정부는 30년 동안 중요한 영토를 추가하지 않았다. 이는 중요한 고위 공직자들이 시도하지 않았기 때문이 아니다. 특히, 존 퀸시 애덤스 이후 가장 저명하고 열정적인 팽창주의자였던 윌리엄 H. 시워드(William H. Seward)는 아시아-태평양 지역을 미국이 깃발을 꽂을 논리적인 장소로 여겼지만, 그것만이 유일한 곳은 아니었다.[6] 1869년부터 1877년까지 재임한 율리시스 그랜트 대통령은 산토 도밍고(후에 도미니카 공화국으로 알려짐)의 병합을 시도했다.[7]

그러나 이들의 노력은 실패했다. 왜냐하면 미국인들과 그들의 선출된 의회 대표들이 백인도, 개신교도도 아닌 사람들을 받아들이는 영토 추가에 대해 의심을 가졌기 때문이다. 더욱이 이미 미국과 지리적으로 인접한 지역으로의 영토 확장은 더 이상 가능하지 않았다. 캐나다인들은 여전히 연방 가입을 원하지 않았고,[8] 미국인들은 멕시코인들이 미국 시민권을 받을 자격이 없다고 여겼다.

남북전쟁 이후, 미국인들은 이미 국가가 획득한 땅으로 대규모 이주를 했다. 1870년과 1900년 사이에 그들은 미국 역사상 이전 어느 시기보다 더 많은 영토에 정착했다.[9] 정착이 이루어진 이유 중 하나는 미국인들의 수가 빠르게 증가했기 때문이다. 1865년 미국의 인구는 3,570만 명이었다. 1885년에는 5,660만 명, 1900년에는 9,910만 명으로 증가했다.[10] 1850년 당시, 미국의 인구는 영국, 프랑스, 그리고 후에 독일 제국이 될 나라들과 거의 같은 수였으나, 제1차 세계대전이 시작되기 직전 미국은 이들 모두를 초과했다. 유럽 강대국 중에서는 러시아 제국만이 더 많은 인구를 보유하고 있었다.[11]

인구 성장은 여전히 비교적 높은 출산율과, 특히 이 시기에는 이민 덕분에 이루어졌다. 1865년, 미국은 248,000명의 외국인 이민자를 맞이했으며, 1885년에는 395,000명, 1914년에는 120만 명이 이주했다. 1914년 이전의 8년 중 5년 동안 이민자 수는 100만 명을 넘었다.[12] 1910년, 미국의 전체 인구 중 14.7%에 해당하는 1,350만 명이 해외에서 태어난 사람들이었다. 대부분은 북유럽보다는 남유럽과 동유럽에서 왔다.[13] 일부 새로운 미국인들은 정치적 또는 종교적 억압을 피하기위해 이주했지만, 대다수는 더 나은 경제적 기회를 찾아 이민했고, 대부분은 이를 찾을 수 있었다.[14]

이민자의 유입은 원주민 미국인들 사이에서 반발을 일으켰다. 노동 시장이 확대되면서 임금이 하락하기도 했고,[15] 새로운 이민자들이 가져온 문화적 습관이 불쾌하고 심지어 위협적으로 느껴지기도 했다. 이런 방식으로 이민은 미국 국내 정치에 영향을 미쳤다.[16] 또한, 이민은 미국의 외교관계에도 영향을 미쳤다. 다양한 민족과 국가 그룹들이 자신들의 유럽에 남아 있는 동포들을 지원해 달라고 미국 정부를 설득하려 했기 때문이다. 이는 미국 외교정책의 민주적 성격을 보여주는 또 다른 예이다. 아일랜드계 미국인들은 고향 섬에서 제국주의 국가인 영국과의 협력을 반대했으며, 두 차례의 세계대전 이전에는 독일계 미국인들이 독일의 영국 적대국과 미국의 관계를 약화하려 시도했다. 20세기 초, 미국의 유대인들은 러시아의 차르 정부와 그들의 반유대주의 정책에 대해 제재를 가하거나 최소한 반대의 뜻을 표명할 것을 요구했다.[17]

아시아에서 온 이민자들은 미국의 외교정책에 간접적인 영향을 미쳤다. 그들의 입국을 제한하려는 정치적 운동을 촉발했고, 이로 인해 그들의 모국과 미국 간에 문제를 일으켰다. 대륙 횡단 철도를 태평양까지 연결하는 대규모 건설 프로젝트는 중국에서 노동자들을 끌어들였고, 이는 결국 그들의 입국을 제한하고 궁극적으로 금지하려는 정치적 노력으로 이어졌다.[18] 이로 인해 중국에서는 미국 제품에 대한 보이콧이 일어났고, 이는 베이징 정부가 암묵적으로 지지했다.[19] 일본 이민도 미국에 대한 반감을 일으켰고, 이를 억제하기 위해 두 나라 정부는 '신사협정(Gentlemen's Agreements)'을 체결하여 일본인의 입국 수를 제한했다.[20]

이민은 또한 국가의 대외관계에 더 넓고 덜 눈에 띄지만 궁극적으로 더 오래 지속되고 중요한 영향을 미쳤다. 대부분의 유럽 및 다른 국가들은 종교, 언어, 또는 민족이 같은 사람들로 구성되어 있으며, 그들의 조상들은 수 세기 동안 그 지역에 살았다. 반면, 미국은 다양한 지역에서 이주한 사람들, 또는 그들의 조상들이 이주한 사람들로 구성되었다. 이 새로운 이민자들은 종교, 모국어, 민족이 같지 않았지만, 그들이 공통적으로 가지고 있었던 것은 공화국의 창립 원칙, 특히 자유에 대한 헌신이었다. 이는 미국 공공생활에서 이러한 원칙들의 중요성을 강화했고, 따라서 다른 나라들과의 관계에서도 그 중요성이 반영되었다. 이런 방식으로, 이민은 미국 외교정책의 이념적 성격을 강화했다.

남북전쟁 이후 수십 년 동안 국가의 인구 증가가 인상적이었고, 그것만큼 중요한 요소, 어쩌면 더 중요한 요소는 미국의 지속적인 경제 성장이었다. 1870년대 10년 동안 미국의 평균 국민총생산(GDP)은 약 74억 달러로 추산되었다.[21] 제1차 세계대전 직전에 이 숫자는 거의 400억 달러로 증가했으며, 이는 유럽의 강대국들을 훨씬 능가하는 수준이었다.[22] 그 당시 미국인들은 세계에서 가장 높은 1인당 소득을 기록했다.[23] 그 진보는 더욱 인상적이었는데, 그 기간 동안 1873년과 1893년에 두 차례의 금융 위기를 겪으면서 성장이 둔화되었기 때문이다.[24]

그 성장은 영국에서 시작되어 전 세계 국가들이 따르게 된 경로를 따랐다. 사람들은 대규모로 농촌에서 도시로 이동하며 농장을 떠나 공장으로 갔다. 그곳에서 그들은 훨씬 더 생산적으로 일할 수 있었다. 그들이 이동할 수 있었고, 이동 후 일자리를 찾을 수 있었던 이유는 남북전쟁 이후 미국 경제가 '제2차 산업 혁명'이라 불리는 변화로 혜택을 보았기 때문이다. 그 특징은 전기의 광범위한 사용과 건설에서의 강철, 에너지에서의 석유 지배였다. 미국은 세계에서 가장 큰 강철과 석유 생산국이 되었다.[25] 제2차 산업 혁명은 미국을 변화시켰고, 그 변화는 토마스 제퍼슨이 구상하고 선호했던 강인한 농부들의 나라를 과거로 밀어냈다. 또한 제퍼슨이 두려워했던 것 중 하나를 만들어냈다. 그것은 매우 큰 민간 경제 기업들이었으며, 20세기 초에는 그중 가장 유명한 것이 유나이티드 스틸(United States Steel)과 스탠다드 오일(Standard Oil)이었다.

19세기 후반 미국 경제 성장은 전반부에서와 마찬가지로 개인의 주도에 의해 이루어졌으며, 그 후에도 계속해서 그러했다. 이 나라는 혁신적인 기술자와 조직가들을 배출했으며, 이들은 남북전쟁 이전에 미국과 유럽 모두에서 경제 발전을 촉진한 기술들을 발명하고 적용했다. 예를 들어, 기계식 수확기를 발명한 사이러스 맥코믹, 증기선을 개발한 로버트 풀턴, 그리고 전신을 발명한 새뮤얼 모스와 같은 인물들이 이에 해당한다.[26] 그 이후, 이러한 사람들은 기술을 발명할 뿐만 아니라 이를 대규모로 생산하고 활용할 방법을 찾는 경향이 있었다. 이들에는 아이작 싱어(Isaac Singer)와 재봉틀, 토머스 에디슨(Thomas Edison)과 전구, 헨리 포드(Henry Ford)와 자동차가 포함된다.[27]

남북전쟁 중에 연방 정부는 경제 성장을 장려하고 지원하는 정책을 채택했다. 전쟁이 한창 진행 중일 때에도, 휘그당 지도자 헨리 클레이의 '내부 개선(internal improvements)'[28] 프로그램(나중에 '인프라'로 불리게 됨)을 존경했던 링컨 대통령은 1862년 '농지법(Homestead Act)'을 통과시켰다. 이 법은 1840년대에 획득한 땅으로의 정착을 장려하기 위한 것이었다. 또한 1862년 '모릴 법(Morrill Act)'은 전국에 걸쳐 대학을 설립하는 기반을 마련했으며, 1862년과 1864년의 '태평양 철도법(Pacific Railway Acts)'은 전후 철도 건설 붐을 뒷받침했다.[29] 아브라함 링컨은 알렉산더 해밀턴(Alexander Hamilton)이 미국을 위해 구상한 비전을 실현하는 데 이전의 어느 대통령보다 많은 일을 했다.

미국의 경제 성장은 국가의 국제체제 내에서의 권력에 기여한 것 외에도 세계에 깊은 영향을 미쳤다. 그것은 이전에 알려지지 않았던 제품과 과정을 도입했으며, 다른 나라들은 이를 채택하여 현대 생활의 표준적인 특징이 되었다.[30] 대량 생산의 '미국식 시스템'은 대규모로 고품질의 제품을 점점 더 저렴한 가격에 생산했다.[31] 이는 소수의 권력 있고 부유한 사람들만이 수세대 동안 만족해야 했던 최소한의 필수품을 넘어, 유용한 재화와 식량을 훨씬 더 널리 접근 가능하게 만들었다. 풍부하고 저렴한 소비재는 현대 생활의 열렬히 받아들여진 일부분이 되었으며, 처음에는 미국에서, 그다음에는 유럽에서, 궁극적으로 거의 모든 곳에서 그렇게 되었다.[32]

제1차 세계대전 이전에 미국이 대중 소비를 위해 도입한 것 중에서, 전쟁 후 급격히 증가한 양과 인기를 끌며 전 세계로 퍼진 것 중 하나는 바로 엔터테인먼트였다. 전기가 보급되면서, 엔터테인먼트는 고대 그리스 시대부터 제한된 관객 앞에서 실시간으로 공연되어야 했던 방식에서 벗어나게 되었다.

교역을 포함한 경제 활동은 정의상 다른 국가와의 상호작용을 필요로 한다.

남북전쟁은 이 교역에 큰 변화를 가져왔다. 1861년까지 미국은 비교적 자유무역 정책을 추구했는데, 이는 민주당이 국가 차원에서 정치적으로 지배적이었고, 민주당은 주로 남부 농업과 같이 무역이 경제적 이익을 가져오는 지역을 대표했기 때문이다. 그러나 전쟁은 국가 내 권력의 균형을 변화시켰다. 전쟁은 유니온(연합)의 당과 링컨 대통령의 공화당이 우위에 서게 만들었고, 공화당의 지배는 몇 차례의 중단을 제외하고 1930년대까지 지속되었다. 공화당은 북부와 중서부의 제조업자들을 대표하며, 이들은 외국 경쟁으로부터 자국 산업을 보호하기 위해 세금을 선호했다.[33] 민주당은 여전히 더 개방적인 무역을 선호했지만, 이를 실현할 힘은 없었다.[34]

따라서 세금이 인상되었고, 이는 다른 여러 가지 의미에서 연방 정부가 더 이상 무역을 정치적 목표를 달성하기 위한 지렛대로 사용하는 정책을 자유롭게 사용할 수 없게 만들었다. 이 정책은 미국이 독립 이전부터 사용해 온 것이었다.[35] 해외에서 들어오는 상품의 유입을 줄이는 것은 경제적 원칙의 문제로 바뀌었고, 따라서 이를 가끔씩 외교정책의 전술로 사용하는 것은 어려워졌다.[36]

미국의 관세와 1870년 이후 대부분의 유럽 국가들의 보호주의 정책에도 불구하고,[37] 대서양을 가로지르는 무역의 양은 1914년까지 증가했다. 이처럼 겉보기에는 역설적인 추세는 이 시기 동안 교통비가 급격히 감소한 덕분에 발생했다.[38] 철도와 증기선은 특히 미국의 밀과 면화가 유럽에서 점점 더 낮은 가격에 판매될 수 있게 만들었다.[39] 관세에도 불구하고, 1870년에서 1914년까지의 기간은 글로벌화의 첫 번째 큰 시대였으며,[40] 그때까지 세계에서 가장 큰 경제를 가진 미국은 이에 참여하였다. 미국은 원자재(그리고 궁극적으로 제조된 제품)를 수출하고[41] 사람을 수입했다.[42]

이 시기에는 미국 금융도 성숙해졌다. 은행들은 다른 산업의 기업들처럼 대규모로 성장했다. 미국은 처음 100년 동안 거의 전적으로 자본을 수입하는 나라였지만, 20세기에는 19세기 마지막 10년 동안 등장한 대형 기업들을 통해 자본을 수출하기 시작했다.[43] 이 시기 동안 세 가지 중요한 금융 발전이 일어났다. 1879년, 미국은 금본위제를 채택했고,[44] 1909년에는 소득세 부과를 허용하는 헌법 제16차 수정안을 통과시켰으며, 1913년에는 연방준비제도(Federal Reserve)를 설립하여 미국판 국가 중앙은행을 설립했다.

이 중 마지막 두 가지는 20세기와 그 이후 국제체제에서 미국의 힘에 중요한 기여를 했다. 소득세는 광범위한 외교정책을 지원할 수 있는 수단을 제공했는데, 이전에 주요 연방 수입원으로 사용되던 관세는 이 목적을 달성하기에는 충분한 자금을 마련할 수 없었기 때문이다.[45] 연방준비제도는 미국뿐만 아니라, 궁극적으로는 다른 국가들에서도 금융 안정화를 위한 메커니즘을 제공했다.

제1차 세계대전 직전의 몇 년 동안, 연방 정부는 정치적 목적을 위해 금융을 활용하려는 짧은 노력을 기울였다. 윌리엄 하워드 태프트 대통령의 '달러 외교(Dollar Diplomacy)'는 성공하지 못했지만,[46] 그 이후 몇십 년 동안 자본의 배치가 미국 외교정책에서 중요한 역할을 하게 되었다.[47]

미국은 1865년과 1914년 사이에 주요 국제적 역할을 수행할 수 있는 인구적 및 경제적 기초를 쌓았지만, 이를 국제무대에서 효과적으로 행사할 수 있는 권력으로 전환하는 데는 시간이 걸렸다.[48] 이는 부분적으로, 유럽의 강대국들과 달리 미국은 이웃국들로부터 심각한 위협을 받지 않았기 때문에 제1차 세계대전까지는 미국이 능히 구축할 수 있었던 규모에 근접한 군사력을 구축하지 않았기 때문이다.[49] 또한, 지나치게 강력한 정부에 대한 제퍼슨주의적인 깊은 반감 때문에, 미국은 확장적인 외교정책을 수행할 수 있을 만큼 크고 강한 정부[50]를 가지지 못했다.[51]

점차적으로, 미국의 실제 능력은 그 잠재력에 부합하게 되었다. 남북전쟁과 제1차 세계대전 사이의 수십 년 동안, 미국은 중요한 방식으로 유럽의 가장 강력한 국가들과 어깨를 나란히 하는 강대국이 되었다. 미국은 먼저 자국의 지리적 이웃에서 종종 '영향권(sphere of influence)'이라고 불리는 것을 확립했다. 예를 들어, 19세기 초 영국이 라틴 아메리카에서 했던 것처럼, 미국은 자국이 지배하는 국가들을 직접적으로 통제하지 않고 영향력을 행사했다. 또한, 미국은 동아시아의 강대국 정치에 개입했다. 그리고 1898년, 영국과 다른 유럽 강대국들과 마찬가지로, 미국은 공식적인 제국을 획득하고 이를 직접적으로 통치했다. 마지막으로, 제1차 세계대전으로 미국은 유럽의 강대국이자 전 세계적인 강대국이 되었으며, 이는 미국과 세계 모두에 엄청나게 중요한 결과를 가져왔다.

영향력의 영역

외국 민족을 다스리거나 북미를 넘어서 영토를 병합하는 전통이 부족했던 미국은, 그럼에도 불구하고 남북전쟁 이후 본국 밖으로 영향력을 확장하기 시작했다. 이를 위한 마스터 플랜은 없었고, 대신 일련의 조정되지 않은 노력들이 미국의 바로 근처 지역에 영향을 미치는 범위를 형성했다. 이 범위는 서쪽의 태평양의 섬들[52]과 남쪽의 중앙아메리카를 포함했다.

미국인들은 하와이에 일찍이 관심을 가졌다. 북미에서 가장 가까운 부분으로부터 2,000마일 떨어져 있고, 세계에서 가장 고립된 군도[53]인 하와이는 처음에 서양인들이 샌드위치 제도(Sandwich Islands)라고 부르던 곳이었다. 이곳은 1778년 영국의 제임스 쿡(James Cook) 선장이 세 번째 탐험 여행을 떠날 때까지 발견되지 않았다.[54] 첫 번째 미국인은 1790년에 이곳에 발을 디뎠고, 1819년에는 개신교 선교사들이 도착했다. 설탕은 하와이의 주요 농산물이 되었으며, 대부분은 미국으로 수출되었다. 1842년까지 하와이는 미국의 눈에 충분히 중요해져서, 존 타일러(John Tyler) 대통령은 이를 먼로 독트린(Monroe Doctrine)에 포함하여 자국의 국경을 넘어 태평양까지 특권적인 위치에 대한 주장 범위를 확장했다.[55]

1875년, 그랜트 행정부는 하와이의 토착 정부와 상호 상업적 양허 조약을 체결하여 하와이의 설탕이 미국 본토로 세금 없이 수출될 수 있도록 했다. 이는 주로 미국인 설탕 재배자들에게 큰 이점을 제공했다. 두 정부는 1887년에 조약을 갱신하였으며, 이에 따라 미국은 진주만(Pearl Harbor)을 자국 선박에 석탄을 공급하고 수리 기지로 사용할 수 있는 권리를 획득하였다.[56]

그 후 1893년 1월, 멜로디처럼 이름이 아름다운 하와이의 여왕 릴리우오칼라니(Liliuokalani)는 입법부를 해산시키고 최고 권력을 행사할 의도를 발표했다. 이로 인해 성공적인 반란이 일어났고, 그 반란에는 하와이에 있는 미국인 사업가들도 참여했으며, 미국 정부의 지지를 받았다. 미국은 호놀룰루 항구에 배치된 군함에서 무장한 해군을 상륙시켰다. 하와이는 미국에 병합을 요청하는 임시 정부를 구성했다. 60년 전 텍사스의 경우와 마찬가지로, 워싱턴의 당국은 공식적인 병합에 반대했다[57]—적어도 몇 년간은 그랬다. 그럼에도 불구하고 1894년 7월 4일 하와이 공화국이 선언되면서, 섬과 본토 사이의 기존 강한 관계는 더욱 강화되었다.[58]

북미에서 멀리 떨어진 태평양의 사모아(Samoa)에도 미국은 존재감을 확립했다. 사모아는 호놀룰루에서 1,500마일, 샌프란시스코에서 4,000마일 떨어진 사람이 거주하는 14개의 섬들로, 해운과 해군의 이익을 모두 끌어들일 수 있는 매력을 가지고 있었다.[59] 1872년, 한 미국 해군 장교는 현지 추장들과 파고 파고(Pago Pago) 항구 사용에 관한 조약을 체결했지만, 상원은 이를 비준하지 않았다. 그러나 1878년에는 유사한 조약을 승인했다.

1889년, 독일은 태평양 남서부에 제국을 세우기 위한 캠페인의 일환으로 하와이에서 미국을 몰아내려 했다. 해상 전투가 일촉즉발처럼 보였으나, 두 나라와 태평양의 다른 유럽 강국인 영국은 삼국 협정을 체결하여 사모아에 대한 보호령을 설정했다. 결국 영국은 협정에서 빠졌고, 미국과 독일은 사모아에서의 지배권을 나누어 가졌으며, 미국은 파고 파고를 차지하게 되었다.[60]

하와이의 경우보다 더욱, 미국의 사모아에 대한 정책은 미국 내에서 큰 영향을 미치지 않았다. 많은 미국인이 이를 알고 있었을 가능성은 적어 보인다. 유럽의 강대국들의 기준으로 보면, 하와이와 사모아 모두 주요한 영토 획득으로 간주되지 않았다. 또한, 하와이와는 달리, 미국 기업들과 개인들은 사모아 섬에 대한 경제적 동기가 없었다. 대신, 하와이가 가지고 있던 것과 같은 매력은 전략적 성격을 띠고 있었으며, 이는 사모아의 위치와 관련이 있었다.[61]

남쪽으로, 미국은 먼로 독트린을 통해 남북전쟁 이전에 이미 중앙아메리카에 대한 자국의 권리를 선언했다. 19세기 말부터, 워싱턴은 중앙아메리카의 작은 국가들에 대해 강력한 정책을 펼쳤으며,[62] 여러 차례 군을 파견해 서구의 투자 보호, 채무 수집, 정치적 안정 유지 등을 수행했으며, 남대서양과 태평양을 연결하는 운하 건설을 위해 새로운 국가를 형성하는 데에도 도움을 주었다. 만약 영향권을 한 나라가 그곳에서 거의 자유롭게 원하는 대로 할 수 있는 지역으로 정의한다면, 중앙아메리카는 미국의 영향권에 속한다고 할 수 있다. 때때로 미국 정부는 더 남쪽인 남미로도 개입했다. 1894년, 전쟁을 선호하지 않는 대통령인 그로버 클리블랜드는 브라질의 내정에 개입하고 미국의 이익을 보호하기 위해 5척의 군함을 브라질 해안으로 파견했다.

클리블랜드 행정부는 영국이 브라질의 혼란을 이용해 그들의 입지를 강화하려 한다고 의심했다.[63] 그 외에도 여러 라틴 아메리카 사건에서 미국은 영국과 마주쳤는데, 영국은 해군과 상업적 강점을 바탕으로 서반구에서 중요한 존재감을 가진 유일한 유럽 강국이었다. 미영 관계는 아메리카 대륙을 비롯한 다른 지역에서 시간이 지나면서 변화했다. 이 관계의 경로는 미국의 국제적 위치가 약점에서 강점으로 전환하는 과정을 반영한다. 19세기가 지나면서, 영국과의 관계는 미국을 강대국으로 인증하는 역할을 했다.

미영 관계에서, 그리고 미국의 국제적 위상에서 변화의 초기 신호는 라틴 아메리카에서 발생한 사건이 아니라, 남북전쟁의 유산의 일환으로 나타났다.

1871년, 두 나라는 워싱턴 조약(Treaty of Washington)을 체결했다. 이 조약에서 영국은 워싱턴이 제기한, 남북전쟁 중 영국에서 건조된 남부의 군함들에 의해 발생한 피해에 대한 보상 청구에 대해 중재를 수용했다. 이 협정은 또한 캐나다와 미국 간의 국경 분쟁과 경제적으로 중요한 대서양 어업 접근 문제를 해결했다.[64] 워싱턴 조약은 영국이 자국의 옛 제국의 소유지였던 미국과 좋은 관계를 유지하는 것의 중요성과, 북미 공화국을 동등한 파트너로 대해야 할 필요성을 인정한 신호였다.

1895년, 워싱턴은 영국과 베네수엘라 간의 영국 기아나 국경 분쟁에 개입하여 중재를 요구하고 먼로 독트린을 들먹였다. 영국 정부에 보낸 메모에서 미국의 국무장관 리처드 올니(Richard Olney)는 미국의 라틴 아메리카에서의 역할에 대해 가장 광범위한 해석을 제시하며, "미국은 사실상 이 대륙에서 주권을 가진 국가"이고 "미국이 개입하는 분야에 대해 그 명령은 법과 같다."고 주장했다.[65] 처음에는 영국이 전혀 응답하지 않다가, 올니의 주장을 거부했다.[66] 양국 간 긴장이 고조되었고, 결국 영국 정부는 물러서기로 결정하며, 미국의 해석과 서반구에서의 미국 우위를 묵시적으로 인정했다. 이는 미국 외교정책 역사에서 중요한 이정표였다. 영국은 단지 미국을 동등한 강대국으로 인정한 것뿐만 아니라, 한때 모든 외국 세력보다 더 큰 영향력을 행사했던 지역에서 미국의 영향권을 인정한 것이다.[67]

1902년, 또 다른 베네수엘라 위기가 발생했다. 이는 베네수엘라가 유럽 채권자들에게 갚아야 할 부채를 지급하지 않으면서 일어난 일이었다. 독일, 영국, 이탈리아의 연합 해군이 베네수엘라 항구를 봉쇄하고 두 개의 요새를 폭격했다. 처음에 미국은 이 행동에 동의했지만, 이후 독일의 의도에 대해 우려를 표명하기 시작했다. 영국의 의도는 문제 삼지 않았지만, 독일이 두 국가 중 더 공격적인 것으로 미국 정부는 보았다.[68] 이 사건은 미국과 강대국들간의 관계에서 중요한 변화를 예고했다. 그것은 영국에 대한 우호적인 태도와 독일에 대한 부정적인 시각을 나타내었으며, 이는 20세기 동안 세 나라와 나아가 전 세계에 중대한 영향을 미치는 결과를 초래했다.

두 번째 베네수엘라 위기는 먼로 독트린의 재진술과 확장을 이끌었으며, 그로 인해 미국의 라틴 아메리카에서의 역할에 대한 정의가 새롭게 되었다. 이는 루스벨트 대통령의 연례 의회 연설에서 공식적으로 발표되었기 때문에 '루스벨트 추론(Roosevelt Corollary)'으로 알려지게 되었다. 1904년 12월의 연례 메시지에서 루스벨트 대통령은 이렇게 말했다: "만성적인 잘못된 행위는..."

> "혹은 문명사회의 결속력이 일반적으로 약화하는 무력함은, 미국을 포함하여 다른 곳에서도 궁극적으로 일부 문명국가의 개입을 필요로 할 수 있으며, 서반구에서 미국의 먼로 독트린에 대한 준수는 미국이, 비록 마지못해라도, 이러한 잘못된 행위나 무력함의 명백한 사례에 대해 국제경찰 권력을 행사하도록 강제할 수 있다."[69]

원래의 먼로 독트린은 유럽의 강대국들이 아메리카 대륙을 식민지화하는 것을 금지한다고 선언했으나, 그 개정된 버전은 미국에게 이 지역 국가들의 내정에 개입할 특권을 부여했다. 루스벨트의 발언은 라틴 아메리카에 대해 지속적이고 공식적인 제국주의적 통치를 부과할 권리를 주장하지는 않았지만, 미국이 원할 때, 그리고 필요할 때 해당 지역에서 사실상 정부 역할을 수행할 권리를 주장한 것이다.

루스벨트 추론의 선언 이전에도, 영국은 미국을 단지 동등한 강대국으로서 인정한 것에 그치지 않고, 서반구에서의 우세한 강대국으로서도 인정했다. 1850년의 클레이튼-불워 조약(Clayton-Bulwer Treaty)은 대서양과 태평양을 연결하는 지협(좁은 육지의 띠) 운하의 공동 미영(Anglo-American) 통제를 규정했으며, 이는 두 해양 간의 항로를 단축시켜(해운비용을 축소시켜) 미국에게 경제적 자산이 될 수 있었다. 그러나 미국의 여론은 통제를 공유하는 것에 대해 불만을 품게 되었다. 1900년, 존 헤이(John Hay) 미국 국무장관과 워싱턴 주재 영국 대사 줄리안 파운스포트(Julian Pauncefote)는 새로운 협정을 체결했다. 이 협정은 미국에 그

런 운하를 건설하고 운영할 단독 권리를 부여하는 내용이었다.[70]

19세기 말과 20세기 초의 미영 관계는 두 나라가 두 차례의 세계대전에서 협력할 미래를 내다본 한편, 18세기를 돌아보기도 했다. 영국은 서반구에서 미국에 대한 양보를 했는데, 이는 1780년대에 미국의 독립을 인정했던 이유와 같았다. 제국의 부담은 런던 정부에 점점 더 크게 다가왔고, 유럽 대륙에서 세력 균형을 유지하는 점점 더 도전적인 임무에 대한 헌신도 마찬가지였다.[71]

이러한 책임들과 미국의 급격히 성장하는 권력을 고려했을 때, 영국은 19세기 대부분 동안 라틴 아메리카에서 유지해 왔던 자리를 포기하게 되었다.[72] 영국은 미국이 그들의 여전히 중요한 이익을 존중하고, 심지어 보호할 것이라고 믿으며(그리고 그 믿음은 옳았다),[73] 더 이상 유지할 수 없는 남미에서의 지배적 위치에 대한 주장을 포기하는 것이 미국과의 우정을 위해 치를 합리적인 대가라고 판단했다.

그런 우정은 실제로 발전했다. 혁명에서 비롯된 영국에 대한 적대감은 사라지지 않았지만,[74] 정치적 영향력을 가진 일부 미국인들 사이에서[75] 두 나라가 공통된 이익뿐만 아니라 국제정치에서 지배적인 역할을 하며 세상을 형성하는 공통된 운명을 지닌 것으로 인식하기 시작했다. 이 운명은 인종, 문화, 역사에 기반한 것이었으며, 이를 앵글로색슨주의(Anglo-Saxonism)라고 불리게 되었다.[76] 그들이 공통된 가치를 공유한다는 인식은 20세기 전반의 두 나라의 전시 동맹 관계에도 기여했다.

미영 관계는 미국의 새로운, 남북전쟁 이후 국제적 위상을 나타내는 하나의 징후였다. 또 다른 징후는 태평양 건너편에서 나타났다. 그곳에서 미국은 여러 강대국 중 하나로서 자리를 잡았다. 또한, 중국에 대한 미국의 정책에서는 미국이 유럽에 대해 두 차례, 세계대전의 맥락에서 채택한 접근 방식을 처음으로 시도한 사례로 볼 수 있었다.

동아시아

동아시아에서, 남북전쟁이 끝난 후 제1차 세계대전 발발까지의 수십 년 동안, 미국은 중앙아메리카에서처럼 이 지역을 지배하지 않았고, 유럽에서처럼 그 정치적 문제에서 완전히 손을 떼지도 않았다. 태평양 건너편에서, 미국은 영국, 프랑스, 독일, 러시아와 함께, 그리고 궁극적으로 첫 번째 현대 아시아 강대국인 일본과 함께 존재감을 확립했다. 다른 강대국들은 미국을 동등한 강대국으로 취급했다.[77] 동아시아는 따라서 미국이 동등한 힘을 가진 국가들에 대한 정책을 발전시키는 무대가 되었다.

미국의 동아시아에 대한 참여는 18세기로 거슬러 올라가며, 당시에는 철저히 경제적인 목적을 가지고 있었다. 미국의 첫 번째 중국 무역 항해는 1784년에 '엠프레스 오브 차이나'호를 통해 이루어졌다.[78] 그 당시와 1840년대까지, 중국과 서양의 무역은 광저우(현재의 광저우) 근처의 작은 서양인 거점을 통해 이루어졌다. 이곳에서 외국인들은 중국의 나머지 지역과는 차단된 채, 중국 상인들과 상호 작용할 수 있었다. 서양 상인들이 머물던 건물은 '팩토리'라고 불렸으며, 미국은 18세기 마지막 10년부터 1842년 제1차 아편 전쟁까지 그곳에 하나를 유지했다.[79]

영국 해군의 승리로 중국은 외부 세계와의 더 넓은 무역을 할 수 있게 되었다.[80] 이 충돌을 끝낸 난징 조약(Treaty of Nanking)은 중국 해안에 다섯 개의 서양 무역 거점, 즉 조약 항구(租借;조차)를 설치하게 했으며, 홍콩을 영국에 할양했다.[81] 미국은 제국주의 중국 정부에 대한 군사 작전에는 참여하지 않았고, 영국과 달리 아시아에 심각한 군사력을 유지하지 않았다.[82] 그러나 미국은 영국의 승리를 기회로 삼아 중국과의 무역을 확장했지만, 그들의 무역량은 영국보다 적었다.[83] 라틴 아메리카에서 먼로 독트린이 처음 선언되었을 때처럼,[84] 19세기 후반 중국과의 무역에서도 미국은 영국 해군의 힘을 이용해 경제적 혜택을 누렸지만 그 대가를 지불하지 않는 '무임승차자'의 입장에 있었다.[85]

19세기 중반, 아시아에서 미국의 정책 중 가장 장기적인 영향력을 미친 것은 일본에 관한 것이었다. 그 일본은 중국보다도 더 250년 이상 동안 사실상 외국인에게 폐쇄되어 있었다. 무역을 위해, 미국인들은 일본을 열어야겠다고 결심했다. 1854년, 매튜 페리(Matthew Perry) 제독이 이끄는 함대가 이를 성취했다.[86] 일본은 세계 다른 나라들과 상업적 관계를 시작하게 되었고, 그로써 세계 주요 무역 국가 중 하나로서의 길을 열었다. 이 지위는 서구와의 접촉을 통해 촉발된 내부 변혁, 즉 메이지 혁명(Meiji Restoration) 덕분에 가능해졌다.[87] 이 용어는 그 변화의 규모를 충분히 표현하지 못한다. 사실 이는 일본 내에서 일어난 혁명으로, 일본이 서구 외의 나라 중 최초로 산업혁명을 마스터하게 만들었다. 그 결과, 유럽과 미국에서처럼 일본도 강력한 군사력을 갖추게 되었고, 이는 일본을 동아시아 국제관계에서 주요한 세력으로 자리매김하게 했다. 20세기에는 미국의 동아시아 정책이 일본의 힘에 대처하고 미국의 이익을 확보하는 데 주로 집중되었다.[88]

난징 조약 이후, 미국은 중국과 자체적인 양자 협정을 체결했는데, 그것이 바로 완샤 조약(Treaty of Wanxia)이다. 미국은 영국이 가진 것과 동일한 조약 항구에 대한 접근 권한을 확보했으며, 추가적인 양보도 받았다. 그 대가로 미국은 아편의 불법화를 수용했고, 이는 본래 전쟁을 일으킨 원인이 되었던 아편의 중국 수입을 금지하는 것이었다. 또한, 미국 정부는 중국의 영토 보전을 지지한다고 명확히 밝혔다. 이는 당시 제국주의 강대국들의 위협에 항상 노출되어 있던 중국의 영토를 보호하려는 의도였다. 워싱턴은 이 입장을 19세기 내내, 그리고 그 이후에도 계속해서 유지했다.

두 번째 영국과 프랑스의 연합군과 중국 간의 전쟁은 또 다른 중국의 패배로 끝났다. 그 후 체결된 톈진 조약(또는 텐진 조약, Treaty of Tianjin)은 1858년에 협상이 이루어졌고 1860년에 비준되었으며, 10개의 추가적인 조약 항구를 열었다.[89] 미국은 다시 자체적인 후속 조약을 체결했는데, 이는 미국 외교 역사에서 가장 주목할 만한 에피소드 중 하나로, 미국에서 열린 협상에서 중국을 대표한 것은 당시 미국의 베이징 주재 전 외교장관인 앤슨 벌링게임(Anson Burlingame)이었다. 그는 미국 국무장관 윌리엄 시워드(William Seward)와 함께 조약을 협상했다.[90]

중국 정부가 최근 자신의 정부에서 일했던 미국인에게 신뢰를 보낸 것은 19세기 동안 미국에서 뿌리를 내린 중국에 대한 태도에 영향을 미쳤고, 그 태도는 20세기 이후에도 지속되었다. 미국인들은 자신들이 중화 제국과 특별하고 온화하며 소유적인 관계를 맺고 있다고 보았다. 그들은 결국 자국이 중국을 공격한 적이 없고, 중국의 영토를 통제한 적이 없다는 점에서 그러한 믿음을 가졌다. 많은 미국인은 자신들이 이 오래된 전통적이고, 19세기에는 어려움을 겪고 있던 문명을 향상시키는 사명을 가지고 있다고 믿게 되었다.

이는 19세기 동안 중국으로 가서 기독교를 전파하려 했던 미국의 개신교 선교사들의 신념이었다.[91] 미국의 경제적 잠재력은 미국의 사업가들을 매료시켰다. 이 두 그룹은 물론이고, 중국에 종교적이거나 상업적인 관심이 없는 미국인들조차도 종종, 또는 적어도 희망적으로, 미국이 자국의 정치 시스템을 바다 건너 중국에 이식하고 자유의 축복을 중국에 전할 수 있을 것이라고 믿었다. 이것은 미국 외교정책의 이데올로기적 성격이 나타나는 또 다른 사례였다. 이는 중국에 대한 미국의 정책에서 여러 가지 요소 중 하나였으며, 항상 주된 요소는 아니었지만, 아시아와 세계에서 격변하는 시기와 큰 변화 속에서도 1세기 반 이상 지속되었다.

중국 관리들은 수십 년 동안 미국을 진지하게 경청해야 할 친절한 교사로 여기는 모습은 거의 보이지 않았다. 그들은 종종 태평양 서쪽에 있는 나라를 다른 외세에 대한 잠재적인 유용한 지정학적 균형추로 보았고, 실제로 여러 차례 미국은 이런 역할을 수행했다.[§]

---

§ 19세기 동안, "중국은 서양에 대해 일반적인 적대감을 갖고 있었고, 미국은 조약 체제를 공유했기 때문에 이 적대감을 피할 수 없었다. 반면, 중국이 억압하는 강대국들 사이에서 구별을 두

버링게임 조약(Burlingame Treaty)과 1868년 메이지 혁명(Meiji Restoration) 시작 이후 30년 동안, 중국은 낡은 제국 정부의 부담을 안고 있었고, 1850년에서 1864년 사이 중국 대부분을 뒤흔든 대규모 태평천국 운동(Taiping Rebellion)을 진압하는 데 큰 비용을 치렀으며, 그 과정에서 청 왕조는 거의 몰락할 뻔했다.[92] 이로 인해 중국은 다른 나라들과의 관계에서 점차 약해졌다. 같은 기간 동안 일본은 훨씬 더 강해졌다. 1894년, 한국을 둘러싼 분쟁 이후[93] 일본은 중국과 전쟁을 벌여 쉽게 승리했다.[94] 1895년의 시모노세키 조약(Shimonoseki Treaty)은 전쟁을 끝내며 일본에 대만 섬을 할양하게 했다. 또한 중국은 일본에 랴오둥 반도와 포트 아서(황해에서 가장 큰 항구)를 양도했지만, 러시아, 독일, 프랑스는 일본이 이를 반환하도록 압박했다.[95]

중일 전쟁(Sino-Japanese War) 이후, 유럽 강대국들은 중국에 대한 관심을 집중시켰고, 마치 "중국 멜론을 썰 듯이"—즉, 중국을 분할하거나 적어도 해안 지방을 나누려는 모습이었다.[96] 이는 최근 유럽 강국들에 의해 아프리카 대륙이 분할된 것과 같은 '중국을 위한 쟁탈전'이었으며, 이는 미국의 이익을 위협했다. 미국은 자신을 위한 영토를 원하지 않았고, 유럽 강대국들을 막을 군사력을 보유하고 있지 않았지만, 여전히 중국 전역에 대한 경제적 접근을 유지하고 싶어 했으며, 만약 중국이 분할된다면 그 접근이 방해받을 가능성이 컸다.[97]

이러한 상황에서, 1899년 9월 6일, 미국의 국무장관 존 헤이는 중국에서 자국의 입장이 있는 다른 국가들에게 '개방문(Open Door) 메모'를 배포했다. 이 메모에서 그는 각국이 자신들의 영향권 내에서 모든 나라가 평등하게 경제적 접근을 허용하도록 동의할 것을 제안했다.[98] 때때로 이것은 미국의 중국에 대한 또 다른 선의의 예로 묘사되지만, 사실 미국은 자국의 이익을 보호하려는 것이

는 것이 유리할 때, 즉 중국이 도움이 필요할 때, 미국은 상대적으로 친근하고 이용 가능한 존재로 보였다." 워렌 I. 코헨, '미국의 중국에 대한 반응: 중미 관계의 역사(*America's Response to China: A History of Sino-American Relations*)' (뉴욕: 컬럼비아대학교 출판부, 제4판, 2000), 25쪽.

었으며, 그 이익의 범위와 동아시아에 할애할 수 있는 자원의 한계에 부합하는 방식으로 이를 추구한 것이었다.[99]

영국은 일반적으로 미국의 견해를 공유했으며, 실제로는 워싱턴이 이를 공개적으로 채택하도록 비밀리에 압박했다.[100] 이는 바로 개방문(Open Door) 메모가 달성한 바였다. 다른 강대국들은 헤이의 제안을 완전히 받아들이지 않았지만, 1823년의 먼로 독트린과 마찬가지로 미국이 이를 시행할 수 있는 수단이 없었음에도 불구하고 이를 단호하게 거부하지는 않았다. 1900년 3월, 헤이는 다소 과장하여 모든 강대국들로부터 '완전하고 확실한 수락'을 받았다고 발표했다.[101] 다른 강대국들은 미국을 불쾌하게 만들지 않으려는 이유도 있었지만, 주로 그들 자신의 이유로 중국에 대해 아프리카에서처럼 행동하지 않았다.[102]

비록 그 영향이 미미했지만, 개방문(Open Door) 메모는 국제관계에서 중요한 이정표였다. 강대국들은 과거 유럽에서의 영토 분배에 대해 협정을 맺었지만, 아시아에서는 그러한 협정을 체결하지 않았다. 또한 미국은 그 어떤 협정에도 참여한 적이 없었다. 따라서 1899년은 미국이 강대국들의 정치적 문제에 완전히 참여한 첫 번째 사례로 기록되었다.

미국의 입장은 전통적인 영국의 유럽 대륙에 대한 접근 방식과 중요한 특징을 공유했다. 유럽에서 영국이 그랬듯이, 미국도 중국에서 영토를 통제하려는 야망을 갖고 있지 않았다.[103] 그러나 영국이 유럽에서 그랬던 것처럼, 미국은 중국에서 일어나는 일에 대해 무관심하게 지켜볼 준비가 되어 있지 않았다. 영국은 전략적인 이유로 자국의 섬에 인접한 대륙에서 어떤 국가도 단독으로 지배하지 않도록 해야 한다고 느꼈고, 미국은 경제적인 이유로 중국에서 상업적으로 배제되는 것을 피하고자 했다. 영국은 일반적으로 군사적으로 개입하려 하지 않았고, 미국은 군사력 부족으로 목표를 달성할 수 없었다. 따라서 두 나라는 모두 힘의 직접적인 사용을 피하는 정책을 선택했다. 영국은 경제적 및 때때로 군사적 지원을 통해 가장 큰 위협을 대표하는 국가에 맞서 싸우는 나라들을 지지하며, 이는 '반패권적 연합'에 참여하고 해양에서 균형을 맞추는 방식이었다. 미국은 군사력은 부족하고, 중국에 대한 경제적 관심이 적당했기에, 개방문 메모를 발표했다.

미국 정부는 동아시아에 군대를 파견하는 것에 주저했으나, 1900년에 중국에서 일어난 봉기에 대응하여 소규모로 군을 파견했다. 주로 중국의 전통적인 민속 신앙과 반서양 감정을 결합한 운동인 '정의의 조화의 주먹'[104]이라고 자칭한 이 운동은 영어로 '박서(Boxers)'로 알려지게 되었다. 이들은 서양인들, 특히 선교사들을 공격하기 시작했으며, 세력을 키우고 중국 정부의 승인을 받으며 베이징에 있는 외교 사절단을 포위했다.

유럽의 제국주의 강대국들과 일본은 군을 파견해 포위를 풀고 박서들을 물리쳤다.[105] 이에 대한 대응으로, 미국은 두 번째 개방문 메모를 발표했지만, 동시에 5,000명의 군을 파견하기로 결정했다. 윌리엄 맥킨리 대통령은 의회의 승인 없이 군을 파견했으며, 이는 그의 권한을 강화하고 20세기에 흔히 논란이 될 수 있는 선례를 만들었다.[106] 그는 중국에서 위기에 처한 미국인들을 보호하기 위한 우려와 동시에 제국주의 강대국들이 중국에서 행하는 일에 발언권을 갖기 위한 목적에서 행동했다. 다시 말해, 미국의 개입의 주된 목적은 중국에서 미국의 이익에 부합하는 조건을 유지하는 것이었다.[107]

1895년 일본의 중국에 대한 승리는 미국이 40년 전 세계에 개방한 나라에 대한 존경을 높였다.[108] 또한, 미국은 1882년에 한국을 서양에 개방하는 데 주도적인 역할을 했으며, 로버트 슈펠트 함대가 한국 당국과 화의 조약(제물포 조약)을 체결한 바 있다.[109] 그러나 전반적으로 미국 정부는 1895년 이후 일본이 한반도를 지배하는 것을 승인했다. 러시아는 동아시아에서 힘의 균형에 주요한 위협이 되는 국가로 보였고, 미국은 일본이 이 지역에서 러시아의 야망을 견제하는 데 유용하다고 생각했다.[110] 20세기 초, 1898년에 태평양 지역에서 미국이 영토를 획득함에 따라 동아시아에서 미국의 이익에 유리한 군사적 균형을 보장하는 것이 더욱 중요해졌다. 이는 상업적 접근을 보호하는 개방문 정책의 목표와 관련이 있지만, 그와는 다른 목표였다. 필리핀의 정복, 점령, 그리고 직접적인 통치는 역사적 전례를 깨는 사건이었고, 이는 미국 외교정책 역사에서 중요한 에피소드가 되었다.

제국

미국의 필리핀 정복과 점령은 쿠바에서 일어난 전쟁의 결과로, 사실상 그 전쟁의 부수적인 결과였다. 플로리다에서 겨우 90마일 떨어진 그 카리브해 섬은 19세기 내내 미국의 관심을 끌었으며, 몇 차례의 병합 시도가 있었으나, 워싱턴에서 정치적 지지를 충분히 얻지 못해 성공하지 못했다.[111] 그동안 스페인은 계속해서 섬을 통치하며, 1868년부터 1878년까지 이어진 10년간의 반란을 진압했다. 1895년에 반란이 다시 일어나자, 스페인 당국은 무자비하게 대응했으며,[112] 이는 미국 내에서 스페인에 대한 매우 부정적인 인상을 남기고, 스페인 군대가 쿠바 인구에게 가한 고통에 대해 미국인들을 경악하게 만들었다.[113]

윌리엄 맥킨리 대통령은 폭력을 끝내기 위해 쿠바를 구매하겠다고 제안했지만, 마지막으로 서반구에서 제국적인 소유권을 유지하려는 스페인 정부는 이를 거절했다. 미국의 우려를 나타내기 위해 맥킨리는 전함 메인(Maine)을 하바나 항구로 보냈고, 그곳에서 1898년 2월 15일 전함이 폭발해 266명의 선원들이 사망했다. 미국 대중은 빠르게 스페인이 배를 파괴했다고 결론 내렸지만, 후속 조사 결과 이는 사실이 아니었고, 내부 결함이 원인으로 밝혀졌다. 그럼에도 불구하고 대중은 강력한 대응을 요구했다. 이 사건은 미국 역사에서 대중 여론을 자극하여 이전에 정치적으로 실현 불가능했던 보다 공격적인 정책을 지지하게 만든 중요한 전환점 중 하나로 평가되었다.[114] "메인을 기억하라."는 대중적인 구호가 되었다.[115] 4월 20일, 의회는 스페인과의 전쟁을 선포하는 결의안을 통과시키고, 맥킨리는 이에 서명했다.[116]

지난 30년 동안 눈에 띄는 경제 성장을 이루었음에도 불구하고, 미국은 강력한 육군을 갖추지 못했다. 그러나 스페인-미국 전쟁의 발발은 멕시코 전쟁과 남북전쟁처럼 자원자들의 급증을 촉발했다. 미국이 보내는 군대는 군사적 명예를 얻지 못했으며,[117] 황열병이 군인들에게 큰 피해를 주었지만, 3개월 만에 미국 군대는 승리를 거두었다. 해군 차관보였던, 전쟁에 대한 개인적인 열정을 가진 40세의 뉴욕 정치인 시어도어 루스벨트는 자신의 부대인 '러프 라이더스(Rough Riders)'를 조직했다. 그 이름은 버팔로 빌 코디의 '와일드 웨스트 쇼(Wild West Show)'에서 유래했다.[118] 이 부대는 갈등에서 가장 중요한 육상 전투인, 섬의 두 번째로 큰 도시인 산티아고와 그 항구를 내려다보는 고지를 점령하는 데 성공적인 공격을 수행했다. 루스벨트는 대중 홍보에 능숙했으며(그리고 진정한 용기를 보였음), 그의 업적은 그를 미국에서 널리 알려지고 존경받는 인물로 만들었다. 미국의 해군은 육군보다 더 기술적으로 발전하고 강력했으며,[119] 미국의 해군은 산티아고 항에서 스페인 함대를 파괴함으로써 쿠바에서의 승리를 보장했다.[120]

미국 해군은 쿠바에서 9,000마일 이상 떨어진 필리핀에서도 중요한 승리를 거두었다. 스페인은 16세기부터 서태평양 필리핀에 있는 7,600개의 섬으로 이루어진 군도를 통제해 왔다. 해군 부서에 있을 때 루스벨트는 조지 듀이 해군 제독에게 쿠바와 전쟁이 발생할 경우 필리핀의 수도 마닐라 근처에서 스페인 함대를 공격할 것을 명령했다. 맥킨리 대통령은 이 명령을 취소하지 않았다.[121] 듀이는 거의 미군의 피해 없이, 그리고 미군 함선에 거의 피해를 주지 않고 스페인 군을 격파했다.

미국 태평양 전쟁의 주동자인 루스벨트는 쿠바에서 쌓은 명성이 그의 정치 경력을 크게 증진시켰다. 그는 1900년에 부통령으로 선출되었고, 1901년 맥킨리 대통령이 암살된 후 대통령직을 승계하게 되었다. 그는 미국 외교정책 역사에서 중요한 인물 중 한 명이 되었다.[122] 비록 전쟁 중 업적* 덕분에 그 직책을 얻은 미국인은 그가 처음이자 마지막은 아니었지만, 그는 자신이 직접 시작한 전쟁에서 대통령직을 얻은 유일한 인물로 남아 있다.

1898년 12월 10일, 미국과 스페인은 파리에서 평화 조약을 체결했고, 그에 따라 스페인은 쿠바와 필리핀에 대한 주장을 포기했다. 4월에 전쟁 결의안을 통과시킬 때, 콜로라도 주 상원의원 헨리 텔러가 제안한 수정안이 추가되었는데, 이는 쿠바에 대한 영구적이고 직접적인 지배를 금지하는 내용이었다. 그러나 미국 군대는 섬에 남아 있었고, 1901년에는 의회가 플랫 수정안을 통과시켜 두 나라 간의 관계를 규정했다. 이 수정안은 미국에게 쿠바의 외교 및 내정에 대한 광범위한 권한을 부여하고, 군사 기지를 설립할 권리도 인정했다.[123]

맥킨리 행정부는 스페인과의 전쟁을 계기로 하와이 제도와,[124] 1898년 7월에 미국 군대가 따뜻한 환영을 받으며 상륙한 스페인 통치하의 카리브해 섬인 푸에르토리코,[125] 그리고 서태평양의 괌을 병합했다. 활발한 논의 끝에, 의회는 1899년 2월 6일에 필리핀의 병합을 승인했다. 이 사건들은 유럽의 강대국들이 오랫동안 가졌던, 그러나 미국이 이전에 피했던 형태의 정식 제국을 만들었다.

미국의 첫 번째 해외 전쟁은 미국에게 제국을 가져다준 전쟁이었으며, 그 원인은 여러 가지였다.[126] 국가 외교정책의 민주적 성격이 일부 관련되어 있었다. 맥킨리 대통령은 메인호 침몰로 인한 사망자를 복수하고, 쿠바 국민을 스페인의 억압에서 구하기 위해 행동해야 한다는 대중의 압력을 느꼈다. 두 번째 이유는 스페인-미국 전쟁이 미국 역사상 첫 번째 해외 전쟁이지만, 마지막이 아니며, 부분적으로 인도주의적인 이유로 싸운 전쟁이라는 점이다.[127]

---

* 이 외에도 조지 워싱턴, 앤드루 잭슨, 윌리엄 헨리 해리슨, 재커리 테일러, 드와이트 아이젠하워가 있다. 루스벨트는 그들만큼 광범위한 지휘를 하지 않았으며, 그들 모두가 장군인 반면 루스벨트는 '대령' 루스벨트로 알려져 있었다. 전시 활동이 정치 경력에 큰 도움이 된 대통령 중에서 그는 존 F. 케네디와 가장 유사하다.

섬에서 일어난 사건들에 대한 생생하고 때로는 과장된 보도는, 당시 '황색 언론(Yellow Press)'이라 불리던 저렴하고 대중적인 신문들을 통해 이루어졌으며, 이 신문들은 많은 미국인에게 주요 정보원이 되었다.[128] 이러한 보도는 대통령이 고려해야 할 대중의 태도 형성에 기여했다.[129] 대통령 본인은 전쟁을 원하지 않았으나 전쟁을 감행할 의지는 있었고, 그가 소속된 공화당은 반대파인 민주당보다 더 확장적인 외교정책을 지지했다. 1896년 공화당 강령은 여러 조치 중에서 스페인으로부터 쿠바의 독립을 요구하는 내용을 포함하고 있었다.[130]

1898년, 또한 유럽 열강들은 아프리카와 중국에서 가능한 한 많은 영토를 확보하려 했고, 그중 하나는 경쟁하는 강대국들에게 자신들이 차지하는 지역을 빼앗기지 않기 위한 것이었다.[131] 미국은 이러한 세계적인 흐름에 전혀 영향을 받지 않을 수 없었다.[132]

당시, 그리고 후에 1898년 미국 정책에 대한 비평가들과 관찰자들은 제국주의적 주도에 경제적 동기를 부여했다. 또한 19세기 후반 제국주의의 경제적 설명(뿐만 아니라 20세기 외교정책에 대한 설명)은 일정한 주목을 받았다.[133] 일부 미국인들은 섬에서 경제적 이해관계를 가지고 있었고, 그곳의 불안정성이 이를 위협하자, 그들은 혼란이 끝나고 미국이 쿠바 문제에서 지배적인 위치를 확립하는 것을 기쁘게 여겼다.[134] 그러나 이러한 경제적 이해관계는 미국의 전체 경제 활동에서 극히 미미한 부분에 불과했다. 사실, 무역과 해외 투자는 미국 경제에서 차지하는 비중이 영국에 비해 훨씬 적었으며, 미국의 경우 대부분의 무역과 투자는 캐나다와 유럽과 관련이 있었고, 여기에서 미국은 제국주의적 지배를 확립하지 않았다.[135]

1898년에 대한 또 다른 후향적 해석은 쿠바와 필리핀에 대한 공격이 제2차 산업 혁명의 대규모 변화로 인해 발생한 도시와 농촌, 자본과 노동 간의 국내 갈등에서 주의를 돌리기 위한 수단으로 간주한다.[136] 분명히 갈등은 존재했으며,[137] 전쟁은 나라를 하나로 모았다—특히 이 문제에 대해 남부 백인들의 의견을 북부와 일치시킨 방식은 남북전쟁 이전 이후 처음 있었다.[138] 역사 속에서 정치 지도자들은 종종 자국 내에서의 입지를 강화하기 위해 외국과의 갈등을 이용했거나 시도했다.[139] 스페인-미국 전쟁은 1900년 선거에서 맥킨리의 공화당에 유리하게 작용했다. 그럼에도 불구하고, 전쟁 결정을 내린 미국 관리들의 계산에서 국가 단합을 촉진하거나 정치적 이점을 얻으려는 희망이 중요한 역할을 했다는 증거는 아주 미미하다.

중요한 정부 관리들과 정부 외부의 영향력 있는 인물들은 다른 이유로 미국을 전쟁으로 이끌었다. 그들은 1898년에 미국이 남쪽과 서쪽으로 영향력을 확장하는 것이 강대국이 해야 할 일이라고 믿었으며, 미국이 이미 강대국이 되었고 따라서 유럽의 강대국들처럼 행동해야 한다고 생각했다.[140] 일부는 그 해의 정책을 19세기 대륙 확장의 논리적 연장으로 보았다. 이 관점에서 제국주의는 '명백한 운명(Manifest Destiny)'의 정신과 일치한다고 여겨졌다.[141]

미국에서는 다른 나라들과 마찬가지로 전체 인구 중 소수만이 외교정책에 적극적인 관심을 가진다. 그러나 때때로 외교정책 커뮤니티, 또는 외교정책 기구, 외교정책 엘리트라고 불리는 집단은 미국에서 유럽보다 더 넓은 범위를 차지하며, 전쟁과 평화 문제에 대해 미국 대중의 감정이 때로 중요한 영향을 미친다.[142] 모든 나라에서 이 커뮤니티의 구성원들은 자국의 해외 활동에 과도한 영향을 미친다. 19세기 말까지, 그런 미국의 커뮤니티가 형성되었으며, 그 안의 중요한 인물들은 공세적인 강대국 외교정책을 지지했다.[143]

그중에서 가장 큰 영향을 미친 인물은 앨프리드 세이어 마한(Alfred Thayer Mahan)이었다. 그는 미국 해군의 함장으로, 1890년에 *The Influence of Seapower Upon History, 1660-1783* 라는 널리 알려진 책을 발표했다.[144] 이 책에서 그는 해군의 우수성이 글로벌 강대국의 핵심이라고 주장했으며, 따라서 미국은 그런 목적을 위해 강력한 해군을 건설해야 한다고 말했다.[145] 1880년대 후반부터 미국 정부는 해군을 확장하고 현대화하기 시작했으며, 이는 1898년 전쟁에서의 승리를 가능하게 만들었다. 마한의 아이디어에 영향을 받은 사람 중에는 시어도어 루스벨트와 그의 가까운 친구인 매사추세츠주 상원의원 겸 상원 외교위원장인 헨리 캐보트 로지(Henry Cabot Lodge)가 있었다.[146] 1898년, 그들은 마한의 가르침에 따라 전쟁과 일치하는 정책을 추진할 위치에 있었으며, 스페인과의 이 전쟁의 목적이 바로 그것이라고 보았다.

쿠바 전쟁으로 이어진 세 가지 요인은 근처 섬에 대한 수 세기 동안의 관심, 그곳에 대한 미국의 경제적 관계, 그리고 이웃에서 발생한 잔인하고 광범위하게 보도된 전쟁에 대한 대중의 우려였다. 필리핀 역시 스페인 소유지였고 따라서 그 나라와의 전쟁에서 목표가 되었다. 그러나 미국은 필리핀과 실질적인 연결이 없었으며 1898년 당시 대부분의 미국인은 이 군도를 지도에서 찾을 수 없었다. 실제로 해전 승리 직후, 맥킨리는 필리핀 전체를 차지할 생각은 없었다. 그는 마한이 추천한 대로 미국의 통제를 마닐라와 그 항구로 한정하려고 했다.[147] 그러나 결국 그는 7천 개의 섬과 9백만 명의 사람들을 모두 포함하기로 결정했다. 그가 이 결정을 내린 이유를 설명하는 유명한 발언을 했다.

> 그리고 어느 늦은 밤, 그것이 이렇게 떠올랐다—어떻게 그런 생각이 떠올랐는지는 모르겠지만, 확실히 떠올랐다. 1) 우리는 그들을 스페인에게 되돌려줄 수 없었다—그것은 비겁하고 불명예스러울 것이다; 2) 우리는 그들을 프랑스나 독일에게 넘길 수 없었다—그것은 우리의 상업적 경쟁자인 동양의 국가들에게 그것을 넘겨주는 것이며, 그것은 나쁜 사업이자 불명예스러울 것이다; 3) 우리는 그들을 스스로 두고 올 수 없었다—그들은 자치 정부를 운영할 능력이 없었고, 곧 스페인보다 더 나쁜 무정부 상태와 잘못된 통치가 일어날 것이다; 그리고 4) 우리가 할 수 있는 일은 그들을 모두 받아들이고, 필리핀 사람들을 교육하고, 그들을 향상하고 문명화시키며 기독교화하는 것밖에 없다는 결론에 이르게 되었고, 하나님의 은혜로 그들을 우리의 동료로서 최선을 다해 돌보아야 한다는 생각이 들었다.[148]

그의 설명은 종종 회고적으로, 설사 불성실하거나 냉소적이었다고 여겨져 왔다:[149] 그는 감리교 목회자들 앞에서 말을 하고 있었다. 그럼에도 불구하고 그의 말은 아마도 그의 결정 뒤에 숨겨진 계산을 설명하는 데 도움이 될 것이다. 스페인의 주권이 사라지고(스페인에게 다시 그 섬을 돌려주는 것은 1898년 캠페인의 일부로서 최소한 어리석게 보였을 것이다.), 미국의 통제 없이 필리핀은 다른 제국주의 국가들의 먹이가 될 것이며, 이는 워싱턴이 원하지 않았던 일이었다.[150] 맥킨리는 분명히 19세기 말에 널리 퍼진 비유럽인들이 효과적인 자치 정부를 운영할 문화적 자질을 갖추지 못했다는 시각을 공유했으며, 또한 그는 혁명 이래로 널리 퍼져온 미국의 이념적 신념인 자유의 축복을 가능한 한 널리 전파하려는 의지를 분명히 지지했을 것이다.

1899년 2월 4일, 미국의 점령에 반대하는 필리핀군은 독립을 위해 싸우고자 하여 미군을 공격했다. 이 사건은 상원에서 충분한 애국심을 불러일으켜, 이틀 뒤 필리핀 합병 조약이 필요한 3분의 2 이상의 찬성으로 비록 조금씩 차이가 나긴 했지만, 57 대 27로 비준되도록 했다. 그러나 이 공격은 미국의 존재에 대한 반란의 첫 발포에 불과했으며, 그 반란은 1901년까지 계속되었다.[151] 미군 4,200명이 사망하고 2,800명이 부상을 입었으며, 추정치로 15,000명의 반군이 사망하고 약 20만 명의 필리핀인이 사망했다.[152] 이 반란은 자국의 독립을 위해 싸운 지역 주민들의 단호한 저항을 마주한, 인도적 목적을 가지고 벌어진 군사 개입의 첫 번째 경험이었으며, 이는 쿠바 전쟁의 인도적 동기와 마찬가지로 미국의 첫 경험이었지만, 마지막 경험은 아니었다. 이와 같은 방식으로 필리핀 전쟁은 베트남 전쟁과 이라크 전쟁을 예고하는 경험이 되었다.

상원의 투표 결과는 모든 미국인이 필리핀 합병의 타당성에 대해 확신을 가진 것은 아니었음을 보여준다. 그리고 이전과 이후의 미국의 전쟁들, 특히 스페인-미국 전쟁과 그로 인해 형성된 공식 제국은 미국 내에서 반대의 목소리를 일으켰다. 1812년 전쟁과 멕시코 전쟁에 대한 반대와 마찬가지로, 이 반대는 특히 뉴잉글랜드에서 강했다.[153] 반대자들에는 당시의 철학자 윌리엄 제임스,

소설가 마크 트웨인, 그리고 산업가 앤드루 카네기와 같은 유명 인물들이 포함되었으며, 이들은 반제국주의 연합을 위한 자금을 제공했다.[154]

반대자들은 제국을 획득하는 것이 기본적인 미국의 원칙에 위배된다고 주장했다. 미국은 다른 사람들의 의지에 반하여 그들을 통치할 권리가 없으며, 이는 국내에서 자유를 약화할 위험이 있다고 보았다. 따라서 미국은 결국 주(statehood)를 부여할 영토를 넘겨받아서는 안 된다고 논리적으로 결론을 내렸다. 1898년 당시나 그 이후에도 필리핀은 결코 연방에 포함될 자격이 있을 것이라고는 아무도 생각하지 않았다.[155] 합병을 지지하는 이들은 맥킨리의 방어와 로지, 마한, 루스벨트의 주장에 동의했으며, 필리핀의 소유는 미국이 강대국으로서 국제적 지위를 유지하기 위한 필수적인 조치라고 보았다.[156] 두 진영 간의 정치적 갈등에서 지지자들이 승리했다. 1896년 민주당 대선 후보였던 윌리엄 제닝스 브라이언은 제국주의에 회의적인 경향을 보인 자당의 상원의원들에게 합병 조약을 지지하라고 권유했으며,[157] 1900년에 재선에 나섰을 때, 이제 제국주의자로서 확고한 입지를 가진 공화당의 현직 맥킨리를 상대로 다시 선거에서 승리했다.[158]

20세기 미국 외교사를 대표하는 저명한 역사학자 사무엘 플래그 베미스(Samuel Flagg Bemis)는 스페인-미국 전쟁과 그 이후의 상황을 미국 역사 전체의 큰 흐름 속에서 '거대한 국가적 일탈'이라고 표현했다.[159] 1898년이 미국의 공식적인 제국주의 시작을 알리는 해였으며, 이는 다른 민족들에 대한 직접적인 통제, 그들의 동의 없이 이루어진 것이라는 점에서,[160] 20세기 사건들이 이 판단을 뒷받침한다고 볼 수 있다. 필리핀의 합병은 선례를 남기지 않았다. 미국은 다른 곳에서는 직접적인 제국주의적 통제를 확립하지 않았다.[161] 이렇게 정의된 미국의 제국주의 경로는 유럽의 대국들의 그것과 비교할 때, 짧고, 겸손하며, 대체로 뜨뜻미지근한 경향을 보였다.

필리핀을 평화롭게 만들고 발전시키려는 예상보다 어려운 노력에 대한 환멸은 빠르게 일어났으며, 그 어려움에서 비롯된 아이디어인 제도적인 부담을 덜어내자는 생각도 함께 생겼다.[162] 1900년 1월, 맥킨리가 임명한 대통령 위원회는 필리핀에 자치권을 부여할 준비를 해야 한다고 추천했다.[163] 1901년, 루스벨트 대통령은 의회에 보내는 첫 메시지에서 "우리를 큰 부담에서 해방해 줄 자치 정부"를 바란다고 말했다.[164] 1916년의 존스 법(Jones Act)은 안정적인 필리핀 정부가 수립되면 독립을 승인할 수 있도록 하였고, 1934년 타이딩스-맥더피 법(Tydings-McDuffie Act)은 12년 내 독립을 상정했다. 1935년에 필리핀은 미국 고위 대표를 두고 전면적인 자치 정부를 수립했고, 1946년 필리핀은 독립을 이루었다.[165]

쿠바에서, 미국은 1898년 이후 60년 동안 경제적이고 정치적인 지배적인 역할을 했지만, 섬에 대한 직접적인 통제는 하지 않았으며, 1934년에는 플랫 수정조항을 철회했지만 군사기지는 계속해서 관할했다(관타나모만의 군사기지는 남겨둠). 그럼에도 불구하고 북쪽 이웃국가의 지나치게 간섭하는 존재는 일부 쿠바인들의 반감을 샀고, 1958년에는 피델 카스트로가 이끄는 쿠바인들이 섬을 장악하고 미국에 반대하는 정권을 수립했다. 이 정권은 30년 동안 미국의 주요 글로벌 적국인 소련과 동맹을 맺었다. [166]

하와이(알래스카와 함께)는 결국 50번째 주로 연방에 가입했으며, 푸에르토리코는 일부 주의 권한을 가지지만 모든 권한을 가지지는 않는 상태로 자치 정부 형태인 커먼웰스로 남게 되었다.[167] 혁명 시대부터 미국인들은 자신들이 구세계의 강대국들과 정치적으로 다르다고 생각해 왔다. 20세기에 들어, 제국 문제에서 그것이 사실임이 증명되었다.

반면, 1898년의 사건들은 그 이후 미국의 세계와의 관계 방향을 크게 설정했다. 하나는, 외교정책은 그 이후로 계속해서 미국의 공적 삶에서 더 중요한 역할을 하게 되었다. 1815년 이후 외교정책의 중요성은 그 어느 때보다 커졌다. 다른 하나는, 이러한 사건들은 미국의 자아상을 확립했으며, 더 중요한 것은 다른 나라들이 미국을 어떻게 인식하는가였다. 위대한 북미 공화국은 다른 나라들에 의해 강대국으로 인식되었고, 국제적인 문제에서 주요한 참여자로, 그들의 의견과 선호는 동등한 강대국들이 존중하고 고려해야 할 대상으로 여겨졌다.[168] 미국의 야심 찬 정책들, 예를 들어 '문호 개방 선언', 의화단(義和團, the Boxers)을 진압하기 위해 중국에 군대를 파견한 것, 헤이-폰스포트 조약, 그리고 루스벨트 교리와 같은 것들이 모두 미국-스페인 전쟁 이후에 등장한 것은 결코 우연이 아니었다.

1871년 통일된 독일과 1895년부터 공격적인 자세를 취한 일본은 영국, 프랑스, 러시아, 그리고 유럽에서뿐만 아니라 아시아에서는 합스부르크 제국과 오스만 제국과 함께 강대국 클럽에 합류했다. 1898년, 미국은 완전한 강대국으로서 지위를 얻었다. 맥킨리는 1899년에 "불과 몇 달 만에 우리는 세계 강국이 되었다."고 말하며, 이 전쟁이 미국과 세계의 심리에 미친 영향을 잘 포착했다.[169]

1898년의 전쟁은 미국이 국경을 넘어, 때로는 매우 멀리까지 전쟁을 벌인 첫 번째이자 마지막 전쟁은 아니었다. 평시에도 20세기 후반과 21세기 초반에 이르기까지, 미국은 군사력과 정치적, 경제적 영향력을 전 세계에 투사했다. 그리고 이 패턴은 세계 역사에서 중요한 발전을 이루었으며, 그 기원은 스페인과의 전쟁에서 시작되었다.

1898년의 전쟁은 미국이 국경을 넘어, 때로는 매우 멀리까지 전쟁을 벌인 첫 번째이자 마지막 전쟁은 아니었다. 평시에도 20세기 후반과 21세기 초반에 이르기까지, 미국은 군사력과 정치적, 경제적 영향력을 전 세계에 투사했다. 그리고 이 패턴은 세계 역사에서 중요한 발전을 이루었으며, 그 기원은 스페인과의 전쟁에서 시작되었다.

두 가지 비전

18세기 말, 독립국이 된 미국은 어떤 나라가 될 것인지를 결정해야 했다. 20세기 초, 세계의 강대국 중 하나로 떠오른 미국은 그 힘을 어떻게 사용할 것인지 결정해야 했다. 두 경우 모두, 두 명의 저명한 공적 인물이 미국의 미래에 대한 서로 다른 비전을 제시하고 이를 실천에 옮기려 했다. 알렉산더 해밀턴과 토마스 제퍼슨은 미국의 외교정책에 대한 바람직한 생각과 적절한 국내질서에 대한 생각이 달랐으며, 그들의 20세기 후손들은 이러한 외교정책 아이디어를 채택하고 구체화했다.[170]

시어도어 루스벨트는 해밀턴주의자[171]로서 미국이 전통적인 강대국으로서 역할을 받아들여야 한다고 믿었다. 그는 미국이 가능한 한 멀리까지 글로벌한 존재감과 영향을 확장해야 한다고 생각했다. 우드로 윌슨은 루스벨트와 마찬가지로 대통령으로서 자신의 나라와 세계와의 관계를 형성할 기회를 가졌지만, 그는 정치적 조상인 토마스 제퍼슨[††]을 따랐다. 윌슨은 자국이 중요한 역할을 하게 된 국제체제를 개혁하려 했고, 그가 가장 큰 재앙으로 여긴 전쟁을 없애려 했다.[172]

두 사람 모두 대통령으로서 자신이 선호하는 외교정책 방식을 순수하게 실행하지 않았다. 루스벨트는 가능한 한 미국의 가치를 확산시키려 했으며, 윌슨은 여러 차례 군사력을 사용하도록 허용했다. 또한 미국의 외교정책은 어느 한쪽 접근 방식을 독점적으로 사용한 적은 없었다. 20세기와 21세기 초반 동안 미국의 외교정책은 두 사람의 아이디어가 모두 반영되어 왔고, 많은 기간 동안 루스벨트의 아이디어가 주도했지만, 윌슨의 아이디어도 결코 사라지지 않았고 때로는 앞서 나갔다.

---

†† 윌슨은 국내 문제에서 제퍼슨의 예를 따르지 않았다. 이 분야에서 그는 해밀턴의 아이디어에 더 공감했으며 실제로 제퍼슨의 접근 방식을 비판했다. 출처: 존 밀턴 쿠퍼, 우드로 윌슨: 전기(*Woodrow Wilson: A Biography*) (뉴욕: 알프레드 A. 노프, 2009), 34, 74, 335쪽.

루스벨트의 접근 방식은 그들 사이에서 가장 크게 갈라진 문제에서 더 큰 성공을 거두었다. 미국은 오랜 기간 동안 군사력을 동원하여 전쟁을 막았고, 여러 차례 전쟁에서 싸워 이겼다. 미국의 정책이나 국제 역사의 흐름은 대규모, 조직적인 국가 주도의 폭력을 완전히, 영구적으로 없애지 못했지만, 언젠가는 그렇게 될 것이라는 희망은 결코 사라지지 않았다. 이 희망은 전쟁이 점점 더 파괴적으로 변했기 때문만이 아니라, 국제질서를 개혁하려는 아이디어와 이를 통해 더 평화로운 국가들을 만들겠다는 야망이 식민지 시대부터 미국 정치 생활의 이념적 성격과 미국인들의 국제적 시각에 중요한 부분이었기 때문에 계속해서 지속되었다.

두 대통령은 많은 공통점을 가지고 있었다. 둘 다 상대적으로 부유한 가정에서 자랐다. 루스벨트는 뉴욕이 된 지역의 네덜란드 출신 정착민의 후손으로 진정한 미국의 귀족이었다. 윌슨은 덜 고귀한 배경을 가지고 있었지만, 버지니아의 저명한 장로교 목사의 아들로 편안한 환경에서 시작했다.[173] 두 사람 모두 자신을 아이디어의 사람이며 동시에 행동하는 사람으로 보았다. 둘 다 광범위하게 글을 썼지만, 각자는 공적 영역(공직)에 나설 운명이라고 느꼈고, 윌슨은 루스벨트보다 늦은 나이에, 그리고 프린스턴대학교 총장직을 거친 후에 정치에 나섰다.

국내 정치에서 두 사람 모두 미국의 제2차 산업 혁명이 초래한 도전에 대응하기 위해 미국의 제도를 개혁하려는 진보적 운동에서 중요한 역할을 했다. 1912년 대선에서 그들은 각각 진보주의자로 출마했으며, 공화당 출신의 루스벨트는 민주당 출신인 윌슨보다 훨씬 더 광범위한 개혁을 지지했다.[174]

두 사람은 모두 영국에 대해 개인적인 친밀감을 느꼈고,[175] 이것이 그들의 외교정책에 영향을 미쳤다. 그들은 또한 몇 가지 근본적인 신념을 공유했다. 국가의 외교 업무에서 대통령의 우월성, 미국의 세계적 지도력의 바람직성, 그리고 민족, 문화, 인종의 계층 구조로, 앵글로색슨 민족이 그 정상에 위치한다고 믿었다.[176] 두 사람 모두 다른 민족들에게 미국의 가치를 퍼뜨리는 것이 그들에게 유익하다고 생각했다.

루스벨트는 미국이 대국으로서 유럽의 대국들이 행동하는 방식과 비슷하게 행동해야 한다고 믿었다. 필리핀에서의 경험 이후 영토 확장을 다소 미온적으로 지지했지만, 그는 항상 미국의 영향을 가능한 한 넓게 행사해야 한다고 믿었다.[177] 그는 또한 미국이 강력한 군대를 필요로 한다고 믿었으며, 특히 해군에 중점을 두었고 이를 사용할 준비가 되어 있어야 한다고 생각했다.

실제로 그는 전쟁에 대한 개인적인 애착을 가지고 있었다. 그는 전투가 개인과 국가 모두에게 있어서 남성적인 미덕의 최고의 표현이자 최고의 시험이라고 생각했다.[178] 그러나 대통령으로서 그는 끊임없이 호전적인 외교정책을 펼친 것은 아니었다. 그는 특히 아시아에서, 대국 간 군사적 힘의 균형이 미국의 이익에 부합하며 평화를 증진한다고 확신하고 이 정책을 펼쳤다. 즉, 그는 안정된 세력 균형을 구축하는 데 도움을 주려 했다는 것이다.[179]

윌슨은 유럽의 대국들이 추구한 전통적인 외교정책을 존중하지 않았다. 그는 미국이 그들을 모방하지 말고, 대신 이들 간의 관계를 재구성하여 루스벨트가 정상적이고 불가피하며 때로는 바람직하다고 여긴 외교 수단인 전쟁을 없애야 한다고 믿게 되었다. 루스벨트와 마찬가지로 다른 국가들이 미국의 정치적 가치와 관행에 부합하는 방식으로 개혁되어 평화적인 외교정책을 수행하기를 바랐지만, 윌슨은 1898년 이후 루스벨트보다 그러한 변화를 적극적으로 촉진하려는 의지가 강했다.[180] 제1차 세계대전 후 윌슨에게는 국제관계 개혁을 실현할 수 있는 큰 기회가 왔고, 그는 이를 위한 도구로 국제기구를 선택했다. 이는 루스벨트가 훨씬 덜 신뢰했던 유형의 국제제도였다.[181]

대통령으로서, 세계에서 강대국으로서의 역할을 수행하는 데 필요한 것이 무엇인지에 대한 신념에 따라,[182] 루스벨트는 국가의 군사력에 특별한 관심을 기울였다. 그의 전쟁 장관인 엘리후 루트는 쿠바에서 군대가 뛰어난 성과를 거두지 못한 것을 개선하기 위해 노력했다.[183] 루스벨트는 1880년대부터 시작된 해군의 확장을 계속했다. 1898년 해군 함대에는 11척의 전함이 있었지만, 1913년 그는 퇴임할 때까지 그 수가 36척으로 증가해 영국과 독일에 이어 세계에서 세 번째로 큰 해군을 보유하게 되었다.[184] 그의 나라가 일류 해군 강국이 되었음을 보여주기 위해, 그는 1907년 12월부터 1909년 2월까지 14,000명의 선원과 함께 16척의 전함을 세계 일주 20개 기항 항해에 보냈다.[185] 이 배들은 나중에 일반적으로 사용될 회색이 아닌 흰색으로 칠해져 '미국의 위대한 하얀(대백) 함대'로 알려지게 되었다.

라틴 아메리카와 관련하여, 루스벨트 대통령은 단지 먼로 독트린에 대한 루스벨트 교리를 선언한 것뿐만 아니라, 도미니카 공화국에 이를 적용하기도 했다. 미국은 외채 상환을 보장하기 위해 도미니카 공화국의 세금 징수 권한을 인수했다.[186] 그는 또한 쿠바에 군대를 보내 임시 정부를 설치했다.[187]

더욱 지속적인 중요성을 가진 것은, 루스벨트가 중미의 오랜 논의 끝에 결정된 지협 운하 건설의 시작을 주도했다는 점이다. 1903년 6월, 의회는 파나마를 가로지르는 운하를 건설하기로 표결했다. 당시 파나마는 명목상으로는 콜롬비아의 주권 아래 있었으며, 콜롬비아 정부는 미국에 필요한 영토를 매각하는 데 주저했다. 이에 미국의 승인 아래 파나마에서 반란이 일어나 파나마는 미국의 보호하에 독립하게 되었다. 새로 수립된 파나마 정부는 미국이 운하를 건설할 수 있도록 하는 협정에 서명했으며, 이 운하는 1914년에 완공되었다.[188]

동아시아에서 루스벨트는 이제 필리핀의 안전과 중국에 대한 상업적 접근을 포함한 미국의 이익을 보호할 수 있을 만큼 안정적인 세력 균형을 확보하는 정책을 채택했다. 이 지역에서 다른 국가들보다 현저하게 강력한 국가의 출현은 미국의 이익을 위협할 수 있는 잠재력을 가지고 있었다. 루스벨트 집권 기간 동안 가장 중요한 동아시아 사건은 1904~1905년의 러일 전쟁이었다. 처음에는 일본의 성공을 바랐다. 그는 일본의 1868년 이후 빠른 근대화를 경탄했으며, 일본이 한국과 같은 후진국들을 지배하는 것이 적절하다고 생각했고, 만주와 그 외 지역에서의 러시아의 야망은 잠재적으로 위험할 수 있다고 보았다. 그러나 일본의 압도적인 승리는 그의 생각을 바꾸게 했다. 이는 지나치게 강력한 일본이 아시아-태평양 지역에서 미국의 이익을 위협할 가능성을 높였다.[189]

동아시아의 균형을 유지하기 위한 목적으로, 그리고 그 지역에서 미국의 중요한 역할을 유지하겠다는 약속에 따라, 루스벨트는 1905년 8월 뉴햄프셔주 포츠머스에서 러시아와 일본을 평화 회담에 초대했다. 그는 워싱턴에서 회담을 주도하며 양측 모두 완전히 만족하지는 않았지만, 분쟁을 종식할 수 있는 협정을 성사시켰다.[190] 포츠머스 회담은 미국이 국제적인 중재자로 첫선을 보인 순간이었으며, 루스벨트는 그의 노력으로 1906년에 최초로 노벨 평화상을 수상했다.

그 이후로 루스벨트는 전쟁에서 명백한 승자였으며 태평양의 정치적 균형을 방해할 가능성이 가장 큰 일본을 주의 깊게 살펴보았다.[191] 그의 동아시아에서의 세력균형 정책은 그가 주도한 군비 증강과 일본과의 외교에 의존했다. 그가 가장 잘 알려진 구절인 "부드럽게 말하고 큰 지팡이를 들라."는 그의 접근 방식을 잘 담아낸 표현이었다. 그의 행정부는 일본과 두 가지 협정을 체결했으며, 이는 미국의 관점에서 지역 균형을 강화하기 위해 그 바탕이 되는 정치적 이해관계를 명확히 하려는 목적이었다.

1905년 당시 전쟁 장관이었던 윌리엄 하워드 태프트와 일본의 총리 타로 가쓰라는 메모를 서명하여, 미국은 일본이 한반도에서 구축한 지배적인 위치를 인정하고, 일본은 필리핀과 하와이에 대한 관심을 포기하는 내용이었다.[192] 1908년 루트, 당시 루스벨트의 국무장관은 일본 대사 고고로 타카히라와 비밀 협정을 체결했으며, 일본은 태평양의 현 상태를 존중하겠다고 다짐했다. 미국은 사실상 일본이 여전히 공식적으로 중국의 일부인 남부 만주에서의 우위를 인정했다.[193] 루스벨트는 또한 유럽에서의 전쟁을 예방하기 위한 노력에 관여했으며, 1905년 알헤시라스(스페인)에서 프랑스와 독일 간의 모로코 분쟁 해결을 위한 회담을 조직하는 등의 역할을 했다. 이 회담은 두 경쟁 국가 간의 긴장을 줄이는 데 기여했다.[194]

태프트는 1909년 루스벨트를 이어 백악관에 취임했으며, 그의 임기 동안 대체로 특별한 사건은 없었지만, 미국 외교정책에 혁신적인 변화를 도입했다. 중앙 아메리카에서의 정치적, 경제적 불안정을 미국의 문제로 보고, 가능하면 군사적 개입을 피하고자 했던 그는 재무장관 필란더 녹스와 함께 '달러 외교'라는 정책을 시작했다. 이는 미국의 대출을 문제가 있는 국가들에 대한 지렛대로 활용하여, 재정 및 공공 행정 분야의 전문가들을 도입하도록 촉진하는 방식을 포함했다.[195] 이 전문가들은 이러한 국가들을 건전한 경제 기반 위에 올려놓을 수 있는 변화를 실행할 것으로 기대되었다. 이 정책의 핵심은 "총 대신 달러를 사용하는 것"이었다. 태프트 행정부는 아시아에서도 이 정책을 시도했다.[196]

하지만 달러 외교는 목표를 달성하지 못했다. 중국이나 중앙아메리카 국가들이 경제적 안정성이나 효율성, 정치적 안정성의 모델로 자리 잡지 못했으며, 오히려 미국의 군사적 개입은 가속화되었다.[197] 그럼에도 불구하고, 자본을 배치하여 정치적 목표를 달성하려는 접근법은 미국 외교정책의 일환으로 자리 잡았으며, 20세기와 21세기 동안 다른 국가들과의 관계에서 때때로 사용되는 도구로 남았다.

우드로 윌슨은 1913년에 대통령에 취임하면서 자신의 임기 대부분을 국내 문제에 집중하고자 했으며, 두 전임자의 외교정책에서 크게 벗어나고자 했다.[198] 그는 중국 사람들을 향상시키는 정책을 추진하고자 했으며, 중앙아메리카에서 각국의 독립을 존중하는 정책을 원했다. 또한 그는 라틴 아메리카와의 관계에서 미래의 우정과 주권 평등을 희망하며, 해당 지역 국가들이 헌법적이고 자유를 보호하는 형태의 정부를 채택하길 바랐다.[199]

그러나 실제 그의 정책, 특히 중앙아메리카에 대한 정책은 그의 초기 목표와 일치하지 않았다. 대신, 그의 정책은 처음에 윌슨보다는 루스벨트의 정책과 더 가까운 방향으로 나아갔다.[200] 정치적 불안정은 미국을 해당 지역의 내부 문제에 개입하게 만들었고, 초기의 의도와 달리 그는 이 지역을 더욱 미국의 영향권 안에 두게 되었다. 윌슨 대통령은 다른 어느 대통령보다 자주 군대를 파견했으며, 쿠바, 아이티, 도미니카 공화국, 멕시코 두 차례, 파나마 두 차례, 온두라스 다섯 차례에 군을 파견했다.[201]

특히 윌슨은 멕시코와의 관계에서 제임스 포크 이후로 가장 깊이 얽히게 되었다. 1911년 5월, 멕시코에서 혁명이 일어나 31년간 멕시코를 지배하고 미국 비즈니스와 친밀했던 포르피리오 디아즈가 전복되었다.[202] 프란시스코 마데로가 그의 후임으로 취임했지만, 그는 곧 장군 빅토리아노 후에르타에 의해 전복되고 살해되었다. 윌슨은 후에르타의 행동에 충격을 받았고, 선례를 깨고 그를 멕시코의 지도자로 인정하지 않았다. 그는 "중앙아메리카인들에게 좋은 사람을 뽑는 법을 가르쳐 주겠다."고 말했다.[203]

윌슨의 '후에르타(Huerta)'에 대한 적대감은 미국과 멕시코 간의 관계를 긴장시켰으며, 1914년 4월, '멕시코의 항구 도시 탬피코(Tampico)'에서 현지 관리들이 식량 조달을 위해 상륙한 미국 선원들을 잠시 억류하는 사건이 발생했다. 이에 대응하여 윌슨은 1847년 윈필드 스콧이 멕시코시티로 진격하기 시작한 도시인 베라크루스를 점령하기 위해 군대를 보냈다. 윌슨은 후에르타를 전복시키기를 희망했다.[204] 군은 7개월 동안 도시를 점령했고, 이후 새로운 대통령인 베누스티아노 카란사가 후에르타를 대신해 취임하면서 미국 군은 철수했다.[205]

한편, 멕시코에서는 여러 파벌이 얽힌 내전이 벌어지고 있었다. 권력을 쥐려던 여러 경쟁자 중, 프란시스코 '판초' 빌라는 미국에 대한 강력한 반대 운동을 벌여 자신의 지지를 모으려 했다. 1916년 3월 9일, 그의 군대는 뉴멕시코의 콜럼버스라는 국경 도시를 공격했다. 전투에서 17명의 미국인과 수백 명의 멕시코인이 사망했다.[206] 이는 1812년 전쟁 중 1814년 영국의 침공 이후 처음으로 미국 영토에서 발생한 외국의 공격이었다. 윌슨은 이에 대응하여 존 퍼싱 장군이 이끄는 군대를 멕시코로 보내 빌라를 잡으려 했다. 그러나 군대는 빌라를 찾지 못했고, 6개월간의 멕시코 정부와의 협상 끝에 1917년 6월 군은 철수했다.[207] 첫 번째 멕시코 전쟁은 미국의 남서부 지역을 연방에 편입시키는 결과를 낳았다. 그러나 두 번째 전쟁은 70년 후 아무것도 가져오지 못했다.

따라서 윌슨 대통령의 첫해가 지나면서, 미국은 내전 종결 이후 반세기 동안 형성된 미국 외교정책의 패턴을 바꾸지 않았다. 미국은 국제체제에서 주요 강대국 중 하나가 되었다. 미국은 서반구에서 다른 강대국들을 사실상 배제하고, 중앙아메리카와 동태평양에서 점점 더 침해적인 영향권을 형성했다. 또한, 미국은 필리핀을 직접 지배하면서 작은 규모의 제국주의 강국이 되었다. 미국은 다른 강대국들과 함께 동아시아 문제에 참여했으며, 그곳에서 군대를 대규모로 배치하지 않고 자국의 이익을 보호하기 위한 정책을 채택했다. 그러나 유럽, 즉 국제체제의 중심이자 가장 군사적으로 강력한 지역이자, 일본을 제외한 다른 강대국들이 위치한 지역에서는 미국은 전혀 역할을 하지 않았다.

그것은 곧 변할 운명이었다. 1914년 6월 28일, 미국에서 멀리 떨어진 곳에서, 몇몇 미국인들이 들어본 적도 없는 곳에서 일어난 사건이 미국의 대외관계를 변화시키는 전개를 촉발했다. 대서양을 건너 발칸 반도의 사라예보에서, 한 세르비아 민족주의자가 오스트리아-헝가리 제국의 왕위 계승자를 암살했으며, 이로 인해 제1차 세계대전이 발발했다. 1815년 이후 유럽의 주요 정치적, 군사적 사건에 무관심했던 미국은 이 사건을 무시할 수 없었고, 결국에는 직접적으로 연루되게 되었다.

단기적으로, 이 전쟁은 우드로 윌슨에게 미국의 이념적 원칙을 국제정치에 적용할 기회를 제공했다. 전쟁이 끝난 후, 그는 국제정치에서 가장 야심찬 개혁을 시도했으나 실패했다. 장기적으로 제1차 세계대전은 미국 외교정책의 범위를 극적으로 확장했다. 이 전쟁은 미국을 유럽의 강대국이자 궁극적으로는 세계적인 강대국으로 만들었다.

5장
해외 균형자, 1914~1933

미국과 제1차 세계대전

사라예보에서 세르비아 민족주의자에 의해 왕위 계승자가 암살된 후, 오스트리아-헝가리는 세르비아에 선전포고를 했다. 독일은 자국의 합스부르크 동맹국을 지원할 것을 약속했다. 러시아는 세르비아를 지원하기 위해 군을 동원했고, 프랑스는 차르 정권과 맺은 군사 협정을 존중했다. 지역적인 분쟁으로 시작된 전쟁은 곧 유럽 전역으로 확대되었다. 독일의 전쟁 계획은 벨기에를 통해 프랑스를 공격하는 것이었기에, 독일은 벨기에의 중립을 존중하지 않았다. 이와 함께, 독일이 유럽 대륙을 지배하는 것을 막으려는 오랜 목표와 이전의 국제적 약속들이 결합되어, 영국은 프랑스와 러시아와 동맹을 맺고 전쟁에 참전하게 되었다. 이로써 유럽 내 분쟁은 세계대전으로 번지게 되었다.[1]

영국, 프랑스, 러시아가 1915년에 이탈리아와 함께한 연합과 독일, 오스트리아-헝가리, 1914년 10월 말에 참전한 터키로 구성된 연합, 두 대립하는 연합의 형성은 갑작스러운 일이 아니었다. 유럽 대륙의 국제관계는 10년 이상 이러한 분열을 향해 움직이고 있었다. 하지만 전쟁은 큰 놀라움을 안겨 주었고, 그것도 끔찍하고 운명적이었다. 전쟁에 참가한 모든 당사자는 전쟁이 짧게 끝날 것이라고 예상했으나, 전쟁은 4년 이상 지속되었고, 그 과정에서 생명과 자원의 희생은 이전의 어느 전쟁보다도 막대했다.[2]

전쟁의 동부 전선에서 독일과 오스트리아-헝가리가 러시아와 싸우는 동안, 서부 전선에서는 영국과 프랑스가 독일과 맞서 싸우면서 양측은 북해에서 스위스 국경에 이르는 북부 프랑스를 가로질러 평행하고 잘 요새화된 참호를 파 놓았다. 여기서 적대적인 군대들은 거의 3년 동안 양측 모두에 치명적이거나 부상을 가하는 공격을 반복했지만, 그들의 점령 지역에 큰 변화를 일으키지 않았다. 나폴레옹 전쟁에서도 그랬듯, 제1차 세계대전의 길고 고통스러운 시간과 막대한 비용은 미국을 전쟁에 끌어들이는 조건을 만들어냈다.

미국인들은 대서양 건너에서 일어나고 있는 일에 대해 잘 알고 있었고, 전쟁 초기 몇 주 동안 많은 사람이 그로 인한 고통,[3] 특히 민간인들의 고통에 대해 놀랐다. 광산 기술자 허버트 후버는 벨기에 난민들을 위한 구호 프로그램을 조직했고, 이를 통해 '자비의 나폴레옹'이라는 전 세계적으로 유명한 명성을 얻었다.* 그럼에도 불구하고 미국인들 중 거의 아무도 이 전쟁에 개입해야 할 이유가 있다고 생각하지 않았다. 나폴레옹 전쟁이 끝난 이후 유럽 군대들은 여러 차례 전쟁을 벌이지만 그 전쟁들이 미국인들의 생활에 영향을 미친 적이 없었고, 이 전쟁도 다른 이유가 없다고 생각했다. 전쟁이 시작되었을 때, 미국은 자신을 중립국으로 선언했다.

중립성은 미국 외교 역사에서 중요한 위치를 차지했다. 미국은 1792년부터

---

* George C. Herring, *From Colony to Superpower: U.S. Foreign Relations Since 1776* (뉴욕: 옥스포드대학교 출판부, 2008), 400쪽. 한 지지자는 후버에 대해 "그는 단순하고 겸손하며 에너지 넘치는 사람으로, 캘리포니아에서 경력을 시작하여 하늘에서 생을 마감할 것"이라고 썼다. Patricia O'Toole, *The Moralist: Woodrow Wilson and the World He Made* (뉴욕: 사이먼 앤 슈스터, 2018), 278쪽. 후버는 나중에 미국의 제31대 대통령이 되었다. 그의 여러 전임자와 후임자들이 전쟁에서의 업적을 통해 그 직위에 오르게 되었지만(결국 전쟁은 고통을 초래하는 행위였으므로), 후버는 지금까지 그 초기 명성이 고통을 덜어주는 일에서 비롯된 유일한 대통령이다.

1815년까지의 이전 유럽 대전에서도 중립을 유지하려 했다.[4] 이는 전투의 결과에 큰 이해관계가 없다고 믿었던 강대국으로서 논리적인 입장이었다. 또한 이는 전 세계 3,600마일 떨어진 전쟁의 정의와 잘못에 대한 의견과 관계없이 대다수가 자국이 전쟁에 참여하지 않기를 원했던 미국 국민의 지배적인 욕망에 부합했다. 우드로 윌슨은 1916년 재선에서 "우리를 전쟁에 휘말리게 하지 않았다."는 슬로건으로 승리했다.

그러나 전쟁이 진행되면서 미국인들은 전쟁에 대한 두 가지 서로 다른 상반된 견해를 가지게 되었다.[5] 전쟁에 대해 진지하게 관심을 가지고 의견을 형성한 대부분의 사람은 영국과 프랑스의 편을 지지했다.[6] 일부는 이념적 이유가 있었다. 그들은 연합국이라 불리던 국가들(주목할 만한 예외는 왕정 러시아)을 지지했다. 연합국은 민주주의 정부를 운영하고 있었고, 독일의 호엔촐레른, 오스트리아의 합스부르크, 그리고 오스만 제국은 그렇지 않았다.[7] 이 첫 번째 그룹의 많은 이들은 또한 대륙의 세력균형에 대해 우려하며 독일의 승리가 그 나라에 위험하게 지배적인 위치를 부여할 것이라고 걱정했다. 시어도어 루스벨트 전 대통령과 그의 가까운 친구인 하이 캐버트 로지 상원의원과 같은 걸출한 공화당원들,[8] 그리고 윌슨의 두 명의 주요 외교정책 보좌관인 비공식 고문 에드워드 M. 하우스(명예 대령 칭호를 가진 인물)와 두 번째 국무장관 로버트 랜싱이 연합국을 지지하는 입장으로 기울었다.[9] 전쟁을 바라보는 많은 사람은 연합국에 대한 지원을 점점 더 우호적으로 바라보았고, 일부는 실제로 미국 군대를 유럽으로 파병하여 연합국과 함께 싸울 정도로까지 발전했다.

두 번째 그룹은 미국이 전쟁에 완전히 개입하지 않는 것이 원칙적인 문제라고 간주했다. 이 그룹에는 아이다호 주의 윌리엄 보라와 위스콘신 주의 로버트 라폴렛을 포함한 미국 상원의 영향력 있는 인물들이 속해 있었다. 또한, 많은 아일랜드계 미국인들은 그들의 조상들이 출신인 섬을 지배한 영국에 대한 적대감으로 인해 연합국 편에 서는 것을 반대했고, 독일계 미국인들은 연합국이 아니라 독일이 전쟁에서 승리하기를 원했기 때문에 반대했다.[10]

우드로 윌슨은 자신만의 독특한 위치를 차지했다. 그는 개인적으로 영국에 대해 동정심을 가지고 있었지만,[11] 적어도 미국이 전쟁에 참전하기 전까지는 민주주의 국가인 영국과 프랑스와 그들의 전제주의적 적들 사이의 정치적 차이에 특별히 중점을 두지 않았다. 또한 그는 독일이 승리할 경우 미국에 미칠 수 있는 부정적인 결과에 대해 두려워하지도 않았다.[12] 오히려 그는 전쟁 자체에 반대했으며, 전쟁이 계속되면서 이러한 적대 행위가 종식될 때 주권 국가 간의 오랜 관행인 전쟁을 폐지할 기회로 점차 인식하게 되었다.[13]

이와 같은 점에서 윌슨은 전임자 토머스 제퍼슨과 유사했다. 제퍼슨은 나폴레옹 전쟁 동안 국제관계의 수행 방식을 변화시켜 평화를 이루려는 정책을 펼쳤다.[14] 제퍼슨은 약한 국가를 이끌었고, 국제체제를 직접 재편할 능력이 없었기 때문에 미국의 모범을 통해 전쟁 관행을 끝내고자 했다. 한 세기 후 윌슨은 강력하고 성장하는 국가를 이끌었으며, 그는 바로 그 국가가 세계 질서를 재구성하는 프로젝트를 직접 수행할 수 있다고 믿었다. 윌슨은 그 목표를 추구하려는 야망을 품고 있었고, 그 야망은 전쟁에 대한 그의 접근방식과 그보다 더 중요한 전후 정세에 영향을 미쳤다.[15]

전쟁이 시작되었을 때, 윌슨 대통령은 미국이 "명목상뿐만 아니라 실제로도 중립을 유지하고... 행동뿐만 아니라 생각에서도 공정해야 한다."고 말했다.[16] 하지만 실제로는 그렇지 않았다. 미국 정부는 갈등의 어느 한 편도 명시적으로 지지하지 않았지만, 실제로는 연합국들에게 강력히 유리한 정책을 채택했다. 미국은 자국이 이해하는 중립법의 조항을 준수했으나, 이는 프랑스와 특히 영국에 대한 강한 지지를 보였다. 이것은 윌슨이 원하던 일이 아니었고, 그가 믿었던 대로 미국이 하고 있는 일이 아니었지만, 실제로는 중립의 깃발 아래 미국이 고전적인 영국의 '해외 균형 유지' 정책을 수행하고 있었다. 미국은 유럽 대륙의 지배를 추구하던 독일이라는 강대국에 맞서 싸우는 연합군에 중대하고, 더 나아가 필수적인 지원을 제공했다.

미국은 양측과의 무역을 열어두었지만, 영국의 해군이 바다를 지배하고 있었기 때문에 영국은 독일의 교역을 제한하면서 북미와의 무역을 확대할 수 있었다.[17] 전쟁이 계속되고, 전쟁 비용이 점점 더 커짐에 따라, 대서양을 횡단하는 무역은 양측 모두에게 점점 더 중요해졌다. 영국은 미국으로부터 수입하는 물자들이 그 전쟁 수행을 유지하는 데 필수적이었고, 미국의 영국으로의 수출은 미국의 번영에 기여했다.[18]

전쟁의 막대한 비용 때문에 영국은 구매 자금을 마련하기 위해 돈을 빌려야 했다. 처음에 미국 정부는 전쟁 당사국들이 받을 수 있는 대출을 은행에서 제공하는 신용으로 제한했지만, 1915년 중반까지 그것이 영국의 식량과 군수품 구매를 충당하기에 부족해지자, 윌슨 행정부는 은행들이 공개 시장에서 증권을 판매하여 필요한 자금을 조달할 수 있도록 허용했다.[19] 이렇게 하여, 자신을 중립으로 생각한 미국은 부분적으로 영국의 전쟁 수행 자금을 지원하게 되었다.

영국은 해상 우위를 이용해 독일 선박에 대해 제한적인 봉쇄를 시행했다. 중립국의 선박에 실린 모든 재산은 중립국의 재산으로 보호되었고, 금지 품목을 제외한 모든 재산이 보호되었다. 따라서 독일의 무역에 대한 영국의 해상 작전 효과는 금지 품목의 정의에 크게 달려 있었다. 영국은 금지 품목의 정의를 매우 넓게 해석했고, 이는 독일 경제에 심각한 피해를 입혔다. 미국은 영국의 봉쇄와 금지 품목 정의 방식에 대해 미약하고 효과 없는 항의만 했으며, 이는 연합국에게 유리한 상황을 만들었다.[20]

해상에서의 전쟁에서 패한 독일은 잠수함을 이용해 반격을 시작했고, 이는 결국 미국이 독일에 대해 전쟁에 참전하게 만든 원인이 되었다. 독일 해군은 최근에 발명된 잠수함을 사용하여 연합국과 무역하는 선박을 공격하고 침몰시켰다. 미국 정부는 전쟁법상 잠수함 전쟁의 합법성을 인정하지 않았다. 독일이 잠수함 전쟁을 선포하자 윌슨 대통령은 이를 항의하며, 미국이 겪은 피해에 대

해 독일이 '엄중한 책임'을 지게 될 것이라고 밝혔다.[21]

독일의 잠수함 공격은 1915년 2월에 시작되었으며, 그해 5월 7일, 영국의 여객선 루시타니아가 잠수함 공격을 받아 침몰했다.[22] 이 공격으로 1,200명이 사망했으며, 그중 128명이 미국인이었다. 이 침몰 사건은 미국 대중에게 큰 충격을 주었으며, 보스턴 학살, 섬터 요새 공격, 메인 호 폭발과 같은 역사적인 사건들처럼 미국의 여론을 급격히 전쟁을 지지하는 방향으로 바꾸는 계기가 되었다.[†] 이 사건은 미국이 전쟁에 참전하게 된 길을 닦았지만, 공식적인 미국의 제1차 세계대전 참전은 또 다른 2년 후에 이루어졌다.[23]

대중의 분노에 자극받아[24] 윌슨 대통령은 베를린에 강경한 서한을 보내 이러한 공격을 중단할 것을 요구했다. 당시 국무장관이었던 윌리엄 제닝스 브라이언은 이에 항의하며 사임했는데, 그는 세 차례 민주당 대통령 후보로 나섰지만 실패했던 인물로, 윌슨의 입장이 자신이 강하게 믿었던 중립 정책에서 벗어났다고 보았기 때문이었다.

루시타니아호 침몰 사건은 다른 미국의 조치를 촉발했다. 그것은 1916년 5월의 '국방법'으로 이어졌고, 이 법은 정규군 규모를 두 배로 늘리고, 민방위군을 확장했으며, 그다음 달에 통과된 '해군 예산법'은 1925년까지 세계에서 가장 강력한 해군을 구축하는 목표를 설정했다.[25] 독일과의 단절을 향해 밀어붙였지만, 윌슨은 전쟁을 원하지 않았다. 그는 '미국 대중의 이중적 소망' 속에서 정치적 맥락을 고려해야 했다. 즉, 독일의 잠수함 공격으로 미국의 중립 권리가 침해되었으므로 이를 방어하려는 의지와 유럽에서의 전투에 직접 참여하

---

† "루시타니아호 침몰 이후 전쟁의 암묵적인 위협 아래 자리 잡고 있던 감정은 두려움이 아니라 분노였다. 그것은 도덕적 분노와 미국 시민들의 권리를 지키겠다는 강한 열망이 결합된 복합적인 감정이었다." John A. Thompson, *A Sense of Power: The Roots of America's Global Role* (이타카, 뉴욕: 코넬대학교 출판부, 2015), 107쪽. "루시타니아호 침몰이 일으킨 감정적 반응은 큰 파도처럼 모든 것을 휩쓸어버리는 형태였다." Robert W. Tucker, *Woodrow Wilson and the Great War: Reconsidering America's Neutrality, 1914-1917* (샤롯데빌, 버지니아: 버지니아대학교 출판부, 2007), 108쪽.

지 않으려는 의지가 그 사이에 있었다.[26] 윌슨은 미국의 권리를 포기하거나 전쟁에 참전하는 결단을 내리는 것보다는 전투를 끝내는 것이 가장 좋은 방법이라고 믿었다. 따라서 그는 루시타니아호 침몰 이전부터 시작했던 노력을 더욱 강화하여, 자신의 중재 역할과 미국의 경제적 힘 및 위신을 이용해 그러한 발전을 이루려 했다.[27] 그는 하우스 대령을 유럽으로 파견했으며, 그의 고문은 영국 외무장관 그레이 경과 협정을 마련했다. 하우스는 이 협정이 갈등을 종식할 가능성이 있다고 믿었지만,[28] 실제로는 그렇지 않았다.

한편, 독일은 미국이 자신들에게 더 강력하게 맞서게 되는 것을 피하고자, 그들의 잠수함이 '순양함 규칙'을 준수할 것을 약속했다. 이 규칙은 공격하기 전에 목표로 삼은 선박에 경고하는 것을 포함했다.[29] 그러나 이러한 규칙을 따르는 것은 사실상 잠수함 전쟁의 종식을 의미했는데, 이는 잠수함 전쟁이 수상함선을 기습적으로 공격하는 방식에 의존하고 있었기 때문이다.[30]

전쟁이 1914년 8월에 발발하고 1917년 초까지, 윌슨 행정부와 연합국 간의 관계는 항상 순조롭게 진행되지 않았다.[31] 그러나 그 시기 동안, 미국 내 여론은 전반적으로 (일부 예외를 제외하고) 연합군에 더 호의적으로 변했으며, 루시타니아호 침몰 사건이 이러한 감정을 크게 고조시켰다. 그러던 중 1917년 1월, 독일 Kaiser(황제)는 무제한 잠수함 전쟁을 재개할 것을 승인했고, 그달 마지막 날, 독일 정부는 이를 공식 발표했다.

독일 정부는 이 결정을 내린 두 가지 이유가 있었다. 첫째, 영국의 봉쇄가 독일의 전쟁 수행과 민간인들의 일상생활에 점점 더 큰 영향을 미치고 있었고, 이에 대한 해결책을 마련할 필요성이 느껴졌다. 둘째, 독일 고위 지휘부는 잠수함 공격이 미국의 전쟁 참전을 촉발할 수 있지만, 그럼에도 불구하고 독일군은 미국이 충분히 군을 파견하기 전에 유럽에서 연합군을 물리칠 수 있으리라 판단했다.[32] 따라서 독일은 1915년 윌슨 대통령이 경고했던 그대로, 3월에 독일 잠수함이 미국의 상선 3척을 침몰시켜 15명의 미국인이 사망하는 사건을

일으켰다.[33]

미국이 중립을 포기하고 전쟁에 참전할 유인을 늘리기 위해, 2월에 영국 정부는 독일 외무장관 아서 짐머만이 멕시코 당국에 보낸 텔레그램을 미국 정부에 전달했다. 이 텔레그램은 미국이 전쟁에 참전할 경우, 독일과 멕시코가 동맹을 맺고, 그러한 동맹이 성립되면 독일이 멕시코가 1846-1848년의 전쟁에서 미국에 빼앗긴 영토를 되찾는 것을 돕겠다고 약속하는 내용을 담고 있었다.[34] 추가적인 사건이 우드로 윌슨을 포함한 일부 미국인들의 전쟁 참여 의지를 더욱 강화했다. 이는 1917년 3월, 러시아 황제가 퇴위하고 보다 자유주의적인 임시 정부가 권력을 잡은 일이었다. 이 변화는 러시아가 민주적인 정치 관행을 채택할 수 있는 길을 열어주었으며, 그로 인해 전쟁이 민주주의와 독재의 대결로 더욱 명확해졌다.[35] 이러한 상황에서, 연합국 편에 서서 싸우는 것은 미국이 기본적이고 오랜 미국의 가치들을 위해 전쟁에 참여하는 것을 의미했다.

1917년 3월 20일, 윌슨 대통령의 내각은 회의를 열어 전쟁이 불가피해졌으며 이를 승인받기 위해 의회를 소집해야 한다는 데 만장일치로 동의했다.[36] 대통령은 4월 2일 의회에 전쟁 선포를 요청했다. 4월 4일, 상원은 82 대 6의 표차로 이를 승인했고, 4월 6일 하원은 373 대 50의 표차로 찬성했다. 이렇게 미국은 100년 만에 유럽에서 시작된 무력 충돌에 휘말리게 되었고, 전쟁은 유럽에서 유럽인들에 의해 벌어지고, 주요 이해관계도 유럽 대륙에 집중된 상황이었다.

끝까지, 윌슨은 전쟁을 원하지 않는 전사였다. 그는 전쟁을 선택한 이유는 제임스 매디슨이 1812년 전쟁을 지지했던 이유와 유사했다. 매디슨도 마찬가지로 중립 권리가 침해당한 것에 대해 전쟁 외에는 다른 선택이 없다고 믿었기 때문이다.[37] 하지만 윌슨은 전쟁 메시지에서 이 논리를 넘어섰다. 그는 국가와 세계에 미국이 다른, 더 넓은 목표를 위해 싸울 것이라고 말했다. 이러한 목표들은 미국 역사에서 깊은 뿌리를 두고 있으며, 윌슨이 제안한 과도한(extraordinary)

조치와 그로 인한 희생을 정당화할 수 있는 목표들이었다. "세계를 민주주의를 위한 안전한 곳으로 만들어야 한다." "그 평화는 정치적 자유라는 검증된 기초 위에 세워져야 한다."고 그는 말했다.

제1차 세계대전에서 미국

1917년 4월, 미국 역사에서 흔히 있었던 것처럼, 미국은 참전한 전쟁을 수행할 준비가 되어 있지 않았다. 사실, 그 전쟁을 수행한다는 것이 정확히 무엇을 의미하는지도 명확하지 않았다. 의회 투표 후 얼마 지나지 않아, 전쟁부서의 한 공무원이 상원 재정위원회에서 증언하면서 "우리는 프랑스에 군대를 보내야 할 수도 있다."고 말했다. 위원회 의장인 버지니아 주의 토머스 H. 마틴 상원의원은 이렇게 반응했다. "세상에! 군인들을 저기까지 보내려는 건 아니겠지요?" 전쟁 초반에는 최고사령관조차도 그러한 일이 필요하지 않기를 바랐다.[38]

결국, 미국 병사들은 유럽으로 갔고, 대규모로 갔다. 그들을 보내기 위해, 정부는 먼저 병사를 찾아야 했다. 이를 위해 의회는 징병을 승인하고, 1917년 5월 18일에 선택적 복무법(Selective Service Act)을 통과시켰다. 이 법은 21세에서 30세 사이의 모든 남성에게 군 복무를 위한 등록을 요구했다. 1917년 6월 5일, 960만 명이 등록했다.[39] 결국, 400만 명의 미국인, 대부분 남성이 군에 복무하게 되었다.

국가는 병사들의 급여와 전쟁 수행에 필요한 기타 비용을 지불해야 했다. 전쟁 자금을 조달하기 위해 정부는 세금을 징수했으며, 이는 필요한 수입의 약 22%를 차지했지만, 또한 점차적으로 대출에 의존하게 되었고, 대출은 지출의 58%를 차지했다. 많은 대출은 공공에 판매된 '자유 채권(Liberty Bonds)' 형태로 이루어졌으며, 미국 가정의 거의 절반이 이를 구입했다.[40] 다른 전쟁들과 마찬가지로, 이번 전쟁도 예상보다 더 많은 비용이 들었다.[41] 결국, 미국은 독일을 무찌르는 데 도움이 되기 위해 320억 달러를 지불해야 했는데, 이는 당시 미국 총 국내총생산(GDP)의 52%에 해당했다.[42]

미국은 군 복무를 위해 개별 미국인들을 모집하는 것 외에도, 그들을 지원하기 위해 자원을 동원해야 했다. 이를 위해 연방 정부는 이전보다 훨씬 더 큰 역할을 하게 되었다. 1917년 12월 26일, 정부는 국가의 철도 시스템을 통제하고 이를 재무부 산하에 두었으며, 재무부 장관은 윌리엄 깁스 맥아두(William Gibbs McAdoo), 윌슨 대통령의 사위였다.[43] 윌슨 행정부는 전쟁 수행의 중요한 부분을 감독하기 위해 여러 개의 전문 기관을 창설했다. 허버트 후버(Herbert Hoover)는 식량을 담당하는 기관을 이끌었고, 해리 가필드(Harry Garfield), 제20대 대통령 제임스 가필드(James A. Garfield)의 아들은 연료를 담당하는 기관을 지휘했다. 세 번째 기관인 전쟁노동위원회는 윌리엄 하워드 태프트(William Howard Taft) 전 대통령을 공동 의장으로 두었다. 또한 행정부는 전쟁 생산을 위한 위원회를 설립하여 전쟁 수행에 기여하는 다양한 경제 분야를 조정했다. 이 위원회는 처음에는 실질적인 권한이 없고 제대로 기능하지 못했지만,[44] 금융업자 버나드 바룩(Bernard Baruch)이 이끌게 되면서 그 성과가 개선되었다.[45]

제1차 세계대전의 경험은 미국 사회에 영향을 미쳤다. 특히 전쟁 기간 동안 두 가지 헌법 수정안이 등장했다. 첫 번째는 일시적인 것이었다. 1920년에 비준된 제18차 수정안은 알콜의 제조와 판매를 제한했다. 그러나 1933년에 제21차 수정안이 이를 철회했다. 다른 헌법 혁신은 더 오래 지속되었다. 제19차 수정안은 여성에게 투표권을 부여했다.[46] 1918년의 일광 절약 시간제 도입도 국가 생활에서 또 다른 지속적인 변화를 가져왔다.[47]

1917년 4월부터 1918년 11월까지, 윌슨 대통령과 그의 동료들은 전시 미국 대통령들이 직면하는 공통된 문제인 전쟁에 대한 공공의 지지 확보와 유지 문제에 직면했다. 이를 위해 그들은 미국 국민 사이에서 전쟁에 대한 열정을 일으키기 위한 목적으로 공공정보위원회(CPI)를 설립했다. 그 활동을 통해 (주로 의도치 않게) 미국 내 반독일 감정이 커졌다.[48] 그 감정은 때로 기이한 형태를 취했다. 예를 들어, 잘 알려진 음식인 '사우어크라우트'가 '자유 배추'로 이름이 바뀌었다. 내적 파괴에 대한 두려움도 커졌고, 다른 전쟁에서와 마찬가지로 이 두려움은 미국 시민들의 자유를 침해하는 조치를 가져왔다. 1790년대의 외국인 및 반역법의 정신에 따라, 의회는 1917년 6월 15일 첩보법을,[49] 1918년 5월 18일에는 반역법을 통과시켰다. 전쟁에 비판적인 출판물들은 우편 서비스 요금이 금지 수준으로 인상되는 등 어려움을 겪었다.[50] 전쟁 반대의 저명한 인물들인 무정부주의자 엠마 골드만과 사회주의자 유진 데브스는 감옥에 갇히기도 했다.[51]

또한, 독일의 항복이 1918년에 이루어졌다고 해서 이러한 활동들이 끝난 것은 아니었다. 1917년 11월 러시아에서 볼셰비키 혁명이 일어나, 전 세계에서 혁명을 일으키려는 공산당이 권력을 잡았다. 그들의 활동이 미국 내에서 이루어지고 있다는 두려움은 1920년 1월, 총무장관 A. 미첼 팔머에 의해 수천 명의 의심스러운 전복주의자들이 잡히는 사건으로 이어졌다.[52]

미국이 전쟁에 참전한 18개월 동안 대통령이 직접 나서서 가장 주목할 만한 조치는 1918년 1월 8일, 연합국의 전쟁 목표가 무엇이어야 하는지를 밝힌 의회 합동 회의 연설이었다. 그의 연설은 제시한 주요 제안이 14개였던 데서 '14개 조항(Fourteen Points)'이라는 이름이 붙었다. (프랑스의 지도자 조르주 클레망소는 윌슨의 이상주의적인 세계 구상에 대해 냉소적이었으며, 14개 조항에 대해 "선한 신도 겨우 10개만 가졌는데"라고 말했다.)

윌슨은 전후 세계에 대한 자신의 비전을 분명히 하고 싶어 했으며, 그가 생각하기에 러시아에서 볼셰비키가 권력을 장악한 일은 이를 더욱 중요하게 만들었다.[53] 볼셰비키 정권은 전쟁 초기에 러시아 제정 정부가 다른 동맹국들과 맺었던 비밀 조약을 공개했다. 이 조약은 승리 후 각자 점령할 것으로 예상되는 적국의 영토 분할을 명시하고 있었다.[54] 이러한 비밀 조약은 연합국의 전쟁을 단지 제국주의적 영토 확장의 캠페인으로 묘사할 수 있는 근거를 제공했다. 윌슨은 이런 비열한 목표가 미국의 전쟁 노력에 오염되는 것을 원하지 않았다. 게다가, 마르크스-레닌주의 이념을 바탕으로 노동자들의 유토피아를 예고한 볼셰비키는 자본주의 대국들이 구축한 세계보다 더 자유롭고, 공정하며, 평화로운 세계를 약속하고 있었다. 윌슨은 다른 방식이지만 그만큼 매력적인 미래를 제시할 필요를 느꼈다.[55] 그는 이전에 제시했던 아이디어들, 특히 1917년 1월 22일 의회 연설에서 제시한 아이디어를 바탕으로,[56] 14개 조항 연설은 우드로 윌슨이 실현하고자 했던 세계에 대해 그가 한 발언 중 가장 포괄적인 선언이었다.

14개 조항 중 첫 번째 다섯 개와 마지막 조항은 독일과 그 동맹국들이 패배한 후 외교정책을 위한 일반적인 원칙을 제시했다.[57] 이는 비밀 외교가 아닌 '공개적인 협약', 해상 항해의 자유, 자유 무역, 군비 축소, 그리고 마지막으로 '국가들의 일반 회의'의 형성이다. 윌슨은 이러한 원칙들이 지켜진다면 1918년 초, 혹은 아마도 기록된 역사 대부분 동안 그렇게 평화롭지 않았던 세상을 훨씬 더 평화로운 곳으로 만들 것이라고 믿었다.

6번부터 13번까지는 특정 영토의 처리에 대해 다루었다. 1917년 9월, 콜로넬 하우스는 '문의(The Inquiry)'라는 연구그룹을 구성하여 전후 최적의 정착 방안을 마련했다. (그의 첫 연구 책임자는 하버드를 졸업한 지 7년 된 젊은 저널리스트인 월터 립먼이었으며, 그는 후에 미국에서 가장 영향력 있는 정치적 신문 논평자가 되었다.)[58] 'The Inquiry'는 1917년 12월 22일에 윌슨 대통령에게 메모를 제출했으며, 그 내용은 14개 조항 중 더 구체적인 부분의 기초가 되었다. 이들은 러시아, 벨기에, 프랑스,[59] 루마니아, 세르비아, 몬테네그로에서 다른 국가들이 점령한 영토의 철수, 터키로부터 오스만 제국의 (非)터키 부분을 분리하는 것, 그리고 독립적인 폴란드의 복원 등을 요구했다.

14개 조항의 영토 관련 규정은 반복적으로 나타나는 주제를 가졌다. 이는 동일한 국적의 사람들을 하나로 모으기 위한 국경의 설정이다. 윌슨과 연결된 민족 자결의 원칙은 그가 제시한 프로그램 전반에 흐르고 있었다. 그의 원칙과 목표는 유럽의 강대국들이 과거에 채택했던 것과는 달랐으며, 일부는 여전히 그들에게 충실했다. 윌슨은 자신의 프로그램을 발표하기 전에 어떤 나라와도 상의하지 않았다. 종합적으로 보면, 14개 조항은 단지 윌슨의 국제관계에 대한 비전의 포괄적인 진술일 뿐만 아니라, 전쟁이 끝난 후 파리에서 열린 평화회의에서 대통령이 이루려고 했던 목표의 미리보기가 되었다.

하지만 우선 연합국이 전쟁에서 승리해야 했다. 전쟁에 참전한 직후 몇 달 동안, 미국은 그 임무를 달성하는 데 제한적인 도움만을 제공할 수 있었다. 미국 군대가 대규모로 프랑스에 도착하기 시작한 것은 1918년 중반에 이르러서였다.[60] 심지어 그 이전에도 윌슨은 미국군을 영국군 및 프랑스군과 구별해야 한다고 주장했다. 미국은 동맹국으로서가 아니라 '연합' 세력으로서 분쟁에 참여했다. 이러한 정신에 따라, 유럽에 주둔한 미국군 총사령관 존 퍼싱 장군은 미국 병사들이 프랑스와 영국군의 결원으로 투입되는 것이 아니라, 미국인이 구성하고 지휘하는 부대에서만 전투에 참여할 것을 명령했다. 그러나 궁극적으로는 미국 병사들이 유럽의 지휘 아래에서 복무하기도 했다.[61] 미군을 유럽군과 분리한 주요 목적은 전쟁 결과에 대한 미국의 독자적인 기여를 부각하고, 이를 통해 전쟁 후 미국의 영향력을 극대화하려는 데 있었다.[62]

미국이 참전한 후 첫해 동안, 연합국에게 전쟁은 순조롭지 않았다. 독일의 전면적인 잠수함 작전은 대서양을 가로지르는 해운에 큰 피해를 주었다. 이탈리아는 1915년 5월에 연합국 편에 들어 전후 영토 확보를 보장받는 비밀 조약에 서명했지만, 1917년 10월과 11월, 합스부르크와 독일 군대에게 카포레토 전투에서 심각한 패배를 당했다.[63] 영국과 프랑스는 서부 전선에서 독일군의 방어선을 향해 대대적인 공세를 벌였지만, 큰 인명피해를 입고 실패했다.[64] 프랑스의 패배는 프랑스 군대 내에서 반란을 일으켰다. 3월에는 새로운 볼셰비키

정부가 전쟁에서 탈퇴하면서 독일과 브레스트-리토프스크 조약을 체결했고, 이 조약에 따라 독일에게 차르의 영토가 양도되었다. 이 조약은 동부 전선에서 싸우고 있던 독일군 75만 명을 해방시켜 서부 전선으로 배치할 수 있게 했다.[65] 이에 따라 1918년 3월 21일, 독일군은 전쟁을 마무리 짓기 위한 대규모 공세를 시작했다.

연합군은 독일의 공세를 막아내고, 반격을 시작하여 11월에는 결국 그들의 조건으로 전쟁을 끝낼 수 있었다. 서부 전선에서 마지막 6개월간의 전투에서, 미국 원정군(American Expeditionary Force, AEF)은 중요한 역할을 했다.[66] 5월 말부터 미국 군대는 칸티니(Cantigny), 샤토-티에리(Chateau-Thierry), 벨로우 우드(Belleau Wood) 전투에서 독일의 진격을 막는 데 도움을 주었다. 7월 중순에는 약 30만 명의 미국 병력이 프랑스 전선에서 아이네-마른(Aisne-Marne)에서 반격 작전에 참여했다.[67] 9월의 생미헬(St. Mihiel) 전투는 미국의 지휘 아래서 이루어진 첫 번째 주요 전투로, 이미 퇴각 중이던 독일군을 밀어내는 데 성공했다. 미국 군대의 마지막이자 가장 대규모의 전투는 9월 말부터 11월 전쟁이 끝날 때까지 진행된 뫼즈-아르곤느(Meuse-Argonne) 전투에서 벌어졌다.[68]

1918년 가을, 미국은 프랑스에 100만 명 이상의 병력을 배치했고, 300만 명이 훈련 중이었다.[69] 총 60,000명이 전사하고, 206,000명이 부상을 입었다.[70] 미국 병사들은 용감하게 싸웠고, 전반적으로 효과적으로 싸웠다.[71] 연합군이 전쟁을 승리로 이끈 것이 가능했는지, 아니면 전쟁에서 승리할 수 있었는지 확신할 수는 없지만, 전쟁을 승리로 이끈 결정적인 시점에 미국 병사들의 지원이 없었다면 그렇게 되었을지 의문이다. 퍼싱 장군은 지휘관으로서는 그다지 뛰어난 성과를 거두지 못했다. 그는 양측이 서부 전선에서 3년 동안 큰 비용을 치르면서도 별다른 성과 없이 사용했던 공격 전술이 미국 군대에게는 효과적일 것이라고 믿었으나, 전장에서 그의 공격은 예상보다 적은 땅을 차지하고, 더 많은 미국 병사들이 전사하고 부상을 입는 결과를 가져왔다.[72]

미국이 유럽에서 적극적으로 전투에 참여하던 기간 동안, 전쟁 참전 이전과 전투가 끝난 후까지 미국 정책을 주도했던 우드로 윌슨은 사건에 비교적 미미한 영향을 미쳤다. 이는 미국의 전투 기간이 단 6개월 정도로 비교적 짧았으며, 가장 중요한 전략적 문제였던 "미군을 어디로 보낼 것인가"라는 질문에 대해 답이 하나뿐이었기 때문이다. 그 답은 프랑스였다.

윌슨은 러시아에 소규모의 미국 군대를 파견하기로 결정했지만, 이는 마지못해 내린 결정이었다. 볼셰비키 혁명과 브레스트-리토프스크 조약 이후, 연합국 정부들은 전쟁의 동부 전선을 재건하여 독일을 서부에서 약화시키고, 공산주의자들이 권력을 공고히 하는 것을 방지하려고 했다.[73] 러시아에서 자국의 야망을 실현하려는 일본은 시베리아에 군을 파병했다. 이를 막기 위해, 그리고 전쟁에서 유럽 파트너들과의 연대를 보이기 위해, 윌슨은 알카냐스크와 블라디보스토크에 소규모의 미국 군대를 파견하기로 승인했다.[74] 그러나 이 군대는 러시아에서의 사건의 진행에 실질적인 영향을 미치지 못했다.

한편, 1918년 가을 연합군이 서부 전선에서 전진하면서, 독일 고위 군 지도부와 독일 정부는 군사적 균형이 결정적으로 자신들에게 불리하게 기울었다는 결론에 도달했다. 그들은 전투를 중단하고 휴전을 요청하기로 결정했으며, 그 휴전은 11월 11일 오전 11시, 즉 11월 11일의 11시 정각에 발효되었다. '대전쟁'이라고 불리던 전쟁은 결국 끝을 맺었다. 이전의 세기들에 있었던 영국처럼, 미국은 '해외 균형자' 역할을 했다. 처음에는 자금을 지원하고, 그 후에는 군사력을 제공한 연합군의 일원으로서 유럽에서 대륙 강국이 패권을 쥐지 못하도록 막았다. 이를 달성한 후, 이제는 평화 회담이 중심에 자리잡게 되었다.

평화회의

전후 평화 회담은 1919년 1월, 4년간의 잔혹한 죽음, 파괴, 그리고 이주로 고통받은 대륙에서 열린 파리에서 시작되었다. 평화 회담에 참여한 사람들은 최근에 끝난 전쟁에 대한 책임을 묻고, 유럽의 경제 회복을 위한 기초를 마련하며, 연합국들이 패배시킨 다민족 제국들의 잔해에서 새로운 정치 구조를 구축해야 했다. 체코의 지도자 토마스 마사리크는 그들이 다뤄야 했던 유럽을 '광대한 묘지 위에 놓인 실험실'이라고 묘사했다.[75] 또한, 상트페테르부르크에서의 볼셰비키의 권력 장악으로 인해 혁명의 그림자가 회담을 괴롭혔다.[76]

이 회담에서, 우드로 윌슨은 전투가 시작된 초반부터 희망했던 대로 미국은 중요한 역할을 했다. 제1차 세계대전은 북미 대륙의 대국인 미국을 유럽 강대국으로 만들었다. 윌슨은 직접 파리 회담에 참여할 것을 결정했다.[77] 그는 유럽에 도착하자 열광적인 환영을 받았다. 전쟁으로 피폐해진 대륙의 사람들에게 그는 자신이 믿고 있던 대로, 한 번에 구세주와 같은 인물로 다가갔다. 그는 구세계에서 전쟁의 재앙을 영원히 없앨 수 있는 인물로 여겨졌다.[78]

회담의 초반에는 중요한 결정들이 연합국들의 지도자들, 즉 미국, 영국, 프랑스, 이탈리아, 일본의 두 명씩의 대표들로 구성된 '10인 그룹'에 의해 이루어졌다(일본은 1914년 8월 독일에 전쟁을 선언했다). 그러나 이 방식은 불편하게 느껴졌고, 결국 '4인 그룹'으로 축소되었다. 이 그룹에는 윌슨 대통령, 영국의 데이비드 로이드 조지 총리, 프랑스의 클레망소 총리, 그리고 이탈리아의 비토리오 오를란도 대통령이 포함되었다.[79]

윌슨은 회의에서 자주 주도적인 역할을 했지만, 그의 성격은 그의 장점이 되지 않았다. 일부 연합국들의 지도자들과 대표들은 그를 오만하고, 자만하며, 비현실적이고, 정보가 부족하며, 그들의 국가적 요구에 무신경하다고 느꼈다.[80] 또한, 윌슨은 부적절한 직원들을 두고 있었고, 그들의 조언을 자주 무시하며, 자신의 다소 부족한 백과사전적인 지식과 개인적인 직감을 바탕으로 전후 해법의 복잡하고 논란이 일어나는 세부 사항들을 해결하려 했다.[81]

윌슨의 효과성을 더욱 제한한 것은 그가 자신의 능력과 미국의 영향력을 과

대평가했다는 점이다. 예를 들어, 그는 전시 중에 미국이 연합국에 제공한 대출이 영향력을 행사할 수 있는 원천이 될 것이라고 믿었다. 만약 그가 대출을 삭감하는 조건으로 자신과 연합국 간에 의견이 엇갈리는 문제에 대해 양보를 이끌어낼 수 있었다면 그럴 수도 있었을 것이다. 그러나 미국 대중의 강력한 채무 탕감 반대는 1920년대 전체에 걸쳐 지속되었고, 이는 이 전술을 정치적으로 불가능하게 만들었다.[82] 파리에서 윌슨의 지나친 자신감을 부추긴 또 다른 요인은 대륙에서 받은 환대가 강화시킨 그의 신념이었다. 그는 동맹국 지도자들과 의견이 충돌할 때 자신이 그들의 지도자들을 제치고 동맹국 국민에게 직접 호소하여 지지를 얻을 수 있을 것이라 믿었다. 그러나 이 역시 불가능하다는 것이 입증되었다.[83]

파리 평화 회담은 1815년 비엔나에서 열린 회담을 재현한 것이었다. 나폴레옹 프랑스를 정복한 승자들이 프랑스를 결국 물리친 후 유럽에 질서를 회복하기 위해 모였던 그때와 비슷한 상황이었다. 그러나 파리에서의 평화 협상자들은 더 크고 어려운 도전에 직면했다. 제1차 세계대전은 비록 더 짧았지만 나폴레옹 전쟁보다 훨씬 더 많은 죽음과 파괴를 초래했으며, 비엔나에서 승리한 열강들은 나폴레옹 전쟁으로 거의 25년 동안 뒤흔들린 유럽 대륙의 제국 군주들의 영토와 정부를 복원하기로 합의했다.[84] 그러나 파리에서의 승리자들은 1914년 이전의 유럽을 재구성할 수 있는 선택권이 없었으며, 윌슨이 그랬듯이, 그것을 복원하려는 의도가 전혀 없었다. 전쟁은 그것을 없애버렸고, 두 번 다시 돌아오지 않을 것이다.

또한 거의 모든 연합군의 전쟁에서 그랬듯이, 연합국들은 전쟁 중 공동의 승리를 달성하기 위해 자신들의 차이를 억제했지만, 전쟁이 끝난 후 그 차이점들이 필연적으로 표면에 드러났다. 예를 들어, 대서양을 사이에 두고 유럽과 떨어져 있는 미국은 평화회의를 통해 국제관계를 변화시키려는 목표를 가지고 있었지만, 패배한 독일과 인접해 있는 프랑스는 자신들의 미래 안보를 보장하기 위해 파리에서의 회담을 이용하려 했다.[85] 미국은 패배한 독일에 대해 정치적 개혁, 경제 회복, 국제적인 화해를 추구했지만, 반대로 프랑스는 독일을 희생시켜 보복, 보상, 그리고 안전을 확보하려는 해법을 원했다.[†]

또한, 1815년에는 대국들의 정책에 대중 여론이 거의 영향을 미치지 않았다. 가장 전제적인 국가인 러시아의 경우에는 전혀 영향을 미치지 않았다. 반면, 파리에서는 어떤 지도자도 대중의 뜻을 무시할 수 없었다. 공공문제는 특히 서유럽에서 한 세기 동안 훨씬 더 민주화되었기 때문이다. 연합국의 국민은 전쟁을 승리로 이끌기 위해 엄청난 희생을 치렀고, 그들이 원하는 것은 전후에 실질적인 성과를 가져오는 것이었다. 독일에 대해 관대하게 대하는 것이 좋은 근거가 있었으며,[86] 이는 때때로 로이드 조지와 윌슨을 설득했지만,[87] 클레망소는 그렇지 않았다. 그러나 영국과 미국의 여론은 독일에 대해 비교적 가혹한 조건을 요구했고, 지도자들은 그들의 뜻에 굴복해야 했다.[88]

파리에서의 지도자들은 마지막으로 하나의 장애물을 안고 있었다. 그들은 많은 결정을 내렸지만, 회의가 진행됨에 따라 그들이 내린 결정을 실행할 수 있는 능력이 점차 약화했다. 그 이유는 궁극적인 집행 메커니즘인 각국의 군대가 점진적으로 해체되었기 때문이다. 미국, 영국, 프랑스의 대중들은 대규모 군대를 유지하고 지원하는 것에 관심이 없었다. 그 결과, 단기적으로는 유럽 일부 지역에서, 그리고 장기적으로는 대륙 전역에서 평화회의가 만들어낸 결과물이 무너지고 말았다.

---

† Margaret MacMillan, *Paris, 1919: Six Months That Changed the World* (뉴욕: 랜덤하우스, 2001), 32쪽. "윌슨이 런던에서 국가들의 안전을 보장하는 가장 좋은 방법으로 국제연맹을 믿는다고 연설한 다음 날, 클레망소는 하원에서 연설했다. 그는 큰 박수 속에서 말했다. '균형 체제라고 불리는 오래된 동맹 체제가 있습니다. 이 동맹 체제, 저는 그것을 포기하지 않겠습니다. 그것이 평화회의에서 제 지침(guiding thought)이 될 것입니다.'" 같은 책, 23쪽. 윌슨의 프로그램은 영국의 원칙과도 상반됐다. "그것은 영국의 국제질서를 공개적으로 반박하는 것이었으며, 그 질서에는 국가 및 국제 주권을 보호하고, 무역에 대한 제국적 선호와 군사력을 통해 강제로 개방된 시장이라는 기존 개념들이 포함되어 있었다." Kori Schake, *Safe Passage: The Transition from British to American Hegemony* (안전한 항로: 영국에서 미국으로의 패권 전환) (캠브리지, 매사추세츠: 하버드대학교 출판부, 2017), 231쪽.

평화회의의 주요 업무는 패전국들, 즉 합스부르크 제국, 오스만 제국, 그리고 독일 호엔촐레른 제국을 다루는 것이었다. 특히 첫 번째와 두 번째 제국의 경우, 그들의 옛 영토를 처리하는 일이 주요 과제였다. 초기에는 우드로 윌슨이 오스트리아-헝가리 제국을 어떤 형태로든 유지하려 했으나, 이는 불가능한 일로 판명되었다.[89] 합스부르크 제국의 영토와 제국 터키, 러시아, 독일의 일부 지역에서 10개의 새로운 주권 국가가 등장했다.[90] 윌슨의 14개 조항이 명확히 보여주듯, 윌슨은 이러한 국가들이 단일 민족 그룹으로 구성되어야 한다고 믿었다. 유럽은 민족 자결 원칙에 따라 다시 만들어져야 했다. 그 원칙은 미국 대통령이 이를 표현하기는 쉬웠지만, 파리에서 평화 협상자들이 이를 실행하는 것은 훨씬 어려운 것으로 드러났다. 이 원칙은 두 가지 질문을 제기했는데, 이에 대한 명확한 답은 없었고 지금도 여전히 없다. 첫째, 어떤 집단이 국가로 인정받아야 하며, 따라서 독립된 국가를 가질 자격이 있는가? 둘째, 서로 다른 민족이 섞여 있는 경우 국경은 어떻게 그려야 하는가? 윌슨의 국무장관 랜싱은 이 원칙을 적용하려는 시도가 초래할 문제를 미리 예견했다. 그는 "이 문구는 다이너마이트를 잔뜩 실은 것과 같다."고 말했다. "이것은 결코 실현될 수 없는 희망을 불러일으킬 것이다."[91]

결국 그것은 증명되었다. 파리에서 정해진 국경선은 유럽과 중동에서 정치적 갈등, 전면적인 전쟁, 그리고 이후 '민족 청소'로 알려지게 된 강제적인 대규모 인구 이동을 초래했다. 그 어두운 패턴은 1990년대에도 유고슬라비아에서 발생했으며, 이는 전쟁이 끝난 후 형성된 다민족 국가였지만, 파리에서의 논의와는 별개였다.

그럼에도 불구하고, 평화회의는 유럽의 정치적 재구성을 위한 규칙을 필요로 했다. 오랫동안 지속된 다민족 제국들은 재편성될 수 없었다. 민족이라는 원칙보다 더 나은 또는 더 대중적인 원칙은 없었으며, 이 원칙은 19세기 동안 정당성을 얻었고 이탈리아와 독일의 통일을 뒷받침했다. 20세기에는 주권 국가를 조직하는 보편적으로 받아들여지는 공식이 되었다. 파리에서 나온 국가들은 민족적 또는 국가적 동질성이 두드러진 인구를 가진 경우가 드물었지만,[92] 파리에서 지도자들이 그린 많은 국경선은 그 논란과 심지어 폭력으로 인한 결과에도 불구하고 100년이 지난 지금까지 여전히 존재하고 있다.

오스만 제국의 경우, 1920년 8월 파리 교외 세브르[93]에서 체결된 조약은 승전국들 사이에 제국의 영토를 재분배했지만, 이 분배는 지속되지 않았다. 승전국들의 승인을 받은 그리스는 아나톨리아 지역의 일부를 차지하기 위해 군을 파병했다. 그러나 터키는 무스타파 케말이라는 전 오스만 제국의 장군의 지도하에 저항했고, 그리스를 물리친 후 세브르 조약에서 설정된 것보다 더 큰 터키 국가를 세웠다.[94] 1923년, 이 결과는 로잔 조약[95]에 의해 비준되었으며, 그 시점에서 미국은 유럽의 정치적 문제에서 손을 떼었다.

독일의 경우, 그 운명을 결정지은 베르사유 조약은 카이저의 정부에 이어 이에 서명한 후속 정부가 크게 마지못해 체결한 조약이었다. 이 조약은 독일의 영토를 축소하고,[96] 군사력을 제한했으며, 악명 높은 제231조를 포함하고 있었다. 제231조는 독일이 전쟁을 시작했으며, 전쟁에서 패한 결과로 승전국들에게 배상금을 지급해야 한다고 규정했다. 독일인들은 자신들이 강제로 받아들인 조건이 정당하다고 인정하지 않았다. 그들은 1918년 11월, 윌슨의 14개 조항을 바탕으로 전쟁을 끝내는 데 동의했지만, 그들이 받은 대우는 윌슨의 프로그램과는 달랐다. 특히, 민족자결 원칙은 전후 독일에는 전면적으로 적용되지 않았다. 전쟁 후 체코슬로바키아와 폴란드에는 독일어를 사용하는 사람들이 거주하는 영토가 포함되었다.[97]

1919년 베르사유 조약에 대한 독일의 저항은 이후 20년 동안 유럽의 정치와 경제를 독소로 만들었다. 1920년대에 독일은 그들이 지불해야 할 배상금을 거부했으며, 이는 대륙 전역의 경제 활동에 큰 부담을 주었다. 1930년대에 제3제국은 조약의 조항들을 하나씩 뒤집으며, 결국 1914년부터 1918년까지의 전쟁을 더 파괴적으로 재현하게 되었다.

평화회의는 전쟁의 주요 패배국들의 운명 외에도 여러 가지 문제를 다뤘지만, 소비에트 연방에 대해서는 결정적인 조치를 취하지 않았다. 파리에서의 지도자들은 볼셰비키를 타도할 것인지, 격리할 것인지, 아니면 그들과 소통할 방법을 열어둘 것인지에 대해 결정을 내리지 못했다. 결국 그들은 이들 중 어느 것도 채택하지 않았다.[98]

1914년 독일에 선전포고한 일본은 승리한 동맹국의 일원으로 전쟁의 전리품을 요구했다.[99] 특히 일본은 중국의 독일 식민지인 산둥(Shantung) 지역을 유지하고자 했다. 이 지역은 중국 북동부의 해안 지방에 위치해 있었다. 윌슨은 다른 미국인들처럼 중국에 대해 보호적이고 소유적인 태도를 가지고 있었으며, 일본의 요구는 그가 소중히 여긴 민족자결 원칙에 위배되는 것이었다. 그럼에도 불구하고 그는 다른 동맹국 지도자들과 함께 일본 정부가 원하는 것을 그대로 승인했다.[100]

이 결정은 일련의 패턴의 일부였다. 패전한 제국들의 국경 내에 살고 있던 유럽인들은 자신들의 국가를 가졌지만, 마찬가지로 비유럽 지역에 살고 있던 사람들은 그러지 못했다.[101] 유럽 밖의 이전 제국 영토들은 평화 협상자들이 승인한 국제기구인 국제연맹(LN)의 '위임 통치령'이 되었으며, 이는 승전국 중 하나에 할당되었다. 예를 들어, 영국과 프랑스는 이전 오스만 제국의 중동 지역을 나누어 가졌다. 따라서 비유럽 지역의 영토를 포기해야 하는 대신, 영국과 프랑스는 민족 자결주의 정신에 반하여 오히려 자신들의 영토를 확장했다.[102] 미국은 이전 오스만 영토인 아르메니아에 대한 위임통치를 제안받았으나 이를 거절했으며, 아르메니아는 결국 소련에 흡수되었다.[103]

파리 평화 회담은 전반적으로 역사적인 평판이 좋지 않은데, 그 주된 이유는 회담의 가장 중요한 목표가 바로 이번 전쟁과 같은 전쟁이 다시 일어나지 않도록 방지하는 것이었고, 이 목표에서 실패했기 때문이다. 파리 협정의 분명한 한계점들은, 당시에도 많이 지적되었지만, 이를 체결한 사람들의 부족함 때문이라기보다는 그들이 직면해야 했던 더 큰 요인들과 관련이 있었다. 특히 윌슨은 영광스럽게 기여하지 못했지만,[104] 문제의 핵심은 제1차 세계대전이 초래한 심각한 혼란의 범위, 연합국 동맹 내의 심각한 의견 차이, 그리고 지도자들이 대중의 압박에 응해야 했던 상황에 있었다. 지도자들은 전쟁 승리를 위해 치러야 했던 대가를 정당화할 수 있는 합의를 이루고, 그 승리가 요구한 사회적·군사적 동원을 끝내야 한다는 압박을 동시에 받았다.

게다가 제2차 세계대전의 원인은 1919년과 1920년 파리에서 일어난 사건들로 직접적으로 연결되지 않았다.[105] 사실, 1920년대 동안 미국이 기여한 정착 과정은 유럽과 동아시아 모두에 정치적 및 경제적 안정을 가져오는 것처럼 보였다.[106]

우드로 윌슨의 평판은 다른 궤적을 따라왔다. 그의 외교정책에 대해 역사가들은 상반된 평가를 내놓았다. 일부는 그를 철저히 실패한 인물로 보았고, 또 다른 이들은 그의 사상이 만약 동료 미국인들에게 받아들여졌더라면 1930년대와 1940년대의 재앙을 막을 수 있었던 명예롭지 못한 예언자로 평가했다. 제28대 대통령의 유산에 대한 논쟁은 그가 가장 소중히 여겼던 프로젝트, 즉 국제연맹(LN)의 설립을 중심으로 이루어지고 있다.

윌슨은 파리에서 국제연맹 창설을 그의 첫 번째 임무로 삼았다. 처음 설계된 바에 따르면, 국제연맹은 모든 회원국이 참여하는 총회와,[107] 제1차 세계대전의 승자였던 미국, 영국, 프랑스, 이탈리아, 일본을 포함한 5개 상임이사국[108]과 3년 임기의 비상임이사국 4개국으로 구성된 이사회로 이루어졌다. 또한, 비서국과 두 개의 부속 기관인 국제사법재판소와 국제노동기구도 있었다.[109] 대통령은 국제연맹의 헌장인 연맹규약을 베르사유 조약에 첨부하여 미국 상원이 이 조약을 투표할 때 미국의 국제연맹 회원국 가입 여부도 함께 결정되도록 했다.

이러한 기구의 아이디어는 윌슨만의 것이 아니었다. 전쟁 중에 전직 공화당 대통령인 시어도어 루스벨트와 윌리엄 하워드 태프트[110]를 포함한 다른 이들 역시 전후 평화를 유지하기 위해 어떤 형태로든 국제 연합체의 설립을 주장했다. 그러나 윌슨에게는 이것이 전후 합의의 중심적이고 필수적인 요소로 자리 잡았다. 그는 이 기구의 창설이 미국을 전쟁에 참전시키는 어려운 결정을 정당화하고, 전쟁에서 승리하기 위해 미국인들이 치러야 했던 희생을 보상할 것이라고 믿었다.[111] 윌슨은 이 기구가 주요 국제 문제를 해결하는 메커니즘이 될 것이라고 구상했다. 평화 조약의 실수나 부족한 점은 국제연맹(LN) 내에서, 그리고 이를 통해 수정될 수 있다고 보았다.[112] 그러나 그는 상원의 3분의 2의 찬성을 얻어 베르사유 조약을 비준하고, 미국의 국제연맹 가입을 승인받는 데 실패했다. 결국, 미국은 국제연맹에 가입하지 않았다.

국제연맹 가입 문제에 대해 상원은 세 가지 파로 나뉘었다. 하나는 윌슨을 따르며 무조건적 가입을 지지하는 쪽이었고, 다른 하나는 "타협할 수 없는" 이들이었으며, 이들은 어떤 조건에서도 연맹에 참여하지 않기를 원했다. 세 번째는 1918년 공화당이 의회에서 승리한 후 상원 외교위원회 위원장이 된 헨리 캐보트 로지(Henry Cabot Lodge)가 이끄는 그룹으로, 이들은 특정 조건하에 가입을 지지했다. 로지는 결국 조건 14개를 제시했다.[113] 세 번의 상원 전체 투표에서, 이 조약은 필요한 3분의 2 다수를 얻지 못했다. '비타협파(Irreconcilables)'와 '보류파(Reservationists)'는 윌슨이 제출한 형태의 조약에 반대했다. 또한, 로지(Lodge) 조건이 포함된 조약 역시 실패했는데, 이는 윌슨과 그의 지지자들이 국제연맹 설계 원안에 대한 어떠한 타협도 거부했기 때문이다.[114]

미국이 국제연맹에 가입하지 못한 이유 중 하나는 성격 문제였다. 로지는 윌슨을 매우 싫어하게 되었고,[115] 윌슨은 파리에서의 평화 협정에서 나온 내용을 어떤 수정도 받아들이지 않겠다고 고집스레 거부했다.[116] 1919년 가을, 윌슨은 자신이 소중하게 생각하는 프로젝트를 위해 힘든 전국 순회 연설을 했으며, 9월에는 콜로라도 주 퓨블로에서 연설 후 심각한 뇌졸중을 겪었다. 그는 완전히 회복하지 못했고, 그의 대통령직 동안 내내 무능력 상태였다.

성격 문제를 넘어, 정책과 원칙에 관한 심각한 논점들이 상원과 국가를 국제연맹을 둘러싸고 분열시켰다. 그 중심에는 국제연맹 헌장의 제10조가 자리 잡고 있었다. 제10조의 내용은 다음과 같다.

> 국제연맹의 회원국들은 외부의 침략에 대해 모든 회원국의 영토 완전성과 기존의 정치적 독립을 존중하고 이를 보호할 의무를 진다. 만약 그러한 침략이 발생하거나 그러한 침략의 위협이나 위험이 있는 경우, 이 의무를 이행할 방법에 대해 국제연맹 이사회가 조언하게 된다.

로지와 그의 동맹들은 이에 대해 여러 가지 이의를 제기했다. 그들은 이 조항이 너무 광범위하고 열려 있는 약속을 포함하고 있으며, 이로 인해 미국이 관심 없는 분쟁과 갈등에 휘말릴 수 있다는 우려를 표명했다.[117] 게다가 제10조의 문구는 국제연맹이 스스로의 결정으로 미국을 무력 충돌에 개입시킬 수 있음을 암시했으며, 이는 전쟁 선포 권한을 의회에 부여한 헌법을 무시하는 것이었다. 따라서 제10조는 국가 주권이라는 근본적인 문제를 건드렸다. 한 해석에 따르면, 이는 국제연맹 회원국들이 기본적인 주권적 특권을 박탈당하는 것이며, 그러한 특권은 보통 정복을 통해 강제로 포기하지 않는 한 유지되는 것이다.[118]

한때 윌슨은 백악관에서 상원 외교위원회 의원들과 전례 없는 개인 회의를 가졌고,[119] 제10조가 법적 의무가 아니라 도덕적 의무라고 주장했다. 그러나 회의적인 사람들은 그 구별이 명확하거나 설득력이 있다고 생각하지 않았다. 로지의 제안 중 하나는 국제연맹의 결정과 상관없이 미국이 의회의 승인이 없이는 전쟁에 참여할 의무가 없다는 내용이었다.[120] 윌슨은 이를 받아들이기를 거부했다.[121]

미국이 국제연맹 가입을 거부하고, 특히 두 번째로 크고 참혹한 세계대전을 겪은 후, 우드로 윌슨은 일부 사람들에게 평화라는 대의를 위한 순교자로 여겨졌다. 그의 정책이 미국인들에 의해 지지되었다면, 1939년부터 1945년까지의 재앙을 피할 수 있었을 것이라는 평가였다. 만약 윌슨이 로지의 수정안을 받아들였다면, 베르사유 조약은 거의 확실히 상원을 통과했을 것이고, 국제연맹 가입도 비준되었을 것이다. 그러나 그것이 양차 세계대전 사이의 국제 역사에 어떤 영향을 미쳤을지는 알 수 없다. 다만, 미국이 참여했다 하더라도 국제연맹이 전 세계적으로 평화를 유지하고 침략을 억제할 만큼 충분히 강력하고 효과적인 기구가 되었을 가능성은 낮다. 결국, 제2차 세계대전 이후 성공적으로 설립된 비슷한 국제기구인 유엔조차도 그런 역할을 완전히 수행하지는 못했다.

로지와 다른 이들은 윌슨이 파리에서 실제로 제안했던 것처럼, 프랑스를 지원하고 필요할 경우 그 안전을 도모하기 위한 전후 미국의 약속을 지지했다. 이러한 약속은 제2차 세계대전 이후 북대서양조약기구(NATO)로 구체화되었다.[122] 그러나 그러한 체제를 실행하려면 미국의 국제연맹 가입에 대한 주요 장애물인 대중의 군사적 개입에 대한 거부감을 극복해야 했을 것이다.[123] 그 거부감을 극복하기 위해서는 또 한 번의 세계적 대전과 제1차 세계대전 이후 미국의 유럽 내 군사적 역할에 대한 저항이 두 번째 대전 발발에 기여했다는 확신이 필요했다.

미국 외교 정책의 250년 역사에서 우드로 윌슨은 중요한 인물로 부각된다.[124] 그는 자신의 이름을 독특한 외교 정책 접근법에 부여한 유일한 미국 대통령이다. '윌슨주의(Wilsonianism)'는 특히 그의 14개 조항에서 가장 권위 있게 표현되었으며, 가치를 특히 민주주의를 보호보다는 촉진하는 데 중점을 두고, 국제기구의 설립 및 참여를 선호하며, 군비 폐지 또는 최소한의 제한을 주장하고, 국제관계를 보다 평화적으로 변화시키려는 성향을 지니고 있다. 이 모든 것은 미국의 지도아래 이루어지는 것을 목표로 한다.[125] 이 접근법은 윌슨 본인처럼 정치적 무대에서 사라진 지 1세기가 지난 후에도 여전히 논쟁의 대상이 되고 있다.

돌이켜보면, 윌슨의 몇 가지 개인적 성향은 매력적이지도 않고 비효율적이었던 것으로 보인다.[126] 이러한 단점들은 그가 파리에서 조약 협상에 임하거나 미국 내에서 베르사유 조약 비준을 확보하기 위한 캠페인을 벌이는 데 장애물이 되었다. 또한, 그가 가장 중요하게 여기고 최고의 가치를 두었던 국제연맹 가입을 위한 노력 역시 결국 실패로 끝났다.

그러나 그가 국제 문제의 중심에 제시한 몇몇 원칙은 뿌리를 내렸다. 그중에서도 국가 형성의 기반으로서 민족자결 원칙은 가장 큰 영향을 끼쳤다. 더욱이, 세계 평화라는 그의 꿈과 권력 정치의 오랜 관행을 폐지하고 국제적 조화와 협력을 대체하려던 그의 시도는 그의 생애 동안 실현되지 못했지만, 그 꿈은 여전히 지속되고 있으며, 비록 윌슨만큼 야심 차지는 않더라도 유사한 노력은 계속 반복되고 있다. 국제관계를 변혁하려는 열망은 미국에서 윌슨 대통령 이전, 공화국의 태동기부터 나타났다. 이는 자유를 찬미하는 정신과 함께 미국의 정치적 유전자에 깊이 새겨져 있다. 따라서 미국인들은 윌슨주의적 사상을 완전히 실행하지 않았으며, 어쩌면 실행할 수 없을지도 모르지만, 그 사상을 완전히 버리지도 않았고, 아마도 앞으로도 버리지 않을 것이다.

전후 외교정책: 안보

그가 국제연맹 가입을 위한 전투에서 패배하고 있을 때조차도, 우드로 윌슨은 미국 대중이 자신을 지지하며 1920년 선거가 자신의 정책을 정당화할 것이라고 믿고 있었다. 그는 전례 없는 세 번째 임기에 도전하는 것을 고민했지만, 뇌졸중의 영향으로 그것은 불가능해졌다. 선거는 윌슨, 그의 외교 정책, 그리고 그의 8년간의 재임에 대한 판단을 내렸으며, 그 결과는 매우 부정적인 것이었다.

민주당 후보는 대선에서 참패했다. 특히 그 당시 부통령 후보였던 전 해군차관보인 프랭클린 루스벨트(Franklin Delano Roosevelt)가 주목받았는데, 그는 전 대통령의 먼 사촌이었다. 1920년 선거에서 민주당은 압도적으로 패했고, 그 후 두 번의 대선에서 세 명의 공화당 후보가 대통령직을 차지했다. 오하이오주 상원의원 워렌 하딩(Warren G. Harding)은 1920년에, 그 후 1924년에는 그의 부통령인 캘빈 쿨리지(Calvin Coolidge)가 승리했다(1923년에 하딩이 임기 중 사망했다). 그 후 1928년에는 쿨리지의 상무장관이었던 허버트 후버(Herbert Hoover)가 당선되었다. 따라서 우드로 윌슨 이후 12년 동안의 미국 외교정책은 공화당의 외교정책이었다.

대중적인 역사적 기억에서 이 시기의 외교정책은 '고립주의'라는 이름으로 알려져 있다. 의회는 1921년과 1924년에 이민을 제한하는 법을 통과시켰지만,[127] 대부분의 중요한 면에서 이 용어는 오해를 불러일으킬 수 있다. 미국은 세계, 심지어 유럽으로부터 스스로 고립시키려 하지 않았으며, 실제로 몇 가지 중요한 성공을 거둔 적극적인 외교정책을 펼쳤다.[128]

이 시기를 설명하는 더 적절한 용어는 하딩과 연관된 신조어이다. 그는 전쟁 이후 국가에 '정상 상태로의 복귀'를 약속했으며, 그의 외교정책과 두 후임자의 정책은 그들이 미국에 대해 정상적이라고 여겼던 상태를 회복하는 것을 목표로 삼았다. 그들이 보기에 미국은 제1차 세계대전 직전과 마찬가지로 세계 각지에서 중요한 이해관계를 가진 강대국이었으며, 이러한 이해관계를 보호하고 증진하는 것이 연방 정부의 책임이었다.

그러나 이러한 이해관계에는 제1차 세계대전에서 역사적 선례를 깨고 대규모로 유럽 대륙에 미군을 배치했던 것이 포함되지 않았다. 미국인들은 자국의 군사적 노력이 가져온 결과에 환멸을 느꼈으며, 이를 반복하는 것에 반대했다.[129] 더욱이, 세 명의 공화당 대통령 재임 기간동안 미국에 대한 군사적 위협은 존재하지 않았거나 발생할 가능성이 낮아 보였다.[130] 따라서 미국은 유럽의 군사적 균형자로서 역할을 할 필요성을 느끼지 않았다. 반면, 동아시아의 정치 및 군사적 문제는 1914년 이전 20년 동안과 마찬가지로 여전히 미국의 이해관계 범위에 속했다. 이에 따라 미국은 태평양에서 강력한 해군의 존재를 유지하며 적극적인 아시아 외교정책을 추구했다.

공화당의 외교정책은 유럽을 완전히 무시하지 않았다. 그 반대로, 정부 관리들과 기업 지도자들은 미국이 유럽 대륙의 경제 건전성에 중요한 이해관계를 가지고 있다고 믿었고, 연방 정부는 민간 부문과 협력하여[131] 이를 복원하기 위한 주요 계획을 시작했다. 이들은 일시적으로 성공을 거두는 것처럼 보였다. 우드로 윌슨 이후의 미국 외교정책의 특징은, 따라서, 그가 주장했던 정책들과의 연속성이 아니라(비록 그의 후임자들이 몇 가지 윌슨주의적 조치를 채택하기는 했지만), 오히려 그의 대통령직 이전의 정책들과의 연속성이었다.

미국이 가장 오랫동안 가장 깊이 관여해 온 지역인 중앙아메리카에서, 전쟁 직후의 세 명의 대통령은 실제로 미국의 외교정책을 변화시켰다. 그들은 먼로 독트린을 포기하지는 않았다. 한편으로 공화당의 동료 로지가 국제연맹 가입이 이 독트린을 무효화할 수 없다는 조건을 제시한 바 있었지만, 이들은 중앙아메리카 국가들에 대한 미국의 접근 방식을 완화했다. 군사적 개입보다는 이웃 국가와의 경제적 유대에 더 중점을 두었다.[132] 1924년, 쿨리지 행정부는 도미니카공화국에서 미군을 철수시켰다. 또한 1925년에는 니카라과에서도 해병대를 철수시켰지만, 1926년에 다시 배치되었고 1933년까지 철수하지 않았다.[133]

미국과 역사적으로 가장 복잡한 관계를 맺어온 남쪽의 국가, 멕시코와 관련해 가장 어려운 양자 간 문제는 1917년 멕시코 헌법의 제27조가 되었다. 이를 통해 멕시코 정부는 외국인, 특히 미국 시민들이 구입한 토지와 자원(특히 석유)을 되찾으려 했다. 소유주들은 당연히 이에 반발했다. 멕시코 정부와 미국 기업 간의 협상은 J.P. 모건의 저명한 금융 회사 파트너인 토머스 라몬트가 미국 측을 대표해 이끌었으며, 1923년에 타협에 도달했다. 또 다른 모건 파트너인 드와이트 모로우는 멕시코시티 주재 미국 대사로서 양국 관계를 원활하게 하고 1928년에 최종 합의를 중재하는 데 도움을 주었다.[134] 그러나 후임자들이 시어도어 루스벨트, 태프트, 윌슨의 중앙아메리카 정책을 수정했음에도 불구하고, 이 정책들을 완전히 폐기하지는 않았다. 미국은 1920년대에도 쿠바, 아이티, 파나마에서 군사적 존재를 유지했다.

유럽에서는 전쟁 이후 미국이 관여하지 않은 채로 정치적·군사적 문제가 논란이 되었다. 독일은 파리 협정의 조건에 따라 프랑스에 지불해야 할 배상금을 거부했다. 이에 대한 보복으로 1923년 1월, 프랑스군이 독일의 루르 지역을 점령했다.[135] 그러나 프랑스와 독일 모두 경제적으로 큰 타격을 받았고, 프랑스는 1925년 8월에 철수했다.[136]

그 후 희망적인 발전이 있었다. 1925년 로카르노 조약이 체결되었고,[137] 이 조약에는 미국의 간접적인 격려도 있었다. 독일, 프랑스, 벨기에는 서로를 공격하지 않기로 합의했고, 영국과 이탈리아는 이를 보장했다.[138] 이 조약은 프랑스와 독일 사이의 전후 갈등을 해결하는 데 큰 진전을 이루었고, 이를 통해 유럽 대륙 서부에 정치적 안정이 일부 찾아올 수 있었다.

그러나 로카르노 조약은 독일이라는 이웃이 프랑스에 가할 수 있는 위협에 대한 프랑스의 불안을 해소하지도, 미국의 안보 보장을 받고자 하는 프랑스의 열망을 충족시키지도 못했다. 1928년, 프랑스 외무장관 아리스티드 브리앙은 미국을, 비록 간접적일지라도, 유럽의 안보 체제에 끌어들이기 위해 프랑스와 미국이 서로 전쟁을 벌이지 않을 것이라는 '엄숙한 선언'을 제안했다. 프랑스에 어떤 형태로든 양자 간 약속을 할 의사가 없었던 미국 국무장관 프랭크 켈로그는 프랑스의 제안을 모든 국가에 열려 있는 다자간 평화 협정으로 전환했다. 결국 63개국이 이 협정에 서명했다.[139]

전쟁을 불법화하려는 글로벌 조약으로서 켈로그-브리앙 조약은 우드로 윌슨이 체계화한 전통과 일치했다. 이 조약에 서명한 것은 진지한 의무를 수용하기보다는 선의의 의사를 선언한 것이었으며, 이는 많은 정부가 이를 기꺼이 준수한 이유임이 분명하다. 그러나 로카르노 조약과 마찬가지로 이 조약 역시 상징적인 중요성을 가지고 있었다. 이는 파리평화회의가 유럽에 남긴 정치적 갈등이 완화되고 있음을 나타냈다.

유럽의 정책들과 달리, 미국은 동아시아에서 지역의 안보 문제에 관여했다. 첫 번째 전후 10년 동안 미국의 노력은 광범위한 정치적 합의를 이루는 데 기여했다. 1921년, 하딩 행정부는 해군 군비 축소를 논의하기 위해 워싱턴 회의를 소집했다. 당시 국무장관이었던 찰스 에번스 휴즈는 참석한 대표들을 놀라게 하며, 전함에 대한 광범위하고 구체적인 제한을 제안했다. 이 제안은 다음 해, 그러한 제한을 포함한 조약으로 이어졌다.

주요 서명국들 내의 정치적 상황은 이러한 제약을 초래했다.[140] 태평양 지역의 세 주요 해양 강대국 모두 해군을 제한할 국내적 동기를 가지고 있었다. 미국에서는 하딩 행정부가 전반적인 군사 개입을 거부하는 이들과 경제적 절감을 중시하는 공화당원들[141]로부터 군사비 지출을 줄이라는 압박을 받았다. 대통령은 협상을 정치적 입지를 강화할 무대로 여겼다.[142] 영국 역시 지친 전쟁 이후 확대된 제국을 유지하는 것을 포함한 글로벌 정책 수행의 경제적 부담을 느꼈다. 더불어 영국과 일본 모두[143] 미국과의 해군 군비 경쟁을 피하고자 했다.[144]

워싱턴 회의는 궁극적으로 세 가지 밀접하게 관련된 조약을 이끌어냈다.[145] 5개 강대국 조약(Five-Power Accord)은 미국, 영국, 일본, 프랑스, 이탈리아 간 전함 톤수의 비율을 설정했다.[146] 4개 강대국 조약(Four-Power Treaty)에서는 미국, 영국, 일본, 프랑스가 서로의 섬 영토를 존중하고, 그들에 대한 위협이 발생할 경우 상호 협의하기로 합의했다.[147] 9개 강대국 조약(Nine-Power Treaty)에서는 다른 유럽 제국주의 열강들이 5개 강대국 조약 서명국들과 함께 중국의 주권과 영토 보전을 침해하지 않거나 추가로 침해하지 않겠다고 약속했다. 이 조약은 전쟁 전 미국의 문호 개방 정책을 재확인한 것이었다.[148]

이 세 조약은 아시아-태평양 지역에서 정치적·군사적 합의를 형성했으며, 이는 유럽에서의 로카르노 조약과 대략적으로 동등한 역할을 했다. 유럽에서의 합의와 달리, 아시아 지역의 합의는 미국의 전면적인 참여뿐만 아니라 미국의 주도하에 이루어졌다. 이 합의는 아시아에서 세력 균형을 형성하려 했던 존 헤이와 시어도어 루스벨트의 지역 정책을 계승했으며, 미국이 이를 유지하기 위해 직접적으로 개입할 필요가 없도록 하는 방향을 유지했다.

동아시아 합의에는 윌슨주의적인 요소도 포함되어 있었다. 지역 균형을 달성하기 위한 메커니즘 중 하나였던 군비 제한은 윌슨의 14개조 평화 원칙 중 하나를 반영한 것이었다. 더 나아가 1920년대의 해군 군비 통제는 1970년대에 미국이 무기 제한 협상을 진지하게 진행했던 다음 시기에도 분명히 드러날 패턴을 설정하거나, 아니면 이를 보여준 것이었다.[149] 두 시대의 군비 통제는 정치적 고려에 깊이 뿌리내리고 있었으며, 그러한 정치적 고려가 이러한 합의의 동기와 기회를 제공한 셈이었다. 워싱턴 조약의 서명국들은 1920년대 내내 그 조약의 조건을 대체로 충실히 준수했으며, 1930년 런던 회의에서 해군 군비 제한을 갱신하고 조정하며 연장했다.[150] 그러나 이후 동아시아의 정치적 환경이 변화하기 시작했다.

구체적으로, 변화는 만주에서 일어났다. 중국 북동부 지역[151]인 이곳에서 중국, 일본, 러시아의 야망이 충돌하며 이들의 지정학적 경쟁의 중심지가 되었다. 만주는 전략적 위치뿐만 아니라 풍부한 천연자원으로도 큰 가치를 지니고 있었다. 일본은 1895년 청일전쟁과 1905년 러일전쟁에서 중국과 러시아를 차례로 물리침으로써 이 지역 남부에서의 우위를 확립했다.[152]

3세기 동안 중국을 통치하며 일본의 침략을 허용할 정도로 약화되었던 청나라는 1911년에 붕괴했다. 이후 10년 이상 혼란이 지속된 끝에 1928년 장제스가 권력을 잡았다. 그는 만주 전역에 대한 중국의 통제를 회복하기 위한 캠페인을 시작했다.[153] 이에 경각심을 느낀 일본군은 도쿄 정부의 중국에 대한 정책에 불만을 품고, 1931년 9월 18일 만주의 '무단(묵단)'에서 사건을 일으켜 이를 북부와 남부 만주에 대한 일본의 지배를 확장하는 구실로 삼았다. 일본군은 또한 중국 상하이를 무자비하게 공격하여 1만에서 2만 명의 민간인을 살해했다.[154] 일본 정부는 만주에 새로운 괴뢰국을 세우고 이를 '만주국'이라 명명했다.

일본의 공격과 만주 전역에 대한 일본의 통제 확장, 그리고 중국의 다른 지역으로 일본 군대가 진입한 것은 미국이 주도한 1920년대의 조약들로 확립되고 강화된 동아시아의 정치 및 군사적 현상유지에 큰 타격을 주었다. 국제연맹은 일본의 행동을 비난했으며, 이로 인해 일본은 국제연맹을 탈퇴하게 된다. 그러나 국제연맹의 회원국들, 특히 해당 지역에서 해군력을 보유하고 있는 영국은 일본의 행동에 대한 확실한 미국의 대응을 기대했다.

후버 행정부는 일본의 만주 침략에 대해 이중적인 반응을 보였다. 일본의 침략 행위에 분노하고 이로 인해 일본이 동아시아를 지배하게 될 가능성에 우려를 표하면서도, 만주만으로는 미국의 중요한 이익에 해당하지 않는다고 판단했다. 더불어 일본을 저지하기 위한 군사적 조치에 대한 국민적 지지를 기대할 수 없다는 점도 인지하고 있었다. 일본의 전진을 저지하기는커녕 이를 되돌릴 힘이 없었던 행정부는 아무것도 하지 않는 것을 원치 않았지만, 효과적인 대응 조치를 취할 수도 없었다. 이러한 상황에서 국무장관 헨리 스팀슨은 1932년 1월 7일 일본 정부에 서한을 보냈다. 이 서한의 내용은 이후 '스팀슨 독트린(Stimson Doctrine)'으로 알려지게 되었다. 이 독트린은 미국이 일본(또는 다른 나라들)이 무력으로 얻은 어떠한 영토적 또는 기타 이익도 인정하지 않겠다고 선언했다. 이 서한과 독트린은 미국의 불승인을 명확히 표명했지만, 그 대상이 된 일본의 행동에 실질적인 영향을 미치지는 못했다.[155]

만주 사건과 그 여파는 1930년대 아시아와 유럽에서 벌어질 사건들을 예고했다. 공격적인 강대국들은 두 대륙에서 정치적 현 상태를 파괴했다. 미국을 포함한 민주 국가들은 이러한 침략을 비난했지만, 이를 효과적으로 저지하기 위한 조치를 취하지는 않았다. 제1차 세계대전의 경험으로 강화된 미국 대중의 서반구 외 지역에서의 전쟁에 대한 반감은 미국 정부가 그러한 저항을 정치적으로 실행할 수 없게 만들었다. 1930년대 초반에 발생한 또 다른 사건도 미국과 제1차 세계대전 당시의 동맹국들을 제약했다. 만주 사건이 발생할 무렵, 이들 모두는 심각한 경제적 침체에 빠져 있었기 때문에 내부 문제에 몰두할 수밖에 없었다.[156]

전후 외교정책: 경제

제1차 세계대전 이후, 이전과 마찬가지로, 미국은 세계 최대의 경제를 자랑했다. 1919년부터 1921년까지는 침체기를 겪었지만,[157] 그 후에는 급격히 회복하며 '호황의 1920년대'라는 명성을 얻었다. 경제 성장률은 연평균 5%를 기록했다.[158] 그 기간 동안, 총국민소득(GNP)은 59% 증가했고, 1인당 GNP는 42%, 개인소득은 38% 이상 증가했다.[159] 1929년까지 미국의 국가 소득은 영국, 독일, 프랑스, 캐나다, 일본을 포함한 17개국의 합을 초과했다.[160]

성장 대부분은 상대적으로 새로운 산업들에서 일어났고, 이는 소비자를 위한 제품을 생산하는 산업들이었다. 제1차 세계대전과 제2차 세계대전 사이의 기간동안 미국은 전 세계에서 처음으로 완전한 소비 사회로 발전했다.[161] 두 가지 주요 발명품이 미국 소비 혁명의 기초가 되었다.[162]

내연 기관은 자동차의 가능성을 열었다. 1920년대 중반, 미국은 전 세계 모든 자동차의 80%를 보유하고 있었다.[163] 자동차 산업은 19세기 철도처럼 미국 경제의 주요 부문이 되었으며, 대규모로 직접적 및 간접적으로 고용을 창출했다.[164] 동시에 전기는 가전제품의 기초를 마련했다. 더 많은 미국인이 전기 조명, 전기다리미, 재봉틀, 라디오 등을 구매하고 사용할 수 있게 되었다.[165]

미국의 대량 소비 사회 모델은 전 세계적으로 강력한 매력을 발휘했다. 이는 제2차 세계대전 이후 유럽으로 퍼져나갔으며, 이후 수십 년 동안 전 세계로 확산했다. 비록 미국의 공식 외교정책의 일환은 아니었지만, 소비사회라는 최초의 모델을 통해 미국은 세계에 엄청난 영향을 미쳤다.

무역 문제에 있어서 공화당은 남북전쟁 이후 정권을 잡았을 때마다 시행해온 보호주의 정책을 계속 유지했다. 1922년, 의회는 '포드니-맥컴버 관세법(Fordney-McCumber Tariff)'을 통과시켰다.[166] 그럼에도 불구하고, 미국은 1920년대 세계 최대의 수출국이 되었으며, 1913년에서 1929년 사이 세계 전체 무역이 단지 13% 증가하는 데 그친 반면, 같은 기간 동안 미국의 무역은 두 배 이상 증가했다.[167]

경제 활동 영역 중 미국의 역량이 국제적으로 더 중요한 역할을 한 분야는 금융이었다. 제1차 세계대전은 미국을 채무국에서 세계 최대의 채권국으로 전환시켰다.[168] 미국은 세계에서 가장 중요한 대출 공급원이 되었으며,[169] 유럽 경제는 미국 자본에 크게 의존하게 되었다. 또한, 미국 다국적 기업들은 대규모로 해외 직접 투자를 진행했으며, 그중 상당 부분은 농업과 자원 채취 산업에 집중되었다.[170]

전쟁 이후의 세 공화당 행정부는 북아메리카 외부의 사건들이 미국의 안보를 위협하지는 않을 것이라고 믿으면서도, 세계 경제 전반, 특히 유럽의 경제 상황에 대해 주요한 이해관계를 가지고 있다고 판단했다. 따라서 이들은 미국의 금융력을 간접적으로 활용하여 이러한 경제 상황을 개선하려고 노력했다.[171] 1920년대에 미국 자본은 미국 외교정책의 주요하고 가장 효과적인 수단이 되었다.

금융은 미국을 유럽 문제에 얽히게 만들었다.[172] 제1차 세계대전 동안 미국은 유럽 동맹국들에게 100억 달러를 빌려주었고, 이를 상환받기를 강력히 요구했다. 이에 대해 영국과 프랑스는 크게 반발했다. 그들은 자신들이 미국과 공유한 대의를 위해 피로 대가를 치렀다고 여겼기 때문이다.[173] 게다가 영국과 프랑스는 독일로부터 파리 협정에 따라 받아야 할 배상금을 받는 것이 자신들의 상환 능력에 결정적이라고 주장했다.[174] 그러나 독일은 이러한 의무를 이행하는 것을 거부했다. 독일은 이 배상금 요구가 부당하게 부과되었다고 강하게 느꼈으며, 이 저항은 전후 유럽에서 주요한 갈등의 원인이 되었다. 설령 독일이 최대한 협조하려 해도, 전쟁으로 심각하게 훼손된 경제 상황에서 배상금을 지불 할 자금을 벌어야 했다.[175] 성장을 재개하려면 자본이 필요했는데, 이는 미국으로부터만 조달할 수 있었다. 따라서 독일은 미국의 대출에 의존할 수밖에 없었다.[176]

이로 인해 정치적으로 난처하고 경제적으로 불안정한 구조가 형성되었다. 미국 대출은 독일로 자금을 이전했고, 독일은 그중 일부를 영국과 프랑스로 보냈으며, 영국과 프랑스는 받은 돈으로 미국 채권자들에게 빚을 갚았다.[177] 이러한 시스템은 원활하게 작동하지 않았으며, 유럽의 경제 회복을 저해했다. 이에 미국은 상황을 개선하려는 노력을 기울이기 시작했다.

1924년 1월, 재정 전문가들로 구성된 위원회가 배상 문제를 재검토하기 위해 구성되었으며, 이 위원회의 수장으로 시카고 은행가 찰스 도스가 임명되었다. 이 위원회는 도스 계획(Dawes Plan)을 제시했으며, 이 계획은 독일의 의무를 재조정하고, 독일이 겪고 있던 초인플레이션 상황 속에서 화폐 시스템을 재정비하며, 독일에 대한 대출을 포함했다. 이 계획은 실질적으로 독일의 연합국에 대한 부채를 상당히 줄여주는 효과를 가져왔다.[178]

쿨리지 행정부는 도스위원회에 직접적으로 참여하지 않았지만, 그 성공을 보장하기 위해 배후에서 노력했다. '도스 계획(Dawes Plan)'은 널리, 그리고 정확히 미국 주도의 계획으로 인식되었다.[179] 전쟁 전 태프트 행정부의 달러 외교(Dollar Diplomacy)와 마찬가지로, 미국은 배상금 상환 일정을 조정하는 데 정부 자금이 아닌 민간 자본을 활용했다. 도스 계획이 채택되자, 이는 로카르노 조약[180]의 기반을 마련했으며, 이 두 가지가 결합되어 전후 서유럽에 일정한 조화와 경제 성장[181]을 가져왔다. 그러나 5년 후에도 배상 문제는 여전히 유럽 대륙의 정치와 경제를 혼란스럽게 했다. 이에 따라, 도스 위원회에서 활동했던 미국인 오언 영(Owen Young)이 주재한 또 다른 위원회가 독일의 배상 의무를 추가로 수정했다.[182]

1920년대 미국 정부가 유럽에 안정성을 가져오기 위해 기울인 노력은 1914년 이전 서반구 밖에서 추구했던 외교정책으로 미국을 되돌려 놓았다. 이는 자국의 이익을 보호하면서 그에 따르는 비용을 제한하려는 강대국의 정책이었다. 워싱턴은 유럽에서 정치적 이해관계는 아니더라도 경제적으로 중요한 이해관계를 가지고 있다는 점을 받아들였으며, 유럽 대륙의 금융 문제를 무시할 수 없었다.

영국의 역사적 해양 균형 정책과 마찬가지로, 미국은 직접적으로 개입하지 않았다. 영국이 가능하면 자국 군대를 유럽에 파견하지 않으려 했던 것처럼, 공화당 행정부는 정부가 직접 자금을 제공하기보다는 민간 은행들이 필요한 자원을 공급하도록 성공적으로 장려했다. 또한, 중국에 대한 문호 개방 정책과 마찬가지로, 미국은 다른 나라들이 서로 간의 갈등 가능성을 줄이는 방향으로 움직이도록 노력하면서 동시에 미국의 경제적 이익을 보호했다. 이는 미국 납세자들에게 최소한의 위험과 비용으로 이루어진 정책이었다.

'영 플랜(Young Plan)'은 도스 위원회가 제안한 계획과 마찬가지로, 초기에는 유럽에서 정치적 화해와 경제 성장을 위한 전망을 개선하는 것처럼 보였다. 그러나 발표 몇 달 후, 미국 주식시장이 붕괴했다.[183] 이 사건과 그로 인해 이어진 사건들은 아시아에서 만주 사건이 초래한 영향에 필적하는 유럽의 변화를 가져왔다. 이 사건들은 기존의 제한적이고 미약했던 협력을 점차 고조되는 긴장 상태로 전환했다. 1929년은 전후(戰後) 시대에서 전전(戰前) 시대로의 전환을 나타내는 해로 밝혀졌다. 이 해에 시작된 일련의 사건들은 10년 후 제2차 세계대전의 발발로 이어졌다.

주식시장 붕괴는 미국에서의 은행 위기[184]를 시작으로 이어졌고, 그 후 유럽에서도 은행 위기[185]가 발생했다. 양 대륙에서 은행들이 대규모로 파산했고, 이는 하향 경제 순환을 촉발하여 궁극적으로 전 세계를 휩쓸게 되었다. 기업들은 신용을 얻을 수 없어서 직원들을 줄이거나 완전히 문을 닫았다. 경제 활동은 침체했고, 실업률은 증가했으며, 소비는 급격히 줄어들었고 가격도 폭락하며 침체를 심화시켰다. 부채는 개인과 기업들이 감당할 수 없게 되었고, 이러한 부정적인 추세들이 서로를 강화하며 경제적인 고통을 가중했다. 대공황에서 경제 활동은 산업 혁명 이후 가장 급격히 감소한 시점이었다. 전쟁과 전염병만이 유럽 경제에 더 큰 피해를 주었고, 미국은 그동안 겪었던 몇 차례의 침체 중 가장 심각한 상황을 맞이했다.[186]

90년이 지난 후, 역사학자들은 미국 주식시장의 거품 붕괴, 양 대륙의 은행 실패, 유럽과 미국의 디플레이션(디플레이션성 하강) 사이의 정확한 연결고리를 여전히 논의하고 있다.[187] 그러나 회고적인 판단은 하나의 중심적인 지점에서 일치한다. 대공황의 원인이 무엇이었든, 주요 국가들이 그에 대해 채택한 정책들이 오히려 상황을 악화시켰다는 점이다.[188]

이들 국가는 예산 균형을 맞추기 위해 지출을 줄였지만, 이는 오히려 정부 지출을 늘려야 했던 상황이었다. 그들은 금본위제의 규칙을 준수하기 위해 금리를 낮추는 대신 높였고, 이는 경제에 족쇄로 작용했으며, 너무 늦게야 금본위제를 포기했다. 이웃 국가들에 대해서는 '근린 궁핍화 정책(beggar-thy-neighbor policies)'이라 불리게 된 조치를 실행했는데, 이는 자국 내 경제 활동을 자극하려는 헛된 노력으로 자국 통화를 평가절하하고 무역 장벽[189]을 세우는 방식이었다. 이러한 정책은 다른 나라를 희생시켜 자국의 이익을 도모하려 했지만, 실제로는 경제 협력이 훨씬 더 나은 결과를 가져왔을 것이다. 경제에 대한 비효율적이고 오히려 해를 끼치는 신념에 사로잡힌 정부 정책은 불을 끄는 대신

기름을 부은 것과 같은 결과를 초래했다. 잘못된 경제적 관념은 대공황을 크게 악화시키는 데 기여했다.

미국은 이러한 생각들을 공유하고 이에 따른 행동을 취했다.[190] 또한 대공황의 깊이에 세 가지 독특한 기여를 했다. 첫 번째는, 전시 중 동맹국들이 져야 했던 부채를 감수하거나 적어도 수정하려는 미국의 거부가 1920년대 내내 유럽과 세계 경제에 부담을 주었고, 이로 인해 경제가 덜 견고해졌으며, 1929년 이후의 충격을 흡수할 준비가 덜 되어 있었다. 두 번째로, 유럽이 세계에서 가장 큰 채권국인 미국의 자본에 크게 의존했기 때문에, 미국의 은행 위기는 대서양을 가로지르는 대출량을 줄여 유럽 경제에 치명적인 영향을 미쳤다.[191]

세 번째로, 세계에서 가장 큰 경제를 보유한 미국만이 위기를 극복하기 위해 필요한 조치를 취할 수 있는 위치에 있었다. 즉, 미국만이 과거에 영국이 했던 것처럼, 그러나 이제는 너무 약해져서 하지 못한 역할을 할 수 있었다.[192] 1930년대 초반, 미국은 영국의 자리를 대신할 수 있었고, 돌이켜보면 대신했어야 했지만, 그렇게 하지 않았다. 경제적으로나 정치적으로 미국인과 그들의 정부는 자국을 여러 강대국 중 하나로 보았지만, 그 지위에 따른 유일한 책임을 가진 전 세계의 리더로 보지는 않았다.[193]

후버 대통령은 올바른 방향으로 몇 가지 조치를 취했다. 예를 들어, 1930년에는 미국에 대한 동맹국의 대출 상환과 독일의 전쟁 배상금을 동맹국에 지불하는 것에 대해 1년간의 유예를 제안했다.[194] 그러나 미국 내 여론과 경제 기득권층의 생각이 허용하는 정책만으로는 세계 경제의 하향 곡선을 멈추기에 충분하지 않았다.

대공황은 국제관계에 심대한 영향을 미쳤으며, 이는 미국을 포함한 모든 강대국의 외교정책에도 큰 변화를 가져왔다. 각 국가는 대부분의 관심과 정치적 에너지를 국내 경제문제를 해결하는 데 집중했으며, 그 결과 다른 문제에 할애할 여력이 거의 없었다. 주식시장 붕괴 4년 후, 세계가 여전히 대공황에 빠져 있고 그로 인한 정치적 여파가 지속되는 가운데, 독일과 미국에서는 새로운 지도자들이 권좌에 올랐다. 이들은 각자의 자리에서 12년간의 격동적인 시기를 이끌게 되었다.

독일의 새 총리 아돌프 히틀러는 파리 협정을 끝내고 역사상 가장 비용이 많이 든 전쟁을 시작하게 될 살인적인 공세적 외교정책을 실행했다. 프랭클린 루스벨트는 미국의 32대 대통령으로서, 1914년의 우드로 윌슨보다 훨씬 적은 망설임으로 이 전쟁에 미국을 이끌게 되었다. 이는 히틀러뿐만 아니라, 만주사건 이후 마찬가지로 공세적인 외교정책을 펼쳤던 일본 정부의 왜곡된 도움에 의한 것이기도 했다.

6장
민주주의의 무기고, 1933~1945

평화의 붕괴

프랭클린 루스벨트, 제32대 미국 대통령이자 사상 네 번 당선된 유일한 대통령은 1933년 3월 첫 취임식부터 1945년 4월 사망할 때까지 미국 공공 생활을 지배했으며, 이 기간동안 미국 외교정책도 그가 주도했다. 이 시기의 미국 외교정책 역사는 우선적으로 북미 대국의 국제적 방향을 이끄는 그의 아이디어, 성향, 지도력, 그리고 정책의 역사이다.

루스벨트는 부유한 가정에서 자라 하버드대학교와 컬럼비아대학교 로스쿨에 다녔으며, 뉴욕주 지사를 지냈고, 1920년 민주당 부통령 후보로 출마했으며, 성인이 되어 소아마비에 걸려 휠체어에 거의 의존하게 된 상황 속에서도 결국 국가 최고 정치 지도자 직책에 올랐다.

국가지도자로서 그의 뛰어난 특징은 자신감이었다. 루스벨트는 자신감이 넘쳤고, 그것을 표현하며, 또한 사람들에게 자신감을 불어넣었다.[1] 그는 단지 자신에 대한 신뢰를 구축한 것뿐만 아니라, 미국 자체의 회복력과 잠재력에 대한 신뢰를 심어주었다. 이를 통해 그는 특히 새로운 소통 매체인 라디오를 잘 활용했다. 그는 '벽난로 옆 담화(Fireside Chats)'*라는 비공식적인 전국 연설을 통해 국민에게 다가갔고, 이로 인해 국민의 사기를 북돋웠다. 그의 정책과 함께 이 신뢰감은 미국을 두 가지 큰 20세기 위기, 즉 대공황과 제2차 세계대전을 헤쳐나가게 도왔다.

그의 국가적 리더십 스타일은 꾸준히 국민에게 희망을 주었지만, 그의 관리 방법은 자주 혼란을 야기했다. 그와 함께 일하는 사람들은 종종 그 경험이 좌절감을 준다고 느꼈다. 그는 정책 선택의 동기를 명확히 또는 정직하게 제시하는 일이 드물었으며, 그가 목표로 하는 것들이 때때로 불확실했고, 그의 사무실에서 나오는 권한의 라인은 자주 엉켜 있거나 흐릿하고 겹쳐 있었다.[2] 그는 일부 부하들끼리 서로 경쟁하게 하여 모든 사람을 통제하려는 경향이 있었다. 고위 공직에서 오랜 경험을 가진 헨리 스팀슨은 그를 전쟁 장관으로 임명하면서 "내가 지금까지 섬긴 최고로 나쁜 관리자"라고 말했다.[3] 루스벨트는 1942년에 자신에 대해 "나는 마술사 같아서 오른손이 왼손이 하는 일을 모르게 한다. 나는 전혀 일관성이 없을 수 있고, 또한 전쟁을 이길 수 있다면 기꺼이 오해를 주고 거짓말을 할 준비가 되어 있다."고 말했다.[4]

외교정책 수행에 있어 그는 미국 대통령 당선자로서는 드물게 깊이 있고 폭넓은 경험을 갖추었다.[5] 그는 광범위하게 여행을 했고, 1913년부터 1920년까지 해군 차관으로 일했다. 그는 시어도어 루스벨트의 먼 사촌이자 숭배자였고, 그

---

* 소설가 솔 벨로는 1930년대 시카고에서 한 여름 저녁에 '노변담화'를 들었던 경험을 이렇게 묘사했다. "나는 시카고 미드웨이를 동쪽으로 걸어가던 기억이 난다. 그때는 아직 병충해로 느릅나무가 사라지지 않았고, 나무 아래에는 운전자들이 차를 멈추고 범퍼를 맞대고 주차한 채 라디오를 켜고 루스벨트를 듣고 있었다. 창문을 내리고 차 문을 열어둔 상태였다. 모든 곳에서 같은 목소리가 들려왔다. 독특한 동부 억양이었는데, 다른 사람이었다면 중서부 사람들을 짜증 나게 했을 억양이었다. 산책하면서도 단어 하나도 놓치지 않고 따라갈 수 있었다. 낯선 운전자들, 담배를 피우며 조용히 있는 남녀들과 연결된 느낌이 들었다. 그들은 대통령의 말을 곰곰이 생각하기보다는 그의 목소리 톤의 올바름을 인정하며 거기서 안도감을 얻고 있었다." "In the Days of Mr. Roosevelt," in Bellow, *It All Adds Up: From the Dim Past to the Uncertain Future, A Nonfiction Collection* (뉴욕: 바이킹, 1994), 28-29쪽.

와 마찬가지로 국제정치에서 국력이 핵심이라는 것을 이해했으며, 가장 강력한 국가가 가장 큰 영향을 미친다고 생각했다. 그의 외교정책은 이러한 인식을 반영하고 있었다. 그러나 그는 또한 시어도어 루스벨트의 철학적 반대자인 우드로 윌슨의 제자이기도 했다. 윌슨은 그를 해군부에 임명한 바 있었다.[6]

처음에는 전후 세계에 대한 윌슨의 비전을 지지했던 루스벨트는, 미국 국민이 이를 받아들이지 않을 것이라는 점이 분명해지자, 국제연맹 가입에 중점을 둔 그 비전에서 점차 멀어지게 되었다. 윌슨의 경험은 그에게 대중의 확고한 지지를 얻지 못한 외교정책을 주장하는 것이 정치적으로 위험하다는 점을 인식하게 했으며, 이는 그의 대통령 재임기간동안 미국 외교정책을 수행하는 데 중요한 교훈으로 작용했다.[7]

미국이 참전하기 전 몇 년 동안, 20세기 두 번째 유럽 전쟁에 대한 그의 접근방식은 첫 번째 전쟁에 대한 윌슨의 접근방식과 크게 달랐다. 1914년부터 1917년까지 윌슨은 대서양 건너편에서 벌어지는 전쟁의 결과가 미국의 이익에 거의 영향을 미치지 않는다고 생각했다. 그러나 1930년대 중반부터 루스벨트는 미국이 독일의 유럽 지배를 예방하는 데 큰 이해관계를 갖고 있다고 믿었다. 그의 두 번째 임기와 세 번째 임기의 첫해 동안 루스벨트는 전쟁에 반대하는 미국 여론의 저항 속에서 영국(그리고 1940년까지는 프랑스)을 지원하려 애썼다.

루스벨트의 전후 세계에 대한 비전은 우드로 윌슨의 비전과 매우 유사했다. 루스벨트 또한 민족자결 주의를 주장했고, 전후 평화를 유지할 국제기구 설립을 옹호했다. 이런 방식으로 루스벨트는 더 오래되고 폭넓은 미국의 전통적인 외교정책을 따랐다. 커다란 세계대전에서 승리한 연합의 주요 참가국 지도자로서, 윌슨과 루스벨트 모두 국제관계 전반을 이론적인 논의가 아닌 실제적인 문제로서 어떻게 조직해야할지에 대한 질문에 직면했다. 두 사람 모두, 그리고 실제로 그들의 후임 미국 대통령들 역시, 미국 공화국 초창기부터 이어져 온 가치와 선호를 반영한 답을 제시했다. 프랭클린 루스벨트는 이후 대통령들과 마찬가지로, 그리고 20세기와 그 이후의 미국 외교 정책처럼, 시어도어 루스벨트의 힘 중심적 국정 운영 접근방식과 우드로 윌슨의 이상과 이념에 대한 선호를 결합했다.[8]

루스벨트가 취임했을 때, 대공황이 국가를 휘감고 있었으며, 그는 사실상 모든 시간을 미국 경제를 회복할 방법을 찾는 데 전념했다. 이를 위해 그는 '뉴딜'로 알려진 일련의 프로그램을 추진했다. 그가 제시한 해결책은 대부분 국제적인 범위보다는 철저히 국내적인 성격을 띠었다.[9] 그의 전임자인 허버트 후버는 1933년 런던에서 국제 경제 회의를 소집해 유럽과 미국이 겪고 있는 경제 불황에 대한 협력적인 해결책을 찾으려 했다. 그러나 루스벨트는 통화 안정화와 같은 중요한 단계를 거부하며,[10] 국내에서 대공황에 효과적으로 대응할 방안을 찾으려고 했다.

루스벨트의 첫 번째 임기 동안 그는 후에 중요한 결과를 가져온 국제적인 여러 계획을 채택하거나 지지했다. 예를 들어, 1934년 의회는 루스벨트 행정부의 요청에 따라, 그리고 자유무역을 강력히 지지한 코델 헐(Cordell Hull) 국무장관[11]의 적극적이고 효과적인 지원을 받아 상호무역조정법(RTAA)을 통과시켰다. 이 법안은 대통령에게 다른 국가와의 무역 협정에서 세금을 낮출 수 있는 권한을 부여했다. 대공황과 전쟁으로 인해 가까운 시일 내에 미국의 무역이 크게 증가하지는 않았지만,[12] 1945년 이후에는 급격히 증가했다.

상호무역협정법(RTAA)은 남북전쟁 이후 보호무역주의가 미국 무역 정책에서 우위를 점했던 시기에서 국가 정책이 자유무역을 선호하는 시대로의 전환을 나타냈다.[13] 이 새로운 자유무역 시대의 주요 배경에는 민주당의 정치적 헤게모니—두 주요 정당 중에서 낮은 세율을 선호하는 정당—와 국제경제 정책에 대한 의회 권한의 축소와 대통령 권한의 확대가 있었다. 이 변화는 무역 정책에 대한 필수불가결한 정치적 갈등을 교역 확장 쪽으로 기울게 했다.[14]

1933년 11월, 루스벨트 행정부는 공산주의 소련 정부와 공식 외교 관계를 수립했으며, 이는 주요 국가 중 마지막으로 이루어진 일이었다.[15] 미국의 외교적 승인으로 인해 1941년부터 1945년까지 나치 독일에 맞서 두 나라가 협력하는 것이 이전보다 더 수월해졌다.

루스벨트의 첫 번째 취임 연설에서 외교정책에 대한 언급은 라틴 아메리카와 관련된 내용이었다. 그는 미국이 '좋은 이웃'으로서 행동할 것이라고 약속했다.[16] 이를 위해 1934년 5월, 미국 정부는 1898년 이후 쿠바 문제에 대한 미국의 개입을 정당화한 플랫 수정안을 철회했다.[17] 또한 그는 남미 국가들에 대한 군사 개입을 자제할 것이라고 약속하며,[18] 1939년에는 멕시코와 미국 석유회사의 국유화에 대한 보상 문제를 해결했다.[19] 이러한 조치들은 전쟁이 시작되었을 때 독일의 영향력에 맞서 싸울 준비를 마련했다.[20] 마지막으로, 1934년 타이딩스-맥더피 법에 따라 미국은 필리핀에 1946년에 독립을 약속하고 실제로 이를 실현했다. 이 약속은 일본 점령 중 필리핀에서 친미 정서를 유지하는 데 중요한 역할을 했다.

그동안 북미를 제외한 세계는 전쟁으로 나아가고 있었다. 독재 정부를 가진 세 나라, 나치 독일, 파시스트 이탈리아, 그리고 제국 일본은 자국의 권력, 영향력, 영토 통제를 확장하고, 제1차 세계대전 이후의 정치적, 군사적 정세를 뒤엎으려는 외교정책을 펼쳤다. 유럽과 아시아에서 공격적인 행동들이 이어졌다. 민주주의 국가들은 제1차 세계대전이 반복되지 않도록 하려 했지만 결국 실패하고 말았다. 결국 전쟁이 발발했을 때, 그것은 1914년 제1차 세계대전처럼 놀라운 일이 아니었다.[21] 영국 시인 W.H. 오든이 '낮고 부정직한 10년'이라고 표현한 시대의 사건들이 세계를 그 방향으로 밀어붙였기 때문이다. 세계 강국들은 다시 전쟁을 시작하게 되었고, 1914년의 순진한 열정이 아니라 체념과 불안의 감정을 가지고 전쟁에 뛰어들었다.

1930년대 중반부터 독일과 이탈리아는 유럽에서 제1차 세계대전 이후의 정세를 단계적으로 뒤집어 갔다. 1935년 나치 독일은 베르사유 조약의 군비 축소 조항을 부정했고, 같은 해 이탈리아는 에티오피아를 침공했다. 1936년 히틀러는 다시 한번 1919년 조약을 위반하고 군대를 라인란트에 주둔시켰으며, 스페인 내전에서 파시스트를 지지하는 반군을 도왔고, 결국 반군은 승리했다. 또한 그는 이탈리아와 일본과 연합하여 사실상 소련에 대한 공동의 반대 입장을 선언했다.[22] 1938년 독일은 오스트리아를 합병하고 체코슬로바키아의 독일어 사용 지역 할양을 요구했으며, 영국과 프랑스 정부는 남부 독일 도시 뮌헨(뮈니히)에서 히틀러와의 회담에서 체코 정부가 이를 양보하도록 성공적으로 압박했다. 마침내 중요한 해인 1939년 3월, 나치 독일은 체코슬로바키아의 나머지 지역을 합병했다. 이에 대해 영국과 프랑스는 폴란드에 대한 안전 보장 약속을 했다. 같은 해 8월, 독일과 소련은 그동안 적대 관계였던 두 나라가 협정을 체결했으며, 그 협정은 그들 사이에 위치한 국가들을 분할하는 내용도 포함되었다. 9월에 독일은 폴란드를 공격했고, 영국과 프랑스는 폴란드를 지원하기 위해 독일에 전쟁을 선포했다. 20세기 두 번째 유럽 대전(제2차 세계대전)이 시작된 것이다.

세계 반대편인 동아시아에서, 일본은 1934년 해군 병력에 대한 조약으로 부과된 제한을 폐기했다. 그리고 1937년, 중국 수도 베이징에서 일본과 중국 간의 충돌이 일어나 두 나라 간 전면전이 벌어졌다. 일본은 빠르게 우위를 점하며 북중국을 점령했다.[23] 다음 해, 일본 정부는 '대동아공영권'이라는 명칭으로 아시아에서 자신들의 세력권을 선언했다. 1940년 일본은 독일과 이탈리아와 함께 삼국 동맹, 흔히 '추축국 동맹'이라고 불리는 조약을 체결했다.

미국은 유럽에서 전쟁의 가능성이 커지고 아시아에서 전쟁이 실제로 벌어지는 것을 목격하면서, 두 대륙에서의 전쟁에 직접 참여하는 것을 거부했다. 1930년대 후반까지 세계가 위험해질수록 미국인들은 발생할 수 있는 전쟁에 참여하지 않겠다는 결심을 더욱 확고히 했다.[24] 미국은 최근 유럽 전쟁을 치렀기 때문에, 진주만 공격 이전까지의 국제적 개입에 대한 국내 정치의 초점은 아시아가 아니라 유럽에 맞춰져 있었다. '고립주의자'라는 명칭은 미국에 진정으로 적용된 적이 없었다. 왜냐하면 어느 시점에서도 미국의 지도자들은 자국을 모든 국제적 접촉에서 단절하는 것이 실현가능하거나 바람직하다고 믿지 않았기 때문이다. 그럼에도 불구하고, 1930년대 유럽(그리고 정도는 덜하지만 아시아) 안보 문제에 적극적으로 개입하는 것에 대한 반대는 이 시기를 미국 외교정책 역사상 가장 고립주의에 가까운 시기로 만들었다. 그리고 바로 이 시기와 그 이후에 '고립주의'라는 용어가 이를 묘사하기 위해 일반적으로 사용되기 시작했다.[25]

해외에서 벌어지는 무력 충돌에 직접 개입하는 것에 대한 국민적 혐오의 근저에는 1930년대까지 대부분의 미국인이 공유하게 된 신념, 즉 자국의 제1차 세계대전 참전이 실수였다는 확신이 자리 잡고 있었다.[26] 전쟁은 미국에 생명과 재정을 희생시켰고, 전후에는 동맹국들이 미국에서 빌린 돈을 전액 상환하려 하지 않았다. 그 전쟁은 유럽 대륙을 화합된 곳으로 만들지 않았다.[27] 전쟁에 대한 부정적인 평가는 전미 정치 스펙트럼에서 나타났다.

좌파에는 어떤 경우에도 전쟁에 반대하는 사람들과 전시 중 개인의 자유를 침해한 것에 충격을 받은 사람들이 포함되었다. 우파에는 전쟁이 가져오는 정부 확장과 공공 지출의 증가에 반대하는 사람들도 있었다.[28] 또한 대공황의 영향을 극복해야 한다는 절박한 필요성은 다른 곳에서 벌어지는 전쟁과 그 종류의 전투를 불필요한 사치로 여겼다. 마지막으로, 미국인들은 대서양이라는 지리적 장벽이 전통적으로 그랬던 것처럼 유럽의 지정학적 폭풍으로부터 자신들을 효과적으로 보호해 줄 것이라고 확신했다.

이 문제에 대한 여론은 1935년, 1936년, 1937년에 일련의 중립법을 제정하게 했다. 이 법들은 미국이 제1차 세계대전에 참전하게 만든 상황을 피하기 위해, 전쟁 중인 국가에 무기를 판매하거나, 제1차 세계대전 전 영국에 대출한 것과 같은 대출을 금지하는 것을 목표로 했다. 미국이 전쟁 중인 국가와의 모든 교역을 중단하라는 요구에 대한 반응으로, 이는 미국인들에게 경제적 피해를 줄 것이라는 우려가 있었다. 그래서 의회는 '현금과 운반' 정책을 고안했다. 이 정책에 따라 군사 물자가 아닌 품목의 무역은 허용되었지만, 구매자가 현금을 지불하고 미국이 아닌 자국의 배로 물품을 운반할 조건이었다.[29]

루스벨트 대통령은 유럽에서 다가오는 폭풍에 대해 결코 무관심하지 않았다. 나치 독일과 그 지도자 아돌프 히틀러는 그를 경악하게 했는데, 이는 시어도어 루스벨트와 우드로 윌슨의 특성을 모두 반영한 이유에서였다. 그는 히틀러의 목표가 점점 더 분명해지고 있던 유럽 대륙의 독일 지배가 미국의 안보를 위협할 것이라고 믿었다.[30] 또한 그는 독일의 부상이 유럽의 민주주의 국가들을 위협함으로써 미국의 가치를 위협한다고 보았다. 확실히 1938년 9월 뮌헨에서 체코 영토가 할양된 이후,[31] 어쩌면 그 이전부터, 그는 영국과 프랑스를 지원하기로 결심했다. 그러나 전쟁에 나가는 것과 미국을 전쟁으로 이끌 가능성이 있는 외교정책에 대한 대중의 저항은 그가 할 수 있는 일을 제한했다. 이러한 방식으로 1930년대, 특히 그 후반부와 유럽에서 전쟁이 발발한 시점부터 1941년 말 미국이 참전하기까지의 기간은 미국 외교정책의 독특한 민주적 성격을 생생히 보여준다. 여론은 대통령이 원했던 것보다 더 엄격하게 외교정책의 범위를 제한했다.[32]

1930년대에 영국과 프랑스를 지원하자는 주장을 펼치는 데 있어, 루스벨트에게 도움이 되지 않았던 점은 이들 국가가 독일의 공격적인 움직임에 대해 강력하거나 일관된 반대를 펼치지 않았다는 사실이었다. 반대로, 두 나라 모두 제1차 세계대전 후의 일부 해결책이 독일에게 불공평한 것이라고 여겼고, 다시 전쟁을 일으키는 것에 대한 두려움 때문에 독일의 요구를 들어주는 양보를 하며 평화를 유지하려는 정책인 유화 정책을 시행했다.[33] 독일로부터 직접 위협받는 나라들이 그런 정책을 취했기 때문에 미국이 그보다 더 강력한 정책을 채택하기는 어려웠다.

그럼에도 불구하고, 대통령은 해외에서 벌어지는 사건의 흐름에 영향을 미칠 수 있다고 믿는 일을 수행했다.[34] 그는 평화를 위한 제안을 간헐적으로 내놓았다. 그는 민주주의 국가들을 지지하는 연설을 많이 했다.[35] 그는 의회를 설득해 군사 지출을 늘리게 했다.[36] 특히 그는 군용 항공기 생산을 확대하려고 노력했는데, 이는 영국과 프랑스가 이를 보유하게 되면 히틀러가 공개적인 전쟁을 벌이는 것을 억제할 수 있을 것이라 기대했기 때문이었다.[37] 1938년 3월에는 중국이 일본과 싸우는 데 필요한 무기를 보내기 위해 아시아에서 중립법을 적용하지 않기로 결정했다.[38] 그러나 이러한 조치들은 유럽에서 전쟁이 발발하거나 아시아에서의 전투가 계속되는 데 있어 실질적인 영향을 미치지 못했다.

전쟁 중 세계

1939년 9월, 독일은 빠르게 폴란드를 정복하고 점령했다.[39] 그 후, 유럽에서는 6개월간의 군사적 비활동기가 있었고, 이를 '가짜 전쟁(Phoney War)'이라고 불렀다. 그러다가 1940년 봄, 독일군은 덴마크, 노르웨이, 벨기에, 네덜란드를 정복하고, 벨기에의 아르덴 숲을 통해 기습 공격을 감행하여 '전격전(Blitzkrieg)' 전술을 사용하며, 빠르고 강력한 탱크 부대와 근접 항공 지원을 통해 제1차 세계대전에서 4년간 맞서 싸웠던 프랑스군을 물리쳤다. 영국은 프랑스와 함께 싸우고 있었고, 220,000명 이상의 자국 군인과 100,000명 이상의 프랑스군을 철수시키고 본국으로 귀환시켰지만, 결국 프랑스는 항복했다. 나치 독일은 유럽 대륙에서 더 이상 군사적 저항을 받지 않았다.[40]

프랑스의 갑작스러운 함락은 전 세계에 충격을 주었고, 미국 역시 예외는 아니었다.[41] 이는 영국을 유럽의 섬에 고립시키고, 여전히 광대한 해외 제국을 보유한 영국을 남겨두었지만, 독일의 모든 정복을 막을 수 있는 대국 동맹국이 없는 상황이었다. 런던에서는 네빌 체임벌린 총리가 사임하고 윈스턴 처칠이 그의 뒤를 이었다. 처칠은 제1차 세계대전 당시 내각에서 일했던 로맨틱하고 용감한 연설가였으며, 그의 일부 의원들과는 달리 독일에 맞서 끝까지 저

항할 결심을 했다. 그는 자국의 구원이 미국에 달려 있다는 것을 이해하고 있었다.[42†]

처칠은 대통령 프랭클린 루스벨트와 취임 전에 연락을 취했으며, 취임 후에는 미국의 정치 지도자들과 국민의 지지를 얻기 위해 전력을 다했다. 총리와 루스벨트는 전쟁동안 하루도 빠짐없이 연락을 주고받으며 1,300개의 메시지를 주고받았다.[43] 두 사람은 긴밀한 관계를 맺었지만, 그 관계는 의견 차이가 없는 것은 아니었으며, 그들 간의 협력은 두 나라 간의 더 큰 파트너십의 중심이 되었다.

전쟁이 시작되자, 루스벨트 대통령은 제1차 세계대전 발발 당시 윌슨 대통령의 정책과 자신을 구별했다. 윌슨은 미국이 "명목상뿐만 아니라 실제로도 중립적이며, 행동뿐만 아니라 사고에서도 공정할 것"이라고 약속했었다.[44] 루스벨트는 "이 나라는 중립국으로 남겠지만, 모든 미국인이 생각에서도 중립을 유지할 것을 요청할 수는 없다... 중립이라 하더라도 마음이나 양심을 닫을 수는 없다."고 말했다.[45] 윌슨처럼, 미국 대중은 민주주의 국가들을 강하게 지지했다.[46] 여론은 루스벨트에게 그들을 지원할 수 있는 더 넓지만 여전히 제한된 여지를 제공했다. 사실, 미국 여론은 제1차 세계대전 발발 당시와 유사한 '이중의 소망'을 반영했다.[47] 당시 대중은 자국의 중립 권리를 지키고 전쟁을 피하고자

---

† 1940년 6월 4일, 처칠은 총리가 된 지 3주 만에 하원에서 독일의 승리 후 프랑스에서 철수한 군대에 대해 보고하며 연설을 했다. 그의 연설은 그가 가진 정신과 전쟁 전략을 모두 표현하는 말로 끝이 났다. "우리는 끝까지 싸울 것이다... 우리는 우리의 섬을 방어할 것이다, 비용이 얼마가 되든 간에, 우리는 해변에서 싸울 것이고, 상륙지에서 싸울 것이며, 들판과 거리에서 싸울 것이다, 우리는 언덕에서 싸울 것이다; 우리는 결코 항복하지 않을 것이다, 그리고 만약, 내가 잠시도 그렇게 믿지 않지만, 이 섬이나 그 대부분이 정복되고 굶주리게 된다면, 우리의 제국은 바다 건너에서, 영국 해군에 의해 무장하고 보호받으며, 싸움을 계속할 것이다, 그리고 신의 뜻에 따라, 새로운 세계가 그 모든 힘과 위엄을 가지고 나서서 옛 세계를 구출하고 해방시킬 것이다."
출처: The International Churchill Society,
https://winstonchurchill.org/resources/speeches/1940-the-finest-hour/we-shall-fight-on- the-beaches 이와 관련하여 John Lukacs의 *Five Days in London: May 1940* (뉴해븐, 코네티컷: 예일대학교 출판부, 1999) 참고.

했으며, 이제는 영국이 독일을 물리치기를 원하면서도 자국은 전쟁에 참여하지 않기를 원했다.[48]

주로 유럽에서의 전쟁 때문에 루스벨트는 1940년 대통령으로서 전례 없는 3선 출마를 결심했다. 또한, 전쟁 덕분에 그는 11월 선거에서 승리했다.[49] 1916년 재선에 나섰던 윌슨처럼, 루스벨트는 유권자들에게 "그가 다시 집권한다면 미국의 젊은이들을 해외 전쟁에 보내지 않을 것"이라고 약속했다.[50] 그가 이 약속을 지킬 수 있을지에 대해 개인적으로 의문을 가졌을 수도 있지만, 그는 확실히 그것을 지키기를 희망했다. 다른 미국인들처럼, 그는 당연히 자국이 순수하게 해외 균형자로서 역할을 하기를 선호했으며, 자국민을 전선에 보내지 않고도 군사적으로 깊은 이해관계를 가진 영국을 지원하기를 원했다.

우드로 윌슨이 자신의 외교정책에 대해 충분한 국내 정치적 지지를 확보하지 못한 데 따른 불행한 결과를 늘 염두에 둔 루스벨트는, 선거 이전부터 두 명의 저명한 공화당 인사를 자신의 정부의 주요 외교정책 직책에 임명함으로써 자신과 그의 국제적 구상을 정치적으로 보호하려는 조치를 취했다. 허버트 후버의 국무장관을 역임했던 헨리 스팀슨은 전쟁장관이 되었고, 1936년 공화당 부통령 후보였던 프랭크 녹스는 해군장관직을 맡았다.

그럼에도 불구하고, 유럽에서의 전투가 시작되고 프랑스가 함락된 후에도 전쟁 참여에 대한 반대는 여전히 강력했다. 비개입을 촉진하려는 여러 단체들이 생겨났으며, 그중 가장 유명한 것은 '미국 우선(America First)'이었으며, 이 단체의 주요 대변인은 비행사 찰스 린드버그였다. 린드버그는 1927년 뉴욕에서 파리까지 단독 비행을 성공시켜 국제적인 유명 인사가 된 인물이었다.[51] 모든 미국 전쟁과 마찬가지로, 미국의 특별히 민주적인 정치 시스템과 정치 문화의 결과로 제2차 세계대전은 논란, 토론, 그리고 공개적인 반대의 대상이 되었다. 다른 전쟁들과 달리, 가장 큰 논란과 강력한 반대는 나라가 공식적으로 전쟁에 참여하기 전에 일어났다.

영국의 상황이 점점 더 불안정해지면서, 루스벨트는 영국이 패배할 경우 미국에 미칠 위험을 경고하고, 미국이 영국의 전쟁 수행을 지원해야 한다는 요청을 점점 더 긴급하게 제기했다. 1940년 12월 29일, 그는 벽난로 담화(Fireside Chat)에서 "만약 영국이 패배한다면" 다음과 같이 말했다.

> "추축국 국가들이 유럽, 아시아, 아프리카, 오스트레일리아, 그리고 공해를 지배하게 되면, 이들은 이 반구에 막대한 군사적, 해양적 자원을 집중시킬 수 있는 위치에 놓이게 될 것이다. 모든 아메리카 대륙에 있는 우리 모두가 총구 앞에서 살아야 한다고 말하는 것은 과장이 아니다."[52]

미국 여론에서 반발을 초래하지 않기 위해 지나치게 급격히 움직이지 않아야 할 필요성을 인식하고 있었던 그는, 이러한 이유로 자신이 하는 일을 항상 공개적으로 알리지는 않았지만, 영국을 지원하는 데 있어 수사적 표현을 넘어 실질적인 행동을 취했다. 프랑스가 함락된 후 18개월 동안, 그의 지시로 미국 정부는 영국에 대한 지원을 강화하는 일련의 조치를 취했다. 이 조치들은 1941년 12월까지 미국을 공식적으로는 아니지만 실질적으로 독일에 대항하는 공동 전쟁국으로 만들었다.[53] 우드로 윌슨이 제1차 세계대전에서 우연히 그리고 무의식적으로 일어나게 했던 일을 프랭클린 루스벨트는 제2차 세계대전에서 의도적으로 일어나게 했다.

1940년과 1941년 동안 대통령은 의회가 중립법을 철회하도록 설득하는 데 성공했다.[54] 미국은 전쟁 물자를 대서양을 넘어 영국에 수송하여 그들이 자신들을 방어할 수 있도록 했다. 루스벨트는 미국이 '민주주의의 무기 창고(방패)'[55]가 되어야 한다고 선언했다. 동시에, 미국의 국방비 지출은 급격히 증가했으며, 1939년에는 국내총생산(GDP)의 1.4%였던 국방비가 1941년에는 11.4%로 상승했다.[56] 1940년 의회는 징병제를 지지했고, 이듬해에는 선택적 복무법을 단 한 표 차이로 연장했다.[57]

루스벨트 행정부는 영국의 군사적 역량을 강화하기 위해 두 가지 중요한 조치를 취했다. 1940년, 대통령은 명시적인 의회의 승인 없이, 서반구에 위치한 영국 군사 기지의 소유권을 대가로 '잉여'라고 표현한 낡았지만 사용 가능한 구축함들을 영국 해군에 제공했다. 1941년, 영국의 재정이 미국의 물자를 구매할 자금을 소진하자, 루스벨트는 의회에서 활발한 국가적 논의를 거쳐 '대출-임대법(Lend-Lease)'을 제정하게 했다. 이 법에 따라 미국은 영국이 필요로 하는 물자를 즉시 결제 없이 제공하고, 대신 전쟁 중 영국과 그 식민지, 동맹국 및 동조자들이 지배하는 지역의 군사 기지에서 임대권을 받았다.[58] 또한 1941년에는 미국과 영국 간에 비밀 군사참모 회담이 이루어졌다.[59]

루스벨트는 영국을 실질적인 동맹국으로 만들기 위해 더 나아갔다. 그는 독일 해군과의 직접적인 대립을 초래한 일련의 해상 조치를 명령했다. 이 조치에는 미국 해군의 대서양 순찰, 미국 상선의 무장, 대서양을 가로지르는 해상 수송을 호위하는 미국 선박의 참여가 포함되었다. 미국은 아이슬란드에 군을 파견하고 그린란드를 통제했다. 이러한 조치를 통해, 명시적으로 밝히지 않았지만, 미국은 대서양에서 독일에 대항하는 전쟁에 사실상 참여하게 되었다.

1941년 8월, 루스벨트는 캐나다 노바스코샤 주의 플라센티아 만에서 처칠과 개인 회담을 가졌으며, 전쟁 기간동안 이와 같은 회담은 총 여덟 차례 이루어졌다. 그 회의에서 처칠은 후에 그의 전쟁 내각에 보고하면서, 루스벨트가 "전쟁을 수행하겠지만 선언하지는 않을 것이다."라고 말했다고 전했다.[60] 두 사람은 '대서양 헌장'을 발행하며, 미국이 공식적으로 전쟁에 참전하지 않았음에도 불구하고 전쟁 목표에 대해 공동 성명을 발표했다. 대서양 헌장은 철저히 윌슨주의적인 문서로, 8개의 주요 항목은 1917년 윌슨의 14개 조항 중 일부와 비슷한 내용을 담고 있다. 민족 자결, 무역 장벽 축소, 항해의 자유, 군비 축소 등이 포함되었다. 이 헌장은 유럽 내 권력 분배뿐만 아니라 기본적인 정치적 가치들에 대한 인식이 담겨 있었는데, 나치 정권은 미국 민주주의가 의존하고 있는 자유를 반대하고 그것을 없애려고 했기 때문이다.

더 넓게 보면, 대서양 헌장은 루스벨트가 권력 정치의 현실을 잘 이해하는 동시에 미국 외교정책에서 대안적 이상주의적인 전통에 대한 지속적인 충성을 나타내는 신호였다.[61] 그러한 충성심은 아마도 두 가지 이유에서 비롯되었을 것이다. 하나는 이를 호소하는 것이 국경 너머의 목표를 지지하도록 미국 대중을 결집하는 데 정치적으로 필요하다는 신념에서였으며, 다른 하나는 거의 모든 전임자와 후임자들이 어느 정도 공유했던 그 전통에 대한 루스벨트 자신의 충성심에서였다.

아시아에서 미국의 중국과 그 지도자 장제스에 대한 지원, 특히 대출-임대법을 통한 군사 지원은 루스벨트의 유럽 관련 구상보다 국내에서 논란을 덜 일으켰다. 중국에 대한 전통적인 국가적 친밀감이 역할을 했고, 아시아에서의 갈등이 미국을 끌어들이지 않을 것이라는 널리 공유된 인식도 있었기 때문이다. 또한, 영국에 대한 아일랜드계와 독일계 미국인들의 반대와 달리, 중국을 지원하는 것에 반대하는 주요한 국내 집단은 없었다. 그러나 태평양 지역에서 루스벨트 행정부는 모순적인 정책을 추구했고, 이는 실패로 끝났다. 사실, 최소한 단기적으로는 비극적인 결말을 맞았다.

루스벨트는 독일이 일본보다 미국에 더 심각한 위협을 제기한다고 믿었기 때문에, 중국-일본 갈등에 더 깊이 관여하는 것을 피하고자 했다. 제2차 세계대전 전후로 그는 '유럽 우선' 정책을 추구했다. 그러나 그의 행정부는 미국 외교정책 중 가장 오래된 정책 중 하나를 활용하여 일본에 점점 더 엄격한 경제 제재를 부과했다. 일본이 원자재를 미국에 크게 의존하고 있었기 때문에 이러한 제재는 일본의 외교정책과 국내 안보에 중대한 도전을 제기했다. 그리고 루스벨트 행정부는 이를 실행하면서, 그러한 조치가 일본과의 전쟁을 초래할 위험이 있다는 미국 정부 내의 경고에도 불구하고 이 길을 택했다.

미국은 1939년 일본과의 1911년 상업 조약을 종료했다. 1940년에는 일본으로의 스크랩 메탈 수출을 금지하며, 일본의 주요 공급원을 차단했다. 1941년 7

월, 행정부는 일본의 모든 자산을 미국 내에서 동결하고, 일본으로의 석유 및 가솔린 수출을 금지하는 조치를 취했다. 이는 당시 일본의 석유 공급의 80% 이상이 미국에서 나왔기 때문에 특히 심각한 경제적 타격을 주었다. 이러한 조치들은 일본의 중국과 인도차이나에서의 침략에 대한 대응으로 미국 정부가 시행한 것이었으며, 일본에게는 경제적 질식 시도로 보일 수밖에 없었다. 1941년 4월, 일본은 40년간의 적대 관계를 끝내고 소련과 중립 조약을 체결했으며, 미국의 경제 제재에서 벗어나기 위해 남쪽으로 진격하여 필요한 원자재를 확보할 수 있는 지역을 차지하려는 결정을 내렸다. 이를 통해 일본은 제국적 욕망을 채우고, 전 해에 발표한 아시아 공영권 범위를 확장하려 했다.[62] 이 캠페인의 첫 번째 공격으로 일본 정부는 미국을 기습 공격하기로 결정했다.

미국 정부는 이러한 경제 제재가 일본에게 중국에서의 활동을 포기하게 만들거나 최소한 다른 지역으로의 확장을 저지하는 효과를 기대했다.[63] 그러나 미국의 책임 있는 고위 관료들은 제재가 목표를 달성하지 못할 수도 있고, 오히려 일본을 자극할 가능성도 있다는 것을 인지하고 있었다.[64] 그렇다면 왜 미국 행정부는 이러한 제재를 진행했는가?

일부는 실수로 그렇게 한 것이다. 시행되면서 석유 금수 조치는 루스벨트가 의도한 것보다 더 엄격한 제한을 가하게 되었지만, 그는 이를 수정하는 것이 도쿄에 대한 약한 신호를 보내는 것이라고 결론지었다.[65] 일반적으로, 그리고 전략적 우선 사항에 맞춰, 루스벨트는 유럽보다는 아시아에 덜 집중했다. 아마도 가장 중요한 점은, 아시아에서 한 정책이든 유럽에서 한 정책이든, 루스벨트 행정부는 미국 여론의 제약 내에서 운영해야 했고, 아시아에서는 이것이 그가 원했던 것보다 더 강경한 정책을 생산했다는 것이다. 일본과의 계속된 무역은 중국에서의 일본의 잔혹한 점령에 대한 물질적 지원을 제공하게 되며, 이는 미국인들이 강력히 반대하는 일이었다. 일본에 대한 더 온건한 정책은 루스벨트 외교정책의 인기를 약화시킬 위험이 있었으며, 그 당시 이미 영국에 대한 지원 증가로 비판을 받고 있었다.[66]

일본과 미국의 관계가 악화하고 있는 가운데, 세계 반대편에서 발생한 한 사건이 유럽 전쟁의 전개 과정을 바꾸었고, 궁극적으로 다른 어떤 사건보다 그 결과를 결정하는 데 더 큰 영향을 미쳤다. 1941년 6월 22일, 나치 독일은 2년 전 체결된 양국 간의 불가침 조약을 위반하고 소련을 공격했다.[67] 독일군인 베르마흐트(Wehrmacht; 국방군)의 삼각축 공세는 장비가 열악하고 준비가 부족했던 소련군을 압도했다. 북쪽에서는 독일군이 옛 제정 러시아의 수도였던 상트페테르부르크(소련 창립자인 레닌을 기리기 위해 레닌그라드로 개명됨)에 도달하여 포위를 시작했다. 이 포위전은 900일 동안 지속되었고, 약 80만 명의 러시아 민간인이 목숨을 잃은 것으로 추정된다. 중앙 공격 축에서는 독일군이 현 수도인 모스크바에서 불과 12마일 이내까지 진격했으며, 소련 정부와 최고 지도자인 레닌의 후계자 요세프 스탈린을 일시적인 혼란에 빠뜨렸다. 남쪽에서는 베르마흐트가 주요 우크라이나 도시인 키예프를 점령하고 카프카스의 유전지대로 향했다.

작전 바르바로사(Operation Barbarossa)는 히틀러가 중세 독일의 신성 로마 제국 황제를 따서 캠페인 이름을 붙인 것으로, 큰 피해를 가져왔다. 일부 추정에 의하면, 소련 측은 80만 명의 사망자와 아마도 600만 명의 부상자 또는 포로를 냈다고 한다.[68] 그러나 그 공격은 목표를 달성하지 못했다. 소련은 붕괴하지 않았다. 소련은 광활한 영토, 방대한 인구, 그리고 국민의 용기와 회복력 덕분에 살아남았으며, 독일군이 제대로 대비하지 못한 혹독한 추위, 즉 1812년 나폴레옹의 러시아 침공[69]을 좌절시켰던 '동장군(General Winter)'의 도움을 받았다. 이를 통해 소련군과 소련 정권은 생존할 수 있었고, 반격을 시작했다. 제2차 세계대전에서 독일의 경험은 제1차 세계대전에서 일어난 일과 반대의 결과를 낳았다. 이번에는 서쪽에서 승리했지만 동쪽에서는 실패한 것이다.

바르바로사 작전은 나치에 대한 새로운 강력한 동맹을 얻을 기회를 제공했다. 이는 전통적인 강대국 정치의 중심 원칙 중 하나인 '내 적의 적은 내 친구'를 실현할 수 있는 기회를 영국과 미국에게 주었다. 1917년 볼셰비키 정권이 권력을 잡은 이래로 그 정권에 반대해 온 처칠은 이를 적극적으로 실천했으며,[70] 그 논리의 핵심을 가장 명확하게 표현한 발언을 했다. “히틀러가 지옥을 침략한다면, 나는 하원에서 적어도 악마에 대해 호의적인 언급을 할 것이다.”

루스벨트는 같은 생각을 가졌지만,[71] 스탈린의 공산주의 국가에 대한 적극적인 지원에 대한 국내적 저항을 다뤄야 했다.[72] 미국인들에게 소련은 여러 면에서 어떤 종류의 파트너로도 매력적이지 않은 후보였다. 미국 여론은 강한 반공주의 정서를 가지고 있었고, 미국인들은 스탈린의 종교에 대한 전쟁, 히틀러와의 협정, 폴란드 침공, 발트국가의 합병, 핀란드 공격 등을 잊지 않았다. 또한, 미국의 고위 관료들은 소련군이 미국이 영국에 보낸 군수 물자를 효과적으로 사용할 수 있을지 의심하고 있었다. 그들은 소련군이 독일 베르마흐트의 공격을 버틸 수 있을지 확신하지 못했다. 바르바로사 작전이 시작되었을 때, 전쟁장관 스팀슨은 미국 군 지도자들이 “독일이 최대 3개월 이내에 소련을 정복할 것이다.”라고 대통령에게 보고했다고 전했다.[73]

그럼에도 불구하고 루스벨트는 영국과 중국에 대한 군사 원조와 마찬가지로 소련에 대한 군사 원조도 임대차(Lend-Lease) 법을 통해 제공하는 데 성공했다.[74] 이 원조는 소련에게 군사적으로 필수적이었다. 그 대가로, 소련이 독일에 맞서 싸우는 동안 살아남고 계속해서 전쟁을 이어가는 것은 1941년 12월에 미국에게 필수적인 것이 되었다. 그달에 미국은 일본의 하와이 진주만에 주둔 중인 미국 태평양 함대를 공격한 사건으로 인해 공식적으로 전쟁에 참전하게 되었다.

그해 여름과 가을, 미국 정부는 주로 헐 국무장관을 중심으로 일본과의 심화되는 분쟁을 해결하려는 협상을 진행했다. 그러나 협상은 중국 문제에서 난항을 겪었다. 일본은 중국에서 철수하지 않겠다고 했고, 미국은 일본의 점령을 수용할 수 없었다.[75] 이에 일본 정부는 하와이를 공격하는 것을 첫 번째 단계로 하는 남진 군사 작전을 실행할 계획을 진행했다.

12월 7일 아침, 항공모함을 기반으로 한 일본 항공기가 공격을 시작했다.

일본은 미국을 기습할 계획을 세웠고 성공했다.[76] 폭격이 끝난 후, 18척의 미국 해군 함선, 그중 8척의 전함이 침몰했고, 180대의 항공기가 파괴되었으며, 총 2,403명이 사망하고 1,178명이 부상당했다.[77]

이 공격은 미국 역사에서 보스턴 학살, 섬머트 요새 공격, 메인호의 침몰 사건과 같은 유사한 사건들처럼 미국 대중에게 강력한 영향을 미쳤다. 전쟁에 대한 미국인의 우려와 명백한 반대는 사라졌다.[78] 12월 8일, 루스벨트 대통령은 의회 합동회의에서 연설하며 전날을 '불명예의 날'이라고 부르며 일본에 대한 전쟁 선언을 요청했다. 상원은 82표 대 0표, 하원은 388표 대 1표로 전쟁을 선포하는 결정을 내렸다.[79]

독일이 소련을 공격한 것처럼, 일본은 전쟁이 짧을 것이라고 예상했다.[80] 그들은 미국이 붕괴할 것이라고는 예상하지 않았지만, 남쪽으로의 정복 캠페인을 위한 시간을 벌 수 있을 것이라고 믿었고, 미국인들이 타협적인 평화를 받아들이고 자신들의 훨씬 더 큰 인구와 경제를 동원하여 일본과 전쟁을 벌이지 않을 것이라고 생각했다. 그러나 이러한 예상은 잘못된 것이었고, 일본은 결국 엄청난 대가를 치르게 되었다. 처음도 아니고 마지막도 아니지만, 적은 다시 한 번 미국의 결단력을 과소평가한 것이다.

12월 8일, 미국은 일본과 전쟁을 시작했지만, 독일과는 전쟁을 시작하지 않았다. 12월 11일, 히틀러는 미국에 선전포고를 했다. 그가 내린 이 결정은 이상하고 불필요한 것으로 보였지만, 아마도 몇 가지 이유가 있었을 것이다. 일부 증거에 따르면, 그는 미국의 전쟁 능력을 높게 평가하지 않았다고 한다.[81] 그는 일본이 미국을 공격하도록 부추겼고, 일본이 공격하면 지원하겠다고 약속했지만, 나치 지도자의 성격상 일관된 충성심은 나타나지 않았다. 아마도 가장 중요한 이유는, 그가 1917년 독일 제국 당국이 제한 없는 잠수함 전쟁을 재개하기로 결정했을 때와 마찬가지로, 미국이 당분간 독일 전쟁 수행에 더 이상 피해를 줄 수 없다고 계산했기 때문이었다.[82]

따라서 1941년 말, 미국은 두 개의 강력한 적들과 전쟁 중에 있었으며, 그 적들은 각각 대서양과 태평양의 먼 곳에 위치해 있었다. 진주만 공격은 미국 역사에서, 그리고 세계 역사에서 가장 중요한 사건 중 하나가 되었다. 이 사건은 일련의 사건들을 일으켰고, 그 사건들은 미래로 깊이 영향을 미치며 세계와 미국의 역할에 중요한 변화를 가져오게 되었다.[†]

전쟁 중 미국

제2차 세계대전을 수행한 연합국에서, 미국, 영국, 그리고 소련은 서로가 서로를 필요로 하며 각국의 정책을 설정할 때 서로의 요구와 소망을 고려해야 했다는 점에서 동등한 관계였다. 이러한 연합은 유럽 역사에서 자주 나타나는 특징이지만, 제2차 세계대전은 미국이 역사적으로 친숙한 대국의 경험을 가진 첫 번째이자 유일한 경우였다. 독립전쟁 당시 프랑스는 확실히 선도적인 파트너였고, 제1차 세계대전에서 미국이 활동적으로 참전한 기간은 제2차 세계대전과 비교하면 상대적으로 짧았다.

연합국 즉 미국, 영국, 소련은 명목상 공통의 목표를 추구했다. 나치 독일의 패배와 미국과 영국의 경우에는 제국주의 일본의 패배도 포함되었다. 또한 세 나라는 모든 동맹국이 그렇듯, 서로 간에 차이점을 가지고 있었다. 그 중 가장 깊은 차이는 각자의 정치체제와 관련이 있었다. 영국과 그 정치적 후손인 미국은 개인의 자유를 기초로 한 체제였으며, 반면 소련은 자국의 공산당 당원들이

---

† 일본의 공격은 영국과 그 총리의 주요 단기 전략 목표를 즉시 달성했다. 역사학자 A. J. P. 테일러는 이렇게 말한다. "진주만 공격만큼 영국의 대의를 위해 큰 도움이 된 일은 없었다. 루스벨트 대통령과 미국 국민의 의구심은 그들 대신 해결되었다. 그들은 원하든 원하지 않든 전쟁에 참전하게 되었다. 영국과 독일 간의 개인적인 전쟁은 끝났고, 진정한 세계대전이 시작되었으며, 그 결과는 확실해 보였다. 처칠은 이렇게 말하며 적절한 코멘트를 했다. '그래서 결국 우리는 이겼다!'" A. J. P. Taylor, *English History*, 1914-1945 (옥스포드, 영국: 옥스포드대학교 출판부, 1965), 532-533쪽.

스스로 선택하고, 오류가 없다고 주장하는 전체적이고 도전할 수 없는 권력을 기초로 한 체제를 가졌다. 영국과 미국의 지도자는 동의에 의해 지배하며, 소련 지도자는 강제에 의해 지배했다. 이러한 근본적인 차이점은 반독일 동맹에서, 역사적으로 모든 동맹국이 보인 차이점이 깊고 궁극적으로는 화해할 수 없는 차이점이 되었다. 지리적 요인뿐만 아니라 이념적 차이도 미국, 영국, 그리고 소련 간의 분열을 일으켰고, 이는 전쟁 수행뿐만 아니라 제1차 세계대전 이후와 마찬가지로 평화 협정에도 영향을 미쳤다.

미국은 영국과 비정상적으로 가까운 관계를 맺고 있었다. 두 나라는 전쟁 중에 두 대국 동맹국이 이룬 가장 긴밀한 파트너십을 구축했다. 그럼에도 불구하고, 이들 두 나라와 그 지도자들은 중요한 몇 가지 문제에서 갈등을 겪게 되었다.

그들은 영국 제국의 미래에 대해 의견이 달랐다. 처칠에게 제국은 자국의 영광스러운 역사에서 중요한 부분을 차지하며, 영국의 위대함을 이루는 필수적인 요소였다. 반면 루스벨트는 필리핀에 독립을 약속한 바 있으며, 모든 제국, 특히 영국 제국도 해체되어야 한다고 믿었다. 전쟁이 두 사람에게 더 긴급한 문제를 제기하고 있었기 때문에, 루스벨트는 예를 들어 영국의 인도 지배 문제에 대해 원칙적으로 반대했음에도 불구하고, 그것에 대해 처칠에게 강하게 주장하지는 않았다.[83] 그러나 미국이 영국에 대한 재정적 지원 조건을 협상하는 과정에서, 미국 측은 영국이 제국 식민지와의 특별 무역 특권을 끝낼 것을 요구했으며, 이는 미국이 경제적 기회를 박탈당한다고 생각했기 때문이다.[84] 영국 측은 미국이 제국 특권의 종식을 제국 자체의 종말을 가져오게 하려는 의도를 가지고 있다고 의심했는데, 이 믿음은 전혀 틀린 것이 아니었다.[85]

미국과 영국 정부는 유럽에서 언제, 어디서 싸울 것인지에 대해서도 의견이 달랐다. 미국은 독일을 물리치기 위한 가장 좋은 방법은 영국 해협을 넘는 대규모 프랑스 침공을 시작으로 동쪽으로 진격하는 것이라고 믿었다. 영국은 훨씬 더 제한된 병력과 1940년 프랑스에서 독일군의 군사적 위력을 목격한 고통스러운 기억, 그리고 제1차 세계대전 당시 서부 전선의 독일 진지를 공격하며 입은 막대한 손실을 떠올리며 '주변부' 전략을 선호했다. 이는 독일의 방어가 상대적으로 약할 것으로 예상되는 대륙의 독일 주변을 공격하는 방식이었으며, 발칸 반도가 선호되는 목표지점이었다.[86]

루스벨트와 처칠은 또한 두 주요 정치 인물에 대한 접근방식에서 차이를 보였다. 한 사람은 1940년 5월 독일에 항복한 후 프랑스에서 벗어나 독일이 후원하는 비시 정부가 세운 대부분의 프랑스 영토에서 형성된 자유 프랑스 운동의 지도자였던 샤를 드골이었다. 처칠은 자존심이 강하고 다루기 어려운 드골을 쉽게 다루지 못했지만,[87] 그는 드골을 믿고 지지했으며 그가 (결국 정확히 예견되었듯) 해방된 프랑스 국가의 미래 지도자가 될 것이라고 봤다. 반면 루스벨트는 드골을 강하게 싫어했고 그를 비민주적인 정치 신념을 가진 인물로 간주했지만, 그럼에도 불구하고 미국 정부는 자유 프랑스에 대한 지원을 중단하지 않았다.[88]

처칠과 루스벨트는 또한 스탈린에 대한 접근방식에서도 차이를 보였다. 처칠은 소련이 독일에 대항하는 전쟁에서 중요한 기여를 한다는 것을 인정하고 그 나라의 국민, 군대, 지도자에게 존경을 표했다. 그러나 그는 스탈린 체제의 전체주의적 성격에 대해 환상을 가지지 않았고, 히틀러를 물리친 후 소련의 정치적 야망은 미국과 영국의 것과 양립할 수 없다는 것을 이해했다. 따라서 처칠은 전쟁이 진행됨에 따라 전후 소련의 유럽에서의 영향력을 최소화하려고 노력했다.

루스벨트는 스탈린이나 공산주의에 대해 순진하지 않았지만, 소련 지도자와 개인적인 유대 관계를 구축할 수 있다고 믿었거나 그렇게 희망했으며, 이를 통해 전후 해결책이 영미 관점에서 볼 때 그렇지 않았을 경우보다 더 나아질 수 있기를 기대했다.[89] 그는 미국 정치인들과 대중을 상대하는 데 유용했던 자신의 개인적 매력이 소련 독재자에게 미칠 영향력을 과대평가했다.[90] 전쟁 중 세 지도자가 만난 두 번의 자리에서 스탈린에게 잘 보이기 위해 처칠을 희생시킨 그의 노력은 정치적 목표를 달성하지도 못했고, 그의 역사적 유산을 빛내지도 못했다.

미국과 소련 간의 마찰은 처음에는 단 하나의 문제로 시작되었다. 스탈린은 가능한 한 빨리 유럽에서 제2 전선을 열어야 한다고 주장했으며, 이는 프랑스의 침공을 의미했다. 이는 소련 동부에서 독일과 싸우고 있는 소련 군대에 대한 독일의 압박을 완화하려는 목적이었다. 미국과 영국이 채널을 건너는 공격 날짜를 확고히 정하고 전쟁의 흐름이 나치 독일에 불리하게 돌아선 이후, 독일의 운명과 동유럽 및 남유럽 국가들의 장래에 중점을 둔 유럽의 전후 정치적 재편이 연합국의 주요 의제로 부상했다. 여기서 민주주의 국가들과 공산주의 국가들 간의 차이점은 점점 더 분명해졌고, 비록 처칠과 루스벨트가 이를 이루려는 희망을 버리지 않았지만, 이를 좁히려는 노력은 점점 더 명백히 실패할 수밖에 없었다.

제2차 세계대전은 루스벨트를 조지 워싱턴과 아브라함 링컨과 함께 미국이 벌인 세 가지 중요한 전쟁 중 하나에서 총사령관의 자리에 놓이게 했다. 어떤 면에서는 그가 직면한 일이 그들보다 더 쉬웠다. 루스벨트는 조지 워싱턴처럼 전투에서 군을 이끌 필요는 없었다. 그는 링컨이 직면했던 것보다 전쟁에 대한 대중의 지지를 유지하는 데 더 적은 도전을 받았고, 처음에는 링컨처럼 초보자가 아니라 9년간 비교적 성공적인 대통령 임기를 마친 후 전쟁을 이끌었다. 한편, 루스벨트는 그들보다 훨씬 더 광범위한 지리적 범위의 갈등을 관리해야 했으며, 미국이 속한 동맹의 일원으로서 제1대 대통령이나 제16대 대통령이 직면했던 것보다 훨씬 더 복잡한 국제 정치적 선택에 직면했다.

최고사령관의 역할에 있어서 루스벨트는 수십만 명의 미국인이 목숨을 잃게 될 상황에 맞게 적절히 조정된 감염력 있는 낙관주의와 국내 문제에 접근했던 방식에서 드러난 산만한 관리 스타일을 결합하여 임했다. 제1차 세계대전 중 해군 차관보로 근무했던 경험 덕분에 그는 대부분의 이전 대통령들과 후임자들보다 군사 문제에 대한 더 나은 이해를 갖추고 있었다.[91] 그러나 처칠, 스탈린, 히틀러와 달리 루스벨트는 미국 군대의 작전을 밀접하게 감독하지 않았다.[92] 육군 참모총장은 루스벨트를 6주 동안 만나지 않고도 업무를 진행할 수 있었다고 말했으며,[93] 이는 다른 세 지도자들의 주요 군사 고문들이 자신이 보고하는 지도자들에 대해 할 수 없었던 말이었다. 또한, 루스벨트는 다른 지도자들과 달리 공개석상에서 군복을 입은 모습을 한 번도 보이지 않았다.[§]

그럼에도 불구하고 루스벨트는 전쟁 진행 상황에 대해 잘 정보를 얻었고, 전쟁 수행에 관한 주요 결정을 내리며 필요할 때는 고위 군사 고문들의 의견을 무시했다.[94] 가장 중요한 것은 그의 주요 결정들이 뒤돌아보았을 때 옳았다는 점이다. 그는 미국이 전쟁에 참여하기 전, 정치적으로 가능한 한 최대한 영국을 지원한 것이 옳았으며, 독일을 일본보다 더 시급한 위협으로 간주하고 '유럽 우선' 전략을 취한 것도 옳았다. 또한 1942년과 1943년의 해협 횡단 작전(예, 노르망디 상륙작전) 계획을 군 고위 관료들의 의견을 무시하고 거부한 후, 다시 한 번 영국의 추가 연기 선호를 반박하고 1944년 중반에 그 작전 시점을 정한 것도 옳았다. 혁명전쟁과 남북전쟁에서 총사령관으로서 조지 워싱턴과 아브라함 링컨이 이끈 미국을 보면, 그때마다 행운이 따랐다. 제2차 세계대전 중 프랭클린 루스벨트의 대통령직도 또 하나의 행운이었다. 이 전쟁에서도 그 사람은 그 시대에 걸맞은 인물이었음을 증명했다.

미국이 역사상 가장 대규모로 수행한 공동 노력인 제2차 세계대전은 미국 사회, 경제, 그리고 정부에 중대한 변화를 가져왔다. 연방 정부의 일상적인 삶에 대한 영향은 급격히 확장되었다. 많은 미국인이 군에 입대하여 직접 일하게

---

§ 세 명의 다른 인물들은 모두 군사 작전에 적극적으로 참여한 경험이 있었다. 처칠은 19세기 말의 식민지 전쟁에서, 히틀러는 제1차 세계대전에서 군인으로, 그리고 스탈린은 러시아 내전에서 군사적 역할을 했다. 반면, 루스벨트는 이와 같은 경험이 없었다.

되었고, 약 1,500만 명이 군 복무를 했다. 대다수는 젊은 남성들이었다.[95]

제1차 세계대전, 그리고 대공황을 극복하기 위한 뉴딜 시절과 마찬가지로, 의회는 여러 특수 연방 기관의 설립을 승인했다. 예를 들어, 군수 산업을 감독하는 전쟁 동원청(Office of War Mobilization)과 물가를 동결시켜 인플레이션을 방지하는 물가관리청(Office of Price Administration)이 있었다. 가장 중요한 전시 연방 기관인 전쟁부(Department of War)는 재편성과 확장을 거쳤다. 당시와 지금까지 세계에서 가장 큰 사무실 건물인 펜타곤(Pentagon)이 버지니아주, 워싱턴 D.C.에서 포토맥 강을 건너는 곳에 16개월 만에 건설되었다.[96] 또한 1942년 초에는 각 군의 최고 지도자들이 모인 합동참모본부(Joint Chiefs of Staff)가 구성되었다.[97]

미국이 경험한 가장 큰 전쟁이었기에 군 지도자들은 자연스럽게 두각을 나타냈으며, 특히 세 명의 육군 장군은 널리 인정받고 큰 명성을 얻었다. 조지 마셜은 1939년 9월 1일, 독일이 폴란드를 침공한 날에 육군 참모총장직을 맡았다. 그는 놀라운 행정 능력을 지니고 있었고,[98] 그의 임기 동안 육군은 17만 4천 명에서 1,100만 명 이상으로 확장되었다. 그는 주요 지휘관을 직접 선발했으며, 흠잡을 데 없는 청렴성을 지닌 사람이었다. 처칠은 그를 '승리의 진정한 조직자'라고 불렀다.[99]

남북전쟁의 영웅의 아들인 더글러스 맥아더는 미국이 제2차 세계대전에 참전하기 전에 이미 군대에서 두드러진 경력을 쌓았다. 그는 제1차 세계대전에서 공로를 인정받아 준장으로 승진했으며, 1930년대 초에는 육군 참모총장을 역임했다. 그는 대부분의 군 경력을 아시아에서 쌓았으며, 진주만 공격 당시 필리핀에 거주하고 있었고, 필리핀의 1946년 독립을 준비하면서 해당 국가의 대통령에게 군사 자문을 하고 있었다. 그는 개인적으로 화려한 성격을 지녔으며, 공공 관계와 자기 홍보에 재능을 가지고 있었다.[100] 1942년 초 일본의 침공에 앞서 필리핀을 떠야 했지만, 돌아오겠다는 유명한 약속을 하였고, 결국 남서태평양 연합군 사령관으로 돌아왔다.

다른 두 사람보다 어린 드와이트 아이젠하워[101]는 '아이크(Ike)'라는 애칭으로 널리 알려져 있으며, 1915년 웨스트포인트 졸업생으로, 역사적으로 '별이 떨어진 학급'으로 알려진 클래스에서 졸업했다. 이 학급의 164명 중 59명, 즉 36%가 장군이 되었다. 마셜은 그의 재능을 높이 평가하고 그를 유럽에서의 캠페인 지휘관으로 임명했다. 그곳에서 아이젠하워는 능력은 있지만 변덕스러운 군 지도자들, 특히 조지 패튼 장군과 버나드 몽고메리 영국 원수의 에너지를 제어하고 활용하는 데 뛰어난 성과를 거두었다.[102] 아이젠하워는 전쟁 중 가장 중요한 군사 결정을 내렸는데, 1944년 6월 6일 날씨가 영국 해협에서 프랑스로의 해협 횡단 침공을 성공적으로 시작할 수 있을 만큼 맑을 것으로 선택한 것이다. 이 세 장군[103]은 모두 제2차 세계대전 후 미국 외교정책에서 중요한 역할을 맡았다. 마셜은 국방장관과 이후 국무장관을 역임했으며, 맥아더는 일본에서 미군 점령당국을 맡고, 이후 한국에서 미군의 사령관이 되었다. 아이젠하워는 제34대 미국 대통령이 되었다.[104]

전쟁 수행에 있어 군대만큼 중요한 것은 미국의 산업 기반이었다. 기존의 공장들은 민간 생산에서 군수 생산으로 전환되었고, 새로운 공장들도 건설되었다. 대기업들이 주도적으로 참여한 민간 기업들은 막대한 양의 전쟁 물자를 생산해냈다. 전쟁이 끝날 무렵, 생산된 물자에는 5,777척의 상선, 1,556척의 해군 함선, 299,293대의 항공기, 634,569대의 지프, 88,410대의 탱크, 2,383,711대의 트럭, 6,500만 자루의 소총, 400억 발의 총알이 포함되었다.[105] 1944년까지 미국은 세계 5대 강국 중 하나이자 몇몇 소규모 강국이 전쟁을 벌이고 있는 상황에서 전 세계 무기 생산의 40%를 차지하게 되었다.[106]

이 물자들은 미국의 군인들과 여성들만을 위해 공급된 것이 아니었다. 미국은 전쟁을 지속할 수 있도록 연합국들이 필요로 하는 무기와 다른 물자의 상당 부분을 공급했다. 미국이 공식적으로 전쟁에 참여하고 군인들을 해외로 파병한 후에도 여전히 민주주의의 무기고 역할을 했지만, 그 마지막 부분은 소련에는 적용되지 않았다. 미국은 유럽에 1,800만 톤의 전쟁 물자를 수출했다.[107] 전쟁이 끝날 무렵 소련군은...

> 665,000대의 자동차 중 427,000대는 서방의 것이었으며, 그 대부분은 미국에서 생산된 것이다. 또한, 미국 산업은 1,300만 명의 소련 군인에게 겨울 부츠를 공급했으며, 미국 농업은 500만 톤의 식량을 제공했다. 이는 전쟁기간 동안 소련 군인들에게 하루에 반 파운드의 농축된 식량을 공급할 수 있는 양이었다. 미국 철도 산업은 2,000대의 기관차, 11,000개의 화물차, 540,000톤의 레일을 공급했으며, 그 덕분에 러시아는 1928년부터 1939년까지 건설한 것보다 더 긴 철도 노선을 깔 수 있었다. 미국에서 공급된 고급 석유는 소련의 항공 연료 생산에 필수적이었으며, 1941년에서 1944년까지 소련의 구리 소비량의 4분의 3이 미국에서 나왔다.[108]

모든 것이 비용이 많이 들었다.[109] 연방 예산에서 군사적 용도로 할당된 비율은 1941년 6%의 국내총생산(GDP)에서 1944년 38%의 GDP로 급증했으며, 군사 지출이 전체 예산에서 90%를 차지했다.[110] 제1차 세계대전과 마찬가지로 정부는 지출한 비용을 세금과 공채 판매를 통해 충당했다. 세금 납부자는 1939년 400만 명에서 1945년 4,200만 명으로 급증했다.[111] 전쟁은 예상치 못한 경제적 혜택을 미국에 가져다주었다. 그것은 미국을 대공황에서 벗어나게 했다. 생산은 1939년 856억 달러에서 1945년 1,310억 달러로 급증했으며,[112] 실업률은 급감했다. 1939년 1,000만 명이 실업 상태였고, 1944년에는 그 수가 70만 명 미만으로 떨어졌다.[113] 전쟁 노력에 경제의 3분의 1이 투입되었음에도 불구하고, 민간 소비는 증가했으며, 이는 제2차 세계대전 동안 모든 다른 전쟁 국가들이 겪은 고통과는 극명한 대조를 이루었다.[114]

미국 역사에서 다른 전쟁들처럼, 결국 이 전쟁은 국가의 기본적인 정치적 원칙인 자유의 침해로 이어졌다.[115] 전쟁이 불러오는 불안한 공기 속에서, 일본계 미국인들에 대한 의심이 서부 해안에 거주하는 일본계 미국인들에게 쏠렸다. 그들이 일본이 미국과 싸우는 전쟁에 어떻게든 협력할 수도 있다는 우려가 있었다. 이에 대통령은 1942년에 행정 명령을 발동하여 전쟁부가 특별히 지정된 지역에서 누구든지 배제할 수 있는 권한을 부여하였고, 그 권한을 통해 약 110,000명의 일본계 미국인들이 집에서 쫓겨나 7개 서부 주에 있는 불편하고 열악한 수용소로 이송되었다.[116] 1944년의 Korematsu 대 미국 사건에서 대법원은 이 명령을 철회하려는 항소를 기각했다.[117] 이처럼 강제 수용이 있었지만, 사실상 일본의 첩보 활동은 일어나지 않았고, 일본계 미국인들로 구성된 한 보병 연대는 유럽에서 용감하게 싸웠으며 전쟁이 끝난 후에는 강제 수용소가 해체되었다. 결국 강제 수용된 사람들은 공식적인 사과와 금전적 보상을 받았다.[118]

미국의 전투는 북아프리카에서 시작되었다. 미국 군 지도자들은 그곳에서 캠페인을 진행하는 것을 원치 않았다. 그들은 그것이 독일에 대한 직접적인 공격이라는 주요 목표에서 벗어나는 것이라고 생각했다. 그러나 루스벨트는 워싱턴, 링컨 및 다른 전시 대통령들이 그랬던 것처럼, 나라가 참여한 전쟁에 대한 국내 정치적 지지를 유지하는 것이 중요하다는 점을 염두에 두었다. 그는 미국인들이 1942년 중에 자국 군대가 전투를 하는 모습을 봐야 한다고 판단했다.[119] 이에 따라 1942년 11월, 모로코, 알제리, 튀니지에 대한 삼각축 상륙 작전인 '토치 작전(Operation Torch)'이 진행되었다. 당시 이 지역들은 모두 친독 성향의 프랑스 비시 정부의 통제하에 있었다. 미국군은 1940년부터 북아프리카에서 전투를 벌여 온 영국군과 합류했다. 튀니지의 카세린 고개 전투에서 초기 패배를 겪고, 이집트 엘 알라메인 전투에서 영국군이 성공을 거둔 후, 연합군은 결국 독일군을 제압하여 1943년 5월 승리를 확보했다.

그러나 이 시기에 유럽 전쟁의 결과를 결정짓는 가장 중요한 전투는 아프리카와는 멀리 떨어진 북쪽과 동쪽에서 벌어졌으며, 미국이나 영국군은 참가하지 않았다. 1942년, 히틀러는 여름 공격을 시작했고, 그 주요 목표 중 하나는 볼가 강의 소련 도시인 스탈린그라드를 점령하는 것이었다. 도시를 두고 벌어진 전투는 겨울까지 이어졌고, 독일군은 치열하고 가혹한 도시 전투에서 승리에 가까워졌으나, 그해 말, 소련군은 독일군을 보호하던 주로 비독일계 사단들을 공격하여 격파했으며, 독일군을 스탈린그라드 시내에 가두었다. 1943년 2월 초 독일군 지휘관은 항복했다.[120]

스탈린그라드에서 전쟁의 흐름은 동부 전선에서 반전되었다. 소련군은 처음으로 복잡한 기동을 수행할 수 있는 능력을 보여주었고, 독일군은 큰 패배를 겪었다. 1939년 이후 독일군이 쌓아온 불패의 명성은 사라졌다.[121] 전투의 결과는 동부 전선에서의 전쟁이 장기전이 될 것임을 명확히 했다. 장기전에서는 병력을 최대한 활용할 수 있고, 전쟁 물자에 대한 접근이 더 많은 측이 유리하다.[122] 러시아와의 전쟁에서 독일은 이 두 가지(필요한 자원과 지원)를 모두 갖추지 못했다. 소련 최고 지도자의 이름을 딴 도시,[123] 스탈린그라드에서 소련군은 결국 베를린까지 이르게 되는 길고도 피비린내 나는 캠페인을 시작했다.

다른 주요 전쟁 무대였던 아시아·태평양 지역에서는, 진주만 공격 이후 6개월 동안 일본이 아시아·태평양 전역에서 맹렬히 진격했다. 일본군은 웨이크섬과 괌을 포함한 중간 섬들을 점령했다. 또한 뉴기니, 비스마르크 제도, 마셜 제도, 길버트 제도 등 태평양의 잘 알려지지 않은 지역을 점령하면서, 이후 4년 동안 미국인들이 일본 점령군과 싸우게 될 전투의 현장이 되었다. 이 시기에 일본군은 영국의 버마, 말레이, 싱가포르(영국이 방어 불가능하다고 잘못 판단했던 곳)를 비롯해 미국이 통제하는 필리핀과 보르네오, 네덜란드 동인도(현재 인도네시아)의 자바도 점령했다.[124] 1942년 중반, 일본은 아시아-태평양 지역에서 어떤 나라보다 큰 제국을 구축했다.[125]

일본의 위치는 호주에 심각한 위협을 가했지만, 이 위협은 태평양 전쟁의 첫 번째 주요 해전[126]으로 완화되었다. 진주만 공격은 실제 전투가 아니었는데, 미국군이 기습을 당해 거의 저항하지 않았기 때문이다. 1942년 5월 4일부터 8일까지, 남서태평양에서 벌어진 '코럴해 전투'는 항공모함을 이용한 첫 해전이었다(태평양 함대의 항공모함들은 진주만 공격 당시에는 현장에 없었다). 이 전투는 두 함대가 서로를 시야에 두지 않고 벌어진 첫 해전이었다. 양 함대는 서로에게 피해를 입혔지만, 미국군은 일본의 연이은 군사적 승리를 막으면서 방어를 성공적으로 진행했다.

다음 달인 6월 4일에는 훨씬 더 중요한 해상 교전인 미드웨이 해전이 벌어졌다. 일본은 미드웨이 섬을 점령하여 북미 서해안을 향한 공격 기지로 사용하려 했고, 이를 위해 진주만에서 북서쪽으로 1,100마일 떨어진 미드웨이 섬을 공격했다.[127] 이에 맞서 미국 해군은 함대를 보내었지만, 일본 함대는 항공모함과 비행기의 수에서 미국을 압도했다. 미국의 첫 번째 어뢰 폭격기 공격은 일본 함선에 경미한 피해만 입혔다. 그러나 얼마 후, 일본 항공모함 갑판에 비행기와 연료가 가득 차 있던 상황에서, 경로를 이탈했던 37대의 미군 다이브 폭격기들이 우연히 주요 일본 함선들을 발견하고 기습적으로 공격하여, 군사 역사학자가 '해전 역사상 가장 결정적인 타격'이라고 평가한 치명적인 타격을 입혔다.[128] 일본이 전투에 투입한 네 대의 항공모함 중 세 대는 파괴되었고, 몇 시간 후 네 번째 항공모함도 침몰했다.

미드웨이 해전은 유럽 전선의 스탈린그라드 전투처럼 태평양 전선에서 큰 영향을 미쳤다. 이는 지금까지 연전연승을 거두던 일본 해군에 큰 타격을 주며 위신을 떨어뜨리고 사기를 저하시키는 중요한 패배를 안겼다. 이 전투는 태평양 전투가 장기전으로 이어질 것임을 확실히 했고, 더 크고 생산적인 나라가 우위를 점하게 될 것임을 의미했다. 미국의 군사 잠재력은 제국 일본의 그것을 훨씬 능가했다.[129] 일본은 독일처럼 짧은 전쟁을 기획했으나, 그들의 도박은 실패로 돌아갔다.

1943년 1월, 미국이 영국과 공식 동맹을 맺은 지 13개월 후, 두 나라가 벌이고 있던 연합 전쟁에서 협의와 공동 결정을 내릴 필요에 따라 루스벨트와 처칠은 모로코의 도시 카사블랑카에서 만났다. 그곳에서 그들은 유럽 전쟁의 다음 단계에 대한 공동 의제를 합의했다. 또한 독일 적군의 무조건 항복을 요구했다. 그들은 1943년에 해협을 건너는 공격이 실행 가능하지 않다는 점에 동의하며, 북아프리카에 있는 그들의 군대가 다음 목표로 시칠리아와 이탈리아 반도를 공략하기로 합의했다.[130] 그들은 두 가지 중요한 군사 임무의 중요성도 강조했다. 하나는 대서양의 제압, 즉 독일의 잠수함을 물리치는 것이었고,[131] 다른 하나는 독일에 대한 폭격 작전을 진행하는 것이었다.[132]

공군은 제1차 세계대전에서 처음 등장했지만, 제2차 세계대전에서는 훨씬 더 중요한 역할을 했다. 연합군이 전쟁에서 승리할 수 있었던 것은 그들이 공군 우위를 확보했기 때문이다. 이는 미국의 항공기 설계 및 생산 능력 덕분이었다. 미국은 공군을 세 가지 방식으로 사용했다. 해상 활동을 보호하고 보완하는 것, 특히 프랑스 침공 당시 대서양과 영국 해협에서, 육군의 지원을 위한 '전술적 공중 지원', 그리고 독일과 일본 본토를 공격하기 위한 '전략적 폭격'은 전쟁 이전에 공군의 중요성을 신봉하던 이들이 주요 전쟁에서 승리를 결정짓는 요인이 될 수 있다고 믿었던 것이다.

영국은 1940년 자국 본토 상공에서 독일 공군인 루프트바페와 필사적인 전투를 벌였다. 영국 본토 항공전에서 런던과 다른 도시들이 심각한 피해를 입었지만, 독일은 유럽 전선에서 남은 마지막 적수인 영국을 제압하는 데 실패했다. 그 당시와 그 이후로 영국 최고사령부는 독일 본토에 대한 공습을 명령했으며, 독일 도시들에 대한 야간 '지역 폭격'이 가장 큰 파괴를 가할 수 있는 기회를 제공한다고 결론지었다. 미군이 이탈리아에 도착한 이후, 이탈리아와 영국에 위치한 기지에서 미국은 독일의 산업 목표물에 대한 주간 공습을 감행했다. 초기에는 제한적인 성과를 거두었으나,[133] 전쟁이 진행됨에 따라 점차 더 큰 효과를 발휘했다. 독일에 대한 폭격은 연합군이 장기적이고 막대한 비용이 드는 지상 작전을 수행할 필요성을 없애지는 못했지만, 독일의 전쟁 수행 능력을 방해하는 데 기여했다.[134] 미군이 점령한 섬 기지에서 시작된 일본에 대한 미국의 공중 폭격은 훨씬 더 큰 피해를 초래했으며, 1945년 8월 미국이 새롭고 전례 없이 강력한 원자폭탄을 사용하면서 태평양 전쟁을 종결시키는 데 기여했다.

카사블랑카에서, 루스벨트와 처칠은 1942년 한 해 동안보다 전쟁의 결과에 대해 더 큰 확신을 가질 수 있었다. 스탈린그라드 전투는 독일이 소련을 정복할 수 없음을 분명히 했다. 5월과 6월의 주요 해전 결과는 태평양에서 미국 군대가 반격을 시작할 수 있음을 의미했다. 처칠이 1942년 11월, 영국의 엘 알라메인 전투 승리 후 말했던 것은, 두 사람이 카사블랑카에서 만났을 때의 전쟁 상황을 잘 설명해준다. "이것이 끝은 아니다. 끝의 시작도 아니다. 그러나 아마도 시작의 끝은 될 것이다."[135]

운명의 역전

카사블랑카 회담 이후 1년 반 동안, 연합국과 추축국은 전쟁이 시작된 이래 맡았던 군사적 역할을 서로 교환했다. 독일과 일본은 이제 자신들이 얻은 이득을 방어하는 전투를 벌였고, 미국, 영국, 그리고 소련은 그 이득을 되돌리기 위해 싸웠다. 미국의 엄청난 산업 생산력이 전투에 미치는 영향력이 커지면서, 전선은 서서히, 고르지 않게, 그리고 큰 대가를 치르며 유럽에서는 베를린을 향해, 아시아에서는 도쿄를 향해 이동했다.

미국 군대는 유럽 전역에서 북아프리카를 지나 시칠리아로 진격했다. 1943년 7월, 시칠리아에 상륙한 후[136] 9월에는 이탈리아 본토로 이동했다. 이후 몇 달간의 끈질긴 전투가 이어졌으며, 미국 군대는 이탈리아반도로 천천히 북상했다.* 그들은 1944년 6월 5일 로마를 점령했지만, 그 시점에서 유럽에서의 미

---

* 미국에게 이탈리아에서의 전투는 "대륙적 적의 해양 측면에서 전략적인 분산을 위한 고전적인 작전"이었다. (John Keegan, *The Second World War*, 뉴욕: 펭귄 북스, 1990, 368쪽) 이 작전은 "중대한 불리한 조건에서 시작되었다. 이전 계획 연습에 포함되지 않았고, 단기적인 결정과 기회주의적인 이유로 결정되었으며, 극도로 제한된 자원으로 진행되어야 했다. 가장 중요한 점은, 이 작전에는 설득력 있는 전략적 목표가 없었다." (David Kennedy, *Freedom from Fear: The American People in Depression and War, 1929-1945,* 뉴욕: 옥스포드대학교 출판부, 1999, 596쪽)

국 군사 작전의 초점은 훨씬 더 중요한 프랑스로의 해협 침공으로 이동했다. 아이젠하워는 이탈리아를 떠나 영국으로 가서 그 작전을 지휘했고, 6월 6일에 이에 착수했다.

하지만 1943년 미국의 결정적인 전투는 이탈리아에서가 아니라 대서양 위, 아래, 그리고 그 안에서 벌어졌다.[137] 대서양은 반독일 동맹의 생명선이었다.[138] 영국과 소련이 의존한 군사 및 민간 물자들은 대서양을 통해 배로 운반되었다. 미국이 보낸 물자가 없었다면, 두 나라 모두 독일과의 전투를 지속할 수 없었고, 독일은 자연히 이 중요한 생명선을 차단하기 위해 배를 침몰시키려고 했다. 이 노력을 위한 주요 독일 무기는 독일의 잠수함 함대, 즉 U-보트였다. 이들은 1942년에 상당한 피해를 입혔으며,[139] 1943년 초에는 동부 해안으로 도달하는 선박의 양을 위험한 수준으로 줄였다.[140] 그러다 1943년 3월과 5월 사이의 6주 동안, 미국과 영국은 그들의 반선박 캠페인을 물리치는 데 성공했다.

그들의 성공은 여러 가지 원인에서 비롯되었다.[141] 그중 하나는 단순히 숫자의 힘이었다. 북미의 '민주주의의 무기고'는 대규모로 상선과 대잠수함 플랫폼, 호위 항공모함, 감시 및 폭격 항공기를 생산해냈다. 연합군은 또한 U-보트의 이동과 위치를 추적하는 능력을 향상시켰다. 기술적 창의성은 대서양을 정화하는 데 여러 가지 기여를 했다. 항공기의 공중 지원은 선박의 안전에 중요한 역할을 했지만, 연합군은 '중간 대서양 공백'에 시달렸다.[142] 이는 북미나 영국에서 출발한 육상 기반 항공기가 도달할 수 없는 대서양 구간이었다. 연합군은 항공기의 비행 범위를 확장하는 조정으로 이 공백을 해결했다.[143] 또한 더 효과적인 반잠수함 장치들을 개발했다. 특히, 물속에서 폭발하는 심해 폭탄이 중요한 역할을 했다.[144]

이 발전들은 독일의 U-보트 공격을 견딜 수 있는 수준으로 줄였고, 궁극적으로는 미미한 수준으로 낮췄다.[145] 만약 연합군의 노력이 실패했다면, 그들은 유럽에서 전쟁을 승리로 이끌지 못했을 것이다. 그렇기 때문에 대서양 전투는 미국이 역사상 가장 중요한 세 번의 전투 중 하나로 승리한 전투로, 독립전쟁의 사라토가 전투와 남북전쟁의 게티즈버그 전투와 함께 꼽히게 되었다.

연합군이 벌이고 있던 연합 전쟁에서 협의와 조율의 필요성 때문에, 지도자들의 대면 회담은 잠수함이나 군용 항공기만큼이나 제2차 세계대전의 독특한 특징이 되었다. 1943년 1월 카사블랑카 회의를 마친 후, 루스벨트와 처칠은 그해 5월 워싱턴에서 다시 만났고, 8개월 만에 세 번째로 퀘벡에서 8월에 만났다. 11월에는 루스벨트와 처칠이 카이로로 가서 장제스와 회담을 가졌고, 이틀 후에는 테헤란에서 스탈린과 만났다.

이것은 루스벨트가 처음으로 소련의 지도자 스탈린을 직접 만난 자리였으며, 그는 전시와 전후 소련과의 관계를 원활하게 하기위해 두 사람 사이에 개인적인 관계를 형성하려 노력했다.[146] 테헤란 회의에서 세 지도자는 1944년 5월에 독일 점령하의 프랑스에 대한 영미의 공격이 시작될 것이라고 합의했다. 드디어 스탈린은 그의 두 번째 전선을 갖게 되었다. 스탈린은 독일이 패배한 후 일본에 대항하여 전쟁에 참전할 것이라고 약속했다.

세 사람은 또한 유럽의 정치적 미래에 대해 논의하기 시작했다. 그들은 진행 중인 전쟁을 방해하지 않기 위해 일부 신중하고 조심스럽게 접근했지만, 루스벨트는 스탈린의 제안대로 폴란드의 국경을 독일 영토로 서쪽으로 옮기는 것에 동의했다. 그는 폴란드의 서부 국경을 오더강(Oder River)으로 설정하는 것을 허용했다. 루스벨트는 전후 유럽에서 미국의 군사적 존재(주둔)를 기대하지 않으며, 이는 소련의 독재자에게 매우 중요한 사항이었고 결코 반가운 일이 아니었다.[147] 스탈린은 또한 독일에 대해 강경하게 대처할 의향을 발표했다. 나치즘 종식 이후 대륙의 정치적 배치에 대한 세부 사항은 향후 회담과 무엇보다도 전장의 전개 상황에 따라 결정될 것이었다.

아시아 전선에서는 일본의 진격을 미드웨이 전투에서 멈춘 후, 미국은 일본에 대한 반격을 어떻게 설계할 것인지 결정을 내려야 했다. 워싱턴은 세 개의 전선에서 싸우기로 했다. 하나는 육상에서, 두 개는 바다에서였다. 전략은 중국에서 일본을 압박하는 것이었다. 미국은 1937년 일본이 만주에서 북중국으로 침공한 이후 장제스를 지원해 왔다. 장의 군대는 진주만 공격 이전부터 미국의 군사적 지원을 받아 왔다.

이전과 이후의 미국 지도자들과 마찬가지로 프랭클린 루스벨트는 중국에 대해 큰 기대를 품고 있었다. 전후 세계질서에 대한 루스벨트의 초기 구상에서 중국은 미국, 영국, 소련과 함께 세계의 '네 명의 경찰국가' 중 하나로 여겨졌다. 그는 각 국가가 자신의 지역에서 질서를 유지할 것이라고 보았다.[148] 루스벨트는 장제스를 돕기 위해 제시 스틸웰 장군을 중국에 파견하여 중국군을 훈련하도록 했다. 그러나 스틸웰의 경험은 좌절스러웠고 결국 실패로 끝났다.[149]

미국은 아시아 대륙에서 일종의 해외 균형자를 하기를 희망했으며, 미국의 군사 장비와 중국의 인력을 결합하여 일본에 저항하려 했다. 그러나 장제스는 다른 생각을 갖고 있었다. 그는 일본 점령군에 대한 공격보다는 자국 내 경쟁자인 마오쩌둥이 이끄는 공산주의자들과의 전투를 위해 군을 보존하는 데 더 큰 관심을 보였다. 장제스는 반복적으로 더 많은 미국의 지원을 요청했지만, 그 지원을 일본에 대한 싸움에 사용하려는 의향은 미미했다. 한때 루스벨트는 스틸웰을 장제스 군의 지휘관으로 임명하려 했으나, 장제스는 미국 장교를 정치적으로 따돌렸고, 결국 스틸웰은 미국으로 소환되었다.

아시아에서 영국군은 윌리엄 슬림 장군의 지도아래 일본의 인도 침공 시도를 막아냈고, 1942년에 일본이 점령한 버마(미얀마)를 되찾는 데 성공했다. 장제스의 군대는 일본군을 중국에 묶어두는 역할을 했으나, 다른 전선에서 그들이 없었다면 일본군이 싸웠을 수도 있다는 점 외에는 태평양 전선의 전개에 큰 영향을 미치지 않았다.

태평양 전선을 위한 미국 정부의 전략은 바다를 두 개의 군사 구역으로 나누어, 각각에서 미국군이 일본 본토를 향해 진행하며 태평양의 여러 섬에서 수륙 양용 상륙 작전을 통해 일본군을 상대로 치열하고 비용이 많이 드는 전투를 벌였다. 이 과정에서 미국은 공군과 해군의 우위를 바탕으로 싸웠고, 일본군의 점령지에서 격렬한 육상 전투가 벌어졌다. 통제를 강화한 후, 미국은 최종 목표지에 더 가까운 다른 섬들에 대한 추가 공격을 개시했다. 그들은 제2차 세계대전 동안 유럽에서 싸운 것과는 다른 종류의 전쟁을 치렀다. 즉, 현대적이고 기계화된 군대와 오랜 기간에 걸친 전투를 벌이지 않고, '고립, 지루함, 질병' 속에서 싸웠으며, 긴 바다를 건너고 잠시씩 격렬한 전투를 벌였고, 그 전투의 대부분은 잘 준비되지 않았지만 매우 결연한 일본 제국 군인들과의 근접 전투였다.[150]

국내 정치적인 이유로, 루스벨트는 태평양 남서부 전선의 지휘를 더글러스 맥아더 장군에게 맡기고,[151] 1942년 맥아더의 군대는 뉴기니아에서 치열한 전투를 시작했다. 중앙 태평양 전선은 미 해군에 속하며, 미 해병대가 지상 전투에서 중요한 역할을 했다. 그곳에서의 캠페인은 '섬 도약'이라 불리며, 솔로몬 제도, 길버트 제도, 마셜 제도, 마리아나 제도 등 여러 섬에서의 공격으로 이루어졌다. 1943년 2월, 미국은 솔로몬 제도의 과달카날에서 첫 승리를 거두었다. 섬들을 점령한 후, 미군은 해당 섬들에 활주로를 건설하여 항공기가 추가 섬 전투에 참여할 수 있도록 했다. 이는 미국의 군사력, 특히 항공력을 일본 본토에 더 가까이 접근시키는 것을 목표로 한 것이었다.

미국의 전쟁 제2단계는 1944년 6월 6일, 이후 'D-데이'로 알려지게 된 프랑스 침공으로 절정을 맞이했다.[152] 방어된 해안을 상대로 한 수륙 양용 공격은 미국, 영국, 캐나다가 그날 실시한 것처럼, 모든 전투 작전 중 가장 어렵고 위험한 작전 중 하나이다. 이 침공의 코드명인 오버로드(Overlord)는 시도된 것 중 가장 큰 규모의 작전이었다. 연합군은 이를 위해 두 가지 가능한 프랑스 지역을 고려했다. 파드칼레 지역은 영국 남부와 더 가까웠으나, 남쪽의 노르망디 지역이 더 많은 이점을 제공했으며, 결국 오버로드는 이곳에서 이루어졌다. 연합군은 독일 고위 지휘부가 공격이 파드칼레에서 이루어질 것이라고 믿도록 설득하는 복잡한 기만 작전을 펼쳤고, 그 덕분에 실제 공격 지점은 예상보다 덜 방어되었다.[153]

D-데이는 광범위하고 정교한 준비가 필요했다. 156,000명 이상의 군인, 6,939척의 군함과 상륙함, 2,395대의 항공기가 참여했다. 군인들은 적절한 훈련을 받아야 했으며, 많은 장비가 특별히 설계되고 생산되어야 했다, 특히 상륙용 배가 그랬다. 영국은 두 개의 큰 인공 항구, '멀버리(Mulberry)'를 설계하고 건설했다. 이 작전은 세 국가의 군대뿐만 아니라 그들의 육군, 해군, 공군 간의 정밀한 협조를 요구했다. 미국의 군사력은 이 작전에서 두드러졌다. 이는 엄청난 장비 생산량, 뛰어난 물자 보급 능력, 그리고 군에 입대해 싸울 준비가 되어 있는 대규모 민간인 자원 등이다. 총체적으로, 오버로드는 단순히 가장 위대한 미국 군사 작전뿐만 아니라 '전쟁 역사상 가장 엄청난 일'이라고 주장할 수 있다.[154]

많은 일이 잘못될 수 있었고, 일부는 실제로 잘못되었다. 예를 들어, 다섯 개의 지정된 상륙 지점 중 하나인 오마하 해변에서의 상륙은 미국군에 큰 피해를 입혔다.[155] 그러나 전반적으로 연합군의 해상과 공중 우세, 철저한 침공 준비와 계획, 참여한 군인들의 기술, 용기, 인내, 그리고 6월 첫 번째 화요일에 영국 해협에서의 비교적 좋은 날씨가 결합되어 이 작전은 성공을 거두었다. 군인들은 상륙에 성공하고, 독일군의 공격이 이를 쫓아낼 수 없었으며, 해변에 발판을 마련했다.[156] 제1차 세계대전 당시 처음으로 미국군이 유럽 대륙에 도착한 지 27년, 그리고 미국이 제2차 세계대전에 드디어 참전한 지 30개월 만에, 상당히 큰 규모의 미국군이 프랑스 땅에 주둔하고 독일로 진격할 준비를 마쳤다. 유럽 전쟁의 마지막 단계가 시작된 것이었다.

최후 국면

미국 군대는 영국 군대와 함께 D-Day 이후 11개월 동안, 결국 패배할 수밖에 없는 독일의 저항을 상대로 치열하고 강도 높은 전투를 벌였다. 1945년 5월 8일 독일의 항복까지,[157] 독일군은 6년 가까운 전투 경험과 방어적인 전술, 그리고 일정 기간동안 고국을 방어해야 한다는 동기를 가지고 있었다.

연합군은 1944년 8월 파리를 해방했지만, 그달에 많은 독일군이 노르망디 팔레즈에서 부분적으로 포위된 상황에서 탈출하면서 서부 전선에서 전쟁을 단축할 기회를 놓쳤다.[158] 독일 방어선을 뚫고 그들 뒤쪽까지 진출하려던 연합군의 작전인 마켓 가든 작전은 9월에 실패했다.[159] 12월, 독일군은 1940년 프랑스를 뚫었던 아르덴 지역에서 기습 공격을 시작해 앤트워프의 벨기에 항구를 향해 진격했다. 그러나 미국군이 바스토뉴에서 용감하게 방어를 펼치면서 독일군의 진격은 멈추었다. 이 전투는 연합군이 '벌지(Bulge) 전투'라고 부른다.[160]

최고사령관으로서 아이젠하워는 미국과 영국이 독일 수도 베를린에 먼저 도달하기 위해 러시아군과 경쟁하자는 제안을 받아들이지 않고,[161] 대신 광범위한 전선에서 신중하게 진격했다. 미군은 1945년 3월 26일 라인강을 건넜고, 한 달 후인 4월 25일 엘베강에서 소련군과 합류했다. 히틀러는 4월 30일 자살했고, 그의 정권은 항복했다.

소련군이 폴란드에 진입하고, 이어서 미국 군대가 독일에 진격했을 때, 그들은 나치의 유럽 유대인에 대한 학살(절멸) 전쟁의 끔찍한 증거들을 발견했다. 유대인에 대한 반유대주의는 히틀러의 정치경력† 초반부터 중요한 부분을 차

† "히틀러의 유대인에 대한 생각은 그의 정신세계의 중심에 있었다. 그것들은 그의 세계관과 정치적 야망을 형성하며, 그의 이데올로기의 기초와 나치 독일 교리의 뿌리 깊은 핵심을 이루었다. 그것들은 1933년부터 1945년까지 독일 독재정권의 반유대적 정책을 결정지었으며, 제2차 세계대전 중 유럽에서 유대인들을 살해하는 권위를 제공했다." Lucy S. Dawidowicz, *The War Against the Jews, 1933-1945* (뉴욕: 홀트, 라인하트 그리고 윈스톤, 1975), 5쪽.

지했으며, 독일에서 권력을 잡은 후, 그리고 중앙 및 동유럽을 점령한 뒤, 방어할 능력도 없는 수백만 명의 유대인들이 살았던 지역에서 히틀러는 가능한 한 많은 유대인 즉 남자, 여자, 아이들을 죽이기 시작했다.[162]

이를 위해 독일은 폴란드에 여섯 개의 집단 학살 캠프를 만들었고, 독일 내에서는 이미 수용소가 세워졌다.[163] 여기에 수백만 명의 유대인뿐만 아니라 나치가 '불필요하다'고 여긴 다른 사람들까지 가두어 놓고, 그들을 기아와 가스로 죽였다. 독일군은 동쪽으로 진격하면서 수십만 명을 총살하기도 했다.

전쟁 이후 수년 동안 홀로코스트는 후세의 시각에서 제2차 세계대전의 점점 더 중요한 부분으로 부각되었으며, 유럽 유대인의 학살에 대한 미국의 대응은 히로시마와 나가사키에 대한 원자폭탄 사용, 그리고 폴란드의 운명과 더불어 회고적인 비판을 받은 세 가지 미국 정책 중 하나로 자리 잡았다. 특히 이러한 비판은 미국 내에서도 제기되었다. 이 비판은 미국 정부, 특히 프랭클린 루스벨트 자신에 대한 것이었으며, 그들이 독일의 유대인 피해자 중 적어도 일부를 구할 수 있었던 기회를 충분히 활용하지 않았다는 주장이었다.[164]

1933년 나치가 독일에서 권력을 잡은 이후, 독일의 유대인들은 절박하게 나라를 떠나기를 원했으며, 가장 선호하는 목적지는 미국이었다. 그러나 미국의 이민법은 이민자 수를 엄격하게 제한하고 있었다. 국무부와 의회는 이러한 법을 수정하는 것을 거부했으며, 루스벨트 대통령은 이를 강하게 추진하지 않았다.[165] 1942년 11월, 이미 정확한 보고서들이 미국에 전해졌고, 연합군이 독일을 공습하면서 일부는 특히 가장 큰 강제 수용소인 아우슈비츠에 대한 폭격, 또는 희생자들이 그곳으로 운송되던 철도 노선에 대한 폭격을 촉구했다. 그러나 이러한 일도 일어나지 않았다.[166] 미국의 정책이 달랐다면 유럽의 유대인들을 얼마나 구할 수 있었을지 정확히 알 수는 없지만, 확실히 일부는 구할 수 있었을 것이다.[167]

전쟁이 계속되는 와중에도, 전쟁을 초래했던 상황의 재발을 방지하기 위한 전후 시대의 제도 설계를 위한 노력이 진행되고 있었다. 1944년 7월, 미국과 영국이 주도한 다국적 회의가 뉴햄프셔주 브레튼우즈에서 열렸다. 이 회의는 대공황을 견디지 못하고 붕괴한 금본위를 대체할 국제 통화 시스템을 재건하기 위해 소집된 것이었다. 참가자들은 합의된 통화 규칙의 부재가 무역과 경제 성장을 저해할 것이라는 점을 이해하고 있었다. 미국과 영국이 주도한 새로운 체제에서 미국 달러는 사실상 금을 대체하게 되었다. 미국 달러는 전 세계적으로 통용되는 금으로 교환할 수 있는 유일한 통화가 되었다.

금본위제가 각국의 통화 간 고정 환율을 제공했다면, 브레튼우즈 시스템은 어느 정도의 유연성을 허용했다. 이 체제는 세계 환율을 감독하기 위해 워싱턴 D.C.에 본부를 둔 국제통화기금(IMF)을 설립했다. 브레튼우즈 회의는 미국과 영국 간 또 다른 갈등을 야기했다. 금본위제의 작동 방식은 국제 수지 불균형이 발생할 경우, 경제적으로 고통스러운 조정을 해야 하는 책임을 적자 국가에 부과했다. 영국은 영향력 있는 경제학자인 존 메이너드 케인스를 중심으로, 국제 수지 흑자를 기록한 국가들도 조정 부담의 일부를 져야 한다는 제안을 내놓았다.[168] 전쟁 이후 적어도 단기적으로 적자를 예상했던 영국은 우연하게도 이러한 제안을 내놓았다. 한편, 흑자를 확신하던 미국 대표단은 이에 동의하지 않았고, 최종적으로 그들의 입장이 관철되었다.[169]

전쟁 중에는 국제경제 문제에 영향을 미치지 않았던 브레튼우즈 시스템은 전후 몇십 년 동안 중요한 역할을 했으며, 전쟁에서 출현한 또 다른 국제기구도 어느 정도는 국제관계에 영향을 미쳤다. 루스벨트 대통령은 1944년에 네 번째 임기로 재선되었고, 평화를 유지할 수 있는 어떤 기구가 필요하다고 생각하는 윌슨주의자로서, 1943년 11월 연합국 외무장관 회의에서 그 아이디어가 지지받았다. 1944년 여름, 워싱턴 D.C.의 덤버튼오크스 회의는 이후 유엔(United Nations, UN)이라고 불리게 될 기구의 초석을 다졌고, 1945년 4월부터 6월까지 샌프란시스코에서 열린 더 큰 회의에서 그 구조의 세부 사항들이 정해졌다.

국제연맹(League of Nations)과 마찬가지로 유엔은 보편적인 회원 자격을 가질 것이었지만, 루스벨트가 제안한 '4개 경찰국가' 개념을 반영하여 국제문제를 주도하는 안전보장이사회(Security Council)가 포함되었고, 이사회 상임이사국들은 중요한 권한을 행사하며 그 결정을 거부할 수 있는 권한을 갖게 되었다.[170] 회원 자격 문제도 발생했다. 항상 서방의 주도적인 계획을 의심하고, 투표에서 불리해지는 것을 두려워한 스탈린은 소련의 15개 구성 공화국 각각이 독립된 회원 자격을 가져야 한다고 주장했다. 결국 그는 총회에서 세 자리를 확보하고 유엔에 참여하는 것으로 합의했다.[171] 그리고 제1차 세계대전 이후 국제연맹에서의 사례와는 달리, 미국 상원은 유엔에 대한 미국의 가입을 승인했다.

그들은 2월에 소련 내 흑해 연안의 얄타에서 만났는데, 이는 루스벨트가 그해 4월 9일 사망하기 전 마지막 회담이었다. 그 후 7월 중순부터 8월 초까지 독일의 최근 점령지인 베를린 근교의 포츠담에서 다시 회담이 열렸으며, 이때 미국 대표로는 루스벨트의 짧았던 네 번째 임기의 부통령이었던 해리 트루먼 대통령이 참석했다. 두 회담 모두 전후 세계의 구상이 의제를 지배했다. 두 회담의 진행 과정은, 당시보다는 확실히 나중에 회고했을 때 더 명확히 드러났듯이, 전후 유럽이 민주주의 국가들의 모든 기대를 충족시키지는 못할 것임을 보여주는 증거를 제공했다.

얄타 회담에서 루스벨트, 처칠, 스탈린은 독일을 네 개의 점령 구역으로 나누기로 합의했다. 각국은 자신들의 점령 구역을 맡기로 했고, 프랑스는 네 번째 구역을 맡았다.[172] 스탈린은 소련이 유엔에 가입하고, 결국 일본과 전쟁을 벌일 것이라고 다시 한번 약속했다. 그러나 이후 회의에서 가장 논란이 된 문제는 폴란드였으며, 이는 후에 미국 대통령에 대한 비판을 초래했다.

폴란드는 연합군의 세 나라 모두에게 중요한 의미를 지닌 국가였다. 영국은 1939년 폴란드를 방어하기 위해 전쟁에 나섰지만, 독일과 소련 간의 잔인한 분할을 막지는 못했다. 그럼에도 불구하고 약 25만 명의 폴란드 망명군이 제2차 세계대전 동안 연합국을 위해 용감히 싸웠다. 미국에는 600만에서 700만 명에 이르는 폴란드계 시민, 즉 유권자들이 있었으며, 루스벨트는 스탈린에게 여러 차례 미국 정부가 그들의 원래 조국의 이익을 보호하기를 기대하고 있다고 밝혔다.[173]

소련 지도자인 스탈린은 자신이 해석한 마르크스-레닌주의 원칙에 대한 헌신에도 불구하고, 폴란드에 대해 전통적인 러시아 대국주의적 태도를 가지고 있었다. 폴란드는 독립국으로서 18세기 말 독일, 오스트리아-헝가리, 그리고 러시아 제국 간의 여러 차례 분할을 통해 사라졌다. 그리고 소련 지도부에게 진정으로 독립된 폴란드는 비록 완전한 이례는 아닐지라도 결코 지정학적 필수사항은 아니었다. 1944년 8월 바르샤바 시민들이 독일 점령군에 대항해 봉기를 일으켰을 때, 소련의 적군은 그들을 도울 수 있는 위치에 있었지만, 이를 눈에 띄게 방치했다. 아마도 스탈린의 관점에서 가장 중요한 점은 폴란드가 20세기에 두 차례 러시아 본토로의 침공 통로 역할을 했다는 것이었다. 따라서 소련은 폴란드를 통제해야 한다고 그는 확신했을 것이다. 그러나 소련의 통제는 대부분의 폴란드인이 원했던, 그리고 미국과 영국이 폴란드인들을 위해 바랐던 국가 독립과 정치적 자유와 양립할 수 없다는 것이 증명되었다.

스탈린은 독일로부터 해방된 모든 동유럽 국가들, 폴란드를 포함하여, 자유선거를 실시하는 데 동의했지만, 선거는 실시된다 하더라도 소련이라는 점령세력의 감독하에 진행될 예정이었다. 또한 두 개의 별개의 정부가 폴란드를 대표한다고 주장했다. 하나는 런던에 본거지를 두고 미국과 영국과 친밀한 정부였고, 다른 하나는 폴란드 동부인 루블린에 위치한 소련의 꼭두각시 정부였다. 얄타 선언은 사실상 루블린 폴란드 정부의 우위를 인정한 셈이었다.[174]

루스벨트는 폴란드에 대한 회담의 합의를 잘 설명했지만,[175] 스탈린은 사적으로 폴란드의 정치가 영미권이 아닌 소련의 선호에 따라 결정될 것임을 이해하고 있었다.[176] 그는 여러 가지 이유로 공개적인 항의를 하지 않았다. 첫째, 일본에 대한 최종 전투에서 소련의 지원이 필요하다는 믿음, 둘째, 전쟁 후 미국 군대가 유럽에 남지 않을 것이며, 그때는 소련의 호의가 큰 영향을 미칠 것이라는 확신, 셋째, 미국의 경제력을 통해 소련의 정책에 영향을 미칠 수 있다는 전형적인 미국적 믿음이 그를 그런 결정을 하게 했다.[177]

후에 비판자들은 그를 "폴란드를 팔았다."고 비난했다.[178] 그러나 실제로 그는 팔 것이 없었다. 적군(소련군)이 폴란드를 점령하고 있었기 때문에, 스탈린의 의지를 그곳에서 강제할 수 있는 위치에 있었다. 이 상황을 바꿀 수 있는 것은 군사적 조치뿐이었지만, 미국이 독일 정복 후 바로 소련과의 전쟁으로 나아가는 것은 상상할 수 없는 일이었다. 제2차 세계대전의 전개 과정이 동유럽의 운명을 결정지었다. 1945년 이후 동유럽 국가들이 소련의 지배와 공산주의 통치하에서 비자발적으로 견뎌야 했던 45년은 나치 독일을 물리친 대가의 일부로 판명되었다.

포츠담 회담에서 처칠은 첫 번째 일정에 참석했지만, 회담 도중 영국에서 총선이 치러졌고 그의 보수당이 하원에서 과반수를 잃었다. 노동당의 지도자였던 클레멘트 애틀리(전시 연립 정부의 일원으로 활동했던 인물)가 총리가 되었으며, 처칠을 대신해 트루먼 및 스탈린과 함께 회의에 참석했다.

독일 문제는 회담의 주요 의제가 되었다. 루스벨트는 한때 그의 재무장관 헨리 모겐소가 제안한 독일 산업 해체 계획을 지지했으나, 이후 생각을 바꾸었다.[179] 처칠은 소련의 유럽 내 세력에 대항하는 방벽 역할을 할 수 있는 부활된 비(非)나치화된 독일을 원했다.[180] 포츠담 회담에서 세 지도자는 독일의 분할을 확정하고, 나치 관료들을 전범으로 재판하기로 합의했으며(이 재판은 1945년부터 1949년까지 독일의 뉘른베르크에서 진행됨), 독일의 모든 영토 병합을 철회하기로 결정했다. 또한, 소련의 요구에 따라 승전국들에게 배상금을 지급하도록 했으며, 폴란드, 체코슬로바키아, 헝가리에서 독일계 주민들을 '질서 있고 인도적으로' 추방하는 계획을 수립했다. 실제로 적어도 1,000만 명의 독일인들이 서쪽으로

도망쳤고, 그 과정은 종종 혼란스럽고 비인도적인 상황이었다.[181]

임시적인 조치로 계획되었던 독일의 분단은 45년 동안 지속되었고, 이 기간 동안 분단된 독일은 분단된 유럽의 중심에 자리 잡았다. 독일의 정복과 정치적 분할은 소련에게 제2차 세계대전을 사실상 종결시키는 사건이었으나, 미국에게는 전쟁이 여전히 아시아에서 계속되고 있었다.

남서태평양에서, 맥아더는 1945년 초 필리핀으로 돌아가는 목표를 달성했다. 미국 해군은 레이테만에서 일본 함대를 격파하여 필리핀 군도에서의 전투의 길을 열었으며, 이는 역사상 가장 큰 해전이었다.[182] 그 후, 마닐라를 차지하기 위한 치열한 전투가 있었고, 결국 미국군이 승리했다. 이 전투는 민간인 사상자에게 큰 대가를 치르게 했으며, 필리핀인 약 10만 명이 사망했다.

중부 태평양에서 섬을 건너는 공세는 1945년 2월과 3월 이오지마로 미군을 이끌었으며, 이후 태평양 전쟁 최대의 상륙 작전이 벌어진 오키나와로 이어졌다. 오키나와 전투는 4월부터 6월까지 지속되었다. 미군 작전 계획자들은 오키나와를 일본 본토 공격을 위한 기지로 사용할 계획이었다. 이오지마와 오키나와 모두에서 미군은 격렬한 저항에 직면했다. 대부분의 일본 수비군은 항복하기보다는 죽음을 맞이했다.[183] 이 전투들에서 일본군은 '가미카제' 전술을 사용하여, 항공기를 일회용 자살 임무에 투입해 미국 함선과 다른 목표물에 충돌시킴으로써 가능한 한 많은 피해를 입히려 했다.[184]

한편, 1944년 중반부터 1945년까지 미국 공군은 일본을 지속적으로 폭격했다. 1944년 말, 마리아나 제도를 점령한 후, B-29와 같은 대형 폭격기가 일본 본토에 도달할 수 있는 기지가 마련되었다. '소이탄 폭격'으로 알려진 기법을 사용하여,[185] B-29는 일본 도시들, 특히 목조 건물이 많았던 도심을 불태웠다. 나고야, 고베, 오사카, 요코하마, 가와사키뿐만 아니라 도쿄도 폭격을 받았다. 이 폭격으로 약 24만에서 30만 명의 일본인이 사망했다.[186]

무조건 항복 이외에는 어떤 것도 받아들이지 않겠다는 입장에 따라, 미국 당국은 일본 본토를 대규모로 침공해야만 이를 확보할 수 있을 것이며, 이 과정에서 양측 모두 막대한 희생이 뒤따를 것이라고 예상했다. 다행히도 미국과 일본 모두에게 그러한 침공은 불필요한 것으로 판명되었다. 비밀리에 진행된 맨해튼 프로젝트에서 미국의 과학자들과 엔지니어들은 이전에 알려진 어떤 무기보다도 훨씬 강력한 폭발 장치를 개발했으며, 1945년 7월 뉴멕시코 사막에서 이를 시험했다. 그것은 물질의 핵, 즉 원자핵에 잠재된 에너지를 이용한 것이었다. 트루먼 대통령은 두 개의 원자폭탄을 일본 도시들에 사용하기로 승인했다. 8월 6일 첫 번째 폭탄이 히로시마에 떨어졌고, 3일 후 두 번째 폭탄이 나가사키에 떨어졌다.[187]

이 폭격은 훗날, 미국의 홀로코스트와 폴란드에 대한 정책처럼, 일본의 민간인들에게 이 끔찍한 무기를 발사한 것이 도덕적으로 잘못된 행동이라는 비판을 받았다. 그러나 폭탄을 사용하겠다고 결정을 내릴 당시에는 거의 논란이 없었다.[188] 민간인을 공격하지 않는다는 금기는 이미 오래전에 극복되었다. 미국과 영국의 독일과 일본에 대한 공중 공격, 그리고 그보다 앞서 독일과 일본이 동유럽과 중국에서 대규모로 자행한 집단 학살이 이를 입증했다.

1945년 8월, 미국은 거의 4년 동안 이어진 잔인한 전쟁을 벌이고 있었다. 그 전쟁을 끝내기 위해, 미국 정부는 일본 본토에 대한 캠페인을 계획했고, 이로 인해 많은 미국 군인들과 일본 군인 및 민간인이 사망할 것으로 예상되었다.[189] 책임이 있는 미국 당국자들은 침공을 덜 치명적으로 만들 수 있는 모든 조치를 정당화할 수 있다고 생각했다. 원자폭탄은 단순히 이를 넘어서서 전쟁을 끝냈다. 8월 9일, 소련은 스탈린이 약속한 대로 일본에 선전포고를 했다. 8월 15일, 일본 천황은 일본 국민이 그의 목소리를 처음으로 듣게 되면서 라디오 방송을 통해 일본이 전쟁을 그만두겠다고 발표했다. 9월 2일, 도쿄만에 정박한 전함 미주리호의 갑판 위에서 일본 관료들은 항복 문서에 서명했다. 이 의식을 통해 제2차 세계대전은 역사의 한 장으로 넘어갔다.

그 역사, 즉 인간 문명의 긴 역사 속에서 제2차 세계대전은 독특한 위치를 차지한다. 그것은 인간이 싸운 가장 큰 전쟁이었으며, 그로 인한 죽음과 파괴는 그 어떤 전쟁과도 비교할 수 없는 규모였다. 파괴된 재산의 가치는 계산할 수 없지만, 사망자 수는 그렇지 않다. 미국 군인 405,399명이 전투에서 사망했다. 다른 나라들은 훨씬 더 많은 희생을 치렀다. 소련은 군인과 민간인을 합쳐 2,500만 명을 잃었을 것으로 추정된다. 폴란드는 전쟁 전 인구의 20%인 약 600만 명을 잃었다. 영국 군대는 24만 4천 명이 전사하고, 그들의 연방 및 제국군은 10만 명을 추가로 잃었다. 독일은 400만 명의 군인이 전사하고, 50만 명 이상의 민간인이 목숨을 잃었다. 일본은 170만 명의 전사자를 기록했다. 중국은 1,400만에서 2,000만 명이 사망했다. 모두 합쳐 약 5천만 명이 제2차 세계대전으로 인해 사망했으며, 전쟁 관련 질병과 기근으로 인해 2,500만에서 3,000만 명이 추가로 목숨을 잃었을 것으로 추정된다.[190]

제1차 세계대전에서 미국은 결정적이지만 미미한 기여를 했다. 그러나 제2차 세계대전에서 미국은 승리하는 대국 연합의 핵심적인 역할을 했다. 미국의 육군, 해군, 공군은 태평양 전쟁에서 승리를 거두었고, 나치 독일의 패배에도 필수적인 역할을 했다. 그만큼 중요한 것은, 아니 더 중요한 것은, 미국의 '민주주의의 무기 창고'로서의 역할이었다. 미국은 군사 장비뿐만 아니라, 식량과 연료도 제공하여 영국과 소련이 히틀러와 싸울 수 있도록 도왔다. 전쟁에서의 결과를 유럽에서 미국의 장비, 영국의 결단력, 그리고 러시아의 희생으로 돌리는 것은 과장일 수 있지만, 그다지 과장된 것만은 아니다.

이러한 규모의 전쟁은 세계를 변화시킬 수밖에 없었다. 그것은 또한 세계에서 미국의 역할을 변화시켰다. 미국은 제2차 세계대전에 여러 대국 중 하나로 참여했다. 이는 명시적인 전쟁 목표도 아니었고 거의 완전히 의도치 않은 결과였지만, 전쟁에서 벗어난 미국은 더욱 높은 국제적 지위를 얻게 되었다.

3부

세 번째 시대

초강대국, 1945~1990

이 전쟁은 과거와 다르다. 누구든지 영토를 점령하면 그곳에 자신의 사회 시스템을 강요하게 된다. 누구나 자신의 군대가 닿는 곳까지 자신의 시스템을 강요한다. 달리 방법이 있을 수 없다.

요세프 스탈린(Joseph Stalin), 1945

제2차 세계 대전에서 미국은 그 어느 때보다 더 큰 힘을 얻게 되었다. 전쟁 전에도 세계에서 가장 큰 경제를 자랑했으나 전쟁을 치르면서 경제활동을 확장했다. 미국의 통화는 브레튼우즈 협정에 따라 세계에서 가장 중요한 통화로 공식적인 인정을 받았다. 또한 미국은 가장 많은 수와 가장 정교한 전투 장비인 선박과 항공기를 보유하고 있었으며, 인류가 발명한 가장 파괴적인 무기인 원자폭탄을 보유하고 있었다.

이러한 나열만으로도 1945년 미국의 세계적인 역할을 충분히 설명할 수 없다. 국제체제에서의 힘은 상대적이며, 제2차 세계대전은 전쟁을 시작할 당시 강대국이었던 다른 나라들의 힘을 심각하게 축소했다. 독일과 일본은 폐허가 되었다. 프랑스는 승리한 연합국에 포함되었지만 1940년에는 수치스러운 패배를 겪었다. 영국은 완전한 승리를 거두었지만, 전쟁이 끝날 무렵 자원의 한계에 도달했다.

전쟁은 소련에 다른 영향을 미쳤다. 그 어떤 나라보다 많은 죽음과 파괴를 겪었지만, 소련은 전장의 초기 패배를 딛고 독일군을 베를린까지 몰아냈으며, 전쟁 물자의 생산을 계속해서 늘려갔다. 1945년 5월, 소련군은 중앙 및 동부 유럽과 독일 중부를 점령했다. 정복자이자 해방자로서 소련은 유럽 전역과 그 너머에서 높은 명성을 얻었다. 전쟁 후, 미국과 소련은 경쟁자가 되었고, 그들의 경쟁은 다음 40년 동안 미국 외교정책과 국제관계를 지배했다.

이 경쟁은 미국을 포함한 다섯 번째 세계적인 전쟁이 되었다. 이 전쟁은 7년 전쟁, 프랑스 혁명 전쟁, 20세기의 두 차례 세계 대전과 함께 미국이 참여한 주요 전쟁 중 하나였다. 처음 네 전쟁과 마찬가지로, 이번에도 동맹, 치명적인 무기, 양측의 전복 시도, 그리고 두 적대 세력 중 하나가 상대방의 지원을 받은 세력에 맞서 싸운 대리 전투가 포함되어 있었다. 이전 전쟁들과는 달리, 미국은 이번 전쟁에 처음부터 참여했으며 시작부터 끝까지 중심적인 역할을 유지했다. 소련과 미국 간의 적대 관계는 또 다른 중요한 측면에서 이전의 네 차례의 전쟁과 달랐다. 두 나라가 직접적으로 싸운 적은 한 번도 없었다. 이로 인해 새로운 국제정치 용어가 생겨났다. 이 갈등은 '냉전'으로 알려졌다.[1]

냉전은 또 다른 용어 혁신을 가져왔습니다. 국제체제의 강대국들은 과거의 주요 전쟁을 벌였지만, 냉전의 주요 참가국들은 다른 범주에 속하며 '초강대국'이라는 새로운 용어로 불리게 되었다.[2] 이 용어는 단순한 언어적 과장에 그치지 않았다. 미국과 소련은 과거의 강대국들과는 세 가지 주요 측면에서 달랐다. 우선 두 나라는 핵무기를 보유하고 있었고(소련은 1949년에 핵무기를 보유하게 되었다.), 그들의 경쟁은 전 세계적인 범위를 가졌으며, 이 갈등은 두 강대국뿐만 아니라 두 가지 전혀 다른 정치적, 경제적 체제의 충돌을 포함하고 있었다.

★★★

히로시마와 나가사키에 떨어진 원자폭탄의 위력은 킬로톤 단위로 측정되었다. 킬로톤은 천 톤의 TNT에 해당하는 측정 단위다. 그 후, 두 초강대국은 천 배 더 강력한 폭발력을 가진 수많은 원자폭탄을 장착하게 되었고, 그 폭발력은 메가톤 단위로 측정되었다. 이들 폭탄 중 하나는 한 도시를 파괴할 수 있고, 열두 개는 하나의 국가를 사람이 살 수 없는 상태로 만들 수 있었다. 수십 년 동안 두 나라는 이 무기들을 개발하고 배치하는 경쟁을 벌였으며, 그들 또한 서로와 나머지 세계를 파괴하지 않고 경쟁을 지속할 방법을 찾아야 했다.[3] 여러 다른 국가들도 이 무기들을 보유하게 되었지만,[4] 소련과 미국의 핵무기 재고는 제3국들의 그것을 압도했다. 이 무기들이 두 나라의 국제적 지위 향상에 기여했음을 인정받아, 국제체제의 두 거대 국가는 '핵 초강대국'으로 불리기도 했다.

미국과 소련은 초강대국으로서의 자격을 얻었으며, 그들이 벌인 경쟁은 전 세계를 포함했다. 이는 바다와 지구 궤도를 도는 위성의 발사로 외우주까지도 포함되었다. 물론, 19세기 영국 제국과 제2차 세계대전 중의 미국은 전 세계의 먼 지역에 정치적 이익을 가지고 군사력을 배치했으나, 산업 혁명 이후 교통 및 통신 기술의 지속적인 발전 덕분에 가능했던 일이었다. 그러나 냉전 이전의 그 어느 강대국도, 두 나라와 같은 방식으로 전 세계 어디에나 존재할 필요성을 느끼지는 않았다.

두 초강대국은 마치 체스 경기를 하는 상대처럼, 체스판의 모든 칸이 중요한 가치를 지니며 그 칸을 차지하는 것이 승리에 가까워질 수 있는 잠재력을 가지고 있었다. 두 나라만이 세계질서의 정상에 서 있는 상황에서 그들의 갈등은 전 세계 모든 부분으로 퍼지게 되었다. 국제체제의 '양극성'은 초강대국 간의 경쟁을 제로섬 게임처럼 만들어, 한쪽의 이득은 자동적으로 다른 쪽의 손실이 되는 구조였다.

그 나라의 이익과 활동이 전 세계적으로 확장되면서, 미국 외교정책의 순수한 규모, 즉 약속, 갈등, 협상, 그리고 모든 종류의 외교적 접촉의 수는 외교정책이 국가 생활에서 중요한 역할을 했던 두 이전 시기, 즉 1765년에서 1815년 사이와 1917년에서 1945년 사이보다 훨씬 더 많아졌다. 또한, 이로 인해 미국의 외교정책은 이전보다 더 큰 영향을 전 세계에 미쳤다. 갈등의 전 세계적 범위는 결국 핵무기의 존재와 결합하여 미국과 소련 모두에게 그들의 경쟁의 위험을 더욱 높였다. 이는 또한 과거의 강대국들과 그들을 구별하는 세 번째 특징, 즉 냉전의 이념적 성격에 의해서도 더욱 두드러졌다.

양대 초강대국은 '이념 국가'였다. 대부분 국가가 언어, 종교, 민족 등 인구가 공유하는 특징을 바탕으로 정체성을 구축하는 반면, 두 강대국은 특정 정치적 원칙을 바탕으로 설립되었고, 이러한 원칙이 그들의 존재를 정당화했다. 미국은 독립을 선언하고 이를 승리로 이끌면서 자유라는 기본 정치적 가치를 보호하고 증진하기 위해 노력했으며, 이는 이후 국가 생활의 핵심적인 역할을 했다. 반면, 소련은 제정 러시아의 다민족 제국을 계승하며, 중요한 방식으로 그 독재적인 전임자와 유사했다.[5] 그러나 소련은 폭력적인 혁명의 결과로 탄생하였고, 그 지도자들은 러시아의 역사뿐만 아니라 사실상 모든 국가의 역사로부터 급격한 단절을 대변한다고 주장했으며, 마르크스-레닌주의라는 이념을 구현함으로써 이를 정당화했다. 이 용어와 이념은 라인란트 출신의 19세기 철학자, 경제학자, 소책자 작가이자 정치 조직자가 되고자 했던 칼 마르크스(Karl Marx)의 저작물과 1917년 러시아의 차르 수도였던 상트페테르부르크에서 권력을 장악한 볼셰비키당의 지도자 레닌(본명 블라디미르 울리야노프)이 만든 정치 구조를 결합한 것이다. 레닌은 이후 벌어진 내전을 승리로 이끌며 권력을 공고히 했다.

각 초강대국은 자국의 설립 원칙을 국경 밖으로 확산시키려고 했다. 미국은 설립 당시부터 자유의 혜택을 전 세계로 확산시키려는 열망을 갖고 있었다. 마르크스의 가르침에 따르면, 노동 계급의 지배, 즉 공산주의는 전 세계적으로 확립될 운명이었다. 레닌과 그의 후계자들, 특히 요세프 스탈린으로부터 시작하여, 자신들의 이념이 불가피하다고 여긴 역사의 진행 과정을 전복과 전쟁을 통해 돕는 데 열성적이었다.

두 설립 원칙은 극단적으로 대조적이었다. 마르크스-레닌주의는 미국인들이 중시하는 개인의 자유를 허용하지 않았다. 소련 정부는 통치하는 사람들에 대해 철권 통제를 행사했으며, 이는 자유의 이론과 실천에 반하는 것으로, 정치적, 경제적, 심지어 문화적 삶의 모든 측면을 관리하려 했기 때문에 '전체주의'라는 명칭을 얻었다.[6] 양 초강대국은 경제활동을 조직하는 방식에서도 현저하게 다른 접근을 취했다. 미국은 자유 시장과 개인 재산의 소유를 중시했으며, 소련에서는 모든 중요한 경제 자산에 대한 정부의 통제와 생산될 물품을 시장 체계에서처럼 소비자의 자유로운 선택에 의해 이루어지는 수요와 공급의 상호작용이 아니라 정부 계획자들이 결정하는 특징적 방식이었다.

과거의 대전쟁들과 마찬가지로, 미국과 소련은 각기 다른 동맹을 조직했고,

두 동맹의 다른 구성원들은 각 리더의 정치적, 경제적 관행을 채택했다. 미국의 경우 이러한 동맹이 대체로 자발적으로 이루어졌으며, 의도적인 설계가 아닌 냉전 초기의 여러 즉흥적인 조치에 의해 이루어졌다. 반면 소련은 공산주의 블록을 만들기 위해 강제적인 방법을 사용했다.

이렇게 냉전은 체제의 경쟁이 되었다. 양측은 군사적인 측면뿐만 아니라 궁극적으로 더 중요한 경제 생산력과 정치적 질서의 정당성 및 매력에서 서로를 능가하려고 했다. 서로 전면적인 전쟁을 벌일 수 없다는 인식은 정치적, 경제적 경쟁을 더 중요하게 만들었다. 마찬가지로, 유럽이 두 진영으로 나뉘었고, 독일, 한국, 중국과 같은 중요한 국가들도 마찬가지로 분단되었다는 사실 또한 그러했다. 이러한 분단은 두 체제의 성과 차이를 명확히 드러나게 만들었다.

두 경쟁자 간의 뚜렷한 이념적 차이는 그들의 경쟁을 더욱 격화시킨 원인 중 하나였다. 이는 서로가 다른 체제를 불법적이고 존재해서는 안 되는 정치적, 경제적 질서의 후원자로 간주했기 때문이다. 따라서 냉전 경쟁은 과거의 강대국 간의 갈등보다 지리적으로 더 넓을 뿐만 아니라 정치적으로도 훨씬 더 깊었다.[7]

★★★

냉전은 세 단계로 전개되었다. 첫 번째 단계는 1945년부터 1953년까지였으며, 이 시기 동안 전시 동맹국들이 적대국으로 변했다. 미국과 소련 모두 이 발전은 대부분 의도되지 않았고, 확실히 환영받지 않았지만, 되돌아보면 사실상 피할 수 없는 일이었다.[8] 이 시기 동안, 양 대국을 규정하는 특징들이 나타났다. 미국은 1945년 8월 히로시마와 나가사키에 대한 공습을 통해 핵 강대국이 되었고, 1949년 8월 소련도 그 지위를 달성했다. 1950년부터 1953년까지의 한국 전쟁은 갈등을 아시아로 확장하여, 그것을 세계적인 범위로 만들었다. 또한, 이 초기 단계에서 양 강대국의 대립적인 체제를 결속시키는 정치적, 경제적 제도들이 생겨났다.

냉전의 두 번째 단계는 1950년대 후반과 그 이후의 20년을 포함했다. 되돌아보면, 이 세 번의 기간동안 갈등은 비교적 안정된 상태로 변해 갔다. 한 역사학자는 이 시기를 '긴 평화'라고 불렀다.[9] 양측이 군사적으로 서로를 물리칠 수 없었기 때문에 냉전은 무기한 지속될 운명처럼 보였다. 그러나 마지막 단계, 즉 1980년대 대략적인 기간을 포함한 시점에서 냉전은 끝을 맺었다.

결말에 있어, 소련과 미국 간의 경쟁은 과거의 전 세계적 갈등과 달랐다. 이는 한 발의 총성도 없이 일어났기 때문이다. 소련은 전장에서 패배하지도 않았고 항복하지도 않았다. 대신, 최고 지도자인 미하일 고르바초프의 결정들로 인해 내부에서 붕괴했다.

유럽에서 공산주의의 붕괴와 소련-미국 간 경쟁의 종식을 가져온 중대한 사건들에서, 미국은 거의 직접적인 역할을 하지 않았다. 그러나 냉전 기간 동안 소련과 그 국제적 야망에 대한 미국의 지속적인 반대는 갈등이 종결될 수 있는 조건을 형성하는 데 크게 기여했다. 갈등이 종식되었을 때, 미국은 새로운 그리고 더욱 강력한 국제체제 내 위치를 차지하게 되었다.

7장
체제 경쟁, 1945~1953

원년(Year Zero)

제2차 세계대전은 제1차 세계대전*보다도 훨씬 더 큰 파괴를 초래했다. 세계 각국의 국가 경제와 정치 체제뿐만 아니라 유럽, 아시아 및 글로벌 정치·경제 질서는 거의 처음부터 다시 재건되어야 했다. 이러한 의미에서 1945년은 20세기 국제 역사에서 '원년(Year Zero)'으로 여겨진다.[1] 새로 만들어져야 할 세계를 위해 미국은 이전 전쟁 후에 가졌던 것과 동일한 광범위한 목표를 가지고 있었다. 그것은 우드로 윌슨의 14개 조항과 프랭클린 루스벨트의 대서양 헌장에서 표현된 바와 같이 국제적 조화와 세계적 번영이었다.

하지만 제2차 세계대전 후, 제1차 세계대전 후와 마찬가지로, 미국은 이러한 목표를 달성하지 못했다. 그 이유는 동일했다. 전쟁에서 승리한 연합국들이

---

* "유럽의 많은 지역과 아시아의 중요한 부분들은 황폐해졌다. 세계에서 가장 큰 도시들—베를린, 바르샤바, 빈, 레닌그라드, 도쿄—은 모두 잿더미로 변했다. 수천만 명의 사람들이 집이 없었고, 수백만 명은 전장과 강제 노동 수용소에서 집으로 돌아가고 있었다." Melvyn P. Leffler, *A Preponderance of Power: National Security, the Truman Administration and the Cold War* (스탠포드, 캘리포니아: 스탠포드대학교 출판부, 1992), 1쪽.

평화 시기에 더 이상 하나로 뭉치지 못했기 때문이다. 전시 기간 동안 지도자들의 회담에서 드러나기 시작했던 연합국 구성원들 간의 차이점은 공동의 적이 패배하면서 본격적으로 표면화되었다. 그러한 차이점은 20세기의 세 번째 대규모 세계 분쟁을 초래할 만큼 충분히 크고 깊은 것으로 드러났다.

제2차 세계대전이 제1차 세계대전에서 비롯되었듯이, 냉전도 제2차 세계대전의 결과에서 비롯되었지만 중요한 차이점이 있었다. 냉전은 더 빨리 시작되었고—20년이 아닌 5년 만에—미국은 이전의 적과 대결한 것이 아니라 과거의 동맹국인 소련과 맞섰다. 제2차 세계대전에서 미국은 전쟁 발발에 직접적으로 관여하지 않았지만, 냉전에서는 미국이 중심에 서서 처음부터 주도적인 역할을 맡았다. 냉전은 미국이 제2차 세계대전에 참여했던 기간의 10배에 달하는 40년 동안 지속되었다(4년 대신 40년). 그리고 두 차례의 세계대전과 마찬가지로 미국과 그 동맹국의 승리로 끝났지만, 그 승리는 전장에서의 성공이 아니라 평화적인 방식으로 이루어졌다는 점에서 예상 밖이고 전례 없는 방식이었다.

제1차 세계대전 이후, 프랑스 혁명 전쟁 이후와 마찬가지로, 세계정치질서를 재건하는 임무는 승리한 강대국들이 평화회담에서 맡았다—1815년 빈에서, 1918년 파리에서. 그러나 제2차 세계대전 이후에는 그런 회담이 열리지 않았다. 사실, 총성이 멈춘 후 어느 나라가 유용하게 회의에 참여할 수 있을지 명확하지 않았다. 대전이 전통적으로 국제체제에서 위계적 권력 구조를 재조정하지만, 이번 전쟁은 그것을 완전히 흔들어놓았다.

군사적으로 패배하고, 경제적으로 파괴되며, 정복자들에 의해 점령된 독일과 일본은 세계에서 독립적인 세력으로 간주되지 않았고, 강대국으로서의 자격도 없었다. 프랑스는 명목상 승전 연합국의 일원이었지만, 1940년 독일에 의해 전면적이고 굴욕적인 패배를 당했으며, 연합국의 궁극적인 군사적 성공에 거의 기여하지 못했다.

영국은 전쟁의 처음부터 끝까지 싸웠고, 프랑스가 함락된 후 독일의 침공을 받기 전까지 한 해 동안 독일의 전쟁 기계에 맞서 고군분투하며 전쟁을 치렀다. 영국은 유럽과 아시아 전선에서 주요한 기여를 했으며, 자신을 강대국이라 생각했다. 그러나 전쟁은 그들의 국가 자원을 고갈시켰다.[2] 영국은 다음 20년 동안 자신들의 강대국 지위가 주로 의존했던 제국을 정리해야 했고, 유럽에서의 영향력은 그들이 전통적으로 유럽 대륙에 상시적인 군사적 존재감을 두지 않았다는 사실에 의해 제한되었다. 따라서 전통적인 유럽 강대국들은 전후 국제질서에 영향을 미칠 수 있는 위치에 있지 않거나 전혀 영향을 미칠 수 없는 상태였다.

대조적으로 소련은 그 질서를 형성할 수 있는 수단을 가지고 있었다. 1941년과 1942년 동안 소련은 특히 엄청난 죽음과 파괴를 겪었지만, 생산력과 군사력을 재건하고 독일군을 1,600마일 이상 후퇴시켜 볼가강에서 독일 중부까지 밀어냈으며, 전쟁을 끝낼 때 유럽에 가장 큰 군대를 배치했다.[3] 그들의 전시 업적은 전 세계에서 소련에 대한 좋은 의도, 존경, 명성을 얻었다. 소련의 기대는 1945년과 그 이후로 매우 중요한 영향을 미칠 것이 분명했다.

그 기대는 사실 소련의 최고 지도자 스탈린의 바람이었다. 그는 전후 세계에 대한 우선순위를 똑바로 가지고 있었으나, 소련 정치체제의 비밀스러움 때문에 당시 다른 나라들에게는 명확하지 않았다. 스탈린은 자신과 그의 정권, 그리고 그가 통치하는 공산주의 다민족 국가의 안보를 추구했다. 그는 자신의 국내 정치적 지위를 잠재적 반대자들을 처치함으로써 보장했다. 국제적으로 그는 최대한 많은 인접 지역에 대한 통제를 행사하는 것이 자신과 소련의 안보를 확보하는 최적의, 유일하게 신뢰할 수 있는 방법이라고 생각했다.

열렬한 마르크스-레닌주의자로서 스탈린은 역사가 자신이 이끄는 세계 사회주의 국가들과 자본주의 국가들 간의 투쟁을 예정지었다고 믿었다. 그는 또한 자본주의 국가들이 궁극적으로 형제간의 전쟁에 의해 멸망할 것이라고 믿었다. 이것은 전통적인 레닌주의자들이 두 차례의 세계대전을 이해하는 방식이었다. 따라서 스탈린주의적, 그리고 소련의 국제적 미래에 대한 선호와 가정은 우드로 윌슨과 프랭클린 루스벨트의 비전과는 아무런 공통점이 없었다. 그러나 스탈린은 전술적으로 유연해질 준비가 되어 있었다. 스탈린은 결국 먼저 나치 독일과 동맹을 맺었고, 1941년 6월 히틀러가 그의 나라를 공격하자 이번에는 제국주의의 상징인 영국과 자본주의의 대표격인 미국과 동맹을 맺었다. 그는 자본주의 세계와 장기적으로 평화는 물론 우정도 기대하지 않았고, 정치 지도자들을 신뢰하지도 않았다(실제로 스탈린은 누구도 신뢰하지 않았다.). 하지만 그는 단기적으로 전쟁 동맹국들과의 괜찮은 관계를 희망했으며, 어쩌면 이를 계산에 넣고 소련의 경제 재건에 있어 그들의 도움을 얻고자 했다.[4]

세계대전이 끝난 후, 미국은 잠재적으로 어떤 국가보다 더 많은 영향력을 가진 국가로 떠오르게 되었다. 미국은 유럽과 아시아에 배치된 방대한 군사력을 구축했으며, 그 해양을 지배하는 해군과 가장 강력한 공군을 보유하고 있었다. 경제적으로는 1945년 기준으로 전 세계 생산의 3분의 1이었으며, 제조업 생산의 절반을 차지했다.[5]

그럼에도 불구하고 이러한 자산을 바탕으로 새로운 세계질서를 형성할 수 있을지에 대한 문제는 명확하지 않았다. 미국은 19세기 후반부터 세계에서 가장 큰 경제를 보유해 왔으며, 제1차 세계대전에서 승리한 연합국에 속했지만, 그 부와 권력에 상응하는 국제적 영향력을 행사하지 않았다. 이러한 역사적 배경으로 인해, 미국을 포함한 어느 나라의 국민과 정부도 전후에 미국이 맡을 역할에 대해 확신을 가질 수 없었다.

미국 대중은 군대를 본국으로 돌아오게 하고 평화로운 국가 생활을 다시 시작하기를 원했다. 제1차 세계대전(그리고 남북전쟁) 후와 마찬가지로 그들은 원했던 것을 얻었다. 1945년, 미국의 군인은 1,200만 명이었다. 그러나 1947년 6월 말까지 그 숫자는 150만 명으로 줄어들었고, 국방 예산은 1945년 816억 달러에서 1947년 131억 달러로 감소했다.[6]

전쟁 중, 연방 정부는 전후 세계에 대한 일부 계획을 세웠다. 예를 들어, 군은 전쟁 중에 설립한 해외 기지를 유지하려는 의도를 갖고 있었다.[7] 그러나 정부 관료는 1945년 이후 미국의 외교정책에 대한 전반적인 설계를 제시하지 않았다.

대부분의 미국인은 국제 문제에서 손을 떼고 본국 기반의 생활에 집중하기를 원했지만, 소수의 사람은 여전히 외부 세계에 관심을 갖고 그에 대해 정보를 얻기 위해 노력했다. 이 외교정책 커뮤니티의 일원인 대부분의 고위 정부 관리들은 일반적으로, 또는 적어도 프랭클린 루스벨트가 했던 것처럼, 독일과 일본이 항복한 후 미국이 소련과 우호적이고 협력적인 관계를 유지할 수 있을 것이라 믿거나 희망했다.[8] 그들은 또한, 다시 말해 프랭클린 루스벨트처럼, 새로 창설된 국제연합(UN)이 국제 평화를 유지하는 데 기여할 수 있기를 바랐다.

모든 미국인은 또 다른 전쟁을 막기 위해 열렬히 기원했다. 외교정책에 주의를 기울인 많은 사람은 이를 위해 미국이 제1차 세계대전 이후보다 국제 문제에 더 많은 역할을 해야 한다는 확신을 공유했다.[9] 그들은 민주주의 국가들이 자신들을 포함해 전간기 동안 잘못된 선택을 했고, 그로 인해 최근에 끝난 끔찍한 전쟁이 발발했다는 생각을 갖고 있었다.[10] 그러므로 미래에 이러한 실수를 피하는 것이 국가의 최우선 과제가 되어야 한다고 믿었다. 이 확신은 1940년대 후반 미국 정책 입안자들에게 큰 영향을 미쳤다.

전쟁 이후 국제사회의 한 분야에서 미국 정부는 주요 책임을 맡을 준비가 되어 있었다. 그 분야는 경제였다. 실제로, 전쟁이 끝나기도 전에 미국은 중요한 경제적 이니셔티브를 시작했다. 브레튼우즈 회의와 세계 통화체제의 재건이 그것이다. 이러한 이니셔티브는 전례가 있었다. 미국은 제1차 세계대전 후에도 유럽의 경제 문제를 해결하려고 시도했다. 또한, 미국은 국제 경제활동에 강한 동기를 갖고 있었다. 전시 동원에서 강력한 평화 경제로의 원활한 전환을 원하는 미국 정부는 이러한 전환이 다른 국가들의 경제적 조건에 부분적으로 달려 있다는 것을 이해하고 있었다. 전쟁이 끝난 후 미국 정부가 수행한 국제 경제 정책들은, 그중 일부는 과거의 실수를 피하려는 노력으로, 미래에 대해 엄청나고 대부분 예상치 못한 결과를 가져왔다.

서구의 탄생

전간기 동안 미국 정책 입안자들이 확인한 실수 중 하나는 대공황을 예방하거나 효과적으로 해결하지 못한 점이었다. 그 심각한 경제 침체는 수천만 명의 사람들의 삶에 큰 피해를 주었으며, 그로 인해 독일과 일본에서 공격적인 정책을 펼친 정부들이 권력을 잡게 되었다. 대공황 동안, 국가 간 자금과 상품의 흐름은 급격히 줄어들었고, 이는 전 세계적으로 경제적 고통을 악화시켰다. 그래서 제2차 세계대전이 끝나기도 전에 미국 정부는 이러한 추세를 반전시키고 전후 국제 경제협력을 지원하는 기관을 설립하고 관행을 촉진하는 임무를 맡게 되었다.

미국은 1944년 여름 브레튼우즈에서 열린 회의에서 달러 중심의 국제 통화 체제를 형성하고 이를 뒷받침할 국제통화기금(IMF)과 국제부흥개발은행(IBRD; 세계은행으로 알려진)을 설립하는 논의를 주도했다. 또한 전쟁이 끝나기도 전에, 자유무역의 열렬한 지지자인 국무장관 코델 헐의 지휘 아래, 1930년대 동안 무역을 억제했던 세금 장벽과 경쟁적 평가절하를 피할 방법을 계획하기 시작했다.[11]

이를 위해 1947년 4월, 18개 국가의 대표들이 제네바에 모여 제조 제품에 대한 세금 인하와 국제 상업을 촉진하기 위한 일반 원칙을 협상했다.[12] 제네바 회의 결과는 미국 내에서 정치적 반대에 부딪혔지만, 트루먼 대통령은 이를 지지하며,[13] 의회는 이를 비준했다.[14] 미국 정부는 1947년 11월부터 1948년 3월까지 하바나에서 열린 후속 회의에서 작성된 국제무역기구(ITO) 헌장을 채택하지 않았지만, 제네바 회의에서 나온 규칙, 즉 관세와 무역에 관한 일반협정(GATT)은 그대로 남아 있었고, 이후 50년 동안 글로벌 무역을 지배했다.

미국 및 기타 민주주의 국가에서의 무역 정책은 외국과의 경쟁으로 인해 피해를 입은 사람들이 자신을 보호하기 위한 정치적 노력을 기울이면서 필연적으로 논쟁의 소지가 있다. 그러나 제2차 세계대전 이후 미국에서 개방 무역에 대한 저항 수준은 역사적으로 낮은 수준으로 떨어졌다. 전쟁은 미국의 주요 교역 파트너들에게 심각한 피해를 입힌 반면, 미국은 상대적으로 큰 피해를 입지 않아 미국 경제의 거의 모든 분야가 세계 다른 나라들과의 무역에서 흑자를 누릴 수 있었다. 다른 나라들은 미국의 제품을 절실히 필요로 했으며, 일시적이긴 했지만 미국인들이 구매하고자 할 만한 상품은 거의 없었다.

이렇게 해서 전쟁 직후 미국의 무역 정책은 역사적인 전환을 겪었다.[15] 남북전쟁 시기부터 보호무역이 자유무역에 비해 가지던 정치적 우위가 역전되었다. 세계적으로 미국 경제가 상승세를 타고, 전통적으로 저관세를 옹호하는 민주당이 국가 정치에서 우위를 차지하며, 미국 정부는 국제 경제의 상호 의존을 냉전에서 전략적 자산으로 보고 점점 더 자유무역을 지지하게 되었다.[16] 미국은 19세기 후반의 영국처럼 세계에서 가장 자유로운 무역을 지지하는 글로벌 챔피언이 되었다. 이에 따라, 그리고 제2차 세계대전 이전 10년간의 경험과는 대조적으로, 전쟁 이후 몇 년 동안 유럽과 아시아의 무역은 급속히 확장되었다.[17]

전후 국제 무역 및 통화 시스템은 미국에 크게 의존하여 탄생했으며, 참여국들의 국가 경제가 대체로 원활하게 작동하는 정상적인 경제 상황을 염두에 두고 설계되었다. 그러나 제2차 세계대전 직후 유럽의 상황은 전혀 달랐다. 윈스턴 처칠은 유럽 대륙을 "잔해더미, 시체 보관소, 전염병과 증오의 번식지"라고 묘사했다.[18] 이러한 참담한 상황은 미국 정부가 긴급한 조치를 취해야 한다고 믿게 만들었고, 그 결과 미국은 대규모 자본 투입을 통해 유럽을 구제하게 되었다.

미국은 제1차 세계대전 이전의 달러 외교와 1920년대의 도스 및 영 플랜(Dawes and Young Plans)을 통해 평시에도 정치적 및 경제적 목적을 위해 자본을 해외에 배치한 경험이 있다. 그러나 제2차 세계대전 직후 미국의 조치는 이전의 이니셔티브와는 차별화되었으며, 이전보다 훨씬 더 큰 규모로, 더 관대한 조건으로 자금을 제공했다.

1946년, 경제적으로 어려움을 겪고 있는 영국은 미국으로부터 37억 5천만 달러의 대출을 받았다. 과거 영국에 대한 미국의 경제적 지원처럼, 이번 대출에도 조건이 있었다. 바로 미국 제품에 불리한 영국의 특혜적인 무역 정책을 끝내고, 파운드화가 1년 이내에 자유롭게 교환될 수 있도록 해야 한다는 것이었다. 그러나 대출에는 낮은 이자율과 영국의 Lend-Lease 부채 200억 달러의 취소라는 유리한 조건이 포함되었다.[19]

1947년까지 미국은 전쟁이 끝난 후 유럽에 90억 달러 규모의 지원금을 보냈으며, 그 대부분은 인도적 목적이었다.[20] 그러나 같은 해 상반기, 미국 정부의 고위 관계자들은 더 많은 지원이 필요하다고 결론지었다. 특히, 유럽 국가들이 겪고 있던 '달러 부족' 문제를 해결할 방법을 찾아야 했다. 이들 국가는 미국으로부터의 수입, 특히 달러를 벌기 위해 생산하여 판매할 제품을 만들기 위한 자본재를 구매할 충분한 미국 통화를 보유하지 못하고 있었다. 이에 대응하여 트루먼 행정부는 유럽 국가들에게 총 132억 달러 규모의 대규모 지원 패키지를 마련하였다.[21]

미국 외교정책의 단호한 민주적 성격을 잘 알고 있었던 트루먼과 그의 동료들은 의회가 미국 역사상, 아니 어느 나라의 역사상 가장 큰 규모의 대외 원조 프로그램을 승인할 것이라고 확신하지 못했다.[22] 트루먼은 유럽 복구 프로그램을 자신의 이름을 붙이는 대신, 이를 국무장관이자 전시 군 지휘관인 조지 마셜의 이름을 따서 마셜플랜이라고 부르기로 결정했다. 마셜은 1947년 6월 하버드대학교에서 이를 발표했었다. 트루먼은 자신의 이름을 붙이는 것이 공화당의 반대 여론을 불러일으킬 것이라고 우려했다. 마셜 플랜의 장점에 대해 국민을 설득하는 강력한 캠페인과 워싱턴에서 국민의 대표들을 대상으로 한 로비 활동 후,[23] 의회는 이를 승인하고 트루먼은 1948년 4월 3일 이를 법으로 서명했다.

그것은 원하는 효과를 발휘했다. 역사학자들은 미국의 원조가 경제에 미친 정확한 영향을 두고 논쟁을 벌여 왔지만, 이 원조가 유럽의 경제 성장을 회복시키는 데 확실히 기여한 것은 부인할 수 없다.[24] 이 과정에서 심리적 영향도 마찬가지로 중요했다. 원조를 받은 국가들의 국민과 정치 지도자들에게 전쟁에서 회복할 수 있고, 반드시 회복할 것이라는 자신감을 심어주었으며, 물론 자신감은 경제적 성공의 필수 요소이다.[25] 나아가 장기적으로는 마셜 플랜이 냉전의 시작과 궁극적으로는 종식에 기여한 몇 가지 매우 중요한 결과를 가져왔다.

마셜 플랜은 무엇보다도 유럽의 경제적, 정치적 분열의 결정적인 계기가 되었으며, 이는 40년 동안 지속되었고 제2차 세계대전 이후 글로벌 갈등의 주요 특징으로 자리 잡았다. 트루먼 행정부는 서유럽뿐만 아니라 동유럽을 포함한 모든 유럽 국가들에게 마셜 플랜 원조를 제안했다. 독일 중심부로 진격하던 레드아미(Red Army; 소련군)에 의해 점령된 국가들 역시 이 프로그램에 관심을 보였지만, 스탈린은 이들이 참여를 거부하도록 강요했다.[26] 그 후 유럽 대륙에는 본질적으로 서로 다른 두 경제 진영이 형성되었다.

서유럽에서 마셜플랜 원조를 받은 국가들은 사유재산을 중심 제도로 삼아 전쟁 이전의 자유시장 경제를 재건했다. 이들 국가는 무엇을 생산하고 투자할지와 같은 중요한 경제적 결정을 개인에게 맡겼다. 그들의 정부는 세 가지 주요 책임을 맡았다. 첫째, 경제 불균형 시기에 경제를 안정시키는 것, 둘째, 실업과 질병의 부정적 영향을 완화하고 노년에 재정적 지원을 제공하기 위한 사회적 안전망을 구축하는 것, 셋째, 개인이 스스로 제공할 수 없는 인프라와 교육과 같은 경제적으로 필수적인 '공공재'를 공급하는 것이었다. 이러한 정부의 역할은 1945년 이후 더욱 확대되었으며, 이로 인해 서방 경제는 '혼합 체제' 또는 '복지국가'로 불리게 되었다.

대륙 동부의 국가들은 급진적으로 다른 경제체제를 도입했으며, 이는 사실 소련 지도자들이 그들에게 강요한 것이다. 그 체제는 1917년 러시아 혁명 이후 소련이 구축한 경제체제와 유사하다. 이 시스템에서 국가는 시장 경제가 개인에게 부여한 권한을 모두 보유했다.[27] 정부 계획자들은 주요 경제 결정을 내렸고, 국가는 모든 주요 자산을 소유했다. 이러한 시스템은 상위에서 하달된 명령을 통해 운영되었기 때문에 '명령 경제' 또는 경제활동이 정부가 설계한 5개년 계획에 따라 진행되거나 진행될 예정이었기 때문에 '계획 경제'라고 불렸다. 중앙계획 경제는 다른 국가들과의 경제적 교류를 방해했으며, 그로 인해 계획 경제 국가들은 유사한 체제를 가진 국가들과의 교역이 상대적으로 적었고, 시장 경제를 가진 서방 국가들과의 교역이나 투자는 거의 이루어지지 않았다.[28]

1917년 혁명 후 발생한 내전에서 계획 경제를 구축한 볼셰비키당은 그들이 승리하기 위해 필요한 조치를 취하면서 동시에 마르크스주의의 핵심 전제 중 하나인 사유재산의 폐지를 실행한 것이다. 경제활동을 정부의 통제하에 두면서 계획 경제체제는 또한 사회를 급진적으로 재편하려는 공산당의 필요와 권력을 유지하는 데 필요한 통제를 제공했다. 이는 공산당이 러시아 제국에서 실제로 거의 지원을 받지 못했기 때문에 그들의 통치를 유지하는 데 필수적인 요소였다.

공산주의자들은 계획 경제가 수백만 개의 기업과 개인의 독립적인 결정에 따라 작동하는 자유시장과는 달리, 고도로 세련된 계획자들의 설계에 따라 운영되기 때문에, 합리성과 경제 성장이라는 보편적으로 원하는 목표를 달성하는 데 있어 자유시장을 능가한다고 주장했으며, 의심의 여지 없이 그렇게 믿었다.[29] 이 두 체제 간의 비교, 그리고 경제 복지 증진을 둘러싼 경쟁은 20세기 후반 국제사의 주요 주제가 되었다.[30] 이 경쟁은 특히 독일, 한국, 중국, 그리고 일시적으로 베트남과 같은 나라들이 분단되어 한쪽은 자유시장 방식을 채택하고 다른 쪽은 중앙계획을 채택함에 따라 더욱 뚜렷하게 드러났다. 이 분단된 국가들은 정치적 삶이 제공할 수 있는 가장 가까운 형태의 통제된 실험을 통해 어떤 체제가 더 우수한 성과를 내는지 확인할 기회를 제공했다. 그 실험의 결과는 냉전이 어떻게 종식되었는지에 큰 영향을 미쳤다.

마셜 플랜은 다른 중요한 장기적 결과를 가져왔다. 그것은 참가국들의 경제 부흥을 촉진했고, 그 결과 1970년대까지 지속된 전례 없는 경제 성장 기간을 열었다.[31] 이 기간 동안 유럽은 제2차 세계대전 이전보다 훨씬 더 도시화되고 산업화되었으며, 무엇보다도 부유해졌다. 또한 유럽은 이미 미국이 그러했던 것처럼 소비재, 예를 들어 냉장고, 재봉틀, 자동차 등을 널리 이용하고 소유하는 사회가 되었다. 이 행복한 시기를 프랑스에서는 'les trente glorieuses' 즉 '30년의 영광'이라고 불렀다.

또한 마셜 플랜은 전쟁 전 독일의 3분의 2를 점령한 서방 국가들이 포함되어, 그 나라가 대륙 경제에서 중심적인 위치를 차지하게 되었다.[32] 전간기에서 얻은 교훈 중 하나는 번영하는 유럽은 번영하는 독일이 필요하다는 것이었다. 마셜 플랜은 그 교훈을 포함하고 있었으며, 이후 몇십 년 동안 독일의 급속한 경제 성장, 독일인들이 'wirtschaftswunder(경제 기적)'이라고 부른 이 성장은 서유럽 전역의 성장에 중요한 기여를 했다.

마지막으로, 그리고 결코 덜 중요하지 않은 점은, 미국이 후원한 유럽 부흥 계획이 서유럽 국가 간의 무역과 투자 흐름이 지속적으로 증가하는 역사적인 경제 통합 과정을 시작하게 했다는 것이다. 이 프로그램의 조건은 유럽 각국 정부가 워싱턴에 제출할 자금 요청을 마련하는 과정에서 서로 협력하도록 요구했다.[33] 이 협력의 습관은 뿌리내리게 되었고, 그것은 1950년 로버트 슈만 프랑스 외무장관의 이름을 따서 명명된 슈만 계획으로 이어졌으며, 역사적으로 대륙 경제 통합의 아버지로 기억될 프랑스인 장 모네의 영향을 받았다. 이 계획은 1952년에 6개국, 프랑스와 독일을 포함한 국가들의 석탄 및 철강 산업을 결합하여 '유럽 석탄철강 공동체'를 창설했다.[34] 이는 1957년 로마 조약으로 이어져 '유럽 경제 공동체(EEC)'를 창설했으며, 이는 결국 냉전 후 28개 회원국으로 구성된 유럽 연합(EU)[35]의 전신이 되었다. 1945년 이후 미국과 그들의 경제적, 정치적 연대가 강화된 서유럽 국가들은 공동의 이익과 목적, 가치를 바탕으로 '서방(서구)'으로 알려진 더 넓은 공동체를 형성했다. 마셜 플랜은 그 창설에서 중요한 사건으로 볼 수 있다.

마셜 계획의 세 가지 결과—빠른 경제 성장, 서독의 중심적인 역할, 그리고 지역 내 경제협력 증대—는 동시에 진행되었고 서로를 강화했다. 예를 들어, 독일이 마셜 플랜에 포함되면서 프랑스는 독일의 힘을 억제하고 통제하는 전통적인 목표를 달성할 수 있는 적합한 방법을 모색하게 되었다. 그 방법은 유럽 경제 통합이었으며, 이를 통해 세 가지 결과는 자유시장경제가 공산주의 중앙계획과 경쟁하는 과정에서 강력한 영향을 미쳤다.

국제 관계에서 경제와 정치가 결코 완전히 분리될 수 없는 것처럼, 1940년대 후반 미국의 외교정책에서도 경제와 정치적 고려는 결코 분리되지 않았다. 그 시기의 미국의 경제적 주도는 경제적인 목적뿐만 아니라 정치적인 목적을 가지고 있었다. 다시 말해, 미국은 경제적 수단을 정치적 목적을 위해 사용하는 오랜 전통을 따랐다. 이 경제계획은 유럽에서 생산과 상업을 재활성화하는 것뿐만 아니라, 유럽 서부 국가들이 소련의 영향을 받지 않도록 하는 데도 목적이 있었다. 전쟁 중 동유럽 국가들은 소련의 영향권하에 들어갔으며, 이는 제2차 세계대전의 과정에서 붉은 군대가 이들 지역에 진입하면서 이루어진 일이었다. 미국 자본의 유럽 송출은 특정한 정치적 맥락에서 이루어졌으며, 이는 전시 동맹국이었던 소련과의 점점 더 심화되는 경쟁에 대응한 것이었다.

트루먼 행정부는 전후 초기 무역 협정을 체결할 때 이 경쟁 관계를 염두에 두고 있었다.[36] 1946년에 영국에 대한 대출이 이루어진 이유는 루스벨트 행정부가 1941년 12월 이전에 그 나라에 여러 가지 형태로 원조를 제공한 것과 같은 일반적인 이유에서였다. 즉, 워싱턴이 미국의 이익을 위해 강력한 전후 국제적 존재감을 유지할 수 있도록 도와줄 우호적인 국가를 강화하는 목적이었다.[37] 마셜 플랜의 주요 추진력은 유럽 대륙에서 경제적 고통이 공산주의 영향력 증가로 이어질 수 있다는 미국의 두려움에서 나왔다. 1947년까지, 공산주의 영향을 최소화하는 것은 미국의 가장 중요한 국제적인 목표가 되었다.[38] 제1차 세계대전 이후처럼, 미국은 '달러 외교'라는 방식을 사용했지만, 이번에는 그 규모가 더 크고 정치적 맥락에서 훨씬 더 긴급한 상황에서 이루어졌다.

그 해에 워싱턴의 정책 입안자들은 이미 독일 중부까지 진격한 소련군의 추가적인 서부진격을 예상하지 않았다. 대신, 미국은 서유럽 정부들이 불안정해 보였기 때문에 공산주의의 잠재적 전복에 대해 걱정하고 있었다. 서유럽에서 평화적이고 합법적인 방식으로 공산주의가 정권을 잡는 것이 불가능해 보이지 않았다. 프랑스와 이탈리아의 공산당은 많은 지지자를 보유하고 있었고, 나치 독일을 무찌른 유럽 대정복자와의 관계에서 위신을 얻었다. 전쟁 직후 두 나라의 국가 정부에도 공산당원들이 참여하고 있었다.[39]

마셜 플랜에 대한 지원은 대륙에서 만연한 절박한 경제 상황을 개선하고 그로 인해 공산주의의 위협을 줄일 수 있다는 확신에서 비롯되었다. 이는 미국이 군사 준비태세를 강화하는 것보다 바람직한 전술이었고, 만약 미국이 행동하지 않으면 결국 세 번째 유럽 전쟁의 비용을 치르게 될 가능성도 있었다.[40] 트루먼 행정부는 이 계획을 대륙에서 헤게모니를 원하는 세력을 저지하기 위한 해양에서의 균형을 맞추려는 방안으로 추천했다. 1947년과 1948년에 미국 정부는 미국 대중에게 그러한 시나리오의 그럴듯함을 설득하는 데 성공했다. 이 설득을 이끌어낸 미국의 공무원들은 제2차 세계대전 후 유럽 및 다른 곳에서 발생한 정치적 사건들이 이 관점에 도달하게 했음을 고백했다.

냉전의 기원

미국의 눈에서 소련의 변화는 18세기 혁명전쟁의 발발과 90년 후 미국 남북전쟁의 시작과 유사했다. 그것은 근본적인 차이를 드러내고 악화시킨 일련의 사건을 통해 발생했으며, 서로 얽히고 강화되어 결국 우려, 적대감, 그리고 진정한 두려움으로 이어졌다. 미국의 공무원들과 미국 대중은 스탈린의 공산주의 버전인 수 세기 된 러시아 제국을 히틀러의 독일과 유사하다고 보게 되었다. 즉, 유럽을 지배하고 그 악영향을 대륙 너머로 확장하려는 폭력적인 독재 정권으로 본 것이다.

연합국 지도자들이 얄타와 포츠담에서 열린 전시 회의에서는 전후 세계 기구에 대한 일부 문제들이 해결되었지만, 전쟁이 끝날 때 여전히 많은 것이 결정되지 않았다. 이 목적을 위해 관련 외무장관들, 소련 대표를 포함한 인사들이 참여한 일련의 회의가 개최되었다. 1945년부터 1947년 사이에 총 여섯 번, 그리고 1948년과 1949년에 각각 한 번씩 추가로 열렸다. 이 회의들은 몇 가지 문제에 대한 합의를 이끌었지만, 독일의 지위와 같은 주요 문제들은 해결되지 않았고 점차 대립적이었다.[41] 한편, 1946년 한 달 사이에 세 가지 선언이 소련 정부와 민주주의 국가 간의 균열이 확대되고 있음을 드러냈다.

2월 9일, 스탈린은 모스크바 볼쇼이 극장에서 공개된 연설에서 자본주의가 필연적으로 전쟁을 촉발한다는 마르크스-레닌주의의 기본 명제를 다시 주장하며, 그에 따라 공산주의와 자본주의는 서로 화해할 수 없다는 입장을 밝혔다.[42] 3월 5일, 미주리주 풀턴에서 윈스턴 처칠은 이제 영국의 야당 지도자로 있었지만 전시 지도력 덕분에 미국에서 여전히 권위적이고 영웅적인 인물로 대접받으며 트루먼 대통령과 함께 연설을 했다. 그는 유럽 대륙이 급격히 분열되었음을 언급하며, 소련이 자국의 군대가 점령한 국가들을 차단하기 위해 '철의 장막'을 내렸다고 말했다. 이 두 연설은 프랭클린 루스벨트가 전쟁 이후에도 지속되기를 바랐던 반나치 연합국 간 협력이 끝났음을 명확히 했다.

두 연설 사이인 2월 22일, 미국 모스크바 대사관의 러시아 전문가 조지 케난은 소련-미국 관계의 현재와 미래에 대해 5,326 단어의 긴 전보를 보냈으며, 이는 국무부 역사상 가장 긴 전보였다. 소련에 대한 깊은 이해를 바탕으로 케난은 독일과 일본이 패배한 후 모스크바와의 조화로운 관계가 가능하다고 결코 믿지 않았으며, 그의 메시지는 그 이유를 설명했다. 그는 소련 지도자들의 마르크스-레닌주의 이데올로기가 서방에 대한 근본적인 적대감을 만들었고, 그들은 자신들의 권력을 증대하고 민주주의 국가들의 권력을 약화하기 위해 상당한 자원을 바칠 것이라고 주장했다.[†] 이 전보는 '긴 전보(The Long Telegram)'라고 불리며, 미국 정부의 고위층에서 퍼져나갔고 강력한 영향을 미쳤다. 이 전보는 전쟁이 끝난 후 스탈린과 그의 동료들에 대한 우려를 구체화하고 그들의 발언과 행동에 대한 그럴듯한 설명을 제공했다.[43]

케난의 사상은 1947년 7월, 미국에서 가장 권위 있는 외교정책 전문 저널인 '포린 어페어스(Foreign Affairs)'에 익명으로 발표된 'X'라는 필명의 기사로 소개되면서 더 넓은 대중에게 전해졌다. 이 기사는 그의 1946년 전보를 직접 기반으로 하지 않지만, 그 내용의 일부 주제를 반영하고 있었다. 특히, '봉쇄'라는 용어를 사용하여 소련을 다룸에 있어서 서방의 목표를 설명했으며,[44] 이는 이후 40년 넘게 미국이 수행한 소련의 국력과 영향력을 제한하려는 정책을 나타내는 표준 용어가 되었다.

1946년, 유럽 주변에서 일어난 두 사건은 미국이 소련을 공격적이고 팽창적인 국가로 인식하게 만든 중요한 요인이었다. 1942년, 소련과 영국 정부는 각각 이란의 북부와 남부를 공동 점령하여 나치 독일이 이란에 발을 들이지 못하게하기로 합의했다. 전쟁이 끝나면 이란을 떠나기로 했지만, 소련은 이를 거

† 케난은 전보에서 다음과 같이 썼다. "우리는 여기, 미국과 영구적인 협정이 있을 수 없다는 믿음에 광적으로 헌신하고, 소련의 권력이 안전해지려면 우리 사회 내부의 조화가 방해받고, 전통적인 생활 방식이 파괴되며, 우리의 국가의 국제적인 권위가 붕괴해야 한다고 생각하는 정치적 세력을 마주하고 있다." 인용 출처는 John Lewis Gaddis, *George F. Kennan: An American Life* (뉴욕: 펭귄 프레스, 2011), 220-221쪽.

부하고 이란에서 점령한 지역에서 분리주의 운동을 일으켜 그 지역을 이란에서 분리하고 소련의 지배하에 두려 했다. 이란 정부는 이에 항의했고, 미국은 유엔에서 이란을 지지했으며, 결국 소련은 이란에서 철수했다.[45]

1946년 8월, 모스크바는 터키와 지중해를 연결하는 터키 해협에 대한 공동 통제를 요구했다. 이 해협에 대한 단독 통제는 1936년 몽트뢰 협약에서 터키에 부여되었고, 터키는 이에 항의했다. 미국은 터키를 지원하고 제6함대를 지중해로 파견했다. 결국 소련은 물러났고,[46] 이 두 사건은 미국에게 불길한 징후로 여겨졌다. 두 경우 모두 소련은 약한 이웃 국가를 희생시켜 자신의 권력과 영토 통제를 강화하려 했으며, 이는 소련이 가능한 한 어디서든 확장을 추구하는 일반적인 성향을 가지고 있다는 점을 미국인들에게 우려하게 했다. 두 경우 모두 미국의 단호한 태도가 소련의 확장을 저지하는 데 기여했다.

마지막으로, 전쟁이 끝난 후 1년 동안 원자력은 두 전시 동맹국 사이에서 논란이 되었다. 1945년 8월 히로시마와 나가사키에 대한 원자 폭탄 공격 후, 미국 정부는 원자력 에너지를 군사적 목적에 사용할 수 있는 위험을 인식하고 이를 줄이기 위해 모든 원자력 에너지의 측면을 국제적 통제하에 두는 계획을 세웠다. 이 계획은 당시 국무부 차관인 딘 애치슨과 테네시유역개발공사(TVA) 회장인 데이비드 릴리엔탈이 공동으로 이끈 위원회에서 작성됐다. 이 보고서를 트루먼 대통령은 금융가인 버나드 바룩에게 맡겨 유엔에 제출하게 했고, 바룩은 보고서에 원자력 관련 규정을 위반한 국가에 대한 강제 제재를 추가했다.

소련은 이를 거부하고, 그 대신 기존의 원자폭탄을 파괴하자는 제안을 내놓았다. (당시 원자폭탄을 보유한 나라는 미국뿐이었다.) 이 제안은 사실상 각국 정부에 원자력 문제에 대한 통제권을 부여하는 것이었다.[47] 또한, 소련은 이미 자체적으로 원자폭탄을 만들기 위한 작업을 진행 중이었고, 1949년 9월 23일, 미국 정부는 소련의 원자폭탄 실험을 감지했다고 발표했다. 그러므로 바룩 플랜이 제출되었을 때, 원자력 무기를 개발하고 정제하는 경쟁인 핵무기 경쟁이 이미 시작된 상태였다.

1947년의 사건들은 냉전이 미국 외교정책의 중심에 확고히 자리 잡게 했으며, 전쟁이 끝난 이후 미국이 소련에 대해 갖게 된 심각하고 공격적인 경쟁자로서의 인식을 확립하게 했다. 미국 입장에서 가장 중요한 사건들은 소련군이 베를린으로 향하면서 점령한 동유럽 국가들에서 일어났다. 전복, 박해, 폭력을 통해, 소련에 충성하는 공산당이 전권을 장악한 본격적인 공산주의 정부들이 불가리아, 루마니아, 폴란드, 헝가리에서 수립되었다.[48]

이들 국가에서의 정치적 경로는 공통된 패턴을 따랐다. 전쟁 직후, '인민 전선' 정부가 수립되었고, 이는 비공산주의자들을 포함하고 있었다. 그러나 각국에서 소련은 자국 군대가 주둔하고 있었기 때문에 궁극적인 권력을 쥐고 있었다. 공산당은 내무부와 경찰을 장악했고, 소련 '조언자'들이 곳곳에 있었다.[49] 그럼에도 불구하고, 모스크바에 의존하지 않는 다른 비공산주의 정치 당들이 국가 정치에 참여하고 정부에서 일할 수 있었다.[50] 비교적 자유로운 선거가 치러졌으며, 그곳에서 지역 공산당들은 항상 부진했다.[51] 1947년, 스탈린은 동유럽에서 민주적 정치에 대한 어떤 가식도 포기하기로 결정했다. 그는 동유럽의 정치 체제에서 비공산주의자들을 축출하고, 자신이 사회주의 본국에서 구축한 체제를 모방한 정권을 강제로 수립하도록 지시했다.[52]

그가 처음부터 이들 국가에 전면적인 공산주의를 강요할 의도가 있었는지, 아니면 상황이 전개됨에 따라 그렇게 하기로 결정했는지는 완전히 명확하지 않다.[53] 그러나 되돌아보면, 소련 지도자에게 가장 중요한 우선 사항은 소련 서부와 서독[54] 사이에 신뢰할 수 있는, 말하자면 복종적인 완충 지대를 만드는 것이었다는 점은 분명하다. 이는 1914년과 1941년 러시아가 겪었던 참혹한 독일의 침략을 고려할 때 전혀 놀라운 일이 아니다.

또한, 제2차 세계대전이 유럽에서 끝난 몇 달 뒤, 동유럽 국가들이 정치적 독립을 많이 가질수록, 소련의 요구에 덜 응답할 것이라는 점이 분명해졌다.[55] 특히 폴란드는 19세기 동안 동부 지역에서 지속된 러시아의 지배, 1920년 폴란드와의 전쟁에서 볼셰비키의 공격, 1939년과 1940년에 나치 독일과 협력하여 폴란드를 분할한 스탈린의 협정, 1944년 바르샤바 봉기를 허용한 소련의 결정 등으로 인해 강한 반러시아 감정이 폴란드 사회에 존재했다. 폴란드는 소련의 전략적 요구와 이데올로기적 성향이 일치하여, 수용할 만한 복종적인 폴란드는 공산주의 폴란드여야 했다.[56] 스탈린은 폴란드에 공산주의를 강요하는 것이 "소에 안장을 씌우는 것과 같다."고 말한 것으로 전해지지만, 그는 그것을 강행했다. 제2차 세계대전 이후, 유럽의 대륙 제국들은 붕괴되었지만, 1947년 동유럽 4개국에서 비공산주의 정치 세력이 소멸하고, 그다음 해 체코슬로바키아[57]에서 그 과정이 훨씬 더 잔인하게 반복된 것은, 아이러니하게도 소련이 어느 정도 인기를 얻었던 유일한 국가였던 체코슬로바키아에서, 소련이 강요한 공산주의라는 형태의 제국주의적 통치가 유럽 대륙에 다시 도입되었다.

스탈린이 동유럽 국가들을 이렇게 재편성하려 한 동기의 조합이 무엇이었든, 그것은 미국인들과 서유럽인들에게 강력히 부정적인 인상을 남겼다. 그것은 스탈린이 얄타에서 약속한 지역의 미래와 상충하는 일이었고, 많은 미국인이 잘못 믿었던 약속들이었다.[58] 이러한 국가들의 복종은 그들이 스탈린에 대해 가졌던 어떤 신뢰도 무너뜨렸다. 더 중요한 것은, 그것이 그들에게 소련의 유럽에서의 목표가 자국의 권력, 영향력, 통제를 가능한 한 확장하는 것이라는 믿음을 심어주었다는 것이다. 이 믿음을 증명하는 추가적인 증거로는 공산주의를 전 세계로 확산시키기 위해 설립된 기관인 전쟁 전 코민테른(Comintern)이 부활하여 이름을 코민포름(Cominform)으로 변경한 것이 있었다.[59] 미국인들은 스탈린이 동유럽에서 행한 일들을 제지하지 않으면 서유럽에서도 동일하게 행할 것이라고 결론지었다.[60]

이 아이디어는 1947년 국가안보법의 통과에 기여했다. 이 법은 국방부 장관을 내각 수준에서 새로 창설하고, 전시 중에 설치된 합동참모본부를 영구적으로 만들며, 국가안보회의를 설립하고 중앙정보국(CIA)을 창립하는 등 소련과의 싸움을 대비해 연방 정부를 실질적으로 재조직했다. 스탈린과 국제 공산주의에 맞서 싸우자는 국가적 합의가 굳어지면서 1947년 유럽에서 소련의 확장 캠페인에 대응하기 위해 두 가지 주요한 미국의 조치가 이루어졌다. 그중 두 번째가 마셜 플랜이었다. 첫 번째는 트루먼 독트린이었다.

1947년 그리스에서 내전이 일어나고 있었다. 서방을 지지하는 왕정군이 영국의 지원을 받아 공산주의자들이 주요 세력으로 활동하는 반란군과 싸우고 있었다. 3월, 영국 정부는 미국의 대출에도 불구하고 심각한 재정적 압박을 받으며 더 이상 그리스에 영국군을 주둔시킬 수 없다고 미국에 알렸다.[61]

트루먼 행정부는 영국의 지원이 없으면 그리스 정부가 무너지고 반군이 권력을 장악할 가능성이 있으며, 이는 유럽에서 공산주의 세력을 강화하여 대륙의 반공 세력과 미국에 전략적으로 불리한 결과를 초래할 것이라고 결론지었다. 그래서 행정부는 그리스와 터키에 각각 4억 달러의 지원을 제공하기로 결정했다. 이 프로그램은 마셜 플랜 이전에 도입되었기 때문에, 의회는 처음으로 대규모 대외 지원 패키지를 승인해야 할 필요성에 직면하게 되었다.

행정부는 승인을 얻는 것이 쉽지 않을 것이라는 예상하에, 그해 나중에 있을 유럽 복구 프로그램을 위한 로비 캠페인을 예고하는 로비 활동을 벌였다. 행정부는 제안한 프로그램에 대해 두 가지 중요한 주장을 내세웠다. 당시 국무부 차관인 딘 애치슨은 나중에 '도미노 이론'이라고 불릴 이론을 사용했다. 이는 한 곳에서의 패배가 다른 곳에서의 공산주의 세력 확장을 촉발하는 연쇄 반응을 일으킨다는 주장이다. 1954년 드와이트 아이젠하워 대통령은 베트남이 공산주의자에게 넘어가면 아시아 전역에 미칠 부정적 결과를 설명하기 위해 도미노가 쓰러지는 생생한 이미지를 사용했다.† 애치슨은 1947년 의회 의원들

---

† "… [여러분은] '떨어지는 도미노' 원칙이라고 할 수 있는 더 넓은 고려사항들이 있다. 도미노를 일렬로 세우고 첫 번째 것을 넘기면, 마지막 것이 매우 빠르게 넘어가게 될 것이라는 확실성이

과의 비공식 회의에서 "썩은 사과가 한 바구니에 있는 사과들을 감염시키듯, 그리스의 부패는 이란과 동쪽 전역에까지 퍼질 것"이라며, 그 부패가 더 멀리까지 확산될 수 있다고 비유했다.[62]

미국과 동맹국의 한 차례 정치적 패배가 공산주의 침략을 부추기고 목표 국가들의 저항 능력과 의지를 약화함으로써 추가적인 패배로 이어질 가능성이 있다는 생각은, 1930년대 나치 독일이 제1차 세계대전 이후 파리 평화 체제를 단계적으로 전복시켰던 일련의 사건들을 떠올리게 했다. 이로 인해 민주주의 국가들은 전쟁에 나설 수밖에 없었지만, 더 일찍 행동했더라면 보다 유리한 위치에서 싸울 수 있었던 상황에서 약화된 상태로 싸워야 했다. 미국 정부는 냉전 기간동안 이러한 지정학적 사고방식을 바탕으로 여러 차례 행동에 나섰다.

트루먼 대통령은 3월 12일 의회 합동 회의에서 그리스에 대한 지원을 지지하며, 소련과의 갈등을 그가 그동안 사용한 가장 단호하고 이념적인 방식으로 설명했다. 그는 이렇게 말했다. "현재 세계 역사에서 거의 모든 국가는 두 가지 삶의 방식 중 하나를 선택해야 한다." 그는 이어서

> 첫 번째 삶의 방식은 다수의 의지에 근거하며, 자유로운 제도들, 대표 정부, 자유 선거, 개인의 자유 보장, 언론과 종교의 자유, 그리고 정치적 억압으로부터의 자유를 특징으로 한다. 두 번째 삶의 방식은 소수의 의지가 다수에게 강제로 부과되는 방식이다. 이 방식은 공포와 억압, 통제된 언론과 방송, 고정된 선거, 개인의 자유 억제를 기반으로 한다.[63]

트루먼은 소련과 그 지배 이데올로기와의 경쟁에서 걸려 있는 것이 과거의 강대국 갈등과는 비교할 수 없을 정도로 중요하다고 암시했다. 공산주의는 미국의 건국 정치적 가치인 자유에 치명적인 위협을 가했다. 따라서 미국은 이에

있다. 그래서 여러분은 분열의 시작을 보게 될 것이며, 이는 가장 깊은 영향을 미칠 것이다." 인용 출처는... Odd Arne Westad, *The Cold War: A World History* (뉴욕: 베이직 북스, 2017), 151쪽.

상응하는 행동을 취해야 했다. 트루먼은 의회에서 "미국의 정책은 무장 소수파나 외부의 압력에 의한 지배 시도에 저항하는 자유로운 국민을 지지하는 것이어야 한다고 믿는다."라고 말했다.[64] 마지막 10개 단어는 공산주의자들과 소련을 분명히 지칭하는 것이었다.

그가 제안한 정책은 '트루먼 독트린'으로 알려지게 되었다. 이 용어는 특정 상황에 맞춘 프로그램이 아니라 전 세계를 대상으로 한 외교정책의 광범위한 접근 방식을 의미했으며, 그 결과 그렇게 되었다. 냉전 중 미국이 제공한 첫 번째 경제적, 군사적 지원 프로그램인 그리스와 터키에 대한 지원은 1947년 5월 의회에서 큰 지지를 받아 통과되었고,[65] 이것은 마지막이 아니었다.

그리스에 대한 지원은 1945년 이후 미국 외교정책의 또 다른 중요한 특징을 시작했다. 바로 영국이 경제적 상황 등으로 인해 철수해야 했던 지역에서 미국의 힘이 그 자리를 대신하게 된 것이다. 예를 들어 1945년에는 중동에서 질서를 유지하는 책임이 영국과 그 제국에 있었으나, 25년 후 제국은 그 지역에서 사라졌고, 사실상 영국도 사라졌다. 정치적, 군사적으로 미국이 그들을 대신한 것이다. 두 개의 주요 강대국만 있는 세상에서, 미국 정부는 모든 지역에서 지정학적 공백을 메워야 한다는 압박을 느꼈다.

미국은 그리스에 군사적, 경제적 지원을 보냈지만, 미군을 파병하지는 않았다. 싸운 것은 그리스 사람들이었고, 1949년에는 미국이 지원한 사람들이 내전을 승리로 이끌었다.[66] 1947년에 정립된 트루먼 독트린은 따라서 익숙한 '해외 균형 정책(offshore balancing)'을 충실히 따랐다.

신문 칼럼니스트인 월터 립먼은 트루먼 독트린에 대해 냉전 전반에 걸쳐 반복될 비판을 제시했다. 그는 유럽에서의 공산주의 반대라는 일반적인 정책에는 이의를 제기하지 않았지만, 트루먼이 설정한 정책이 너무 광범위하다고 생각했다. 그는 이 정책이 세계 각지에서 약하고 고립된 정부를 지탱하는 데 미국 자원이 과도하게 요구될 가능성이 크다고 썼다.[67]

냉전 외교정책은 역사적으로 미국의 외교정책처럼 반대와 이의를 불러일으켰으며, 그 반대의 대부분은 립먼의 비판과 유사했다. 혁명전쟁, 남북전쟁, 멕시코 전쟁, 스페인-미국 전쟁의 반대자들은 일반적으로 미국이 이러한 전쟁을 수행해서는 안 된다고 믿었지만, 1945년 이후 미국의 외교적 기획에 대한 국내 반대는 대부분 그 범위나 비용에 문제를 삼았지, 주요 목표 자체에 대해서는 비판하지 않았다. 이것은 한국 전쟁과 베트남 전쟁에 대한 대부분의 반대에서도 마찬가지였다.[68]

냉전 외교정책의 기본 방향에 대한 원칙적인 거부는 드물고 정치적으로 비효율적이었다. 그것은 1948년에 절정에 달했는데, 당시 헨리 월리스—프랭클린 루스벨트의 농무부 장관이었고, 후에 해리 트루먼이 그를 민주당 후보에서 교체한 후 상무부 장관을 맡았던—가 독립적인 대통령 후보로 나섰을 때였다. 미국 공산주의자들이 그의 캠페인에서 중요한 역할을 했고, 그는 트루먼 행정부의 대소련 정책보다 더 따뜻한 관계를 지지했다.[69] 그는 결정적으로 패배했고, 이후 어떤 주요 정치인도 친소련적 세계관을 지지하지 않았다.

트루먼 독트린에 이어 나온 마셜 플랜은 경제적인 이유뿐만 아니라 전략적인 이유로도 미국 정부가 제안한 것이었다. 사실 이 두 가지 이유는 연결되어 있었다. 미국 자금의 목표는 서유럽 경제를 재활성화하여 해당 국가들이 공산주의의 유혹과 전복에 더 잘 저항할 수 있도록 하는 것이었다.[70] 마셜 플랜의 실행은 전후 체제 경쟁의 정치적, 전략적, 그리고 경제적 차원에서 중대한 전환점을 마련했다. 그리스에 대한 지원은 스탈린에게 마지못해 관심을 가진 국가였던 반면(실제로 그는 그리스 반란군을 적극적으로 지원하지 않았다.),[71] 유럽 회복 프로그램은 그의 외교정책에서 가장 중요한 문제인 독일의 운명에 직접적으로 영향을 미쳤다.[72]

얄타 회담과 포츠담 회담에서 독일에 대한 임시적 합의가 이루어졌으며, 이를 통해 독일은 소련, 미국, 영국, 프랑스의 점령지로 나뉘었고, 그 외에도 수도인 베를린은 소련 구역 안에 위치하고 있었다. 이 합의에 따라 소련은 모든 구역에서 배상금을 받았다. 전시 동맹국들은 이후 평화조약을 체결하는 데 실질적인 진전을 이루지 못했다. 독일 점령은 서방 국가들에게 경제적인 부담을 주었고,[73] 그들은 이를 경감할 방법을 모색했다. 1946년 5월, 루시우스 클레이 미국 군정 총독은 자신이 관리하는 구역에서 소련으로의 배상금 전달을 중단했고, 세달 뒤 영국도 이를 따랐다.[74]

다음 해, 미국은 독일을 마셜 플랜에 포함하기로 결정을 내렸고, 스탈린은 소련 점령 구역의 참여를 배제했다. 이에 서방 국가들은 자신들의 구역에서 통화 개혁을 실시했다.[75] 이러한 조치들은 처음에는 독일을 처벌하려는 미국의 의도를 바꾸어, 독일을 경제적으로 부흥시키고 최소한 그 서부 지역을 서구 제도에 포함하는 정책으로 전환되었다.[76]

1948년 3월 5일, 서방 3국은 1947년 초에 영국과 미국 부분이 통합되어 형성된 '비존(Bizone)'과 프랑스 구역 간의 경제 정책을 조정하고, 이들 지역에 대한 연방 정부를 만들 계획을 발표했다.[77] 1945년 회담에서 어떤 전시 지도자들도 심각하게 고려하지 않았던 독일 분할은 현실이 될 위기에 처했다.

스탈린은 독일 국가가 미국 주도의 자본주의 경제 블록에 확고히 통합되는 것을 깊이 위협적인 것으로 느꼈다.[78] 이를 막기 위해 1948년 6월 26일, 소련군은 서베를린과의 육로 통신을 모두 차단하며, 서독 계획을 포기하고 그날 이전의 상태로 돌아가는 것이 봉쇄를 끝내는 대가라고 명확히 했다.[79] 트루먼 행정부는 베를린 봉쇄를 단지 베를린에서만이 아니라 전 유럽에서 미국의 입지에 대한 도전으로 간주했다.[80] 서독 내에서 서방의 거점을 보호하고 유지하지 못한다면, 미국 정부는 서유럽의 지도자들과 시민들이 실망할 것이며, 이는 마셜 플랜의 정치적, 심리적 영향에 부정적인 영향을 미칠 것이라고 믿었다. 그래서 미국은 봉쇄를 우회하고 서베를린을 항공으로 지원하기로 결심했다.

결국, 그들은 성공했다. 베를린 봉쇄는 미국이 제2차 세계대전에서 결정적인 강점 중 하나였던 물류 능력을 발휘하게 만들었다. 11개월 동안 총 278,000회의 서방 항공편이 서베를린에 식량, 연료 및 기타 필수품을 운반했다.[81] 1949년 5월 11일 밤, 소련은 포위를 해제했다.

소련-미국 간의 갈등이 지속되는 동안 발생한 패턴을 설정하듯, 봉쇄 기간 동안 양측은 서로에게 직접적으로 발포하지 않았다. 냉전은 여전히 '차가운 전쟁'이었다. 미국과 영국은 베를린에서의 권리를 상실하는 것을 받아들이는 것과 이를 보존하기 위해 군사적 조치를 취하는 것 사이에서 중간 경로를 택했다. 과거에 유사한 상황에서 자주 사용되던 전술을 동원하지 않고도, 미국과 그 동맹국들은 승리를 거두었다. 서베를린은 계속해서 서방의 전초 기지가 되었고, 서독 국가 설립 계획은 진행되었으며, 1949년 5월 독일 연방 공화국이 선포되었다. 소련 구역에서는 같은 해 독일 민주 공화국이 설립되었으며, 이는 동유럽의 다른 국가들처럼 소련의 정치적, 경제적 복제물이 되었다.

독일에서의 사건 전개는 서유럽 지도자들에게 미국과 신뢰할 수 있는 군사적 연결을 가질 필요성을 부각했다. 베를린 봉쇄는 대륙에서 다시 전쟁이 발발할 가능성을 제기했다. 양대 강대국은 서로에게 발포하는 것을 피할 수 있었지만, 전쟁의 위험은 계속 존재했다. 또한 서독이 서방 정치 및 경제 공동체에 환영받고 있었지만, 이웃 국가들과의 역사적 관계를 고려할 때, 이들 이웃 국가들은 공격적인 독일 외교정책의 부활에 대비한 일종의 안전장치를 원했다.

그 두 번째 목적을 위해, 영국과 프랑스는 1947년 덩케르크 조약에서 협력을 시작했다. 벨기에, 네덜란드, 룩셈부르크가 1948년에 확장된 버전으로 그들과 함께했다. 그들은 미국을 설득하여 참여하게 했고, 그 결과 1949년 4월 4일, 해리 트루먼이 마셜 플랜 승인을 위한 법안을 서명한 지 1년하고 하루 뒤에 북대서양 조약이 서명되었다.[82] 그것은 초대 사무총장이었던 영국의 헤이스팅스 이스메이 장군이 간결하게 표현한 세 가지 목적을 가지고 있었다. 즉, "미국은 안에 머물게 하고, 소련은 배제하며, 독일은 억제하는 것"이었다.[83]

북대서양 조약이 성사되면서, 프랑스는 1차 세계대전 직후에 얻지 못한, 세 번째로 얻고자 했던 영미 안보 보장을 마침내 받게 되었다.[84] 조약에 따라, 미국은 필요할 경우 20세기 두 차례의 세계대전에서 이미 했던 것처럼 대륙의 민주주의 국가들을 돕겠다고 약속했다. 그러나 이 조약은 미국이 전쟁 전 대규모 군을 그곳에 주둔시킬 것임을 약속하지 않았으며, 당시 국무부 장관인 딘 애치슨은 상원 외교위원회에 그런 배치를 계획하고 있지 않다고 확언했다.[85] 그럼에도 불구하고, 북대서양 조약은 미국이 처음으로 유럽의 안보 문제에 정식으로 참여하는 평화 시대 역할을 수용하게 된 사건이었다.

서구 군사 동맹의 창설과 1955년 소련 주도의 동구 동맹인 바르샤바 조약기구(바르샤바 조약)의 출현은 유럽과 세계에 현대의 가장 큰 지정학적 문제 중 하나인 '독일 문제'에 대한 해답을 제공했다.[86] 이 문제는 1871년 프로이센의 주도로 통일된 이후 독일이 스스로와 이웃 국가들이 모두 받아들일 수 있는 대륙 내 역할을 찾지 못한 데서 비롯되었다. 1870년부터 1945년까지의 75년 동안 독일은 프랑스-프로이센 전쟁과 두 차례의 세계대전을 포함한 세 차례의 파괴적인 갈등을 초래했다. 독일의 분단과 두 강대국, 즉 소련과 미국에 의한 점령은 독일 국가가 다시는 대륙 내 우위를 위한 군사적 시도를 할 수 없게 만들었다.

서독은 또한 그런 일에 대해 전혀 관심이 없게 되었고, 이전의 정복 프로젝트에 전혀 관심을 두지 않게 되었다. 서구 동맹은 과거의 일시적인 동맹들과는 달리 훨씬 더 오래 지속되었고, 회원들 간에 깊은 협력과 전례 없는 신뢰를 발전시켰다. 그 결과, 독일 연방공화국을 포함한 어느 국가 간에도 무력 충돌은 생각할 수 없게 되었다. 1949년에 북대서양 조약에 의해 형성된 동맹은 정치과학자들이 '안보 공동체'라고 부르게 된 형태로 발전했다.

민주주의 국가들의 자발적 연합체로서 이 안보 공동체는 사실상 제국적 지배 체제였던 바르샤바 조약 기구와 마찬가지로, 서방의 자유시장 경제가 소련 블록의 중앙계획경제 체제와 크게 달랐던 것만큼이나 차별화되었다. 각 진영의 안보 질서와 경제 질서의 결합은 두 개의 극명히 다른 체제를 구성했으며, 이들 간의 경쟁은 제2차 세계대전 이후 45년간의 국제사를 정의하는 핵심 요소가 되었다.

1940년대 후반은 미국 외교정책 역사에서 가장 중요한 10년이었으며, 전반만큼이나 많은 사건이 일어났고, 그에 상응하는 중요한 변화들이 일어났다. 그 10년의 끝에서, 미국과 소련과의 갈등은 미국의 외교 관계의 나침반이 되었다. 그것은 권력과 이념의 갈등으로, 시어도어 루스벨트와 우드로 윌슨이 대표하고 표현했던 외교정책 전통을 기반으로 했다. 유럽 대륙에서 미국은 소련의 권력과 공산주의 정치·경제 이념과 실천에 맞서고 있었다.

상황이 달라질 수 있었을까? 갈등이 더 제한된 방식으로 진행되거나, 심지어 완전히 피할 수는 없었을까? 역사학자들과 전문가들은 전쟁이 끝나기도 전에 이 질문을 다루기 시작했으며, 일부는 미국 정부의 주장이 제기한 서구의 지배적인 정통성을 수정하려고 했고, 여기서 냉전은 실제와 잠재적인 소련의 공격에 대한 이해할 수 있고, 사실상 필요한 서구의 반응으로 발생했다고 주장했다. 냉전 수정주의의 이 버전은 미국이 불필요한 갈등을 시작한 책임이 있다고 주장하며, 그 동기는 보통 경제적 확장을 위한 추진력에 기인한다고 설명한다.[87]

다른 수정주의적 관점은 제2차 세계대전 이후 발생한 일들에 대해 정치학자들이 말하는 '나선형 모델'의 책임을 상당 부분 할당한다. 이 모델에 따르면 갈등은 상호 작용하는 오인에서 발생한다.[88] 한 개인, 국가, 또는 연합체가 방어적 목적으로 취한 조치가 다른 측에게는 공격적으로 보일 수 있다. 이에 따라 두 번째 측이 이에 대응하면, 다시 한번 방어적으로 의도된 행동이 공격적으로 해석된다. 이러한 조치들은 서로 쌓여 적대감의 나선형을 만들어, 양측이 더 정확한 인식을 가졌다면 존재하지 않았을 갈등을 초래한다.

냉전, 특히 그 초기 단계에서 이러한 악순환의 증거가 일부 존재한다. 이는 상당 부분 소련 정치체제의 비밀주의와 지도자들의 뿌리 깊은 기만적 습관 때문이었으며, 그 결과 미국은 소련의 정책을 부분적으로 오해했다.

히틀러와 달리, 스탈린은 유럽 전역을 정복하려는 확고한 계획(혹은 그리스조차도)을 갖고 있지 않았으며,[89] 이를 위한 내부 일정도 없었다. 그는 적어도 소련군의 직접적인 개입을 포함하는 전쟁을 피하려 했고, 미국과의 전쟁을 피하려고 했다.[90] 스탈린은 자신만의 오인도 가지고 있었다. 마르크스-레닌주의의 세계 정치 역학에 대한 이해에 갇혀 있었던 그는 자본주의 국가들이 언젠가는 서로 전쟁을 벌일 것이라고 잘못 믿었다. 그러나 이 실수는 소련의 공격성을 촉진하기보다는 제지하는 방향으로 작용했을 것이다. 공산주의자들은 기다리기만 하면 적들이 스스로 분열될 것이라고 생각했기 때문이다. 1945년 직후의 사건들을 상호 오해의 나선형으로 해석한다면, 미국은 소련의 위협에 대해 그렇게 강하게 반응할 필요가 없었으며, 실제로 그렇게 반응해서는 안 되었다.[91]

1945년과 1949년 사이에 미국의 정책이 달랐다면 어떤 다른 결과가 나왔을지, 물론 알 수 없다.[§] 하지만, 특히 그들 간의 깊고 지속적인 차이를 고려할 때, 민주주의 국가들과 소련 간에 어떤 형태로든 충돌이 발생할 가능성은 거의 불가피해 보인다. 첫째, 제2차 세계대전은 서유럽에 권력의 공백을 남겼다. 만약 미국이 개입하지 않았다면, 유일하게 남아 있는 대륙 강국인 소련이 이를 채웠을 것이다. 소련의 영향력, 특히 그들의 정치적 및 경제적 공산주의 체제의 설치가 대서양까지 확산했을 경우, 미국이 피와 비용을 들여 싸워서 얻은 유럽의

---

§ 또한, 다른 인물들이 정책을 수행했다면 결과가 달라졌을 것이라는 주장도 있다. 구체적으로, 프랭클린 루스벨트가 네 번째 임기를 마쳤다면 소련과의 관계가 더 우호적이었을 것이라고 한다. 그러나 만약 루스벨트가 살아있었다면, 그는 전시 협력의 지속에 대한 기대가 실망으로 돌아가는 것을 보았을 것이며, 그런 경우 그는 후임자들이 수행한 정책과 비슷한 정책을 채택했을 수도 있다. 벤 스틸은 『마셜 플랜: 냉전의 새벽』[Benn Steil, *The Marshall Plan: Dawn of the Cold War* (뉴욕: Simon & Schuster, 2018), 9쪽]에서 이렇게 썼다: "실제로, 루스벨트는 죽기 직전에 '우리는 스탈린과 거래할 수 없다. 그는 얄타에서 한 약속을 모두 어겼다.'고 말했다." (2018, 9쪽, 4쪽)

균형과 민주주의를 보존하는 성과는 물거품이 되었을 것이다.

게다가, 미국과 소련은 단지 정치적 가치가 근본적으로 달랐을 뿐만 아니라, 그 가치를 바탕으로 각각 근본적으로 다른 정치적, 경제적 질서를 구축했으며, 각자는 자기 시스템이 보편적으로 타당하고 상대방의 시스템은 불법적이라고 여겼다. 각자는 자국의 이념이 전 세계로 확산할 운명에 있거나, 미국이 자신의 이념을 전파할 가치가 있다고 보았다.

마지막으로, 냉전의 기원을 이해하려면 그 당시 소련 정책을 지배했던 인물의 신념과 습관을 참조해야 한다.[92] 정통 마르크스-레닌주의자로서 스탈린은 비공산 세계와의 장기적인 평화, 나아가 협력이라는 개념을 가지고 있지 않았으며, 그 세계 지도자들의 선의에 대해서도 신뢰하지 않았다. 그의 세계관에서는, 소련의 불가피한 자본주의 적들과의 갈등은 미룰 수 있을지언정 전혀 피할 수 없다고 보았다.[93]

비록 스탈린이 국제무대에서 신중하고, 때로는 조심스럽게 행동할 수 있는 역량을 가졌지만, 그의 기본적인 국제문제에 대한 접근은 공격적이었다. 그는 소련의 권력과 영향을 언제 어디서나 수용 가능한 비용으로 확장하는 것을 목표로 삼았다. 그 예로 1946년 이란과 터키 해협에서의 주도적인 활동이 있다. 미국이 저항했을 때 그는 물러났지만, 저항이 없었으면 그는 아마도 계속해서 확장을 추구했을 것이다.* 만약 서유럽이 약하고 취약하며 보호받지 못했다면, 그는 소련의 통제까지는 아니더라도 소련의 존재와 영향을 확장할 방법을 분명히 찾았을 것이다. 그리고 스탈린에게 있어, 국내외 목표를 추구할 때 선호

---

* 스탈린은 북한의 한국 침공을 승인하면서, 그것이 효과적인 저항을 만나지 않을 것이라고 믿었고, 침공이 실패할 경우 소련 군대는 개입하지 않을 것이라는 조건을 달았다. (272쪽 참조) 1946년, 한때 소련 외무장관이었던 막심 리트비노프는 1946년에 한 미국 기자에게 "만약 서방이 소련의 요구에 굴복한다면, 그것은 서방이 얼마 지나지 않아 다음 일련의 요구에 직면하게 될 것"이라고 말했다. 이는 David Holloway의 *Stalin and the Bomb: The Soviet Union and Atomic Energy, 1939-1956*에서 인용된 내용이다. (뉴해븐, 코네티컷: 예일대학교 출판부, 1994), 167쪽.

하는 전술은 폭력이었다.

제2차 세계대전 이후 체제 간 경쟁이 피할 수 있었거나 심지어 크게 수정될 수 있었을 것이라는 의문에 대한 또 다른 이유는, 그러한 갈등의 존재가 1945년 유럽에서 지배적이었던 특정한 상황에 의존하지 않았기 때문이다. 1950년까지 동아시아 또한 두 진영으로 나뉜 지역이 되었다.

아시아의 분할

제2차 세계대전 전 및 전쟁기간 동안, 미국은 '유럽 우선' 정책을 따랐다. 미국 정부는 대부분의 관심을 유럽 대륙에서 일어나는 사건들에 쏟았다. 아시아는 상대적으로 낮은 우선순위를 가졌다. 1945년, 대부분의 아시아는 적어도 명목상으로 유럽 제국의 지배에 있었고, 이를 잠재적인 미국의 책임 범위 밖으로 두거나, 유럽 제국에 대한 오랜 반대에도 불구하고 심각한 미국의 관심 밖으로 두었다. 게다가, 유럽에서 벌어지고 있는 일들이 너무 많아, 평화로운 국내 생활로 복귀하려는 데 집중하고 있던 미국인들이 외국 문제에 할애할 수 있는 주의력과 자원의 대부분을 소진하게 만들었다.

일본은 이 패턴에서 주요한 예외였다. 미국은 일본을 점령했으며, 영국이 대일 전쟁에 참여하고 소련이 막판에 참전했음에도 불구하고 일본은 미국 단독으로 점령되었다. 결국 일본은 제2차 세계대전의 또 다른 주요 적국인 독일과 마찬가지로 미국의 외교정책과 글로벌 문제에서 유사한 경로를 따르게 되었다. 일본은 평화로운 민주주의 국가, 미국의 충실한 동맹국, 지역 내 경제·상업·금융 분야의 선도 국가, 그리고 서구 정치·경제 체제의 동쪽 기둥이 되었다. 제2차 세계대전 이후 미국과 소련의 이념적 대결에서 일본은 독일처럼 상당한 서구의 자산이 되었다.

1945년은 일본과 유럽에서 '원년(Year Zero)'이었다.[94] 국가의 많은 지역이 폐허로 변했으며, 심각하고 광범위한 파괴를 겪었고, 그 대부분은 사실상 미국에 의해 가해진 것이었다.[95] 일본은 자신들의 정복자를 놀랍게도 평화롭게 맞이했으며, 이는 일본이 전쟁을 벌일 때의 격렬함과는 극명한 대조를 이뤘다. 트루먼 대통령이 일본 점령군 총사령관으로 임명한 더글러스 맥아더 장군은 1945년 9월 요코하마에 거의 무방비 상태로 상륙했으며, 30,000명의 일본 군대를 지나쳤다.[96]

맥아더는 광범위하고 거의 도전받지 않은 권력을 행사했다.[97] 그는 그 권력을 이용해 일본을 혁신하는 광범위한 개혁 프로그램을 시행했다. 그 개혁은 일본 사회를 중요한 방식으로 재편성했다.[98] 미국의 국가 건설 노력 중 일본에서의 성공이 가장 두드러졌다고 할 수 있다. 물론 그 성공은 일본인들이 맥아더가 도입한 변화를 받아들이고 유지했기 때문에 가능했다.[99]

그 변화 중 가장 중요한 것은 광범위한 토지 개혁이었으며, 이로 인해 일본은 많은 소규모 농업 주택 소유자들이 생겼다.[100] 또한 그는 기능하는 의회 정부 설치를 감독했으며, 이는 일본 천황의 신격을 부인하고 유럽의 군주들처럼 입헌 국가의 수장이 되는 방식으로 그 길을 열어주었다. 맥아더는 또한 일본에 미국식 헌법을 제공했으며, 그 헌법에는 전쟁을 부인하는 조항이 포함되었다.[101] 다양한 방식으로 미국 당국은 일본 여성들의 지위를 향상시켰다.[102]

냉전이 유럽에서 시작되면서 일본에 대한 미국의 정책이 바뀌었다. 1947년, 맥아더와 점령 당국은 '반전 과정(reverse course)'을 실행했으며, 점령의 초점은 정치적 개혁에서 경제적 부흥으로 바뀌었다. 미국 정부는 일본을 공산주의에 대한 아시아의 보루로 보기 시작했다.[103]

일본 경제는 전쟁 중의 파괴에서 회복되었으며, 아시아에서 가장 크고 역동적인 경제국으로서의 전쟁 이전의 위상을 되찾았다. 미국은 일본 제품에 대한 시장을 열어주며 일본 경제회복에 큰 기여를 했고, 일본은 세계에서 가장 중요한 무역 국가 중 하나가 되었다. 동남아시아 국가들은 또한 일본의 수출품과 자본이 유입되는 중요한 목적지가 되었으며, 일본 산업에 필요한 원자재 공급지로 바뀌었다. 일본은 1940년대에 전쟁을 통해 얻으려 했던 많은 것들을 1950년대에는 미국의 군사적 힘과 정치적 영향력 아래에서 평화롭게 얻을 수 있었다. 전후 버전의 대동아공영권이 탄생했으며, 이 과정에서 총성이 울리거나 일본 병사가 본토를 벗어나지 않았다.[104]

일본의 아시아 경제에서의 영향은 상품과 자본의 수출을 넘어섰다. 일본이 이룬 경제적 성공—결국 미국을 제외한 세계에서 두 번째로 큰 경제를 구축한 성공—은 자유시장, 선별적 정부 개입, 수출을 강조하는 경제 모델을 통해 이루어졌고, 이는 다른 아시아 국가들에게 모델이 되었다.[105] 그들에게, 그리고 일본에게 이 모델은 전후 몇십 년 동안 급속한 경제 성장을 가져다주었다. 그래서 일본은 서방 경제체제를 아시아-태평양 지역에 안착시키는 것뿐만 아니라 그것을 확장하기도 했다. 그러나 체제 간 경쟁은 아시아에서 중국을 통해 도래했다.

미국의 1945년 중국 정책은 프랭클린 루스벨트의 전시 비전을 계속 이어갔으며, 중국을 세계 '네 명의 경찰' 중 하나로 간주하여 동아시아에서 안정적인 존재로 여겼다.[106] 일본에 대해 효과적으로 싸울 수 없거나 싸울 의지가 없는 장제스에 대한 실망에도 불구하고, 미국 정부는 그가 계속해서 중국을 이끌 것이라고 생각했다. 스탈린 역시 장제스의 리더십을 받아들였는데, 이는 그가 얄타에서 일본에 대해 결국 공격할 것을 약속한 대가로 소련이 중국에서 큰 양보를 얻었기 때문이다. 이 양보에는 외몽골, 서부 신장, 만주에 대한 실질적인 통제와 포트 아서 및 다이렌의 해군 기지가 포함되었다. 장제스는 얄타회담에 참석하지 않았으며, 이 양보에 대한 협의도 없었다.[107]

장제스는 마오쩌둥의 공산주의자들로부터 심각한 반대에 직면해 있었다. 일본의 점령 기간 동안 잠시 중단되었던 내전은 1946년에 재개되었다.[108] 트루먼 행정부는 장제스의 국민당(KMT)을 지원했지만, 전쟁을 종식시키기를 희망하며 당시 육군 참모총장에서 물러났으나 아직 국무장관으로 임명되지 않았던 조지 마셜을 양측 간 중재자로 파견했다. 마셜 미션은 아시아에서 미국의 이익을 낮은 비용으로 외교적으로 확보하려는 전통적인 미국 정책의 일환이었다. 그러나 존 헤이의 개방 정책과 시어도어 루스벨트가 1905년 일본과 러시아 간 전쟁 후 평화를 중재했던 성공적인 노력과는 달리, 마셜의 노력은 실패로 끝났다.[109] 양측 간의 간격은 너무 컸고, 서로를 신뢰하지 않았다. 두 세력 모두 전체 중국을 통제하려 했고, 이를 확보하기 위해 싸울 준비가 되어 있었다. 전쟁은 계속되었다.

장제스는 처음에는 군사적 우위를 점했지만, 군을 과도하게 확장한 결과 만주에서 심각한 패배를 겪었다. 그의 군대와 정부는 무너져갔고, 많은 병사들이 탈영하거나 항복했으며,[110] 중국 민간인들은 공산당에 대한 지지를 나타내기 시작했다. 마오의 군대가 우위를 점하면서 장제스와 그의 정부는 중국 본토 남동부 해안에서 약 100마일 떨어진 타이완 섬으로 도피했다. 1949년 10월 1일, 베이징에서 마오쩌둥은 중국인민공화국의 수립을 선언했다.[111]

1949년 8월, 장제스의 패배가 임박하자, "중국을 잃었다."는 국내 비판을 피하기 위해, 미 국무부는 백서를 발표했다. 백서에서는 공산주의 승리의 주요 원인으로 장제스 정부의 군사적, 정치적 결함을 들었다.[112] 장제스 정부는 심각한 부패에 시달렸고, 군사적 판단이 미흡했으며, 인플레이션이 극심해 중국 내 도시에서의 지지를 잃었다고 설명했다.

백서에 나열된 국민당(KMT)의 군사적, 정치적 결점 외에도 공산당은 중국 내에서 자신들이 장제스 정부보다 일본의 침략에 대해 더 일관되고 강력하게 저항했다는 인식에서 이점을 얻었다. 이 인식은 나중에 되돌아보면 사실에 완전히 부합하지는 않았다.[113] 공산주의 이념은 민족주의를 노동계급의 진정한 이익에서 벗어나게 만드는 부르주아적 기만으로 경멸했지만, 중국 공산당은 국공내전 기간과 그 이후에 자신들을 위해 민족주의적 감정을 성공적으로 동원했다.[114] 이러한 민족주의는 중국 대중 사이에서 마르크스-레닌주의-마오주의 원칙에 대한 충성심을 능가하는 인기를 얻었다. 미국은 처음이자 마지막이 아닌 민족주의와의 대립에서 스스로 불리한 위치에 놓이게 되었으며, 이는 상당한 손해를 초래했다. 마지막으로, 그리고 결코 덜 중요하지 않은 점은, 중국 공산당이 소련으로부터 결정적인 군사적 지원을 받았다는 것이다. 이러한 지원이 없었다면 그들이 국공내전에서 승리하는 것은 거의 불가능했을 것이다.[115]

마오의 승리를 달갑지 않게 여긴 미국 정부는 그럼에도 불구하고 처음에는 새 중국 정권과 비즈니스 같은, 심지어 친근한 관계를 맺을 수 있을 것이라고 믿었다. 미국 외교관들은 전쟁 중 공산당과 접촉했으며, 그중 일부는 공산당이 강경한 스탈린주의자가 아니라 '농업 개혁자'로 보였다고 인상 깊게 생각했다. 국무부는 새 정권이 모스크바와의 관계에서 갈등을 겪을 가능성이 있으며, 아마도 두 공산주의 정부 간에 분열이 있을 것이라고 예측했다. 이는 실제로 발생했지만, 마오주의 통치가 굳어진 지 10년이 지난 후의 일이었다. 미국의 희망과는 달리, 마오와 그의 동료들은 마르크스-레닌주의자였으며, 그 정치 및 경제 원칙에 충실했고, 스탈린에게 충성했다.[116] 그들은 스탈린을 세계 공산주의 운동의 지도자로 인정했고, 자신들을 그 운동과 열정적으로 동일시했다. 마오는 1949년 말에 소련을 방문했고, 1950년 2월에는 소련과 '우정, 동맹, 상호 지원' 조약을 체결했다.

이렇게 1940년대라는 중요한 10년이 끝날 무렵, 동아시아는 유럽처럼 분단되었다. 일본은 민주주의 체제하에, 중국은 공산주의 체제하에 있었고, 일본은 자유시장을, 중국은 중앙 계획경제와 국가통제 산업 및 농업 모델을 채택했다. 제2차 세계대전 후 5년 동안 미국의 정책은 반전되었으며, 처음에는 중국을 지원하고 일본에 반대했지만, 끝에는 일본과 밀접하게 연결되고 새로운 중국 정부와는 소원해졌다.

중국은 자체적으로도 분단되어 있었다. 공산당은 본토에서 권력을 잡고 있었고, 국민당은 대만을 장악하고 있으며, 여전히 중국 전체의 정당한 정부라고 주장했다. 이는 미국 정부가 강제로 집행할 의도가 없었던 주장이었다.[117] 미국은 이러한 새로운 상황을 예측하지 못했고, 중국에서의 현 상황을 반기지 않았다. 그럼에도 불구하고 트루먼 행정부는 아시아에 많은 관심을 기울일 필요성을 느끼지 않았고, 유럽보다 아시아는 미국 외교정책에서 더 낮은 우선순위를 차지하고 있었다.[118] 아시아는 분단되었지만 적극적으로 다투는 상태는 아니었다. 그러나 그것은 한반도에서 전쟁이 발발하면서 바뀌었다.

한국 전쟁

중국과 (러시아와 11마일의 국경을 접하고 있는) 국경을 맞대고 있으며, 서쪽으로는 황해, 동쪽으로는 일본해로 튀어나와 있는 한반도는 20세기 중반까지 약 1,300년 동안 문화적 독자성과 정치적 통일성을 유지해 왔다. 또한, 중국과 러시아는 물론 일본까지 가까운 위치에 있어 한반도는 수천 년 동안 약 900번의 침략을 받았고, 다섯 번의 주요 외세의 지배를 겪었다. 가장 최근에는 1905년부터 1945년까지 일본의 지배를 받았다.[119]

일본이 패배한 후, 미국과 소련은 한반도에 군대를 진주시키고, 각각 38선에서 두 점령지로 나누었다. 1948년, 소련이 지배하는 북쪽에서는 김일성의 지도 아래 공산주의 정권이 수립되었고, 같은 해, 한 달 앞서 남쪽에서는 친서방적인 이승만이 이끄는 비공산주의 정부가 들어섰다.[120] 두 지도자는 각기 자신의 통치 아래 한반도의 통일을 목표로 했고, 그 사이에는 반복적인 폭력적인 충돌이 일어났으며, 이로 인해 한국에서 약 30,000명에서 100,000명이 사망했다.[121]

김일성은 남한을 정복하려는 목표로 전면적인 공격을 개시하고자 했지만, 충실한 공산주의자로서 그는 세계 공산주의의 지도자인 스탈린의 허락 없이는 이를 실행할 수 없었다. 스탈린은 여러 번 김의 요청을 거절했지만, 1950년 상반기에는 마음을 바꾸었다. 중국에서의 마오의 승리가 이 변화에 기여했는데, 이는 북한에 또 다른 중요한 지역 동맹을 제공했기 때문이다.[122] 이에 따라 1950년 6월 25일, 김은 대규모 군대를 남한으로 넘어가게 했다.

그때까지 미국 정부는 한반도에 대해 양면적인 태도를 보였다. 처음에는 한반도의 재통일을 희망했지만, 유럽에서 냉전이 심화하면서 그 목표는 점차 비현실적으로 보였다.[123] 이승만을 포기한 것은 전혀 아니었지만, 6월 25일 이전에는 그에게 자원을 대규모로 지원할 의향도 없었다.[124] 1949년 미국은 한반도에서 철수했으며, 1950년 1월, 애치슨 국무장관은 아시아에서 미국의 안보 범위를 설명하는 연설을 했는데, 그 연설에서 한반도는 명백히 제외되었다.[125]

그럼에도 불구하고 트루먼 대통령은 북한의 공격에 대응하여 미국 군대를 한반도로 파병했다. 또한 미국 정부는 유엔에 요청해 공격을 규탄하는 결의안을 통과시켰고, 이는 소련이 중국의 상임이사국 의석을 얻지 못한 것에 항의하며 안전보장이사회에서 결석했기 때문에 통과되었다. 따라서 미국은 15개국과 함께 유엔의 공식적인 승인 아래 한국에서 싸웠다.[126] 마지막으로 트루먼은 미국 제7함대를 대만해협에 배치하라고 명령했으며, 이는 마오가 대만을 공산주의 통제하에 두려는 공격을 방어하기 위한 조치였다.[127] 미국 역사에서 종종 그렇듯, 여기서도 국내 정치적 고려가 작용했다. 중국 내전에 개입하여 해양 군사력을 두 당사자 사이에 배치한 한 가지 이유는 장제스를 지지했던 미국 내 세력, 즉 1950년대에 '중국 로비'로 알려지게 된 집단의 지지를 얻기 위함이었다. 이들은 장제스가 본토에서 패배하는 것을 막지 못한 점에 대해 행정부를 비판했다.[128]

미국이 한국에 대한 관심이 부족했던 이전의 상황을 고려할 때, 신속한 개입 결정은 놀라운 일이었다. 미리 예측할 수 있었던 일은 아니었지만, 스탈린은 북한의 침공이 잘못될 경우 소련군이 북한을 구하러 오지 않을 것이라고 김일성에게 경고하며 공산주의 진영에 불리한 상황을 대비했다.[129] 이처럼 미국의 개입은 선례를 만들었다. 냉전 중 여러 차례, 예를 들어 1962년 쿠바 미사일 위기나 1979년 소련의 아프가니스탄 침공, 1991년 사담 후세인의 쿠웨이트 침공 등에서 미국의 적들은 자주 미국의 반응을 과소평가했다. 이들은 미국 정치와 의사결정 과정을 이해하기 어려워했던 것으로 보인다. 그 이유 중 하나는 미국 외교정책이 민주적인 성격을 지니고 있어 여러 영향력의 원천, 특히 때로 변덕스러운 여론의 강력한 영향을 받기 때문에 예측하기 어려웠기 때문이다. 북한의 공격은 미국의 대중과 정부를 결집한 또 하나의 촉매적인 순간이었으며, 이는 임박한 심각한 위협에 대한 인식을 불러일으켜 예상외로 강력한 반응을 촉발했다.

그 반응과 한국 전쟁에 대한 미국의 참여에는 몇 가지 이유가 있었다. 이는 유럽에서 나타난 서구의 이익과 가치를 위협하는 공산주의 도전의 아시아 버전이었다. 따라서 이는 1950년까지 미국 외교정책을 지배했던 냉전의 또 다른 에피소드로 간주될 수 있다. 트루먼 행정부는 처음에 한국 작전이 전 세계 공산주의 군사 캠페인의 서막에 불과할 수 있다는 우려를 가졌다. 하지만 그 우려는 사실이 아니었고, 전쟁은 한반도에 한정되었다. 그럼에도 불구하고 미국의 고위 관료들은 공산주의의 공격을 방치하면 결국 다른 지역, 특히 유럽에서의 공격을 조장할 수 있다고 판단했다.

3년 전 그리스에 대한 지원을 촉구하며 애치슨이 사용했던 '도미노' 비유는 그와 그의 동료들의 한국 정책에도 영향을 미쳤다.[130] 그러한 틀은 제2차 세계대전 발발로 이어진 사건들에 대한 그들의 해석과 일치했기 때문에 공감을 불러일으켰다. 그리고 북한의 공격은 히틀러가 전쟁을 도발하기 위해 했던 행동을 재현한 것처럼 보였다.[††] 한국의 공산주의자들은 유럽의 나치처럼 교과서

[††] 트루먼은 북한의 공격 소식을 들었을 때, "공산주의가 한국에서 히틀러, 무솔리니, 일본이 10년, 15년, 20년 전에 했던 것처럼 행동하고 있다고 생각했다... 만약 이것이 도전받지 않고 그대로 두어진다면, 제2차 세계대전이 발생했던 것처럼 제3차 세계대전이 일어날 것이라고 생각했다."고 회고했다. 이 내용은 어니스트 R. 메이의 저서 『과거의 교훈: 미국 외교정책에서 역사 사용과 오용』(1976)에서 인용된 것이다. Quoted in Ernest R. May, *"Lessons" of the*

적인 침략 행위를 저질렀으며, 국제 경계를 넘어 군대를 파견했다.[131] 한국에서 직접적인 공격이 아닌 전복 활동이 발생했다면, 동일한 미국의 반응을 이끌지 못했을 가능성이 있다.

전쟁은 네 개의 뚜렷한 단계로 진행되었으며,[132] 처음에는 한쪽이 결정적인 우위를 점한 듯 보였지만, 반대쪽은 다시 그 입지를 회복하는 방식으로 전개됐다. 이러한 패턴이 1년간 이어진 뒤, 2년 동안의 교착 상태를 거쳐 1953년 7월 말에 전투가 끝났다.

초기 단계에서 북한군은 한반도를 빠르게 내려가 서울을 점령하고, 한국군을 동남쪽 부산에 있는 포위된 지역으로 몰아넣었다.[133] 그 후, 미국군은 반격에 나섰다. 트루먼은 더글러스 맥아더를 연합군 사령관으로 임명하고, 그는 멕시코 전쟁의 베라크루즈나 제2차 세계대전의 노르망디처럼 대담한 수륙 양용 공격을 인천에서 감행했다. 인천은 북한 전선에서 150마일 떨어져 있는 서해안에 위치해 있었다. 이로써 전쟁의 두 번째 단계가 시작됐다. 인천에 상륙한 미군은 부산에서 포위된 지역을 탈출한 군과 합류하여 공산군의 대규모 부대를 포위하고 파괴했다. 미군은 서울을 탈환하고 10월 초에 38선을 넘어 북한으로 진격하며 압록강, 즉 중국과의 국경 근처까지 접근했다. 트루먼 행정부는 한국 전쟁의 목표로 남한 정부 아래에서의 한반도 통일을 채택했다.[134]

그 후, 전쟁의 세 번째 단계가 1950년 11월 25일에 시작되었다. 중화인민공화국은 200,000명이 넘는 병력을 파병했고, 베이징은 이를 압록강을 건넌 '자원병'이라고 주장했다.[135] 스탈린은 마오에게 북한 정권을 구하기 위해 개입하라고 압박을 가했다. 중국 지도부는 망설였으나 결국 개입을 결정했다. 이는 공산주의적 충성심에서 비롯된 것이기도 했지만, 마오는 승리한 미국이 자신의 통치에 위협이 될 것이라고 믿었기 때문이었다.[136] 중국의 공격은 맥아더와

Past: The Use and Misuse of History in American Foreign Policy (뉴욕: 옥스포드대학교 출판부, 1976. First published, 1973), 81-82쪽.

워싱턴 정부를 놀라게 했고, 이는 미군이 한반도에서 퇴각하게 만들었다.

그 결과 전쟁의 네 번째 단계가 시작되었고, 미군은 재편성 후, 잃었던 38선을 넘어선 지역을 되찾았다. 제2차 세계대전에서 뛰어난 공적을 세운 매튜 리지웨이 장군은 맥아더로부터 제8군의 작전을 지휘하는 데 있어 폭넓은 재량권을 부여받았으며, 이를 바탕으로 미국의 화력과 공중 우위를 활용한 전술을 고안해 중국군에 큰 피해를 입혔다. 미 행정부는 북한을 되찾으려 하지 않고, 그 대신 남한을 방어하기로 결정했다. 맥아더 장군은 이 결정[137]을 공개적으로 반대했으며, 트루먼은 1951년 4월 11일 그를 해임함으로써 미국군의 민간 통제 원칙을 확립했다. 이는 미국 독립전쟁과 공화국 건국 이래로 이어져 온 원칙이었다.

전쟁은 양측의 새로운 정치적 지도부가 등장하면서 종료되었으며, 공산주의 진영에서는 이 지도부의 변화가 전쟁 종식의 주요 원인이 되었다. 1948년에 예상치 못하게 재선된 해리 트루먼은 1952년에 다시 대선에 출마하지 않기로 결정을 내렸고, 공화당 후보였던 드와이트 아이젠하워는 전쟁을 끝내겠다고 약속하며 선거에서 승리했다. 공산주의 측에서는 1953년 3월 5일 스탈린이 사망했다. 그는 전쟁을 끝내기를 거부했는데,[138] 그 전쟁은 소련에게 적은 비용으로 미국을 출혈하게 만들고 있었기 때문이다.[139] 그의 후계자들은 다르게 생각했고,[140] 1953년 7월 27일, 판문점에서 정전협정이 체결되었다. 이는 정식 평화조약은 아니었고, 그 후 60년 동안 평화조약은 체결되지 않았다. 협정은 대체로 38선을 기준으로 한국을 나누었지만 정확히 일치하지는 않았다. 한국 전쟁으로 미군 33,686명이 목숨을 잃었고, 103,284명이 부상을 입었다. 중국인 사망자는 약 183,000명으로 추산된다. 전쟁의 가장 많은 피해자는 한국인들이었다. 전사, 부상, 실종된 한국인들은 남북한 및 민군을 합쳐 약 3백만 명에 달하며, 이는 전쟁 전 한국 인구의 거의 10%에 해당하는 숫자였다.[141]

한국전쟁은 종전 후 수십 년 동안 '잊혀진 전쟁'으로 불리게 되었다.[142] 제2차 세계대전의 대서사적 경험과 1960~70년대의 베트남 전쟁은 한국전쟁보다 더 오래 지속되었고 국내적으로 더 큰 영향을 미쳤기 때문에 대중의 기억 속에서 한국전쟁을 압도했다. 잊혔을지 모르지만, 한국 전쟁이 중요하지 않았던 것은 결코 아니다. 제2차 세계대전의 영향을 제외하고, 한국전쟁은 미국 외교정책에 가장 큰 영향을 미쳤으며, 또한 미국 내적으로도 상당한 결과를 가져왔다.

외교정책에 대한 통제와 관련하여, 헌법은 일반적인 해석에 따르면 연방 정부의 행정부와 입법부 간에 '갈등의 초대장'을 제공한다고 여겨진다.[143] 한국전쟁은 이 갈등을 행정부 쪽으로 결정적으로 기울게 했다. 미국은 공식적인 의회의 전쟁 선포 없이 이 전쟁을 수행했다. 해리 트루먼 대통령은 의회의 승인을 기다리지 않고 군대를 한반도로 파견했으며, 이는 북한군이 남하하는 상황에서 시간이 매우 촉박했기 때문이다. 조금의 지연이라도 국가 전체를 잃는 결과를 초래할 수 있었다. 그러나 미군이 도착한 이후에도 행정부는 군사 작전을 지지하는 의회의 공식 기록을 요청하지 않았다. 대신, 헌법이 대통령에게 군 최고사령관으로서의 권한을 부여하여 공식적인 의회의 승인 없이도 전쟁을 수행할 충분한 권한을 제공한다고 주장했다.[144] 이는 이전 행정부들이 채택하지 않았던 해석이었다.

그 이후 사십 년 동안, 트루먼의 후임자들은 의회의 승인을 받지 않고 해외에 군대를 파병했다. 그중에는 대규모로, 그리고 거의 10년 동안 인도차이나에서 군을 파병한 경우도 있었다. 마치 냉전이 하나의 긴 전쟁처럼 여겨졌고, 그 전쟁에 대한 참여는 나라가 이미 승인한 것이었다. 그 안에서 미국이 군사력을 사용한 여러 에피소드는 단순히 그 더 큰 전쟁에서의 전투일 뿐이었다. 그 전쟁을 수행하는 데 있어 최고사령관은 광범위한 재량권을 가졌다는 것이다. 냉전이 사실상 끝난 뒤, 1990년과 1991년의 페르시아만 전쟁에서야 대통령은 군사력을 발휘하기 전에 의회에서 긍정적인 승인을 받았다. 한국전쟁에서는, 이제는 버려진 관행을 되돌아보며 의회에 이러한 승인을 요청하는 대신, 행정부는 미국이 수행한 것을 '경찰 작전'이라고 설명했다.

다른 미국의 전쟁들과 마찬가지로, 이 전쟁도 반대 의견을 불러일으켰다. 그것은 명시적인 항의의 형태가 아니라 전투가 장기화하고 결정적인 결과 없이 사상자가 증가함에 따라 여론 조사에서 나타난 전쟁에 대한 대중의 인기 하락이라는 형태로 나타났다. 결국 국민의 거의 절반이 이 전쟁이 실수였다고 생각했다.[145] 대중은 한국에서의 반공산주의라는 미국의 목표 자체에 결함이 있다고 생각한 것이 아니라, 그것을 달성하려는 비용, 특히 미국인 사상자의 비용에 불만을 품었다.[146]

이러한 일반적인 패턴은 베트남 전쟁과 21세기 첫 10년에 일어난 제2차 걸프 전쟁에서도 반복되었다.[147] 한국전쟁에서는 이후의 전쟁들과 마찬가지로 점점 더 인기가 없어지는 전쟁을 감독하는 행정부와 대통령이 정치적으로 타격을 입었다. 여론 조사에서 그들의 지지율이 하락했다. 해리 트루먼은 재선 출마를 하지 않기로 결정했고, 야당 후보가 그를 승계했다.

이전의 분쟁에서와 마찬가지로 한국 전쟁은 미국 내 자유에 부정적인 영향을 미쳤다. 1950년 6월 25일 이전에 소련의 원자 폭탄 실험, 중국의 공산화, 미국 정부에서 일하는 소련 스파이의 발견 등 일련의 사건들이 불안감을 조성했다.[148] 한국에서의 전쟁은 이러한 대중적 분위기를 악화시켰다. 전쟁이 발발하기 전에도 위스콘신 주 출신의 공화당 상원의원 조셉 매카시는 국제 공산주의를 대신해 활동하는 전복 세력의 명단을 가지고 있다고 주장하며 센세이션을 일으켰는데, 이는 이후의 조사에서 입증되지 않았다. 그 결과, 당시 합법이었던 미국 공산당에 소속되었거나 그 당원으로 의심받거나 다른 형태로 미국에 불충성한 사람들이 대중의 감시 대상이 되었다. 충성심 검사가 유행하게 되었다. 수천 명의 사람이 직장을 잃었다.[149]

미국의 국가 생활에서 이 에피소드를 일컫게 된 매카시즘[150]은 동시에 스탈린이 동유럽에서 명령한 유명 공산주의자들에 대한 공개 재판과 청산에 비해 야만성과 인간에 대한 피해 면에서는 비교가 되지 않았지만, 1790년대의 외국인 및 선동 금지법, 남북전쟁 동안 링컨의 인신 보호 영장 정지, 제2차 세계대전 동안 일본계 미국인 억류 등과 마찬가지로, 개인의 자유라는 국가 건국 가치에 대한 정상적인 국가적 충실성으로부터의 일탈을 나타냈다.

한국전쟁은 미국의 국내 생활보다 외교정책에 더욱 광범위한 결과를 가져왔다. 제2차 세계대전의 영향만이 국가의 대외 관계에 미친 그 효과에 견줄 만하며, 그것은 다른 나라들에도 영향을 미쳤다. 예를 들어, 한국에서 싸우는 연합군이 많은 보급품을 획득한 일본에 현저한 영향을 미쳤다. 이는 마셜 플랜이 서유럽에 미친 영향과 유사하게 일본 경제에 엄청난 추진력을 주었다.[151] 전쟁 전에 미국 정부는 일본과의 평화조약을 위한 협상을 시작했는데, 이는 1951년 9월 8일 샌프란시스코에서 49개국이 서명했다. 동시에 미국은 일본과 안보 조약을 체결했는데, 일본은 냉전 기간 내내 그리고 그 이후에도 아시아에서 가장 중요한 미국의 동맹국이 되었다.[152]

그러나 일본이 유일한 동맹국은 아니었다. 미국은 또한 호주, 뉴질랜드, 한국, 필리핀, 대만과도 안보 협정을 맺었다.[153] 유럽에서와 동일한 목표, 즉 공산주의 봉쇄를 위한 미국이 후원하는 안보 질서가 한국에서의 전투 발발의 여파로, 그리고 상당 부분 그 때문에 존재하게 되었다. 그것은 1949년 북대서양조약기구가 기초를 형성한 것과 같은 단일한 다자간 안보 체제를 수반하지 않았다는 점에서 유럽 질서와 달랐다. 또한 한국 전쟁 발발 후 유럽에서와 같이 한국을 제외하고는 아시아 대륙의 어떤 나라에도 미군이 주둔하지 않았다. 대신 아시아의 설계는 미국이 중심에 있고 다른 국가들과의 일련의 양자 협정에서 공통의 파트너 역할을 하는 중심축과 바퀴살(Hub and Spokes)과 유사했다.

대만과의 양자 조약은 한국에서의 중국의 개입으로 인해 발생한 중국 공산당 정부와의 미국의 소원함에 봉인을 찍었는데, 이는 20년 동안 지속될 것이었다. 그 조약은 사실상 장제스의 국민당 하의 대만의 독립을 보장했는데, 이는 베이징 정부가 받아들이지 않았고 섬과 대륙의 '통일'을 통해 제거하겠다고 맹세했다.

처음에는 한국 전쟁의 중요한 결과로 보였던 것이 일시적인 것으로 판명되었다. 북한의 공격에 대한 저항을 승인한 유엔 결의는 평화 유지와 국제법 시행에 있어서 그 기구의 주요 역할의 시작을 알리는 것이 아니었다. 대신 냉전은 미국과 소련 모두 어느 한쪽이 반대하는 어떠한 조치도 거부권을 행사할 수 있었기 때문에 그러한 역할을 막았다. 한국 이후, 그리고 초강대국 갈등이 지속되는 동안, 유엔은 국제문제에 대해 주변적인 영향력만 가졌고, 주로 두 대립 초강대국의 대표들이 서로를 비난할 수 있는 토론의 장으로서 역할을 했다.

실제 전투가 벌어지는 전쟁으로서 한국은 1950년 6월 25일 이전에는 그렇지 않았던 방식으로 체제 경쟁을 군사적뿐만 아니라 정치적, 경제적으로 수행했다. 그해 4월 국가안전보장회의는 국방비 지출을 상당히 증액할 것을 권고하는 문서 NSC-68을 작성했다.[154] 트루먼은 그것을 보류했지만, 전쟁이 발발하면서 군사비 지출은 급격히 증가하여 1949년과 1953년 회계연도 사이에 4배로 늘어났다. 1950년 국방비 지출은 국민총생산의 5%, 연방 지출의 33%를 차지했다. 1953년까지 그 수치는 각각 12%와 60%였다.[155]

냉전 기간 동안 국방 예산은 국제 문제에 대한 미국의 인식의 바로미터가 되었다. 국제 정세가 더 위협적으로 보일 때, 그것도 미국이 개입한 실제 전쟁 중에만이 아니라[156] 국방비 지출이 증가했다. 국방에 할당된 연방 예산의 비율이 감소했을 때, 이는 미국인들이 자국의 국제적 위치에 대해 더 편안함을 느꼈음을 의미했다.

한국전쟁이 촉발한 국방비 증액이 모두 한국이나 아시아로 간 것은 아니었다. 그중 일부는 트루먼이 4개 사단의 미군 파견을 명령한 유럽으로 갔다. 대서양 동맹(Atlantic Alliance)은 단순히 필요할 때와 상황이 요구될 때 유럽에 병력을 파견하겠다는 보장 협정에서, 유럽 대륙에 배치된 통합 군사력으로 변화했다. 북대서양 조약은 북대서양조약기구(NATO)가 되었고[157] 1950년 12월 트루먼 대

통령은 드와이트 아이젠하워를 초대 최고사령관으로 임명했다.[158]

마지막으로 한국은 미국의 전쟁 수행에 선례를 남겼다. 제2차 세계대전과 미국이 수행한 다른 획기적인 전쟁인 남북전쟁에서 미국은 적의 무조건 항복을 추구했고 달성했다. 반면 한국은 '제한전'임이 입증되었다.[159] 트루먼 행정부의 초기 우려에도 불구하고, 제2차 세계대전과 달리 전투는 시작된 국가로 제한되었다. 또한 미군과 소련군은 최소한 상당한 규모로 또는 어느 한쪽 국가가 인정하는 방식으로 직접 교전하지 않았다.[160]

미국은 제한된 목적을 위해 전쟁을 수행했다. 정부는 한반도 전체를 점령하려는 목표를 포기했다. 이는 설령 가능하다고 하더라도 그 과정에서 드는 비용이 지나치게 막대하다고 판단했기 때문이다.[161] 행정부는 비공산주의 한국을 보존하는 것에 만족했다. 한국에서 베를린 봉쇄와 마찬가지로 미국 정부는 한반도를 재통일하기 위한 전면전과 한국을 공산주의 통치에 내맡겼을 무전쟁 모두를 피하는 중간노선을 택했다.

미국은 또한 한국에서 싸우기 위해 사용한 수단을 제한했다. 북한이나 중국에 대해 가장 강력한 무기를 사용하지 않았다. 핵무기 불사용의 전통은 한국 전쟁과 함께 시작되었다. 분쟁 중 여러 시점에서 핵 사용이 가능해 보였다. 1950년 11월 30일 기자회견에서 한 기자가 트루먼 대통령에게 이것이 적극적으로 고려되고 있는지 물었다. 트루먼은 "항상 그래 왔다. 그것은 우리의 무기 중 하나이다."라고 대답했다.[162] 그의 발언은 논란을 일으켰다. 영국 총리 클레멘트 애틀리는 급히 워싱턴으로 가서 그에게 항의했다. 결국 트루먼은 여러 가지 이유로 핵 공격을 승인하지 않았다. 1951년 초까지 미군은 비핵 공습을 대대적으로 사용하여 잃었던 영토를 되찾고 전선을 안정시켰기 때문에 원자 폭탄은 군사적으로 필요해 보이지 않았다. 한국에서 그러한 폭탄을 투하하는 것의 전 세계적 결과는 예측할 수 없었다. 그것은 미국이 강력히 피하고자 했던 전투의 유럽 확산을 포함할 수도 있었다. 1945년 8월 히로시마와 나가사키에서 그러한 무기가 보여준 파괴력은 그것들에 공포의 기운을 부여했다. 이는 때로는 핵 금기로 불리는 그것들의 사용에 대한 추정을 만들어냈고, 이는 수십 년 동안 그것들을 사용하지 않는 전통의 주요 원인이 되었다.[163]

한국 전쟁이 1953년에 끝났을 때, 냉전 기간동안 미국 외교정책이 운영될 틀이 마련되었다. 전쟁은 그것을 강화했을 뿐만 아니라 소련-미국 간 경쟁이 과거의 강대국 간 갈등과 다른 세 가지 중요한 방식을 보여주었다. 첫째, 한국 분쟁은 냉전 전체와 마찬가지로 대규모로 사용될 경우 두 주요 경쟁국과 그 밖의 많은 것을 파괴할 수 있는 잠재력을 가진 무기의 그림자 속에서 전개되었다. 둘째, 한국전쟁은 냉전이 양측이 전 세계 곳곳에서 권력과 영향력을 놓고 서로 경쟁하지 않을 수 없다는 의미에서 세계적 경쟁이었음을 보여주었다. 그 논리가 미국을 서방이 공산주의와 맞섰다는 사실 외에는 경제적 또는 전략적 중요성이 거의 없는 한국으로 몰아넣었다. 셋째이자 마지막으로, 한국전쟁의 결과와 그 후 한반도의 역사는 냉전이 체제 경쟁이라는 지위와 일치했다. 북한과 한국은 경제적, 정치적 활동을 조직하는 두 가지 상반되는 방식, 즉 소련과 미국이 각각 구현하고 대표했던 두 가지 뚜렷하고 대립적인 생활 방식을 채택했다. 경쟁은 두 체제로 나뉜 국가에서 특히 치열했고, 그곳에서의 전쟁 결과 한국은 그중 하나가 되었다.

미국과 소련에 역사상 강대국을 넘어서는 국제적 지위를 부여한 것은 바로 이 세 가지 차이점이었다. 제2차 세계대전은 그들을 초강대국으로 만들었고, 한국 전쟁은 그 지위를 확인해 주었으며, 그들은 그런 자격으로 이후 30년 동안 이점을 놓고, 그리고 더 자주 불이익을 피하기 위해 경쟁했다.

8장
있음 직하지 않은 전쟁, 불가능한 평화, 1953~1979

핵폭탄과 함께 사는 법 배우기

트루먼 행정부는 냉전의 기원을 주도했으며, 행정부가 물러난 후 25년 동안 그 갈등의 구조는 그대로 유지되었다. 미국에게 있어 그 25년은, 다른 맥락에서 차용한 표현을 빌리자면, '사건으로 가득 찬 시기'였다.[1] 이 시기에는 미국이 직접 또는 간접적으로 관여한 전쟁, 위기로 알려진 소련과의 준전쟁 상태, 고위험 외교, 그리고 경제적 혼란 등이 포함되었다. 이들 사건 중 일부는 정치적으로 큰 충격을 주었고, 일부는 당시 극심한 위험을 초래할 것처럼 보였으며, 또 일부는 국제질서를 재편할 가능성이 있는 것으로 여겨졌다.

이 25년은 미국 외교정책 역사에서 가장 사건이 많은 기간으로 인정받을 만하다. 그러나 그 기간이 끝날 무렵, 근본적인 것은 아무것도 변하지 않았다. 두 초강대국은 계속해서 다른 모든 국가를 군사력과 정치적 영향력 면에서 압도했는데, 이는 무엇보다도 그들이 지금까지 발명된 무기 중 가장 강력한 무기를 점점 더 많이 비축하고 있었기 때문이었다. 두 국가는 계속해서 전 세계에서 우위를 차지하기 위해 경쟁했고, 그들의 경쟁은 심지어 우주로까지 확장되었다. 미국의 경우 그들이 조직했거나 소련이 그랬던 것처럼 강요한, 근본적으로 다른 정치 및 경제 체제가 지속되었는데, 이는 분단된 유럽에서 가장 두드러졌다.

트루먼 행정부 말기부터 1970년대 말까지, 양측의 연합은 점차 확장되었다. 쿠바, 인도차이나, 아프리카의 일부가 공산주의 진영에 합류했다. 남유럽의 세 국가인 스페인, 포르투갈, 그리스는 독재 정부(공산주의는 아니지만)를 폐기하고 민주주의를 채택했으며, 서유럽의 자유 시장 민주주의 국가들과 경제를 통합했다.[2] 그러나 이러한 추가 사항들은 세계 지정학적 균형에 거의 영향을 미치지 않았다.

1953년 제2차 세계대전 당시 유럽에서 영미군을 이끌었고 1951년 북대서양조약기구(NATO)의 최고사령관으로 임명된 드와이트 아이젠하워는 조지 워싱턴, 앤드루 잭슨, 윌리엄 헨리 해리슨, 재커리 테일러, 율리시스 그랜트에 이어 최근 승리한 미국 장군이 되어 미국의 최고 정치직을 차지하게 되었다.[3] 미국 대통령 중 그는 거의 유일하게 전적으로 대외 관계 경력 덕분에 초대 대통령에 당선되었다. 그의 공화당 대통령직은 두 명의 직전 민주당 대통령의 공공 정책 혁신을 비준했다. 그는 프랭클린 루스벨트의 뉴딜의 주요 국내 프로그램을 받아들였고,[4] 1952년 공화당 대통령 후보 지명을 놓고 경쟁한 최대 라이벌인 오하이오주 상원의원 로버트 태프트의 선호도와는 대조적으로, 소련과의 전면적인 세계적 경쟁을 약속한 해리 트루먼이 시작한 외교문제 접근법을 채택했다.

냉전 내내 지속된 주제는 아이젠하워 시절에 처음 등장했다. 소련 및 국제 공산주의와의 갈등을 종식하지는 않더라도 적어도 그것을 덜 위험하게 만들기 위해 수정, 제한 또는 축소하려는 충동이었다. 이 충동은 두 초강대국이 행사한 엄청난 파괴력에서 비롯되었다.[5] 갈등에 가장 큰 책임이 있는 인물인 소련 독재자 요세프 스탈린이 1953년 3월 아이젠하워 취임 직후 사망하면서, 두 초강대국 간 적대감을 줄일 수 있다는 희망을 불러일으켰다. 그의 죽음은 실제로 그해 한국전쟁의 종식[6]과 1955년 유럽 중심부에 위치한 작은 나라인 오스트리아의 중립을 확립하고 보장하는 조약 체결의 길을 열었다.[7]

아이젠하워와 스탈린 사후 모스크바에서 최고 권력을 굳힌 소련 동료 니키타 흐루쇼프는 1955년 제네바에서, 그리고 1959년 다시 워싱턴에서 대면했다. 두 차례 모두 비교적 우호적인 분위기 속에서 회담이 진행되어 냉전의 일부 긴급한 분쟁이 해결될 수 있으리라는 기대감을 높였지만, 중요한 합의는 도출되지 않았다. 두 지도자는 1960년 파리에서 다시 만날 예정이었지만, 2주 전 소련의 지대공 미사일이 소련 영공을 비행하던 미국의 U-2 스파이 비행기를 격추하는 사건이 발생하여 회담을 망쳤다.[8]

한편, 아이젠하워 행정부와 후임자들은 1945년 이래 미국이 보유해 온 핵무기를 어떻게, 어떤 목적으로 배치하고 사용할 것인지에 대한 질문에 씨름해야 했다. 이는 군비 역사가 기껏해야 불완전한 대답의 근거를 제공한 질문이었다. 그 어떤 국가도 그처럼 강력한 무기를 보유한 적이 없었다. 무기는 정치적 목적에 봉사하거나 봉사해야 한다. 아이젠하워 행정부는 출범과 동시에 공산주의 적대국과의 관계에서 주요 정치적 목적을 결정함으로써 핵전략을 고안하는 데 중요한 출발점을 마련했다.

1952년 대선 캠페인 기간과 취임 후 첫 몇 달 동안 아이젠하워와 그의 동료들은 유럽의 공산주의에 대해 공세를 취하고 동유럽 국가들을 공산주의 정치적 통제로부터 해방시킬 의도를 선언했다.[9] 그러한 노력이 제3차 세계대전을 시작할 매우 높은 위험을 감수해야 했기 때문에 행정부는 그 목표를 포기하고 대신 전임자가 채택한 방어적 목표, 즉 공산주의 세력과 영향력의 봉쇄에 만족했다. 봉쇄의 군사적 요소를 나타내게 된 용어는 억지였는데, 이는 위협에 의한 예방을 의미한다.[10] 이 개념은 적어도 고대 로마로 거슬러 올라가는데, 로마에는 "si vis pacem bellum para", 즉 "평화를 원한다면 전쟁을 준비하라."는 격언이 있었다.[11] 미국의 핵무기는 억지, 즉 전쟁 방지의 수단이 되었다. 미국 정부는 한국전쟁이 끝난 후 10년 동안 이 목표를 달성하는 방법을 모색했다.

뉴룩(New Look)으로 알려진 아이젠하워 행정부의 군사전략은 국무장관 존 포스터 덜레스가 1954년 1월 12일 뉴욕시 연설에서 '대규모 보복 능력'이라고 불렀던 것을 통해 공산주의 침략을 억지하는 것을 구상했는데, 미국은 이를 '즉각적으로, 우리가 선택한 수단과 장소에서' 퍼부을 준비가 되어 있을 것이었다.[12] 억지의 기반이 될 대규모 보복의 위협에는 행정부가 분명히 했듯이 잠재적으로 핵무기 사용이 포함되었다. 공산주의 진영은 미국이 그러한 처벌적 군사 작전을 어디서 언제 수행할지 알 수 없겠지만, 그러한 폭력의 경련이 언제든 가능하다는 것은 알 것이었다. 미국 정부는 그러한 지식이 전 세계의 많은 형태의 침략을 억지할 것이라고 희망했다.[13]

새로운 억지 독트린은 행정부가 최근 역사에서 배운 교훈을 통합했다. 한국에서 미국이 수행한 것과 같은 비용이 많이 들고 좌절감을 주는 제한전을 피해야 할 필요성이었다. 대규모 보복의 위협은 재앙적인 보복의 가능성을 제기함으로써 공산주의 세계가 그러한 갈등을 선동하는 것을 막기 위해 고안되었다. 또한 돈을 절약하기 위해 고안되었다. 핵무기에 의존하면 훨씬 더 비용이 많이 드는 비핵 '재래식' 군사력(탱크, 비행기, 함선, 그리고 무엇보다도 가장 비용이 많이 드는 구성 요소인 군사 인력)에 대한 의존도가 줄어들었다.[14]

아이젠하워가 보기에 과도한 군사비 지출의 위험은 그 어떤 후임 대통령보다 그를 더 걱정하게 만들었다. 그는 균형 잡힌 예산이 훌륭한 정부의 주요 요소일 뿐만 아니라 국제무대에서 미국의 힘의 일부라고 생각했다. 그의 가장 잘 알려진 연설은 1961년 1월 17일 국민에게 한 고별 연설로 남아 있는데, 이 연설에서 그는 그가 '군산복합체'라고 부른 것, 즉 군대와 국가의 방위산업 간의 비공식 동맹이 만들어지고 있다고 경고했다. 그는 이 동맹이 미국 외교정책에서 군사적 고려사항에 부당한 비중을 부여하고 과도한 국방비 지출을 조장하는 데 영향력을 사용할 수 있다고 우려했다.

대규모 보복 위협을 통한 억지 전략이 선언된 후 몇 년 동안, 일련의 기술 발전이 결합되어 그 효과에 의문이 제기되었다. 히로시마와 나가사키를 강타한 폭탄이 물질의 핵심 요소를 분열시키는 핵분열에서 폭발력을 얻은 반면, 1954년 미국은 그러한 요소들을 융합하는 과정을 이용하는 장치를 성공적으로 시험했다. 이 융합 또는 '수소' 폭탄은 원래의 '원자' 버전보다 1,000배 더 강력했다. 게다가 그러한 폭발물은 생산 비용이 상대적으로 저렴한 것으로 판명되었다. 결국 미국은 각각 대도시를 파괴할 수 있는 수만 개의 폭탄을 보유하게 되었다.[15] 1950년대는 또한 탄도미사일의 개발을 보았는데, 이는 핵 폭발물을 비행기보다 더 먼 거리의 목표물에 더 빠르고 더 확실하게 전달할 수 있었다.

이러한 혁신은 아이젠하워 전략을 약화하는 것처럼 보였다. 비록 관련 기술의 개발에서 미국보다 일반적으로 몇 년 뒤처져 있었지만, 소련도 대량의 핵분열 및 핵융합 폭탄을 획득하고 있었고 대륙간 탄도미사일에 탑재할 준비를 하고 있었기 때문이다. 이 기술들을 보유함으로써 모스크바는 이전에는 가질 수 없었던 엄청난 전략적 가치를 얻게 되었다. 즉, 핵무기를 사용해 미국 본토를 타격할 수 있는 능력을 갖춘 것이다.

예기치 않았고 미국인들에게 걱정스러운 소련의 기술적 실력의 과시는 이 임박한 군사적 현실을 알렸다. 1957년 10월 4일, 소련은 스푸트니크로 알려진 최초의 지구 궤도 위성을 우주로 보냈다. 그 발사는 미국 역사 전반에 걸쳐 국민을 결집했던 사건 중 또 하나로 입증되었으며, 국가의 상황을 갑자기 더 위협적으로 보이게 함으로써 국가 정책의 방향 전환을 필요하게 만들었다. 스푸트니크는 머지않은 미래에 북미의 소련 공격에 대한 취약성을 분명히 했을 뿐만 아니라, 군사적으로 중요한 과학 기술 분야에서 미국의 냉전 상대국이 위험한 선두를 차지했을 수 있다는 놀라운 가능성을 제기했다.

스푸트니크는 미국이 전쟁을 일으키게 하지는 않았지만, 국방비 지출 증가와 기초 및 응용과학과 공학 분야의 교육, 연구, 개발에 대한 더 큰 국가적 중점을 촉발했다.[16] 더 시급한 것은 임박한 소련의 미국 본토 공격 능력이 대규모 보복 위협만으로는 감당할 수 없어 보이는 두 가지 전략적 도전을 제기했다는 점이다. 기습 공격을 억지하는 도전과 확장 억지의 문제로 알려진 공산군에 의한 서유럽에 대한 비핵 공격을 막는 도전이었다.

탄도미사일의 출현은 한 쪽이 기습 공격으로 상대방의 핵무기를 파괴할 수 있는 이론적 가능성을 만들어냈고, 공격의 희생자를 엄청난 전략적 불리한 위치에 놓이게 했다. 1947년 조지 케넌의 'X' 기사가 실렸던 잡지인 '포린 어페어스(*Foreign Affairs*)' 1958년 1월호에 실린 '공포의 미묘한 균형'이라는 제목의 기사는 미국의 장거리 타격군이 이런 식으로 취약해질 위험에 처해 있다고 제안했다.[17]

미국 정보기관의 조사 결과를 알고 있던 아이젠하워는 소련이 미국에 비해 핵 우위를 점하고 있지 않다는 것을 알고 있었다. 사실 반대였다. 1950년대 말 미국은 장거리 미사일과 항공기를 훨씬 더 많이 보유하고 있었다.[18] 그럼에도 불구하고 성공적인 억지에는 적이 핵전력에 가할 수 있는 가장 강력한 공격에서 살아남아 공격자에게 그러한 공격이 상상조차 할 수 없을 만큼 많은 보복 피해를 입힐 수 있을 만큼 충분한 핵전력을 보장하는 것이 필요하다는 것이 분명했다. 즉, 성공적인 억지는 어떤 상황에서든 상대방에게 막대한 파괴를 가할 수 있다는 확신을 필요로 했다. '확증 파괴'는 효과적인 억지에 필요한 것을 나타내는 용어가 되었다.[19]

먼저 미국, 그다음 소련이 두 가지 방법으로 확실한 파괴 능력을 달성했다. 그들은 많은 수의 무기를 획득했다. 양측이 더 많이 보유할수록 기습 공격으로 상대방의 무기를 모두 파괴할 가능성은 줄어들었다. 따라서 상대방이 이런 식으로 모든 것을 파괴할 수 있다고 믿고 그렇게 하려고 유혹될 가능성도 줄어들었다. 냉전 기간 미국과 소련이 벌인 핵무기의 경쟁적 축적, 즉 핵 군비 경쟁은 종종 비이성적이거나 위험하거나 둘 다라는 비판을 받았다. 사실 대량의 무기는 보복 군의 생존 가능성을 높였고 두 초강대국 간의 핵 휴전을 강화했다.

양측은 또한 핵무기 비축량을 다양화하여 생존 가능성을 높였다. 미국은 결국 소련 영토에 도달할 수 있는 핵 폭발물을 운반하는 '삼각' 운반 수단을 배치했다. 지상 발사 대륙간 탄도미사일, 바다 밑을 순찰할 때 사실상 탐지할 수 없는 미사일을 탑재한 잠수함, 그리고 장거리 핵무장 폭격기(일부는 항상 공중에 떠 있었다).[20] 소련은 미국의 핵무기 비축량에 필적했고, 따라서 확실한 파괴의 속성은 상호적이 되었다. 상호 확증 파괴(Mutually Assured Destruction)의 조건은 핵 안정을 위한 새로운 기반을 나타내는 적절하게 음울한 약어를 낳았다. MAD(광기)*였다.

소련의 북미 공격 능력은 두 번째 주요 전략적 도전을 낳았는데, 그 핵심에는 신뢰성 문제가 있었다. 한 국가가 자국 영토에 대한 공격에 대해 공격을 감행한 국가에 대한 공격(핵무기 사용 포함)으로 보복할 용의가 있을 것이라는 점은 널리 받아들여졌다. 그러므로 무적의 미국 핵전력은 미국 영토에 대한 소련의 공격을 억지할 것이다. 그러나 미국은 또한 서유럽의 NATO 동맹국들에 대한 공산주의자들의 공격을 억지할 책임도 지고 있었다. 그러한 공격에 대한 미국의 대응은 소련의 핵미사일을 미국 자체로 유도할 가능성이 있었다. 이러한 상황에서 미국의 억지력은 신뢰할 만한 것이었을까? 즉, 소련 지도자들은 미국 지도자들이 수천 마일 떨어진 국가들을 보호하기 위해 자국 본토의 파괴 위험을 감수할 것이라고 믿을까?[21]

바르샤바 조약의 군대와 전차가 NATO가 배치한 것보다 훨씬 더 많았기 때문에 이 문제는 더욱 어려워 보였다. 만약 공산주의 진영이 독일에서 비핵 공

---

* 상호 확증 파괴는 일종의 전략적 역전을 구현했다. 군사 문제에서 공격과 방어의 유구한 경쟁에서 핵무기는 그 엄청난 파괴력 때문에 공격에 결정적인 이점을 주었다. 그러나 세계 두 핵 초강대국이 모두 막강하고 생존 가능한 핵무기 비축량을 확보하게 되자 어느 쪽도 상대방을 공격할 엄두를 내지 못해 방어의 우위로 이어졌다.

격을 감행한다면 서방의 방어선을 무너뜨릴 수 있을 것이고, 미국 대통령에게 동쪽에서 민주주의 동맹국들이 정복되는 것을 지켜보거나 자국에 전례 없고 거의 상상조차 할 수 없는 피해를 초래할 수 있는 공격을 취하는 것 사이에서 선택해야 하는 상황에 놓이게 될 것이다. 이것은 굴욕과 대학살 사이의 선택이었다.[22] 유럽에서 신뢰할 수 있고 따라서 효과적인 미국의 억지력은 제3의 선택지를 찾는 것에 달려있는 것 같았다.

한 가지 대안은 유럽 동맹국들이 소련의 공격 시 소련에 대해 사용하겠다고 신뢰할 만한 위협을 할 수 있는 자체 핵무기를 획득하는 것이었다. 영국은 1952년에 성공적인 핵실험을 했고 프랑스도 1960년에 같은 방식으로 핵 강국이 되었다.[†] 영국과 프랑스의 핵무기를 정당화한 논리는 또한 독일연방공화국의 독자적인 핵전력을 지지했다. 1950년대 독일은 핵무기 획득에 관심이 있는 것처럼 보였고, 미국 정부는 이를 허용하고, 어쩌면 이를 지원할 용의가 있는 것처럼 보였다. 그러나 소련은 그러한 전개에 대해 단호한 반대 입장을 분명히 했고, 이로 인해 독일의 핵무기는 유럽에서 위험한 불안정의 잠재적 원천이 되었다. 미국 정부는 이를 받아들일 만한 타협책이 되기를 희망하며 고안했다. 미국이 제안한 다국적군은 독일인과 미국인을 포함한 다국적 승무원이 탑승하

---

† 프랑스는 핵무기를 획득하는 데 전략적 동기뿐만 아니라 정치적 동기도 가지고 있었다. 핵무기 보유국이 되는 것은 자국의 국제적 지위와 독립성을 높이려는 노력의 일환이었다. Tony Judt의 저서 *Postwar: A History of Europe Since 1945* (뉴욕: 펭귄 프레스, 2005), 290-291쪽); Frederic Bozo의 "France, 'Gaullism,' and the Cold War" (Melvyn Leffler and Odd Arne Westad 편집, *The Cambridge History of the Cold War, Volume II: Crises and Detente*, Cambridge (영국: 캠브리지대학교 출판부, 2010); Stanley Hoffmann의 "De Gaulle's Foreign Policy: The Stage and the Play, the Power and the Glory" (Hoffmann, *Decline or Renewal? France Since the 1930s*, (뉴욕: 바이킹 프레스, 1974), 297-300쪽) 참조. 프랑스의 'forte de frappe'는 미국의 핵무기 비축량만큼 소련의 공격에서 살아남을 수 있다는 보장이 없었고, 미국의 핵무기만큼 소련에 큰 피해를 입힐 수도 없었다. 프랑스의 핵전략은 어느 정도의 피해를 줄 수 있다는 위협, 즉 '곰의 팔을 찢어낼' 위협으로 효과적인 억지력을 발휘할 수 있다고 가정했다. 소수의 핵무기로 억지력을 갖출 수 있다는 가정은 프랑스와 함께 핵실험을 한 중국과 공유했는데, 이는 '실존적 억지'로 알려졌다. 이는 소량의 핵무기의 단순한 존재 자체가 상당한 억지 효과를 가진다는 의미이다.

는 핵무기를 탑재한 수상함과 잠수함을 포함했다. 그러나 1960년대 중반 이 계획은 무산되었다.[23]

미국은 유럽에서의 억지력을 신뢰할 수 있게 만드는 다른 방법을 선호하게 되었다. 비핵 공격을 포함한 모든 수준의 폭력에서 바르샤바 조약 공격을 저지할 수 있는 군사력을 배치함으로써 유럽 전쟁에서 핵무기 사용에 의존할 필요성을 배제하는 것이었다. 미국인들이 '유연 대응'이라고 부른 이 전략은 NATO의 재래식 군사력을 증강하여 공산주의 적수들과 대등하게 만들 것을 요구했다. 미국의 유럽 동맹국들은 원칙적으로는 유연 대응을 받아들였지만, 이를 실행에 옮기는 데 필요한 비핵 군사력을 갖추는 것을 거부했다. 그들은 국방비를 더 쓰고 싶어 하지 않았고, 이 전략이 수반하는 더 큰 독일군에 저항했으며, 유연 대응을 실행하는 것이 비록 비핵이기는 하지만 유럽에서의 전쟁 가능성을 높일 것을 우려했다. 그들은 이미 20세기에 그러한 전쟁을 두 번이나 치렀고 제3차 전쟁의 위험을 감수할 수 있는 어떠한 조치도 취하고 싶어 하지 않았다.[24]

독일의 핵무기와 유연 대응이 배제된 상황에서 미국 정부는 소련의 주도로 유럽에서 일어날 공격을 억지하기 위해 소련의 눈에 자국의 군사력을 서유럽과 '연결'하기 위해 고안된 두 가지 조치에 의존하게 되었다. 어떠한 상황에서도 동맹국을 방어하겠다는 미국의 공약을 최고 정치 수준에서 반복해서 선언하는 것과 냉전이 절정에 달했을 때 40만 명 이상의 미군을 대륙에 주둔시켜 공격 시 방어하고 그렇게 하겠다는 국가적 공약의 신뢰성을 높이는 것이었다.[25] 이러한 조치들은 적어도 소련의 공격이 유럽에서 한 번도 발생하지 않았다는 점에서 효과가 있었다.

대륙에서 억지력을 달성하기 위해 고안된 정책은 중요하고 예기치 않은 결과를 가져왔다. 냉전 기간 내내 많은 수의 미군이 유럽에 주둔하게 된 것이다. 미국은 그곳에 주요한 평시 군사 주둔을 유지할 생각이 없었다. 실제로 드와이트 아이젠하워는 그 철수를 예상했었다. 그것은 미국과 NATO가 궁극적으로

기본적으로 채택한 서유럽 보호 전략에 필수적인 것으로 판명되었기 때문에 그대로 유지되었다.[26]

소련을 억지하는 것이 냉전 기간동안 미국의 최우선 군사 목표가 되었고 그렇게 남아 있었지만, 미국 정부는 억지력이 실패하고 핵무기를 동원한 전쟁을 수행해야 할 가능성을 해결해야 했다. 그러면 그러한 분쟁이 재앙적인 피해를 초래하는 것을 막는 임무에 직면하게 될 것이다. 미국은 몇 가지 접근법을 모색했지만 어느 것도 만족스럽지 않았다.[27]

미국은 유럽에 많은 단거리 '전술' 핵무기를 배치했지만, 미국 국방부가 실시한 이를 사용한 분쟁 시뮬레이션에서는 입힌 피해가 용인할 만한 수준으로 제한되지 않았다. 일부 관리들은 인구 밀집 지역을 피해 소련과 핵 교환을 하자는 아이디어를 제안했지만, 그러한 전쟁 중에 양측이 서로의 도시 공격을 피하는 것을 보장할 방법은 없었다. 연방정부는 미국 민간인들이 핵 공격을 견딜 수 있는 방공호를 짓고 비축할 것을 권고했지만, 이 아이디어는 논란을 불러일으켰고 건설된 대피소는 비용이 많이 들었으며 대다수 미국인에게 많은 보호를 제공할 것 같지 않았다.

따라서 미국은 핵전쟁을 어떻게 수행할 것인가라는 질문에 대해 받아들일 만한 답을 찾지 못했다. 이는 그러한 전쟁을 피하는 것이 핵 시대의 최우선 과제라는 결론으로 이어졌고, 핵전쟁을 피하는 가장 좋은 방법은 초강대국들이 직접 싸우는 어떤 종류의 전쟁이든 피하는 것이라는 결론이 따라 나왔다. 소련 지도자들도 미국 지도자들과 마찬가지로 이러한 결론에 도달했다.[28] 그럼에도 불구하고 1960년대 초 베를린에서 먼저, 그다음에는 쿠바에서 양국은 당시 보기에 그러한 직접적인 충돌에 가까워졌거나 그렇게 보였다.[29]

대통령으로서 드와이트 아이젠하워의 뒤를 이은 존 F. 케네디는 두 차례의 위기 동안 미국 정책에 대한 궁극적인 책임을 졌다. 43세의 나이로 역대 최연소 대통령에 당선된 그는 소련과의 세계적 경쟁을 다른 어떤 냉전 시대 행정부 수반보다 더 긴급하고 그 경쟁에서 미국의 위치가 더 불안정하다고 여기며 취임했다. 취임 직후 그는 전례 없는 연두교서를 발표했는데,[30] 의회와 국가에 “사건의 흐름이 빠져나가고 있고 시간이 우리의 친구가 아니었다.”며 “상황이 나아지기 전에 더 나빠질 것”이라고 말했다.[31]

지도자로서 그의 소련 상대인 니키타 흐루쇼프는 특이한 자질의 조합을 보여주었다. 그는 개혁가였고, 스탈린이 가한 가혹한 탄압을 완화하는 데 주도적이었다. 흐루쇼프는 또한 마르크스-레닌주의에 대한 진정한 신봉자였고, 그 이념이 인간 성취의 열쇠를 쥐고 있으며 어디서나 자본주의를 대체할 운명이라고 확신했다.[32] 스탈린의 후계자는 마지막으로 위험을 감수하는 사람이었고, 잠재적 결과를 완전히 생각해 보지 않고 위험한 외교정책 추진에 착수하는 경향이 있었다.[33] 그의 성격의 이 마지막으로 언급된 특징이 다른 어떤 단일 원인보다 베를린과 쿠바에서의 위험한 사건을 초래했다.

베를린 위기는 두 단계에 걸쳐 전개되었는데, 첫 번째 단계는 아이젠하워 행정부 시절에 일어났다. 서베를린은 유럽에서 가장 취약한 서방의 위치였다. 공산주의 독일민주공화국(GDR)에 완전히 둘러싸인 채 결정적인 공산주의자들의 공격에 대해 핵무기 사용에 의존하는 것 외에는 방어할 수 없었는데, 이는 재앙적인 결과를 초래할 것 같았다. 그런 만큼 압력을 가하기에 편리한 곳이었고, 흐루쇼프도 이를 인식했다.[34] 그러나 동시에 베를린 시는 소련 블록에 다른 종류의 취약성을 만들어냈다. 시의 동부와 서부 섹터 사이의 자유로운 통행은 동독인들에게 서독으로 탈출할 기회를 주었고, 많은 사람이 그 기회를 이용했다. 1961년 여름까지 270만 명이 이런 식으로 공산주의를 버리고 서방으로 도망쳤는데, 이는 1950년 동독 인구의 15%에 해당하는 수였다.[35] 동독 관리들은 소련 동료들에게 국경의 이 구멍을 막지 않으면 그들의 공산주의 국가가 붕괴에 직면할 것이라고 말했다.[36]

1958년, 흐루쇼프는 독일 민주공화국(GDR)과 평화 조약을 체결할 것이라고 위협하며, 이는 서방의 서베를린 점령권을 위험에 빠뜨릴 수 있다고 했다. 이 점령권은 원래 일시적인 것으로 계획되었던 전시 합의에 근거한 것이었다. 이 위협은 그러한 조약이 체결된 후, 공산주의 세력이 서베를린에서 서구의 권력을 쫓아낼 것이라는 암시를 담고 있었다.[37] 아이젠하워는 미국과 동맹국들이 베를린에서 단호히 서 있을 것이라고 말했으며, 흐루쇼프는 그 위협을 철회했지만, 이는 결국 일시적인 철회에 불과했다.

그는 1961년 6월, 빈에서 케네디와의 격렬한 회담 중에 그 위협을 다시 한 번 내놓았다.[38] 미국 대통령은 서베를린의 공산주의 점령 위협을 매우 심각하게 받아들였고, 7월 25일에는 미국 국민에게 그 문제에 대해 TV 연설을 했다. 이는 냉전 중 가장 경고적인 대통령 연설 중 하나로 평가받았다. 그는 베를린에서 끝까지 버티겠다는 결의를 거듭 확인하며, 미국의 재래식 군사력을 대폭 증강하고 예비군을 부분적으로 동원한다고 발표했다.[39] 독일 중심부는 지구상에서 가장 군사적으로 긴장된 지역이었으며, 미국과 소련의 군대가 직접 맞서고 있었고,[40] 독일은 냉전에서 가장 중요한 이해관계가 되었기 때문에, 초강대국 간의 군사적 충돌 가능성은 불편할 정도로 높았다.

공산주의 진영은 베를린의 두 지역 사이에 벽을 세움으로써 위기를 해소했으며, 이를 통해 동독에서 서독으로의 탈출로를 차단했다.[41] 이는 동독 지도자들과 그들의 소련 후원자들이 직면한 시급한 문제를 해결하는 방법이었다. 사람들의 유출이 멈췄다. 서방 지도자들, 특히 케네디는 이 조치를 비난했지만, 그것을 되돌리려는 조치는 취하지 않았다. 비록 추악하고 부당했지만, 케네디 대통령은 "벽은 전쟁보다는 낫다."[42]고 말했다. 두 초강대국은 비록 공식적으로 그것을 타협으로 인정하지는 않았지만, 이 위기를 타협을 통해 해결했다. 소련은 그들의 동독 클라이언트를 강화(그리고 아마도 구출)했고, 미국은 서베를린에 계속 주둔할 수 있었다.

그다음 해, 대서양 건너편에서, 두 나라는 전쟁에 한 걸음 더 가까워졌다.

쿠바 미사일 위기의 기원은 피델 카스트로의 권력 장악에서 비롯되었다. 그는 1959년에 시에라 마에스트레 산맥에서 게릴라 부대를 조직하여, 독재적이고 친미적인 풀헨시오 바티스타 정부를 쫓아내고 교체했다. 카스트로는 미국 기업들을 국유화하고, 소련으로부터 지원을 받으며, 마르크스-레닌주의의 원칙을 따르겠다고 선언했다. 미국으로부터 103마일 떨어진 서반구에 공산주의 거점이 세워지는 것을 맞닥뜨린 미국은 이를 명백히 먼로 독트린을 위반한 것으로 간주했다. 아이젠하워 행정부는 카스트로를 전복시키기 위해 쿠바 망명자들을 모집하고 훈련했다. 케네디 행정부는 1961년 4월, 이들 망명자를 이용해 쿠바 해안의 피그만에 침투하려 했지만, 이 시도는 참담한 실패를 겪었고 미국 정부는 큰 수치를 겪게 되었다.[43] 카스트로 정권을 강력하고 적대적인 북쪽 이웃으로부터 보호하기 위해 흐루쇼프는 섬에 미국 전역을 타격할 수 있는 핵미사일을 배치하기로 결정했다.[44] 결국 소련은 쿠바에 중거리 및 준중거리 핵미사일 60기와 이를 보호할 42,000명의 군인을 보냈다.[45]

1962년 10월 15일, U-2 스파이 비행기의 정찰 사진이 소련 미사일이 쿠바에 배치되어 있다는 사실을 미국 정부에 알려주었을 때, 케네디는 이를 제거해야 한다고 결심했다.[46] 이 결정의 기본적인 논리는 한국에서 미군을 보내 싸우게 한 이유와 베를린에서 세 행정부가 단호히 서 있기로 결심한 이유와 동일했다.[47] 미사일의 전략적 가치가 무엇이든 간에,[48] 그것이 미국의 바로 뒤뜰에서 성공적으로 배치된다면 소련과 국제 공산주의와의 세계적 경쟁에서 미국에 심각한 타격을 줄 것이기 때문이다. 이는 미국의 세계적 입지를 약화하고, 미국의 지도력에 대한 동맹국들의 신뢰를 떨어뜨리며, 전 세계적으로 공산주의의 침략을 조장하게 될 것이다. 미국 정부는 이를 허용할 수 없었다.[49]

따라서 케네디는 미사일에 대해 아무런 조치를 취하지 않는 것은 불가능하다고 생각했지만, 동시에 일부 군사 고문들의 즉각적인 공격을 조언하는 의견도 거부했다. 그는 대신, 냉전 중 처음이자 마지막이 아닌 중간 지점을 선택하여, 쿠바에 대한 해상 봉쇄를 시행하고 이를 소련에 미사일 철수를 요구하는 공개적인 요청과 결합했다. 흐루쇼프는 미사일을 비밀리에 설치하라고 명령했기 때문에 미국 정부가 이를 환영할 것이라고 예상하지 않았지만, 미국은 그가 예상했던 것보다 더 강경하게 대응했다.[50] 이번에도 다른 나라 지도자들은 미국이 도전을 받을 때 어떤 조치를 취할 준비가 되어 있는지를 과소평가했다.

2주간의 위기 중 여러 차례, 두 초강대국 간의 전면전이 분명히 가능하고 심지어 임박한 것처럼 보였다.[51] 소련의 지대공 미사일이 미국의 U-2 비행기를 섬 위에서 격추시켰지만, 케네디는 보복하지 않기로 했다. 쿠바로 향하던 소련의 선박들은 미국의 봉쇄선을 만났지만, 진행하려 하지 않고 돌아섰다. 미국 정부는 섬을 침공하기 위한 대규모 군대를 미국 남동부에 집결시켰고, 워싱턴의 소련 관리들은 실제로 그런 작전이 실행될 것이라고 확신했다.[52] 그러나 그 일은 일어나지 않았다.

결국, 흐루쇼프는 미국의 요구를 수용하고 미사일을 철수하기로 결정했다. 위기의 결과는 처음 보기에는 미국의 완벽한 승리처럼 보였다. 미국의 지역 군사 우위와 당시 미국이 장거리 핵무기에서 누렸던 상당한 이점, 그리고 자신의 뜻을 관철하려는 분명한 결단력은 소련에 큰 패배를 안긴 것처럼 보였다. 그러나 사실, 이전 베를린 위기처럼 미사일 위기도 타협으로 해결되었다.

케네디 행정부는 미사일을 섬에서 철수시키는 대신, 소련 정부에 두 가지 약속을 했다. 하나는 쿠바를 침공하지 않겠다는 것, 또 하나는 터키에서 배치된 미국의 중거리 핵미사일을 철수시켜 소련을 겨냥하지 않겠다는 것이다.[53] 이 약속은 비밀리에 이루어졌지만, 지켜졌다.[54] 베를린과 마찬가지로, 이 대치 상황은 위기 이전의 상태로 돌아갔으며, 양측 모두 자신들이 원하는 것을 얻었다.

1962년 이후, 베를린과 쿠바에서의 위기만큼 심각한 소련-미국 간의 위기는 발생하지 않았다.[55] 두 차례의 위기에서 양국이 직접적으로 맞붙을 뻔했지만, 두 초강대국은 다시는 그런 상황에 처하지 않았다. 그들의 경쟁은 계속되었지만, 양측은 서로 직접 충돌로 이어질 수 있는 조치를 취하지 않는다는 불문율을 지켰다. 또한, 1964년 흐루쇼프가 축출되고 소련의 지도자로 레오니드 브레즈네프가 임명되었는데, 그는 훨씬 더 보수적이고 위험을 회피하는 성격의 인물로 1982년 사망할 때까지 권력을 유지했다. 따라서, 쿠바 미사일 위기 이후, 냉전의 군사적 차원은 어느 정도 안정세를 보였다. 양측이 배치한 대규모 화력은 그들 간의 전쟁을 불가능하게 만들었다.

세 개로 나뉜 세계

트루먼 행정부가 끝난 후 25년 동안 미국과 소련 체제 간의 정치적, 경제적 경쟁은 계속되었고, 군사 경쟁에서와 마찬가지로, 냉전 중기 체제 경쟁에서도 어느 쪽도 결정적인 우위를 점하지 못했다. 이 시기 동안 유럽은 서쪽은 민주주의와 자유시장 자본주의, 동쪽은 공산당 독재와 중앙 계획경제가 지배하는 상황으로 여전히 나뉘어 있었다.

하지만 나머지 세계는 유럽의 양극화된 분할과 완전히 일치하지 않았다. 유럽의 해외 제국에서 새로 독립한 다수국가들이 두 초강대국 중 어느 쪽에도 동조하지 않겠다고 선언했다. 이 국가들은 자신들을 다른 두 초강대국과 구별된 존재로 여기며, 이를 통칭하여 '제3세계'라고 불렀다. 이들 국가의 두 가지 특징은, 첫째, 특히 미국과 그 동맹국들과 비교할 때 훨씬 가난하고, 둘째, 훨씬 적은 군사적 능력을 갖추고 있다는 것이다.

제3세계 국가들이 국제정치에서 효과적인 제3세력으로 결집하려는 노력은 대체로 실패했다. 그럼에도 불구하고, 이들 국가는 냉전에서 중요한 역할을 했다. 이는 1960년대 중반까지 분명해진 바와 같이, 초강대국 간의 정치적·군사적 경쟁이 유럽에서는 실행가능하지 않았던 유형의 경쟁이 이들 국가를 무대로 벌어졌기 때문이다.

미국, 서유럽 국가들, 일본은 자신들을 집합적으로 지칭할 때 '제1세계'라는 표현을 사용하지 않고, 대신 '서방(서구)' 혹은 '자유세계'라고 불렀다. 이는 공산주의가 억압한, 그들이 공유한 중심 정치적 가치를 강조하려는 목적이었다. 서방 국가들의 정치와 경제는 강한 가족적 유사성을 가졌지만, 동일하지는 않았다. 특히 미국과 프랑스는 강한 대통령제를 가졌고, 다른 나라는 최고 권한을 선출된 의회에 두었다. 그러나 모든 국가는 서로 평화로운 안정된 민주주의 국가들이었으며, 이는 많은 국가들이 전간기와 제2차 세계대전 동안 겪었던 경험과는 극명히 대조적이었다.

모두가 자유 시장경제를 채택했지만, 서유럽의 '사회적 시장' 경제 체제는 시민들에게 비교적 관대한 복지 혜택을 제공했으며,[56] 일본은 유럽이나 북미보다 정부가 자본 배분에 더 깊이 관여하는 '유교적' 자본주의를 실천했다.[57] 미국에서는 시장이 유럽이나 일본에 비해 정부로부터 더 독립적으로 기능했다.

서방은 1950년대와 1960년대에 강력한 경제 성장을 이루었으나, 1970년대에는 다소 부진했다. 20세기 동안 세계 경제의 선도국이었던 미국은 1950년대에 연평균 성장률 3~5%, 1960년대에는 4.2%를 기록했으며, 경제적 어려움이 컸던 1970년대에는 여전히 괄목할 만한 3.2%의 성장률을 보였다.[58]

이 기간 동안 서유럽의 경제 성장률이 북미를 초과한 것은 아마도 17세기 이후 처음이었을 것이다. 서유럽은 1950년대에 4.9%, 1960년대에는 4.5% 성장률을 기록했으며, 1970년대에는 3.0%로 미국의 성장률을 약간 밑돌았다.[59] 서유럽은 전쟁에서 많은 피해를 입었기 때문에 미국보다 낮은 기준선에서 시작했지만, 대서양 서쪽에서 먼저 개발된 새로운 기술을 도입하면서 이점을 얻었고, 대규모 인구 이동으로 사람들이 농촌에서 도시로 이동하면서 경제 생산에 더 많이 기여하게 되었다.[60] 또한 1957년 같은 6개국이 유럽 경제 공동체(EEC)를 설립하면서 시작된 경제 통합 과정이 서유럽의 경제 성장을 촉진했다.[61] 독일 경제의 부활도 성장에 기여했다.[62]

일본은 제2차 세계대전의 폐허 속에서 동맹국 중 다른 국가들과 비슷하거나 그 이상으로 인상적인 경제 성과를 거두었다. 1950년대에는 8.8%, 1960년대에는 10.5%의 성장률을 기록했으며, 1970년대에는 4.5%로 감소했다.[63] 일본은 수출에 크게 의존했으며, 그 대부분은 처음에 미국으로 수출되었다. 일본은 제조업 강국으로 빠르게 성장했으며, 섬유 제품 생산에서 자동차와 소비자 전자제품으로 빠르게 전환했다.[64]

미국은 서방 블록을 계속 지배하면서 군사 보호, 자본, 그리고 유럽과 일본 제품의 시장을 제공했다.[65] 또한 미국은 자국의 민주주의 동맹국들과 다른 국가들을 포함한 여러 차례의 다자간 무역 협상을 조직하고 이끌어, 세금을 낮추어 경제 성장을 촉진했다. 소련이 공산주의 블록 내에서 자국의 정치 및 경제 시스템을 강요한 것과 달리, 미국은 서방에서 자국의 정치 및 경제 시스템을 강요하지 않았고, 국가 지도자를 선출하거나 승인하는 일도 없었다. 자유세계의 다른 구성원들과 분쟁이 발생했을 때, 미국 정부는 소련식 억압이 아닌 자국의 민주적 정치 체제 내에서 표준적으로 사용되는 협상과 타협을 통해 이를 해결했다.[66]

미국의 일본과의 안보 조약은 일본 내에서 반대에 부딪혔지만, 두 나라 정부는 이를 1960년에 성공적으로 수정했다.[67] 샤를 드골의 지도하에 프랑스는 1958년에 다시 권력을 잡은 후 독립적인 외교정책을 추구하며, 1966년에는 NATO의 통합 군사 지휘에서 탈퇴했다.[68] 프랑스의 정책에 불만이 있었지만, 미국 정부는 이를 변경하려는 노력을 하지 않았다. 일반적으로, 서방은 미국의 힘에 크게 의존하여 형성되었지만, 그 지속적인 존재와 프랑스-미국 간의 정치적 긴장이 있었음에도 불구하고 회원국 간의 점점 더 긴밀해지는 정치적·경제적 유대는 서구의 가치, 특히 역사적으로 미국인들이 가장 소중히 여긴 가치인 자유에 기반을 두고 있었다.

1953년은 트루먼 행정부의 종료 때문이 아니라 스탈린의 사망으로 인해 공산주의 진영에서 중요한 해였다. 그의 사망은 중요한 결과를 초래했지만, 공산주의 세계의 기본 구조는 변하지 않았다. 소련은 여전히 그 진영의 지도자로 남아 있었으며, 그 안에 포함된 모든 국가는 당이 절대적인 권력을 행사하는 정치 체제와 정부 계획자들이 주요 결정을 내리는 경제 체제를 가지고 있었다. 지구상의 모든 공산주의 정부는 힘을 통해 권력을 잡았으나, 동유럽에서는 소련의 붉은 군대가 그러한 정부들을 세운 반면, 중국과 쿠바의 정권은 각자 폭력적인 방법으로 자국을 장악했고, 그래서 모스크바와 더 큰 독립성을 추구할 잠재력을 가졌다. 중국은 결국 이를 실현했다.

서방 국가들과 마찬가지로 공산주의 경제들도 1950년대, 1960년대, 1970년대에 성장했다. 이 시기에 소련의 경제 성장률은 각각 5.2%, 4.8%, 2.4%였다. 동유럽의 경우, 해당 기간 동안의 성장률은 각각 5.1%, 4.3%, 3.8%였다.[69] 제2차 세계대전 전보다 덜 산업화되고 더 농업 중심이었던 이들 공산주의 국가들은 농촌에서 공장으로의 대규모 인구 이동을 통해 경제 성장의 혜택을 누렸다. 그러나 동유럽 경제는 서유럽과는 세 가지 점에서 달랐다. 첫째, 모든 공산주의 국가들은 중공업을 강조했다. 둘째, 폴란드를 제외한 모든 나라는 농업에 집단 소유제를 도입했으며, 생산성이 훨씬 높은 개인 농업을 허용하지 않았다. 셋째, 모든 공산주의 국가들은 서방 국가들에서 제공되는 소비재보다 품질이 떨어지고 양이 적은 소비재를 시민들에게 제공했다.[70]

비록 외세에 의해 강제되었지만, 동유럽의 정권들은 일부 대중의 수용, 비록 열렬한 지지는 아니었지만, 그들의 지지 기반을 형성할 수 있는 몇 가지 요소들을 가지고 있었다. 전쟁은 그들의 이전 정부를 크게 불신하게 만들었고, 새로운 공산주의 체제는 사회적 상승 이동의 기회를 제공했으며, 처음에는 역사적으로 높은 경제 성장을 이끌었다. 그러나 스탈린의 사망 이후 15년 동안, 정치적 잔혹성과 억압적인 노동 조건, 그리고 소련과 그 이념의 지배적인 영향에 대한 민족주의적 불만으로 촉발된 세 차례의 주요 반정부 봉기가 이 지역에서 일어났다.

1953년 6월, 동베를린의 노동자들이 일으킨 항의 시위는 동독 전역으로 퍼졌다. 소련은 이를 진압하기 위해 20,000명의 군인과 350대의 탱크를 투입했다.[71] 그런 후 1956년 2월, 흐루쇼프는 모스크바에서 열린 소비에트 공산당 제20차 대회에서 자신의 전임자의 죄악을 밝히고 비난하는 연설을 했다.[72] 그동안 스탈린은 전 세계 공산주의자들에 의해 신처럼 숭배되었기 때문에 이 연설은 공산주의 세계에 큰 충격을 주었다. 같은 해 6월, 폴란드의 도시 포즈난에서 100,000명의 노동자들이 급진적인 변화를 요구하며 집결했고, 이 불안은 폴란드 전역으로 확산되었다. 10월, 최근 감옥에서 석방된 공산주의자 블라디스와프 고무우카가 폴란드 공산당의 수장이 되었고, 나라가 통제 불능 상태에 빠질 것을 두려워하던 소련 지도자들을 안심시키는 한편, 폴란드 국민들 역시 진정시키는 데 성공했다.[73]

같은 해 헝가리에서 일어난 유사한 불안은 더 심해졌다. 이번에도 이전에 실각했던 공산주의자 이므레 노지가 지역 공산당의 수장 자리에 올랐지만, 부다페스트, 즉 수도에서의 시위는 계속해서 확대되었다. 소련군은 일부 시위자들에게 총을 쏘았고, 이로 인해 헝가리 민간인들과 거리에서 격렬한 전투가 벌어졌다. 이에 노지는 다당제 민주주의를 도입할 것이라고 약속하며,[74] 국가의 바르샤바 조약 탈퇴를 선언하고 헝가리의 중립을 선포했다. 소련은 60,000명의 군인과 1,000대의 탱크를 헝가리에 투입하여 반란을 진압했다.[75] 미국과 유럽 동맹국들은 헝가리에 대한 공격을 비난했지만 이를 막기 위한 조치를 취하지 않았으며, 유럽의 분단을 되돌리기 위해 전쟁을 벌이지 않겠다고 명확히 밝혔다. 반란 중, 미국 정부의 매체인 자유유럽방송은 일부 헝가리인들이 미국이 그들을 구원할 것이라는 메시지를 내포한 것으로 해석한 방송을 했다.[76]

12년 후인 1968년, 체코슬로바키아의 공산당 정부는 급진적인 개혁 프로그램을 시작했으며, 그중 하나는 다른 공산주의 국가에서는 전혀 볼 수 없었던 공공 표현의 사실상 무제한 자유였다.[77] 흐루쇼프의 후계자인 레오니드 브레즈네프와 모스크바의 동료들은 이른바 '프라하의 봄'으로 알려진 사건을 두고 크게 우려했다. 그들은 체코의 개혁이 자신들의 블록 전역으로 확산되어 공산당 통치를 위협할까 봐 걱정했다.[78] 체코의 지도자 알렉산더 두브체크[79]가 자국이 바르샤바 조약에 남을 것이라고 확약했음에도 불구하고, 1968년 8월, 소련은 5개 공산국가에서 50만 명의 군인을 이끌고 침공을 감행하여 두브체크를 축출하고 체코슬로바키아에서 소련식 정치 정통성을 회복했다. 모스크바는 또한 자신들의 체제가 위협받을 때마다 이를 저지할 의무가 있다고 선언했으며, 이는 즉시 '브레즈네프 독트린'이라 불리게 되었다.[80]

세 번의 대중적인 반란을 군사적 개입으로 진압한 사건들은 서방과 달리 공산권이 군사력으로 결속을 유지해야 했음을 보여주었다. 1956년과 1968년 바르샤바 조약은 역사상 처음으로 적대국이 아닌 자신들의 회원국을 공격한 유일한 동맹이 되었다.[81] 또한 이러한 사건들은 자유와 번영을 지닌 서방의 예가 소련이 지배하는 동유럽 국가들에 불안정을 초래하는 원동력이 되었음을 보여주었다. 마지막으로, 1953년 동독, 1956년 폴란드와 헝가리, 1968년 체코슬로바키아에서의 반란들은 공산권이 서방과 같은 군사력을 가질 수 있었지만, 정치적 정당성과 관련된 정치 및 경제 체제의 경쟁에서, 특히 정치적 정당성 문제에서 그들이 제대로 수행하지 못하고 있음을 증명하는 증거를 제공했다.

소련의 동유럽 지배를 인정하면서도, 냉전 중기 동안 미국은 제3세계 국가들에 적극적인 관심을 기울였다. 미국은 이들 국가를 하나의 정치적, 경제적 블록으로 다룰 필요는 없었다. 제3세계 국가들이 하나로 묶이려는 노력은 실패했다. 1955년 인도네시아 반둥에서 열린 30개 탈식민지 국가들의 회의,[82] 1961년 유고슬라비아 베오그라드에서 열린 공식적인 비동맹 운동의 출범,[83] 그리고 1970년대 초 유엔에서 새로운 국제경제질서를 위한 프로그램이 공개되고 수십 개의 유엔 회원국들로부터 수사학적인 지지를 얻었지만,[84] 이는 성공하지 못했다. 해당 국가들은 너무나 다양한 이해관계를 가지고 있어 단합된 방식으로 행동할 수 없었다. 대신, 워싱턴은 제3세계를 냉전의 점점 더 중요한 전선으로 보고 있었다. 그 세계적인 경쟁에서, 유럽이라는 갈등의 중심부에서는 불가능했던 것과 달리, 그곳에서는 성과를 얻을 수도 있었고, 또는 미국의 관점에서 더 큰 우려였던 손실을 겪을 수도 있었다.

이러한 이유로, 미국의 각 정부는 제3세계 국가들과 정치적, 경제적, 군사적 관계를 맺어 글로벌 반공주의 동맹을 확장하고, 그 국가들이 다른 진영에 합류하지 않도록 막았다. 미국이 친선 관계를 맺은 정부들은 종종 내부 권력을 강화하고, 냉전과는 관계없는 지역적 이익을 추구하기 위해 미국의 무기와 자금을 요청했다. 예를 들어, 대부분의 냉전 기간 동안 미국과 밀접한 관계를 유지한 파키스탄이 그랬다. 이 기간 동안 군부 독재자들이 지배했던 파키스탄 정부는 미국의 자원을 이용해 자국의 지배를 강화하고, 이웃 국가이자 민주적인 인도와의 갈등을 지속했다.[85]

유럽 외 지역에서 유럽의 다자간 군사 동맹을 재현하려는 시도로, 미국은 동남아시아 조약 기구(SEATO)를 조직하여 호주, 프랑스, 뉴질랜드, 파키스탄, 필리핀, 영국과 함께 협력했다.[86] 또한, 미국은 중앙조약기구(CENTO), 또는 바그다드 조약을 후원했지만 공식적으로 가입하지 않았다. 이 기구에는 이란, 이라크, 터키, 파키스탄, 영국이 포함되어 있었다.[87] 그러나 NATO와 달리, 이들 두 기구는 그 지역의 정치에 중요한 역할을 하지 않았다.

소련의 카리브해 거점이 설립되면서, 미국은 냉전 시기 중 남미와의 관계에서 19세기 말과 20세기 초의 접근 방식을 다시 채택했다. 미국은 강력하게 영향력을 행사하며, 중앙아메리카에서는 군사적 개입을 통해[88] 미국에 우호적인 정부들이 권력을 유지하도록 했다. 1950년대 초부터 1970년대 후반까지, 이러한 정부들은 종종 군사 독재 정부였다. 그러나 1977년, 프랭클린 루스벨트의 '선한 이웃' 정책이 서반구에서 부활하면서, 의회는 파나마 정부에게 파나마 운하 운영 책임을 넘기기로 결정했다.[89]

미국의 제3세계 이익을 증진하기 위해 아이젠하워 행정부는 중앙정보국(CIA)을 간헐적으로 활용했다. CIA는 정보 수집뿐만 아니라 정치적 작전도 수행했다. 1953년, CIA는 이란에서 정부 교체를 돕기도 했다.[90] 급진적인 민족주의자 총리인 모하메드 모사데크는 앵글로-이란 석유 회사를 국유화했다. 이에 보복으로, 영국은 이란에 경제적 금수조치를 가하고, 모사데크를 제거하려 했으며, 미국 정부가 이 노력에 참여하도록 설득했다. CIA는 총리에 대한 반대 세력과 협력하여,[91] 국민의 불만을 바탕으로 그를 권좌에서 물러나게 하고, 친미적인 군주인 샤(Shah)를 복귀시켰다.[92]

다음 해, CIA는 중앙아메리카의 과테말라에서 비슷한 노력에서 좀 더 적극적인 역할을 했다. 또 다른 민족주의 지도자, 자코보 아르벤스는 경작되지 않은 땅을 수용했으며, 그중 일부는 미국 소유의 유니언 후르트 컴퍼니가 소유한 땅이었다. 아르벤스를 공산주의 성향으로 의심한 미국 정부는 반군 세력을 훈련시켜 과테말라로 진격하게 하고, 전투기 조종사를 모집하여 수도인 과테말라 시티를 기총사격했다. 결국 아르벤스는 사임했다.[93]

이 두 사건에서[94] 나타난 이미지는 CIA를, 미국 내에서도 그렇지만 특히 해외의 반미적인 사회에서, 제3세계의 나라들에 손길을 뻗고 이를 통제하는 탐욕스러운 문어와 같은 존재로 그리게 되었다. 사실, 이란과 과테말라에서의 쿠데타는 정치적 제도가 미비하고 약한 국가에서 일어났으며, 주로 미국의 지원을 이용한 현지 세력들의 노력으로 성공했다. CIA는 미국의 냉전 외교정책에서 주요한 도구는 아니었으며, 체제의 대결이 결국 어떻게 끝났는지와는 아무런 관계가 없었다. 그럼에도 불구하고 CIA는 일부 상상 속에서 강력하고 비밀스러운, 세계적인 악당으로 떠올랐다.

1956년 10월, 제3세계에 대한 미국의 정책은 수에즈 운하를 둘러싼 위기에서 동맹국들과 충돌하면서 교차했다. 1952년, 군 대령인 가말 압델 나세르(Gamal Abdel Nasser)는 이집트에서 권력을 잡았고, 1956년 7월, 영국이 운영하던 수에즈 운하를 국유화할 것을 명령했다. 이로 인해 영국의 총리 앤서니 에덴은 크게 분노했다. 그는 이 국유화를 되돌리고 나세르를 굴복시키기 위한 계획을 세웠다. 이 프로젝트에는 알제리에서 반프랑스 반군을 지원한 이집트를 불쾌하게 여긴 프랑스와, 1948년과 1949년의 독립 전쟁 이후 이집트의 반복된 국경 공격을 겪은 이스라엘이 동참했다. 11월 초, 이스라엘은 이집트를 공격했고, 영국과 프랑스는 수에즈 운하 보호라는 명목으로 군사적 개입을 시작했다.

아이젠하워 행정부는 나세르를 그다지 좋아하지 않았는데, 나세르는 공산권으로부터 무기를 받기로 한 협정을 체결했기 때문이다. 사실, 이 행정부는 이집트가 나일강에 큰 댐(애스원댐)을 건설하는 데 필요한 자금을 지원하겠다는 제안을 철회한 바 있었다.[95] 그러나 아이젠하워 대통령은 프랑스와 특히 영국에 대해 화가 나 있었다. 그는 프랑스와 영국이 침공 계획에 대해 자신에게 완전히 솔직하지 않았다고 믿었다. 더 중요한 것은, 그가 보기에 이 침공은 아랍의 여론을 서방에 반대하도록 돌릴 위험이 있었고, 그로 인해 중동에서 소련의 큰 이득을 가능하게 만들 수 있었다는 점이었다.[96] 수에즈 작전은 또한 헝가리 봉기의 진압으로 전 세계의 시선이 그곳으로 집중되는 것을 막는 결과를 낳았다. 이 봉기의 진압은 공산권의 글로벌 이미지를 해치고 있었으며, 이는 서방에 유리하게 작용하고 있었다.[97]

따라서 미국 정부는 수에즈 운하가 차단됨으로써 영국이 겪고 있는 석유 부족을 보충해 줄 수 없었고, 영국 파운드화가 국제 금융시장에서 압박을 받는 상황에서 영국의 통화를 지원하지 않기로 했다.[98] 미국에 의해 버림받은 영국은 결국 수에즈에서 철수할 수밖에 없었다.[99]

수에즈 사건은 세계 역사에서 중요한 전환점을 나타내는 사건이 되었다. 이 사건은 영국이 더 이상 독립적으로 주요 군사적 조치를 취할 수 없음을 분명히 하여, 영국의 몇 세기 동안의 대국으로서의 역할이 사실상 끝났음을 의미했다. 또한, 수에즈는 영국과 미국 관계 역사에서 중요한 전환점으로, 두 나라의 역할 변화의 마지막 장을 기록했다. 한때 영국과 그 제국이 북미 식민지와 이후의 신생 미국을 압도했지만, 1956년에는 미국이 거대한 국가가 되었고 영국은 더 이상 독립적이지 않으며 빈번히 의존적인 국가로 전락했다. 마지막으로, 수에즈는 1947년 그리스에서 시작된 트렌드를 계속 이어갔다. 바로 미국의 힘이 영국의 힘을 대체하는 흐름이었다. 냉전의 글로벌 임무는 영국의 동맹국이 약해지고 중동에서 철수하는 과정에서, 미국이 중동에서 빠질 수 없다는 것을 실감하게 만들었다. 그리고 이틀 후, 미국은 1957년 의회 결의안을 바탕으로, 중동을 미국의 중요한 이익으로 지정하고, 이를 '아이젠하워 독트린'이라 불리게 되었으며, 이 행정부는 레바논에 해병을 파견해 친소련 정권의 가능성을 저지했다.[100]

존 F. 케네디는 제3세계가 냉전 경쟁의 가장 중요한 무대라고 믿으며 취임했다. 1961년, 흐루쇼프가 비공산 정권에 맞서 공산주의 세력이 벌이는 '국가 해방 전쟁'을 찬양하는 연설은 그에게 깊은 인상을 남겼다.[101] 케네디 행정부는 제3세계 국가에서 발생하는 공산주의 반란이 서방의 이익에 대한 가장 큰 위협이라고 보고, 이를 효과적으로 대처할 수 있도록 미국을 준비시키겠다고 결심했다. 그는 두 가지 주요 방법으로 이를 해결하려 했다.[102]

케네디와 많은 사람은 공산주의가 가장 큰 매력을 발휘하는 조건이 가난한 상황이라고 믿었다. 따라서 미국은 전 세계에서 경제 성장을 촉진할 방법을 찾아야 했다.[103] 케네디 행정부는 이를 중요하게 여기고, 물려받은 외국 원조 프로그램을 통합하고, 이를 위해 별도의 기구인 국제개발청(Agency for International Development)을 설립했다.[104] 또한 행정부는 라틴 아메리카를 지원하기 위해 특별 기구인 '진보의 동맹(Alliance for Progress)'을 만들었다.[105] 케네디 행정부의 가장 지속적인 유산 중 하나는 평화봉사단(Peace Corps)으로, 이는 주로 20대의 자원봉사자들이 가난한 나라에 영어 교육 등 다양한 형태의 지원을 제공하는 프로그램이었다.[106] 이 프로그램은 미국의 외교정책에서 반복적으로 나타나는 이념적 성격을 잘 보여준다. 이는 미국의 가치와 제도를 국경을 넘어 전파하려는 미국의 의지를 표현한 것이었다. 평화봉사단은 종교적 선교사들이 하는 일과 유사하게, 서구식 현대성을 전파하는 세속적인 방식의 선교였다.

케네디는 또한 공산주의가 지원하는 국가 해방 전쟁에 대응하려면 전문화된 군사적 접근이 필요하다고 믿었다. 공산주의자들은 이미 중국과 쿠바에서 게릴라 반란을 통해 정권을 잡았다.[107] 반면, 미국의 지원을 받은 정부는 필리핀에서 반란을 저지했고, 영국은 말라야에서 반란을 진압했다.[108] 케네디는 미국 군대가 이러한 분쟁들을 연구하고 그 교훈을 자신의 훈련에 반영하기를 원했다. 케네디 대통령 재임 중, 가장 긴급하게 미국의 이익을 위협하는 반란이 발생한 곳은 명백히 베트남이었다.

베트남 전쟁

베트남에 대한 미국의 개입은 결국 전체 냉전 기간 동안 미국의 가장 큰 좌절로 변하게 되었으며, 제2차 세계대전 이후에 시작되었다. 일본에 의해 인도차이나에서 식민지 점령지를 빼앗긴 프랑스는 이를 회복하고자 했고, 그 과정에서 공산주의자들이 통제하는 베트남 민족주의 운동의 무장 저항을 맞닥뜨렸다. 트루먼 행정부는 유럽 동맹국을 지원하고 공산주의와 싸우는 것이 역사적으로 미국이 유럽의 해외 제국에 반대했던 것보다 우선한다고 판단하여, 프랑스의 군사 비용 일부를 지원하기 시작했다. 이 정책은 아이젠하워 행정부에 의해 계속되었다.[109]

베트남은 1954년 디엔비엔푸 전투에서 결정적인 승리를 거두며 프랑스를 물리쳤다. 그해 제네바에서 열린 평화 회담은 나라를 일시적으로 17도선에 따라 공산주의 북부와 비공산주의 남부로 나누자는 합의를 도출했다. 재통일을 위한 전국 선거는 1956년에 실시될 예정이었다. 미국의 장려를 받은 남베트남 정부는 이 선거에 참여하지 않기로 결정했고, 국가는 분단된 채 남았다.[110] 그 직후, 공산주의 북베트남의 지원을 받은 남베트남 정부에 대한 반란이 시작되었다.[111]

존 F. 케네디는 남베트남에 대한 미국의 약속을 물려받아 이를 받아들이고 심화시켰다. 그는 미국이 남베트남을 공산주의에 빼앗길 수 없다고 믿었다. 그가 취임했을 때, 1,000명의 미국 군사 인원이 베트남에서 활동 중이었다. 그의 대통령 임기가 끝날 무렵, 그 숫자는 16,000명으로 증가했다.[112]

베트남 전쟁이 미국에 불리하게 전개되면서, 전쟁이 끝나기도 전에 미국이 그 전쟁을 벌인 것이 실수였다는 합의가 형성되었다. 이는 어떻게 그런 일이 일어날 수 있었는지에 대한 명백한 질문을 제기한다. 그 답은 간단하다. 미국이 베트남 전쟁에 참여한 이유는 서베를린을 지키고 남한을 공산주의 손에 빼앗기지 않게 하려는 노력과 마찬가지였다.[113] 드와이트 아이젠하워는 베트남에 대해 '도미노' 원칙을 설명했고, 케네디 역시 그것이 유효하다고 생각했다.[114]

독일이나 중국보다는 덜 중요했지만, 베트남은 상징적인 의미를 넘어서 동남아시아의 주요 국가로서 중요했다. 이 지역은 일본, 즉 미국의 주요 동맹국이 점점 더 경제적으로 의존하고 있던 지역이었다.[115] 또한 케네디는 중국이 마오와 그의 군대에게 넘어갔을 때 트루먼 행정부와 민주당이 입었던 피해를 기억하며, 만약 남베트남에서 공산주의가 승리한다면 그와 유사한 영향을 미칠 수 있다는 점을 우려했다.[116] 1963년 가을, 남베트남 정부는 반란군과의 전쟁에서 불리한 상황에 처해 있었고, 11월 22일 케네디가 달라스에서 암살되었다.[†] 그의 부통령인 린든 존슨이 그의 후임이 되었고, 그는 동남아시아에서의 패배

---

† 프랭클린 루스벨트 대통령의 사망이 미국과 소련 간의 관계가 다르게 전개되었을 것이라는 회고적인 추측을 불러일으켰듯, 존 F. 케네디 대통령의 임기 중 사망은 그가 만약 두 번째 임기를 지냈다면 베트남에서의 미국의 역할을 제한하거나 심지어 종료했을 것이라는 논란을 일으켰다. 케네디는 몬태나주의 민주당 상원 다수당 원내대표인 마이크 맨스필드에게 그런 계획이 있다고 말한 것으로 보인다. 다니엘 엘스버그(Daniel Ellsberg), "수렁 신화와 교착 기계(The Quagmire Myth and the Stalemate Machine)", 엘스버그의 『전쟁에 관한 논문(*Papers on the War*)』, (뉴욕: 사이먼 앤 슈스터, 1972), 97쪽.에서. 케네디가 베트남에서 미군을 철수시켰을 것이라는 주장을 다룬 글에는 Frederik Logevall의 『전쟁 선택: 평화를 위한 마지막 기회와 베트남 전쟁의 확대(*Choosing War: The Last Chance for Peace and the Escalation of the War in Vietnam*)』 (버클리, 캘리포니아: 캘리포니아대학교 출판부, 1999), 395-400쪽. 반대 주장을 다룬 글로는 조지 헤링(George C. Herring)의 『미국의 가장 긴 전쟁: 미국과 베트남,

가 임박한 상황에 직면해야 했다.

존슨 대통령이 직면해야 했던 동남아시아의 위태로운 상황은, 미국이 이후 반세기 동안 여러 차례 시도하게 될 과제, 그리고 실제로 이미 한 세기 전 남북전쟁 이후 남부에서 실패한 적이 있었던 국가 건설의 실패에서 기인한 것이었다.[117] 베트남 공산주의자들과의 전쟁에서 성공하려면 전쟁을 이끌 수 있는 안정적이고 유능하며 합법적인 남베트남 정부가 필요했다. 그러나 남베트남 수도 사이공의 관리들은 미국이 제공한 경제적, 군사적, 기술적 지원에도 불구하고 프랑스의 패배 이후 10년 동안 그러한 정부를 구축하는 데 실패했다.[118] 1963년 이후 5번의 쿠데타가 이곳의 지도부를 바꾸었지만 상황은 개선되지 않았다.

남베트남이 공산주의의 공격을 자체 군사력으로 저지할 수 없다는 점에서 존슨은 불행한 선택을 해야 했다. 만약 공산주의의 정복을 허용한다면, 세계에서 미국의 위치와 동맹국을 보호하겠다는 약속의 신뢰도가 크게 훼손될 것이며, 이는 전 세계적으로 도미노처럼 영향을 미칠 뿐만 아니라, 그의 행정부와 민주당의 정치적 입지도 심각하게 손상될 것이라고 그는 우려했다.[119] 반면, 공산주의자들을 물리치기 위한 전면적인 군사적 노력이 중국을 갈등에 끌어들일 위험이 있었으며,[120] 이는 한국전쟁에서처럼 자칫 미국 내에서 그의 야심찬 국내법 제정 계획인 '위대한 사회(Great Society)'에 대한 지지를 약화할 수 있었다.

이러한 선택지들 앞에서 새로운 대통령은 1964년 대통령 선거 이후까지 전쟁에 대한 주요 결정을 미루었다. 선거에서 그는 제1차 세계대전에 미국이 참여하지 않겠다고 1916년 우드로 윌슨이 주장한 것처럼, 베트남에서 미국의 참여를 확대하지 않겠다고 약속했고, 그 결과 대승을 거두어 재선되었다.[121] 그리고 1965년, 존슨은 베트남에서의 미국 역할을 확대했다. 그는 봄에 40,000명의 전투부대를 보냈고, 그해 말까지 184,000명의 미국 군인이 파병되었다. 결국

1950-1975(*America's Longest War: The United States and Vietnam, 1950-1975*)』(뉴욕: 맥그로힐, 제2판, 1986), 106쪽.

총 파병 인원은 거의 50만 명에 달했다.[122] 중국을 자극하거나 미국 여론을 불안하게 하지 않기 위해 그는 병력을 점진적으로 증가시켰고, 이는 적이 증가하는 강력한 군사력에 대응할 시간을 주었다.[123] 또한 그는 문제의 근원인 북베트남을 침공하는 것은 배제했다.

린든 존슨은 인도차이나에서 미국의 존재를 증가시키는 데 큰 열의를 보이지 않았다. 1812년 제임스 매디슨 이후 그 누구도 그렇게 마지못해 전쟁을 시작하거나 성공에 대한 기대가 낮았던 적은 없었다. 존슨이 베트남에 더 많은 미군을 파병할 때마다 그는 그 증원군이 전쟁을 승리로 이끌 것이라는 확신을 가지고 있지 않았다. 오히려 그는 패배를 피하려 했을 뿐이었다. 미국의 정책은 승리가 아니라 교착 상태를 목표로 했다.[124]

존슨 대통령이 동남아시아에 파병한 미군은 한국전쟁이나 두 차례의 세계대전에서처럼 일관되게 전투를 벌이고 지역을 장악하는 방식으로 싸운 것이 아니었다. 공산주의 측은 종종 미국군과의 직접적인 충돌을 피하려 했고, 남베트남 정부의 통제 아래에 있는 마을들에서 은밀히 활동하기도 했다. 미국은 소모전 전략을 취하며, '수색 및 제거' 작전을 수행했다. 이 전략의 목표는 충분한 공산군 병력-정규군과 게릴라를 죽이거나 무력화시켜, 공산주의자들이 남베트남을 정복하려는 캠페인을 포기하게 만드는 것이었다.[125] 이 전략은 두 가지 주요한 연관된 결함을 드러냈다. 첫째, 많은 적군이 유니폼을 입지 않았기 때문에, 미국은 자신들이 죽인 사람들이 전투원인지를 정확하게 파악할 수 없었고, 그래서 전략이 잘 작동하는지 제대로 평가할 수 없었다. 둘째, 군인과 민간인을 구별하기 어려웠기 때문에, 수색 및 제거 작전은 베트남 민간인들을 죽이는 결과를 초래했다. 그중 가장 악명 높은 사건은 1968년 3월 16일 마이 라이에서 발생했으며, 247명에서 540명 사이의 무장하지 않은 민간인들이 사망했다. 미군 지휘관 중 한 명인 윌리엄 캘리 중위는 군사 재판을 받아 유죄 판결을 받고 감옥에 수감되었다.[126] 미국의 전쟁이 베트남 민간인들에게 미친 피해는 미국과 전 세계에서 미국의 행동에 대한 지지를 약화시켰다.

미군은 남부에서의 미군 지상군 작전을 지원하는 폭격 외에도 북베트남을 대상으로 한 지속적인 공중 폭격 작전을 수행했다. '롤링 썬더(Rolling Thunder)'로 알려진 북베트남 폭격 작전은 1965년 2월 본격적으로 시작되었으며,[127] 전쟁을 끝내기 위한 외교적 노력을 가속화하려는 존슨 행정부의 결정에 따라 1968년 중단될 때까지 계속되었다. 북베트남 폭격은 두 가지 목적을 가지고 있었다. 첫째, 북에서 남으로 라오스와 캄보디아를 거쳐 이어지는 '호찌민 루트'로 알려진 보급로를 포함해 물자 공급원을 파괴하거나 약화시켜 공산주의 군사 작전을 줄이는 것이었다. 둘째, 북베트남 지도자들의 정치적 계산을 바꾸기 위해 그들의 인프라 일부를 파괴하는 것이었다. 미국은 이러한 인프라를 더 잃지 않기 위해 공산주의자들이 남베트남에 대한 공격을 중단하기를 바랐다.

북베트남과 그들의 게릴라 대리인들은 훨씬 강력한 적을 물리칠 수 없다는 사실을 잘 알고 있었다. 그들은 따라서 약자의 고전적인 전략을 채택했는데, 이는 두 세기 전 미국 식민지 주민들이 대영제국과 싸울 때 사용한 전략과 유사했다. 다만, 식민지 주민들이 싸운 최고 가치는 개인의 자유였던 반면, 베트남 공산주의자들은 다른 목적을 위해 싸웠다. 베트남 공산주의자들은 또한 전쟁을 장기전으로 이끌어가며, 미국 대중이 감당할 수 있는 것보다 더 많은 피해를 주려 했고, 이를 통해 미국이 전쟁을 포기하도록 만들려고 했다.[128] 미국 식민지 주민들과 마찬가지로, 베트남 공산주의자들은 외국의 중요한 지원을 받았다. 그들의 동맹국인 소련과 중국은, 프랑스가 미국 혁명에서 했던 것처럼 전투에 직접 참여하지 않았지만, 북베트남에 무기와 다른 지원을 아낌없이 제공했다.

결국 공산주의자의 전략은 성공을 거두었다. 미국 대중은 전쟁에 지치게 되었고, 민주주의에서 제공하는 다양한 경로를 통해 미국 정부에 전쟁을 그만두도록 강요했다. 베트남 전쟁은 본질적으로 경쟁적인 고통의 운동이었으며, 베트남 공산주의자들은 미국이 그들에게 가한 죽음과 파괴의 피해를 훨씬 더 많이 겪었지만, 미국이 그들에게 가한 피해를 견디며 지속할 수 있었다.[129] 반면, 미국 대중은 베트남 공산주의자들이 미군에 가한 훨씬 적은 비용을 더 이상 견딜 수 없다는 사실을 끝내 깨달았다. 1946년 호치민이 프랑스인에게 한 말이 미국에도 맞았다. "당신은 우리의 남자 열 명을 죽일 것이다. 그러나 우리는 당신의 남자 한 명을 죽일 것이다. 결국 지게 될 사람은 바로 당신들이다."[130] 결국 미국인들이 먼저 포기했고, 패배했으며, 베트남 공산주의자들은 계속해서 싸웠고, 승리했다.

베트남 공산주의자들이 엄청난 손실을 감수하며 계속할 수 있었던 이유는 공산주의 정권이 그들이 다스리는 주민에 대해 철저한 통제를 했기 때문이었다. 그러나 그들이 승리할 수 있었던 진정한 이유는 아마도 전쟁을 계속할 수 있는 국민적 감정을 일으킬 수 있었기 때문일 것이다.[131] 북베트남의 군인들과 민중들, 그리고 남부에서 그들을 지지하는 수많은 동지들은 자신들의 나라를 지키기 위해 싸운다고 생각했다. 그들은 프랑스에 맞서 싸운 것처럼 미국에 맞서 싸웠다. 베트남에서처럼, 중국과 쿠바에서처럼, 미국은 현대 시대의 가장 강력한 정치적 이념의 잘못된 편에 서게 되었다.

다른 미국의 전쟁들과 마찬가지로, 베트남 전쟁은 민주주의에서 가능했던 한 특징을 드러냈다. 이는 국내적인 반대이다. 1950년대와 1960년대에 동남아시아에 대한 책임과 경험이 있는 정부 고위 관계자들은 남베트남 정부의 생명력과 그에 대한 광범위하고 값비싼 미국의 지원의 신중함에 대해 의구심을 품고 있었다.[132] 존슨의 전쟁 확대 이후, 외교정책 커뮤니티의 저명한 인물들인 조지 케넌, 월터 립먼,[133] 그리고 상원 외교위원회의 민주당원인 아칸소 주의 J. 윌리엄 풀브라이트 등이 대통령이 설정한 방향에 반대 의견을 표명했다. 잘 알려진 반대자들이 뉴스에 보도되었지만, 전쟁 수행에서 가장 중요한 의견은 전체 미국 대중의 의견이었다. 이 점에서 베트남 전쟁은 한국전쟁과 유사한 패턴을 따랐다. 강한 초기 지지가 있었지만, 미국의 사망자 수가 증가함에 따라 지지율이 하락했다.[134]

한국전쟁과 달리, 베트남 전쟁은 대도시와 대학 캠퍼스에서 대규모이고 시끄러운 반전 시위를 일으켰다.[135] 일반 대중 중 대부분은 전쟁을 벌인 목적에는 찬성했지만, 그 목적을 이루기 위한 비용이 너무 비싸다고 여겼고, 자신들을 '반전 운동'이라고 부른 사람들은 이 전쟁 전체가 처음부터 잘못되었다고 생각했다. 대중의 대부분은 승리할 수 없을 정도로 비싼 대가를 치르게 되자 전쟁을 반대했지만, 전쟁을 아예 시작한 것 자체에 반대했다.[136]

베트남 공산주의자들처럼, 린든 존슨도 미국 대중의 여론이 전쟁에서 중요한 전선임을 인식했으며, 전쟁을 지속하는 데 있어 대중의 지지나 적어도 관용을 유지할 필요가 있음을 깨달았다. 이를 위해 그는 고위 관료들과 함께 전쟁의 성공이 곧 이루어질 것이라는 자신감을 반복해서 표명했다. '터널 끝의 빛'이라는 표현이 그들이 조성하려는 인상을 묘사하는 데 사용되었다. 그러나 그 인상은 1968년 1월 말과 2월 초, 베트남의 음력 설인 테트(Tet) 기간 동안 공산주의자들의 대공세로 무너졌다. 공산주의 세력은 남베트남 전역의 도시 지역에서 공격을 시작했고, 심지어 사이공의 미국 대사관 구역까지 침투했다.[137] 테트 공세는 군사적으로는 공산주의 측의 패배로 끝났으며, 그들은 많은 인명 손실을 입었다.[138] 그러나 더 크고 중요한 정치적 맥락에서, 이 공세는 성공을 거두었다. 그것은 존슨 행정부가 "적이 거의 다 지쳤다."고 주장하며 미국이 곧 전쟁의 목표를 달성할 것이라고 주장했던 말을 약화시켰다.[139] 전쟁에 대한 승인과 대통령의 전쟁 수행에 대한 평가는 더욱 낮아졌다.[140] 그는 3월 초 뉴햄프셔주에서 열린 첫 민주당 대통령 예비선거에서 예상보다 낮은 성적을 거두었고, 그달 마지막 날, 전쟁의 압박을 받은 린든 존슨은 다음 임기를 위해 출마하지 않겠다고 발표했다.

드와이트 아이젠하워의 부통령으로 재직했던 리처드 닉슨은 그해에 전쟁을 끝내겠다는 구체적인 약속 없이 대통령직에 당선되었고, 그로 인해 베트남에서의 미국 정책에 대한 책임을 떠안게 되었다. 그의 전임자들처럼, 닉슨은 전쟁을 승리로 이끌 수 있다는 확신을 가지고 있지 않았지만, 그와 마찬가지로 굴욕적인 패배를 피하려는 결심을 가지고 있었다. 그 이유는 동일했다. 미국의 신뢰도와 자유세계가 공산주의와의 전 세계적 경쟁에서 입을 피해를 막기 위해서였다.[141] 하버드대학 교수로서 닉슨이 국가안보보좌관으로 임명하고 후에 국무장관이 된 인물인 헨리 키신저는 정부에 합류하기 직전에 발표한 기사에서 이 근본적인 논리를 표현했다.

> ... 50만 명의 미국인 병력 투입은 베트남의 중요성 문제를 해결했다. 지금은 미국의 약속에 대한 신뢰가 문제인 것이다. '신뢰성'이나 '위신'이라는 용어를 조롱하는 것이 유행일지 모르지만, 그것들은 공허한 말이 아니다. 다른 나라들이 우리와 일치하는 행동을 할 수 있는 것은 우리가 일관성을 유지할 수 있다는 믿음이 있을 때만 가능한 일이다.[142]

전쟁의 재앙적인 결과를 피하려는 목표를 추구하면서, 닉슨은 세 가지 전략을 채택했다. 그의 행정부는 첫 번째 부분을 '베트남화(Vietnamization)'라고 불렀다. 이는 남베트남군에 전쟁 수행 책임을 넘기면서 미군을 철수하는 것을 포함했다. 이를 통해 미국의 전사자를 줄이고, 이는 미국 내 전쟁 반대 여론의 주요 원인을 완화하려는 목적이었다.[143] 베트남화 전략에 따라 1973년 초까지 모든 미군 전투부대는 베트남을 떠났다.

두 번째로, 행정부는 북베트남과 협상을 시작했다. 이는 존슨 행정부 말기부터 시작된 협상이었으며, 닉슨은 최선의 경우 남베트남이 독립적이고 비공산적인 국가로 남을 수 있는 해결책을 도출하려 했고, 그렇지 않으면 최소한 미국이 철수한 후 '어느 정도의 공백 기간(decent interval)'[144]을 두고 남베트남의 비공산 정부가 붕괴되는 것을 막으려 했다.

닉슨 전략의 세 번째 구성 요소는, 미군 병력이 감소하면서 적에 대해 미칠 수 있는 전투력이 점차적으로 줄어드는 가운데, 때때로 미국의 무력 사용을 급격히 증가시키는 것이었다. 1970년 4월 말과 5월 초에, 미국과 남베트남군은 캄보디아를 침공해 그 나라에 위치한 공산주의 군과 군사 물자의 은신처를 파괴하려 했다.[145] 1972년 봄, 북베트남군은 남베트남에 대해 대대적인 공격을 감행했지만, 미국의 강력한 폭격 캠페인으로 그 공격을 저지할 수 있었다. 그리고 그해 12월, 미국은 또 다른 강력한 공습을 퍼부었고, 이번에는 북베트남의 수도 하노이를 집중적으로 폭격하여 북베트남 정부가 미국과 평화 협정을 체결하도록 강요했다.[146] 그로부터 얼마 지나지 않아, 1973년 1월 27일, 미국의 외교사가 다수 이루어졌던 도시인 파리에서 이러한 합의가 체결되었다.[147]

그 협정은 전쟁을 끝내지 않았다. 공산주의 측은 남베트남 정부에 대한 캠페인을 계속했다. 1975년 3월, 북베트남은 남베트남에 대해 또 다른 대대적인 공격을 감행했다. 이번에는 미국이 개입하지 않았고, 더 많은 군사 장비와 병력을 보유하고 있었음에도 불구하고[148] 남베트남군은 무너졌다. 1975년 4월 30일, 사이공은 북베트남군에게 함락되었다.[149] 미국은 25년간 공산주의가 나라 전체를 정복하는 것을 막으려 했으나 실패했다. 전쟁동안 58,000명의 미국인이 사망하고 150,000명이 부상을 입었다.[150] 대부분의 추정에 따르면, 북베트남과 남베트남을 합쳐 100만 명 이상의 베트남인들이 민간인과 군인 구분 없이 목숨을 잃었다.

베트남 전쟁의 결과는 국제적인 영향을 미쳤다. 미국의 정책 입안자들이 예측한 대로, 도미노가 동남아시아에서 일어났지만, 그 정도는 한계가 있었다. 프랑스령 인도차이나의 구성 요소인 베트남, 라오스, 캄보디아는 모두 공산주의의 통제를 받게 되었지만, 아시아에서 공산주의의 확산은 그들까지였다. 이 전쟁은 미국 외교정책에 영향을 미쳤으며, 이는 미국 군인들이 큰 숫자로 전 세계 어디에서든 위험에 처하는 것을 피해야 한다는 강한 확신을 만들었다. 사실, 미국은 1991년까지 해외에서 싸우기 위해 대규모 병력을 보내지 않았다. 그때까지 냉전은 사실상 끝난 상태였다.[151] 이러한 해외 캠페인에 대한 기피는 '베트남 증후군'으로 알려지게 되었다.

하지만 전반적으로 베트남 전쟁이 미국 외교정책에 미친 영향은 한국전쟁보다 더 미미했으며, 동남아시아에서의 충돌은 이전의 전쟁보다 국내적으로 더 크고 광범위한 영향을 미쳤다. 존슨 행정부가 전쟁 진행에 대해 제공한 빈번히 실현되지 않은 보장들은 정부의 진실성에 대한 대중의 신뢰를 약화시켰다. 그로 인해 발생한 '신뢰의 간극'[152]은 다른 분야에서 공공 정책을 시행하는 데 더 큰 어려움을 초래했으며, 이는 베트남 전쟁 시대를 넘어 지속되었다. 전쟁과 그에 대한 반대 운동이 초래한 미국 사회 내의 분열도 마찬가지였다. 이들은 1960년대의 다양한 문화적 변화와 결합하여, 21세기 세 번째 10년까지 지속된 사회적, 정치적 분열을 초래했으며, 이는 '블루' 진보 주와 '레드' 보수 주라는 정치적 구분으로 구현되었다.

베트남 전쟁은 또한 연방정부 내에서 외교정책에 대한 권력 균형에 영향을 미쳤다. 한국전쟁과 마찬가지로, 행정부는 공식적인 의회 전쟁 선언 없이 전쟁을 수행했다.[§] 이는 냉전 이전 미국의 관행에 반하는 일이었다. 전쟁이 점차적으로 인기가 사라지자, 의회는 전쟁을 수행할 수 있는 무제한적인 행정부의 권한에 반기를 들기 시작했다. 1973년, 의회는 전쟁 권한 법(War Powers Act)을 통과시켰다. 이 법은 대통령이 해외에 파견한 군대를 의회의 공식적인 승인을 받지 않고[153] 60일 이상 전투에 참여시키는 것을 금지하며, 이후 몇십 년 동안 이 요구 사항은 고르지 않게 지켜졌다.

1975년, 미군이 철수한 후, 의회는 이전에는 거부했던 조치를 취했다. 베트남에서의 미국 군사 작전을 위한 자금 지원을 중단한 것이다. 이는 그해 북베트남의 결정적인 공세에 직면한 남베트남을 더욱 약화시켰다.[154] 미국 역사에서 가장 아이러니한 순간 중 하나는, 남베트남이 공산주의에 의해 함락될 경우 발생할 것으로 예상되었던 국내 정치적인 반발이 실제로는 일어나지 않았다는 점이다. 이 두려움은 그들이 전쟁에서 승리할 기대 없이 전쟁을 지속하게 만든

---

§ 헤링, 『미국의 가장 긴 전쟁(*America's Longest War*)』, 132-133쪽. 1964년 8월, 의회는 아시아의 동맹국들에 대한 미국의 지원을 압도적으로 지지하는 표를 던졌으며, 이는 통킹만에서 미국 군함에 대한 공격이 있었다고 여겨졌기 때문이다. 같은 책, 121-123쪽. 존슨 행정부는 때때로 통킹만 결의안을 의회의 전쟁 선포와 사실상 동등한 것으로 언급했다.

주요 요인 중 하나였다.[155]

전쟁과 그로 인해 국내에서 발생한 악의와 의혹은 또한 아마도 미국 역사에서 가장 큰 정치적 스캔들을 초래한 사건, 즉 워터게이트 사건[156]에 기여했다. 이 사건은 대통령이 어떤 이유로든 임기 중에 사망 외에 처음으로 직무를 중단한 유일한 사례로 남았다. 전쟁 정책에 대한 신랄한 반대에 분노한 리처드 닉슨 행정부는 특히 언론과 대중에게 기밀 정보를 무단으로 유출한 것에 화가 나, 이를 막고 가해자들을 처벌하려고 불법적인 조치를 취했다.[157] 이로 인해 1972년 6월 17일, 백악관 근처 워터게이트 오피스빌딩에 있는 민주당의 전국위원회 본부에서 불법적인 도청 사건이 발생했다. 워터게이트 도청범들이 체포되었고, 행정부는 그들과의 연결을 숨기려고 했으며, 대통령 자신도 적극적으로 그 일에 관여했다. 은폐 작업은 결국 드러났고, 하원은 대통령을 탄핵하기로 표결했으며, 1974년 8월 8일, 상원이 그가 계속 재임할 수 있을지 여부를 판단하기 전에 리처드 닉슨은 대통령직에서 사임했다. 그는 중요한 유산을 남겼다. 그 이전의 5년 반 동안, 베트남 전쟁과는 별개로, 그는 미국 외교사에서 중요한 인물이 될 수 있도록 하는 일련의 정책들을 시작했다.

닉슨의 주요 정책은 베트남 전쟁에서 나온 것이며, 중요한 방식으로 베트남 전쟁의 결과와 연관이 있다. 냉전 시기 미국 외교정책에서 이는 두 시기로 나누어지며, 베트남에서의 불행하고 실패한 경험 후, 미국은 여전히 유럽과 전 세계에서 소련에 맞서 싸우겠다는 기본적인 시대 정의의 약속을 유지했다. 미국의 동맹은 계속되었고, 억지라는 기본적인 군사 정책도 계속되었다. 그러나 미국은 외교정책에서 중요한 조정들을 하였으며, 그 대부분은 냉전의 수행에서 미국의 인명과 자원 부담을 덜기 위한 목적이었다. 베트남 전쟁 이후의 정책 혁신 중 일부는 냉전이 끝날 때까지, 심지어 그 이후까지도 지속되었다. 이러한 중간 교정의 주요 설계자는 리처드 닉슨과 헨리 키신저였다.

데탕트

제37대 미국 대통령인 리처드 닉슨은 우드로 윌슨[158]에 대한 존경을 표했으며, 그의 첫 번째 취임 연설에서는 윌슨적인 언어를 사용했다. 예를 들어, 그는 "국가 간의 평화를 위한 대의에 내 사무실과 내 에너지, 그리고 내가 모을 수 있는 모든 지혜를 헌신하겠다."고 약속했다.[159] 그러나 외교정책을 수행하는 데 있어서 닉슨과 그의 주요 외교정책 자문관은 미국 가치의 촉진에 대한 강조를 덜하고, 대신 국제체제 내에서 권력 분배에 적응하고 그것을 조정하는 데 더 많은 비중을 두었다. 언론에서 닉슨은 윌슨적인 면모를 보였지만, 실질적으로는 시어도어 루스벨트의 제자처럼 행동했다.

닉슨이 취임하면서 맞이한 상황에서의 의제는 가치보다는 권력과 더 밀접하게 관련되어 있었다. 미국은 권력이 부족했다. 베트남 전쟁과 다른 모든 냉전 책임들이 결합되면서 미국 경제는 압박을 받았고, 미국 국민의 인내심도 한계를 보였다. 닉슨 행정부는 기본적인 미국의 목표를 포기하지 않으면서 소련과의 체제 경쟁을 수행하는 비용을 줄이는 임무를 맡게 되었다.

1969년 7월 25일, 괌 섬에서 열린 기자 회견에서 대통령은 이제부터 미국이 자국의 지역 동맹국들이 공동 방어의 부담을 더 많이 지도록 할 것이라고 선언했다.[160] 미국의 글로벌 동맹 내에서 비용과 책임을 재분배하는 '닉슨 독트린'으로 알려진 접근법은 국제적 약속을 경제적 및 정치적 자원과 균형을 맞추는 주된 수단이 되지는 못했다. 대통령은 취임 연설에서 이를 실현하기 위해 의존할 메커니즘을 밝혔다. 그는 이렇게 말했다. "대립의 시기를 지나, 우리는 협상의 시대로 접어들고 있다."

닉슨 시대는 국제 협상이 두드러졌으며, 그중 많은 협상은 헨리 키신저가 이끌었다. 그가 파리에서 북베트남 관리들과 체결한 협정은 결국 비공산 남베트남을 유지하지 못했다. 그러나 그와 닉슨은 미국의 주요 적수인 소련과의 협상에서 적어도 한동안은 더 큰 성공을 거두었다.

그들이 시도한 새로운 모스크바와의 관계는 '데탕트'로 알려지게 되었다. 데탕트는 긴장의 완화를 뜻하는 프랑스어이다. 닉슨과 키신저는 냉전이 더 이상 죽음의 이데올로기적 충돌이 아니라, 역사적으로 흔한 대국 간 경쟁—위치 선점을 위한 지속적인 몸싸움—이 될 수 있기를 바랐다. 키신저의 가장 유명한 저서인 *A World Restored*(회복된 세상)[161]은 때때로 닉슨 외교정책의 일종의 지도서로 여겨지며, 나폴레옹 전쟁 이후 유럽 국제관계에서 이데올로기의 열정이 권력 계산으로 대체된 과정을 다루고 있다.

데탕트는 두 핵 초강대국 간의 재앙적인 전쟁 가능성을 줄이려는 충동에서 깊은 뿌리를 두고 있었다. 이 충동은 드와이트 아이젠하워가 니키타 흐루쇼프와 가진 두 차례의 회담과 쿠바 미사일 위기 이후 미국과 소련이 취한 조치들로 이어졌다. 여기에는 두 수도 간의 직접적인 통신 채널인 '핫라인'의 설치와 지구 대기, 우주 및 해양에서의 핵 실험을 금지하는 조약이 포함되었다.[162]

1970년과 1972년 사이, 독일 연방공화국의 유사한 조치가 소련-미국 간 데탕트 이전에 이루어졌다. 서독 정부의 동방 정책(Ostpolitik, 문자 그대로 '동쪽 정책')은 소련, 폴란드, 동독과의 조약을 포함하고, 베를린에 대한 4개국 협정도 이루어져 그곳의 현상 유지를 확인했다.[163] 서독의 이니셔티브는 제2차 세계대전의 유산을 넘어서고, 가능하다면 동쪽의 공산국들과 안정적이고 생산적인 관계를 구축하는 것을 목표로 했다. 동방 정책은 독일과 베를린을 냉전에서 논란의 여지가 있는 문제에서 제외하는 효과를 가져왔다.

닉슨 행정부는 1969년에 소련과의 논의를 시작하면서 소련이 북베트남에 압박을 가해 베트남 전쟁을 만족스러운 결말로 이끌도록 기대했다. 그 기대는 실현되지 않았지만, 그 논의는 계속되었고, 결국 데탕트로 이어졌다.[164]

미국과 소련 모두 자신들의 냉전 경쟁을 수정하려는 강력한 이유가 있었다. 두 나라는 모두 핵 시대의 위험을 인식하고 있음을 보여주고자 했다. 또한, 미국은 냉전의 부담을 줄이기를 원했고, 소련 지도자들은 데탕트를 그들의 국가가 미국과 국제적으로 동등한 위치에 있다는 것을 확립할 기회로 보았다.[165] 데탕트는 소련이 1941년과 1942년의 암울한 시절에서 국제체제의 정점에 오른 3십 년 만에 미국과 동등한 위치에 오른 것을 인정하는 것이었다.[166] 두 나라는 또한 데탕트 시대의 정치, 경제 및 군사적 협상에서 구체적인 목표를 가지고 있었다.

미국과 소련 지도자들 간의 일련의 정상 회담은, 세계 권력의 정점에서 만난다는 의미에서 그렇게 불리며, 그들의 새로운 관계를 상징적으로 나타냈다. 이러한 회담은 1945년 이후의 이전 회담들과 달랐다. 왜냐하면 두 나라는 이러한 회담이 정기적으로 이루어지고, 진지한 협상이 이루어지도록 하려고 했기 때문이다. 아이젠하워와 케네디 시기의 정상 회담은 그런 목적을 가지고 있지 않았다. 실제로 1972년과 1973년 동안, 1974년에는 두 차례, 1979년에는 또 한 차례 회담이 이루어졌다. 이 회담들은 세계적으로 방송되며 미디어의 스펙터클이 되었고, 두 지도자의 국제적 명성을 높였으며, 그들의 국내외에서의 위상을 증대시켰다.

데탕트는 경제적 요소도 포함하고 있었다. 두 나라는 서로 간의 아주 적은 양의 무역을 확장하려 했다. 소련 정권은 규모가 훨씬 크고 생산성이 높은 미국 경제의 자원을 활용함으로써 자국의 경제 성과를 향상하기를 희망했다.[167] 닉슨 행정부는 경제적 이익이 소련의 외교정책에서 자제할 수 있도록 유도하는 전략으로 '연계' 전략을 사용하려 했다.[168] 즉, 소련이 받는 경제적 이익이 그들의 외교정책에서 미국 파트너가 불쾌하게 여기는 정책들을 취하는 것에 대한 억지책이 될 것이라는 것이다. 여기서 행정부는 미국 외교정책의 가장 오래된 전통 중 하나인 경제적 지렛대를 사용하여 정치적 목표를 달성하려 했던 것이다.

사실, 두 나라 간의 무역은 여러 가지 이유로 번창하지 않았다. 그중 일부는 미국에서의 정치적 장애물 때문이었고,[169] 또 일부는 미국의 자유 시장경제 시스템과 소련의 중앙 계획경제 시스템이 호환되지 않았기 때문이었다. 행정부가 구상한 연계 전략은 반대로 작용했다. 즉, 관계의 한 부분에서 좋은 관계가 다른 분야의 좋은 관계로 이어지지 않았지만, 한 분야에서 관계가 악화되면 다른 분야에서 마찰이 증가하고 협력이 줄어드는 경향이 있었다.

데탕트 시대 동안, 두 초강대국은 또한 정치적 관계를 개선하려고 했다. 1972년 모스크바에서 열린 정상 회담에서 그들은 '원칙 선언(Declaration of Principles)'을 발표했다. 이 선언에는 지역적 긴장을 이용하거나 다른 나라를 희생시켜 일방적인 이익을 취하지 않겠다는 약속이 포함되었다.[170] 이것은 그들이 글로벌 갈등의 범위와 강도를 줄이려는 가장 명백한 시도였으며, 연계 전략처럼 결국은 실패했다. 그 이유는 양측, 특히 미국이 서로가 한 약속을 위반했다고 믿기 시작했기 때문이다.

정상 회담 전후로, 초강대국들은 두 나라의 핵무기 보유량에 제한을 두기 위한 긴 시간과 복잡한 협상을 진행했다. 이를 군비 통제라고 부르게 되었고, 이는 1946년 바룩(Baruch) 계획에서 시작되었다. 이 계획은 모든 핵무기 제조 과정을 국제적 통제하에 두는 것을 목표로 했다. 소련이 이 계획을 거부한 이후, 양측은 주로 유엔에서 '총체적이고 완전한 군비 축소'를 위한 제안을 주기적으로 내놓았다. 이들은 그들의 제안이 채택되기를 기대하지 않았다. 대신, 국제 여론에 좋은 인상을 주기 위한 수단으로 제안을 내놓은 것이었다. 이는 후에 '미덕 신호(virtue signaling)'라고 불리게 된 활동이었다.

쿠바 미사일 위기 이후, 초강대국들은 첫 번째 핵무기 통제 협정을 체결했다. 그것은 1963년의 제한적 핵 실험 금지 조약이었다. 그들의 군비 축소 계획과 달리, 이 조약은 두 나라가 직접적으로 비공개로 협상했다. 그것은 제한적이고 실용적인 목적을 가졌으며, 세계적으로 유해한 방사성 물질을 공기 중에 방출하며 공공 건강을 위협하고 있던 핵실험을 제한하는 것이었다. 이 핵실험 금지 조약은 두 나라가 진행한 전략무기 제한협상(SALT)에서 생산적인 협상의

패턴을 설정했으며, 이는 존슨 행정부 말기부터 시작되어 닉슨 대통령 재임기간 동안 계속되었다.[171]

이 협상은 1972년 모스크바 정상 회담에서 닉슨과 브레즈네프가 서명한 첫 번째 핵무기 통제 협정을 도출했다.[172] 이 협정은 두 부분으로 나뉘었다. 첫 번째는 양측의 전략적, 즉 장거리 핵미사일에 대한 제한을 설정한 임시 합의였다. 두 번째로, 양국은 탄도미사일 방어 시스템에 대한 엄격한 제한을 두는 조약을 체결했다.[173] 이는 상호 확증 파괴(MAD)의 관계를 공식화한 것으로, 양측은 미사일 공격에 대한 방어를 포기하겠다고 약속했다. 그들은 효과적인 방어가 기술적으로 불가능하다고 결론 내렸기 때문이다. 양측은 서로가 발사할 수 있는 모든 핵 폭발물로부터 자신을 완전히 보호할 수 없었으며, 그들 중 몇 발의 폭발물만으로도 전례 없는 파괴를 가져올 수 있다는 점을 인식했다. 따라서 그들은 탄도탄 요격 미사일(ABM) 조약을 체결하지 않았더라면 발생했을 미사일 방어 개발 및 배치 경쟁을 방지하는 것이 전략적으로 현명하다고 판단했다. 이러한 경쟁은 비용 증가를 초래했을 것이며, 실질적인 보호를 제공하지 못하면서 오히려 양측의 안전을 더욱 위협했을 가능성이 컸다.

미사일 방어 포기는 미사일 방어 시스템을 구축하는 데 필요한 기술 혁신에서 냉전 경쟁자인 미국에 비해 뒤처져 있던 소련에게는 더 쉽게 받아들여졌다. 실제로, 미국의 정부 관계자들과 미국 대중은 미사일 방어를 위한 진지한 노력을 포기하는 것에 대해 완전히 편안함을 느끼지 못했다. 궁극적으로, 냉전 후에는 미국이 그 약속을 포기하게 되었다.[174]

군비 통제는 다른 방식으로 두 나라에 다르게 영향을 미쳤다. SALT I의 조건을 미국이 공식적으로 수락하려면, 모든 조약과 마찬가지로 상원이 3분의 2의 찬성으로 이를 비준해야 했다. 반면, 소련 지도자들은 자신들이 통제하지 않는 입법 기관에 답할 필요가 없었다. 닉슨 정부는 필요한 다수결을 확보하는 데 성공했다. 그러나 군비 통제가 단 한 번의 사건에만 국한될 것이라는 초기 미국의 예상과 달리, 협상은 미국 외교정책의 지속적인 특징이 되었고, 그 후 20년 가까이 계속되었다. 두 나라는 1974년 11월 러시아의 블라디보스토크에서 열린 정상 회담에서 공격적인 무기와 관련한 합의에 도달했지만, 이를 최종 조약으로 체결하지는 않았다.[175] 그들은 1979년에 SALT II 조약을 체결했으나,[176] 미국 상원은 이를 비준하지 않았지만, 미국은 비공식적으로 그 조건을 준수했다.

군비 통제는 기술과 정치의 융합을 통해 이루어졌다. 1970년대 초, 두 초강대국은 대체로 비슷한 크기와 능력을 가진 핵무기 재고를 보유하게 되었기 때문에, 무기 통제가 가능해졌다. 바룩 계획에 대한 소련의 반응이 보여주듯, 소련은 미국의 핵 우위를 공식적으로 인정하는 협정에 서명하지 않았을 것이다. 1945년 이후 처음 20년 동안 미국은 핵무기 분야에서 우위를 점하고 있었다. 그러나 SALT I이 체결된 1972년까지 소련은 그 격차를 좁혔다.

또 다른 기술 발전은 군비 통제에 필수적이었다. 양측의 핵무기를 고해상도 위성사진으로 촬영할 수 있는 정찰 위성의 개발이었다. 미국은 위성사진을 통해 소련의 협정 준수를 모니터링할 수 있다는 확신을 가지고 있을 때만 협정에 참여했다. 미국과 달리, 소련은 군사 시설에 대한 외국인 사찰을 허용하지 않았기 때문에, 위성사진은 미국 측이 적절하게 검증할 수 있는 유일한 방법이었다. 그 때문에 우주에서 정확히 감시할 수 있는 항목만이 합의에 포함될 수 있었으며, 이는 소형 군사 장비보다 우주에서 추적하기 쉬운 탄도미사일과 같은 대형 항목에 중점을 두게 만들었다.

군비 통제는 두 가지 측면에서 기술적일 뿐만 아니라 정치적인 과업이었다. 첫째, 이는 미국과 소련이 새롭게 구축하려 했던 정치적 관계의 중심 요소가 되었다. 두 초강대국과 전 세계는 ABM 조약과 전략무기제한협정(SALT)을 1972년 정상 회담의 가장 뛰어난 성과로 여겼다. 둘째, 협상이 성공적으로 마무리될 수 있는지는 소련-미국 간 정치적 관계의 전반적인 상태에 달려 있었다. 양국 관계가 악화되면 군비 통제는 뒷전으로 밀려났고, 관계가 개선되면 다시 합의가 가능해졌다.

긴장완화 시대에, 군비 통제는 두 정부가 직접적으로, 그리고 다른 나라들이 과도하게 주목한 문제였다.[177] 사실, 그 협정들은 초강대국 간 전쟁 전망에 거의 영향을 미치지 않았다. 관심이 집중된 이유는 이 사업이 가장 강력한 무기들, 즉 미국과 소련뿐만 아니라 전 세계를 위협하는 무기들과 관련되었기 때문이었다. 하지만 평화가 두 나라 사이의 핵 균형에 달려 있었던 한, 군비 통제는 거의 무시할 수 있을 정도로 영향을 미쳤다. 왜냐하면 두 나라가 도달한 협정들은 그들의 핵 재고에 있어 미미한 조정만을 초래했기 때문이다. 군비 통제가 없었다면, 두 초강대국은 핵무기에 더 많은 돈을 썼을 가능성이 크고, 아마도 방어 시스템에 더 많은 비용을 들였을 것이다. 그러나 무기 통제 없는 시나리오에서 어느 한쪽이 전쟁을 시작할 만큼 자신감을 가지거나 불안감을 느꼈을 가능성은 상상하기 어렵다.

전쟁의 위험은 두 나라 간의 정치적 경쟁에서 비롯되었으며, 그 중심지는 유럽에 있었다. 핵무기 경쟁은 그 경쟁의 증상일 뿐, 원인이 아니었다. 그러나 두 나라가 대륙에서의 입장을 양보할 준비가 되어 있지 않았기 때문에, 그들은 기본적인 원인을 해결할 수 없었다. 군비 통제를 통해 미국과 소련은 핵 시대의 위험을 이해하고 있다는 상징적인 안심을 제공했다.[178]

초강대국들은 이 시기에 다른 국가들도 서명한 두 가지 중요한 협정을 협상했으며, 이는 자국의 핵무기를 제한하는 것 외의 목적도 지니고 있었다. '핵확산금지조약(NPT)'은 두 가지 유형의 서명국을 포함했다. 이미 핵무기를 보유한 국가는 이를 다른 국가에 제공하지 않겠다고 약속했으며, 핵무기가 없는 국가로서 NPT에 가입한 국가는 이러한 무기를 획득하지 않겠다고 서약했다. 이 조약은 1968년에 서명을 위해 개방되었고, 1970년에 발효되었다. 궁극적으로 이 조약은 전 세계 거의 모든 국가를 포함하게 되었으며, 총 190개국이 서명했다.[179]

NPT는 미국과 소련이 공통적으로 가졌던 몇 가지 이익 중 하나를 구현했다.[180] 핵전쟁을 피하려는 공통된 욕망 외에도, 두 나라 모두 가능한 한 적은 수의 국가들이 핵무기를 보유하는 것을 선호했다. 그 이유는 핵무기의 확산이 다른 국가들에 대해 자신들의 군사적 우위를 약화할 것이기 때문이다. 또한 핵무기 보유 국가의 수가 많아질수록 1945년 히로시마와 나가사키에서의 경험이 반복될 가능성이 커진다고 가정하는 것이 논리적이었다.

1963년 케네디 대통령은 1970년까지 핵무기를 보유한 국가가 10개국에 이를 것이고, 1975년까지는 15개 또는 20개국이 될 것이라고 우려했다.[181] 결국 실제 숫자는 훨씬 낮았다. 이는 NPT 덕분이다. 그러나 핵무기를 보유할 수 있었지만 보유하지 않기로 선택한 대부분 국가들은 조약의 존재 때문이 아니라 다른 이유로 핵무기를 피했다. 그들은 그렇게 함으로써 자신들의 이웃이 따라 할 것이기 때문에 자신들이 덜 안전해질 것이라고 계산하거나, 아니면 초강대국 중 하나의 핵무기 보호 덕분에 이미 충분히 안전하다고 여겼기 때문이다. 대부분의 비확산국들은 미국의 핵 보호 덕분이었다.

또 다른 다국적 협정은 유럽 안보 협력 회의에서 나왔다. 이 회의는 1973년에 소련의 요청으로 시작되었으며, 소련은 제2차 세계대전 이후 스탈린이 일방적으로 변경한 국경에 대한 국제적 인정을 오랫동안 원해 왔다. 이어진 유럽 전역의 협상은 1975년 8월 핀란드의 수도 헬싱키에서 35개 유럽 국가의 대표들이 서명한 협정을 도출했다.

헬싱키 최종 의정서는 세 가지 주요 부분으로 나뉘었다. 첫 번째는 유럽의 국제관계에 관한 것이었으며, 서명국들의 영토 완전성을 존중할 것을 다짐하는 내용이 포함되어 있었고, 이는 모스크바의 목표인 1945년 이후 유럽 국경에 대한 국제적 인정을 확보하는 데 기여했다. 두 번째는 과학적 및 기술적 협력과 관련된 부분이었다. 세 번째는 인권과 관련된 부분이었다.[182] 헬싱키 협정이 체결되었을 때, 그것은 대부분 상징적인 중요성만을 가진 것으로 여겨졌다.[183]

그러나 동유럽의 공산주의 국가들에서 정치적 반체제 인사들이 세 번째 부분의 조항을 받아들였고, 그들의 활동은 1989년 그 지역에서 일어난 극적인 사건들에 영향을 미쳤다.[184]

모든 민주주의 국가에서와 마찬가지로, 미국의 주요 외교정책을 유지하려면 대중의 지지가 필요하다. 그러나 닉슨의 긴장완화 정책은 몇 가지 이유로 그 지지를 받지 못했다. 행정부가 이 정책을 진행하는 방식에 대한 비밀주의는 일부 외교 정책의 관찰자와 실무자들을 소외시켰다. 우드로 윌슨이 '14개 조항 연설'에서 "공개적인 협정은 공개적으로 이루어져야 한다."고 약속했음에도 불구하고, 미국 외교는 다른 나라들과 마찬가지로 일반적으로 공개되지 않은 채 이루어졌다. 닉슨과 그의 주요 협상자인 헨리 키신저는 이를 넘어, 그들만의 정부 외교정책을 추진하면서 자신들의 정부조차도 그들의 협상에 대한 정보를 모르게 했다. 예를 들어, 그들은 국무부와 국방부를 종종 그들의 직접적인 책임이 있는 문제에 대해서도 무지하게 만들었다. 외교정책에 대한 권한을 미국 연방정부의 행정부 내에서 집중시키려는 냉전의 경향에 더하여, 닉슨은 그 권한을 백악관 내에서 집중시키려는 경향을 추가했다. 이는 외교정책에 직접 관여하거나 밀접하게 따르는 사람들로부터 비판을 불러일으켰으며, 그들은 대통령의 정책에 대해 영향력 있는 반대 의견을 제기할 수 있는 위치에 있었다.[185]

데탕트에 대한 또 다른, 그리고 더 폭넓게 공유된 비판은 일반 대중 사이에서 이에 대한 지지를 약화시켰다. 많은 미국인은 소련을 동등한 존재로 대하고, 모스크바와의 이념적 갈등을 일시적으로 미룬다는 점에서, 미국의 최고 정치적 가치를 버리고 있다고 믿게 되었다. 이들은 이것이 심각한 배신이라 생각했다. 닉슨 외교정책의 두 가지 에피소드는 행정부가 국가의 강대국 이익을 최고의 정치적 가치보다 우선시한다고 여겨지는 점에서 불만을 일으켰다.

1971년, 파키스탄에서 열린 선거에서 동부의 벵골 지역의 정치인들이 다수의 표를 얻었고, 이 지역은 파키스탄의 서부 지역과 2,000마일 떨어져 있었다.

파키스탄은 1947년 독립 이후 서부 지역이 국가 정치에서 지배적인 역할을 해왔다. 서부 지역은 권력을 포기하려 하지 않았고 동부 지역에 대해 잔혹한 탄압을 가했다. 벵골 난민들이 인도로 밀려들었고, 인도는 동파키스탄을 침공하여 서부 파키스탄군을 물리친 후, 벵골인들이 독립을 선언하고 방글라데시라는 새로운 국가를 형성할 수 있도록 길을 열었다.[186]

이 갈등에서, 펀잡 지역 사람들이 민주주의 규칙과 일반적인 도덕 기준을 위반했음에도 불구하고, 닉슨 행정부는 그들을 지지했다.[187] 펀잡인이 지배하는 파키스탄은 냉전 시기에 미국의 동맹국이었다. 게다가 닉슨 대통령과 키신저는 중국을 향한 주요 외교적 계획을 실행하기 위한 경로로 파키스탄을 이용하고 있었으며,[188] 닉슨 대통령은 인도가 소련과 지나치게 친밀하다고 간주했다. 그러나 파키스탄 정부의 기본 자유에 대한 심각한 침해를 묵과하려는 행정부의 태도는 미국 내에서 강한 비판을 받았다.[189]

마찬가지로, 닉슨 행정부는 1970년에 민주적으로 선출된 남미 국가 칠레의 마르크스주의자 대통령 살바도르 아옌데의 정부를 축출하려 했다. 아옌데는 전체 득표수의 36%로 당선되었으며, 가장 가까운 경쟁자와의 근소한 차이로 승리했다. 1973년, 칠레군은 아옌데를 전복시켰고,[190] 미국은 승인했지만 적극적으로 참여하지는 않았다.[191] 닉슨 행정부는 20년 전에 이란에서 아이젠하워 행정부가 했던 것과 비슷한 일을 했다. 그러나 이후의 경우에는, 이 정책이 외국의 민주적 절차의 정당성에 대한 무관심으로 보였기 때문에, 2년 전 파키스탄 위기에 대한 접근 방식에서와 마찬가지로, 미국 외교정책 커뮤니티의 일부 영역에서 강한 분노를 촉발했다.

아마도 닉슨 행정부가 정의한 대로 미국의 이익을 국가의 소중한 가치보다 우선시한 것에 대한 가장 두드러진 항의는 잭슨-야니크(Jackson-Vanik) 수정안의 형태로 나타났다. 워싱턴의 헨리 잭슨 상원 의원과 오하이오의 찰스 야닉 하원 의원, 두 명의 민주당 의원은 1974년 무역법에 대한 수정안을 제안했다. 이 수정안은 1972년 정상 회담에서 닉슨 행정부가 소련 지도자에게 약속했던 최혜국 대우를, 시민의 이민 자유를 허용하지 않는 국가들에 대해서는 연장하지 않도록 하는 내용을 담고 있었다. 소련은 자유로운 이민을 허용하지 않았고, 상당수의 유대인이 이스라엘로 이주하는 것을 막고 있었다. 행정부는 이 수정안에 반대했으나, 이민 권리를 지지하는 국민과 의회 내의 지지, 그리고 긴장완화 정책에 대한 불신과 불만이 결합되어 반대 의견을 넘어서 결국 이 수정안은 법으로 통과되었다.[192]

닉슨 행정부가 외교정책에서 미국의 정치적 가치를 경시하는 정책에 대한 저항의 절정은 1976년 민주당 출신의 조지아 주지사 지미 카터가 대통령에 당선되면서 이루어졌다. 카터는 리처드 닉슨이 첫 부통령 스피로 애그뉴[193]의 사임 후 부통령에 임명했던 공화당의 제럴드 포드를 물리쳤다. 포드는 닉슨이 사임한 후 대통령직을 이어받았다. 카터는 외교정책에서 미국의 가치를 증진하는 것을 자신의 목표로 삼으며, 우드로 윌슨 이후 가장 윌슨주의적인 대통령이 되었다. 그는 모스크바와의 군비 통제 협상을 계속하면서도, 미국이 다른 국가들과의 관계에서 인권을 중심에 놓으려 하여 닉슨 시대의 강조점을 반전시켰다.[194]

가치의 증진을 국가 이익보다 우선시하는 경향은, 닉슨과 키신저가 취하지 않았던 접근 방식으로, 주로 미국 정치 스펙트럼의 좌파, 특히 민주당에서 자리 잡았다. 반면, 더 보수적인 우파에서는 데탕트에 대한 다른 비판이 대두되었다. 이는 미국이 냉전을 수행하는 방식에 대한 인권 지지자들의 불만과는 달리, 보수적 비판자들이 미국이 냉전에서 패배하고 있다고 믿는 것에 대한 반발이었다. 일부 보수주의자들은 군비 통제 협정이 모스크바에 전략적 이점을 제공했다고 비난했다.[195] 이와 같은 비판에 대응하여, 포드 대통령은 군사 및 정치 문제 전문가들로 구성된 외부 패널을 임명해 두 초강대국 간의 군사 균형에 대한 독립적인 검토를 수행하도록 했다. '팀 B'로 불린 이 패널은, 소련이 전략적으로 더 강력한 위치에 있으며, 미국은 이전에 미국 정보 커뮤니티의 공식 평가에서 결론지어진 것보다 더 약한 상태에 있다는 결론을 내렸다.[196]

미국과 소련이 처리한 주요 경제 거래 중 하나도 비판을 받았다. 1972년, 미국은 자국의 곡물 생산량의 4분의 1을 소련에 보조금 가격으로 판매했다. 이 판매는 미국 내에서 곡물 부족을 일으키고 가격을 상승시켰으며, 이를 '대곡물 강탈 사건'이라 불리게 되었다.[197]

데탕트의 글로벌 전략적 결과에 대한 주요 반대는 제3세계에서 발생한 사건들과 관련이 있었다. 이곳에서 미국은 일련의 좌절을 겪었으며, 특히 1975년 베트남에서의 패배가 두드러졌다. 아프리카에서 포르투갈 제국의 붕괴는 구성 지역을 둘러싼 무력 충돌로 이어졌고, 소련과 쿠바의 지원을 받은 세력이 앙골라를 장악했다.[198] 또한 아프리카의 뿔 지역(the Horn of Africa)에서는 한때 미국의 우방이었던 에티오피아가 소련의 군사 지원을 받아 이웃국가 소말리아와의 분쟁에서 우위를 점할 수 있었다.[199] 미국이 소련과 맞서 싸우는 글로벌 체스판에서, 이와 같은 아프리카 국가들의 지정학적 패배는, 포드 행정부와 다른 미국인들이 보기에는 미국 측에 부정적인 결과를 초래했다.[200]

데탕트는 닉슨의 공화당 내부에서 매우 인기가 없게 되었고, 포드 대통령은 자신의 이름으로 대통령 선거에 출마했으나 실패했던 그 선거 운동에서 '데탕트'라는 용어의 사용을 금지했다.[201] 그의 1976년 공화당 대선 후보 경쟁자인 캘리포니아 주지사 로널드 레이건은 이 정책에 명시적으로 반대했다.[202] 카터 대통령이 소련과의 군비 통제를 계속 추진했음에도 불구하고, 1970년대 후반까지 데탕트가 1972년 정점에 있었던 시기에 누렸던 강력한 정치적 지지는 상당히 약화되었다. 1960년대의 위기들이 두 초강대국이 서로를 겨냥해 배치한 군사력의 파괴력이 전쟁을 일어나기 어렵게 만든다는 것을 보여준 것처럼, 미국 내 데탕트의 지속력 부족은 두 국가 간의 정치적 가치의 심각한 차이가 그들의 군사적·정치적 경쟁이 종식된 상태로 정의되는 평화를 불가능하게 만든다는 것을 보여주었다.

데탕트는 닉슨 시대의 가장 중요한 노력으로, 소련과 글로벌 공산주의와의 군사적, 정치적, 경제적 시스템 경쟁에서 미국의 부담을 덜어주려는 시도였으나, 유일한 시도는 아니었다. 다른 유사한 노력은 국제질서에 대한 충격을 포함했다. 닉슨 행정부는 이 충격 중 두 가지를 주도했고, 세 번째에 대해선 대응해야 했다.[203]

충격

리처드 닉슨은 중국과의 정치적 화해를 통해 세계에 중요한 지정학적 충격을 주었다.[204] 20년간의 중미 갈등은 한국전쟁에서 중국이 참전한 이후 시작되었다. 이 기간동안 미국은 1954-1955년과 1958년에 걸쳐, 퀴모이(Quemoy)와 마추(Matsu)라는 중국 해안 근처의 두 작은 섬을 둘러싼 위기에서 중국에 대해 직접적인 미국 군사 행동 가능성을 암시했다. 장제스의 국민당은 이 섬들을 점령하고 있었고, 북경 정부는 주로 포병 공격을 통해 이들을 공격했다.[205] 두 나라가 전쟁을 벌이지는 않았지만, 미국과 중화인민공화국은 외교 관계를 유지하지 않았고 사실상 공식적인 접촉이 거의 없었다. 1950년대와 1960년대 중국의 내부 혼란—마오쩌둥이 산업화를 가속화하려다 대기근을 초래해 약 4천만 명이 사망한 대약진운동,[206] 그리고 마오가 학생들로 구성된 '홍위병'을 전국적으로 동원해 혼란을 일으킨 대혁명문화운동—은 미국인들에게 중국이 지나치게 불안정하고, 급진적이며, 위험해 생산적인 관계를 맺기 어렵다는 인식을 심어주었다.

두 나라 관계의 극적인 변화는 중국과 소련 간의 적대감에서 비롯되었다. 중소 분열은 영토에 대한 상반된 주장, 다양한 형태의 지원 약속이 이행되지 않았다고 느낀 중국의 불만, 소련의 외교 및 국내 정책이 공산주의 정통에서 벗어났다고 하는 중국의 비난, 그리고 글로벌 공산주의 운동 내에서의 패권 다툼으로 인해 발생했다. 1969년, 두 공산주의 대국 간의 충돌이 우수리강을 따라 발생했으며, 이는 그들의 분쟁 국경을 형성하고 있었다.[207] 소련은 이 지역에 군을 대폭 증강했다. 이러한 사건들은 군사적으로 명백히 소련에 열세였던 중국에게 소련의 힘을 균형 맞추기 위해 미국과의 동맹을 맺을 강력한 관심을 불러일으켰다.[208]

미국은 주요 적대 세력의 힘을 견제하고 이를 통해 그에 맞서 싸우는 부담을 줄이기 위해 이전에 소련의 동맹국이었던 국가와의 협력을 추구하는 데 비슷한 관심을 가지고 있었다. 닉슨 행정부 초기, 닉슨 대통령은 모스크바와의 관계 개선처럼 베이징과의 더 나은 관계가 베트남 전쟁을 만족스럽게 종결하는 데 도움을 줄 것이라고 기대했으나, 소련과의 경우와 마찬가지로 그 희망은 실현되지 않았다.[209]

닉슨은 대통령이 되기 전에 1967년 'Foreign Affairs'에서 중국 본토와의 관계 개선 가능성에 대해 언급했다.[210] 대통령에 취임한 후, 그는 외교적 돌파구를 원한다는 의사를 밝혔고, 중국 정부는 이에 호응했다. 1971년 7월 9일, 헨리 키신저는 중국 지도자들과 만날 비밀 방문을 했고, 7월 15일 닉슨은 중국을 방문할 것이라고 발표했다. 그는 1972년 2월 21일부터 28일까지 중국에서 중국 지도자들과 만났다.

이 회담들은 단지 개최되었다는 사실만으로도 전 세계적으로 엄청난 영향을 미쳤다. 몇 달 전까지만 해도 상상할 수 없었던 두 나라 지도자들이 함께 있는 놀라운 모습이 전 세계에 방송되면서, 이는 국제관계의 새로운 시대를 알리는 것처럼 보였다. 닉슨은 자신의 방문을 '세상을 바꾼 한 주'[211]라고 불렀다. 이 행사 동안 실제로 이루어진 가장 중요한 성과는 상하이 공동성명이었다. 이 성명은 미중 관계에서 가장 논쟁이 심했던 문제인 대만의 지위를 둘러싼 직접적인 갈등을 피했다. 미국은 1954년 대만과 방위 조약을 체결했지만, 공산당은 대만을 단순히 중국의 한 반역적인 성으로 간주하며 자신들의 통제하에 두어야 한다고 주장했다. 공동성명에서는 "대만 해협 양측의 모든 중국인은 오직 하나의 중국만 존재하며 대만은 중국의 일부임을 주장한다. 미국 정부는 이 입장에 이의를 제기하지 않는다."고 명시되었다.[212] 이에 따라 미국은 대만의 독립이나 본토와의 영구적인 정치적 분리를 지지하지 않는다는 입장을 밝혔다. 성명은 또한 "대만에서 모든 미국군과 군사 시설의 철수를 최종 목표로 삼는다."고 언급하면서, 이는 "지역 내 긴장이 완화됨에 따라 이루어질 것"이며,"대만 문제를 중국인들 스스로 평화적으로 해결해야 한다는 관심"을 명시했다.[213]

중국과의 화해는 미국에서 따뜻한 환영을 받았다.[214] 사실, 그것은 선거가 있는 해에 리처드 닉슨에게 정치적 명성의 큰 전환점이 되었으며, 이는 그가 중국을 방문하려는 욕구의 중요한 이유 중 하나였다.[215] 중국 정부는 소련 정부와 마찬가지로 미국의 정치적 가치를 거의 받아들이지 않았지만, 아마도 중국이 소련보다 덜 위협적인 존재였기 때문일 수도 있고, 소련과 달리 중국은 미국인들이 조상과 연관된 국가들을 억압하는 제국을 통치하지 않았기 때문일 수도 있다. 이러한 이유로 베이징과의 화해는 데탕트가 불러일으켰던 종류의 반대를 초래하지 않았다. 또한, 인권 문제에 대해 큰 관심을 가졌던 카터 행정부조차도 이 화해를 지속하면서 중국의 인권 침해에 대해 처벌하거나 심하게 비판하지 않았다.[216]

중국과의 외교 접근은 닉슨과 키신저가 따랐던 非(비)윌슨주의적 외교정책 접근 방식을 나타낸다. 이 접근법은 19세기 영국 외무장관이자 총리였던 '팔머스턴 경(Lord Palmerston)'이 지지했던 방식과 시각적으로도 부합하며, 이는 시어도어 루스벨트가 선호했던 접근 방식의 정신과도 일치했다. "우리는 영원한 동맹도, 영구적인 적도 없다. 우리의 이익만이 영원하고 지속된다. 이 이익을 추구하는 것이 우리의 의무이다."[217] 베이징의 공산정부와의 화해는 소련에 맞선 미국의 입지를 강화하려는 미국의 이익에 부합했다. 하지만 이는 최소한 미국의 정치적 가치를 공유하지 않는 정부와 손을 잡는 대가를 치러야 했다. 마오쩌둥은 그의 경력 동안, 거의 모두 중국인이었던 희생자의 수에서 히틀러나 스탈린을 능가했다는 '특별한 기록'을 가지고 있었다.[218]

중국 이니셔티브는 미국, 중국, 소련 간의 삼각 관계를 형성했다. 이 관계에서 미국은 각국과의 관계에서 소련과의 관계를 개선하려는 노력으로 서로 간의 관계에서 더 우호적인 관계를 유지하고자 했다. 이 영향력은 1972년 모스크바 정상 회담에서 드러났을 수도 있다. 당시 미국은 북베트남의 대규모 공격에 대한 대응으로 북베트남에 대해 가혹한 공격을 진행 중이었다. 아마도 최근의 중미 회담에 영향을 받아, 브레즈네프와 그의 동료들은 회담을 취소하거나 연기하는 대신 계속 진행하기로 결정을 내린 듯하다.[219]

그들의 정치적 돌파구 이후, 미국은 중국과 여러 가지 협력을 시작했다. 이에는 정보 공유와 무기 판매가 포함되었다.[220] 또한, 미국 정부는 중국에 대해 '최혜국 대우(Most Favored Nation)' 무역 지위도 부여했으며, 이는 잭슨-야니크(Jackson-Vanik) 수정안에 의해 소련에는 거부되었다.[221]

이 새로운 관계는 세계에서 가장 인구가 많은 나라를 반(反)소련 글로벌 연합의 일원으로 만듦으로써 미국의 입지를 강화하고 소련의 입지를 약화시켰다. 또한, 베트남 전쟁에서 패배하고 있는 상황에서도 미국의 동아시아 내 입지를 강화했으며, "회복했다."는 표현이 과하지 않을 정도로 그 위치를 다시 굳건히 했다. 지정학적 관점에서 보면, 미국은 사실상 남베트남을 중국과 맞바꾼 셈이며, 이는 이익이 되는 교환이었다. 이 화해는 또한 18세기와 19세기에 뿌리를 두고 있었으며 공산당의 본토 정복으로 인해 잠시 사라졌던, 중국에 대한 미국의 낭만적이고 특별한 관계에 대한 인식을 다시 불러일으켰다.[222] 그러나 그 중요성에도 불구하고, 미중 화해는 냉전의 기본 구조를 바꾸지는 못했다. 이는 유럽이나 동아시아를 넘어선 지역에서의 경쟁에 거의 영향을 미치지 않았다.

중국과의 화해로 인해 글로벌 안보 분야에서 변화를 일으키기 전에, 닉슨 행정부는 국제경제질서에 충격을 주었다. 그들은 1944년 뉴햄프셔 브레튼우즈에서 미국이 주도해 창설한 국제통화시스템을 종료시키기로 했다. 브레튼우즈 시스템은 금 본위제를 대체했으며, 달러가 사실상 금을 대신해 글로벌 통화 시스템의 중심에 자리 잡게 되었다. 미국의 통화는 금과 연결되어 있으며, 미국 정부는 이를 $35에 교환할 수 있었다. 다른 나라들은 자국의 통화를 지원하고 국제 거래를 하기 위해 금 대신 달러를 보유했다.

새로운 통화 질서에서 달러는 두 가지 상반된 역할을 하게 되었고, 이는 시스템 자체와 미국의 외환 경제정책에 점점 더 큰 압박을 가하게 되었다. 한편으로는 미국이 금으로 교환할 수 있는 달러의 양을 유지하려는 압박을 받았다. 다른 한편으로는 달러가 세계 경제 활동의 기초가 되어, 전 세계에 충분히 공급돼야 할 필요가 있었다.[223]

1945년 이후 달러의 유출은 증가했으며, 이는 적지 않은 부분이 해외에 설치된 미국 군사 기지와 병력 배치를 통해 냉전을 수행하는 데 드는 비용 때문이었다. 특히 베트남 전쟁으로 인해 지출이 크게 늘어났으며, 미국은 이 모든 비용을 자국 통화인 달러로 지불할 수 있었다. 제2차 세계대전 직후, 서유럽과 일본은 필요한 물품을 미국에서만 구할 수 있었기 때문에 달러가 부족했다. 하지만 1960년대에 이르러, 이들 국가가 이제 번영하게 되면서 달러를 원하지 않게 되어 달러의 공급 과잉 상태가 되었다. 미국 정부는 여러 가지 방법으로 '달러 유출'[224]을 줄이려 했고, 특히 독일과 일본 같은 미국의 동맹국들은 그들의 달러를 금으로 교환하는 것을 자제했다. 이는 미국이 외국에서 보유된 모든 달러를 금으로 바꿀 만큼의 금을 보유하지 않고 있었기 때문이며, 그럴 경우 전체 통화 시스템이 위험에 처할 수 있었다. 그들은 미국의 군사적 보호를 대가로 원치 않는 달러를 축적하는 것을 받아들였다.[225]

미국은 브레튼우즈 시스템을 운영하는 데에도 대가를 치렀다. 다른 국가들이 경제적으로 회복됨에 따라 달러는 그들의 통화에 비해 과대 평가되었다. 그러나 시스템의 규칙은 이를 새로운 경제 현실에 맞게 달러 가치를 조정하는 것을 금지했다. 특히 미국과의 무역에 의존하는 독일과 일본은 자신들의 통화 가치, 즉 독일 마르크와 엔화를 올리는 것을 꺼려했다. 이는 사실상 미국의 달러

평가절하와 같은 효과를 낳을 수 있기 때문이다. 인위적으로 강한 달러로 인해 미국의 수입은 증가하고, 미국의 수출업체들은 어려움을 겪었다. 이로 인해 국내 고용에 부정적인 영향을 미쳤다.

이러한 압박이 커지자, 1971년 8월 15일, 미국은 세계에 아무런 예고 없이 더 이상 달러를 금으로 교환하지 않겠다고 발표했다. '금태환 정지'라는 말은 브레튼우즈 체제의 핵심 기둥을 제거한 것이었고, 미국은 자국의 통화를 평가절하할 수 있게 되었다. 동시에 닉슨 행정부는 수입품에 10%의 추가 요금을 부과한다고 발표했으며, 이는 달러의 만족스러운 평가절하가 이루어졌을 때만 철회될 것이라고 밝혔다.[226] 또한 인플레이션을 억제하기 위한 방법으로 국내에서 임금과 가격을 동결했다.

이러한 결정은 중국과의 관계 개선과 데탕트와 마찬가지로, 제2차 세계대전 이후 미국이 떠맡은 책임의 부담을 줄이려는 목적을 가지고 있었다. 달러의 중심성은 미국에 위험과 비용을 안겨주었고, 닉슨 행정부는 더 이상 이를 지불할 의향이 없었으며, 자국의 경제정책을 자유롭게 수행하는 데 대한 제약을 더 이상 견딜 수 없었다.[227]

중국과의 개방이 소련에게 예기치 않은 불쾌한 놀라움이었다면, 금 창문을 닫는 결정은 미국의 주요 무역파트너이자 동맹국들에게 충격을 주었다. 특히 중국의 이웃이자 미국의 주요 무역파트너인 일본은 두 가지 결정 모두에 충격을 받았으며, 이는 일본에서 '닉슨 쇼크'로 알려지게 되었다.[228]

금태환 정지 조치는 국제경제의 미래에 대한 우려를 불러일으켰다. 달러는 미국의 군사력이 서방 안보질서를 뒷받침한 것과 같은 방식으로 국제경제를 지탱해 왔기 때문이다. 닉슨의 이니셔티브는 세계를 고정된 통화 규칙이 없는 상태로 두었으며, 이는 안정적이고 완전히 예측 가능한 통화 시스템이 없는 상태였다.[229] 1930년대 대공황 당시에도 이런 상황이 발생했었고, 그때 세계경제는 심각한 부정적인 영향을 받았다. 브레튼우즈 체제가 끝난 후, 비슷한 부정적인 결과가 우려되었다. 예측가능하고 신뢰를 줄 수 있는 국제거래의 통화 규칙이 없다면, 무역이 위축될 것이라고 우려되었고, 그런 규칙의 부재는 각국 정부가 인플레이션 유발적인 경제정책을 자유롭게 시행할 수 있다는 가능성도 존재했다. 사실, 1971년 이후 글로벌 무역 성장률은 떨어졌지만, 무역의 양은 계속해서 증가했다. 대공황과 유사한 경제조건은 다시 돌아오지 않았다.[230] 1970년대에는 인플레이션이 발생했지만, 이는 브레튼우즈 체제의 종료 때문만은 아니었다.[231]

주요 무역국들은 새로운 통화 시스템을 만들려 했으나, 1971년 8월 15일 이후 그 시스템을 대체할 시스템을 만들어내지는 못했다. 정부, 무역업자, 투자자들은 금본위제와 브레튼우즈 체제가 강요했던 고정환율제 대신 변동환율제에 적응하는 법을 배웠다. 이 새로운 통화 세계에서, 달러는 금과 연결되지 않았음에도 여전히 중요한 역할을 했다. 이전과 마찬가지로 다른 국가들의 중앙은행은 이를 준비 자산으로 사용했다. 많은 글로벌 거래도 여전히 달러로 이루어졌다. 세계 경제는 결국 세계적 통화의 필요성을 느꼈고, 달러는 그 목적에 가장 적합한 선택이었다.[232] 고정된 통화 규칙이 없어졌음에도 불구하고, 미국이 설립을 주도하고 유지하는 데 큰 역할을 했던 서방 경제 질서는 여전히 유지되었다. 이 경제질서는 소련 및 국제 공산주의와의 체제 경쟁에서 중요한 자산이 되었다.

닉슨 행정부가 중국 및 통화 충격을 시작한 한편, 국제적으로 세 번째 큰 충격은 다른 곳에서 발생했다. 이 충격은 다른 두 가지와 달리, 다른 나라들이 미국의 동아시아 및 달러 정책에 적응해야 했던 것과 달리, 미국 정부 자체가 예기치 않게 맞닥뜨리게 되었고 그 결과에 대처해야 했다. 이 세 번째 충격은 바로 석유 쇼크였다.

1973년 10월, 중동에서 일어난 전쟁은 이집트와 시리아가 이스라엘을 공격하면서 시작되었고, 이는 세 번째 충격을 일으켰다. 전쟁은 두 주간 지속되었고, 초반에 이집트와 시리아가 이스라엘을 상대로 승리한 후, 이스라엘은 반격을 성공적으로 벌여 처음 잃었던 영토를 회복하고 추가로 더 많은 영토를 점령했다. 소련은 아랍 국가들에게 군사 물자를 보냈고, 미국은 이스라엘에 군사 지원을 보냈다. 이스라엘은 1956년 수에즈 사태 이후 미국과 점점 더 가까운 관계를 맺고 있었다. 1967년 '아랍-이스라엘 전쟁(6일 전쟁)'에서의 압도적인 승리를 통해, 이스라엘은 아랍 중동을 지배하려던 나세르(Nasser)의 계획을 저지함으로써 미국에 큰 도움을 주었다. 이스라엘의 강력한 군사력 덕분에 미국은 직접 개입하지 않고도(오프쇼어 밸런싱) 중동에서 영향력을 유지할 수 있었다. 따라서, 1973년 전쟁(욤키푸르 전쟁)에서 이스라엘이 패배했다면 이는 미국에도 큰 타격이 되었을 것이다. 미국의 지원이 없었다면, 이 전쟁은 전혀 다른 양상으로 전개되었을 것이며, 이스라엘에게 훨씬 불리한 결과를 초래했을 가능성이 컸다.[233]

페르시아만의 아랍 석유 생산국들은 이집트와 시리아를 지원하기 위해 미국과 다른 국가들에게 석유 수출을 중단했다. 1960년, 그들은 석유 수출국 기구(OPEC)를 결성하여 이들 간의 협력이 쉬워졌다. 석유 시장은 글로벌 시장이기 때문에, 석유 금수 조치는 단지 미국만을 타겟으로 삼을 수는 없었다. 그 대신, 세계 석유 공급을 줄였고, 이는 두 가지 방식으로 세계 경제를 흔들었다.

첫째, 공급이 줄어들고 수요는 변하지 않자, 석유 가격은 급격히 상승했으며, 1973년 10월에서 1974년 3월 사이에 가격이 네 배로 뛰었다. 둘째, 글로벌 공급의 급감은 공급 부족을 초래했으며, 이는 특히 많은 미국인이 가솔린으로 운행되는 자동차, 버스, 트럭을 사용하기 때문에 미국에 심각한 영향을 미쳤다. 전국 곳곳에서 운전자들은 주유소에서 긴 줄을 서서 차에 연료를 채워야 했다.[234]

개인 미국인들에게 불편을 초래한 것 외에도, 석유 쇼크는 글로벌 경제에 부정적인 영향을 미쳤다. 석유 가격 상승은 디플레이션 효과를 일으켜, 사실상 모든 곳에서 구매력을 빼앗는 세금 인상과 같은 효과를 가져왔고, 동시에 석유의 경제적 중심성으로 인해 그 가격 상승이 다른 많은 상품의 가격도 상승시키면서 인플레이션을 자극했다. 또한, 세계는 석유 거래를 달러로 했고, 가격 상승으로 석유 생산국들에 더 많은 달러가 흐르게 되었다. 이들은 이를 생산적으로 투자하거나 심지어 소비할 수 없었다. 이는 글로벌 금융 불균형을 초래했고, 이 '석유 달러'를 글로벌 성장에 기여하는 방식으로 재투자하거나 최소한 그것을 억제하지 않도록 재활용할 필요성이 생겼다.

석유 쇼크는 국제체제에서의 세력균형에도 잠재적인 영향을 미칠 수 있었다. 만약 다른 주요 제품의 생산국들, 대다수가 제3세계 국가들인, 이들이 석유 생산국들이 한 일을 복제할 수 있다면, 그들은 단지 더 많은 부를 축적하는 것뿐만 아니라 국제적인 권력도 훨씬 더 많이 축적할 수 있었다. 이런 상황에서, 서방 국가들은 공산주의 블록이 아닌 제3세계에게서 권력을 빼앗길 위험이 있었다. 지정학적 윤곽은 미국에게 불리하게 변화할 수 있었다.

실제로 서방은 석유 쇼크로부터 심각하거나 지속적인 경제적, 정치적 피해를 입지 않았다. 석유 생산국들은 그들의 갑작스러운 달러 풍요를 서방 금융 시스템을 통해 생산적으로 사용하는 방식으로 활용했다.[235] 석유 시장은 가격 급등에 맞춰 조정되었고, 시장은 이를 통해 더 많은 생산을 자극했으며, 많은 생산이 OPEC 이외의 국가들에서 이루어졌고, 수요가 줄어들면서 가격은 하락했다. 공급 증가와 수요 감소는 가격을 낮추었다. 1980년대 초반까지, 인플레이션을 감안하면, 글로벌 석유 가격은 실제로 하락했다. 또한, 다른 주요 생산국들이 OPEC의 사례를 따르지 않았다. 글로벌 공급을 조작하고 글로벌 가격을 상승시키기 위한 효과적인 카르텔을 형성하려는 목적을 가진 석유는 독특한 자원이었기 때문에, 그와 유사한 다른 상품 카르텔은 결성되지 않았다.[236]

이러한 발전은 1973년 석유 쇼크 이후의 10년 동안 전개되었다. 그러나 그 해, 특히 미국은 더 긴급한 과제에 직면했다. 그것은 석유 금수 조치를 종료하고, 그 원인이 된 상황인 대규모 아랍-이스라엘 전쟁의 재발을 방지하는 일이었다. 1973년 전쟁 직후 몇 년 동안, 미국 외교는 이 두 가지를 모두 성취했다.

이전의 아랍-이스라엘 전쟁들—이스라엘 독립 전쟁(1948년, 이스라엘을 파괴하려는 5개 아랍군의 침공), 1956년 수에즈 전쟁, 1967년 6일 전쟁—은 근본적인 정치적 갈등을 종식하지 못했다. 따라서 각각의 전쟁은 항상 유엔의 개입과 함께, 전쟁 당사자들 간의 중재 노력으로 이어졌다. 1973년 전쟁 이후, 1905년 러시아와 일본 간의 평화 협상을 성공적으로 중재했던 시어도어 루스벨트의 전통에 따라, 미국은 중재자가 되었다.

워싱턴이 아랍-이스라엘 갈등을 끝내려고 하거나 적어도 그것이 주요 지역 전쟁으로 재발하지 않도록 줄이려는 몇 가지 중요한 이유가 있었다. 그중 가장 시급한 이유는 정치적 동기에 의한 중단 없이 이 지역에서의 석유 흐름을 재개하고 지속시키려는 지배적인 이익이었다.

1973년 10월, 아랍-이스라엘 전투가 끝날 무렵, 초강대국 충돌의 위험도 발생했다. 소련 지도부는 이스라엘군이 수에즈 운하 동쪽에서 이집트군을 포위하고 거의 파괴하려는 상황을 보고하고, 이에 대해 군을 이 지역에 보내겠다고 미국 정부에 암시적인 위협을 담은 메시지를 보냈다. 이에 대해, 닉슨 행정부는 미국군을 세계적으로 높은 경계 상태에 두었으며, 동시에 이스라엘에게 포위된 이집트군에 대한 추가 공격을 자제할 것을 경고했다.[237] 10월의 경고는 미국과 소련을 베를린 위기와 쿠바 미사일 위기처럼 직접적인 무력 충돌에 가깝게 만들지는 않았지만, 충분히 경고를 주었고, 미국은 이를 반복하지 않으려 했다.[238]

갈등의 성공적인 중재는 미국에게 또 다른 이점을 제공했다. 미국의 정책은 이스라엘과 아랍 국가들 모두와 가능한 한 우호적인 관계를 유지하려는 것이었다. 양측 간의 긴장을 완화하는 것은 그 목적에 부합했다.

따라서 전투가 멈추자, 헨리 키신저는 이제 국무장관으로서 이 지역을 방문하여 이집트와 이스라엘군의 분리를 위한 합의를 중재했다. 이는 전투가 우발적으로 재개되는 것을 막기 위한 조치였다. 그의 성공은 그가 계속해서 중재를 이어가도록 만들었고, 아랍 국가들은 이스라엘과 직접 협상하기를 거부했기 때문에 키신저는 수도들 간을 오가며 '셔틀 외교'를 수행했다. 그는 공감, 아첨, 회유, 압박의 솜씨를 발휘하며 이스라엘과 이집트 간의 두 차례의 군사적 분리 합의와 이스라엘과 시리아 간 하나의 합의를 이끌었다.[239] 키신저는 베트남 협상에서의 역할로 노벨 평화상을 받았다. 그는 중동에서의 평화 구축으로 두 번째 평화상을 받을 자격이 있었다.[240]

이스라엘은 그들의 동맹국이자 후원국의 외교적 노력에 저항할 입장이 아니었고, 어쨌든 이스라엘은 이웃들과의 평화를 외교정책의 가장 중요한 목표로 삼고 있었기 때문에 이를 거부할 이유가 없었다. 이집트의 지도자, 안와르 사다트는 미국이 주도하는 평화 과정을 통해 1967년에 잃었던 시나이반도를 되찾기를 원했다. 또한 그는 미국과 더 긴밀한 관계를 맺기를 원했는데, 그는 미국이 소련보다 이집트에 더 많은 경제적 지원을 제공할 수 있다고 계산했다. 시리아의 지도자, 하페즈 알 아사드는 이스라엘과의 화해에 대한 동기가 약했다. 그와 시리아 지도부는 인구의 13%에 불과한 알라위파 소수 집단 출신으로, 종교적 억압을 통해 더 많은 수를 자랑하는 수니파 무슬림 시리아인들을 지배하고 있었다. 이런 상황에서 이스라엘과의 갈등은 아사드에게 신의 선물과 같았으며, 그와 동료 알라위파들은 이스라엘과의 대립을 통해 자신들을 모든 시리아인을 위한 챔피언으로 보이게 만들 수 있었다.

미국의 이집트와 이스라엘 간의 중재는 카터 행정부하에서 1978년 9월 캠프 데이비드에서 두 나라 지도자들이 만나는 것으로 절정을 이루었다. 그다음 해 두 나라 간에는 공식적인 평화 조약이 체결되었다. 여러 차례의 협상에서, 미국은 두 나라 간의 메시지를 전달하는 것뿐만 아니라, 이스라엘이 이집트와의 합의를 위해 전략적으로 중요한 영토를 양보해야 했던 대가로 정치적 지원

과 경제적 및 군사적 지원을 제공했다.[241]

중동 평화 과정은 가장 큰 아랍 국가인 이집트를 이스라엘과 전쟁을 벌일 국가의 대열에서 제외했다. 이는 1948년, 1956년, 1967년, 1973년의 대규모 전쟁과 같은 전쟁이 지역에서 일어날 가능성을 없앴다. 이는 미국에 이득이 되었고, 또한 모스크바가 협상에 참여하지 않았기 때문에 소련의 지역 내 영향력도 줄어들었다. 평화 과정은 이스라엘과 이집트 간의 평화 협정을 성사시켰고, 이를 통해 미국과 이스라엘의 관계가 강화되고 확장되었다.[242] 이는 이스라엘과 이집트 간의 평화 협정을 이끌었지만, 다른 아랍 국가들과의 합의를 이루지 못했기 때문에, 아랍-이스라엘 간 협상은 미국 외교정책의 지속적인 과제가 되었으며, 냉전이 끝난 이후에도 계속 이어졌다.

1978년까지, 닉슨 행정부가 냉전에서 미국의 부담을 줄이기 위해 외교정책을 조정한 조치들은 대체로 성공을 거두었다. 그중 하나가 이스라엘-이집트 화해였다. 다른 지역에서도 변화가 있었다. 동아시아에서는 미국이 중국과 공식 외교관계를 회복하는 데 합의했고, 중국은 미국의 과거 적대국이었던 통일 베트남과 대립 관계에 놓이게 되었다. 실제로 1979년 초, 중국은 베트남 북부를 침공해 일부 지역을 점령했다.[243] 한편, 소련과의 데탕트는 미국 내 정치적으로 인기가 없었음에도 유지되고 있었으며, 카터 행정부는 모스크바와 두 번째 '전략무기제한협정(SALT II)'을 체결할 준비를 하고 있었다. 또한, 1973년 오일쇼크로 인한 경제적 충격은 1930년대 대공황만큼 심각하지 않은 수준에서 관리되었다.

1953년 한국전쟁이 끝난 이후 세상은 많이 변했고, 그중 모든 변화가 미국의 이익에 유리했던 것은 아니었지만, 전반적인 세계의 공산주의와 자유세계 간 경쟁은 대체로 안정적인 상태를 유지하고 있었다. 어느 한쪽도 결정적인 우위를 점하지 못한 상태였다. 그러나 1979년은 미국에게 1942년 이래, 제2차 세계대전 중 최악의 해와 비견될 정도로 국제적으로 가장 어려운 해가 되었다. 하지만 미국의 운명이 이렇게 하락했던 것은, 그 후의 극적인 반전을 위한 기초가 되었다. 그다음 10년 동안, 미국은 냉전에서 자국의 위치를 회복했다. 1980년대 말과 1990년대 초, 거의 예기치 않게, 체제 간 경쟁은 끝이 나고 미국이 승리한 것으로 나타났다.

9장
초강대국의 퇴조, 1979~1990

★★★★★

무시무시한 해

1979년은 기묘한 20세기 패턴에 부합하는 해였다. '9'로 끝나는 해는 대개 미국에 불리한 주요 국제 사건을 낳았다. 1919년에는 제1차 세계대전 후 파리 평화 회의가 실패와 실망을 남겼고, 1929년에는 주식 시장 붕괴가 있었으며, 1939년에는 유럽에서 전쟁이 발발했다. 1949년에는 중국의 공산화와 첫 번째 소련 핵폭탄이 폭발했다.* 1970년대 마지막 해인 1979년, 미국은 군사적, 경제적, 정치적 경쟁에서 소련과 국제 공산주의에 대해 가장 낮은 지점에 이르게 된 정치적, 경제적 좌절을 겪었다. 1979년의 문제는 25년 전만 해도 미국이 냉전 시대에서 주목할 만한 성공을 거둔 것으로 보였던 이란이라는 한 국가와 그 지도자와 함께 시작되었다.

1953년, 미국은 이란에서 샤(Shah)를 복위시키는 데 도움을 주었고, 그 이후

---

* 1960년대에는 유사한 사건들이 1년 일찍인 1968년에 베트남의 구정 공세와 미국 도시들의 소요 사태, 그리고 프랑스의 격변과 바르샤바 조약 기구의 체코슬로바키아 침공으로 일어났다. Michael Mandelbaum의 "1968 Plus Fifty Years: The Irony of History"(*The American Interest*, 2018년 5-6월호) 참조.

이란 왕은 점점 더 중요한 미국의 동맹국이 되었다. 이란은 페르시아만에서 미국의 입지를 지탱하는 중요한 국가로 자리잡았다. 이 지역의 전략적 중요성은 세계 산업계가 이란이 공급하는 많은 양의 석유에 점점 더 의존하게 되면서 커졌다. 그러나 1979년, 샤 정권은 전복되었다. 샤는 그동안 괄목할 만한 경제 성과를 이루었고, 1973년 석유 가격 급등으로 이란은 경제적 이득을 보았다. 하지만 그의 통치 기간동안의 사회적, 경제적 변화와 그의 독재적인 통치 방식은 이란 사회의 중요한 세력들을 소외시켰다.[1] 1978년, 혁명적 성향의 외국 망명 이슬람 시아파 성직자인 루홀라 호메이니의 영향을 받은 대규모 공공 시위가 일어났다. 샤는 점점 고립되었고, 자신의 성격상 결단력을 잃었으며,[2] 암 투병 중인 1979년 1월 16일 이란을 떠났다. 1953년과 달리, 이번에는 돌아오지 않았다.[3]

카터 행정부는 이란의 격변이 미국에 미치는 지정학적 중요성을 잘 인식하고 있었지만, 미국의 적절한 대응에 대해 내부적으로 의견이 분열되어 있었다. 일부 정부 관계자들은 시위대와 호메이니를 달래려고 했고, 다른 이들은 팔레비 샤의 정부가 강경한 태도를 취해야 한다고 주장하며, 그에는 무력 사용도 포함되었다.[4] 그러나 강경한 대응을 지지하는 이들조차 샤의 군대가 이를 수행해야 한다고 믿었고, 결국 이는 불가능하다는 것이 증명되었다.

샤의 몰락은 미국에 장기적인 비용을 초래했다. 샤에 대한 반대는 진정한 혁명으로 변모하여, 단순히 다른 지배 엘리트를 세운 것이 아니라, 전혀 다른 원칙을 기반으로 한 새로운 정부 형태를 탄생시켰다. 호메이니는 성직자, 그중에서도 자신이 나라의 지배자로서 위치하는 형태의 이슬람 근본주의를 주장했다. 그가 이끌었던 정부는 냉전에서 양측 모두를 반대했지만, 마르크스-레닌주의와는 거리가 멀었고, 특히 미국에 대해 강한 적대감을 가졌다. 1979년, 미국은 단순히 하나의 동맹국을 잃은 것에 그치지 않고, 새로운 적을 얻게 되었다. 그 이후 냉전의 남은 기간과 그 이후에도 미국은 이들의 분노의 대상이자 주요 적대국이 되었다.

이란 이슬람 공화국을 자처한 정부 관계자들의 모든 것에 대한 미국의 혐오는, 미국이 혐오받던 샤와 밀접하게 연관되어 있었기 때문이다. 많은 이란인은 샤가 미국의 꼭두각시였다고 생각했다. 중국, 쿠바, 베트남에서처럼, 그리고 호메이니 자신이 이란보다는 범이슬람적 목표를 가지고 있었음에도 불구하고, 미국의 이익은 지역적 민족주의에 의해 피해를 입었다. 냉전에서 미국보다는 소련이 더 주요한 적으로 여겨지던 중, 중동에서의 미국의 군사적·정치적 영향력이 소련을 초과하면서, 미국은 성직자들의 주요 타겟이 되었다. 더 나아가, 호메이니는 미국이 구현하고 전파한 서구적 생활 방식이 공산주의보다 이란 사람들이 그가 강요하고자 하는 엄격한 법과 풍습을 지키는 데 더 큰 위협이 된다고 보았다. 새로운 이란의 지도자는 미국을 '대악마(사탄)'라고 칭하며, 이는 창세기에 등장하는 에덴동산의 사탄을 지칭한 것이다. 창세기의 뱀처럼, 미국은 그 본보기로서 이슬람 교리와 호메이니가 정한 바른 삶의 길에서 이슬람 교도들이 벗어나게 유혹했다고 주장했다.

이란 혁명은 미국에 단기적인 손실을 초래하기도 했다. 카터 행정부는 테헤란의 경고에도 불구하고 샤를 미국으로 들여와 치료를 받도록 결정했다. 그 경고가 사실로 드러난 것은 1979년 11월이었다. 그 당시, 한 무리의 이란 급진 학생들이 미국대사관을 점거하고 대사관 직원 52명을 인질로 잡았다. 이후 인질사건으로 알려지게 된 이 사건은 미국에게 지속적인 굴욕을 안겨주었으며, 인질들을 텔레비전 카메라 앞에 세운 채 미국 정부는 그들을 풀어주지 못했다.[5] 결국, 1980년 4월, 계속된 협상이 인질을 석방하지 못하고 있으며, 그들의 억류가 미국의 중동 및 그 이상의 신뢰를 훼손하고 있다는 판단 아래,[6] 카터 행정부는 복잡한 다단계 구조의 구출 작전을 시작했다. 이 작전에는 C-130 수송기와 헬리콥터들이 이란 사막의 지정된 지점에서 만나도록 포함되었다. 그러나 작전은 크게 실패했다. 두 대의 헬리콥터가 고장을 일으켰고, 대통령은 미션을 중단하기로 결정했다. 이후 사막에서의 충돌로 나머지 헬리콥터들이 무력화되었고, 8명의 미국 군인이 사망했다. 결국, 나머지 군인들은 C-130 수송기를 통해 안전하게 탈출했다.[7] 인질들의 계속된 억류로 인한 굴욕에 더해, 이들을 구출하려는 시도가 실패했다는 치욕이 더해졌다. 그들은 1981년 1월 20일, 미국의 대통령 취임일에, 즉 인질로 잡힌 지 444일 만에 마침내 풀려났다.

이란 혁명은 미국과 세계 경제 전체에 경제적 피해를 주었다. 이란의 석유 생산량이 급격히 감소하면서,[8] 글로벌 석유 공급이 줄어들었다. 이로 인해 석유 가격은 1973년 아랍-이스라엘 전쟁[9] 이후의 높은 수준을 넘어 더욱 상승했다. 또한, 두 번째 석유 충격은 1930년대 이후 미국 역사상 가장 경제적으로 어려웠던 1970년대의 끝자락에 발생했다.

경제 성장률은 둔화되었고, 대부분의 미국 근로자들의 실질 임금은 하락하기 시작했다. 성장 둔화의 핵심에는 미국 경제 생산성의 성장률 감소가 있었다. 즉, 생산성은 입력 단위당 산출물의 증가율을 의미하는데,[10] 이는 1870년 이후 한 세기 동안 미국 경제 성장을 이끌었던 기본적이고 반복 불가능한 혁신들—예를 들어, 광범위한 전기 보급과 내연 기관—의 혜택이 고갈되었기 때문이다.[11]

동시에, 미국은 비정상적으로 높은 인플레이션에 시달렸다.[12] 1960년대 존슨 행정부의 베트남 전쟁과 야심찬 사회 프로그램을 세금 인상 없이 지속하려는 노력은 물가를 상승시켰고, 두 차례의 석유 충격은 물가 상승을 더 악화시켰다.[13] 또한, 과거에는 고용 확장이 높은 인플레이션과 동반되었으나, 1970년대에는 실업이 증가함에 따라 물가도 상승했다.[14] 미국 경제는 이처럼 경기 침체와 인플레이션이 동시에 나타나는 '스태그플레이션(stagflation)'이라는 최악의 상황에 직면했다.[15]

이 어려운 경제 상황은 미국의 외교정책에 부정적인 영향을 미쳤다. 이는 미국 대륙 밖에서의 이니셔티브에 할당할 자원을 제한하고, 강력한 국제적 존재감[16]을 위해 필요한 국가적 자부심을 약화했으며, 국민의 관심을 내적으로 돌리게 했다.[17] 또한, 소련과의 갈등이 경제체제의 경쟁을 포함했기 때문에, 미국의 경제성과 부진은 냉전에서 하나의 방해물로 작용했다.

1979년 7월, 이란보다 더 가까운 국가에서 친미 정부가 전복되고 미국에 적대적인 정권이 등장했다. 아나스타시오 소모사(Anastasio Somoza)는 미국 웨스트포인트 육군사관학교 출신으로, 중미 니카라과에서 독재자로서 북쪽의 거대한 이웃인 미국과 친밀한 관계를 유지하며 통치했다. 그를 몰아낸 운동은 1920년대 니카라과의 반란군 지도자 아우구스토 샌디노(Augusto Sandino)의 이름을 따서 명명되었다. 샌디니스타(Sandinistas)들은 피델 카스트로(Fidel Castro)의 쿠바와 강한 정치적 유대감을 가지고 있었고, 그들처럼 소련으로부터 원조를 받기도 했다.[18] 따라서 정권 교체는 많은 미국인에게 소련과 마르크스-레닌주의와의 글로벌 경쟁에서 또 다른 미국의 패배를 의미하는 사건이었다.

카터 행정부는 인권 보호를 중시했기 때문에 소모사에 대해서는 그다지 우호적인 감정을 가지지 않았다. 이는 샤에 대해 가진 감정과 비슷했다. 이란에서처럼 카터 행정부는 독재자와 샌디니스타들 모두와 독립적인 정부를 설치할 방법을 찾으려 했지만,[19] 그 노력은 실패로 돌아갔다. 소모사 역시 샤와 마찬가지로 미국에 '우호적인 폭군의 딜레마'[20]를 안겨주었다. 이는 자국에서 민주주의를 실현하지 않지만 국제무대에서는 미국과 동맹을 맺고 있는 정부를 지지할 것인지에 대한 문제였다. 즉, 외교정책에서 국가의 가치와 이익 사이에서 선택을 해야 하는 상황이었다. 냉전 초기에 이러한 선택은 쉬운 문제였다. 워싱턴은 국가의 이익을 보호하는 쪽을 선택했고, 자유를 보호하거나 자유 선거를 허용하지 않았지만 공산주의에 반대한다고 주장하는 이란, 중미 국가들, 그리고 한국, 베트남, 파키스탄과 같은 국가들의 정부를 지원하는 데 아무런 망설임이 없었다.

냉전 후반, 미국 외교정책에서 오랜 기간 지속된 이념적 갈등, 즉 친미 독재자들이 수용하지 않은 자유에 대한 강조가 더 큰 비중을 차지하게 되었다. 이는 소련과의 경쟁이 덜 긴박하고 불안정하게 보였기 때문이며, 또한 베트남에서 친미 독재 정권이지만 불완전한 민주주의 정권에 대한 지지가 실패로 돌아갔기 때문이었다. 가치와 이익 사이의 균형을 맞추는 것이 더 어려워졌고, 특히 카터 행정부 내에서 이 문제에 대해 양측의 지지자가 존재했다. 불행히도 미국의 입장에서 보면, 샤와 소모사를 대체한 정권들은 모두 폭압적이었을 뿐만 아니라 미국에 적대적이었다.

1979년, 이미 불안정했던 그해의 가장 충격적인 사건은 연말에 아프가니스탄에서 발생했다. 아프가니스탄은 가난하고 내륙에 위치한 이슬람 국가로, 소련의 중앙아시아 공화국 3곳과 국경을 접하고 있었다. 1978년 쿠데타로 집권한 정권은 소련과 '우호 및 협력 조약(20년)'을 체결하며 모스크바와 밀접한 관계를 맺었다. 그러나 1979년 9월, 정권의 지도자가 자신의 부하였던 2인자의 명령에 의해 암살되었고, 새로운 지도자가 등장하면서, 소련은 그가 아프가니스탄의 외교 노선을 모스크바에서 멀어지게 할 가능성이 있다고 의심했다. 또한, 소련은 점점 인기가 떨어지는 아프간 정부가 이슬람 근본주의 세력에 의해 전복될 것을 우려했다.[21] 1979년 12월 25~27일에 소련 브레즈네프 정부는 8만 명의 병력을 아프가니스탄에 투입했다.[22] 새로운 아프간 지도자를 암살하고, 보다 소련에 우호적이거나, 최소한 더 다루기 쉬운 인물을 정권에 앉혔다. 이 사건은 냉전의 흐름을 뒤흔들었으며, 이후 미국과 서방 세계가 강하게 반발하고 대응하는 계기가 되었다.[23]

소련이 아프가니스탄에 개입하기로 결정하기까지의 논의를 담은 기록이 10년 후 공개되면서, 폴리트뷰로(소련의 최고 정책 결정 기구) 고위층이 내린 결정의 주요 동기가 방어적 성격이었다는 점이 밝혀졌다.[24] 브레즈네프와 다른 고위 관료들(대부분 고령)이 우려했던 핵심 사항은 아프가니스탄이 소련의 영향권에서 이탈해 서방에 합류할 가능성이었다.[25] 이는 냉전 기간동안 양대 초강대국(미국과 소련) 모두가 가졌던 공통된 우려였다. 한 국가의 이탈(defection)은 세계 각지에서 자신들의 지정학적 입지를 약화할 수 있는 위험 요소로 간주되었다.[26]

소련 지도부가 지정학적 현 상태를 유지하려는 의도로 행동했을 수 있지만, 미국은 아프가니스탄에서의 소련의 행동을 다르게 보았다. 워싱턴에서 보면, 이는 냉전의 규범에서 벗어난 도발적이고 위험한 전환으로 보였다. 소련은 처음으로 유럽 밖의, 바르샤바 조약에 속하지 않는 나라에 군대를 파견한 것이다. 더 심각한 것은, 소련이 아프가니스탄을 장악하면 경쟁하는 초강대국인 소련이 서방 경제가 의존하는 페르시아만의 풍부한 석유 매장지에 더 가까워진다는 점이었다.[27] 1979년 12월 말의 아프가니스탄 사건은 미국만을 놀라게 한 것이 아니었다. 다른 나라들도 이 침공을 소련 외교정책의 기존 패턴을 벗어난 새로운 위협적인 변화로 간주했다.

카터 행정부는 침공에 대해 강력하게 대응했다. 카터와 브레즈네프가 6개월 전 비엔나에서 서명한 전략무기제한협정(SALT II) 조약의 비준을 상원에서 고려하지 않기로 결정했다. 또한 소련에 대해 다양한 제재를 부과했으며,[28] 그중에는 곡물 판매 금지와 1980년 모스크바 올림픽에 대한 보이콧이 포함되었으며, 이 보이콧에는 대부분의 미국 유럽 동맹국들이 동참했다. 1980년 국정연설에서 카터 대통령은 '카터 독트린(Carter Doctrine)'을 발표하며, 페르시아만을 미국의 특별한 관심 지역으로 선언하고, 이를 방어하기 위해 미국은 싸울 것이라고 밝혔다.[29]

소련의 아프가니스탄 침공은 미국 외교정책 역사에서 세 가지 뚜렷하고 반복적인 패턴을 따랐다. 첫째, 이는 미국을 결집했고, 비록 1979년 12월의 사건이 미국을 전쟁으로 몰고 가지는 않았지만, 세계가 갑자기 미국에게 이를 더 위험해 보이게 만들어 주요한 미국의 대응이 필요하다는 인식을 갖게 했다. 적어도 이는 직접적인 전쟁으로 이어지지는 않았다. 그러나 1957년 스푸트니크 발사처럼, 아프가니스탄에 소련 군대가 주둔하게 되자 미국의 방위비 지출이 증가했다. 카터 행정부는 국방 예산 요청을 5% 증액했다.[30]

둘째, 아프가니스탄의 경우, 미국의 적대국은 미국이 적대적인 행동에 대해 취할 반응의 규모를 심각하게 과소평가했다. 소련 관리들이 자신들의 군사 개입에 대해 워싱턴의 승인을 기대하지는 않았겠지만, 니키타 흐루쇼프가 쿠바에 미사일을 배치하기로 한 결정처럼, 그들은 미국이 아프가니스탄 정책의 비용을 증가시키기 위해 취할 조치를 예측하지 못했다.[31]

셋째, 카터 행정부의 아프가니스탄 침공에 대한 대응은 미국 외교정책의 역사적인 경향을 보여주었다. 즉, 미국 외교정책은 한 행정부가 다른 행정부로 교체될 때가 아니라, 한 행정부의 임기 중에 극적으로 다른 정책을 추구하다가 특정한 사건에 대한 반응으로 급격하고 중요한 변화를 겪는 경향이 있다는 것이다. 우드로 윌슨은 처음에는 제1차 세계대전에서 미국을 제외하려고 했지만, 결국 미국이 그 전쟁에 참전하도록 이끌었다. 프랭클린 루스벨트는 유럽 문제에 적극적으로 관여하는 것을 피하며 취임했지만, 결국 제2차 세계대전으로 미국을 이끌었다. 마찬가지로 1979년 초, 카터 행정부는 그의 두 명의 직전 대통령이 구상한 정책인 긴장완화 정책(특히 군비통제)을 최소한 일부는 유지하려고 했다. 그러나 그해 말, 아프가니스탄 사건에 대응해 채택된 정책들로 인해 미국은 긴장완화 정책을 포기하게 되었다.

지미 카터는 소련의 아프가니스탄 침공이 "소련의 궁극적인 목표가 무엇인지에 대한 제 자신의 의견을 이전에 그들이 했던 어떤 일보다도 더 극적으로 변화시켰다."고 말했다.[32] 그러나 그의 생각의 변화와 그로 인한 정책 변화는 그의 정치 경력을 구하는 데에는 실패했다. 1980년 대선에서 그의 공화당 상대인 전 캘리포니아 주지사 로널드 레이건은 카터를 압도적으로 물리치고 미국의 제40대 대통령이 되었다.[33]

반격

공직에 입문하기 전, 로널드 레이건은 할리우드에서 성공적인 영화배우로 활동했다. 카메라 앞에서의 경험은 정치에서 그에게 큰 도움이 되었다. 그는 이전의 어떤 대통령보다도 텔레비전에서 더 효과적으로 등장했으며, 그로 인해 '위대한 소통자(The Great Communicator)'라는 별명을 얻었다. 그는 자신을 정부에 일시적으로 빌려진 개인이라고 묘사하는 것을 좋아했지만, 사실 그는 매우 야망이 큰 정치인이었으며, 1968년과 1976년 두 차례 대통령 후보로 출마한 뒤, 1980년에 결국 대통령직을 차지했다. 그의 반대자들은 그가 백악관에서 깊이가 부족하다고 비웃었지만, 레이건은 미국 최대 주인 캘리포니아 주지사로 총 8년을 재임하면서 대통령직을 수행하는 데 필요한 광범위한 경험을 쌓았다.[34]

그는 미국 경제를 회복시키기 위해 연방정부의 경제적 역할을 줄이는 데 헌신하며 대통령직을 시작했다. 이는 1930년대 프랭클린 루스벨트의 뉴딜 이후 크게 확장된 연방정부의 역할을 축소하려는 시도였다. 그는 시장을 외부 간섭 없이 자유롭게 운영하도록 하고, 기업가들이 그 안에서 자유롭게 활동할 수 있도록 한다면, 정부의 과도한 개입이 억눌러왔던 경제 활동이 급격히 활성화될 것이라고 확신했다. 그의 주요 국내 정책은 세금을 줄이고 경제 활동에 대한 연방 규제를 완화하는 것이었으며, 이를 통해 그의 경제 회복 의지를 실천에 옮겼다.

외교정책에서 그는 일관되게 긴장완화 정책을 반대했다. 그는 1980년 대선 캠페인과 그 이전에, 긴장완화가 소련에 유리하게 작용했으며, 그 결과 미국이 손해를 보았다고 주장했다. 20년 전 존 F. 케네디와 마찬가지로, 레이건은 공산주의 진영이 미국과 서방과의 지속적인 경쟁에서 주도권을 잡았다고 비판했다.[35] 그러나 그는 케네디나 다른 냉전 시대의 대통령들과는 달리, 단순히 공산주의 블록과의 교착 상태를 유지하기 위해 뒤따라잡을 것을 주장하지 않았다. 그는 서방이 냉전에서 승리할 수 있으며, 승리해야 한다고 믿었다. 1982년 6월 8일 영국 의회에서 한 연설에서 그는 '자유와 민주주의의 행진'을 제시하며 "마르크스-레닌주의는 역사 속의 재로 남게 될 것"이라고 말했다.[36]

케네디와 트루먼이 그랬던 것처럼, 레이건은 냉전의 이념적 차원을 강조했다. 그의 연설은 이 강조를 잘 표현했다. 그는 소련을 '악의 제국'이라고 불렀다.[37] 그의 행정부는 전 세계에서 미국식 정부형태를 촉진하기 위해 민주주의 국가 기금을 설립했다. 레이건은 소련과의 갈등의 근본적인 원인으로 미국의 가치를 자주 그리고 강력하게 언급하며, 1980년 대선에서 자신과 경쟁한 민주당 후보인 지미 카터의 외교정책과는 물론, 전 공화당 대통령 리처드 닉슨의 외교정책과도 차별화된 입장을 취했다. 닉슨은 긴장완화 정책을 추구했으나, 자유를 확산하고 국제정치를 변화하려는 전통적인 미국의 이익은 그에 비해 상대적으로 부차적인 역할로 밀려났다.

레이건은 소련이 군사적 균형에서 미국보다 우위를 점하고 있다고 판단하고, 이를 시정하기 위해 카터 행정부 마지막 해의 방위비 증액에 더해 대규모 국방 예산 증가를 단행했다.[38] 그는 핵 군축 협상의 성과에 회의적이었지만, 미군 지도부는 기존 협정이 여전히 유용하다고 판단했기 때문에 미국은 비준되지 않은 SALT II 조약의 조건을 계속 준수했다.[39] 그러나 레이건 행정부가 결국 장거리 핵무기 협상을 재개했을 때, 단순히 군비를 제한하는 것이 아니라, 양측의 핵무기를 실제로 감축하는 방향으로 협상을 추진했다. 이 협상은 '전략무기 감축 협상(START, Strategic Arms Reduction Talks)'이라는 명칭을 갖게 되었다.

소련과의 핵 경쟁에서, 카터 행정부는 두 가지 문제가 이전의 전략적 도전과 유사하다고 판단했다. 1980년대의 '취약성의 창(window of vulnerability)'은 1950년대의 소위 미사일 격차를 떠올리게 했다.[40] 후자의 도전은 소련이 미국보다 더 많은 대륙 간 미사일을 보유하고 있다는 사실에서 비롯되었다. 소련의 미사일은 더 많은 탄두를 실을 수 있었고, 이론적으로는 각 미사일에 여러 개의 탄두를 목표로 삼아 기습 공격을 통해 미국의 미사일 함대를 무력화할 수 있었다. 설령 모스크바가 그런 공격을 성공적으로 실행한다고 해도, 미국은 여전히 '확증 파괴' 능력을 유지하고 있었고, 이는 억지력에 의존한 핵심이었다. 많은 미국의 핵무기들이 여전히 남아 있었고, 장거리 폭격기와 해양 잠수함에 탑재되어 있어, 소련 본토에 대해 보복 공격을 통해 대규모 파괴를 초래할 수 있었다. 그럼에도 불구하고, 일부 미국 전략가들은 미국과 소련 간 미사일 전력의 이론적인 비대칭성이 소련에 지정학적 우위를 제공할 가능성을 우려했다.[41] 이에 따라, '취약성의 창'을 닫는 것이 미국의 핵심 전략 목표가 되었다.

미국만이 아니라 다른 국가들도 서유럽 방어에 대한 미국의 확장된 억지력의 신뢰성에 대해 우려했다. 1960년대, 소련이 비핵군사력에서 우위를 점하고 있다는 우려에 대응하기 위해, 존 F. 케네디 행정부는 유연한 대응 전략(flexible response)을 채택했다. 이 전략은 미국의 북대서양조약기구(NATO) 동맹국들이 제공하지 않으려 했던 대륙 내 비핵군사력을 증강하는 것을 요구했다.[42] 1970년대에도 비슷한 기본적인 문제가 다시 발생했지만, 다른 형태로 나타났다. 소련은 동유럽에 서유럽을 겨냥할 수 있는 중거리 핵미사일(INF)을 배치했다. NATO에는 이에 상응하는 미사일이 없었고, 이는 일부 서방 전략가들의 마음속에 소련이 이 우위를 정치적 이득[†]을 위해 활용할 수 있다는 가능성을 자아냈다. 취약성의 창과 마찬가지로, 서방에 심각한 정치적, 군사적 피해를 입힐 가능성은 낮았지만, 그만큼 리스크는 컸고, 이 문제를 해결하는 것은 서방의 재정에 큰 부담을 주지 않았다.

---

† 스트로브 탈보트(Strobe Talbott), 『치명적인 도박: 레이건 행정부와 핵 군축 협상의 교착 상태(*Deadly Gambits: The Reagan Administration and the Stalemate in Nuclear Arms Control*)』(뉴욕: 알프레드 노프, 1984), 26-30쪽. 특히, 군사 전략가들이 상상한 악몽 같은 시나리오는 유럽에서 전쟁이 발생했을 경우 소련 측이 중거리 미사일을 서유럽과 NATO의 목표물을 향해 사용할 수 있다는 전제를 포함했다. 반면 NATO는 중거리 미사일을 보유하지 않았으므로, 선택은 포기하거나 대륙 간 미사일을 사용하여 소련을 공격하는 것이었고, 이 경우 소련은 미국 본토에 핵 공격을 감행할 것이다. 미국 정부는 그런 공격을 유발할 만한 조치를 취하지 않으므로, 소련 측은 '확대된 지배력(escalation dominance)'을 보유하게 된다. 양측 모두 갈등이 발생하기 전에 이러한 점을 알고 있었기 때문에, 미국의 '확장된 억지력(extended deterrence)'을 통한 유럽 방어 약속은 신뢰를 얻을 수 없었다. 이러한 시나리오는 전혀 가능성이 낮았지만, 전략적 사고와 계획 수립자들은 가능성뿐만 아니라 상상할 수 있는 모든 상황에 대해 고민했다. 이와 관련된 논의는 로버트 저비스(Robert Jervis), 『핵 혁명의 의미: 외교 전략과 아마겟돈의 가능성(*The Meaning of the Nuclear Revolution: Statecraft and the Prospect of Armageddon*)』(이타카, 뉴욕: 코넬대학교 출판부, 1989), 218-221쪽에서 확인할 수 있다.

독일의 헬무트 슈미트(Helmut Schmidt) 총리는 서방 억지력에서의 격차에 대해 경고했으며, 1979년 NATO 국가들은 소련의 미사일을 상쇄하기 위해 미사일을 배치하기로 합의했다. 그러나 그들의 국가에 미사일을 배치하는 것[43]은 서유럽 시민들 사이에서 인기가 없었기 때문에, NATO 정부들은 미사일 제한을 위한 소련과의 협상도 시작하기로 합의했다.[44] 이 과정에서 레이건 행정부의 INF(중거리핵미사일) 협상 입장은 '제로 옵션'으로 알려지게 되었다. 제로 옵션은 양측이 중거리 미사일을 전혀 배치하지 않도록 요구하는 것으로, 불평등한 거래였다. 왜냐하면 제안 당시 이미 바르샤바 조약국은 일부 미사일을 배치한 상태였고, NATO는 미사일을 배치하지 않은 상태였기 때문이다.[45] 이 미사일 배치 계획은 특히 서독에서 큰 저항을 받았고, 소련은 이를 적극적으로 지원했다.[46] 그러나 1983년 11월, NATO는 자체 중거리핵미사일 배치를 시작했다.

레이건 대통령은 1983년 3월 23일, 미국을 미사일 공격으로부터 방어할 우주 기반 레이저 시스템의 개발 및 배치를 제안하는 연설을 하며 그의 임기 동안 가장 논란이 된 군사적 구상을 발표했다. 레이건은 이 시스템이 핵무기를 "무력하고 구식으로 만들 것"이라고 말했다.[47] 레이건의 '전략방위구상(SDI, Strategic Defense Initiative)'은 상호 확증 파괴(MAD, Mutually Assured Destruction) 개념에 대한 불편함에서 비롯되었다. MAD 체제에서는 미국과 소련이 서로를 완전히 파괴할 수 있는 능력을 보유함으로써 핵전쟁을 억제했다. 그러나 레이건은 '미국의 안보가 소련을 전멸시키겠다는 위협에 의존하는 것(그리고 그 반대의 경우도 마찬가지)'을 받아들이기 어려웠다. 또한, 그는 미국의 과학과 기술력이 핵 공격을 무력화할 수 있는 방어 시스템을 개발할 수 있다고 믿었다. 레이건은 소련이 발사하는 다수의 핵탄두를 차단하거나 파괴할 수 있는 효과적인 방어 체계를 구축할 수 있다고 확신했다. 이러한 신념에서 출발한 SDI는 핵 억지력을 위협 기반이 아닌 기술적 방어력에 두려는 전략적 구상이었다.[48]

만약 레이건의 비전이 실현된다면, 두 초강대국 간의 핵 대립은 끝나고 군사적 균형은 미국 쪽으로 결정적으로 기울어질 것이다. 대통령은 자신의 목표가 핵 파괴의 위협에서 세상을 구하는 것이라며, 미국의 핵 우위를 목표로 한 것이 아님을 분명히 했다. 그는 또한 개발되지 않은 기술을 소련과 공유할 것이라고 말했다.[49] 그러나 소련 관계자들은 이를 믿을 기미를 보이지 않았다.

1972년 ABM(탄도탄요격미사일) 조약은 레이건 대통령이 추진하려던 '미사일 방어 시스템(SDI)'을 금지했지만, 미국 국방부는 이미 오랫동안 미사일 방어 연구를 진행하고 있었고, 국방 예산에도 포함되어 있었다. 레이건 행정부는 이 연구의 중요성을 더욱 강조하며, 예산을 대폭 증가시켰다. 그러나 완벽한 미사일 방어 체계를 갖추기 전에, 먼저 이를 개발하는 것이 필요했으며, 그것이 실현 가능할지는 불확실했다. 닉슨 행정부가 ABM 조약을 체결한 이유는 미국이 소련의 핵 공격에 취약하기를 원해서가 아니라, 효과적인 방어 시스템이 현실적으로 불가능하다고 판단했기 때문이었다. 실질적인 방어 시스템을 구축하려면, 요격 시스템이 완벽하게 작동해야만 의미가 있었다. 만약 소련의 핵탄두 중 일부라도 미국의 방어망을 뚫고 들어온다면, 미국은 역사상 유례없는 규모의 파괴를 경험하게 될 것이었다.[50]

레이건 행정부는 또한 지난 10년간 소련이 제3세계에서 얻은 성과에 대응하기 위한 방안을 고안했다. 냉전 동안, 공산주의자들과 친공산주의 성향의 반군들이 종종 친서방 정부를 공격했었다. 레이건 행정부는 이를 전환하기 위해 친공산주의 정부에 맞서 반군들을 지원하는 정책을 펼쳤다. 반군들을 격려하고 지원하며 때로는 훈련과 장비를 제공하는 정책은 '레이건 독트린(Reagan Doctrine)'으로 알려지게 되었다.[†]

---

† 마이클 맨델바움과 스트로브 탈보트(Michael Mandelbaum and Strobe Talbott), *Reagan and Gorbachev* (뉴욕: 빈티지 북스, 1987), 62쪽. "1985년 4월 1일자 타임(Time) 매거진에서 보수적인 칼럼니스트 찰스 크라우스하머는 '레이건 독트린(Reagan Doctrine)'의 출현을 칭송하며, '추악한 공산주의 정부'를 무너뜨리려는 '자유 전사(freedom fighters)'에 대한 '공개적이고 부끄러움 없는' 지원을 언급했다. 이 독트린은 두 번째 임기 때 비로소 이름이 붙여졌고, 그 이름을 붙인 이는 기자였지만, 레이건 독트린이라 불리게 된 정책은 처음부터 확립된 정책이었다." 조지 C. 해링(George C. Herring), *From Colony to Superpower: U.S. Foreign Relations Since 1776* (뉴욕: 옥스포드대학교 출판부, 2008), 881쪽.

미국이 과거에 개입했던 카리브해와 중앙아메리카 지역은, 미국인들이 먼로 독트린에서 비롯된 소유권적 태도를 유지하며, 쿠바가 소련의 전초기지가 된 지역이었기 때문에, 레이건 독트린이 적용되는 주요 무대가 되었다. 1983년 10월 25일, 7,600명의 미군이 작은 카리브해 섬 그레나다에서 급진적이고 친쿠바 성향의 정부를 축출했다. 행정부는 이 지역에 거주하는 미국인들, 그중 많은 수가 의대생들이었으며, 이들이 위험에 처해 있었다고 밝혔다.[51] 또한 레이건 행정부는 엘살바도르 정부가 반군과 싸울 수 있도록 지원을 아끼지 않았다.[52]

그렇지만, 서반구에서의 주요 노력은 니카라과에 집중되었다. 1981년 12월, 레이건은 인접한 온두라스에서 비밀 작전을 위한 2천만 달러를 승인했으며, 이 작전의 목적은 엘살바도르의 반군에 대한 니카라과의 지원을 차단하고 궁극적으로 샌디니스타 정부를 전복하기 위해 군사를 조직하고 훈련하는 것이었다.[53] 처음에는 500명이었던 '콘트라(Contras)'는 15,000명의 대군으로 성장했다.[54] 미국의 이들에 대한 지원은 정치적으로 논란이 되었다. 베트남 전쟁의 경험에 영향을 받은 레이건 정책의 반대자들은 미국의 내전 개입에 반대했으며, 콘트라들이 민주주의 원칙에 무관심하고, 미국 군대가 니카라과에서 싸우게 될 것을 우려했다.[55] 반대자들은 미국 정부가 반군을 지원하는 데 자금을 사용할 수 없도록 하는 법안을 통과시키는 데 성공했다.[56] 이 행정부는 그들을 유지하기 위한 다른 자금을 찾기 위해 노력했으며, 결국 다른 출처에서 자금을 확보했다.[57] 1989년, 레이건이 퇴임한 후 미국 정부는 베트남 전쟁 이후 최대 규모의 군사 작전을 벌여 파나마의 독재자 마누엘 노리에가를 제거했다.[58] 미국은 또한 1985년, 아프리카 앙골라에서 쿠바 지원 정부에 맞서 싸우는 반군[59]과 동남아시아 캄보디아에서 베트남에 의해 설치된 정부에 맞서는 반대자들[60]에게 매우 미미한 지원을 제공하며 레이건 독트린을 중앙아메리카 너머에 적용했다.

레이건 행정부는 또한 중동 문제에 개입하게 되었는데, 그곳에서 냉전의 틀을 항상 적용할 수 없다는 사실을 알게 되었다. 중동 지역의 정부들과 다른 단체들은 초강대국들로부터 군사적, 경제적 지원을 받는 것에 기꺼이 응했지만,

그 지역의 주요 갈등은 서방의 민주적 우방들과 마르크스-레닌주의자들 사이의 대립이 아니었다. 대신, 주요한 균열은 종파, 종교, 부족, 민족 간의 차이를 두고 있었다. 이러한 이유로, 그리고 미국이 다른 국가들을 후원하기보다는 자국의 군사력을 사용하는 방식으로 개입했기 때문에, 중동에서의 레이건 행정부의 노력은 레이건 독트린의 사례로 간주되지 않는다. 그리고 어쨌든, 레이건의 중동 정책은 큰 성공을 거두지 못했다.

1980년, 이라크는 사담 후세인이라는 잔인한 수니파 무슬림 독재자 아래에서 이란을 공격했다. 이란은 혁명적이고 근본주의적인 이슬람 시아파 정부를 가지고 있었다. 미국의 이익에 더 큰 위협을 가하는 것으로 보였던 이란을 막기 위해, 그리고 이슬람 공화국을 두려워한 페르시아만의 석유 수출 수니파 무슬림 군주국들—특히 사우디아라비아의 요청에 따라—워싱턴은 이라크 편을 들었다. 미국은 이라크 정부에 정보 제공을 했으며, 1988년 7월 3일, 페르시아만에서의 석유 자유 흐름을 보장하기 위해 순찰 중인 미 해군 함선이 우연히 이란 민항기를 격추시켜 290명이 사망하는 사고를 일으켰다.[61] 다른 지역에서 미국이 지원한 정부들이 적어도 일부 미국의 가치나 이익을 공유했다면, 사담 후세인은 그 어떤 것과도 거리가 멀었기 때문에, 이후 20년 동안 미국은 그와 두 차례 전쟁을 벌였다.

레이건 행정부는 또한 리비아와 두 차례의 짧은 전투에 개입했다. 리비아는 테러 지원으로 악명 높은 무아마르 카다피라는 변덕스러운 독재자가 이끌고 있었다. 카다피는 1969년 친미 왕정을 전복하고 서방의 강력한 적으로 자신을 내세웠다. 1981년 8월 19일, 두 대의 소련제 리비아 전투기가 지중해 시드라만에서 미국 항공기를 공격했으며, 리비아 정부는 이 지역에 대한 독점적 관할권을 주장했다. 미국 항공기는 이에 대응하여 리비아 전투기를 격추했다. 1986년 4월, 리비아는 베를린에 있는 미국 군인들이 자주 가는 클럽에서 폭발물을 지원한 것으로 밝혀졌고, 그 폭발로 미군 한 명이 사망했다. 이에 대한 보복으로, 미국의 전투기는 리비아의 목표를 공격했다.[62]

미국은 레바논에서 더욱 깊이 얽히게 되었다. 팔레스타인 해방기구(PLO)는 이 나라를 기반으로 삼아 이웃 국가인 이스라엘을 공격했다. 1982년, PLO의 공격에 대응하여 이스라엘은 레바논을 침공했다. PLO 지도자들은 나라를 떠나야 했고, 레이건 행정부는 그들의 퇴출을 감독하기 위해 군대를 파견했다. 군대는 철수했지만, 레바논 내 팔레스타인 난민 캠프 두 곳에서 레바논 기독교 민병대가 학살을 자행하자 다시 군을 투입했다.[63] 미국 군대는 명확한 임무를 가지고 있지 않았고, 1983년 10월 23일, 241명이 테러리스트들이 폭발물을 실은 트럭을 그들이 살고 있던 군사 시설에 들여보내면서 사망했다. 몇 달 후, 레이건은 나머지 군대를 철수시켰다.

그의 행정부는 레바논에서 또 다른 불운한 사건에 휘말리게 되었다. 그 나라의 친이란 세력은 여러 명의 미국인들을 포로로 잡았다. 대통령은 그들을 석방시키고 싶어 했고, 이를 위해 그의 정부 인사들이 이란에 무기를 팔았다. 그 수익금은 의회가 니카라과의 콘트라들에게 지원을 거부한 돈을 대체하기 위해 니카라과 콘트라들에게 전달되었다.[64] 이란-콘트라 스캔들로 알려지게 된 이 사건은 레이건 행정부가 세 가지 법을 위반하게 만든 사건이었다. 이란 정부에 대한 무기 금수 조치 위반, 테러리스트와의 협상 금지 원칙 위반, 그리고 콘트라들에게 정부의 지원을 금지하는 법률 위반이었다. 행정부의 불법 행위가 드러나자, 대통령은 처음에는 자신이 이를 몰랐다고 부인했으나, 결국 1985년 이스라엘에서 이란으로 무기 운송을 승인한 사실을 인정해야 했다.[65] 그의 인기도는 대통령 임기 중 최저점을 기록했다.[66]

반군 지원의 가장 중요한 캠페인은 아프가니스탄에서 이루어졌다. 이곳에서 레이건 독트린은 냉전에서 가장 큰 영향을 미쳤다. 소련의 침공과 점령은 그 나라에서 광범위한 무장 반대 세력을 일으켰다. 미국은 인접한 파키스탄을 통해 아프간 반군에게 무기를 지원했으며, 1986년에는 소련군이 아프가니스탄을 안정시키기 위한 캠페인에서 사용하는 헬리콥터를 격추할 수 있는 스팅어 대공 미사일도 포함되었다.[67] 아프가니스탄 반군에 대한 무기 지원은 냉전 후반기

CIA 작전 중 가장 중요한 것 중 하나였으며, 사실상 비밀 작전은 아니었다.

아프가니스탄에서 미국은 실제로 소련에 대한 반격을 했다. 미국의 지원을 받은 아프가니스탄은 소련에게는 미국의 베트남 전쟁과 유사한 전쟁터가 되었다. 아프가니스탄 반군의 저항은 베트남과는 달리 민족주의적 감정보다는 부족적 충성심과 종교적 동기로부터 힘을 얻었지만, 아프간 반군은 베트남 공산주의자들처럼 치열하게 싸웠으며, 그들이 싸우는 소련군보다 훨씬 더 많은 피해를 입었다. 베트남 공산주의자들에게 제공된 지원처럼, 아프가니스탄 반군이 다른 나라들로부터 받은 지원은 그들이 외국 군대에 큰 타격을 입히는 데 도움이 되었다. 결국, 아프가니스탄 전쟁은 베트남 전쟁의 끝과 비슷한 결과를 가져왔다. 소련군은 철수했다.

레이건 독트린은 그 다양한 지역적 적용에도 불구하고, 미국이 지원한 반군들이 공격한 정부들을 전복시키는 데는 성공하지 못했다. 그러나 반군들의 활동은 일정한 영향을 미쳤다. 국방비 지출 증가로 인해 미국 군비가 확장된 것과 전략 방어 계획(Strategic Defense Initiative)이 소련의 안보에 제기한 잠재적 위협과 함께, 이러한 반군 활동들은 소련에 압력을 가했다. 이는 미국 및 그 동맹국들과의 경쟁에서 소련의 부담을 증가시켰기 때문이다. 그러나 1980년대 냉전에서 중요한 발전은 두 강대국 간의 군사적 경쟁에서 일어난 것이 아니라 거대한 글로벌 체제경쟁의 경제적, 사회적, 정치적 영역에서 이루어졌다.

중요한 10년

1980년대에 냉전은 전환점을 맞이했다. 서방은 1970년대의 경제 침체에서 벗어났다. 공산권은 침체에 빠졌고, 그들의 국가 경제는 정체 상태에 놓였다. 경제성장의 공식으로서 중앙계획이 자유시장보다 우수할 것이라는 기대, 두 세대에 걸쳐 공산주의자들의 신념이었던 이 주장은 사라졌다. 또한, 동유럽에서는 공산주의 통치에 대한 또 다른 심각한 도전이 일어났다. 동시에, 제3세계의 점점 더 많은 국가들이 서방의 경제적, 정치적 제도와 관행으로 다가가고, 마르크스-레닌주의 국가들과 유사한 체제에서 멀어졌다. 요컨대, 1980년대에 접어들면서, 미소 간의 군사적 경쟁은 레이건 행정부의 더욱 공격적인 전술에도 불구하고 여전히 교착 상태에 머물렀지만, 경제적이고 정치적인 경쟁에서는 서방이 주도권을 잡았고, 결국 그 주도권이 1980년대 말에 결정적인 결과를 가져왔다.

1980년대가 시작될 무렵, 미국은 주요 경제적 병리 중 하나인 인플레이션을 극복하는 길에 있었고, 이는 상당한 대가를 치른 결과였다. 지미 카터 대통령은 폴 볼커를 연방준비제도(Federal Reserve) 의장으로 임명했고, 볼커는 금리를 매우 높은 수준으로 올려 1981년 22.4%에 달하는 금리를 기록하며 인플레이션을 억제했다. 이로 인해 미국 경제는 침체에 빠졌고, 실업률은 1982년 11월 10.8%로 치솟았지만, 인플레이션율은 급격히 떨어졌다. 카터가 임기를 마칠 당시 12%였던 인플레이션율은 1983년에는 3.2%로 낮아졌다.[68] 그 이후 경제 성장은 재개되었고, 실제 국내총생산(GDP)은 레이건 대통령하에서 3분의 1 이상 증가했다.[69] 이는 급격한 침체에서의 자연적인 반등의 일환이었으며, 일부는 레이건 행정부의 군사 지출 자극과 세금 인하라는 또 다른 자극, 그리고 기업에 대한 규제 완화 덕분이었다. 또한 1980년대에는 빌 게이츠와 스티브 잡스와 같은 미국의 민간 기업가들의 노력 덕분에, 이후 몇십 년 동안 서방을 거쳐 전 세계로 퍼져나갈 놀라운 정보 기술들이 등장하기 시작했다.[70]

서유럽은 1970년대에 미국과 유사한 경제적 어려움을 겪었다. 전후 경제상승의 주요 원천인, 예를 들어 이전에 사용되지 않았던 미국에서 개발된 기술과 제품의 채택이 끝을 맺었고,[71] 두 차례의 석유 충격은 경제 활동을 둔화시키면서 가격을 올렸다. 이는 대서양 건너편에서도 마찬가지였다. '트론트 글로리외즈(trentes glorieuses)'—전례 없는 빠른 경제 성장의 30년—는 끝을 맺었다.[72]

하지만 1979년, 마거릿 대처가 영국 총리로 취임하면서, 로널드 레이건이 이후 미국에 가져온 것과 같은 경제적 의제를 가지고 정부의 역할 축소를 강조했다. 1983년, 서독(서독연방공화국, West Germany)에서 경제정책 면에서 유사한 성향을 가진 중도우파 기독교민주당(Christian Democrats, CDU)이 집권하며 사회민주당(SPD)을 대체했다. 1981년에는 사회주의자 프랑수아 미테랑이 프랑스 대통령에 당선되어 반대의 경제정책을 시행했다. 세금을 인상하고 프랑스 경제의 중요한 부문을 국유화한 것이다. 그의 조치는 급격한 정치적, 경제적 반발을 일으켰고, 미테랑은 1982년에 정책 방향을 전환하여 레이건과 대처의 경제정책에 더 가까운 정책을 시행하기 시작했다. 이는 그가 처음에 지지했던 정책과는 상반되는 것이었다.[73]

서유럽의 주요 경제국들은 1980년대, 특히 1980년대 후반에 1970년대보다 더 나은 경제성과를 보였다.[74] 새로운 시장 친화적인 정책 외에도, 서유럽은 유럽 석탄철강 공동체(European Coal and Steel Community) 설립을 시작으로, 유럽경제공동체(European Economic Community)의 출범에 이르기까지 진행된 공식적인 경제 통합 과정의 혜택을 보았다. 1987년에 발효된 단일유럽법(Single European Act)은 상품, 사람, 서비스, 자본의 자유로운 이동을 보장하는 단일 유럽 시장의 창설을 위한 일정표를 설정했으며,[75] 이는 대륙 서쪽에서 경제활동을 촉진하는 역할을 했다.[76]

즉, 서방은 이 중요한 1980년대에 경제 관리 접근방식을 '신자유주의(neo-liberalism)'라고 부를 수 있게 되었으며, 이는 정부의 제공과 감독보다는 민간기관에 우선권을 두는 방향으로 나아갔다. 자유시장에 대한 의존은 서방 경제시스템을 공산주의 경제시스템과 구별지었고, 1980년대에는 서방 시장이 점차 자유로워졌다. 이러한 방향 전환은 (또는 비판자들이 믿기에, 그것은 긍정적인 경제 결과와 일치했다.) 냉전이 자유시장과 중앙 계획경제 사이의 경쟁이었다면, 그 1980년대 동안 서방 경제체제는 상당하고 명백한 우위를 점했다.

1980년대는 서방 내에서 경제적 갈등이 없었던 것은 아니었다. 제2차 세계대전으로 황폐해졌던 국가들의 경제 부흥, 이 부흥은 미국이 금태환제를 정지하기로 결정한 배경이 되었던 부흥으로,[77] 여전히 미국 제조업체들에 압박을 가하고 있었다. 특히 일본 기업들은 섬유, 자동차, 철강 산업 등에서 미국 시장에 진출하여 1970년대부터 이에 영향을 받은 미국 산업과 그들의 노동자들로부터 보호를 요구하는 목소리를 일으켰다.[78] 이 요구는 민주당이 이러한 주장들의 정치적 대변자가 되는 결과를 낳았다. 이는 무역에 관한 국내 정치의 변화를 가져왔다. 남북전쟁 이후, 공화당은 국제 상업에 대한 제한을 지지해 왔지만, 1980년대에는 민주당이 그 역할을 대신하며, 세금 인상을 지지하는 공화당은 자유무역을 지지하는 쪽으로 방향을 틀었다.[79]

미국 정부는 일본(및 다른 국가들)과 협상을 통해 일부 분야에서 무역에 제한을 두는 합의를 맺었다.[80] 이는 자유무역의 원칙을 위반한 것이지만, 일본과 미국 간의 전반적인 경제 관계—양국 모두에게 이익이 되는 관계—와 그들의 군사 동맹의 결속을 유지하는 데 기여했다.

유사하게, 미국은 1971년 8월 15일 브레튼우즈 통화체제를 종료한 이후, 서방의 통화들이 불균형 상태에 있다는 생각을 하게 되었다. 독일 마르크와 일본 엔화가 달러에 비해 저평가되어 있어 미국의 무역 적자를 초래하고 있다고 보았다. 1985년의 플라자 협정(뉴욕시의 플라자 호텔에서 최종 조정이 이루어진 이 협정)은 서방의 통화들을 미국 정부가 원하는 방향으로 재조정했다. 이를 통해 미국의 무역적자가 줄어들었고, 미국 내에서 보호주의 요구에 대한 정치적 압박을 어느 정도 완화할 수 있었다.[81] 다시 말해, 민주주의 국가 간의 협상은 서방 내 경제적, 정치적 조화를 유지하는 결과를 낳았다. 소련과의 경쟁은 서방의 단결을 유지하는 데 중요한 역할을 했으며, 서방의 단결은 그 경쟁에서 서방의 입지를 강화하는 결과를 가져왔다.

1980년대에 서방의 자유시장 경제는 부흥을 경험한 반면, 공산주의 국가들의 경제는 침체했다. 1978년에서 1988년 사이, 소비에트 경제는 전체적으로 고작 7% 성장했으며, 1980년대 후반에는 실제 연간 성장률이 1% 이하로 떨어졌다.[82] 동유럽의 경제 성장도 그 시기에 1% 이하로 떨어졌다.[83] 모스크바가 설치한 동유럽 정부들이 지닌 어느 정도의 정당성은 생활 수준의 향상을 통해 유지되었으나, 이러한 성과를 자국의 경제적 성과를 통해 제공할 수 없었던 이들 정부는 서방에서 대규모로 차입을 하였고, 그 차입금을 상환하는 데 어려움을 겪으면서 결국 부채 위기에 빠졌다.[84]

소비에트 연방은 1980년대에 여러 경제적 장애물에 직면했다. 모스크바가 외환 수입을 의존하던 석유 가격이 급격히 하락했으며,[85] 방위 산업 부문이 국가의 인재와 자원을 과도하게 차지하여 경제의 다른 부문에 필요한 자원이 부족해졌다.[86] 또한, 엄격하게 위계적인 소비에트 시스템은 변화의 촉진을 위해 최고 지도자의 리더십을 요구했지만, 1985년까지 최고 지도자는 매우 약화된 상태였다. 레오니드 브레즈네프는 생애의 마지막 몇 년 동안 건강이 크게 악화되었고, 1982년에 사망했다.[87] 그 뒤를 이은 유리 안드로포프는 비밀경찰 KGB의 전 수장이었으나 심각한 신장 질환에 걸려 1984년에 사망했다. 그다음, 브레즈네프의 전 비서였던 콘스탄틴 체르넨코는 취임 당시 건강이 좋지 않았으며, 1985년에 사망했다.

그러나 공산주의 경제의 쇠퇴에는 더 넓고 깊은 문제가 있었다. 이들 경제가 의존했던 성장 모델은 1980년대에 이르러 그 효용성을 다했다. 성장을 이끌 수 있는 제도와 관행들이 공산당이 강제한 정치체제와는 양립할 수 없다는 것이 드러났고, 그로 인해 이러한 제도들은 채택될 수 없었다.

공산주의 통치가 시작된 이래로 이들 국가는 '확장적 성장(extensive growth)'을 추구해 왔다. 이는 생산에 필요한 자원들—토지, 자본, 원자재, 그리고 무엇보다 노동—의 흐름을 확장하여 생산을 증가시키는 방식이었다. 그러나 1980년대에는 공산주의 성장의 전성기를 특징지었던 그런 자원들이 더 이상 풍부하지 않았다. 특히, 서유럽처럼 소비에트 연방과 그 공산주의 동유럽 위성국들은 농촌에서 비효율적으로 일하던 노동자들이 도시로 이주하여 공장에서 근무하면서 생산성이 급격히 향상되었던 것처럼, 더 이상 그런 잉여노동력을 공급할 수 없었다.

경제성장을 지속하기 위해 공산주의 국가들은 '집약적' 접근방식으로 전환해야 했을 것이다. 즉, 생산에 필요한 자원들을 추가하는 방식이 아니라, 이미 보유하고 있는 자원들을 더 효율적으로 활용하는 방식으로 변화해야 했다. 집약적 성장을 위한 조건들은 서방에 존재했다. 자원을 효율적으로 배분할 수 있도록 하는 실제 가격, 생산 증가 방법을 실험할 수 있는 독립적인 기업들, 그리고 새로운 제품과 생산 방법을 개발할 수 있는 인센티브를 창출하는 사유 재산권의 보장 등이 그것이다. 그러나 마르크스-레닌주의의 원칙과 관행은 이러한 모든 것들을 금지하고 있었다.[88]

즉, 스탈린이 창출한 공산주의는 20세기 후반의 경제성장을 위한 필수적인 기반을 수용할 수 없었다. 칼 마르크스는 자본주의 경제의 운영과 그것들이 작동하는 사회에서의 정치적 안정 요구 사이에 갈등이 발생할 것이라고 예언했으며, 그 갈등은 결국 혁명으로 이어질 것이라고 주장했다. 즉, 그는 경제와 정치 사이의 치명적인 갈등을 예상한 것이다. 그러한 갈등은 1980년대에 실제로 발생했지만, 그것은 마르크스의 가르침에 충실한 정당들이 지배하는 사회에서 일어났으며, 그 갈등은 궁극적으로 혁명으로 이어졌다.

이 모든 일은 미국이나 그 외교정책과는 아무런 관련이 없었으며, 1980년대 초 공산권에서 발생한 주요 정치적 위기도 마찬가지였다. 그 위기는 폴란드에서 발생했다. 폴란드는 바르샤바 조약 기구(Warsaw Pact) 회원국 중 인구가 가장 많은 나라였으며, 1945년 이래 공산주의 통치에 가장 자주 저항했던 국가이기도 했다.[89] 폴란드는 동유럽의 다른 국가들과는 달리 일부 사유농업을 유지하고 있었으며, 그곳의 가톨릭교회는 일상생활에서 중요한 역할을 했다. 1978

년, 폴란드 출신의 카롤 보이티와(Karol Wojtyła) 추기경(크라쿠프 대주교)이 교황으로 선출되었다. 그는 400년 만에 선출된 최초의 비(非)이탈리아 출신 교황이었으며, '교황 요한 바오로 2세(John Paul II)'라는 이름을 사용하게 되었다. 교황 요한 바오로 2세는 1979년 6월 폴란드를 방문하며 거대한 군중을 끌어모았다. 그의 방문은 폴란드 국민들이 자국의 민족주의적이고, 따라서 반공적인 감정을 대규모로 표출하는 계기가 되었다.[90]

1980년 8월, 폴란드 발티크 해안의 그단스크에 위치한 레닌 조선소의 노동자들이 파업을 시작했다. 처음에는 경제적 요구에서 시작했지만, 곧 정치적 요구로도 확대되었다. 전국적으로 파업이 발생했으며, 이는 평화적이고 잘 조직된, 매우 광범위한 사회 운동으로 발전했다. 폴란드 정부는 그 어떤 공산당 정권도 이전에는 하지 않았던 일을 하게 되었다. 바로 독립적인 노동조합인 '연대(Solidarity)'를 인정한 것이다.[91] 연대의 존재는 국가와 독립적인 조직 창설을 금지하는 공산주의의 근본적인 금기를 위반한 것이었으며, 폴란드 정부는 이전과는 다른 방식으로 공산 정권을 유지하려 했다. 이번에는 민간 관료가 아닌 군 장성, 보이치에흐 야루젤스키(Wojciech Jaruzelski) 장군이 정권을 이끌었다. 결국, 1982년 12월, 폴란드 정부는 계엄령(martial law)을 선포하고, '연대(Solidarity)' 운동의 지도자들을 투옥하며 강경 진압을 단행했다.[92]

이 사건은 유럽의 공산주의가 경제적으로뿐만 아니라 정치적으로도 쇠퇴하고 있음을 보여주는 결정적인 증거가 되었다. 공산당은 이제 권력을 유지하기 위해 강압적인 방법만을 사용할 수 있었으며, 최소한 폴란드에서는 사회가 비폭력적이지만 효과적인 방식으로 공산당에 저항할 수 있는 방법을 찾았다는 것을 보여주었다. 더 나아가, 공산주의의 냉전 상대국인 서방은 번영하고 있었고, 공산주의 국가들은 침체에 빠졌으며, 제3세계 국가들은 공식적으로 양 진영의 일원이 아니었지만 서방으로 기울어가고 있었다. 이들 국가는 협력하지는 않았고, 일반적으로 개별 국가들이 미국과 그 동맹국들과의 정치적, 경제적 동맹을 위해 선택을 한 것도 아니었다. 그럼에도 불구하고, 그들이 채택한 정책들의 종합적인 효과는 자본주의 민주주의 진영으로 체제 간 경쟁을 더욱 기울게 했다.

동유럽 국가들처럼, 1980년대 초 많은 제3세계 국가들, 특히 라틴 아메리카 국가들은 외채 위기를 겪었다. 1970년대 두 차례의 석유 충격으로 석유 가격이 급등하자, 이들 국가는 자국 경제를 유지하기 위해 수입 석유를 구입할 자금을 마련하기 위해 대규모로 차입할 수밖에 없었다. 미국의 인플레이션 억제 정책과 레이건 정부의 세금 인하와 국방비 증가로 인해 대규모로 자금을 차입해야 했던 미국 정부의 필요성에 맞춰, 미국을 비롯한 서방 국가들의 금리는 급격히 상승했고, 그로 인해 차입 국가들의 부채 상환 부담은 감당할 수 없을 정도로 커졌다. 이들은 결국 서방의 은행, 특히 미국의 은행들과 국제통화기금(IMF)과 협상하여 채무를 재조정했다. 새로운 협정은 채무국가들에 가혹한 긴축 정책을 강요했고, 이로 인해 경제성장은 정체되었다. 1980년대는 라틴 아메리카에서 '잃어버린 10년'으로 알려지게 되었다.[93]

글로벌 체제경쟁의 차원에서, 외채 위기의 가장 중요한 점은 일어나지 않은 일이었다. 피해를 입은 국가들은 서방의 금융시스템을 떠나지 않았다. 그들은 20년 전에 쿠바가 택한 길을 따르지 않았다. 경제적으로 큰 고통을 겪었고, 마르크스-레닌주의적 관점에서 보면 이는 탐욕적인 자본가들에 의해 가해진 고통으로 볼 수 있었지만, 그들은 미국 중심의 국제경제질서 내에 남아 있는 것이 공산주의 블록에 합류하는 것보다 경제성장을 위한 더 나은 길이라고 판단했다.

제3세계에서 일어난 또 다른 변화는 시스템 간 경쟁의 경제 분야에 훨씬 더 큰 영향을 미쳤다. 경제성장을 달성하기 위한 두 가지 뚜렷한 전략이 등장했으며, 각각은 냉전 동안 두 경쟁 경제시스템 중 하나와 연관이 있었다. 수입 대체 전략은 중앙 계획경제의 방식처럼 정부의 경제적 역할, 중공업 발전, 그리고 글로벌 경제로부터 일정 부분 차단되는 것을 강조했다. 제3세계 국가들은 보호 관세를 통해 이러한 차단을 실현했다.[94] 반대로, 수출 촉진 전략은 시장, 경쟁, 그리고 이름 그대로 해외시장으로의 수출을 더욱 강조하는 전략으로, 미국과 그 동맹국들의 자유 시장경제 체제와 더 잘 맞아떨어졌다.[95]

1980년대에 수입대체 전략을 채택한 국가들은 공산주의 계획경제처럼 침체를 겪었다. 그중 가장 큰 나라인 인도는 1991년에 금융 위기를 겪었고, 이에 대응하여 인도 정부는 이전에 거부했던 자유시장 정책을 채택하게 되었다. 반면, 수출촉진 전략을 채택한 국가들은 번영을 누렸다. 일본은 1945년 이후 이 접근방식을 선도하여 '경제적 동력(Economic Dynamo)'이 되었으며, 제2차 세계대전의 폐허 속에서 세계에서 두 번째로 큰 경제를 구축했다. 한국, 대만, 싱가포르 등 다른 동아시아 국가들도 일본의 사례를 따랐고, 그들 또한 인상적인 경제 성장을 이뤄냈다.[96]

1980년대 초, 수출촉진 전략은 가장 중요한 변화를 일으킨 국가를 얻었다. 마오쩌둥의 폭압적인 통치 아래에서 정통적인 스탈린주의 계획경제였던 중화인민공화국은 자유시장의 도입을 허용하기 시작했다. 중국의 경제 개혁은 농업에서 시작되었고, 그 후 마을기업이라 불리는 준 사적 기업들이 등장했으며, 베이징의 공산당 정부[97]는 외국인 투자를 유치하기 위해 특별 경제구역을 창설했다. 수출 부문이 급성장하면서 중국 경제는 급등했다. 그 이후로 40년 동안 놀라운 속도의 경제 성장이 이어졌다.[98]

따라서 제3세계에서는 서방의 경제적 관행에 가까운 방식이 공산주의 세계의 경제 패턴을 부분적으로나마 닮은 방식보다 더 뛰어난 성과를 거두었으며, 그중에서도 특히 세계에서 가장 큰 공산주의 국가였던 중국에서 그 우위가 더욱 명확하게 나타났다. 수입대체보다 수출촉진의 우수성이 점점 더 뚜렷해지면서, 동아시아 외의 국가들도 이 정책을 채택하기 시작했다.[99] 이렇게 해서, 케네디 대통령을 비롯한 많은 사람이 냉전의 결정적 전장이 될 것이라고 믿었던 세계에서 가장 크고 가난한 부분이 전체적으로 서방의 편에 서게 되었다.

미국은 공산주의 경제의 실패에 직접적인 역할을 하지 않았지만, 수출촉진 국가들의 성공에는 기여했다. 일본, 한국, 대만은 미국과의 동맹을 통해 얻은 보호를 누렸다. 더 일반적으로, 미국의 군사력은 아시아-태평양 지역에서 상업이 이루어지기 위해 필요한 안보를 제공했다. 중요한 점은, 이들 국가의 수출물 중 상당 부분이 미국으로 향했다는 것이다. 수출촉진은 미국 시장에 접근하지 못했으면 그만큼 높은 성장률을 이룩할 수 없었을 것이다.

1980년대에 서방은 제3세계에서도 정치 시스템을 확산시키면서 큰 성과를 거두었다. 20세기 마지막 수십 년의 '민주주의 물결'[100]은 사실 유럽에서 시작되었다. 1974년, 포르투갈에서 오랜 독재가 무너지고, 혼란스러운 정치적 과정을 거쳐 민주정부가 권력을 잡았다. 그 물결은 아시아로 퍼져나갔고, 필리핀, 대만, 한국은 독재적인 지배를 벗어나 자유선거로 정부를 선택하게 되었다. 그 물결은 남미에도 미쳤다. 1980년에는 그곳에서 민주주의 국가가 두 나라뿐이었지만, 1990년에는 모든 나라가 민주국가가 되었다.[101]

미국은 여러 새로운 민주주의 국가들과 긴밀한 관계를 맺고 있었고, 경우에 따라, 예를 들어 필리핀에서는 자국의 영향력을 발휘해 독재에서 민주적 지배로의 전환을 촉진할 수 있었다. 그러나 민주주의의 확산은 대부분 예시를 통해 이루어졌다. 다른 나라들은 경제적 번영과 안정적이고 자유를 증진하는 정치 체제를 가진 민주주의 국가들의 글로벌 공동체를 존중하고 그것을 본받으려 했다.[102] 미국은 그 공동체의 리더로서 이 예시의 힘을 크게 증대시켰다.

중국은 1980년대 민주화 경향에서 예외적인 사례로 나타났다. 1989년 봄, 베이징 천안문 광장(Tiananmen Square)에서 학생들이 최근 사망한 공산당 지도자의 추모를 위해 모였다. 이 지도자는 그의 자유주의적 정치 견해로 인해 권력에서 물러난 인물이었다. 처음에는 단지 모임에 불과했으나, 그것은 점차 확산되어 매일 커지는 시위로 변했다. 유사한 시위가 전국 341개 도시에서 일어났다.[103] 시위의 원인은 다양했지만, 공산주의 체제보다 민주적인 정치 시스템을 원하는 열망도 포함되어 있었다. 공산당 최고 지도부는 이러한 시위를 자신들의 통치에 대한 위협으로 간주했고, 1989년 6월 4일, 무력을 동원해 천안문 광장에서 시위대를 강제 해산시켰다. 그 과정에서 수백 명이 목숨을 잃었다.[104]

중국에서 민주주의의 후퇴에도 불구하고, 1980년대는 서방의 경제적, 정치적 성공이 계속된 시기였다. 이러한 지속적인 성공과 공산주의 세계가 겪고 있는 심각한 어려움, 그리고 제3세계가 서방의 관행과 제도로 기울어가는 추세는 1985년 3월, 콘스탄틴 체르넨코의 뒤를 이어 소련의 지도자로 등장한 미하일 고르바초프가 마주한 글로벌 조건들이었다. 이러한 조건들은 고르바초프의 통치 아젠다를 결정지었으며, 그 아젠다는 상상할 수 있는 가장 깊은 영향을 미쳤다. 고르바초프는 비록 의도하지 않았지만, 20세기 후반의 위대한 혁명가로 등장하게 되었다. 그는 의도적으로든, 혹은 어느 정도 의도하지 않았든 냉전의 종식을 이끌었다. 그러나 유럽에서의 공산주의 붕괴와 소련 자체의 해체는 전혀 의도하지 않은 결과였다. 그런 이유로, 그는 미국 외교정책 역사에서 가장 중요한 인물 중 하나로 여겨진다.

데탕트 II

고르바초프는 소련 공산당 서기장(General Secretary of the Communist Party of the Soviet Union)이자 국가의 최고 지도자로서, 그 직전에 재임했던 지도자들보다 한 세대 더 젊은 인물이었다.[105] 그는 분명한 임무를 가지고 있었다. 바로 국가를 경제적 침체, 특히 경제침체에서 벗어나게 하는 것이었다. 경제성장 없이는 소련은 냉전에서 미국과의 경쟁에서 점점 더 뒤처질 것이었다. 그것은 초강대국으로서의 지위를 걸고 벌어지는 싸움이었다.[106]

고르바초프는 우선 국가의 경제적 성과를 개선하려는 노력으로, 훈련과 격려를 강조했다. 그는 이 새로운 접근방식을 '우스코레니예(가속화)'라고 불렀다.

노동자, 관리자, 계획자, 그리고 관료들은 사실상 더 열심히 일해야 했다. 그는 알콜 중독 문제를 줄이기 위해 보드카의 판매를 제한하는 방법을 시도했으며, 그로 인해 '광천수 서기(the mineral water secretary)'라는 별명을 얻었다. 그러나 이러한 초기 접근 방식은 그가 원했던 결과를 얻지 못했다. 이후 그는 '페레스트로이카(개혁)'라는 더 야심찬 경제개혁 프로그램을 채택했다. 고르바초프는 자신이 필요하다고 믿었던 개혁이 관료적 관성(inertia)과 내부 반대(opposition)에 가로막히자, 두 가지 서구식 정치개혁을 도입했다. 이는 보다 자유로운 언론[107]을 수반하는 글라스노스트(개방)와 민주화였다.

1989년까지 정치개혁은 상당히 진전되어 국가 입법기관인 인민대의원대회(Congress of People's Deputies)에서 경쟁적인 선거가 진행되었다.[108] 고르바초프는 선출되지 않았지만, 대의원들의 논의에서 주재하며, 그 과정에서 대중은 소련 역사상 그 어느 때보다 더 열린 방식으로 공공 문제에 대해 논의하는 모습을 듣게 되었다.[109] 특히 두 명의 대표가 주목을 받았다. 안드레이 사하로프(Andrei Sakharov)는 소련의 저명한 과학자이자 반체제 인사(dissident), 노벨 평화상 수상자로 소련의 아프가니스탄 침공에 반대하며 공개적으로 목소리를 냈고, 그 결과 소련 정부에 의해 고르키(Gorky)[110]로 유배되었다. 그러나 고르바초프가 그를 다시 모스크바로 귀환할 수 있도록 허용했다.[111] 또한, 보리스 옐친(Boris Yeltsin)은 과거 시베리아 스베르들롭스크(Sverdlovsk)[112]의 공산당 서기로 고르바초프에 의해 폴리트뷰로(정치국)에 발탁되었다. 하지만 그는 개혁 속도가 지나치게 느리다고 비판하며 사임하려 했으나, 대신 해임되었다. 이후 공산당을 탈당하고 독립적인 정치 경력을 이어가면서 지도자로 성장했다.[113]

고르바초프는 국내 문제보다는 외교정책에서 더 큰 성과를 거두었다. 그는 소련의 대외 접근방식을 바꾸기 위한 '신 사고(new thinking)'를 시작했다. 이 새로운 사고는 소련의 공식 원리에 새로운 것이었으며, 그 주요 내용은 안보는 상호적인 것이라는 주장이었다. 즉, 브레즈네프가 시행한 군비증강 정책이 국가의 안전을 높이지 않는다는 의미였다. 고르바초프는 또한 레닌 시대에 시작된, 공산주의와 자본주의 진영 간의 갈등이 불가피하다는 원칙을 거부했다. 그는 주권 국가들이 자국의 정치체제와 국제적 지향점을 선택할 권리가 있다는 원칙을 받아들였으며, 이는 브레즈네프 독트린[114]을 취소하며, 동유럽 공산권에 큰 영향을 미쳤다.

이러한 새로운 사고는 고르바초프가 권력을 잡은 이후 점차 발전했다. 처음에는 경제 부흥이라는 주요 목표를 지원하기 위해, 미국과의 군비 경쟁에서 부담을 덜고 비용을 낮추는 것이 중요하다고 생각했다. 따라서 그는 1970년대의 데탕트 정책을 재개하는 것을 최우선 과제로 삼았다.

고르바초프가 취임 당시 데탕트를 반대했던 것과 달리, 로널드 레이건도 미국의 주요 적국과의 관계 개선을 원했다. 그는 미국의 군사력을 대폭 확장하며, 오랫동안 주장해온 목표를 실현할 수 있도록 했다.[115] 즉, "힘의 우위를 바탕으로 소련과 협상하는 것"이 가능해진 것이다. 또한 고르바초프가 그의 선임자들과 중요한 점에서 달라졌다는 점을 직감적으로 알아차렸다.[116] 마지막으로, 전략방위구상(Strategic Defense Initiative)을 통해 양국 사회가 파괴적인 핵 공격에 취약하지 않도록 하는 방법을 찾고자 했다.

결국, 레이건과 고르바초프는 다섯 번[§]만났으며, 이는 20세기 역사에서 중요한 역할을 한 마지막 미국과 소련 지도자들의 만남이었다. 윌슨과 레닌은 제1차 세계대전 후 국제 질서에 대한 상반된 관점을 제시했다. 프랭클린 루스벨트

---

§ 그들은 1985년 제네바, 1986년 아이슬란드 레이캬비크, 1987년 모스크바, 1988년 워싱턴에서 만났다. 그들의 마지막 만남은 1988년 12월 뉴욕의 유엔에서 이루어졌으며, 고르바초프는 이곳에서 중요한 연설을 하기 위해 왔다. 이 만남은 공식적인 의제가 없이 간단하고 비공식적인 만남이었다. 그 자리에는 지난달에 대통령 선거에서 승리한 로널드 레이건의 부통령인 조지 H. W. 부시도 참석했다. 리처드 리브스(Richard Reeves), *President Reagan: The Triumph of Imagination* (뉴욕: 사이먼 앤 슈스터, 2005), 482-484쪽. 레이건 대통령 재임기간 동안, 소련-미국 관계에 대한 세 가지 주요 의제가 발전했으며, 이는 군비통제, 지역 갈등, 그리고 미국의 요구에 따라 인권을 포함했다. 같은 책, 346쪽; 오드 아르네 베스타드(Odd Arne Westad), *The Cold War: A World History* (뉴욕: 베이직 북스, 2017), 48쪽.

와 스탈린은 제2차 세계대전에서 중요한, 비록 일시적인 동맹을 구축했다. 케네디와 흐루쇼프는 핵 시대에서 두 번의 가장 위험한 위기를 다뤘다. 닉슨과 브레즈네프는 첫 번째 데탕트 시기를 조정했고, 레이건과 고르바초프는 두 번째 데탕트를 이끌었다.

두 지도자는 1985년 11월 제네바에서 첫 만남을 가졌으며, 이는 6년 만의 첫 번째 회담이었다. 그 이듬해 10월, 그들은 아이슬란드의 수도 레이캬비크로 여행을 가서 또 다른 만남을 가졌다. 이 만남은 소련-미국 정상 회담 중 가장 이례적인 회담으로 변했다. 고르바초프는 1960년대 후반 이후 핵 협상 기준으로 볼 때 진정으로 급진적인 제안을 했다. 레이건 행정부의 제로 옵션이 구상한 대로, 유럽에서 모든 중거리 핵미사일을 없애고, 나아가 모든 대륙간 탄도 미사일을 절반으로 줄이는 것이었다. 레이건은 10년 내 모든 탄도 미사일을 없애자는 제안을 되돌려 놓았다. 소련 지도자는 어떤 합의가 이루어지기 위한 조건으로 미국이 10년 동안 미사일 방어 시스템을 배치하지 않는다는 조건을 내걸었다. 하지만 레이건은 그의 전략적 방위 계획(Strategic Defense Initiative, SDI)에 전념하고 있었기 때문에 이를 거부했다. 레이캬비크 회담은 합의 없이 끝났다.[117]

이 정상 회담은 두 지도자의 핵에 대한 급진적인 접근 방식을 보여주었다. 그러나 1946년의 미국 바룩 플랜(Baruch Plan)처럼,[118] 설령 그들이 원칙적으로 합의에 도달했다 하더라도, 그들이 말한 대로의 대규모 감축이 실제로 이루어졌을지는 불확실하다. 세부 사항을 정리하기 위한 길고 논란이 예상되는 협상이 진행되었을 것이다. 더욱이, 미국 내에서 외교정책 커뮤니티의 영향력 있는 인물들과 의회, 심지어 군 지도자들조차 모든 핵미사일의 폐지에 대해 심각한 우려를 표명했다.[119]

레이건의 부통령인 조지 H. W. 부시는 1988년 대통령 선거에서 승리하여 백악관에 들어섰다. 초기에는 고르바초프가 소련의 세계에 대한 접근방식을 근본적으로 변화시켰는지 확신이 없었기 때문에 소련에 대해 신중한 태도를 취했다.[120] 그러나 곧 새 대통령은 소련 내 정치적 변화와 외교정책에서 점점 더 급진적인 변화들이 일어나고 있다는 사실에 이끌리게 되었다. 레이캬비크에서의 실패 후, 레이건과 그 뒤를 이은 부시는 소련과의 군비통제 협정을 체결하여, 이전의 어떤 협정보다 두 초강대국의 핵 무기고를 재편성하는 데 훨씬 더 큰 진전을 이루었다.

1987년 모스크바 정상 회담에서, 레이건과 고르바초프는 미국이 원했던 대로 유럽 대륙에서 모든 중거리 미사일을 제거하는 조약을 체결했다. INF 조약은 여러 면에서 선례를 깨뜨렸다. 처음으로 양측 모두에서 무기를 실질적으로 줄였으며, 사실상 하나의 무기 유형을 아예 폐지했다. 이 조약은 비대칭적인 영향을 미쳤다. 소련은 미국보다 더 많은 무기를 포기했다.[121] 가장 중요한 점은 이 협정이 양측이 상대방 영토에 인원들을 보내어 협정이 이행되고 있는지 확인할 수 있도록 허용했다는 것이다.[122] 소련 정권은 이전에 현장 사찰을 허용한 적이 없었기 때문에, 이전 군비통제 협정을 검증할 때는 정찰 위성 사진에 의존할 수밖에 없었다.[123]

모스크바 정상 회담에서 레이건은 두 초강대국 간의 정치적 관계가 눈에 띄게 변화했음을 분명히 했다. 그가 “소련을 여전히 ‘악의 제국’이라고 믿는가?”라는 질문을 받자, 그는 “아니오. 당신은 다른 시기, 다른 시대에 대해 이야기하고 있다.”라고 답했다.[124]

그 새로운 관계의 정신에 따라, 두 국가는 이후로도 장거리 핵무기 제한에 관한 합의를 체결했다. 그 결과, 1991년 7월에 체결된 START I 조약과 1993년 1월에 체결된 후속 START II 조약이 만들어졌다. 이 두 조약은 양측에서 이 종류의 무기들을 대량으로 폐기하는 결과를 가져왔다. 소련의 가장 큰 미사일에 제한을 두어, 미국 관리들이 오랫동안 우려했던 ‘취약성의 창(window of vulnerability)'을 막았다.* 소련 정부가 이러한 합의에 동의한 이유는, 레이캬비크 회담 이후 5년 동안 미국이 실제로는 핵 공격을 방어할 수 있는 완벽한 방패를 개발할 수 없다는 확신을 가졌기 때문이다.[125] 따라서 모스크바는 더 이상 미국이 미사일 방어를 포기하겠다고 약속하는 것을 그런 조약의 조건으로 요구하지 않았다.

1990년에 두 초강대국은 비핵 무기들에 대해서도 제한을 두는 합의를 체결했다. 그들은 유럽 대륙에 각각 수천 대씩 배치한 전차, 포병, 전투기, 헬리콥터와 같은 무기에 대해 제한을 두기로 했다. 유럽 재래식 무기 감축 조약(CFE, Conventional Forces in Europe Treaty)은 1988년 12월, 고르바초프가 유엔 연설에서 발표한 소련군의 일방적인 감축 조치에 이어 체결되었다.[126] 이를 가능하게 한 것은 INF 조약에서 검증 절차에서의 돌파구였다.[127]

이러한 냉전 후반기의 군비통제 협정들은 유럽에 그 어느 때보다 안정적이고 평화로운 안보 체제를 제공했다. 새로운 '공동 안보' 질서는 두 가지 특징을 가지고 있었다.[128] 첫째, 핵무기와 재래식 무기 모두 방어용(장거리 핵무기의 경우 억제력)으로 배치되었으며 공격용으로는 배치되지 않았다. 둘째, 모든 유럽 국가와 미국은 무기의 배치와 이동에 있어 투명성을 실천했다. 각 국가는 다른 국가들이 보유한 무기와 그 무기가 어떻게 사용되는지를 볼 수 있었다. 이는 성공적인 기습 공격의 가능성과 그로 인한 두려움을 크게 줄였다. 이러한 새로운 상황에서는 평화가 단순히 군사적 공격이 성공할 수 없다는 확신에만 의존하는 것이 아니라, 아무도 공격을 시도하지 않을 것이라는 자신감에 기반을 두었다.

---

* "START I은 양측이 장거리 육상 및 해상 기반 탄도미사일과 중폭격기를 총 1,600기로 제한하도록 했다. 이 총합 내에서, 조약은 미국이 불안정한 것으로 간주한 소련의 중폭격기와 미사일을 50%까지 줄일 것을 명령했다. START II는 그 이상을 요구했다. 이 조약은 양측의 핵무기 재고를 10년에 걸쳐 3,000~3,500발로 줄이도록 규정했을 뿐만 아니라, 모든 탄도미사일에 실린 다중 탄두를 전면적으로 제거하도록 했다." Michael Mandelbaum, 유럽의 평화의 새벽(*The Dawn of Peace in Europe*), (뉴욕: 20세기 펀드 프레스, 1996), 88쪽.

후속 군비통제 조치들은 앞선 조치들과 마찬가지로, 미국과 소련 간의 정치적 관계에 의존했다. 처음 냉전이 시작되었을 때의 기본적인 정치적 갈등이 여전히 존재했기 때문에, 그 당시 체결된 협정들은 많은 시간과 노력이 들었음에도 불구하고, ABM 조약을 제외하고는 양측이 배치한 군사력에 미친 영향은 미미했다. 1970년대의 군비통제는 주로 상징적인 가치가 있었다. 그러나 고르바초프가 도입한 변화 덕분에 후속 협정들이 체결될 즈음, 정치적 갈등은 훨씬 덜 심각해졌고, 이를 통해 훨씬 더 획기적인 협정들이 가능해졌다. 이전 협정들과 달리, 후속 협정들은 양측의 군사력을 중요한 방식으로 재구성했다.

초강대국 간 관계 개선의 한 가지 주요 요인은 고르바초프가 제3세계에서의 소련 개입을 제한하거나 종식하려 했기 때문이었다. 과거 소련은 제3세계에서 공산주의 확산을 지원하며 미국과 경쟁했지만, 이는 냉전 초반의 데탕트 시대를 종식하는 요인 중 하나가 되었다. 고르바초프는 제3세계 개입이 소련 자원을 과도하게 소모하고, 서방과의 관계를 악화시키는 부담이 커졌다고 판단했다. 결국, 소련이 제3세계에서 얻는 지정학적·경제적 이익보다 손실이 더 크다고 결론 내렸다.[129]

1988년, 소련과 미국 외교관들은 앙골라에서의 쿠바 철수를 협상했다.[130] 1990년에는 모스크바가 니카라과의 샌디니스타 지원을 축소하고 니카라과의 자유선거를 지원하는 데 동의했다. 선거가 실시되었고, 친미 정부가 대통령직을 차지했다.[131] 베트남은 소련의 위성국이었지만 캄보디아에서 철수했다.[132]

가장 두드러진 퇴각은 소련이 가장 많은 피와 자원을 투자한 곳인 아프가니스탄에서 일어났다. 아프가니스탄 침공을 명령한 소련의 고위 관계자들은 전쟁이 몇 주간 지속될 것이라고 예상했다.[133] 그러나 전쟁은 10년 동안 계속되었다. 미국의 지원을 받던 아프가니스탄 저항군은 압도적인 무기력을 가지고 있었지만, 점차적으로 소련군에 피해를 입혔다.[134] 1986년, 고르바초프는 그곳에서의 전쟁을 '피를 흘리는 상처'라고 불렀다. 닉슨 대통령이 베트남에서 했던 것처럼, 고르바초프는 소련군이 아프가니스탄에서 철수할 것이라고 발표했다.[135] 결국 1989년 2월, 마지막 소련 군인이 소련 중앙아시아로 돌아갔다.

고르바초프가 1970년대 소련이 주로 무력을 통해 확보했던 제3세계 지역에서 철수한 것은, 당시 데탕트 정책에 대해 미국이 가졌던 주요 반발 요인을 제거하는 결과를 가져왔다. 이러한 개혁들은 서방 세계와 나아가 전 세계의 주목을 받았어야 했다. 그러나 실제로는 그렇지 않았다. 이들이 대표하는 주요 지정학적 발전은 유럽에서 일어난 혁명적인 일련의 사건들에 의해 가려졌다.

냉전 종식

냉전은 유럽에서 시작되었다. 미국과 소련이 아시아와 제3세계에 주의를 기울였음에도 불구하고, 유럽은 냉전의 중심 전선이자 가장 중요한 이해관계가 있었으며, 냉전은 바로 유럽에서 끝났다. 1989년, 역사상 가장 선명하게 나타난 도미노 이론이 동유럽에서 펼쳐졌다. 제2차 세계대전 종료 후 3년 동안 모스크바가 세운 동유럽의 공산주의 정권들이 하나둘씩 권력을 잃었다. 그로부터 2년 후, 유럽에서 마지막의 대형 다민족 제국이었던 소련이 붕괴되었고, 그 15개의 연방 공화국은 각각 독립적인 비공산 국가로 분리되었다. 이러한 사건들은 러시아 혁명과 제2차 세계대전의 정치적 결과들을 뒤집어 놓았다. 베를린에서 블라디보스토크까지, 북극권에서 흑해와 카스피해까지 지배했던 마르크스-레닌주의의 원칙과 제도들이 사라졌고, 그와 함께 냉전의 원인도 사라지면서 냉전 자체가 종결되었다.

1989년 초부터 1991년 말까지의 기간은, 1945년부터 1950년까지의 시기와 함께, 20세기 세 번째 거대한 세계적 갈등의 양 끝을 형성한다. 후반기는 초반기와 마찬가지로 미국 외교 정책에 엄청난 의미를 지녔다. 그러나 첫 번째 시기와 달리, 두 번째 시기에서 미국은 유럽에서 공산주의가 붕괴하는 과정에 직접 개입하는 것이 아니라, 방관자의 역할을 맡았다. 즉, 미국은 참여자가 아닌 관찰자로서 이 역사적 사건을 지켜보았다. 미국과 그 동맹국들은 두 차례의 세계 대전을 통해 막대한 비용과 노력을 들여 승리했으나, 냉전의 종식을 초래한 사건들에는 예외적인 독일을 제외하고는 승리한 초강대국이 거의 아무런 직접적인 기여를 하지 않았다.

폴란드가 첫 번째 도미노가 되어 쓰러졌다. 비밀리에 미국의 지원을 받으며, '연대(Solidarity)'는 1982년 12월의 탄압 이후에도 지하 활동을 계속했다.[136] 폴란드 경제는 여전히 침체 상태였고, 1989년 정부는 폴란드 국민들과의 타협을 위해 원탁 회담을 진행하기로 했다. 이 회담은 자유로운 선거를 통해 선출된 의회가 구성되되, 공산당이 계속해서 정부를 장악할 수 있도록 충분한 의석을 확보하는 방식으로 계획되었다. 그러나 공산당은 예상외로 대패했다. 사실상 조작된 선거에서 공산당은 패배한 것이다.[137] 선거 결과는 공산당 정부가 정치적 정당성을 잃었음을 명백히 보여주었다. 이 중요한 전환점에서, 고르바초프는 공산당 총리대신 비공산주의자인 타데우시 마조비에츠키를 총리로 임명하는 것을 승인했다. 이는 동유럽 공산주의 정치의 근본적인 전환을 의미했다. 소련은 제2차 세계대전 이후 유지해온 기본적인 통치 원칙을 포기했다. 이 원칙은 서방과의 갈등의 핵심이었던 공산당의 권력 독점 체제였다.[138]

헝가리는 동유럽에서 가장 탄압이 적었던 정부를 가진 나라였으며, '소련 진영에서 가장 즐거운 막사(The merriest barracks in the Soviet camp)'로 불렸다. 그 후, 헝가리는 공산주의 체제에서 변화하기 시작했다. 집권당은 1990년 자유선거를 치르기로 했고, 선거에서 승리할 것이라고 믿었으나, 결국 8%의 득표율을 기록하며[139] 정치 무대에서 사라졌다. 그에 앞서, 헝가리는 유럽 공산주의 체제가 붕괴하는 과정에서 더욱 극적인 조치를 취했다. 바로 오스트리아와의 국경을 개방한 것이었다. 이로 인해 동독 주민들이 헝가리를 거쳐 오스트리아로 넘어간 뒤, 서독으로 이동할 기회를 얻었다. 서독에서는 자동적으로 시민권을 부여했기 때문에, 이 조치는 동독 주민들의 대규모 탈출을 촉진하며 공산주의 붕괴

를 가속화하는 계기가 되었다.[140]

1989년 가을, 동독에서 대규모 탈출과 시위가 동시에 일어나면서, 동독 정부는 심각한 압박을 받게 되었다. 특히 라이프치히(Leipzig) 등 주요 도시에서 대규모 시위가 발생하며[141] 주민들의 불만과 탈출 행렬이 급격히 증가했다. 이에 동독 정부는 11월 9일, 서구 방문을 보다 쉽게 허용하는 새로운 여행 규정을 발표했다. 그러나 정부 대변인이 실수로 "누구나 조건 없이 서방으로 갈 수 있다."고 발표했고, 베를린 장벽(Berlin Wall)에서 이를 통제하던 국경 경비대가 장벽을 개방했다.[142] 이에 따라 양쪽에서 수많은 사람들이 자유롭게 넘나들었고, 베를린은 더 이상 분단된 도시가 아니게 되었다.[143] 곧이어, 독일의 분단 자체가 더 이상 유지될 수 없다는 사실이 분명해졌다. 이러한 변화 속에서, 서독 총리 헬무트 콜(Helmut Kohl)은 독일 통일을 향한 '10개 항목 계획'을 발표하며 두 독일 국가(서독과 동독)의 통일 가능성을 공식적으로 제시했다.

다른 1989년의 드라마틱한 사건들과는 달리, 독일 문제에서는 미국이 중요한 역할을 했다. 소련의 저항 외에도, 영국의 마거릿 대처와 프랑스의 프랑수아 미테랑은 유럽 중심에 더 큰 독일이 자리 잡는 것에 대해 매우 신중한 입장을 취했다. 이는 1870년부터 1945년까지 3차례의 대전을 일으킨 원인이 되었던 상황이었기 때문이다. 조지 H. W. 부시 대통령은 이들의 반대를 빠르고 확고하게 반박하며, 콜 총리를 지지했다. 미국은 이후 두 독일의 합병에 중요한 역할을 했다. 이는 동유럽에서의 공산주의 붕괴 과정에서 미국의 유일한 적극적인 개입이었다.

헬무트 콜과 함께, 조지 H. W. 부시 대통령과 그의 행정부는 독일의 미래를 결정할 외교적 틀을 마련했다. '2+4' 협상은 두 독일 정부가 독일 내부 문제를 다루고, 제2차 세계대전에서 베를린 점령권을 가진 네 나라(미국, 영국, 프랑스, 소련)가 통일의 국제적 결과를 논의하는 방식으로 진행되었다. 이 협상은 독일 민주 공화국(동독)과 독일 연방 공화국(서독)의 통합 세부 사항을 정리했으며, 이는

1990년 10월에 공식적으로 이루어졌다. 새로운 통일된 독일은 나토 동맹에 계속 속하게 되었다.[144]

독일에서의 혁명은 동유럽에서의 공산주의 종말을 사실상 불가피하게 만들었다. 만약 소련이 20세기 중 두 번이나 침공을 당한 국가 한가운데에 위치한 유럽에서 가장 서쪽에 있는 거점을 방어하려 하지 않는다면, 그리고 이미 이웃한 폴란드에서 비공산 정부를 허용했다면, 모스크바가 자국의 국경 밖에서 공산주의 지배를 강제하지 않을 것이라는 것은 논리적으로 당연한 일이었다. 체코슬로바키아가 소련이 강요한 정부를 버리기로 결심한 것도 그다음이었다. 이를 이끌었던 것은 반체제 작가인 바츨라프 하벨로, 그는 1975년 헬싱키 협정의 원칙을 촉진하는 것을 목표로 하는 '차터 77(Chart 77)'[145]이라는 단체를 조직했다. 체코슬로바키아에서 이 협정의 유산은 가장 큰 영향을 미쳤다.[146]

마지막으로 불가리아와 루마니아도 공산주의 지배를 포기했다. 불가리아에서는 35년 동안 집권했던 토도르 지브코프가 축출되었으나, 구 공산당 지도자들이 즉각적인 탈공산주의 기간에도 정부를 장악했다.[147] 루마니아에서는 구 체제가 끝나는 데 폭력이 동반되었다. 루마니아에서 공산주의에 반대하는 시위로 최대 1,200명이 사망했다. 공산당 지도자 니콜라에 차우셰스쿠와 그의 아내 엘레나가 수도 부쿠레슈티를 탈출했으나, 체포되어 신속한 재판을 받았고 처형되었다.[148]

1989년, 동독 베를린에서 1953년에, 헝가리에서 1956년에, 체코슬로바키아에서 1968년에, 폴란드에서 1979년에 공산주의 군대가 억누른 정치적 감정들이 마침내 표출되었다. 민족주의와 반공주의가 동유럽에서 마르크스-레닌주의 통치를 종식시켰으며, 그 과정에서 냉전의 근본 원인도 사라졌다. 미하일 고르바초프가 스탈린, 흐루쇼프, 브레즈네프가 사용했던 전술을 쓰지 않겠다고 결단한 것이 바로 이 모든 일이 가능하게 만든 이유였다.

루마니아를 제외하고, 동유럽에서의 혁명은 평화적으로 일어났다. 이는 민주적 정치 문화의 결과로, 각국의 정권들이 서방과의 격리를 시도했음에도 불구하고 동유럽 사회에 서서히 스며든 것이었다. 또한 이 혁명들이 평화롭게 이루어질 수 있었던 이유는, 이들 정권이 힘으로 물러날 수 없었기 때문이다. 정부는 총을 가졌고, 특히 소련의 핵무기와 같은 강력한 무기는 서방의 군사력이 정권을 교체하는 것을 막았다. 독일을 제외하고, 1989년의 사건들에서 미국이 기여한 주요한 부분은 부시 행정부의 신중한 정책이었다. '기뻐(자랑)하지 않기' 즉, 공산주의와 동유럽의 종말을 지나치게 기뻐하거나, 이 결과에 대해 스스로를 축하하지 않는 것이었다.[149] 미국에 매우 유리한 결과였음에도 불구하고, 이는 현명한 선택이었다.

1991년 말, 소련 자체가 동유럽에서의 공산주의처럼 역사 속으로 사라졌다. 당해연도의 해체는 세 발트 3국, 에스토니아, 라트비아, 리투아니아에서 시작되었는데, 이들 지역은 소련의 구성 부분 중에서 가장 서방 문화에 가까운 지역이었다. 따라서 동유럽의 변화가 이들 국가에 미친 영향이 가장 컸다.[150] 세 나라 모두 1990년에 실시된 자유 선거에서 비공산 정당들이 승리했다. 리투아니아는 1940년에 나치-소련 협정 이후 소련에 의해 강제로 흡수되었던 독립을 다시 선언했으며,[151] 다른 두 나라도 이를 따랐다. 1990년 여름에는 소련의 핵심이자 가장 큰 구성 공화국인 러시아도 완전한 주권을 선언했으며, 3세기 동안 러시아의 일부였던 두 번째로 큰 공화국인 우크라이나도 마찬가지로 독립을 선언했다.[152] 1991년, 보리스 옐친은 러시아의 대통령 선거에서 승리했다.[153] 고르바초프는 각 연합 공화국들이 선언한 사실상의 독립을 인정하지 않았다. 그는 소련이 하나의 주권 국가로 계속 존재해야 한다고 결심했다.

부시 행정부는 동유럽에서 공산 정권이 무너지는 과정(도미노 현상)에 대해 취했던 것과 동일한 신중한 접근방식을 소련의 해체 과정에도 적용했다. 즉, 미국은 적극적으로 개입하기보다 사태를 조심스럽게 지켜보며 신중한 외교 전략을 유지했다. 1991년 8월 1일, 부시 대통령은 우크라이나의 수도 키예프에서 연설을 하며 "자유는 독립과 같은 것이 아니다."라고 경고하며, "미국은 멀리 떨어진 폭정 대신 지역적 독재를 세우려는 사람들을 지지하지 않을 것"이라거나 "민족적 증오에 기반한 자살적인 민족주의를 촉진하는 사람들을 지지하지 않을 것"이라고 밝혔다.[154] 이 연설은 비판자들에 의해 '키예프의 치킨 스피치'라고 불렸다. 이 연설의 배경에 있는 동기는 두 경우 모두 동일했다. 고르바초프에 대한 반발을 촉발시켜, 최악의 경우 그가 권력에서 물러나게 되고 그가 이끌었던 공산주의 퇴각이 역전될 것을 우려한 것이었다.[155]

실제로 반발이 일어났다. 1991년 8월 19일, 고르바초프가 크리미아에서 휴가를 보내고 있을 때, 그가 했던 일과 그가 허용한 일에 반대하는 소련의 일부 고위 관료들이 그를 가택 연금하고 모스크바에서 권력을 장악하려 시도했다. 이 쿠데타 시도에 대한 저항은 보리스 옐친을 중심으로 결집되었고, 결국 쿠데타는 실패로 돌아갔다.

고르바초프는 풀려났지만, 쿠데타 시도는 그의 권력을 심각하게 약화시켰고, 옐친의 권력은 급격히 확장되었으며, 이는 쿠데타가 막으려 했던 발전을 가속화했다.[156] 12월, 러시아의 대통령인 옐친과 우크라이나 및 벨라루스의 지도자들은 사실상 소련을 해체하는 합의를 체결했다.[157] 서부 지역은 독립을 선언한 반면, 중앙아시아의 공화국들은 민족주의 감정과 유럽의 영향력이 약한 상태에서 독립을 강제로 맞이하게 되었다. 1992년 초, 소련은 더 이상 존재하지 않게 되었다.

유라시아에서 러시아 중심의 거대한 공산주의 제국이 몰락한 것은 전례 없는 사건이었다. 전쟁에서 패하거나 대규모 혁명적 폭력을 겪지 않고, 사실상 침대에서 죽은(즉, 패배 없이 사라진) 강력한 국가는 이전에 없었다.[158] 이런 일이 어떻게 일어날 수 있었을까? 여러 가지 힘의 교차가 그것을 일으킨 원인이었다.

그중에서도 중요한 요소는 미하일 고르바초프의 존재와 그의 성격이었다. 소련 체제의 극단적인 권력 집중은 그가 민주주의 국가의 지도자들이 가질 수 있는 것보다 훨씬 더 많은 권한을 행사할 수 있게 했다. 그에게는, 1985년부터

1991년까지 최고 지도자로서 발생한 모든 일에 대한 책임이 더 많이 돌아간다.[159] 고르바초프가 실제로 그 기간동안 세계를 뒤흔드는 사건들을 예상하고 원했으며, 이를 이루기 위해 노력했는지에 대해서는 논란이 있다. 그는 역사 속에서 계획을 가진 사람인가, 아니면 그저 역사의 수면 속에서 걸어간 사람인가?

분명히 그의 생각은 시간이 지나면서 변했다.[160] 그는 국내외에서 정통 마르크스-레닌주의(Marxism-Leninism)에서 점점 더 멀어졌다. 결국 그는 냉전을 종식하기를 원했던 것으로 보이며, 실제로 그것을 이루어냈다. 그는 동유럽에서 보다 받아들일 만한 형태의 사회주의를 정착시키길 원했지만, 각국이 자체적인 길을 가는 것을 묵인했다.[161] 또한, 그는 소련을 개혁하고자 했지만, 소련의 해체를 바라지는 않았다. 그러나 결국, 소련은 해체되었다.[162]

그가 일부 사건을 시작하고 다른 사건을 받아들이기로 한 결정은 결국 고르바초프의 성격에서 비롯되었으며, 그 성격은 오만, 무지, 그리고 선량함이 결합된 것이었다. 그의 오만은 그가 자신이 가진 지혜와 능력으로 수억 명의 사람들에게 상당히 다른, 그리고 본질적으로 더 나은 길을 제시할 수 있다고 믿게 만들었다. 이는 소련의 지도자들, 특히 그 창립자인 V. I. 레닌에 대한 숭배에서 비롯된 믿음이기도 했다.[163] 그러나 그의 무지는 그 계획을 좌절시켰다. 그는 자신이 계획경제에 일부 도입하려 했던 현대 시장경제가 어떻게 작동하는지 거의 알지 못했다. 또한, 소련이 강제로 설치한 동유럽 정부들과 발트 3국의 소련 공화국들이 그들을 지배하는 사람들의 눈에 합법성이 결여되어 있다는 사실을 완전히 인식하지 못한 것 같다.[164] 마지막으로, 미하일 고르바초프는 본질적으로 선량한 사람이었으며, 공산주의를 유지하기 위해 무력을 사용하기를 거부했다.[165] 이는 그가 확실히 할 수 있었던 일이었으며, 레닌에서 체르넨코에 이르기까지 그의 모든 전임자들은 이를 주저하지 않았을 것이다. 고르바초프의 오만은 그로하여금 변화를 시작하게 했고, 그의 무지는 그 변화가 초래할 결과를 이해하지 못하게 했으며, 그의 선량함은 그 결과들을 억압하지 않게 만들었다.

고르바초프의 개인적 특성만큼이나, 그가 활동했던 시대적 배경도 공산주의 종식에 큰 기여를 했다. 고르바초프가 권력을 잡았을 때, 소련 블록은 경제적으로 서방에 뒤처지고 있었다. 그는 그 격차를 줄이는 것을 자신의 과제로 삼았고, 이를 위해 경제 성장을 가속화하려 했다. 그러나 그의 개혁 의지는 그가 유지하려 했던 체제를 결국 해체하는 결과로 이어졌다. 이처럼, 정치적·경제적 체제 간의 경쟁이 결국 냉전의 결말을 결정짓게 되었다. 만약 1980년대의 국제적 흐름이 달랐다면, 고르바초프가 현재의 방식으로 개혁을 추진했을지도, 그가 소련 지도자가 되었을지도 불확실했을 것이다. 냉전은 끝나지 않았을 것이며, 유라시아에서 공산주의가 끝나지도 않았을 것이다. 어쩌면 공산주의가 완전히 끝나지 않았을 수도 있다.

공산주의가 경제적으로 뒤처진 이유는 그 경제 시스템의 불완전성 때문이었다. 그 시스템은 근본적인 마르크스-레닌주의 정치 원칙에 뿌리를 두고 있어 건설적인 변화에 저항했다. 유럽 공산주의는 또한 20세기 가장 강력한 정치적 감정인 민족주의에 의해 붕괴됐다. 공산주의 통치는 베를린에서 블라디보스토크에 이르는 지역에서 진정한 민족 자결권을 막음으로써, 민족주의 원칙과 충돌했다. 그 결과, 집권한 공산 정권들은 정치적 정당성을 결여하게 되었다. 이 두 가지 실패는 공산주의 엘리트의 사기를 떨어뜨렸다. 결국 그들의 시스템은 붕괴했다. 그들은 그것을 방어하지 않았고, 방어하지 않은 이유는 그 시스템이 실패했기 때문에, 그들 중 많은 사람이 그것을 방어할 가치가 없다고 믿게 되었기 때문이다.[166]

냉전은 이전의 다른 전쟁들처럼 한 쪽이 전쟁터에서 다른 쪽을 물리치는 방식으로 끝날 수는 없었지만, 그 결과는 18세기와 19세기의 나폴레옹 전쟁과 20세기의 두 차례의 세계대전과 중요한 점에서 유사했다. 각 전쟁에서 패배한 국가는 영토를 잃고 정부 형태가 변화했다. 과거의 위대한 전쟁들과 냉전은 또 하나의 중요한 공통점을 가지고 있다. 역사적으로, 전쟁에서 승리는 거의 항상 '가장 긴 지갑(longest purse)'을 가진 측, 즉 가장 풍부한 경제적 자원을 보유한 세력에게 돌아갔다.[167] 냉전에서도 체제 간의 경쟁에서 승리를 거둔 쪽은 경제 경쟁에서 이긴 서방이었다.

미국 정부는 냉전을 종식시킨 유럽 공산주의의 내부 붕괴 과정에서 주로 방관자 역할을 했지만, 역사적 관점에서 볼 때, 이 놀라운 사건들의 연속에 미국은 중요한 기여를 했다. 로널드 레이건은 미하일 고르바초프가 이전의 소련 지도자들과 다르다고 확신했다. 또한, 조지 H. W. 부시는 독일 통일 문제에서 능숙한 외교력을 발휘했다. 이러한 요소들은 20세기 후반의 거대한 글로벌 갈등 즉 냉전을 안전하게 종식하는 데 기여했으며, 미국의 관점에서 볼 때, 바람직한 결말을 가져오는 데 중요한 역할을 했다. 그러나 미국이 1980년대 후반에 취한 구체적인 정책보다 냉전 전반에 걸쳐 미국이 한 일이 더 중요한 영향을 미쳤다. 또한, 민주당과 공화당을 막론한 냉전 동안의 미국 대통령들 사이에서 나타난 연속성이 그들의 차이점보다 냉전의 결과에 더 큰 영향을 미쳤다. 결국, 미국과 서방의 본보기 자체가 냉전의 결말에 실질적인 미국의 행동만큼이나, 어쩌면 그보다 더 큰 영향을 미쳤다. 즉, 미국이 무엇을 했느냐 만큼이나, 미국이 무엇을 대표하는지가 냉전 종식에 중요한 역할을 했다.

20세기 후반, 미국의 역할은 서방 경제의 성공에 필수적이었다. 특히, 두 가지 주요한 미국의 기여가 결정적인 영향을 미쳤다. 하나는 세계 무역 보호를 위한 군사적 지원이고, 다른 하나는 미국 자본과 시장 개방이다. 이러한 서방의 성공과 공산주의의 실패는 결국 미하일 고르바초프가 개혁을 추진하도록 만든 환경을 조성했다. 다른 나라의 정책에 영향을 미치기 위해 경제적 수단을 사용하는 것은 18세기 이래 미국 외교정책의 반복되는 주제였다. 그리고 200년 후, 미국의 가장 거대한 글로벌 갈등(냉전)에서도 중요한 역할을 했다. 다만, 이는 직접적인 경제적 압박을 통해서가 아니라, 미국 경제의 우월한 성과가 가져온 정치적·심리적 영향을 통해 간접적으로 작용했다.

또한, 장기적으로는, 후속 미국 정부들이 초기 냉전 정책인 봉쇄정책을 충실히 유지했다. 이 정책은 제2차 세계대전의 기억과 유럽에서 물러날 경우의 비용이 여전히 상존했기 때문에 지속되었다. 또한, 힘(power)과 가치(values)에 대한 고려—즉, 시어도어 루스벨트(Theodore Roosevelt)와 우드로 윌슨(Woodrow Wilson)의 외교정책 접근 방식—이 모두가 미국이 소련에 맞서는 이유가 되었다. 그리고 이러한 대소련 정책의 비용은 정치적으로 감당할 수 있는 수준이었다. 즉, 미국은 군사적·이념적 대결에서 발생하는 부담을 감수하면서도, 냉전 전략을 지속할 수 있었다. 봉쇄정책은 소련이 유럽에서 서방으로 영향력을 확장하기 위해 군사를 사용하는 것을 억제했다. 만약 봉쇄정책이 없었다면, 소련의 그런 유혹은 훨씬 더 강했을 것이다. 만약 모스크바가 그런 유혹을 따랐다면, 냉전은 다른 위험한 방향으로 흘러갔을 것이다.

마지막으로, 1940년대 후반에 미국이 다른 어떤 나라보다도 더 많이 구축하고, 이후 40년 동안 유지한 번영하는 민주주의의 평화로운 공동체의 예시는 마르크스-레닌주의의 교리적 기대를 뒤엎고, 공산주의자들에게 공산주의에 대한 자신감과 신념의 위기를 만들어냈으며, 이는 공산주의를 종말로 이끌었다. 이것이 바로 미국이 냉전에서 승리한 이유이다.

4부

네 번째 시대

극초강대국, 1990~2015

미국과 세계 나머지 국가들 사이에서 나타난 이와 같은 국력 격차는 전례가 없다. 팍스브리태니카(Pax Britannica)는 적은 비용으로 운영되었다. 영국의 육군은 유럽 국가들의 군대보다 훨씬 작았으며, 심지어 영국 해군(Royal Navy)도 단지 그다음으로 강한 두 개 국가의 해군과 동등할 뿐이었다. 그러나 현재 전 세계의 모든 해군을 합쳐도 미국의 해양 패권에 위협이 되지 못한다. 샤를마뉴(Charlemagne)의 제국은 단지 서유럽에 국한된 영향력을 가졌으며, 로마 제국은 더 넓은 지역을 지배했지만, 페르시아 제국이라는 또 다른 강대국이 존재했고, 중국에는 훨씬 더 큰 제국이 있었다. 따라서 오늘날 미국의 지배적 위치와 비교할 만한 사례는 없다.

폴 케네디(Paul Kennedy)[1]

미국 외교정책 역사에서 이전의 세 번의 시대와 마찬가지로, 주요 전쟁의 종결은 네 번째 시대의 시작을 알렸다. 독립전쟁, 남북전쟁, 제2차 세계대전과 마찬가지로, 미국은 승리한 일원이었으며, 그 승리는 국제체제에서 미국을 새로운, 더 강력한 지위에 놓이게 했다. 그러나 다른 전쟁들과는 달리, 냉전 이후 미국이 차지한 국제적 위치는 다른 어떤 나라도 가지지 않았고, 결코 가질 수 없었던 위치였다.

독립전쟁 후, 새로 독립한 미국은 약한 국가들이 직면하는 도전들에 직면했다. 이런 약한 국가들의 사례는 역사에서 많이 찾아볼 수 있다. 남북전쟁 이후, 미국은 여전히 익숙하지만 더 배타적인 대국들의 행렬에 합류했다. 제2차 세계대전의 결과로 미국은 소련과 함께 초강대국으로 자리잡았다. 그러나 냉전 이후, 미국은 더 이상 경쟁자가 없었다. 다른 어떤 국가도 미국과 비교할 만한 힘을 가지고 있지 않았다.

미국은 다른 어느 나라보다 훨씬 더 많은 군사력을 보유하고 있었다. 2015년, 냉전 이후 시대가 시작된 지 25년이 지난 시점에서, 미국의 군사 지출은 여전히 전 세계 군사 지출의 37%를 차지하고 있었으며, 이는 다음으로 군사 지출이 많은 7개국의 방위 예산을 합친 것과 맞먹었다.

그 통계조차도 미국의 국제적 위치의 독특함을 완전히 설명하지 못한다. 미국은 강력한 경쟁자가 없을 뿐만 아니라 사실상 어떤 경쟁자도 없었다. 이것이 바로 새로운 시대의 정의적인 특징이었다. 국제체제에서 잠재적으로 강력한 국가 중에서, 러시아는 소련의 잔해에서 벗어나면서 그 공산주의 제국의 절반에 해당하는 인구를 잃었고, 한때 강력했던 군대는 폐허가 되었다. 중국은 미국 경제보다 훨씬 작은 경제의 일부만을 군사 목적에 할당하고 있었고, 유럽연합은 곧 동유럽의 옛 공산주의 국가들을 포함해 확장될 예정이었지만, 미국의 파트너이자 동맹국으로서 단합된 방식으로 행동할 수 있는 능력은 제한적이었으며, 독립적으로 군사력을 사용할 만큼의 충분한 군사력을 보유하고 있지 않았다.*

실제로, 다른 국가나 국가군은 미국에 군사적으로 도전할 능력은 물론, 그러한 의지도 대체로 없었다. 이는 전통적인 권력 정치의 관행—전쟁 준비, 전쟁의 예상, 그리고 항상 전쟁을 배경으로 한 협상과 정치적 기동[2]—이 사라졌음을 의미했다. 국제관계는 현대 역사에서 그 어느 때보다 평화로워졌고, 이는 일시적으로나마 미국의 우월성을 고정한 듯 보였다.

이 새로운 국제 구도는 새로운 용어를 낳았다. 세계는 '일극적 순간'에 도달했다고 말했다.[3] 이는 냉전의 양극체제나 그 이전의 유럽 역사에서의 다극체제와는 다른 것이었다. 1998년, 프랑스 외무장관 위베르 베드랑은 미국을 '극초강대국(hyperpower)'이라고 불렀는데, 이는 냉전 당시의 두 '초강대국(superpower)'보다도 더 높은 국제적 지위를 암시했다.

역사적 선례와 또 다른 차이점은, 냉전 이후 미국의 국제적 지위가 명확한 외교정책 의제를 수반하지 않았다는 점이다. 새롭게 독립한 약소국으로서 미국은 더 강한 국가들로부터 자신을 방어해야 했다. 여러 강대국 중 하나로서 자신의 영향권을 확립하고 동아시아와 궁극적으로 유럽에서 동등한 경쟁을 벌였다. 초강대국으로서 소련과의 전 세계적인 군사적, 정치적, 경제적 갈등을 벌였다. 그러나 냉전 이후 미국이 차지한 전례 없는 패권적 위치는 특정한 국제적 주도권을 의미하지 않았다. 그럼에도 불구하고 다음 25년여에 걸쳐, 극초강대국인 미국은 광범위한 외교정책을 수행했다.

★★★

냉전 이후 시대의 시작에서 미국은 외교정책이 무엇이 될지보다는 무엇이

* 속담에 따르면, 유럽은 "경제적 거인, 정치적 난쟁이, 군사적 벌레"라고 불렸다.

되지 않을지를 결정했다. 미국은 냉전기에 채택했던 대다수 정책을 철회하지 않았다. 역사적으로 볼 때, 전쟁 후 외교정책에서 후퇴는 미국의 기본적인 경향이었다. 남북전쟁과 두 차례의 세계대전 후, 미국 대중은 그 전쟁을 위해 동원된 대규모 군대를 해체할 것을 요구했다. 제2차 세계대전이 끝난 후, 미국은 또 다른 위험한 경쟁자가 등장했기 때문에 강력한 군사력을 재편성했지만, 냉전 상대가 사라진 이후에는 그와 같은 경쟁자가 나타나지 않았다. 그럼에도 불구하고 미국은 냉전 동안 얻은 지위와 구속을 포기하지 않았다.

이러한 지속성의 주요한 이유 중 하나는 관성, 즉 인간 사회에서 종종 간과되는 힘이었다. 냉전이 이전의 미국의 다른 분쟁들보다 훨씬 더 오래 지속되었기 때문에, 이러한 입장과 약속은 미국 사회에서 정상적인 것으로 여겨지게 되었고, 관성은 그것들을 유지하는 방향으로 작용했다. 그것들은 미국인의 일상생활에 큰 혼란을 주지 않았다. 오히려 그것들은 일상적인 생활의 일부가 되었다. 또한 그것들은 지나치게 비용이 많이 드는 것도 아니었으며, 냉전 종결로 인해 '평화의 분담금'을 얻게 되면서 방위비 지출은 국내총생산(GDP) 대비 비율이 약 절반으로 줄어들었다.

더욱이, 두 가지 중요한 그룹은 미국의 냉전 역할을 계속 이어가야 한다고 생각했다. 첫 번째는 미국의 외교정책 공동체로, 공공 부문 공무원들과 민간인들(비즈니스, 학계, 언론 및 기타 분야의 사람들)이 포함되며, 이들은 미국이 국제 사회에서 맡아온 역할을 믿고, 종종 그 역할에 참여하기도 했다. 말을 조리 있게 잘하고 부유한 이 집단의 구성원들은 일종의 이익 단체로 활동했다. 특정 사안에 대해 항상 같은 의견을 갖는 것은 아니었지만, 거의 모두가 미국의 주요 국제적 영향력이 지속되는 것을 강력히 지지했다.

다른 나라의 정부들도 미국이 냉전 정책을 지속하기를 원했다. 전통적인 위협이 사라짐에 따라 더 이상 미국 동맹 체제가 제공했던 보호가 필요하지 않게 되었지만, 그 시스템이 유지됨으로써 동맹국들은 그러한 위협이 다시 나타날 가능성이 낮다는 안도감[4]을 가질 수 있었다. 또한, 이들 국가는 서방이 제2차 세계대전 이후 구축한 국제경제질서에 참여함으로써 번영을 누릴 수 있었다. 미국은 이 질서를 유지하기 위해 상업 활동에 필요한 안보를 제공하고, 수출에 유리한 시장을 형성했으며, 세계 통화로 기능하는 달러를 공급했다. 이러한 환경 속에서 이들 국가는 기꺼이 그 번영을 공유하고자 했다.

미국은 경제학자들이 '공공재' 또는 '집합재'라고 부르는 가치를 세계에 제공했다. 이는 지역사회에서 경찰과 소방 서비스와 같이 개별 국가들이 자체적으로 공급하지 못하는 가치 있는 서비스였다. 이러한 방식으로 미국은 세계 정부와 같은 역할을 수행했으며,[5] 다른 국가들은 이를 내심 고마워하면서도 공개적으로 칭찬하는 경우는 드물었다. 냉전 동안 미국은 확장된 국가 공동체에 이러한 서비스를 제공했다. 그리고 그 갈등이 끝난 후, 관성은 이러한 서비스를 지속시키는 역할을 했다. 그들의 지속은 미국의 초강대국 외교정책의 중요한 부분을 형성했지만, 그 전체를 대표하는 것은 아니었다.

그 나머지 부분, 즉 모든 국가의 외교정책이 그렇듯, 외부와 내부의 원천을 가지고 있다—미국의 상대적인 힘과 그것의 특정한 국내적 특성이다. 외부 영향력은 예전보다 약했고, 따라서 그 제한도 훨씬 덜했다. 다른 국가들에 비해 압도적인 힘의 차이를 가진 미국은 국제무대에서 전례 없는 광범위한 자유로운 행동을 할 수 있었다. 이러한 상황에서, 국내적 원천—미국 외교정책의 특유한 특징들, 즉 이념적, 경제적, 민주적 전통—은 그 정책에 특별히 강력한 영향을 미쳤다.

미국의 오랜 이념적 목표—국제 질서를 보다 평화롭게 변화시키고 다른 나라들을 더 민주적으로 만드는 욕구—는 그 어느 때보다 미국의 외교정책에 더 큰 영향을 미쳤다. 냉전 후, 미국인들은 민주주의와 평화가 경제라는 두 번째 독특한 미국 외교정책 특징과 연계되어 이러한 선한 변화들이 가능하고, 실제로 잘 진행되고 있다고 믿었다.

탈냉전기 국제 무역과 자본 흐름은 '세계화'라고 불리게 되었으며, 이는 거의 모든 국가가 점점 더 다른 국가들과 접촉하게 만드는 현상이었다. 미국인들은 세계화에 대해 큰 기대를 가지고 있었다. 거의 모든 국가가 번영을 추구하고 있었으며, 냉전은 번영을 이루는 가장 확실한 길이 자유시장 경제체제를 채택하고 서방 중심의 국제 경제질서에 참여하는 것임을 설득력 있게 보여주었기 때문이다. 또한, 그 경제질서에 속하는 것이, 냉전 후반기의 역사에 따르면, 민주적 가치, 민주적 관행, 그리고 민주적 제도를 촉진하는 것으로 나타났다. 민주주의 국가들은 그 역사에서 보여주듯, 평화로운 외교정책을 추진하는 경향이 뚜렷하다.[6]

간단히 말해, 세계화, 자유시장, 민주정치, 그리고 국제평화 사이에는 체계적인 관계가 있는 것처럼 보였다. 이 '자유주의 역사이론'[7]은 공식적인 교리가 있는 것이 아니었다. 이는 공식적인 교리라기보다는 냉전 이후 세계에 대한 널리 공유된 가정들로 이루어져 있었다. 냉전의 역사는 미국에 유리한 방향으로 역사가 전개되고 있음을 입증하고 증명한 듯 보였다. 냉전 이후 미국의 외교정책은 두 가지 방식으로 이러한 유리한 역사적 흐름을 지원하려 했다. 첫째, 서방이 주도하는 국제경제질서의 범위를 확대하는 것이었고, 둘째, 세계의 분쟁지역에서 갈등을 억제하고 민주정치의 확산을 촉진하는 것이었다.

자유주의 역사이론을 보완하고 지원하는 정책을 수행하는 과정에서, 초강대국인 미국은 자국 외교정책의 세 번째 역사적 특징, 즉 미국의 이례적으로 민주적인 성격의 영향을 받았다. 특히, 이러한 민주적 성향은 냉전 이후 두 가지 익숙한 패턴을 부각했다. 첫째, 극적인 외부 사건이 대중 여론을 결집하고 국가의 외교정책을 새로운 방향으로 이끌어가는 경향, 둘째, 기대대로 진행되지 않는 전쟁에 대해 미국 국민이 등을 돌리는 경향이었다.

★★★

이념적, 경제적, 민주적 고려 사항의 영향을 고려할 때, 미국 외교정책의 네 번째 시대는 이전 세 시대와 유사했지만, 국가의 강화된 국력 덕분에 그 영향력은 그 어느 때보다 커졌다. 그러나 하나의 중요한 방식에서 네 번째 시대는 다른 시기들과 달랐다. 1990년대 이전까지, 많은 우여곡절을 거쳐, 미국의 국제적 주도는 놀라운 성공을 거두었다. 그러나 미국 극초강대국의 외교정책은 그렇지 않았다.

냉전 이후 미국의 경험은 사실 두 부분으로 나뉘진다. 첫 번째 부분은 대체로 소련의 붕괴 이후 약 10년을 포함하며, 이는 자유주의 역사이론의 낙관주의를 정당화하는 듯했다. 세계 경제는 확장되었고, 민주주의는 지구상에서 가장 인기 있는 정부 형태가 되었다. 강대국 간의 군사적 경쟁은 잠잠해졌다.

그러나 국제 역사는 점차 미국에 덜 유리한 방향으로 전개되기 시작했다. 그 전환점은 2001년 9월 11일 뉴욕과 워싱턴 D.C.에서 발생한 테러 공격이었다. 이 사건은 익숙한 영향을 미쳤으며, 미국을 원래는 개입하지 않았을 세 가지 갈등으로 몰아넣었다. 즉, 아프가니스탄과 이라크에서의 전쟁, 그리고 추가적인 테러 공격을 방지하기 위한 막대한 비용이 소요된 '테러와의 전쟁'이었다.

9·11 테러 공격은 미국이 국제적으로 겪게 될 15년에 걸친 좌절의 시작이었다. 미국 외교정책의 첫 세 시대 동안, 국가는 주요 목표를 달성하며 영향력을 확대해 왔다. 그러나 탈냉전 시대에서 극초강대국 미국은 이러한 목표를 달성하지도, 힘을 확장하지도 못했다. 이러한 실패에는 여러 원인이 있었다. 첫째, 미국 정부는 정책적 실수를 저질렀으며, 이는 부분적으로 전 세계에서 미국이 행사할 수 있는 권한에 대한 제약이 부족했기 때문이었다. 둘째, 다른 국가들은 미국의 목표를 공유하지 않았으며, 비록 군사력에서는 크게 열세였지만, 극초강대국이 목표를 이루지 못하도록 방해하는 방법을 찾아냈다. 마지막으로, 미국이 이루려 했던 일부 목표, 특히 민주주의의 확산과 같은 과제는 그 어떤 강대국이라도 실현하기 어려운 일이었으며, 미국의 힘을 넘어서는 것이었다.

2001년부터 2015년까지의 사건들은 자유주의 역사이론의 기본 원칙을 약화시켰다. 서방 주도의 국제 경제 질서로의 통합이 불가항력적인 흐름으로 증명되지 않았으며, 오히려 세계화의 진전이 정체되었다. 또한, 세계는 지속적으로 더 민주적으로 변화하지 않았고, 오히려 일부 지역에서는 독재 정권이 등장하며 민주주의가 후퇴하기도 했다. 무엇보다 중요한 것은, 탈냉전기의 깊은 평화가 종식되었고, 그것과 함께 미국 외교정책의 네 번째 시대도 끝났다는 점이었다. 2015년까지 미국은 여전히 세계에서 가장 강력한 국가였지만, 그 힘을 행사하는 환경은 더 이상 냉전 종식 이후와 같은 조건이 아니었다.

10장
신세계 질서, 1990~2001

★★★★★

걸프 전쟁

탈냉전 시대의 첫 번째 주요 국제적 사건은 그 갈등의 근본 원인인 소련이 아직 존재하고 있을 때 발생했다. 1990년 후반과 1991년 초반, 미국은 베트남 전쟁 이후 최대 규모의 전쟁을 수행하기 위해 광범위한 다국적 연합을 결성하고 페르시아만에서 전쟁을 벌였다. 미국이 주도한 연합군은 압도적인 승리를 거두었으며, 이는 냉전 종식이 단순히 미국의 이익을 증진하는 것뿐만 아니라, 역사상 어느 시기보다도 미국의 가치가 더욱 구현되는 새로운 국제질서의 도래를 의미할 것이라는 기대를 낳았다.

걸프전은 1990년 8월 1일, 작은 석유 부국인 쿠웨이트가 이웃한 더 큰 국가인 이라크의 침공을 받으면서 시작되었다. 당시 이라크는 14만 명의 병력과 1,800대의 탱크를 동원해 침공을 감행했다. 이라크는 잔혹한 독재자 사담 후세인이 통치하고 있었으며, 그는 국내외에서 개인적·정치적 목표를 달성하기 위해 폭력을 사용하는 데 익숙한 인물이었다. 이라크는 공식적으로 쿠웨이트가 자국의 한 지방이라고 주장하며 침공을 정당화했지만, 실제로 사담 후세인이 쿠웨이트를 공격한 이유는 범죄자가 은행을 털 듯 돈 때문이었다. 그는 10년간 이란과 전쟁을 벌였으며, 이 전쟁은 막대한 비용이 소요된 끝에 결정적인 승패 없이 끝났다. 전쟁 후 자국 재건을 위해 자신의 석유 수익만으로는 충분한 자금을 확보할 수 없었고, 쿠웨이트를 점령하여 그 나라의 석유 수입을 자신의 용도로 전용하고자 했다.[1]

조지 H. W. 부시 대통령은 사담 후세인의 군대를 쿠웨이트에서 몰아내야 한다고 결정했다. 그는 이 침공에 대해 "이대로 둘 수 없다."라고 선언했다. 그러나 침공 이전에는 사담 후세인뿐만 아니라 미국을 포함한 그 누구도 이러한 강경한 대응을 예상할 이유가 없었다. 쿠웨이트는 미국의 공식적인 동맹국도, 특별한 우방도 아니었으며, 오히려 미국은 이란과의 전쟁에서 사담 후세인의 이라크를 지원했던 적이 있었다.

사담 후세인이 쿠웨이트 국경에 병력을 집결시키자, 서방과 아랍 국가 정부 모두 전면적인 침공이 이루어질 것이라고 예상하지 않았다. 이들은 사담의 목적이 쿠웨이트 왕가를 위협하여 그가 이미 받고 있던 자금 지원을 늘리는 것이라고 믿었다.[2] 1990년 7월 25일, 미국의 바그다드 대사인 에이프릴 글래스피(April Glaspie)는 이라크 독재자와의 회담에서 미국이 이라크의 쿠웨이트 영유권 주장에 대해 "어떠한 입장도 가지고 있지 않다."고 말했다. 당시 이라크의 영유권 주장은 전략적 섬과 유전지대에 국한되어 있었으며, 쿠웨이트 전체를 포함하지는 않았다.[3] 글래스피 대사는 이라크가 쿠웨이트를 공격할 경우 미국이 개입할 것이라는 암시를 전혀 주지 않았다. 설령 그녀가 사담 후세인에게 미국이 쿠웨이트를 방어할 것이라고 말하고 싶었더라도, 워싱턴으로부터 그러한 지침을 받지 못했기 때문에 그렇게 할 수 없었다.[4] 또한, 부시 행정부가 쿠웨이트에 대한 안보 보장을 공식적으로 발표했더라도, 이는 미국 의회나 국민들 사이에서 폭넓은 지지를 얻기 어려웠을 것이다.[5]

따라서 걸프전은 미국 외교정책 역사에서 두 가지 익숙한 패턴을 따랐다.

첫째, 쿠바 미사일 위기나 소련의 아프가니스탄 침공 때와 마찬가지로, 미국은 상대 국가가 예상했던 것보다 훨씬 강력하게 대응했다. 사담 후세인은 쿠웨이트 침공에 대한 미국의 반응이 이토록 강경할 것이라고 예측하지 못했다. 둘째, 1898년 미 전함 메인호(Maine) 폭침 사건이나 1941년 진주만 공습과 마찬가지로, 하나의 극적인 사건이 미국 정부와 국민의 세계관, 자국이 직면한 위협, 그리고 그 위협에 대응하기 위해 필요한 정책에 대한 인식을 급격히 변화시켰다.

부시 행정부가 이라크의 쿠웨이트 점령을 되돌리려 한 데에는 상당한 이유가 있었다. 그중 가장 중요한 이유는 석유였다. 쿠웨이트는 석유를 생산하고 수출하는 국가였으며, 미국에게 더 큰 우려는 사담 후세인이 쿠웨이트를 장악함으로써 사우디아라비아 국경에 군대를 배치하고, 언제든 침공할 수 있는 위치에 섰다는 점이었다. 사우디아라비아는 세계 최대 석유 수출국이었으며, 산업화된 세계는 사우디의 석유 없이는 경제적으로 기능할 수 없었다. 이라크가 쿠웨이트를 점령한 이후 사우디까지 장악할 가능성[6]은 충분히 현실적인 위협으로 보였으며, 만약 사담 후세인이 사우디까지 점령한다면, 그는 세계 확인 매장량의 40%를 통제하게 된다.[7] 이러한 석유 통제권은 엄청난 국제적 권력을 의미하며, 이는 미국을 비롯한 여러 국가가 사담 후세인이 갖기를 원하지 않는 힘이었다.

사담 후세인이 쿠웨이트의 석유 자원을 차지하는 방식은 국제사회, 특히 미국의 대응 방식에 영향을 미쳤다. 그는 국제적으로 인정된 국경을 넘어 군대를 투입함으로써 명백하게 국제법을 위반했다. 이와 같은 노골적인 침략 행위는 전 세계적인 비난을 초래했다.[8] 부시 행정부가 침공에 대응하는 과정에서, 그 지도자들은 냉전 종식 이후의 새로운 역사적 시대에 선례를 남긴다는 점을 의식하고 있었다.[9] 그들은 이번 사태를 통해, 미국이 오랫동안 지지해 왔지만 실제로는 자주 지켜지지 않았던 원칙인 '국제질서에서의 법치(rule of law)'를 확립할 기회로 보았다.[10]

부시 행정부가 이라크를 쿠웨이트에서 축출하기로 결정한 또 하나의 중요한 요인은 냉전이 사실상 종료되었다는 점이었다. 냉전과 함께 사라진 것은, 미국의 거의 모든 국제적 행동에 반사적으로 반대하던 소련의 견제였다. 냉전 기간 동안, 소련의 반대는 미국 외교정책에 일정한 제약을 가해 왔지만, 이제 그러한 제약이 사라지면서, 미국은 제2차 세계대전 이후 45년 만에 이라크의 침략에 대해 훨씬 자유롭게 대응할 수 있는 입장이 되었다.

미국 정부는 이라크에 맞서기 위해 광범위한 연합군을 조직하는 데 주도적인 역할을 했다. 총 35개국이 이 연합에 참여했지만, 실제로 군사적으로 큰 기여를 한 국가는 거의 없었으며, 대부분의 작전은 미국이 주도했다. 사우디아라비아 국왕은 연합군, 즉 미국 군대의 사우디 영토 배치를 승인했으며, 이는 왕국 방어뿐만 아니라, 쿠웨이트 점령을 종식하기 위한 성공적인 군사 작전을 수행하는 데 필수적인 조건이었다. 또한, 이집트와 시리아를 비롯한 아랍 국가들도 연합군에 합류하면서,[11] 사담 후세인이 이번 전쟁을 '서구 제국주의의 아랍 침략'으로 묘사하려는 시도를 무력화했다.

부시 행정부는 유엔 안전보장이사회에서 이라크의 쿠웨이트 침공을 규탄하는 결의안(결의안 660)을 채택하고, 이라크에 대한 제재를 부과하는 결의안(결의안 661)을 통과시킨 후, 최종적으로 이라크군을 쿠웨이트에서 퇴출하기 위한 무력 사용을 승인하는 결의안(결의안 678)을 통과시키는 데 중요한 역할을 했다. 이러한 결의안들은 반사담 연합을 형성하는 데 유리한 국제 정치적 분위기를 만들어 주었고, 이라크군에 대한 공격이 정당성을 부여받을 수 있도록 했다.

부시 행정부는 유엔의 공식적인 지지를 확보한 후, 냉전 시대의 전례를 깨고 양원(상·하원)에 걸쳐 걸프 지역에서의 무력 사용 승인을 요청했다. 이러한 조치는 미국 외교정책이 새로운 시대로 접어들었음을 보여주는 또 다른 증거가 되었다. 의회는 이를 승인했지만, 특히 상원에서는 미 역사상 가장 근소한 차이로 전쟁이 승인되었으며, 52 대 47이라는 아슬아슬한 표결 결과를 기록했다.[12]

무엇보다 중요한 것은 미국이 소련의 지지를 확보했다는 점이었다. 이라크의 쿠웨이트 침공이 발생했을 때, 미하일 고르바초프는 아직 권력과 국가를 모두 잃기 1년 이상 전의 상황이었으며, 즉각적으로 사담 후세인의 행동이 잘못되었다는 입장을 밝혔다. 소련은 이라크를 규탄하고 제재하는 유엔 결의안을 지지했다. 그러나 고르바초프와 소련 지도부는 이라크군을 무력으로 축출하는 데 완전히 동의하지는 않았다. 모스크바는 사담 후세인과 국제사회 사이에서 중재하려는 외교적 시도를 여러 차례 진행했으며, 그중 하나는 연합군의 군사 작전이 이미 개시된 후에도 소련 관리가 바그다드를 방문하는 형태로 이루어졌다. 이에 대해 부시 행정부는 달갑지 않은 반응을 보였다.[13] 그러나 결국, 냉전 시기의 고정된 정책과 달리, 소련은 사담에 대한 군사 작전을 방해하려고 하지 않았다.

1990년 8월부터 11월 사이, 미국은 약 25만 명의 병력을 사우디아라비아로 파병했다. 이를 통해, 이라크군이 쿠웨이트를 발판 삼아 사우디를 침공하는 것을 효과적으로 저지했다. 미국 정부는 이 단계의 군사 작전을 '사막의 방패(Desert Shield) 작전'이라고 명명했으며, 배치된 병력과 유엔이 승인한 경제 제재의 조합을 통해 이라크가 자발적으로 쿠웨이트에서 철수하도록 압박하기를 기대했다. 그러나 부시 행정부의 군 수뇌부는 이라크가 철수할 가능성이 없다고 확신하게 되었고, 이에 따라 중동 지역에 배치된 병력을 두 배로 증원했다.[14] 결과적으로, 총 54만 3천 명의 미군이 사우디에 집결했으며, 1991년 1월 16일, 쿠웨이트 해방을 위한 전쟁인 '사막의 폭풍(Desert Storm) 작전'이 개시되었다.

전쟁은 두 단계로 진행되었다. 첫 번째 단계는 42일 동안 계속되었으며, 연합군의 전투기들은 지역 공역에서 제압적인 공중 우세를 확보한 상태에서 이라크를 타격하고, 쿠웨이트에 주둔한 이라크군도 공격했다. 공습은 이라크군의 상당 부분을 파괴하거나 무력화시켰다. 이 전쟁에서는 처음으로 '정밀 유도 무기(Precision-Guided Munitions, PGM)'가 사용되었다. 이른바 '스마트 폭탄(Smart Bombs)'으로 알려진 이 무기들은 첨단기술 덕분에 이전 미국의 전쟁에서 사용

된 공중 폭탄보다 훨씬 더 높은 정확도를 갖추고 있었다.[15]

사담은 제한적인 반격을 시도하며, 이스라엘을 향해 소련 개발의 스커드 미사일 42발을 발사했다.[16] 그는 이스라엘을 전쟁에 끌어들여 연합군을 분열시키려 했다. 아랍 국가들은 이스라엘과 같은 편에서 싸우지 않을 것이라고 계산한 것이다. 그러나 이 계획은 실패로 돌아갔다. 스커드 미사일은 큰 피해를 주지 않았고, 이스라엘은 미국의 권유에 따라 전쟁에 개입하지 않았다.[17]

2월 24일, '사막 폭풍 작전'의 두 번째 단계인 지상 전투가 시작되었다. 일부 연합군은 페르시아만을 따라 쿠웨이트 수도로 직진했으며, 또 다른 부대는 서쪽으로 측면 기동을 하여 이라크 점령군의 대다수를 포위했다. 연합군의 우수한 화력과 기동력, 그리고 공중 지배력을 바탕으로 전투는 대패로 끝났다. 이라크 군은 무질서하게 고향으로 도주했다. 승리가 확실해지자, 부시 행정부는 전투를 100시간 만에 중단하기로 결정했다.

전쟁으로 쿠웨이트가 자유를 되찾았지만, 사담 후세인은 여전히 이라크에서 권력을 유지한 채 끝났다. 그를 제거하기 위해서는 연합군이 바그다드까지 진격해야 했지만, 이라크군은 이를 막을 수 없었음에도 불구하고, 부시 대통령과 그의 고위 관리들은 이를 결정하지 않았다. 이라크 침공은 유엔이 연합군에 부여한 임무의 범위를 넘는 것이었으며, 그 임무는 쿠웨이트의 해방에만 해당됐다. 또한, 이라크라는 아랍 국가의 내부 문제에 미국이 깊숙이 개입하는 것은 행정부가 선호하는 방향이 아니었다.[18] 게다가, 부시 행정부는 사담이 추가적인 미국의 개입 없이 스스로 축출될 것이라고 기대하거나 적어도 희망했다. 아마도 그의 장군 중 한 명에 의한 쿠데타로 말이다.[†]

---

† 마이클 R. 고든과 버나드 E. 트레이너(Michael R. Gordon and Bernard E. Trainor), 『코브라: 이라크 침공과 점령의 내부 이야기(*Cobra II: The Inside Story of the Invasion and Occupation of Iraq*)』(뉴욕: 판테온 북스, 2006), 11쪽; 헤링(Herring), 앞의 책, 910-911쪽; 로렌스 프리드먼과 에프라임 카르시(Lawrence Freedman and Efraim Karsh), 『걸프 전쟁, 1990-1991: 새로운 세계 질서에서의 외교와 전쟁(*The Gulf Conflict, 1990-1991: Diplomacy and War in the New*

사담은 권력을 유지한 후 이를 국내에서 광범위하게 사용하기 시작했다. 이라크는 인구 구성상 세 가지 집단이 불안정하게 결합된 형태였다. 사담이 이끄는 수니 아랍인, 수가 더 많은 시아파 이슬람을 따르는 아랍인들, 그리고 북부의 쿠르드족으로, 이들은 아랍인이 아니며 아랍어가 아닌 쿠르드어를 사용했다. 제1차 세계대전 후 영국은 이라크를 구성하면서 소수인 수니파에게 권력을 부여했으며, 수니파는 사담을 지도자로 하여 다른 두 집단을 억압하며 권력을 유지했다. 수니파가 주도하는 군대가 쿠웨이트에서 퇴출당한 후, 시아파와 쿠르드족은 사담 정권에 반란을 일으켰다. 사담은 자신이 보유한 군사력을 동원해 두 차례의 반란을 잔인하게 진압했다. 시아파 약 60,000명이 사망했고, 군은 20,000명 이상의 쿠르드족을 처형했으며,[19] 약 200만 명의 쿠르드족은 난민이 되어 대부분 터키 국경으로 피난했다.

쿠르드족의 고통에 충격을 받은 미국은 터키의 압력에 의해 쿠르드 난민들이 터키로 넘쳐나는 것을 막기 위해 행동에 나섰고, 1991년 4월 5일 유엔 안전보장이사회의 결의안 688호를 채택하여 북부 이라크에서의 탄압을 규탄했다. 이후 부시 행정부는 미국 군대를 배치해 북부 이라크에 '안전지대'를 설정했다.[20] 이 지역은 사실상 독립적인 상태가 되었으며, 미국의 공군력이 사담이 더 이상 쿠르드족을 괴롭히지 못하도록 막았다. 쿠르드족 보호에는 처음 전쟁에 참전한 이유와는 다른 동기가 있었다. 사담의 쿠웨이트 침공은 세계의 석유 공급과 사우디아라비아의 독립이라는 미국의 이익을 위협했지만, 그 후의 쿠르드족에 대한 공격은 미국의 가치를 침해했다. 당시에는 그 의미가 잘 이해되지 않았지만, 자국의 가치를 보호하기 위해 군사력을 사용하는 것은 냉전 이후 미

World Order)』(프린스턴, 뉴저지: 프린스턴대학교 출판부, 1993), xxxii, 413쪽. 세력균형에 대한 고려도 미국의 전쟁 수행에 영향을 미쳤다. 브렌트 스코크로프트 국가안보보좌관에 따르면, 미국은 "사담의 군사력을 약화시켜 더 이상 지역에 위협이 되지 않도록 하려 했으며, 동시에 이라크가 외부의 위협으로부터 안전하고 이란과의 균형이 유지되도록 하려고 했다." 조지 부시와 브렌트 스코크로프트(George Bush and Brent Scowcroft), 『변화된 세계(*A World Transformed*)』(뉴욕: 알프레드 노프, 1998), 432-433쪽. 또한 앞의 책, 383-384쪽 참조.

국 외교정책의 선례를 남긴 사건이었다.

걸프 전쟁은 한국 전쟁과 베트남 전쟁과 달리 미국이 최대 목표인 쿠웨이트 해방을 달성했고, 그 목표를 매우 저렴한 비용으로 달성한 점에서 차별화된다. 재정적으로 이 전쟁은 미국 재무부에 거의 비용을 들이지 않았다. 전쟁에 참여한 나라 중 군대를 파견하지 않았던 독일과 일본은 전쟁 노력에 재정적 기여를 했고, 이들이 부담한 비용은 전체 전쟁 비용의 80% 이상에 달했다. 미국은 73억 달러를 지출했으며, 이는 총지출의 약 12%에 해당한다.

한국 전쟁과 베트남 전쟁과 달리, 미국 대중은 걸프 전쟁에 반대하지 않았다. 그 이유는 미국의 인명 피해가 이전 두 전쟁에 비해 매우 적었기 때문이다. 결국, 미국은 383명의 사망자만을 겪었다.[21] 만약 전쟁에서 더 많은 미군 사망자가 발생했다면, 대중의 지지율은 거의 확실히 하락했을 것이다.[22] 대중은 사담 후세인을 불쾌하고 위험한 인물로 보았지만, 그와 전쟁을 벌이는 것에 큰 열정을 가지지 않았다.[23] 걸프 전쟁은 한국 전쟁과 베트남 전쟁에서 군사적 개입을 정당화했던 냉전적 고려사항과는 거의 관련이 없었다. 부시 행정부는 전쟁의 정당성을 찾기 위해 고군분투했으며, 때로는 미국의 일자리가 위험에 처해 있다고 주장했고, 또 다른 때에는 전쟁의 주요 이유는 이라크가 핵무기를 보유하는 것을 막기 위해서라고 말했다.[24]

전쟁이 미국과 그 동맹국들에게 비교적 순조롭게 진행된 이유는 압도적인 군사적 우위와 전투가 벌어진 지형적 특성, 그리고 이라크군의 전략적 선택 때문이었다. 주된 전장이 광활한 사막이었으며, 이는 미국의 첨단기술과 기동전을 활용한 전력 운영에 유리한 환경이었다. 또한, 이라크가 게릴라전이 아닌 정규전 형태로 전투에 임하기로 결정한 것 역시 미국군이 가진 군사적 강점을 더욱 극대화하는 요인이 되었다.[25] 또한, 이라크는 북한이나 북베트남과 달리 동맹국이나 외부로부터의 군수 지원을 받을 수 없었다. 이는 냉전이 종식된 결과였다. 이런 의미에서, 걸프전의 결정적 사건은 이라크의 쿠웨이트 침공 10

개월 전인 1989년 11월 9일, 베를린 장벽이 개방된 순간이었다. 이날은 20세기 후반의 거대한 지정학적 경쟁이 종식될 조짐을 보인 역사적 순간으로, 냉전이 끝나면서 이라크가 소련 등으로부터 군사적 지원을 받을 가능성이 사라졌다.

걸프 전쟁은 냉전 이후 미국 외교정책에서 중동의 중요성이 강화된 주요 특징을 소개했다. 또한, 이 전쟁은 더 중요한 것을 예고하는 듯했다. 그것은 우드로 윌슨이 국제관계에 대해 제시한 비전[26]이 70년 만에 실현되는 것으로, 미국 혁명 이후 두 세기가 흐른 뒤의 일이었다.

전쟁은 윌슨이 그의 국제연맹이 작동할 것으로 상상했던 방식대로 진행되었다. 즉, 유엔의 주도하에, 그리고 미국의 지도력 아래 국제사회는 불법적인 이라크의 쿠웨이트 점령을 끝내기 위해 함께 협력하여 국제법의 기본 원칙을 옳게 바로잡았다. 1991년 1월 29일, '국정연설'에서, 부시 대통령은 '사막의 폭풍(Desert Storm)' 작전을 시작하기 직전, 다가오는 전쟁에 대해 다음과 같이 말했다.

> 우리가 걸고 있는 것은 단지 한 작은 국가가 아니다. 그것은 큰 아이디어이다. 새로운 세계 질서—여기서 다양한 국가들이 공동의 목적을 위해 하나로 뭉쳐, 인류의 보편적인 열망인 평화와 안보, 자유 그리고 법의 지배를 실현하는 것이다.[27]

전쟁의 결과는 이 새로운 세계 질서가 실제로 도래했음을 의미하는 듯 보였다.

조지 H. W. 부시는 걸프 전쟁에서 외교의 수장으로서 광범위한 반사담 연합을 구성하고, 총사령관으로서 빠르고 결정적이며 비용이 적은 군사적 승리를 이끌어내며 뛰어난 성과를 거두었다. 그럼에도 불구하고 그의 성과는 1992년 재선에 충분하지 않았다.[28] 그의 후임자는 군사적 문제보다는 경제에 더 관심을 가졌고, 국제경제에서 지배적인 흐름이 무엇이었는지에서 또 다른 낙관적인 이유를 찾았다. 그것은 냉전 후 세계가 미국의 이익을 보장하고, 미국의 가치를 구현하며, 이전의 역사적 시대들보다 미국의 선호를 더욱 잘 반영할 것이라는 믿음이었다.

세계화

아칸소 주지사였던 빌 클린턴은 조지 H. W. 부시를 물리치고 대통령직에 올랐다. 그는 이전 대통령보다 한 세대 젊었고, 우연히도 1946년에 태어난 클린턴과 부시의 장남이 같은 해에 태어났으며, 그 장남은 결국 클린턴을 이어 대통령직을 맡게 되었다. 새로운 대통령은 외교정책 경험이 없었기 때문에, 외교 경험이 중요한 자격으로 여겨졌던 냉전 시대에는 대통령 선거에서 승리하는 데 어려움을 겪었을 것이다. 클린턴은 허버트 후버 이후 최초로 군대와 전혀 관련이 없는 미국의 최고 지도자가 되었다.[29]

냉전의 종결로 극초강대국(hyperpower)이 된 국가의 지도자로서, 빌 클린턴은 그 어느 선임 대통령보다 미국의 외교정책을 설정할 수 있는 더 넓은 자유를 가졌다. 그는 특별한 국제적 의제를 가지고 대통령직에 취임하지 않았으며, 이는 심각한 외부 위협이 없었던 상황과 결합되어, 그가 선택한 외교정책이 20세기 다른 대통령들보다 국내적 압력과 유인에 더 많은 영향을 받았음을 의미했다. 그러나 대통령직의 첫 2년 동안 그는 국가의 대외 관계에 대한 초점을 찾게 되었고, 그것은 바로 세계화였다.

이 용어는 1990년대에 널리 사용되기 시작했으며, 국제 경제통합의 과정을 의미한다. 즉, 상품, 자금, 사람들의 국경을 넘는 흐름이 증가하는 현상을 나타낸다. 세계화는 국제 무역, 투자, 이주를 촉진하는 정치적 환경과, 이를 더 큰 규모로 수행할 수 있게 하는 교통 및 통신 기술의 발전이 결합된 결과로 나타난다. 탈냉전 시대는 산업 시대의 세계화 세 번째 시기였다.[30] 첫 번째 시기는 1870년대부터 제1차 세계대전 발발 전까지였으며, 증기선, 전신, 철도 등을 활용했다. 19세기 대부분 기간동안 세계 경제를 이끌었던 영국의 국제 상업에 대한 헌신이 정치적 기반을 제공했다. 두 번째 시기는 냉전 시기와 대체로 일치했으며, 서방의 정치적 결집에 의존하면서 공산주의 국가들을 제외하고 제트 비행기와 자동차, 그리고 장거리 전화, 라디오, 텔레비전 등을 활용했다. 탈냉전의 세계화는 미국의 독보적인 국제적 권력과 디지털 기술 혁명적인 발전이 일어난 시기와 일치했다.

클린턴 행정부의 외교정책에서 '세계화(Globalization)'는 핵심 요소가 되었다. 이는 부분적으로 지정학적 경쟁이 중단되면서[31] 자연스럽게 선택된 결과였지만, 다른 중요한 이유들도 작용했다. 세계화는 클린턴 대통령의 최우선 과제였던 국내 경제 강화와 부합했다.[32] 또한, 세계화는 미국의 주요 산업에 경제적 이익을 제공했으며, 특히 국제금융과 첨단기술 분야에서 미국 기업들이 지배적인 위치를 차지했다.[33] 이 두 산업은 세계화의 세 번째 단계에서 중요한 요소였으며, 결과적으로 세계화의 확대는 미국 경제와 기업들에게 유리하게 작용했다.

클린턴 행정부는 국제 경제통합을 단순히 미국인들의 삶의 질을 향상시키는 수단으로만 보지 않았다. 그들은 이를 통해 미국의 정치 제도와 가치를 전 세계에 확산할 수 있다고 인식하게 되었다. 사실, 비슷한 현상이 냉전 기간에도 발생했다. 서방의 자유시장 경제가 공산주의의 중앙계획경제보다 훨씬 우월한 성과를 보였으며, 이는 서방 국가 간의 무역과 투자 덕분이기도 했다. 이러한 차이는 냉전에서 서방이 승리하는 데 중요한 역할을 했다. 더 나아가, 무역이 정치적으로 강력한 영향을 미칠 수 있다는 믿음은 미국 건국 시기부터 존재해 왔다.[34]

공산주의와의 글로벌 갈등이 끝난 후, 사실상 모든 국가, 심지어 공산당에 의해 통치되었던 국가들까지도 제2차 세계대전 이후 미국과 서방이 확립한 국제 경제질서에 가입하고자 했다. 그 질서에 속하는 것은 보편적으로 바라는 번영이라는 목표를 달성하는 길로 간주되었다.[35] 미국인들은 점차적으로 세계경제와의 교류가 국내에서 민주주의를 촉진하고, 해외에서 평화로운 관계를 증진하는 힘이 된다고 믿게 되었다. "무역을 확장함으로써, 우리는 세계 곳곳에서 자유와 민주주의의 대의를 진전시킬 수 있다."고 클린턴은 말하였다.[36] 세계화는 따라서 탈냉전기의 세계에 대한 미국의 비공식적이고 널리 퍼진 견해의 중심에 있었으며, 이 견해는 자유주의 역사이론을 구성하는 중요한 요소였다. 이에 따라 클린턴 행정부는 '세계 시장민주주의 국가들의 공동체 확대'를 중요한 목표로 발표하였다.[37]

그러나 클린턴 행정부는 먼저 자유주의 역사이론의 경제 및 정치적 원칙을 채택한 후, 이를 구체적인 정책으로 전환하려고 한 것은 아니었다. 민주주의 국가에서 공공 정책이 형성되는 일반적인 방식과 마찬가지로, 보다 넓은 원칙들은 정부가 내린 개별적인 정책 결정들로부터 점진적으로 도출되었다.

첫 번째이자 가장 중요한 결정은 북미 자유무역협정(NAFTA)과 관련된 것이었다. NAFTA는 캐나다와 멕시코와 체결된 협정으로, 부시 행정부가 그 임기 말에 협상했던 것이다.[38] 클린턴은 이를 비준하려는 시도를 해야 했다. 대통령 선거에서 그는 NAFTA에 대해 모호한 입장을 취했었다. 대통령직을 맡으면서, 무역을 둘러싼 정치적 분위기는 이전 20년간보다 더 유리하게 변했지만,[39] 무역의 정치적 상황은 더 복잡해졌다.

하나는 무역 협정이 미국의 동맹국들을 결속시키고, 따라서 냉전에서 더 효과적으로 싸우기 위한 전략적 목적을 지닌다는 주장이 소련의 붕괴와 함께 사라졌다는 점이었다. 1940년대 이후, 연속적인 행정부들이 의존했던 이 주장은 더 이상 유효하지 않게 되었다. 다른 하나는 무역에 대한 정당의 태도가 변했다는 점이었다. 19세기 초, 민주당은 무역의 확대를 지지했으며, 남북전쟁 이후 공화당은 이를 세금(관세)을 통해 제한하는 정책을 지지했다. 그러나 1990년대에 들어서면서 두 당의 입장은 뒤바뀌었다. 보호주의적 성향을 가진 노동조합들이 그들의 선거 연합에서 중요한 부분을 차지하게 되면서, 민주당은 무역 확대에 대해 회의적인 입장을 취하게 되었다. 반면, 점점 더 많은 공화당은 이를 지지했다. 정치적 정당의 연대 변화와 함께, 무역 정책에 대한 정치적 지형도 변화했다. 과거에는 노동조합의 영향력이 가장 강했던 미국 북동부 및 중

서부의 산업 중심지가 자유 무역에 반대했다. 반면, 과거 민주당을 지지했으나 점차 공화당으로 기울고 있던 남부 지역은 노동조합의 영향력이 약했으며, 자유 국제 무역을 지지하는 입장을 보였다.[40]

마지막으로 두 가지 새로운 이슈가 무역 정치에 포함되었다. 노동조합은 미국이 체결하는 무역 협정에서 다른 국가들이 미국에서 노동자들이 누리는 권리를 보호하도록 요구했다. 그리고 성장하는 환경보호 운동은 다른 서명국들이 높은 환경보호 기준을 준수할 것을 요구했다.[41] 노동과 환경 운동은 일반적으로 민주당을 지지했다. 이는 클린턴이 NAFTA를 통과시키기 위해 자신의 당인 민주당 의원들의 회의적 태도와 때때로는 명백한 반대를 극복해야 함을 의미했다.

그는 노동권과 환경에 관한 협정을 NAFTA의 공식 텍스트와 별도로 협상한 후, NAFTA에 대한 의회 승인을 얻기 위한 캠페인을 시작했다. 그는 힘겨운 전투를 벌여야 했지만, 결국 승리했다.[42] 그 승리는 클린턴 행정부의 외교정책의 기초를 마련하게 되었다.

그다음 해, 의회는 우루과이 라운드 다자간 협상에서 체결된 무역 협정을 비준했다. 이는 제2차 세계대전 이후 8번째로 열린 라운드였으며, 이름은 1986년 첫 회의가 우루과이의 푼타 델 에스테에서 열렸기 때문에 붙여졌다. 이 협정은 서비스를 포함한 다양한 품목에 대한 세금을 줄이는 것 외에도,[43] 세계무역기구(WTO)라는 새로운 국제무역기구의 창설을 포함했다.[44] 우루과이 라운드는 NAFTA보다 미국 경제에 훨씬 더 큰 영향을 미쳤지만, 경제적 이익을 많은 수출 기업과 산업에 제공했기 때문에 NAFTA보다 의회에서 더 쉽게 통과되었다. 이들 기업은 협정을 촉진하기 위해 로비 활동을 벌였다.[45]

두 조치 모두 법으로 제정되었으며, 클린턴 행정부는 무역 확장을 미국 외교정책의 기본적인 요소로 받아들였지만, 무역은 1990년대에 냉전 시기보다 더 많은 정치적 논란을 일으켰다. NAFTA는 미국 경제에 미친 영향이 그리 크지 않았음에도 불구하고, 미국 내 경제 상황에 대한 불만을 집중적으로 받게 되었다.[46] 특히, 자유무역은 미국 내 일자리 감소의 주요 원인으로 지목되었지만, 실제로는 국경을 넘는 무역보다 기술발전이 더 큰 영향을 미쳤다.[47] 클린턴 대통령은 두 번째 임기에서 의회에 '패스트트랙(fast-track)' 권한을 요청했다. 이 권한이 있으면 무역협정을 의회에서 수정 없이 단순 찬반 투표로 결정할 수 있어 통과 가능성이 높아진다. 그러나 의회는 이를 거부했다. 1999년 12월, 세계무역기구(WTO)는 시애틀에서 대규모 회의를 개최했으며, 클린턴 대통령도 연설을 했다. 하지만 이 회의는 5만 명에 달하는 시위대의 격렬한 항의와 폭력 사태로 얼룩졌다.[48] 결과적으로, 밀레니엄이 끝날 무렵, 클린턴 행정부가 세계적으로 추진하고자 했던 핵심 정책임에도 불구하고, 미국 내에서 자유무역 확대는 수세에 몰리게 되었다.

클린턴 행정부는 국경을 넘는 자본 흐름의 확대를 환영하고 장려했다. 이는 무역 확대를 추진했던 것과 같은 이유 때문이었다. 즉, 자본 이동은 번영과 민주주의를 촉진할 것이라고 믿었기 때문이었다. 과거 양차 세계대전 사이의 기간동안, 미국 연방정부는 '달러 외교(dollar diplomacy)'를 장려했다. 이는 미국의 민간 투자가 해외에서 미국의 이익을 보호하는 역할을 할 것이라는 기대에서 비롯된 정책이었다. 탈냉전 시대에도 미국 정책결정자들은 자본 투자가 미국이 선호하는 가치와 제도를 확산하는 데 기여할 것이라고 믿었다.[49] 또한, 투자의 범위가 넓어질수록, 자본이 가장 생산적인 효과를 낼 수 있는 곳으로 흐를 가능성이 커진다고 보는 것이 논리적으로 타당했다. 그러나 자본 흐름의 확대에는 단점도 존재한다는 것이 점차 드러나기 시작했다.

돈은 매우 큰 규모로 갑자기 그리고 빠르게 이동할 수 있기 때문에, 독일의 시인 하인리히 하이네(Heinrich Heine)는 그것이 "물보다 더 유동적이고 공기보다 덜 안정적이다."[50]고 말했다. 자본의 흐름은 심각한 피해를 일으킬 수 있다. 자본 흐름은 자산의 가격을 급격하게 올려 금융 거품을 부풀릴 수 있다. 거품이 터지면, 즉 투자자들이 자산에 대한 신뢰를 잃고 그 자산에서 돈을 급히 빼내려고 할 때, 대규모 경제적 손실이 발생할 수 있다.[†] 특히 빚을 진 자금과 은행들이 관련될 경우에는 더욱 그렇다.[51] 자본의 세계화는 새로운 투자 기회를 만들었지만, 동시에 갑작스럽고 대규모의 파괴적인 자본 유출의 위험도 커졌다.

돈은 선진 산업 민주주의 국가들에서 제3세계 국가들로 흘러갔고, 이들 국가는 탈냉전 시대에 신흥 시장(emerging markets)으로 알려지게 되었다. 이러한 자본의 새로운 목적지들은 냉전 동안 대부분 국경을 넘는 투자가 이루어졌던 부유한 국가들보다 정치적으로 덜 안정적이고, 덜 익숙한 경우가 많았다. 그 결과, 신흥 시장 국가들에 대한 투자자들과 대출자들은 자신의 투자나 대출이 안전한지에 대한 두려움을 가지게 되었고, 그 두려움이 정당하든 아니든, 자금을 갑자기 인출하는 경향을 보였다.[52] 1990년대에 이것이 일어났다. 서방의 은행들과 투자자들은 이들 국가에 많은 돈을 투자했으며, 그중 상당 부분은 현지 은행들에 대한 대출 형태로 이루어졌고, 이는 결국 거품이 되었다. 거품이 터지자, 그것은 금융위기를 촉발했고, 이 위기는 미국까지 영향을 미쳤다.

멕시코는 대규모로 차입하면서, 주로 채권 형태로 외화로 고정 환율로 대출을 상환하겠다고 약속했다. 1994년 말, 멕시코 정부는 자국의 통화인 페소를 평가절하하였고, 이로 인해 페소에서 자금을 빼려는 움직임이 일어나면서 멕시코 경제에 심각한 피해를 줄 위험이 커졌다. 이러한 피해는 멕시코의 거대 북쪽 이웃 국가인 미국으로도 확산될 수 있는 잠재력을 가지고 있었다. 1997년에는 태국, 인도네시아, 한국과 같은 여러 아시아 국가들이 서방으로부터 대규

† "거품은 투자자들이 자산의 가격이 계속 상승할 것이라고 믿으면서 자산 가격을 끌어올릴 때 형성된다. 이 믿음은 자기충족적이다. 사람들이 가격이 상승할 것이라고 믿고 이를 투자하려 할 때, 가격은 실제로 상승한다. 다른 사람들이 이것이 좋은 투자처라고 믿고 있다는 사실은 투자할 좋은 이유가 된다. 가격이 오르면 투자자들은 적어도 서류상으로는 더 부유해진다. 그러나 돈의 변동성은 거품이 부풀어 오를 수 있을 뿐만 아니라 터질 수도 있음을 의미한다. 자산의 가격은 매우 빠르게 하락할 수 있다. 투자자들이 그것이 하락할 운명이라고 결심하게 되면(특히 실제로 하락하고 있을 때), 그들은 자산을 팔고, 이 믿음도 역시 자기충족적이다. 판매는 실제로 가격 하락을 초래한다." 마이클 맨델바움(Michael Mandelbaum), 『글로벌 번영으로 가는 길(*The Road to Global Prosperity*)』(뉴욕: 사이먼 앤 슈스터(Simon & Schuster), 2014), 85쪽.

모로 차입한 은행들이 위기를 맞았다. 완전한 상환의 전망이 불확실해지자, 서방의 대출자들은 이들 국가에서 자금을 철수했다.

이러한 금융위기의 해법은 자산과 국가 통화에 대한 대출자 및 투자자들의 신뢰를 회복시켜 자본이 빠져나가지 않도록 하는 것이다. 이러한 신뢰는 그들이 언제든지 경화로 상환받을 수 있다는 보장에서 비롯되며, 이는 경화 대출이 위기에 처한 국가에 제공되어야 한다는 것을 의미한다. 19세기 영국에서 이 관행이 널리 이해되기 시작하면서, 금융위기에서 '최후의 대출자' 역할을 하는 책임은 위기에 처한 국가의 중앙은행에게 맡겨졌다. 신흥시장 국가들의 중앙은행은 신뢰 회복을 위한 경화를 보유하고 있지 않았기 때문에 그 역할을 할 수 없었다. 따라서 이들 국가는 국제통화기금(IMF)에서 대출을 받기 위해 손을 내밀었다.[53]

IMF 뒤에는 미국이 있었으며, 미국은 IMF의 운영에 상당한 영향을 미쳤다. 미국 정부는 1990년대 금융위기를 겪고 있는 국가들을 위한 구제 패키지를 마련하는 데 중요한 역할을 했으며, 멕시코를 위해 자금을 일부 제공하기도 했다.[54]

구제 노력은 성공적이었다. 영향을 받은 국가들은 단기적으로 경제적 손실을 겪었지만,[55] 새로운 밀레니엄이 도래할 무렵, 이러한 문제에도 불구하고, IMF의 신뢰를 높이는 대출이 중요한 역할을 하면서 많은 국가가 경제성장으로 다시 돌아섰다.[56] 비록 이 위기들이 금융 세계화의 위험을 보여주었지만, 이 결과는 또한 냉전 이후 세계에서 경제가 정치에 미치는 영향을 미국이 보는 방식이 옳았음을 입증하는 듯했다. IMF 대출은 조건을 달고 제공되었으며, 이러한 조건들은 종종 미국의 요구에 의해 부과되었고, 그중 일부는 경제적 변화뿐만 아니라 워싱턴이 바랐던 국내 정치적 변화도 포함되었다. 예를 들어, 인도네시아의 오랜 독재자 수하르토는 물러날 수밖에 없었고, 궁극적으로 자유 선거로 선출된 정부가 그를 대신했다.[57] 이처럼 국제경제에의 참여는 민주적 정치 변화를 촉진했지만, 완전히 자발적이지 않았고 일부 경제적 대가를 치러야 했다.

경제의 중요성과 정치적 변화의 역학 외에도, 금융위기는 냉전 이후 세계에서 세 번째 특징을 보여주었다. 바로 미국의 전례 없는 권력이다. 결국, 극초강대국 미국은 위기 해결을 돕고 그로 인해 경제적 피해를 제한하는 데 주도적인 역할을 했다. 1999년 2월 15일 자, 당시 널리 읽히던 미국의 뉴스 주간지 *TIME*의 표지에는 세 명의 고위 미국 경제 관리들, 로버트 루빈 재무장관, 그의 부차관 로렌스 서머스, 그리고 연방준비제도 의장 앨런 그린스펀이 등장하며, '세계를 구하는 위원회(The Committee to Save the World)'라는 문구(caption)가 붙어 있었다.

따라서 전반적으로, 적어도 미국의 시각에서, 금융위기의 관리가 탈냉전기 미국 외교정책의 중심에 세계화가 자리잡게 된 정당성을 입증했다. 1990년대 동안, 하나의 중요한 국가인 중국과의 관계 경로 역시 이러한 정당성을 강화했다.

냉전기 미국의 대중국 정책은 세력균형 이론에 의해 결정되었다. 미국은 중국 내에서의 급진적인 비민주적 관행을 간과하고, 공산주의의 공통된 적인 소련에 대항해 중국과 지정학적으로 동맹을 맺었다. 국제 공산주의와의 갈등이 약화하는 시점과 맞물려, 1989년 6월 베이징 천안문 광장과 기타 지역에서 민주주의를 지지하는 일부 시위대에 대한 중국 정부의 탄압은 미국 내에서 대중 여론의 변화를 불러왔고, 대중국 정책을 둘러싼 정치적 갈등을 촉발했다.

조지 H. W. 부시 대통령은 중국 인민공화국과의 냉전 관계를 유지하고자 했다. 그러나 중국 당국이 시위자들에게 행한 잔혹한 탄압에 충격을 받은[58] 대중은 미국 정부가 중국 공산당의 탄압에 대한 반감을 표명하기를 원했다. 이 감정은 소련이 여전히 주요 위협으로 존재했다면 덜 강했을 것이다.[59] 의회에서 다수당이었던 민주당은 1970년대 이후 계속해서 부시 대통령이 부여해 온 중국의 최혜국 대우(MFN) 지위를 거부할 것을 표결로 결정했다. 부시는 이를 차단했으나, 빌 클린턴은 대통령에 취임하자마자 자신이 선호하는 중국 정책을 실행할 것이라고 발표했다. 클린턴은 중국 정부가 중국 국민의 권리를 더 잘 보호할 경우에만 MFN 지위를 부여하겠다고 명시한 행정명령을 내렸다. 즉,

그는 중국에 대해 20년 전 소련과의 무역에서 제정된 잭슨-야니크 수정안(Jackson-Vanik Amendment)과 동일한 형태의 연계를 부과한 셈이었다.

새로운 정책은 상당한 반대에 부딪혔다. 베이징 정부는 국내 통치 방식과 관련된 어떠한 종류의 양보도 하기를 단호히 거부했다.[60] 동시에 중국과의 무역 및 투자가 제공하는 기회를 포기하지 않으려는 미국 기업들은 중국 내부 개혁에 대한 조건으로 그곳에서 사업할 수 있는 능력을 제한하지 말 것을 행정부에 적극적으로 로비했다.[61] 이러한 노력은 무역을 대외정책의 수단으로 사용하려는 미국의 반복적인 정책의 클린턴 버전을 실패로 몰아넣었다.

1994년 5월 26일, 클린턴은 방향을 선회하여 더 이상 무역을 중국의 정치적 변화와 연계하지 않을 것이라고 발표했다. 그러나 그는 민주적 가치와 제도를 그 나라에 가져오려는 목표를 포기하는 것은 아니라고 주장했다. 오히려 행정부는 그렇게 하는 가장 좋은 방법은 광대한 중국 시장과의 미국의 상호작용을 제한하기보다는 촉진하는 것이라는 결론을 내렸다. 그는 중국 정책에 대한 그의 180도 전환에 대한 근거로 자유주의 역사이론의 중심 원칙인 세계 경제와의 교류가 서구식 정치를 촉진하는 경향이 있다고 추정되는 것을 내세웠다.[§]

그의 논리는 정치적 기회주의의 냄새가 났지만 완전히 허황된 것은 아니었다. 지난 20년 동안 전 세계적으로 민주주의는 놀라운 진전을 이루었고 경제적

---

§ 더글라스 어윈(Douglas A. Irwin)의 저서 『무역을 둘러싼 충돌: 미국 무역 정책의 역사(*Clashing Over Commerce: A History of U.S. Trade Policy*)』 (시카고: 시카고대학교 출판부, 2017), 665쪽에 따르면, 클린턴은 그의 회고록에서 중국 지도자 장쩌민과의 회담 후 "중국이 현대 사회의 필수 요소에 의해 더 개방적이 되도록 강요받을 것이라고 생각하며 잠자리에 들었다."고 썼다. 존 폼프렛(John Pomfret)의 『아름다운 나라와 중화제국: 미국과 중국, 1776년부터 현재까지(*The Beautiful Country and the Middle Kingdom: America and China, 1776 to the Present*)』 (뉴욕: 헨리 홀트 앤 컴퍼니, 2016), 562쪽에서 인용. 클린턴의 첫 재무장관인 로이드 벤트센은 중국에 대해 "인권을 증진시키는 방법 중 하나는 시장개혁과 무역을 장려하는 것"이라고 말했다. 마이클 맨델바움(Michael Mandelbaum)의 『임무 실패: 냉전 이후 시대의 미국과 세계(*Mission Failure: America and the World in the Post-Cold War Era*)』 (뉴욕: 옥스포드대학교 출판부, 2016), 36쪽에서 인용.

요인이 그것과 어느 정도 관련이 있었다. 중국이 세계에 경제를 개방한 지 10년 만에 마오쩌둥 시대의 가장 가혹한 정치 관행 중 많은 부분이 종식되었다.[62] 게다가 유럽에서는 최근 공산주의가 소멸했고 중국의 공산주의도 궁극적으로는 같은 운명을 맞이할 것이며, 미국의 무역과 투자가 이 과정을 도울 수 있다고 믿는 것이 불합리하지 않았다. 이러한 방식으로 새로운 관여 정책 역시 19세기부터 미국인들이 중국인들에 대해 채택했던 소유권적 관심(이해관계)에서 비롯되었다.[63]

이에 따라, 1994년 클린턴 행정부는 중국과의 정상적인 무역 관계를 유지하기 위해 매년 갱신해야 하는 대통령 특별 면제(waiver)를 연장했다.[64] 그리고 2000년에는 의회를 설득하여 이 조치를 영구화하는 데 성공했다. 미국은 또한 2001년 중국의 WTO 가입을 위한 길을 열어주었다. 이로써 행정부는 세계화를 세계에서 가장 크고 경제적으로 가장 빠르게 성장하는 국가와의 관계의 중심에 두었다.

경제는 1990년대 미국의 대중국 정책 전부를 구성하지는 않았다. 안보에 대한 고려, 특히 대만과 관련된 고려도 역할을 했다. 베이징의 공산주의 정부는 계속해서 대만을 통치할 권리를 주장했지만, 대만이 큰 정치적 변화를 겪으면서 섬의 지위가 바뀌었다. 장제스가 중국 내전에서 패배한 후 대륙에서 도망쳐 섬에 수립하고 그와 그의 아들이 주재했던 독재 정권에서 대만의 중화민국은 자유 선거로 선출된 정부를 가진 민주주의 국가로 변모했다.[65]

베이징의 공산당 당국은 이에 반발하며 불만을 표출했다. 먼저 1995년, 대만 총통이 미국을 방문하자 중국은 강하게 반대했다. 이어 1996년, 대만에서 최초의 완전한 민주적 선거가 실시되자, 중국은 이에 대한 대응으로 대만 주변 해역에서 대규모 군사훈련을 실시했다. 두 번째 군사적 위협이 발생하자, 미국 정부는 이를 심각한 사안으로 인식하고 무력 시위를 감행했다. 워싱턴은 중국군이 신생 민주주의 국가인 대만을 공격하지 않도록 경고하기 위해 항공모함

전단을 중국의 군사 훈련 지역 근처로 파견했다.[66]

중국은 또한 핵무기를 둘러싼 미국과 북한 간의 대결에도 일정 부분 역할을 했다. 한국전쟁이 끝난 후 40년 동안 유럽에서 민주주의 국가들의 시장경제가 공산주의 중앙계획보다 훨씬 더 큰 경제성장을 이룬 것과 마찬가지로 한반도에서도 비공산주의 남한이 경제적 측면에서 공산주의 북한을 훨씬 앞질렀다. 상대적 후진성을 보상하고 오랜 공산주의 독재자 김일성의 지속적인 통치를 보장하기 위해 1994년 북한은 연구용 원자로를 폐쇄하고 그 연료봉을 원자폭탄 재료로 사용함으로써 핵무기를 획득하겠다고 위협했다.[67] 미국 정부는 그러한 조치에 반대한다는 입장을 분명히 했고 합의가 일시적으로 문제를 해결하기 전에 이를 저지하기 위해 군사적 수단을 사용하는 것을 진지하게 고려했다.[68]

세계에서 북한의 유일한 진정한 친구로서, 그리고 공산주의 북한이 소비하는 대부분의 식량과 연료가 두 나라 사이의 국경을 넘나들었기 때문에 중국은 평양 정권에 상당한 영향력을 가지고 있었다.[69] 중국 정부는 북한이 핵무기를 보유하지 않기를 선호했지만, 최우선 과제는 북한 정권을 온전히 유지하는 것이었다. 따라서 베이징은 북한의 붕괴를 유발할 것을 우려하여 북한의 핵정책을 바꿀 가능성이 있는 종류의 경제적 압력을 가하려 하지 않았다. 또한 미중 무역과 투자 규모가 증가하는 상황에서도 북한의 핵 기만전술로 인해 미국 정부가 주의를 분산시키고 혼란에 빠지는 것이 베이징의 지역 내 정치적 목적에 부합한다는 점도 분명해졌다.[70]

대만과 북한에서의 전개 상황은 극초강대국 미국이 냉전 시기 두 차례 그랬던 것처럼 동아시아의 공산주의 국가에 대해 군사력을 사용할 가능성을 제기했다. 결국 그렇게 하지 않았다. 하지만 걸프 전쟁은 차치하더라도 탈냉전기에 미국의 군사 개입이 종식된 것은 아니었다. 미국 정부가 해석한 바에 따르면 새로운 세계질서의 요구 사항이 미국의 평화주의를 요구하지는 않았다. 미국은 전 세계 여러 곳에서 군사력을 사용했지만, 역사적으로 새로운 이유에서였다.

인도적 개입

냉전이 종식된 이후, 소련과 미국 간의 대규모 전쟁 위협이 사라지면서 세계는 보다 안전한 곳이 되었지만, 동시에 수많은 소규모 분쟁이 발생하며 더욱 무질서한 곳이 되었다. 이러한 분쟁 중 일부는 냉전의 종식으로 인해 발생했는데, 이는 일부 정권이 권력을 유지하는 데 기반이 되었던 공산주의 이념이 사라지고, 초강대국 중 하나가 제공했던 정치적 지원과 재정적 보조가 중단되었기 때문이다. 이러한 요인들은 본래 분열되어 있던 국가들에서 일정 수준의 안정성을 유지하는 데 기여했으나, 냉전이 끝나면서 그 균형이 무너진 것이다.[71]

미국은 이러한 소규모 갈등 중 여러 곳에 개입했지만, 그 목적은 과거의 미국 군사 개입들과는 거의 아무런 관련이 없었다. 탈냉전기 군사 작전은, 혁명 이후의 미국 군사 작전들이 그랬던 것처럼, 미국의 이익을 보호하고 증진하기 위한 것이 아니었다. 대신, 그것들은 미국의 가치를 옹호하고, 특히 고립된 민족들을 그들의 동족이나 정부 또는 두 가지 모두로부터의 약탈로부터 방어하기 위한 목적을 갖고 있었다. 18세기 이래, 미국인들은 국제무대에서 자신들이 소중히 여기는 가치를 방어하고 증진하려는 원칙적인 헌신을 선언해 왔으며, 이는 때때로 실제 정책으로 변환되기도 했다. 그러나 그들의 정부가 오직 이 목적을 위해 전쟁을 일으킨 적은 한 번도 없었다.

인도적 개입이라고 불리게 된 것은 1991년에 이라크 북부의 쿠르드족을 위한 보호 구역이 설정되면서 시작되었다. 그 배경은 걸프 전쟁의 동기와는 분명히 달랐다. 걸프 전쟁의 목적은 사담 후세인의 이웃 국가에 대한 침략을 저지하고, 그가 세계의 많은 석유 자원을 지배하지 못하도록 하는 것이었다. 그러나 그 전쟁의 여파에서 부시 정부는 사담 후세인이 쿠르드족(뿐만 아니라 이라크의 시아파 무슬림)에 대한 공격에 충격을 받았고, 그들의 고난에 대해 책임감을 느꼈다. 결국, 그들의 고난은 미국이 수니파가 지배하는 이라크 정부를 물리친 후 그들이 일으킨 봉기에서 비롯된 것이었다.[72] 워싱턴은 쿠르드족 보호를 위한 유엔 승인을 받았고, 그 임무는 인명과 재정적인 면에서 비교적 적은 비용으로 이루어졌다. 탈냉전기 미국의 인도적 개입 중에서, 이라크 북부에서의 개입은 가장 성공적인 사례로 평가되었다. 쿠르드족은 사담 후세인의 지배에서 벗어나 지역 내 기준으로 볼 때 합리적으로 괜찮고, 관용적이며 효과적인 정부를 자립적으로 조직할 수 있었다.[73]

인도적 개입은 미국 외교정책에서 오래된 이념적 흐름에 뿌리를 두고 있었지만, 이전의 그 전통의 표현들과는 달랐다. 혁명 시기부터 미국인들은 국제체제 내의 주권 국가들을 더 민주적으로 만들기 위해 개혁하려는 희망을 품고 있었다. 우드로 윌슨은 주권 국가들의 전체 시스템을 변화시켜 더 평화롭게 만들기를 바랐다. 국가가 다른 나라들과의 관계에서 보였던 일반적인 이념적 충동의 최근 형태는 국제체제나 그것을 구성하는 국가들이 아니라, 그 국가들을 구성하는 개인들에 초점을 맞추었다. 그것은 그들에게 가장 기본적인 인권, 즉 생명권을 보장하려고 했던 것이다.

탈냉전기 세계의 특징적인 환경은 국제 관계에서 이러한 새로운 변화를 가능하게 만들었다. 미국은 이른바 인도적 개입을 실행했는데, 이는 우선적으로 가능했기 때문이었다. 극초강대국으로서 미국을 효과적으로 견제할 수 있는 국가는 없었다.[74] 또한, 미국은 군대를 시급히 투입해야 할 다른 대안적 용도가 없었으며, 이라크에서의 작전과 마찬가지로 그들이 수행한 인도적 개입의 군사적 측면은 비교적 저렴하고 수행하기 쉬운 것으로 나타났다.

또한, 인도적 개입은 '보호할 책임(responsibility to protect)'이라는 새로운 교리의 형태로 국제사회의 승인을 받았다. 유엔 사무총장 하비에르 페레즈 데 쿠에야르가 명확히 밝힌 바와 같이, 이 교리는 주권의 불가침성[75]이라는 기본적인 국제 법 원칙을 제쳐두고, 주권 국가의 내부 문제에 개입하는 것이 허용될 수 있으며, 심지어 의무적일 수 있다고 주장했다. 특히 그 국가의 주민들이 정부의 심각한 탄압을 받는 경우에 해당된다.[76]

이라크 북부 이후, 인도적 개입의 또 다른 사례는 1992년 12월, 아프리카 뿔지역인 소말리아에서 일어났다. 그곳에서는 질서의 붕괴로 여러 부족이 전쟁을 벌였고, 이는 많은 소말리아인에게 기아를 초래할 위협이 되었다. 조지 H. W. 부시 대통령은 임기 말, 35,000명의 미군을 소말리아에 파병하여 식량에 접근할 수 없는 사람들에게 음식을 전달하기로 결정했다. 이 작전은 성공적으로, 수십만 명의 생명을 구한 것으로 보였다.[77]

클린턴 행정부가 이 작전의 책임을 맡았을 때, 유엔은 명목상 감독을 했지만 사실상 미국이 통제하고 있었다. 그 결과 '임무 확대(mission creep)'라고 불리는 일이 발생했다. 소말리아에 대한 미국의 목표는 매들린 올브라이트 유엔 대사가 말한 바와 같이 "국가 전체를 복원하는 것"이라는 전례 없는 사업으로 확대되었다.[78] 임무 확대에는 일정한 논리가 있었다. 미국이 소말리아에 개입한 목적은 당시의 상황이 반복되지 않도록 하는 것이었는데, 이를 위해서는 그 상황을 초래한 정치적 갈등을 끝내야 했고, 이는 결국 소말리아의 국내 정치에 개입하는 결과를 낳았다. 이러한 정치적 재건 노력은 '국가 건설(nation-building)'이라는 명칭을 얻게 되었다.*

이러한 더 야심찬 목표를 추구하면서, 미국군은 1993년 10월 3일 소말리아 수도 모가디슈에서 가장 문제 많은 부족 지도자인 모하메드 파라 아이디드의 군에 대한 공격을 개시했다. 그러나 그 공격은 참담한 실패로 끝났다. 두 대

---

* "사실, '국가 건설(nation-building)'은 미국이 이러한 장소에서 주로 시도한 것이 정확히 아니다. 국가는 언어나 민족, 종교 또는 다른 공통된 문화적 특징에 의해 결속된 사람들의 집단으로, 따라서 진정으로 발전하기 위해서는 시간이 필요하다. 더 정확하지만 덜 자주 사용되는 용어는 '국가 건설(state-building)'이다. 미국이 시도한 것은 각 장소에서 두드러지게 부족했던 것, 즉 현대적이고 효율적인 민주적이며 번영을 지원하는 국가의 기관들을 구축하는 것이었다." 맨델바움, 『임무 실패(*Mission Failure*)』, 77-78쪽.

의 미군 헬리콥터가 격추되었고, 미군 병사 8명이 사망하고 74명이 부상을 입었다. 이 사건은 미국 대중에게 강력한 부정적인 반응을 일으켰다. 대중은 자국의 군대가 소말리아에 가서 단순히 식량을 배급하기 위해 갔지, 싸우기 위해 갔던 것은 아니라고 생각했기 때문이다. 클린턴은 미군의 철수를 발표했다.[79]

소말리아는 냉전 이후의 인도적 개입에서 나타나는 패러독스를 보여주었다. 이 패러독스는 모든 후속 인도적 개입에도 영향을 미쳤다. 지정학적인 이해관계가 미미했을 뿐만 아니라, 미국이 세계의 극초강대국으로서 이러한 작전들을 심각한 외부의 반대 없이 수행할 수 있었기 때문이다. 그러나 같은 이유로, 즉 미국의 이익이 위협받지 않기 때문에 미국 대중은 이러한 개입에 대해 매우 적은 비용만을 지불하려 했으며, 이는 결국 국내적 제약을 초래했다. 소말리아와 다른 곳에서, 미국인들은 사실상 자국의 생명에 대해 아무것도 지불할 의향이 없었다. 클린턴 행정부는 인도적 개입에서 정치적으로 허용될 수 있는 최대 사망자 수가 제로임을 배웠다.

훨씬 가까운 곳인 카리브해의 아이티에서는 미국이 주로 이익보다는 가치에 의해 동기 부여된 또 다른 작전을 펼쳤다. 군사 정권이 선출된 대통령 장-베르트랑 아리스티드를 축출했기 때문이다. 클린턴 행정부는 반미적인 군사 정권을 물리치고 아리스티드를 복귀시키기로 결정했다. 이로써 민주주의를 방어하고, 아이티 난민들이 플로리다로 유입되는 것을 막기 위해서였다.[80] 1993년 10월 11일, 아리스티드를 복귀시키기 위해 파견된 미군 인원들이 탑승한 배가 아이티 수도 포르토프랭스 항구에 도착하려 했으나, 몇 날 전에 모가디슈에서 일어난 사건에 자극을 받은 듯한 조롱하는 군중에 의해 상륙을 저지당했다. 이로 인해 행정부는 또 한 번 정치적 수모를 겪게 되었다. 아리스티드를 복귀시키겠다는 결심을 굳힌 클린턴은 1994년 9월, 아이티 침공을 위해 25,000명의 군사력을 동원했다. 그러나 마지막 순간, 지미 카터 전 대통령이 이끄는 협상팀이 중재하여 군사 정권이 물러나기로 합의함으로써, 무력 사용을 피할 수 있었다.[81]

1994년 봄, 동아프리카의 대륙구조 지대에 위치한 작은 나라, 르완다에서 학살이 일어났다. 이 나라의 두 주요 부족 중 하나인 후투족은 다른 부족인 투치족 약 80만 명을 학살했다.[82] 이 사건은 '보호책임(RtoP)' 원칙을 실행할 필요성이 커 보였지만, 클린턴 행정부는 미국 내 정치적 반발을 우려하여 개입을 거부했다.[83] 고위 관리들은 이 결정을 심각한 실수로 간주하게 되었고, 이는 그들이 발칸반도의 보스니아-헤르체고비나에서 박해받고 있는 사람들을 보호하려는 결단을 강화하는 계기가 되었다. 미국은 그곳에 아무런 이익도 없었지만, 유고슬라비아의 한때의 지방이었던 이 지역은 클린턴 행정부의 첫 임기 동안 미국 외교정책의 초점이 되었다.[84]

발칸반도는 냉전의 종식이 더 폭력적으로 만든 지역 중 하나로 드러났다. 그곳의 가장 큰 나라인 유고슬라비아는 소련과 마찬가지로 공산주의 통치로 결속된 다민족 국가였다. 공산주의 이데올로기의 힘이 약해짐에 따라 민족주의가 그것을 분열시켰다. 유고슬라비아의 두 개의 구성 공화국인 슬로베니아와 크로아티아는 큰 격변 없이 독립을 선언했다. 그러나 세 번째 공화국인 보스니아-헤르체고비나는 그렇게 운이 좋지 않았다. 다른 두 공화국과 달리, 보스니아는 민족적으로 동질적이지 않았다. 보스니아 인구의 43%는 무슬림, 31%는 세르비아인(유고슬라비아 전체에서 가장 많은 민족으로, 그들의 고향 공화국인 세르비아는 공산주의 통치가 끝난 후에도 여전히 유고슬라비아라고 불렸고, 다른 공화국들은 독립을 선언했다.), 그리고 17%는 크로아티아인이었다.[85]

보스니아의 세르비아인과 크로아티아인들은 각각 세르비아-유고슬라비아와 독립적인 크로아티아에 합류하기를 원했거나, 적어도 무슬림이 지배하는 독립적인 보스니아에 남아 있기를 원하지 않았다. 무슬림들은 유고슬라비아에서 탈퇴하여 본래의 세르비아 국가에 남는 것을 피하려 했고,[86] 결국 보스니아의 독립을 선언하게 되었으며, 이는 세 민족 간의 내전으로 이어졌다.[87] 전투 중 각 진영은 자국의 통치하에 두고자 하는 지역에 거주하는 다른 민족들을 쫓아내기 위해 군을 동원했고, 그 결과는 '민족 청소'라 불리는 추악한 행위로 이어졌다. 전투는 결국 15만 명에서 20만 명의 목숨을 앗아갔고, 250만에서 270만 명이 난민이 되었다.[88] 이는 이 기준으로 볼 때 제2차 세계대전 이후 최악의 유럽 분쟁으로 평가되었다.

유고슬라비아가 붕괴하자, 부시 행정부는 냉전이 끝났기 때문에 그곳에 전략적 이익이 없다는 이유로 거리를 두었다. 제임스 베이커 국무장관은 "우리는 이 싸움에 개입할 이유가 없다."고 말했다.[89] 클린턴 행정부는 다른 태도를 취했다. 보스니아의 운명은 미국에 중요한 문제로 간주되었으며, 그곳에서 미국은 무슬림을 지지했다. 그 이유는 두 가지였다. 첫째, 클린턴 행정부의 고위 관리들은 무슬림의 주요 적인 세르비아인들이 전쟁에 참여한 다른 두 민족보다 훨씬 더 많은 사람을 살해하고 강제로 이주시켰다고 믿었다.[90] 둘째, 그들은 이 전쟁이 평화롭고 관용적인 다민족 정치 단위였던 유고슬라비아에 대한 세르비아의 무모한 침략이라고 보았다. 그러나 이는 의문이 제기될 수 있는 주장이다. 보스니아의 다양한 민족들은 결코 독립적인 다민족 주권 국가에서 살거나 그런 국가를 기대한 적이 없었으며, 유고슬라비아 붕괴 이전, 특히 제2차 세계대전 중의 그들 간의 관계는 결코 평화롭지 않았다.[91]

전쟁이 진행됨에 따라, 세르비아인들은 세르비아가 지배하는 유고슬라비아 국군의 지원을 받아 우위를 점했고, 보스니아의 대부분을 점령했다. 이 상황은 클린턴 행정부를 불안하게 만들었지만, 그들은 미국군을 발칸반도로 보내지 않겠다는 대통령의 의지에 부합하는 효과적인 반세르비아 정책을 개발하지 못했다.

미국의 정책 몇 가지 변화가 결국 전쟁을 끝낼 수 있는 길을 열었다. 워싱턴은 크로아티아인들과 무슬림들 간의 편의적인 동맹을 중재했고, 크로아티아군을 훈련하고 무기 지원을 하여 세르비아군에 대한 성공적인 공세를 전개할 수 있도록 도왔다. 이로써 세르비아가 지배하는 영토의 비율은 2/3에서 절반으로 줄어들었다.[92] 그 후, 클린턴은 정치적 해결책에 대해 세르비아가 더 받아들일 수 있는 방향으로 미국의 입장을 수정했다. 그는 국내 정치적 이유로 이를 추진했다. 유엔은 평화유지군을 보스니아에 파견했으며, 대통령은 만약 유엔이 철수한다면 미국이 지원을 제공할 것이라고 약속했다. 철수가 현실화될 가능성이 커지자, 그는 결국 군을 발칸반도로 파병할 가능성에 직면했지만, 그 목표는 미국의 무슬림 지원이라는 주장에 맞추기보다는, 굴욕적인 유엔 철수를 덮기 위한 것이었다. 그는 이러한 조치가 1996년 재선에 실패할 위험을 초래할 것이라 우려했다.[93]

미국은 보스니아 전쟁의 정치적 해결에 관한 입장을 세르비아 지도자인 슬로보단 밀로셰비치의 선호에 맞게 수정한 후, 보스니아 세르비아인들에 대한 책임도 그가 지고 있다는 점을 고려하여, 세르비아군에 대한 짧은 공습을 벌였고,[94] 1995년 11월, 오하이오주 데이튼에 있는 공군 기지에서 평화 회담을 소집하여 전쟁을 종식하기 위한 조건들을 마련했다. 이 회담은 복잡하고 다루기 어려운 정부 구조를 만들어 보스니아를 세 개의 지역으로 나누는 결과를 낳았다. 데이튼 협정은 클린턴 행정부가 무슬림들에게 요구하도록 독려했던 권력이나[95] 영토를 무슬림들에게 부여하지 않았고, 민족 청소를 당한 대다수 사람도 집으로 돌아가지 못했다. 또한 이 협정은 행정부가 목표로 삼았던 통합되고 관용적인 다민족 정치 공동체를 만들어내지 못했다. 그럼에도 불구하고, 데이튼 협정은 미국의 탈냉전기의 힘을 보여주었고, 유럽연합이 시도했지만 실패한 평화적 해결을 이끌기 위해서는 미국의 적극적인 참여가 필요했다.[96] 데이튼 협정은 적어도 전쟁을 끝낼 수 있었다.

보스니아 전쟁이 끝난 후, 발칸에서는 또 다른 전쟁이 벌어졌고, 이는 유고슬라비아의 구성 공화국이 아닌 세르비아의 일부인 코소보를 두고 벌어진 전쟁이었다. 코소보는 주로 세르비아인보다는 무슬림 알바니아인들이 많이 거주하는 지역이었다. 공산주의 시절, 코소보는 어느 정도 자치권을 누렸으나, 공산주의 이후 세르비아 지도자인 슬로보단 밀로셰비치가 그 자치권을 철회하고 코소보인들을 강압적으로 통치했다.[97] 이에 반발한 코소보 해방군(KLA)은 세르비아인들을 상대로 공격을 시작했고, 밀로셰비치는 이에 대해 강력한 탄압으로 응수했다.[98] 1998년 7월에서 1999년 3월 사이, 세르비아군의 코소보인들에 대한 캠페인은 35만 명의 난민을 발생시켰고, 대부분은 코소보 내에서 이주했다.[99]

빌 클린턴은 또 다른 발칸 전쟁에 개입하고 싶어하지 않았다. 그러나 코소보가 폭력으로 치달으면서 그는 자신에 대한 탄핵 절차로 바빴다. 이는 미국 역사상 세 번째 탄핵 사건으로, 백악관 인턴과의 불륜을 저지르고 그것에 대해 증언을 거짓으로 했다는 이유였다. 대통령이 다른 일에 집중하고 있는 동안, 클린턴은 재임 2기 시작과 함께 국무장관에 임명한 매들린 올브라이트가 밀로셰비치에 대한 깊은 반감을 바탕으로 코소보 문제에서 미국 정책을 이끌었다.

세르비아군과 코소보군 간의 전투가 벌어지고 있을 때, 프랑스 람부이예에서 국제회담이 열려 코소보의 정치적 해결책을 모색했다. 전쟁에 참여한 두 진영은 제시된 조건을 거부했지만, 미국은 코소보인들이 이를 수용하도록 설득했고, 세르비아의 거부를 바탕으로 나토(NATO)가 유고슬라비아에 대해 전쟁을 선포하도록 했다. 이는 나토가 50년 역사상 처음으로 전쟁에 참여한 사례였다.[100] 다시 한번, 미국은 자국의 이익을 보호하기 위해 군을 사용한 것이 아니라, 자국의 이익이 전혀 없었던 보스니아와 마찬가지로, 미국의 군대를 미국민이 아닌, 자국의 정부로부터 공격받고 있는 사람들을 방어하기 위해 사용한 것이다.

1999년 3월, 코소보 전쟁은 두 가지 관련 있지만 구별되는 캠페인으로 시작되었다.[101] 나토군은 세르비아군의 공격을 중단시키기 위해 공중에서 세르비아 목표물에 대한 폭격을 진행했으며, 동시에 코소보에서는 세르비아군이 두 번째 민족 청소를 벌여 130만 명이 넘는 사람을 강제로 이주시키는 상황이 벌어졌다.[102] 미국 정부는 밀로셰비치가 항복하도록 만들기 위해 경미한 폭격만으로 충분하다고 믿었으나, 이는 잘못된 판단이었다.[103]

코소보 전쟁은 기본적인 특징에서 베트남 전쟁에서의 미국의 경험을 되풀이했다. 즉, 반세르비아 연합군은 군사적 및 경제적으로 압도적인 우위를 가졌지만, 세르비아군은 나토군을 군사적으로 물리칠 수는 없었지만, 코소보에 대한 통제 권한을 유지하려는 정치적 목표를 달성하기 위해 나토가 감당할 수 있는 비용을 넘어서게 만드는 전략을 사용할 수 있었다. 미국이 처음에 어떤 희생도 감수할 의사가 없다고 명확히 했기 때문에,[104] 세르비아군은 단순히 나토의 폭격을 견디면 목표를 달성할 수 있었다. 그리고 한동안 세르비아군은 바로 그 목표를 실현할 방향으로 나아가고 있었다.

미국이 첫 전쟁에서 수치스러운 실패를 겪을 위기에 처하자, 나토와 특히 미국은 전략을 수정했다. 클린턴은 처음에는 미국 군대를 코소보에 파견하지 않겠다고 했지만, 그의 태도는 변할 수 있다는 암시를 주었다. 나토는 코소보와 유고슬라비아 내 세르비아 지역을 겨냥한 폭격을 강화했다. 동시에 밀로셰비치가 나토의 요구를 수용하도록 설득하기 위한 외교적 노력으로, 나토는 전쟁이 시작될 때부터 반대해 왔지만 전쟁을 종결시키는 것이 자국의 이익에 부합한다고 판단한 러시아의 협력을 얻었다. 1999년 6월 2일, 폭격이 시작된 지 11주 만에 세르비아 지도자는 마침내 나토의 조건을 수용했다.

나토군은 코소보에 진입하고 세르비아군은 철수함으로써 사실상 코소보는 세르비아와 분리되었다. 이후 9년간 서방 군의 점령이 이어졌고, 그 후 나토 회원국들은 전쟁 중에 코소보가 유고슬라비아[††]로부터 독립할 수 있도록 하기 위한 전투를 벌이지 않겠다고 주장했던 입장을 뒤집고 코소보의 공식적인 독립을 승인했다.

미국이 참여한 모든 인도주의적 개입에서, 미국의 군대는 모두 자국의 지

---

†† "미국은 알바니아계 코소보인들을 위해 싸웠고 세르비아인들과는 적대적인 전투를 벌였다. 그러나 핵심적인 정치적 쟁점, 즉 코소보가 코소보인들이 원하는 대로 독립해야 하는지, 아니면 세르비아인들이 주장하는 대로 유고슬라비아의 일부로 남아야 하는지에 대해 나토와 미국은 세르비아 편에 섰다. 이는 승자들이 전쟁을 벌여 싸우고 있던 국가의 입장을 옹호하는 상황에 처하게 만든다. 승리는 결국, 승리한 연합군의 구성원들이 싸우고 보호하려 했던 사람들과 그들이 점령한 영토에 대해 이 핵심적인 문제에 대해 충돌하게 만들었다." 맨델바움, 『임무 실패(*Mission Failure*)』, 112쪽.

정학적 이익을 추구하기보다는 공격받고 있는 사람들을 구하는 목표를 가지고 있었으며, 그 과정에서 미국 군대는 언제나 상대가 훨씬 약한 군대임에도 불구하고 어떤 저항도 쉽게 극복했다. 냉전 기간동안 사담 후세인, 모하메드 파라 아이드, 아이티 군사 정권, 그리고 세르비아 지도자들은 미국에 대항하기 위해 소련에 지원을 요청할 수 있었으며, 과거 북한과 북베트남이 그러했듯이 그 지원을 받을 수 있을 것이라 기대할 수도 있었다. 그러나 냉전이 종식되면서 그 선택지는 사라졌다. 미국의 개입은 각 사례에서 일부 생명을 구하는 역할을 했지만, 북부 이라크, 소말리아, 그리고 발칸 지역에서는 이미 많은 인명 피해가 발생한 이후였다.

그러나 다른 측면에서 보면, 이들 개입은 성공적이라고 할 수 없었다. 그것들은 '보호책임'을 국제적으로 인정된 규범으로 확립하지 못했다. 이를 위해서는 미국이 정부가 자국민을 다루는 방식이 충분히 잔혹하여 국가의 주권을 침해하는 정당한 이유가 된다고 명확히 규정하고, 또한 그러한 결정을 내릴 적절한 기구를 명시해야 했다. 유엔은 인도주의적 개입을 승인할 논리적인 후보였지만, 보스니아와 코소보에서의 나토와 미국의 군사작전은 유엔의 승인을 받지 못했으며, 러시아와 같은 중요한 국가들은 실제로 이를 반대했다. 클린턴 행정부는 이에 대한 관련 기준을 제공하지 않았다. 그것을 진지하게 시도조차 하지 않았다. 또한 미국 국민에게 멀리 떨어진 고통받는 사람들을 보호하기 위해 자국의 군대를 파견하는 것이 좋은 아이디어일 뿐만 아니라, 그 나라의 엄숙한 의무라는 것을 설득하지도 못했다. 보스니아와 코소보에서의 작전은 의회 승인을 받지 않았다. 클린턴은 그것을 요청하지 않았는데, 왜냐하면 요청했어도 승인을 받지 못하리라는 것을 알았기 때문이다.[105]

또한 1990년대의 인도주의적 개입들은 그곳에서 일어난 국가들을 변화시키지 못했다. 이는 매들렌 올브라이트가 소말리아에서 일어날 것이라고 약속한 일이었지만, 개입의 조건을 재발하지 않도록 보장하기 위한 것이었다. 이라크의 쿠르드 보호구역은 예외였지만, 소말리아는 여전히 혼란스러웠고, 아이티는 여전히 절망적으로 가난하고 정치적으로 불안정했으며, 보스니아와 코소보는 여전히 서로를 싫어하고, 신뢰하지 않으며, 협력하지 않으려는 다양한 민족 집단들이 존재하는 나라였다.[106]

미국이 개입한 지역들을 변화시키지 못한 이유는, 그 작업에 상당한 자원을 투자할 의향이 없었기 때문이기도 하지만, 더 중요한 이유가 있었다. 이 지역들에서 미국을 내부 정치에 개입하도록 만든 조건을 만들어낸 병리적 현상들은 해당 사회 사람들의 정치 문화, 즉 정치 역사, 제도, 관행, 그리고 무엇보다도 가치관에 뿌리를 두고 있었다. 정치 문화는 외부에서 강제로 변화를 일으키려 할 때 저항한다. 그러한 변화는 보통 내부에서 일어나며 시간이 걸린다. 그 시간은 대개 몇 달이나 몇 년이 아니라 세대 단위로 측정된다. 정치 문화의 회복력은 국가 건설의 적이었으며, 이는 21세기 첫 번째 10년 동안 미국이 그 대가를 치르면서 다시금 깨달은 교훈이었다.[107]

그럼에도 불구하고, 인도주의적 개입의 미국 설계자들은 자신들이 세계에서 어떤 선을 행했다고 위안 삼을 수 있었다. 그리고 충실하지만 의도치 않게 윌슨주의자였던 그들은, 자신들이 정의한 바에 따라 선을 행하는 것을 미국 외교정책의 최고 목표로 여겼다. 그들은 자신들의 나라에는 큰 비용을 들이지 않고 이러한 개입을 실행했다고 생각했다. 그러나 이들 개입에도 비용이 따랐다. 특히 10년의 마지막 개입인 코소보 전쟁은 더욱 그러했다.

그 전쟁 중, 미 공군은 실수로 유고슬라비아 수도인 베오그라드에 있는 중국 대사관을 폭격해 세 명이 사망하고 23명이 부상했다. 이 공격은 베이징에서 분노한 시위를 촉발했으며, 중국의 공산당 정권은 이를 확실히 허용했을 뿐만 아니라 사실상 이를 장려한 것으로 보인다.[108] 코소보 전쟁은 또한 러시아와의 관계에 더 큰 피해를 주었다. 모스크바는 이 전쟁을 벌이기로 한 결정에 대해 아무런 발언권도 없었으며, 정부뿐만 아니라 러시아 국민도 이를 강력히 반대했다.[109] 그러나 전쟁이 시작될 무렵, 이미 탈소련 시대의 러시아는 미국과 서방 국가들과의 관계에서 멀어져 있었고, 그들의 적대감은 클린턴 행정부가 유럽에서 추진한 중요한 군사적, 정치적 주도에서 비롯되었으며, 이는 미국 외교정책 역사상 가장 심각한 오류 중 하나로 평가된다.

러시아

냉전이 과거의 일이 되었음에도 불구하고, 러시아는 여전히 중요한 국가로 남아 있었다. 그 크기—지리적으로 지구상에서 가장 큰 정치 단위였고—그 위치, 유럽·동아시아·중동에 걸친 국경, 풍부한 석유와 천연가스 자원, 공산주의 시대 동안 거의 실현되지 않은 경제 잠재력, 그리고 소련으로부터 물려받은 대규모 핵무기 재고는 러시아를 미국과 세계 나머지 국가들에 있어 중요한 존재로 만들었다.

역사는 새로운 러시아와의 관계를 다루는 데 있어 넓은 지침을 제공했다. 냉전 이전의 현대 세계에서 발생한 각종 세계 전쟁 후, 승자들의 패배한 국가에 대한 처리 방식은 전후 국제 정치에 큰 영향을 미쳤다. 나폴레옹 전쟁과 제2차 세계대전 후, 승리한 연합국은 패배국인 프랑스(첫 번째 경우)와 구 나치 독일(두 번째 경우)을 화해시키고 이를 승자들의 정치적, 경제적 질서에 통합하는 것을 중요하게 여겼다. 그 후, 19세기 프랑스와 20세기 후반의 서독과는 오랜 평화의 시간이 지속되었다. 그러나 제1차 세계대전 후, 승자들은 제국주의 독일에 가혹한 평화를 강요했으며, 이는 20년 이내에 또 다른 큰 전쟁을 일으키는 일련의 사건들을 촉발했다.[110] 냉전 후, 미국은 처음에는 러시아와의 관계에서 첫 번째 패턴을 따랐다. 그러나 이후 두 번째 방향으로 방향을 틀었고, 그 결과는 예견된 불행한 결말로 이어졌다.

빌 클린턴은 세계화와 더불어 러시아와의 관계를 외교정책에서 두 가지 주요 관심사 중 하나로 삼았다.[111] 그의 러시아 정책은 러시아의 첫 번째 탈공산주의 지도자였던 보리스 옐친을 사실상 무조건적으로 지원하는 것이었다.[112] 옐친은 조직적으로는 부족하고 때로는 술에 취한 상태로 보였지만, 민주 정치에 대한 진지한 헌신과 서방과의 좋은 관계를 유지하려는 진정성을 보여주었다. 그는 미국 정부에게 공산주의나 다른 형태의 권위주의 정부의 재등장을 막는 가장 신뢰할 수 있는 방벽으로 보였다.[113] 클린턴 행정부는 '러시아 개혁과의 전략적 동맹'[114]을 선언하고, 옐친이 민주주의적 규범을 벗어난 여러 가지 정책을 추진하는 가운데서도 그에게 최대한의 정치적 지원을 제공했다. 옐친의 정책 중에는 1993년 러시아 의회 건물에 대한 공격,[115] 1994년 체첸의 반란 세력을 상대로 한 잔인한 공격, 그리고 1995년에 이루어진 '대출을 통한 지분 매입' 계획이 있었다. 이 계획은 정치적으로 유력한 은행과 개인들이 러시아 정부에 자금을 대고, 그 대가로 자연 자원을 통제하는 가치 있는 러시아 기업들을 시장 가격보다 훨씬 낮은 가격에 인수할 수 있는 권리를 얻는 방식이었다.[116]

옐친 하의 러시아는 다른 동유럽의 공산주의 국가들과 마찬가지로 중앙 계획경제에서 자유시장 경제로의 전환을 시작했다. 경제성공을 평화롭고 민주적인 러시아를 창출하는 열쇠로 간주한[117] 미국은 러시아의 전환을 돕기 위해 노력했다. 조지 H. W. 부시가 대통령이던 당시, 러시아는 첫 비공산주의 해를 맞이했으며, 그 해에 경제적 지원이 가장 큰 영향을 미쳤을 것이다. 그러나 서방 자금이 낭비될 것을 우려하고, 특히 대선이 치러지는 해에 대통령이 국내 문제보다 외교정책에 지나치게 신경을 쓴다는 비판을 의식한[118] 부시 행정부는 냉전 시대의 주요 경쟁국이었던 소련의 후계 국가인 러시아에 대한 경제 정책으로, 러시아가 소련의 부채를 계속 상환하도록 강력히 요구하는 데 중점을 두었다.[119]

클린턴 행정부는 다른 접근 방식을 취했다. 러시아에 소액의 보조금을 지급하고, 러시아 정부에 경제적 조언을 제공했으며, 이를 공식적으로뿐만 아니라 모스크바에서 독립적으로 활동하는 미국 경제학자들을 통해서도 이루어졌다.[120] 또한 미국 정부는 국제통화기금(IMF)이 러시아에 대출을 해 주도록 장려했다.

1990년대 초반, 러시아는 자유 시장경제의 기초를 놓는 데 성공했다. 사유재산과 가격이 중앙 계획자가 아닌 수요와 공급의 흐름에 의해 결정되는 경제 체제를 수립했다. 이는 소련 경제에서 전혀 없었던 특징이었다. 그러나 시장경제로의 전환은 중앙 및 동유럽 국가들보다 러시아에서 더 어려운 과정이었다. 그 이유는 러시아가 해체해야 할 생산성이 없는 대규모 국유 기업들이 많았기 때문이며,[121] 시장 운영에 대한 경험이 상대적으로 부족했기 때문이다. 또한, 동유럽 국가들, 특히 폴란드는 '충격 치료'로 알려진 급진적인 경제변화에 동의했지만, 러시아의 개혁은 점진적으로 이루어졌으며, 그 결과 경제성장에서 더 적은 보상을 받았다. 게다가 러시아에서는 서쪽의 구 공산권 국가들보다 더욱 심하게 국가 자산이 민간으로 이전되는 과정에서 소수의 부정직한 인물들이 막대한 부를 축적했다. 이로 인해 대다수 러시아인은 이를 국가가 주도한 일종의 도둑질로 인식했으며, 이는 완전히 틀린 해석이 아니었다.

따라서 러시아 국민은 이미 옐친 정부의 경제 개혁에 대해 회의적인 시각을 가지고 있었다. 그러던 중 1998년, 러시아는 동아시아를 강타했던 금융위기와 유사한 사태에 휘말리게 되었다. 러시아 정부의 지출이 세수(稅收)를 초과했으며, 그 차이를 메우기 위해 화폐를 발행하면서 심각한 인플레이션을 초래했다. 이후 정부는 재정 적자를 해결하기 위한 새로운 방법을 도입했는데, 바로 단기 만기와 높은 수익률을 제공하는 GKOs[122]라는 국채를 경화(硬貨)로 판매하는 것이었다. 러시아의 지급 능력은 지속적인 투자자들의 국채 구매에 의존했으나, GKOs는 결국 거품 경제의 성격을 띠게 되었고, 1998년 그 거품이 터지면서 금융위기가 발생했다.

그해 후반, 투자자들의 심리가 러시아에 대해 부정적으로 변하면서 러시아가 발행한 채권의 신뢰도가 급락했다.[123] 이는 정부의 재정적 무질서뿐만 아니라 러시아가 통제할 수 없는 외부 요인들로부터 비롯된 것이기도 했다. 러시아의 주요 외화 수입원인 석유 가격이 하락했고, 아시아의 금융위기가 '전염' 효과를 일으켜, 그곳의 대출에 대한 의구심이 러시아에 대해서도 유사한 의심을 야기했다.[124] IMF의 긴급 대출에도 불구하고, 8월 17일 러시아 정부는 루블화 가치를 절하하고 GKO 채권의 지급을 중단했으며, 이로 인해 러시아 시민들과 외국 투자자들에게 손실을 입혔다.[125]

동시에 발생한 평가절하와 채무 불이행은 옐친 정부의 시장 개혁 지지자들을 불명예스럽게 만들었다.[126] 이들은 서방과의 밀접한 관계를 선호하는 정부 고위 관계자들이기도 했다. 그 충격은 또한 보리스 옐친의 정치적 입지를 약화했고, 그가 러시아에 도입하고자 했던 민주적 정치에 대한 지지도 저하로 이어졌다.[127] 8월 17일의 사건은 미국에게 최악의 두 가지 결과를 남겼다. 즉, 미국 정부와 미국의 경제 전문가들이 러시아 경제정책에 실질적인 영향을 미치지 못했음에도 불구하고, 러시아 대중은 그들의 개혁 실패를 그들에게 돌리게 되었다.[128] 게다가 1998년까지, 유럽 안보 문제에 대한 미국의 주요 정책이 러시아 내에서 이미 부정적인 반응을 불러일으킨 상황이었다.

물론, 워싱턴의 몇몇 정책은 러시아의 협력을 이끌어냈다. 소련 붕괴 후 미국이 직면한 가장 시급한 문제는 소련의 군사 유산이었다. 소련이 더 이상 주권 국가로 존재하지 않게 되면서, 그곳에 주둔하던 군대는 이제 공산주의가 아닌 국가들, 특히 소련의 이전 공화국들, 즉 이제는 비공산주의이자 새로 독립한 국가들이 원치 않는 상황이 되었다. 클린턴 행정부의 외교적 노력은 이들 중 가장 정치적으로 민감한 철수, 즉 소련의 일부분이었던 발트 3국(에스토니아, 라트비아, 리투아니아)에서의 군대 철수를 이끌어내는 데 성공했다.[129] 소련 붕괴는 또한 갑작스럽고 대규모이며 예상치 못한, 그리고 의도하지 않은 핵 확산을 초래했는데, 소련의 핵무기가 이제 네 개의 독립 국가에 배치되어 있었다. 바로 러시아 연방뿐만 아니라 우크라이나, 벨로루시, 카자흐스탄이었다. 미국의 주요한 정책이 바로 이 핵무기들을 러시아로 집중시키는 데 기여했으며, 이는 1992년 포르투갈 리스본에서 열린 회의와 그 이후의 우크라이나와 러시아, 그리고 미국 간의 협상을 통해 이루어진 합의로 가능해졌다.[130]

소련의 붕괴는 미국에 대한 우려도 낳았다. 그것은 러시아 내에 있는 많은 핵·화학·생물학적 무기의 도난, 손실, 그리고 다른 나라로의 판매로부터의 안전 문제였다. 이 문제를 해결하기 위해, 조지아의 민주당 상원 의원 샘 넌(Sam Nunn)과 인디애나의 공화당 상원 의원 리처드 루가(Richard Lugar)가 주도한 의회는 협력적 위협 축소 프로그램(Cooperative Threat Reduction, 흔히 넌-루가 구상으로 알려짐)을 제정했다. 이 프로그램은 러시아 정부가 이러한 무기를 안전하게 보관할 수 있도록 돕는 자금을 제공했다.[131]

소련이 붕괴되기 이전부터, 유럽에서 서방 동맹의 미래에 관한 문제가 제기되었고, 여기서 클린턴 행정부가 결국 선택한 정책은 중대한 결과를 가져왔다. 반공 혁명이 일어난 1989년 중앙 및 동유럽에서 바르샤바 조약 기구(Warsaw Pact)는 해체되었고, NATO가 존재하는 이유였던 서유럽에 대한 공산주의 공격을 억제하는 목적은 사라졌다. 그런 공격은 더 이상 전혀 일어날 가능성이 없었다. 미국과 유럽의 NATO 회원국들은 이를 계속 유지하여 대륙에 미국의 존재감을 유지하려고 했다. 그러나 서방 당국자들은 소련 및 러시아 측에 나토(NATO)를 해체하지는 않겠지만, 소련 및 이후 러시아군이 후퇴하는 동안 나토를 동쪽으로 확장하지도 않을 것이라고 확약했다.[132]

클린턴 행정부는 이 약속을 깨고 NATO를 동쪽으로 확장하기로 결정했다.[133] 먼저 바르샤바 조약 기구에 속했던 국가들, 그리고 그 후에는 한때 소련의 일부였던 새로운 독립 국가들이 NATO에 가입했다. 폴란드, 헝가리, 체코 공화국은 1999년에 공식적으로 NATO에 가입했고, 그다음 10년 동안에는 7개국이 더 NATO에 가입했다. 이는 발트 3국을 비롯해 슬로베니아, 슬로바키아, 불가리아, 루마니아이다.[134]

러시아인들은 NATO 확장 결정을 듣고 충격을 받았고, 실망했다. 러시아 전역에서 공산주의자들부터 서구식 자유주의자들까지, 그들은 처음부터 강력히 반대했다.[135] 그들은 서방에 의해 배신당했다고 느꼈고, 자신들의 안보에 관한 견해가 중요하지 않은 것처럼 무시당했다고 여겼다. 특히 NATO 확장의 경우, 그들의 의견은 실질적으로 무시되었다. 결국, NATO 확장의 결과로 많은 러시아인이 미국이 자국을 약화시키고 고립시키며 심지어 파괴하려 한다고 믿게 되었다.

클린턴 행정부가 나토 확장에 대해 내세운 이유들은 기껏해야 공허한 것이었고, 최악의 경우 기만적인 것이었기 때문에, 이는 러시아의 나토 확장에 대한 반감을 전혀 완화하지 못했다. 클린턴 행정부는 그 주요 목적을 새로운 회원국들에서 민주적 정부를 공고히 하는 것이라고 발표했으나,[136] 군사 기구의 회원국 자격이 민주적 정치에 도움이 된다는 증거는 아무것도 제시하지 않았다. 더구나 만약 그것이 사실이라면, 민주주의가 가장 불안정하고 가장 강화가 필요한 나라, 즉 대서양 동맹에 가입하는 것이 가장 큰 가치를 가질 나라는 바로 러시아였을 것이다.[137] 그러나 러시아는 나토(NATO)에 가입 초청을 받지 않을 것이라는 통보를 받았다.[138] 또한 미국은 중앙유럽과 동유럽 국가들이 NATO에 가입하면 새로운, 냉전 후 유럽 내 분열선을 만들지 않게 될 것이라고 주장했지만, 러시아를 제외함으로써 사실상 그들 스스로 그런 분열선을 그은 셈이었다.

클린턴의 실제 확장 동기는 국내 정치와 관련이 있었던 것으로 보인다. 그는 1996년 대선에서 폴란드, 헝가리, 체코슬로바키아와 연고가 있는 미국인들의 표를 얻기를 바랐고,[139] 이 문제를 더 강하게 밀고 나갈 공화당 후보에게 선거에서 밀릴까 봐 두려워했다.[140] 새롭게 나토(NATO)에 가입한 국가들 입장에서는 러시아로부터의 보호를 보장받았다고 여기면서도 그 대가를 치를 필요가 없었기 때문에 이에 만족했다.

더 넓게 보면, 인도주의적 개입과 마찬가지로 미국은 NATO를 확장한 이유는 그것이 가능했기 때문이었다.[141] 러시아는 효과적으로 저항할 수 있는 힘이 없었고, 또한 행정부는 미국 내에서 정치적으로 강력한 저항을 받지 않았다.

상원은 NATO 확장을 비준했으며, 당시 러시아와의 관계는 더 이상 중요한 문제로 여겨지지 않았다. 냉전 시대 동안, 소련과 관련된 정책은 거의 항상 높은 정치적 관심을 끌었고, 때로는 군비 통제 협정과 같은 문제에서 격렬한 논쟁이 일어나기도 했다. 그러나 그 갈등이 끝난 후, NATO 확장은 그러한 주목을 받지 못했다. 미국인들이 그 문제에 대해 조금이라도 관심을 기울였다면, 그것은 미국에 부담을 주지 않으면서 새로운 민주주의 국가들에게 호의를 베푸는 방법으로 보였기 때문이다.[142]

그러나 그 인식은 잘못된 것이었다. NATO 확장은 러시아인들에게 미국의 약속은 믿을 수 없으며, 미국 정부는 러시아의 약점을 이용하려 할 것이라는 믿음을 심어주었다. 불행히도 그 믿음은 근거가 없지 않았고, 그것이 미국이 후원한 코소보 전쟁과 결합되면서 러시아 대중의 여론은 급격히 반미적인 방향으로 흐르게 되었다.[143] 워싱턴의 주도적인 정책에 대한 반대는 러시아의 기본적인 대미 정책이 되었고, 이는 미국의 이익에 전혀 도움이 되지 않았다.

조지 케넌(George F. Kennan)은 NATO 확장을 '냉전 이후 미국 외교정책에서 가장 중대한 실수'라고 칭했다.[144] 냉전 종식이 미국에 물려준 전례 없는 유리한 지정학적 조건들, 특히 유럽에서의 조건들은 이제 러시아의 적극적인 지지에 의존하지 않게 되었으며, 오히려 러시아가 이를 뒤집을 수 없는 상태로 약해져 있던 데 의존하게 되었다. 시간이 지나면서 러시아는 더 이상 약하지 않게 되었고, 그 결과 그 조건들은 지속되지 않았다.

중동

냉전 이후 첫 번째 10년 동안(그리고 두 번째 10년 동안 더욱더) 미국 정부는 중국과의 경제 관계, 러시아와의 정치 관계, 발칸반도의 민족 갈등에 신경을 쓰면서도 중동에 가장 많은 관심을 기울였다.[145] 이 강조는 유럽 공산주의 붕괴 이후의 미국 외교정책을 냉전 중의 외교정책과 구별하는 요소이다.

중동은 냉전 동안에도 미국에 중요한 지역이었다. 1970년대의 석유 파동은 중동이 세계 경제에서 차지하는 중요성과, 그 지역의 석유 자원을 미국의 동맹국들이 이용할 수 있도록 미국의 힘과 외교를 활용해야 할 필요성을 여실히 보여주었다. 소련은 그 지역과 접한 남부 공화국들을 보유하고 있었고, 이 지역에서의 지배를 추구하는 지속적인 위협을 제기했다. 이에 대해 미국은 카터 독트린(Carter Doctrine)을 통해 이를 저지하려 했다.[146] 또한 미국 정부는 비우호적인 현지 강국이 중동에서 주도적인 입지를 차지하는 것을 우려했다.[147] 1967년 6월의 이스라엘의 압도적인 군사적 승리는 이집트 지도자 가말 압델 나세르의 그런 야망을 좌절시켰고, 1991년 걸프 전쟁에서는 미국이 직접 사담 후세인의 권력을 상당히 약화시켰다.

그럼에도 불구하고 제2차 세계대전 이후 40년 동안 유럽과 동아시아는 미국의 우선순위가 더 높았다. 이 두 지역은 세계에서 가장 인구가 많고 경제적으로 생산적인 지역이었을 뿐만 아니라, 마르크스-레닌주의 이데올로기와 공산주의 권력이 미국에 가장 큰 국제적 도전 과제를 제기한 곳이었다. 이러한 도전 과제들은 냉전의 끝과 함께 대부분 사라졌지만, 중동에서의 문제들은 여전히 지속되었다. 그 이유는 이 지역의 문제들이 미국과 소련 간의 이념적 갈등에서 비롯된 것이 아니기 때문이었다. 따라서 초강대국 간의 경쟁이 끝났다고 해서 중동의 문제들이 사라지지는 않았다. 20세기 동안, 긴급하고 해결되지 않은, 그리고 잠재적으로 폭발적인 지정학적 문제들은 미국의 관심을 끌었다. 20세기의 마지막 10년과 그 이후, 그러한 문제들은 중동에서 발견되었다.[148]

걸프 전쟁의 종결은 미국에게 두 가지 지속적인 의무를 남겼다. 워싱턴은 사담 후세인의 군대에 맞서 쿠르드족을 보호하기 위해 이라크 북부 고향에 보호 구역을 유지하기로 했다. 또한, 사담은 바그다드에서 여전히 권력을 잡고 있었으며, 유엔 결의 687호는 그가 대량살상무기를 포기하고 이를 확인하기 위한 검사를 받도록 요구했다. 미국은 이를 시행할 책임을 지고 있었다. 미국은 또한 이라크에 경제제재를 유지했으며, 한때 사담 정권이 결의 687호의 조건을 준수하지 않자 보복성 폭격 작전을 실시했다. 이 작전은 1998년 12월 16일부터 19일까지 진행된 '사막의 여우(Desert Fox)' 작전이었다.[149]

걸프전쟁 이후, 미국은 전통적인 봉쇄 정책을 실행했지만 이번에는 소련이 아닌 이라크에 대해 이를 적용했다. 냉전 당시, 미국은 한때 적대적 관계에 있던 중국과 협력했으며, 중국 역시 모스크바와 적대적인 관계를 유지하고 있었다. 이라크에 대해 중국과 유사한 역할을 할 가능성이 있었던 국가는 이란이었다. 이란은 1979년 혁명 이후 미국과 적대적인 관계를 유지했으며, 1980년대에는 이라크와 치열하고 비용이 많이 드는 10년간의 전쟁을 벌였다.

그러나 미국 정부는 이란을 동맹국으로 삼지 않았다. 그 이유는 이란이 중동에서 미국의 이익에 위협을 제기하는 나라로, 이라크와 동등한 위험을 안고 있다고 여겼기 때문이었다. 더 나아가 미국의 극초강대국으로서의 지위는 현상타파적인 두 나라를 동시에 상대할 수 있을 만큼 강력하다고 판단했다. 따라서 미국은 중동에서 '이중 봉쇄 정책(dual containment)'을 채택했다.[150]

또 다른 중동 문제도 클린턴 행정부와 그 뒤를 이은 두 행정부의 광범위한 주목을 받았다. 사실, 이 문제는 냉전 종식 이후 미국 정부가 지속적으로 집중했던 사안이었는데, 바로 아랍-이스라엘 분쟁이었다. 세 행정부 모두 헨리 키신저의 셔틀 외교와 1970년대 지미 카터의 캠프 데이비드 협상을 기반으로 이를 발전시키고 지속하며 마무리하려 했다. 이러한 외교적 노력의 결과, 이스라엘과 아랍 최대 국가인 이집트 사이에 평화조약이 체결되었다. 이집트와 이스라엘은 이전 24년 동안 네 차례의 전쟁을 벌였던 적이 있었다.

두 가지 사건은 결국 단순히 '평화 과정'이라고 불리게 된 일련의 움직임에 모멘텀을 부여했다. 1991년 가을, 걸프 전쟁에서 승리한 후, 부시 행정부는 그 전쟁을 통해 얻은 정치적 자본을 활용하여 스페인 수도 마드리드에서 중동 평화 회의를 소집했다. 이번 회담을 통해 이스라엘 정부 관계자들은 처음으로 유대 국가와 직접 협상을 거부해왔던 아랍 정부 대표들과 한자리에 모이게 되었다. 마드리드 회담에는 또한 팔레스타인 해방기구(PLO)도 참여했는데, 이 기구는 1967년 전쟁에서 이스라엘군이 요르단으로부터 점령한 지역에 거주하는 팔레스타인인을 포함하여 모든 팔레스타인 아랍인을 대표한다고 주장했으며, 이스라엘은 이전까지 PLO와의 직접 접촉을 기피해 왔다.[151]

그러다가 1993년 노르웨이 오슬로에서, PLO 대표들과 이스라엘 측 인사들이 정부의 인정을 받지는 않았지만 그들의 승인 아래 독자적으로 협상을 진행하여 양측 간 협상의 기본 틀을 마련했다.[152] 미국 정부는 이 틀을 수용하고, 이스라엘과 그 북쪽 이웃인 시리아 간의 중재자로 나섰다. 1967년 이스라엘은 시리아가 통제하던 골란고원을 점령했으며, 시리아는 1948년 이후로 이스라엘 마을에 대한 폭격을 주기적으로 실시했다. 이 두 나라 간의 협상 목표는 이스라엘이 골란고원을 반환하고 시리아와 평화를 맺는 것이었다.

이스라엘의 총리인 이츠하크 라빈은 시리아와의 평화 협정을 우선시했다. 그 이유는 시리아가 팔레스타인보다 더 큰 군사적 위협을 제기하고 있었기 때문이다. 첫 번째 클린턴 행정부의 국무장관인 워렌 크리스토퍼는 이를 위해 시리아 수도인 다마스커스로 28차례나 방문했다.[153] 시리아의 독재자 하페즈 알-아사드는 극초강대국인 미국을 달래기 위한 수단으로 평화 과정이 유용하다고 생각했지만, 평화 그 자체는 이스라엘과의 갈등을 끝내는 것을 필요로 했다. 알-아사드는 소수인 알라위파 세습 왕조의 일원으로서, 자신이 지배하는 다수의 수니파 무슬림들 사이에서 정당성을 유지하려면 이스라엘과의 갈등을 계속해야 했다.[154] 따라서 시리아와의 협상은 성공하지 못했다.[155]

야세르 아라파트가 이끌던 PLO와 이스라엘 간의 협상은 총 다섯 개의 합의를 도출해냈다. 이 합의에 따라 이스라엘은 1967년 전쟁에서 점령한 일부 지역에서 제한적인 철수를 단행했는데, 이 지역은 1948년 이스라엘 독립전쟁의 정전선인 '그린 라인(Green Line)'과 요르단 왕국과의 국경을 이루는 요르단강 사이에 위치한 곳이었다. 그러나 이스라엘은 해당 지역에 대한 최종적인 통제권을 포기하지 않았다. 팔레스타인과의 지속적인 협상은 요르단 국왕이 정치적 부담을 덜고 1994년 이스라엘과 평화조약을 체결하는 데에도 기여했다.[156] 이후 이스라엘 총리 이츠하크 라빈이 암살되고, 팔레스타인에 대한 양보에 소극적인 반대 정당 출신의 정부가 들어섰음에도 불구하고 협상은 계속 진행되었다.

2000년 7월, 클린턴 대통령의 임기가 끝나가면서 그는 아라파트와 이스라엘의 총리이자 라빈의 정치적 당에 속했던 전직 장군인 에후드 바라크를 캠프 데이비드로 초청해 거의 2주간 그들의 갈등에 대한 최종 해결을 시도했다. 바라크는 대폭적인 양보를 했지만 아라파트는 이를 거부했고, 이스라엘 민간인들에 대한 폭력적이고 치명적인 캠페인을 촉발했다. 이 캠페인은 거의 5년 가까이 지속되었으며, 대부분의 이스라엘 사람들은 PLO가 지속적인 평화에 진지한 관심을 가지지 않았다고 확신하게 되었다.[157]

그럼에도 불구하고 클린턴 대통령 이후 취임한 두 대통령, 조지 W. 부시와 버락 오바마는 모두 중동 평화 과정에서 미국의 중재 노력을 지속했다. 그들은 갈등에 대해 다소 다른 접근 방식을 취했다. 부시는 팔레스타인 측의 민주주의 약속을 협정의 조건으로 내걸었고,[158] 오바마는 그린 라인 외부에서의 이스라엘 주택 건설 중단을 요구했다.[159] 두 대통령의 두 번째 임기 동안의 국무장관들[160]은 팔레스타인 국가 수립을 통한 이스라엘과 팔레스타인 간의 평화 정착을 개인적인 최우선 과제로 삼았다. 그러나 두 대통령 모두 이를 달성하는 데는 가까이 가지 못했다.

미국은 이 작업을 계속 추진했다. 그 이유는 후임 행정부의 관련 관료들이 평화 과정에서 개인적인 이해관계를 가지게 되었고, 이들이 항상 자신들이 가까운 시일 내에 성공적인 결론에 이를 수 있다고 믿었거나 적어도 결국엔 가능할 것이라고 설득했기 때문이다.[161] 또한 이 프로젝트는 미국에게 고위 관료들의 시간 외에는 아무런 비용도 들지 않았기 때문이다.[162] 그러나 이들 관료는 갈등에 대한 기본적인 믿음이 잘못된 것임을 깨닫지 못했다.

그들은 이 문제를 해결하는 것이 미국에 중요한 정치적 이익을 가져다줄 것이라고 믿었다. 실제로 1970년대 이집트-이스라엘 협상에서는 단기적으로 아랍의 석유 금수 조치를 해제시키고, 장기적으로는 또 다른 대규모 아랍-이스라엘 전쟁의 가능성을 제거하는 효과를 거두었다. 당시 새로운 전쟁이 발생했다면 이집트의 참여가 필수적이었기 때문이다. 그러나 이스라엘-팔레스타인 분쟁의 이해관계는 훨씬 작았고, 이를 해결했을 때 얻을 수 있는 보상도 그만큼 미미했다. 더욱이, 이 문제가 실제로 해결될 수 있는지조차 불확실했다.[163] 결국, 이 분쟁은 해결되지 않았으며, 이를 해결할 수 있다고 믿었던 것이 미국의 두 번째 실수였다.

미국은 양측 모두 갈등을 끝내고 싶어 한다고 믿었고, 중재자의 임무는 단순히 양측이 받아들일 수 있는 조건을 도출하는 것이라고 생각했다. 이스라엘은 갈등을 끝내고 싶어 했다. 결국, 그들이 이 갈등을 시작한 측은 아니었기 때문이다. 그러나 팔레스타인 측은 중동에서 유대인 국가의 정당성과 영속성을 인정하려 하지 않았고,[164] 갈등을 끝내려고 한 것이 아니라 이를 승리로 이끌고자 했다. 이는 이스라엘의 사라짐을 의미했다. 그들의 태도는 여러 가지 원인에서 비롯되었지만, 궁극적으로 그들의 정치 문화에서 뿌리를 두고 있었으며,[165] 이는 미국 주도의 중동 평화 과정이 실패한 이유가 미국이 소말리아, 아이티, 보스니아, 코소보에서 국가 건설을 시도했을 때와 마찬가지였음을 의미했다.[166]

평화 과정에서 지속적인 실망에도 불구하고, 20세기가 21세기로 넘어갈 때, 극초강대국 미국은 지난 10년간의 국제 역사를 어느 정도 만족스럽게 돌아볼 수 있었다. 냉전의 종식이 남긴 새로운 세계질서는 항상 매끄럽게, 또는 모든 곳에서 원활하게 작동한 것은 아니었지만, 적어도 용인할 수 있을 정도로 잘 작동하고 있었다. 걸프전쟁이 나타낸 윌슨주의적 순간은 지속되지 않았지만, 우드로 윌슨이 막으려고 했던 종류의 국제적 공격성은 냉전 이후 국제정치에서 나타나지 않았다. 인도주의적 개입은 글로벌하거나 미국의 규범이 되지 않았고, 미국은 개입한 국가들이 평화롭고, 좋은 정부와 번영을 이루도록 만들지 못했지만, 그 군사 작전은 생명을 구했다. 세계화는 금융문제를 일으켰지만, 이 문제들은 결국 극복된 것으로 보였고, 국제 경제통합의 증대 과정은 계속될 것으로 예상되었다.

중국은 인권을 보호하는 민주국가로 변하지 않았지만, 미국은 그 시장 기반 경제성장이 결국에는 그것을 그런 방향으로 이끌 수 있을 것이라는 희망을 가질 이유가 있었다. 러시아는 NATO 확장에 불만을 품고 있었지만, 소비에트 연방이 그랬듯이 이웃 국가에게 원하지 않는 형태의 정부를 강요하지는 않았다. 요컨대, 사건들은 역사에 대한 자유주의적 이론을 부정하지 않았다. 그 반대로, 미국인들은 세계 역사가 그들의 선호하는 방향으로, 비록 빠르거나 일관되게는 아니지만, 흘러가고 있다는 결론을 내릴 수 있었다.

그렇지만 그 십 년은 원치 않는 전개를 가져왔고, 그것은 우연히도 중동에서 비롯되었다. 미국은 일련의 테러 공격을 겪었다. 1993년 뉴욕의 세계무역센터, 1996년 사우디아라비아의 미 공군 막사, 1998년 아프리카의 두 개의 미국 대사관(하나는 케냐, 다른 하나는 탄자니아), 2000년 예멘 아덴 항구에서의 USS 콜 구축함 공격 등이 그것이었다. 미국 정부는 공격들을 적절히 처리하겠다고 약속하면서 이를 주목했다. 그러나 새 천년이 시작되면서 테러리즘은 최악의 경우라도 2차적인 문제로 보였고, 심각한 위협보다는 성가신 존재로 여겨졌다. 그 평가가 2001년 9월 11일에 바뀌었다.

11장
미래로의 회귀, 2001~2015

9·11과 그 여파

2001년 9월 11일, 아랍 중동 출신의 19명의 젊은 남성들이 승객이 가득한 네 대의 미국 상업 항공기를 납치했다. 납치범들은 두 대의 항공기를 맨하탄 끝에 있는 세계무역센터의 쌍둥이 빌딩에 충돌시켰고, 세 번째 항공기는 워싱턴 D.C.의 북쪽, 포토맥 강 건너편에 있는 미국 국방부의 본부인 펜타곤에 충돌했다. 네 번째 항공기의 승객들은 납치범들을 제압했고, 그 항공기는 펜실베이니아의 한 들판에 추락했다. 총 2,977명이 사망했으며, 그중 모든 승객이 포함된 네 대의 항공기 탑승자와 6,000명 이상이 부상을 입었다.

알 카에다[1]라는 불분명한 조직이 이 공격을 계획하고 실행했으며, 이 조직은 사우디아라비아의 부유한 시민인 오사마 빈 라덴이 창설하고 이끌고 있었다. 알 카에다는 아덴, 케냐, 탄자니아에서의 이전 공격을 포함하여, 미국의 주요 목표를 향한 공격을 여러 차례 자행해 왔다.[2] 알 카에다는 중동과 전 세계에 자신들이 원래의 진정한 형태의 이슬람이라고 여기는 사상을 확산하는 것을 목표로 삼았고, 이 지역의 지배적인 정부들을 이단자로 간주하며, 그들의 주요

외국 후원자인 미국을 공격함으로써 이들 정부를 약화하려 했다.[3]

이 공격은 미국 정보기관에게 완전한 충격으로 다가오지 않았다. 미국 정보기관은 몇 년 동안 알 카에다의 활동을 감시해 왔고,[4] 심지어 한 달 전에는 알 카에다가 미국을 공격할 계획에 대한 경고를 매일 대통령에게 제공하는 브리핑에 포함하기도 했다. 그러나 나머지 정부와 국가, 그리고 세계에게는 9월 11일에 일어난 사건이 크고 충격적인 사건으로 다가왔다. 거의 아무도 그런 광범위하고 끔찍한 사건을 상상하지도, 예상하지도 못했다. 이 공격은 1812년 전쟁 이후 미국 대륙에서 외국인에 의한 대규모 민간인 희생 공격으로는 처음이었다. 그들이 남긴 강력한 인상을 더하기 위해, 이 공격은 영상으로 담겼다. 전 세계가 이를 목격할 수 있었다.

9월 11일의 사건은 미국에 대해 다른 비슷한 역사적 사건들이 미친 것과 같은 종류의 자극적인 영향을 주었다. 그것은 세상이 갑자기 훨씬 더 위험한 장소처럼 보이게 만들었고, 새로운 위협에 대응하기 위한 행동을 촉구하는 여론을 형성했다. 정부는 그 요구에 빠르게 대응했다.[5] 9월 11일의 공격은 국가의 과거에서 유사한 사건들처럼 미국을 전쟁으로 몰아넣었다. 사실, 그것은 아프가니스탄, 이라크, 그리고 '세계적인 테러와의 전쟁'으로 알려진 보다 확산된 전쟁으로 미국을 이끌었다.

2001년 9월 11일 당시 미국 대통령은 취임한 지 1년도 되지 않은 상태였다. 조지 워커 부시(George Walker Bush)는 빌 클린턴의 전임 대통령인 조지 허버트 워커 부시(George Herbert Walker Bush)의 아들로, 텍사스 주지사직에서 대통령직에 올랐으며 국제 문제에 대한 특별한 경험은 없었다. 후보 시절, 그는 아버지의 매우 성공적인 외교정책에 관여한 몇몇 고위 공직자들과 함께하면서 외교 분야에서도 일정 부분 신뢰를 얻었다.

2000년 대통령 선거 캠페인 중, 두 번째 부시는 클린턴 행정부의 국가 건설 정책을 비판하며, 더 겸손하고 덜 야심적인 외교정책을 수행하겠다고 약속했다.[6] 그러나 이 공격은 그뿐만 아니라 미국 대중을 자극하였고, 그의 행정부에 새로운 방향과 목적을 부여했다. 9월 11일, 그는 "우리는 테러와의 전쟁을 선포한다. 오늘부터 우리 행정부의 새로운 우선 사항은 이것이다."라고 말했다.[7] 그의 선거 캠페인에서의 약속과는 달리, 그리고 아마도 자신의 초기 기대와는 반대로, 외교정책은 그의 두 임기 동안 주요한 의제가 되었다.

그가 테러와의 전쟁을 위해 시작한 국가적 노력은 중요한 방식에서 전쟁으로 간주될 수 있었다. 이는 국가 자원의 동원과 외국의 적에 대한 무력 사용을 포함했기 때문이다. 그러나 다른 방식으로 보면, '테러와의 전쟁'이라는 용어는 다소 이상한 것이었다. 이는 구체적인 적에 대한 전쟁이 아니라, 일종의 전술에 대한 전쟁을 선언한 셈이었다. 마치 제2차 세계대전을 '전격전(Blitzkrieg)과의 전쟁'이라고 불렀던 것과 같았다.[8] 그럼에도 불구하고 '세계적인 테러와의 전쟁'은 9월 11일 이후 주요 국가적 사업으로 자리 잡았다. 미국은 이를 방어적이고 공격적인 방식으로 수행했다.

첫 번째 우선 사항은 미국이 더 이상의 그러한 공격을 받지 않도록 보호하는 것이었다. 이를 위해 정부는 관련 책임을 가진 여러 연방 기관들을 새로운 대형 내각 부서인 국토안보부(Department of Homeland Security)에 통합시켰다. 국토안보부는 공격 이후 10년 동안 1조 달러 이상이라는 막대한 예산을 지원받았다.[9] 이 중 46%는 미국 내 사람들과 인프라를 보호하는 데 사용되었고, 44%는 잠재적인 공격을 차단하는 데 사용되었다.[10] 이러한 국토 방어를 위한 총지출은 회고해 보면 그 당시의 테러 위협에 맞서 방어하는 데 필요한 금액을 초과한 것으로 보인다.[11] 이는 미국의 전통적인 사례와 일치했다. 부유한 국가인 미국은 전쟁을 수행하는 데 있어 다른 국가들에 비해 상대적으로 넉넉한 예산을 배정하는 편이었다. 또한 정책 입안자들이 직면한 유인책은 관대함 쪽으로 기울어지게 만들었다. 대중은 그들이 추가 공격을 막지 못했다고 비난할 것이지만, 돈을 낭비했다고 비난하지는 않았을 것이기 때문이다.[12]

결과적으로 9월 11일의 공격과 유사한 공격은 발생하지 않았고, 그 후 몇 년 동안 매우 적은 수의 공격만이 일어났다. 거의 완벽한 방어 기록은 미국이 채택한 수많고 비싼 방어 조치와 관련이 있을 수도 있지만, 그보다 더 중요한 사실은 그날의 참사가 불러일으킨 이해할 만한 두려움과는 달리, 미국에서 치명적인 공격을 감행할 준비가 되어 있고 의지가 있는 테러리스트의 수가 매우 적었다는 점이었을 것이다.[13]

그러나 그런 사람들은 실제로 존재했다. 알 카에다는 전 세계적으로 활동하는 조직원들을 보유하고 있었다. 테러와의 전쟁의 공격적 측면은 그들을 추적하고, 체포하거나 처치하는 것을 포함했다. 대통령은 중앙정보국(CIA)에 이 임무의 주요 책임을 부여했으며,[14] 이는 새로운 무기인 드론(무인 공격 항공기)을 자유롭게 사용하는 것이었다. 드론은 원격으로 조종되어 먼 타겟을 향해 날아가 그곳에서 공중에서 공격을 할 수 있었다.[15]

테러와의 전쟁의 공격적 측면은 이전 전쟁들에서 익숙하게 제기된 비판을 불러일으켰다. 즉, 국가를 방어하려는 시도가 자유의 규범을 위반하고 있다는 비판이었다.[16] 미국 전쟁에서는 드문 일이었지만, 비판자들이 주장하는 자유의 침해는 미국인들의 것이 아니라 외국인들의 자유였다. 예를 들어, 드론 공격은 테러리스트로 의심되지 않은 사람들뿐만 아니라 의심된 사람들까지 죽였다. 게다가, 체포된 용의자들은 미국의 군사 기지인 쿠바의 관타나모(Guantanamo)에서 수감되거나 다른 나라의 감옥으로 보내졌으며, 그곳에서는 미국의 수감자 처리 규정이 적용되지 않았거나 (적어도 적용되지 않았던) 경우가 많았다. 일부 억류자들에 대해 국제법상 불법인 고문이 사용되었는지에 대한 큰 논란이 일었다.[17]

일부 사람들의 관점에서 테러와의 전쟁은 미국 시민들의 자유에도 영향을 미쳤다. 정부는 미국인들의 전화 통화를 모니터링하기 시작했는데, 그 목적은 그들의 통화를 듣기 위해서가 아니라, 의심스러운 전화 연락을 파악하기 위해서였다.[18] 이는 미국 정부의 정책이 시민의 자유를 침해했던 다른 갈등들과 유사한 방식이었다. 예를 들어, 링컨 대통령이 남북전쟁 중에 인신보호영장(habeas corpus)을 정지시킨 사례나, 프랭클린 루스벨트가 제2차 세계대전 중에 일본계 미국인들을 서부 해안에 강제 수용소에 수용한 사례가 있다.[19] 국가의 비상사태에 대한 감각이 가라앉음에 따라, 이러한 정책들은 결국 종료되었다.[20] 테러와의 세계 전쟁은 결코 공식적으로 종료되었다고 선언되지 않았고, 승리한 것으로도 간주되지 않았지만, 미국은 결국 대부분의 정상적인 9월 11일 이전의 일상으로 돌아갔다. 그러나 2001년 말, 테러와의 전쟁을 벌이면서도 부시 행정부는 아프가니스탄에서 보다 익숙한 형태의 전쟁을 시작하고 있었다.

미국은 20여 년 전, 1979년 소련이 아프가니스탄을 침공했을 때 이 나라에 개입했다. 당시 미국 정부는 아프가니스탄 저항 세력을 지원했다.[21] 소련군이 1989년에 철수한 후, 아프가니스탄은 몇 년간의 불안정과 폭력의 시간을 겪었다. 그러다 1997년, 탈레반이라는 급진적인 이슬람 단체가 권력을 장악했다.[22] 새로 등장한 정권은 알 카에다와 친분을 맺었고, 탈레반 지도자들은 오사마 빈 라덴을 자국으로 초대하고 그가 훈련 캠프를 세울 수 있도록 허용했다. 그러므로 9월 11일의 공격은 사실상 아프가니스탄에서 비롯된 것이었다.

이에 따라, 미국 정부는 탈레반에게 알 카에다를 넘길 것을 요구했다. 그러나 이 요구가 받아들여지지 않자, 미국은 아프가니스탄에서 군사 작전을 전개했다. 이 작전은 빠르고 놀라울 정도로 비용이 적게 든 미국의 승리를 가져왔다. 불과 400명의 미국 인원이 아프가니스탄에 들어갔으며, 대부분은 CIA 요원들이었다. 그들은 금전적 유인책을 이용해 탈레반에 적대적인 부족들을 자기 편으로 끌어들였다. 이러한 지역 세력은 미국의 집중적인 공중 폭격 지원을 받으며 2001년 말까지 이슬람 급진 세력들을 권력에서 몰아냈다.[23] 그러나 이 승리는 완전한 승리가 아니었다. 오사마 빈 라덴과 그의 일부 동료들, 그리고 탈레반 지도부의 일부는 미국군의 손에서 벗어났다.

그런 다음, 미국은 아프가니스탄에 대해 무엇을 할 것인가 하는 문제에 직면했다. 단순히 떠나는 것은 바람직하지 않은 것으로 보였다. 왜냐하면 그렇게 되면 탈레반의 재집권과 그 나라를 전 세계에서 테러 공격을 일으키는 기지로 다시 사용하는 길을 열어줄 수 있었기 때문이다. 초기 군사 작전의 주요 동기는 사람들을 구출하려는 욕망보다는 안보 문제와 관련이 있었지만, 미국은 아프가니스탄에서 이전 몇 년간 인도적 개입 이후 다른 나라들에서 했던 것처럼, 그 나라에 남아 국가를 재건하려는 결정을 내렸다. 탈레반에 대한 전쟁을 지지했던 다른 서방 국가들과 함께,[24] 미국은 아프가니스탄에 임시 정부를 세운 후, 그 후에는 영구 정부를 수립했다. 두 정부 모두 서방에서 경험이 있는 아프가니스탄인 하미드 카르자이(Hamid Karzai)가 이끌었다.[25]

그 후 몇 년 동안, 미국이 이끄는 국제사회는 서구식 정치 및 경제 제도를 구축하려 했지만, 그 성공은 매우 제한적이었다. 아프가니스탄은 생계형 농업(아편을 재배하는 것이 포함된)과 낮은 문자해독율, 전통적인 이슬람에 대한 광범위하고 종종 격렬한 집착, 정치적 민주주의나 복잡한 법치 기반 자유 시장에 대한 경험이 없는 국가였기 때문에, 미국의 아프가니스탄에 대한 야망을 실현하기 위한 전망은 매우 부정적이었다.[26]

또한 급진적인 현대화 프로젝트를 방해한 것은 아프가니스탄의 인구 구조였다. 보스니아처럼, 여러 민족 집단이 존재했으며, 이들은 항상 좋은 관계를 유지하지는 않았다.* 아프가니스탄은 전통적으로 분권적으로 통치되어 왔기

---

* "파슈툰(Pashtun)은 파키스탄과의 국경 양쪽에 살며, 남부에서 주요 집단을 이루고 그 주요 도시는 칸다하르(Kandahar)이다. 이들은 아프가니스탄 인구의 약 40%를 차지한다. 타지크(Tajik)는 북부에 살며, 주요 도시는 마자르-이-샤리프(Mazar-e-Sharif)이다. 이들은 아프가니스탄 인구의 약 30%를 차지하며, 타지키스탄(Tajikistan)에도 거주하는데, 타지키스탄은 아프가니스탄의 북쪽 이웃 국가로, 한때 소련의 구성 공화국이었다. 우즈벡(Uzbek)과 투르크멘(Turkmen)도 아프가니스탄 북부에 거주하며, 전체 인구의 약 10%를 차지한다. 하자라(Hazara)는 서부에 살며, 가장 큰 도시는 헤라트(Herat)이다. 하자라는 이란과 인접한 지역 사람들과 마찬가지로 시아파 이슬람교도이며, 이란어의 방언인 페르시아어(Farsi)를 사용한다. 이들은 전체 아프가니스탄 인구의 약 15%를 차지한다. 이 모든 집단은 수도인 카불(Kabul)에도 거주하며, 카불은 국가의 동부를 지배한다." - 마이클 맨델바움, 『미션 실패: 냉전 이후의 미국과 세계』(뉴욕: 옥스포드 대학 출판부, 2016), 158-159쪽.

때문에, 하미드 카르자이는 이를 관리할 권한이 거의 없었으며, 국가를 재건하는 것은 더욱 어려운 일이었다. 더욱이, 카르자이와 그의 가족, 그리고 많은 아프가니스탄 공직자들이 부패를 적극적으로 실천하는 인물들이었음이 밝혀졌다는 점은 상황을 더욱 악화시켰다.[27]

아프가니스탄에서 국가 건설을 방해하는 또 다른 강력한 장애물은 2001년 패배한 탈레반이 몇 년 후 시작한 반란이었다. 탈레반은 다음 10년 동안 아프가니스탄의 많은 지역을 실질적으로 장악하게 되었다.[28] 이 반란은 매우 끈질기게 지속되었으며, 2001년 이후 20년이 지나도록 여전히 강하게 이어지고 있었다. 이는 아프가니스탄 전쟁을 미국이 겪은 가장 긴 전투 전쟁으로 만들었다.

탈레반은 아프가니스탄 수도인 카불에 있는 미국 후원 정부에 대항하는 군사적, 정치적 노력을 지속하기 위해 몇 가지 자원에 의존했다. 이들은 자신들이 속한 파슈툰(Pashtun) 민족 간의 결속, 외국 점령자들에 대한 아프가니스탄의 불만, 그리고 특히 인접 국가인 파키스탄 정부로부터의 지원을 이용했다. 파키스탄은 아프가니스탄 반군에게 중국이 베트남 공산주의자들에게 했던 것과 같은 역할을 했다. 즉, 파키스탄은 반군들에게 전투 준비를 위한 기지와 보급의 근거를 제공했다. 파키스탄 정부는 명목상으로 미국과 동맹을 맺고 있었지만, 카르자이 정권보다는 자신이 더 많은 영향력을 행사할 수 있는 아프가니스탄 정부를 선호했다. 게다가, 이전의 영국 식민지 시대처럼, 파키스탄의 파슈툰 지배 지역에서는 거의 권한을 행사하지 않았다.[29]

아프가니스탄에서의 미국의 국가 건설 작업은 또 다른 이유로 초기의 기대를 충족시키지 못했다. 부시 외교정책에서는 이 작업이 가장 중요한 우선순위에 포함되지 않았다. 더 많은 병력, 더 많은 돈, 그리고 더 많은 고위급 관심은 9월 11일의 공격이 촉발한 세 번째 미국의 전쟁, 이라크 전쟁에 집중되었다.

걸프 전쟁 II

미국이 싸운 모든 전쟁 중, 2003년에 시작된 이라크 전쟁은 가장 직접적인 이유가 없었다. 이 전쟁은 이라크가 미국이나 미국의 동맹국, 또는 어떤 다른 나라를 직접적이거나 간접적인 공격을 했기 때문에 발생한 것이 아니었다. 1991년 걸프 전쟁 이후, 워싱턴은 바그다드의 사담 후세인 독재 정권에 대해 봉쇄 정책을 추구해왔고, 이 봉쇄 정책은 효과를 봤다. 이라크는 이웃 국가들에 즉각적인 위협을 가하지 않았다. 또한, 이라크 독재자가 자신의 국민을 극도로 학대했음에도 불구하고, 부시 행정부는 그를 제거하여 국민을 보호하려는 결정을 내리지 않았다. 마지막으로, 이라크에 개입하기로 한 결정은 미국 정부 내에서 질서 있게 진행된 과정에서 나온 것이 아니었다.[30]

9·11 공격은 이라크 전쟁을 가능하게 만들었다. 그 이유는 이 공격이 미국 국민을 대규모 군사 작전을 지지하는 쪽으로 이끌었기 때문이다. 그렇지 않았다면 이런 일이 일어나지 않았을 것이다. 9·11 공격은 부시 행정부의 정치적 자본을 증가시켰고, 그는 그 자본을 군사적 개입에 투자했다. 또한, 미국이 세계의 극초강대국으로서 국제적 위상을 갖추고 있었기 때문에, 다른 어떤 나라도 미국의 이라크 공격을 막을 수 없었다. 9·11 공격과 미국의 국제적 지위는 부시 행정부가 이라크에 군사력을 사용할 기회를 가질 수 있었던 이유를 설명하지만, 그것만으로는 대통령이 그 기회를 활용하기로 결정을 내린 이유를 설명할 수 없다.

그는 개인적으로 이라크 독재자인 사담 후세인에 대해 깊은 혐오감을 가졌다. 후세인은 부시의 부친이 대통령직을 떠난 후, 부시 부친을 암살하려 했었다. 그러나 그 개인적인 이유가 그를 미국을 전쟁으로 이끈 이유는 아니었다. 9·11 직후, 네오콘이라 불리는 몇몇 저명한 외교정책 관계자들이 이라크 공격을 주장했지만, 전쟁 결정을 내린 사람은 부시 대통령이었으며, 그는 그들의 진영에 속하지 않았다. 대다수 국민은 사담이 실제로 9·11 공격에 관여했을 것이라고 믿었으나, 이라크의 직접적인 개입에 대한 증거는 결코 밝혀지지 않았다.[31] 그럼에도 불구하고, 9·11 사건은 간접적으로 이라크 전쟁을 일으켰다.

9·11 사건 직후, 부시 행정부는 테러리즘의 위협이 너무 커서, 지리적으로 멀고 지정학적으로 중요하지 않은 아프가니스탄 정부를 제거하는 것만으로는 전 세계 테러리스트들을 억제하기 위한 대응으로 충분하지 않다고 판단했다.[32] 또한, 테러리스트들은 아랍 중동 지역의 사회적, 정치적 병리학의 산물이었다. 사담을 제거하는 것이, 그가 이러한 병리의 증상인 동시에 원인이라는 점에서, 행정부 관계자들은 그것이 병리적 현상들을 완화하고 궁극적으로 테러리즘의 뿌리를 타격하는 데 도움이 될 것이라고 믿었다.[33]

마지막으로, 부시 행정부는 9·11 이전에도 테러리즘이 미국에 위협이 된다는 사실을 알고 있었지만, 그 위협이 얼마나 심각한지 실감하지 못했다고 평가했다. 그들은 자신들에게 다른 위협이 과소평가되고 있지 않은지 자문했을 때,[34] 사담이 즉시 떠오른다고 생각했다. 사담은 1991년 전쟁 이전에 핵무기를 추구했었으며, 그가 계속 권력을 유지한다면 다시 핵무기를 추구할 것이라고 가정할 수밖에 없었다.[35] 그의 손에 핵폭탄이 있거나, 그가 만든 핵폭탄을 알 카에다와 같은 테러 단체에 넘기면, 그것은 미국과 세계에 큰 위협이 될 것이다. 그러므로 그가 계속해서 권력을 유지하도록 허용하는 것은 용납할 수 없이 위험한 일이었고, 9·11은 그의 지배를 끝낼 기회를 제공했다. 따라서 미국은 2003년에 사담을 몰아내기 위해 전쟁을 시작했는데, 그 이유는 그가 과거에 한 일이나 현재 하고 있는 일이 아니라, 그가 미래에 할 수 있는 일을 막기 위한 것이었다.[36] 이와 같은 방식으로 이라크 전쟁은 역사적으로 비교적 드문 사건으로, (국제법 준수의 예가 아닌) 예방 전쟁으로 분류될 수 있다.[†]

---

† "예방 전쟁은 선제공격과 다르다. 선제공격은 적이 공격을 시작하려 할 때, 즉 전쟁이 불가피한 상황에서 먼저 공격하는 것을 의미한다. 반면 예방 전쟁은 공격이 임박하기 전에, 미래에 언젠가 발생할 위험을 막기 위해 시작된다." 마이클 맨델바움, 『미션 실패: 냉전 이후의 미국과 세계』, 199쪽.

대통령과 그의 공격적이고 영향력 있는 부통령인 리처드 브루스 체니(Dick Cheney)의 공개적인 발언은 미국 국민에게 12년 만에 걸프 지역에서 두 번째 전쟁이 일어날 것임을 준비시켰다. 2002년 10월, 양원은 이를 찬성했다. 두 번째 전쟁은 첫 번째 전쟁과 달리 국제적인 지지를 같은 수준으로 얻지 못했다. 결국 48개국이 반사담 연합에 참여했지만(그중 영국만이 의미 있는 군사적 기여를 했다.), 프랑스와 독일은 이 전쟁에 반대했으며, 러시아도 반대했다.[37] 또한, 터키 의회는 미국이 자국을 통해 이라크를 공격하는 것을 허용하지 않았다.[38] 2002년 11월, 유엔 안전보장이사회는 이라크에게 '최후의 기회'를 주어 무기 해체 의무를 이행하고, 1997년에 사담이 추방한 유엔 무기 사찰관들을 다시 받아들이도록 하였다. 그러나 2003년 초, 부시 행정부가 전쟁을 승인하는 결의안을 확보하려 했으나 실패했다.

이라크군에 대한 공격은 첫 번째와 거의 동일한 방식으로 진행되었다. 1991년, 미국의 기갑 부대는 사우디아라비아에서 쿠웨이트로 진입했다. 2003년, 유사한 군단들이 다시 한번 정밀하고 치명적인 공중 폭격을 지원받으며 쿠웨이트에서 이라크로 진입했다. 그들은 이라크군이 저항할 수 있는 정도를 넘어서서 2003년 4월 초, 캠페인이 시작된 지 한 달도 채 되지 않아 바그다드를 점령했다. 다시 한번, 미국의 압도적인 화력, 군수, 훈련, 사기, 그리고 공중을 완전히 지배하는 능력이 결합되어 신속하고 비교적 저렴한 승리를 가져왔다.[39]

부시 행정부는 전쟁 후의 상황에 대한 진지한 계획을 세우지 않았으며, 오직 미국 군대를 가능한 한 빠르게 철수시키는 것을 목표로 삼았다.[40] 그들은 기존의 이라크 기관들이 계속해서 기능할 것이며, 이들이 이라크의 안정을 유지할 것이라고 가정했다.[41] 그러나 이 가정은 틀린 것으로 판명되었다. 사담 정권의 몰락은 이라크에 폭력적인 혼란을 초래했으며, 바그다드에서는 광범위한 무법과 대규모 약탈이 일어났다.[42] 그리하여 대통령은 군대를 남기기로 결정하고, 미국이 최소한 임시적으로 국가를 통치하는 책임을 지기로 했다.

이라크를 장악하기 위해 부시 행정부는 연합국 임시 행정기구(CPA)를 설립하고, 그 지도자로 중동 아랍 지역에서 근무한 적이 없는 외교 서비스 베테랑인 L. 폴 브레머를 임명했다. 그는 이론적으로 제2차 세계대전 이후 일본에서 더글라스 맥아더가 행사한 것과 유사한 범위의 전권을 가진 인물이었다.[43]

CPA는 이라크의 일상적인 정부 운영뿐만 아니라 국가의 새로운 정치 시스템을 고안하고, 경제를 재편성하며,[44] 현대적 인프라를 제공하는 임무도 맡았다. 2000년 클린턴 행정부의 국가 건설 노력을 비판했던 조지 W. 부시는 3년 후, 탈냉전 시대에서 가장 야심찬 미국의 국가 건설자가 되었으며, 어쩌면 미국 역사상 가장 야심찬 국가 건설자일 수도 있다. 그는 또한 열렬한 윌슨주의자가 되었다. 2004년에 재선에 성공한 후, 그의 두 번째 취임 연설에서 그는 전 세계에 민주주의를 확산시키겠다는 약속을 했다.[45] 그보다 앞서, 그의 행정부는 중동에서 민주주의를 증진하기 위한 '자유의 의제(Freedom Agenda)'를 시작했다.[46]

미국은 이라크에서 토착 정부를 구성하고, 여러 차례의 자유롭고 대체로 공정한 선거를 감독했다. 그러나 다른 방식으로, 국가 건설 노력은 목표를 달성하지 못했다. CPA는 존재한 14개월 동안, 이라크를 원활하게 기능하는 권리 보호 민주주의와 번창하는 자유 시장경제로 변모시키는 데 근접하지 못했다. 이 기구는 이 목적을 달성하기 위한 준비가 잘 되어 있지 않았다. 그 구성원 중 대부분은 이 지역에서 광범위한 경험이 없었고, 많은 이들이 공화당 및 보수 정치적 충성도 덕분에 자리를 얻었다.[47] 더 중요한 것은, 아프가니스탄처럼 이라크 역시 그런 변화를 위한 전망이 좋지 않았다는 것이다. 이라크는 이를 효과적으로 운영할 수 있는 관련 제도, 경험, 그리고 사회적 정치적 가치가 부족했다.

아프가니스탄처럼, 이라크는 서로 간의 관계가 원만하지 않은 여러 민족 집단으로 구성되어 있었다. 이는 서부의 수니파 무슬림 아랍, 북부의 비아랍 무슬림 쿠르드, 그리고 남부의 시아파 무슬림 아랍 등이다.[48] 미국이 가능하게 한 선거에서, 이라크인들은 압도적으로 민족적, 종파적 연대감을 나타냈으며, 수니파, 시아파, 쿠르드는 각각 자신들의 그룹에 헌신하는 후보자들을 지지했다. 이 후보자들은 각기 다른 그룹의 분리된 이익과 종종 상충하는 이해관계를 대변하는 사람들이었다.

아프가니스탄에서와 마찬가지로, 이라크의 국가 건설도 반란과 맞닥뜨리게 되었다.[49] 사실, 사담 후세인의 정부가 종식되면서 세 가지 폭력적인 충돌이 발생했다. 첫 번째는 이라크의 수니파 분리주의자들, 그들 중 상당수는 이전 정부의 일원들이었던 이들[50]이 점령군인 미국에 맞서 싸운 것이었다. 수니파는 미국의 침공 전까지 이라크를 지배하고 있었고, 침공은 그들의 침략자에 대한 원망을 불러일으켰으며, 그들을 몰아내면 수니파가 예전의 패권을 되찾을 수 있을 것이라는 희망을 품게 했다. 사담 시대와 그 이전에 수니파의 탄압을 받았던 시아파는 미국에 대한 감사할 이유가 있었다. 수니파보다 많은 인구를 차지한 시아파는 선거에서 국가 정부를 장악하게 되었다. 그럼에도 불구하고 시아파는 미국군에 맞서 싸우고 괴롭히는 종파 민병대를 조직하여 두 번째 충돌을 일으켰다. 주변 국가들은 반란자들을 지원했다. 이란과 시리아는 모두 강력한 반미 정부를 운영하고 있었으며, 미국군을 공격하는 세력에게 은신처와 무기를 제공했다.[51]

세 가지 충돌 중 가장 치열했던 것은 수니파와 시아파 간의 충돌이었다.[52] 시아파는 정부와 자원을 장악하면서 이 충돌에서 우위를 점하게 되었다. 그들은 이라크에서 '민족 청소'의 일종을 실행하는 데 성공했으며, 많은 수니파가 바그다드를 떠나도록 만들었다.

미국은 수니파와 시아파의 반란에 저항하는 것 외에도 두 세력 간의 싸움을 진정시키려고 노력했으나,[53] 세 가지 충돌을 모두 처리하는 데는 심각한 단점이 있었다. 바로 나라를 효과적으로 치안 유지할 병력이 부족하다는 점이었다. 도널드 럼즈펠드 국방장관은 첫 번째 걸프 전쟁에서 미국이 배치했던 병력보다 훨씬 적은 병력으로 두 번째 걸프 전쟁을 치르고 승리할 것을 결심했으며,

그는 그 목표를 달성했다. 2003년에는 14만 명의 병력이 이라크군을 물리쳤고, 12년 전인 1991년에는 54만 3천 명이 배치되었다. 그러나 이 적은 병력은 사담 군과의 전투에서 승리한 이후 나라의 질서를 유지하는 데는 부족하다는 것이 증명되었고, 부시 행정부는 추가 병력을 보내는 것을 거부했다.[54] 그리하여 혼란과 충돌은 계속되었고, 이는 미국 대중의 이라크에 대한 미군 존재에 대한 시각을 변화시켰다.

한국과 베트남에서의 냉전 충돌처럼, 이라크에서의 미군 반란군과의 전쟁도 국내에서 인기를 잃었다. 2003년, 침공 직전에 63%의 국민이 이라크 개입을 지지했다.[55] 그러나 2006년 중간선거 때에는 56%가 이를 반대하게 되었다.[56] 여론은 결국 정부가 이라크에서 미군을 철수하도록 압박했다. 이라크에서의 무력 국가건설은 미국 외교정책 결정의 민주적 특성에 의해 희생되었다.

베트남의 마이라이 학살처럼,[57] 이라크에서도 미국의 비윤리적 행동이 드러났다. 아부 그라이브 감옥에서 반란군 용의자들을 수용하고 있던 미군 병사들이 일부 수감자들을 학대했고, 그들의 범죄를 담은 사진이 공개되었다.[58] 이는 이라크에서의 미국 작전 전체를 나쁜 인식 속에 놓이게 만들었고, 특히 아랍과 유럽에서 악영향을 미쳤다. 그러나 이라크 전쟁에 대한 미국 여론을 가장 크게 해친 것은 한국과 베트남 전쟁에서 여론의 인기를 떨어뜨렸던 것과 같은 이유였다. 바로 미군 사상자들이다.

이라크에서의 미군 사망자가 증가하면서, 그곳에서 미군을 계속 유지하려는 여론의 지지가 감소했다. 사망자 수가 증가함에 따라 여론의 반대는 급격히 커졌고, 이는 한국이나 베트남에서의 경우보다 더 빠르게 일어났다. 대중은 한국 전쟁과 베트남 전쟁을 소련과 국제 공산주의와의 더 큰 갈등의 일환으로 보고 있었으며, 이는 미국의 국가 이익에 매우 중요한 전쟁으로 여겨졌기 때문에 그 대가로 치러야 할 사상자 수에 대해서도 어느 정도 수용할 수 있었다. 반면, 이라크 전쟁은 대중의 인식 속에서 글로벌 테러와의 전쟁과 연관되었지만, 그 중요성은 비교할 수 없었으며, 따라서 미국인들은 그 전쟁을 수행하기 위해 치러야 할 사상자 수에 대해 덜 수용적이었다.[59]

전쟁이 점점 더 인기를 잃어가자, 부시 행정부의 정책에 대한 비판은 이라크 전쟁을 정당화하는 근거로 제시된 대량살상무기(WMD)가 이라크 어디에서도 발견되지 않았다는 점에 집중되었다. 이 무기들은 화학 무기일 가능성이 크며, 행정부의 고위 관계자들이 실제로 그 존재를 믿고 있었다.[60] 이 대량살상무기의 부재는 처음에는 전쟁을 지지했던 민주당 진영이 자신들의 입장을 반대로 전환하는 데 편리한 이유가 되었다. 그러나 이는 대중의 생각을 바꾸게 만든 주된 원인은 아니었다.

만약 이라크 작전이 부시 행정부가 잘못 예측한 대로 순조롭게 진행되었고, 화학 무기가 발견되지 않았다면, 대중은 미국의 정책을 반대하지 않았을 것이다. 반대로, 만약 미군이 그런 무기를 발견했지만 점령이 그처럼 고통스럽고 비용이 많이 들었다면, 대중은 처음의 지원을 철회했을 것이다.[61]

과거와 마찬가지로, 여론은 선거를 통해 정책에 영향을 미쳤다. 이라크에서의 예상치 못한 혼란에도 불구하고, 2004년 부시는 재선에 성공했으나, 2006년 중간선거에서는 민주당이 전쟁에 대해 대체로 일치된 비판을 표명하며, 양원 모두를 장악했고, 2008년에는 전쟁이 시작되기 전부터 이라크 전쟁에 반대했던 민주당 후보가 대통령에 당선되었다.

조지 W. 부시는 2003년에 시작한 전쟁의 실패를 단순히 인정하는 대신, 계속되는 미군 사망자와 대중의 불만 증가에 직면하여 새로운 전술을 채택했다. 이 전술은 '서지(Surge, 2007년 이라크 전쟁 당시 미군의 병력 증강 전략)'로 알려지게 되었으며, 부시는 이라크로 미군 병력 5개 추가 대대의 파견을 승인했다. 그중 두 대대는 수니파가 지배하는 이라크 서부로 보내졌고, 나머지 세 대대는 바그다드로 파견되었다.[62] 그들의 임무는 단순히 반미 반란군과 싸우는 것뿐만 아니라, 그 지역의 부족들과 좋은 관계를 맺어 반란군 지지를 끊게 하는 것이었다.[63] 이 새로운 접근법과 수니파가 시아파의 손에 큰 피해를 입고, 이슬람 근본주의자들이 전통적인 수니파 지도자들에게 도전하는 상황이 맞물려 '서지'는 성공을 거두었다. 부족 지도자들은 미군에 대해 더 우호적인 태도를 취하게 되었고, 반미 폭력은 목표 지역에서 감소했다.[64]

그러나 부시 행정부는 '서지'를 승인하는 동시에 여론에 따라 이라크에서의 미군 주둔을 종료하려는 움직임을 보였다. 이를 위해 이라크 정부와 협상하여 미군 철수 기한을 정하고자 했다. 양측은 미군이 2009년 6월 30일까지 이라크 도시에서 철수하고, 2011년 12월 31일까지 완전히 철수하는 데 합의했다. 부시 대통령의 후임자도 이 일정을 준수했다.

다른 미국의 전쟁들처럼, 이라크 전쟁도 큰 대가를 치렀다. 결국 4,487명의 미국인이 이라크에서 사망하고, 32,226명이 부상을 입었다.[65] 단기적으로 이라크의 경제적 부담은 한국 전쟁이나 베트남 전쟁에 비해 상대적으로 가벼웠다. 연간 비용은 미국의 전체 국내총생산(GDP)에서 차지하는 비율이 한국과 베트남 전쟁보다 적었다. 또한, 과거 전쟁들과 달리 부시 행정부는 이를 위한 세금 인상을 하지 않았다. 행정부는 세금 인상이 전쟁에 대한 여론을 더욱 부정적으로 만들 것이라고 판단했는지, 예산 부족분을 메우기 위해 차입에 의존했다.[66] 그러나 장기적으로 보면, 이라크 전쟁의 가격은 상당히 클 것으로 보였고, 장애인 및 의료 비용을 포함하면 그 금액은 6조 달러 이상이 될 가능성도 있었다.[67]

전쟁은 정치적인 비용도 있었다. 이 전쟁은 미국의 국제적 위상을 약화했다. 극초강대국인 미국이 작은 가난한 중동 국가를 재구성할 능력이나 체력이 부족하다는 것을 드러냈으며, 평범한 무장반란군이 미국의 강력한 군사력에 도전할 수 있다는 것을 보여주었다. 이 실패는 미국 내에서 냉전 이후 국제 정치에서 중요한 미국의 글로벌 역할에 대한 대중의 열정을 약화시켰다. 또한, 부시 행정부의 임기가 끝날 무렵, 예상치 못한 사건이 미국과 전 세계에 경제적 측면에서 더 큰 단기적 비용을 부과했다. 그것은 역사상 최악의 금융 위기였다.

금융 위기

2008년 9월 15일, 뉴욕에 본사를 두고 있는 대형 투자은행인 리먼 브라더스가 파산했다. 이 파산은 미국 금융 시스템 전체의 붕괴 직전 상황을 초래했다.[†] 그로 인한 심각한 금융 위기는 유럽으로도 확산되었다.[68] 국제 금융위기는 결국 1930년대 대공황 이후 가장 깊은 글로벌 경기침체를 일으켰다. 이라크 전쟁보다 훨씬 더 큰 영향을 미친 이 두 사건의 결합은 미국의 국제적 입지를 약화시켰고, 그로 인해 미국의 이익에 강력히 유리했던 탈냉전의 조건들을 약화시켰다. 1990년대 아시아 금융위기는 지역적으로 경제적 피해를 입혔고, 결국 그 영향은 상대적으로 적었으며, 오히려 미국이 세계의 극초강대국으로서의 위상을 강화하는 데 기여하는 듯 보였다. 반면, 2008년의 미국 중심의 금융위기는 그 영향의 규모가 훨씬 더 컸고, 그 범위가 전 세계적으로 퍼지면서 미국의 탈냉전기 위상을 전 세계적으로 약화시켰다.

금융위기의 기원은 미국에서 발생한 거대한 부동산 거품에 있었다. 이 거품의 규모는 우선적으로 미국의 사회적 가치와 정치 시스템이 주택 소유를 장려하는 데 중점을 둔 데서 비롯되었다. 대부분 사람이 주택을 구입할 때 대출을 받으며, 종종 많은 금액을 빌려 구입을 한다. 이 대출이 거품을 부풀게 했고, 동시에 그것을 취약하게 만들었다.[69] 또한, '금융 공학'이 부동산 시장에 미친 영향도 거품의 크기와 취약성에 기여했다. 2000년대 이전 10년 동안 이루어진 금융 공학은 모기지를 복잡한 증권으로 바꾸어, 이를 사고팔고 보험에 가입할 수 있도록 만들었다.[70] 이로 인해 직접적이든 간접적이든 미국 부동산에 투자된 금액이 크게 확장되었으며,[71] 전 세계적으로 매우 낮은 금리가 이를 더욱 부추겼다.[72]

---

† 당시 연방준비제도 의장이자 금융 역사 전문가인 벤 버냉키에 따르면, 이는 "세계 역사상 최악의 금융위기였으며, 대공황을 포함한 모든 위기를 능가한다."고 말했다. 출처: 아담 투즈, 『추락: 10년간의 금융위기가 세계를 어떻게 바꾸었는가(Crashed: How a Decade of Financial Crises Changed the World)』(뉴욕: 펭귄 북스, 2019), 163쪽. 또한 같은 책, 165쪽.

전 세계의 금융 기관들, 그리고 정부들은 이 새로운 투자 수단에 자금을 투입했으며, 이러한 투자 수단은 규제가 미비하고, 새로운 복잡한 구조로 인해 제대로 이해되지도 않았다.[73] 많은 기초 대출들은 차용인의 재정 상태를 고려할 때, 바람직하지 않은 것으로 판명되었다. 금융시장은 이러한 새로운 금융상품의 확산이 부동산 금융을 더 안정적으로 만든다고 가정했지만, 실제로 그것은 오히려 더 불안정하게 만들었다.[74]

모든 거품과 마찬가지로, 이 거품도 그것을 유지하기 위해서는 기초 자산의 가격이 계속해서 오르는 것이 필요했다.[75] 그러나 미국 부동산 가격은 2006년에 더 이상 오르지 않았고, 그 후 하락하기 시작했다.[76] 이는 금융기관 간에 부정적인 연쇄 반응을 일으켰고, 하나의 손실이 다른 기관들의 재정 상태를 악화시켰다. 이는 마치 도미노가 넘어지는 것과 같았다. 과거의 거품이 터지면서 발생했던 큰 손실의 전파 메커니즘은 사람들이 자산을 급히 팔거나, 예를 들어 17세기 네덜란드에서처럼 튤립을 팔거나, 은행에서 예금을 급히 인출하는 행동이었다. 이러한 행동은 일반적으로 '패닉'으로 알려져 있으며, 자기실현적 성격을 갖고 있기때문에 피해를 일으킨다. 자산을 팔려는 사람이 많아지면 가격은 더 떨어지게 되고, 따라서 판매자는 더 큰 손실을 보게 된다. 또한 사람들이 은행에서 예금을 많이 인출하면, 은행은 다른 예금자들에게 돈을 돌려줄 자금이 부족해지게 된다.

2008년, 위기는 다른 방식으로 나타났고, 미국과 유럽 경제에 훨씬 더 위험한 방식으로 전개되었다. 금융회사들과 주요 기업들은 일상적인 운영을 위해 대규모의 단기 저리 자금을 의존하게 되었기 때문이다.[77] 부동산 거품이 터지고 하나의 기관이 다른 기관을 따라 심각한 손실을 겪자, 이런 자금 조달이 멈추게 되었다. 대출자들은 차용인의 신용도뿐만 아니라 자신의 지급 능력에 대해서도 신뢰를 잃었다. 시장경제에서 자본의 흐름이 생명선과 같은 역할을 하는 만큼, 2008년의 금융위기는 인간에게 심각한 심장마비가 일어난 것과 유사한 영향을 경제에 미쳤다.[78]

미국 정부는 금융위기에 신속하고 강력하게 대응했으며, 완전한 재앙적인 붕괴를 막을 수 있었다.[79] 미국 정부는 여러 대형 문제 기업들, 예를 들어 보험 대기업인 미국국제그룹(AIG)과 두 개의 대형 준정부 기관인 연방 주택금융공사(Fannie Mae) 및 연방 주택대출 모기지 공사(Freddie Mac)를 구제했다. 이들 모두 위기 전에는 수십억 달러에 달하는 가치가 있었다.[80] 연방준비제도(Federal Reserve)는 금융 시스템에 돈을 대거 공급하여 주요 금융 기관들의 지급 능력에 대한 신뢰를 회복하는 데 기여했다.[81]

실제로 이 구제 작업은 미국의 초강대국으로서의 영향력과 능력을 보여주었다. 연방준비제도는 유럽의 금융 시스템을 안정시키는 데도 도움을 주었고, 유럽 국가들에 달러를 제공했다.[82] 20세기 동안 금융위기 상황에서 국가 중앙은행이 '최후의 대출자' 역할을 하는 것이 표준 관행이 되었고, 미국의 연방준비제도는 세계 전체의 '최후의 대출자'가 되었다.[83]

그럼에도 불구하고 2008년 금융위기에서 미국의 역할은 결코 승리로 간주될 수 없었으며, 오히려 미국의 글로벌 입지를 강화하기보다는 약화했다. 결국, 미국 금융 시스템의 문제들이 위기를 일으킨 장본인이었기 때문이다. 미국 정부의 노력 덕분에 최악의 결과는 피할 수 있었지만, 이 위기는 서방 경제들에 상당한 피해를 입혔다. 위기에서 비롯된 심각한 경제 침체 또한 추가적인 피해를 주었다. 신용이 고갈되고 소득이 감소하자 소비가 줄어들었고, 이에 따라 생산이 위축되었으며, 이는 결국 실업률 증가로 이어져 상호 강화되는 경제 하락의 악순환을 초래했다.[84]

이러한 상황에서 적절한 정책 처방에 따라, 이는 원래 대공황 시기에 영국 경제학자 존 메이너드 케인스가 제시한 것으로, 미국 정부는 금융 시스템뿐만 아니라 더 넓은 경제에도 돈을 투입하여 소비, 생산, 경제 성장을 촉진하려 했다. 7천억 달러 규모의 '문제자산 구제 프로그램(TARP)'은 의회에서 처음에는 반대에 부딪혔으나 결국 법으로 제정되었다.[85] 연방준비제도의 금융위기 대응과 마찬가지로, 이 돈의 투입은 그 후의 경기침체를 더 깊고 비용이 많이 드는 상황으로 발전하지 않게 했지만, 미국 경제와 그로 인한 국민의 주요 손실을 막지는 못했다.[86]

금융 위기처럼, 심각한 경기침체는 북미를 넘어 다른 나라들에도 영향을 미쳤다. 대서양 양쪽의 금융 기관들이 서로 연결되어 있어 금융위기가 유럽으로 확산된 것처럼, 아시아 국가들의 경우 서방에 대한 수출 의존도가 높아 미국과 유럽의 경기침체가 아시아 국가들의 소득을 감소시켰다.[87]

전 세계에서 가장 잘 대응한 나라는 중국이었다. 중국 정부는 대규모 경기부양책을 시행하여 다른 국가들보다 경제 활동이 비례적으로 덜 떨어지도록 했다. 미국에서 비롯된 위기와 중국의 상대적으로 성공적인 대응은 지정학적 결과를 초래했다. 이는 특히 중국 정책 입안자들 사이에서, 미국이 국제적 위계의 정상에 있는 위치가 불안정하다는 인식을 심어주었고, 중국이 아시아 및 그 외 지역에서 미국의 비용을 치르고 정치적, 경제적 이득을 취할 수 있는 기회를 가질 가능성이 높다는 생각을 심어주었다.[88]

리먼 브라더스의 실패가 촉발한 일련의 사건들의 여파로, 그리고 그 사건들의 일부 결과로, 유럽은 자체적인 금융 위기를 겪게 되었으며,[89] 그 위기는 그리스에서 시작되었다. 그리스가 유럽연합(EU)의 공동통화인 유로에 가입하면서, 대규모 예산적자를 재정 지원하기 위해 자국 채권을 판매하는 것이 쉬워졌다. 그리스 채권은 일종의 거품이 되었고, 투자자의 심리가 바뀌고 국가가 더 이상 낮은 이자율로 이를 판매할 수 없게 되자, 금융 및 경제 위기가 발생했다.[90] 이 위기는 포르투갈, 스페인, 이탈리아 등 남유럽 국가들뿐만 아니라 북유럽의 아일랜드에도 영향을 미쳤으며, 이들 국가의 채무는 투자자들에게 의구심을 불러일으켰다.

EU의 다른 국가들은 그리스가 경제적으로 파산하는, 즉 채무를 불이행하는 상황을 용인할 수 없다고 판단했고,[91] 그러나 EU가 제공한 구제금융 패키지는 신속하게 마련되지 못했다. 이는 EU가 주권 국가들의 연합체로서 미국 정부와 달리 단일한 최고 권한을 가지지 않아 빠르고 단호한 조치를 취할 능력이 부족했기 때문이었다.[92] 그리스가 받아들여야 했던 조건에는 부채 탕감이 포함되지 않았으며, EU에서 가장 부유한 국가인 독일의 강력한 요구에 따라 장기간의 혹독한 경제 긴축 정책이 요구되었다. 이러한 정책은 그리스뿐만 아니라 남유럽 대부분 국가에서 EU에 대한 반감을 키우는 요인이 되었다.[93]

2008년의 큰 금융 위기와 그로 인한 심각한 세계 경제침체는 21세기 경제 역사뿐만 아니라, 냉전 이후 미국 외교정책의 역사에서도 중요한 사건으로 남는다. 이들 위기는 미국에서 비롯되었고, 이를 통해 미국은 의도하지 않았지만 다른 국가들에 강력하고도 바람직하지 않은 영향을 미쳤다. 위기와 침체는 미국의 이미지를 훼손했으며, 탈냉전 국제체제에서 권위를 부여하던 경제 모델로서의 역할과 유능한 글로벌 리더로서의 이미지를 떨어뜨렸다. 2008년 이후, 극초강대국인 미국은 경제적인 면에서 다른 국가들로부터 이전보다 덜 존경받고, 덜 유리하며, 덜 효과적인 존재로 여겨지게 되었다.[94]

냉전 이후 국제 문제에서 중요한 역할을 했던 글로벌 경제통합, 즉 세계화는 미국이 전 세계에서 평화와 민주주의를 촉진하기 위해 의존했던 과정이었지만, 2008년 금융 위기 이후 약화된 상태로 등장했다. 세계화는 위기에 기여한 측면이 있었다. 미국 자산에 대한 글로벌 수요는 결국 독성 부동산 금융상품이 급격히 확산되는 계기가 되었고, 외국에서 미국으로 유입된 자본은 금리를 낮게 유지하는 데 기여했으며, 이는 부동산 거품을 부풀리는 데 일조했다.[95] 게다가 유로와 EU의 어려움은, 두 가지 모두 국가 간 경제협력의 산물이자 제도적 구현체로서, 국제 경제통합을 불리한 시각으로 비추게 했다. 위기와 침체는 또한 미국이 세계화의 중심 개념으로 삼았던 '규제 없는 시장의 우월성'에 대한 믿음을 반박했다. 2008년의 경제적 재앙은 서구 경제에 대한 정부의 대규모 개입을 초래했다.[96]

가장 중요한 것은, 금융 위기가 국제적으로 확산되고, 충격이 수출국들을 뒤흔들면서, 이는 경제적 상호의존성을 통해 발생했기 때문에 '세계화(Globalization)'가 갑자기 위험한 것으로 인식되기 시작했다는 점이다. 이전까지 거의 보편적으로 긍정적으로 평가되던 세계화가 모든 사람의 삶을 향상할 것이라는 믿음은 신뢰를 잃게 되었다. 특히, 규제되지 않은 금융 시스템이 위험하다는 인식이 확산되었고, 각국은 이에 대한 대응책으로 금융 규제를 강화하는 조치를 취하기 시작했다.

탈냉전기 국제 질서와 그 속에서의 미국 외교정책은 상당 부분 미국의 힘과 위신에 기반을 두고 있었지만, 아프가니스탄과 이라크 전쟁, 그리고 특히 금융 위기로 인해 그 기반이 약화되었다. 또한, 이 질서는 세계화의 지속적인 확장을 향한 기대에 의존하고 있었지만, 2008년 9월 15일(리먼 브라더스 파산 이후) 이후, 이러한 기대는 비현실적으로 보이기 시작했다. 이러한 힘과 위신의 약화는 조지 W. 부시 대통령 재임 기간동안 발생했으며, 어느 정도는 그의 정책으로 인해 촉진되었다. 리먼 브라더스 파산 6주 후, 미국 대선에서 민주당 후보가 당선되었고, 그는 2001년 9·11 테러 이전의 미국 외교정책을 회복하겠다는 의지를 가지고 이듬해 1월에 취임했다.

초기화

모든 탈냉전기 대통령들의 외교정책처럼, 버락 오바마(Barack Obama) 제44대 미국 대통령의 외교정책에도 윌슨주의적인 성향이 포함되어 있었다. 사실 오바마의 대통령 임기는 윌슨의 개인적인 경험을 따라갔다. 유럽인들은 오바마를 제1차 세계대전 직후 1918년 파리에 도착한 윌슨만큼이나 혁신적인 인물로 환영했다. 오바마는 첫 임기 동안 실제 외교 성과가 있기 전, 노르웨이 노벨위원회로부터 노벨 평화상을 받았다. 또한 윌슨처럼 그는 겸손함과는 거리가 멀었다. 2009년 6월 4일, 그는 카이로에서 연설을 하며 자신이 케냐의 무슬림 아버지의 아들로서 미국과 무슬림 세계 간의 관계를 회복하는 데 특별히 자격이 있다고 주장했으며, 그는 아프가니스탄과 이라크라는 두 개의 주로 무슬림 국가에서 벌어진 미국의 전쟁이 이 관계를 손상시켰다고 믿었다.

또한 윌슨처럼 오바마도 국제체제의 혁명적인 변화에 대해 예언했다. 21세기 대통령인 오바마는 세계 정부의 창설, 즉 윌슨의 국제연맹 비전에서 예상되는 것[97]과는 다른 것을 제시했지만, 그만큼 야심차고 실현 가능성이 적은 목표를 제시했다. 그것은 바로 모든 핵무기의 폐지였다. 오바마는 2009년 4월 5일 프라하에서 열린 연설에서 이 아이디어를 제시했다. 이 연설은 다시 유럽 청중을 대상으로 한 것이었다.

오바마 행정부는 경제 정책을 주로 2008년 이후 깊어진 경기침체의 영향을 완화하는 데 집중했다. 그러나 클린턴 행정부의 무역 정책에 대한 정치적 반발에도 불구하고 오바마는 유럽과의 '대서양 무역 및 투자 파트너십(TTIP)'과 주요 아시아 국가들과의 '환태평양 경제 동반자 협정(TPP)'이라는 두 개의 주요 무역 협정을 위한 다자간 협상에 참여했다. 그러나 특히 중국을 배제한 채 진행된 이 협정들은 오바마가 두 번의 임기를 마친 후에도 TTIP는 미완성 상태로 남았으며, TPP는 의회 비준을 위해 제출하지 않았고, 그의 후임은 이를 거부했다.[98] 세계화의 황금기는 돌아오지 않았다.

오바마가 상속받은 두 전쟁 중에서, 이라크에서 미국을 철수시키는 일은 아프가니스탄을 떠나는 것보다 더 쉬웠다. 부시 행정부는 이라크에서 미군 철수 일정을 설정했고, 오바마 행정부는 이를 그대로 따르기만 하면 됐으며, 실제로 그렇게 했다.

오바마는 대통령에 취임하기 전, 이라크 전쟁을 지속적으로 반대해 왔다. 일리노이주에서 미국 상원의원 선거 운동을 시작할 당시, 그는 2002년 10월 전쟁이 시작되기 전부터 이라크 전쟁에 반대하는 목소리를 냈다.[99] 그러나 그는 아프가니스탄 전쟁에 대해선 다른 평가를 내렸다. 그는 아프가니스탄 전쟁이 정당하고 필요하다고 주장했다. 이 입장은 그의 진정한 믿음을 반영할 수도 있었지만, 동시에 그 당시 그의 정치적 이익에도 부합하는 것이었다. 만약 그가 두 전쟁 모두, 특히 미국에 대한 공격이 시작된 나라에서 벌어진 전쟁에 반대했다면, 그는 미국 유권자들에게 국가의 최고 지휘관으로서 군사력을 효과적으로 사용하는 데 너무 주저하는 사람으로 비춰질 위험이 있었다.[100]

대통령에 당선된 후, 오바마는 아프가니스탄 정책에 대한 권고를 제시할 태스크 포스를 임명했다. 이 위원회는 부시 행정부의 이라크 '서지(Surge)' 전략의 결과에 긍정적인 인상을 받았으며, 아프가니스탄에서도 유사한 노력을 기울일 것을 권고했다. 그러나 군이 새 대통령에게 이러한 사업을 위해 필요한 병력과 비용을 추산해 제공했을 때, 오바마는 이를 받아들이지 않았다. 그의 행정부는 거의 1년 동안 이 전쟁에 대한 자체적인 접근 방안을 개발하기 위해 고군분투했다.

결국, 2009년 12월 1일 연설에서 오바마는 아프가니스탄에 추가 미군을 파병하겠다고 발표했지만, 그 기간은 한정적이며, 그 이후에는 철수를 시작할 것이라고 밝혔다. 새로운 정책의 중심에 있는 모순은 그것을 형성하는 데 있어 두 가지 상반된 충동을 반영한 것이었다. 한편으로는 오바마의 선거 공약을 이행해야 할 필요가 있었고, 다른 한편으로는 그곳에서 전쟁을 더 이상 연장하고 미국 납세자들에게 더 큰 비용을 부담시키고 싶지 않다는 거부감이 있었다. 더 나아가 아프가니스탄에서 미국 군대의 존재가 길어질수록 더 많은 미군이 목숨을 잃을 가능성이 거의 확실해지기 때문에, 이를 피하고자 하는 욕망도 있었다.[101]

오바마의 발표에 명백한 모순이 있음에도 불구하고, 사실 그는 아프가니스탄에 대한 정책의 궁극적인 방향을 정했다. 그 방향은 바로 미국의 존재감을 줄이는 것이었다. 그는 결국 부시가 이라크에서 후에 시작한 정치적 안정 구축을 목표로 하는 반군 캠페인 대신, 아프가니스탄에서 2001년 9월 11일 미국을 공격한 테러리스트들과 같은 테러리스트의 수를 제한하는 것을 목표로 하는 반테러 전략을 선택했다. 오바마 행정부는 그러나 아프가니스탄에서 미국군의 존재를 완전히 종료하지 않았고, 그 후임 정부도 마찬가지였다. 결국 2021년에 조셉 바이든, 오바마의 부통령이자 2020년 대선에서 당선된 대통령은 미국군을 전면 철수시키며 탈레반에게 통제를 넘겼다.[102]

이라크 전쟁의 실망을 바탕으로 형성된 외교정책, 즉 오바마의 외교정책의 중요한 주제 중 하나는 중동에서의 후퇴였다. 이는 미국의 중동 지역에서의 개입을 줄이되, 반드시 완전히 종료하는 것이 아니라는 의미였다. 그럼에도 불구하고 오바마가 임기 말까지도 중동이 여전히 미국 외교정책의 중요한 사안으로 남아 있었다. 오바마는 또 다른 나라에 군사 개입을 승인했고, 미국군을 이라크로 다시 돌려보냈다. 이러한 전환은 아랍의 봄으로 알려진 지역 내 일련의 사건들이 일어난 결과였다.

2010년 12월 17일, 튀니지 시디부지드에서 과일 장수인 모하메드 부아지지가 현지 정부 당국의 학대에 항의하며 자살을 시도했다. 튀니지에서 시작된 반정부 시위는 아랍 세계 전역으로 확산되었다.[103] 잠깐동안, 희망적인 순간이었지만, 아랍의 봄은 1989년 중앙유럽과 동유럽에서 일어난 일처럼,[104] 중동에서도 독재를 민주주의로 교체하는 길을 갈 것으로 보였다.[105] 그러나 그 일은 그렇게 되지 않았다. 반독재 반란은 어디서도 자유 선거와 권리 보호 정부의 수립으로 이어지지 않았으며, 튀니지를 제외한 대부분의 나라에서는 실패했다.[106] 오바마 행정부는 중동 지역에서 후퇴하려는 강한 성향을 가지고 있었음에도 불구하고, 아랍의 봄으로 인해 결국 중동 4개국의 사태에 개입(혹은 재개입) 할 수밖에 없는 상황에 처하게 되었다.

2011년 1월, 이집트의 장기 집권 독재자 호스니 무바라크에 대한 반대 시위가 카이로에서 일어났고, 그는 이집트 군의 지원을 받으며 집권했다. 미국은 1970년대부터 무바라크와 그의 전임자인 안와르 사다트에게 막대한 경제 지원을 해왔기 때문에, 워싱턴은 이 나라에서 일어나는 사건을 무시할 수 없었다. 이 시위는 미국 정부에게 냉전 시절의 '우호적 독재자(Friendly Tyrant)'라는 딜레마를 안겨주었다.[107] 이집트는 외교정책에서 미국과 동맹을 맺었지만, 그 나라의 내정은 미국의 정치적 가치를 반영하지 않았다. 오바마는 미국의 가치를 지지하는 쪽으로 결정을 내렸고, 무바라크에게 퇴진하라고 말했다.[108]

무바라크는 결국 사임했지만, 이후 선거에서 권력을 잡은 것은 민주주의가 아닌, 근본주의 이슬람 원칙에 헌신하는 단체인 무슬림 형제단이었다. 그들의 정부는 이집트 국민을 완전히 소외시켜 2013년 여름에 대규모 반정부 시위가 발생했으며, 이는 무슬림 형제단을 몰아내고 군 장군인 압델 파타흐 엘시시를 권력의 자리에 오르게 만들었다. 군이 다시 권력을 잡으면서, 이집트는 원점으로 돌아갔다. 미국은 이 과정을 막지 못했지만, 미국 정부가 무바라크를 강제로 퇴진시키지도 못했다. 이집트군이 무바라크의 지원을 끊고 결국 국가의 통제권을 되찾은 것이다. 이집트의 정치적 궤적은 심지어 미국이라는 초강대국도 문화적으로 이질적이고 먼 나라에서 일어나는 내정 문제를 통제할 수 없다는 것을 보여주었다. 경제적 관계가 매우 큰 영향을 미친다고 생각될 수도 있는 나라였음에도 불구하고 말이다.[109]

2011년 2월, 튀니지의 인기 있는 봉기와 비슷한 상황이 리비아에서 발생했다. 리비아의 오랜 독재자인 무아마르 카다피는 사다트와 달리 미국과 오랜 우호 관계를 유지한 인물이 아니었다. 카다피는 반대파에 맞서 반격을 시도했고, 그들을 압도할 기세였다. 오바마 행정부 내에는 인도적 개입에 강하게 헌신하는 관리들이 있었고, 그들은 리비아에서 그런 개입을 하도록 대통령에게 압박을 가했다. 다른 관리들은 이에 반대했으나, 영국과 프랑스가 카다피에 대한 군사 작전을 결정하자, 오바마는 반군에 대한 공중 지원을 제공하기로 했다. 그는 그러나 미국이 리비아에 지상군을 파병하거나 질서를 유지할 책임을 지지 않겠다고 분명히 밝혔다.[110]

서방 공군의 지원을 받은 카다피의 적들은 카다피를 몰아내고 죽였다. 그 후, 리비아에는 혼란이 뒤따랐고, 권력을 주장하는 경쟁자들이 다음 10년 동안 서로 싸웠다. 아랍의 봄의 리비아 장에서는, 미국의 개입이 결국에는 생명을 구하거나 정치적 안정, 나아가 민주주의를 이끌어오지 못했다.[111]

가장 심각한 유혈 사태는 시리아에서 발생했다. 시리아에서는 수니파 다수 인구가 알라위파 출신 지도자인 바샤르 알아사드(2000년에 사망한 하페즈 알아사드의 아들)에 맞서 반란을 일으켰고, 이에 대해 아사드는 극도로 잔혹한 탄압으로 대응했다. 그는 '이란 이슬람 공화국으로부터 받은 군사 지원(전투병력 포함)'이 없었다면 거의 확실히 정권을 잃었을 것이다. 이란은 아사드 정권의 존속에 중대한 지정학적 이해관계를 가지고 있었기 때문이다.[112] 또한, 러시아 역시 아사드의 권력 유지가 자국의 지정학적 이익에 부합한다고 판단하여 반군 거점을 대상으로 가혹한 공습을 감행했다. 이 과정에서 가장 많은 희생자는 민간인이었다.[113] 2014년까지 3년간의 내전 동안 20만 명의 시리아인이 목숨을 잃었으며, 전쟁 이전 1,800만 명이었던 인구 중 200만 명이 국외로 탈출, 그리고 수백만 명이 국내에서 난민이 되었다.[114]

2012년 가을, 오바마의 고위 외교정책 담당자들은 그에게 시리아 저항군을 무장시키고 훈련하는 계획을 제시했다. 그러나 오바마는 이를 받아들이지 않았다.[115] 대신, 그는 시리아 정권이 대량의 화학 무기 중 어떤 부분이라도 사용할 경우 그것이 미국의 '레드라인'을 넘는 것이며, '내 계산을 바꿀 것'이라고 선언했다.[116] 시리아 정권은 여러 도시에 화학 공격을 감행했다. 오바마는 처음에 시리아 군사 목표를 폭격으로 대응하기로 결정했다. 그러나 그는 입장을 바꾸었다. 블라디미르 푸틴 러시아 대통령은 2000년 1월 1일, 보리스 옐친의 후임으로 취임했지만, 옐친의 친서방 외교정책을 따르지 않았고, 아사드의 화학무기 비축량을 없애는 협정을 중재할 준비가 되어 있다고 말했다. 오바마는 이에 동의했다.[117] 이라크에서는 무력 사용이 미국의 국제적 위상을 약화했다. 반면, 시리아에서는 무력을 사용하지 않은 것이 비슷한 결과를 초래했다. 특히 화학무기 사건은 미국이 전 세계의 눈에 '거대한 권력을 가졌지만 실질적인 행동력은 부족한 극초강대국(hyperpower with feet of clay)'처럼 보이게 만들었다.

이라크에서는 시리아에서 온 알 카에다 출신의 수니파 이슬람 그룹들이 두 나라의 국경을 넘어서 수니파가 지배하는 지역으로 침입했다. 이들은 바그다드의 시아파 정부군을 물리치고, 자신들의 수니파 근본주의 국가를 수립한다고 선언했다.[118] 이들은 자신들이 초기 이슬람 시대의 칼리프제를 복원한다고 주장했으나, 서방에서는 이를 '이슬람 국가(ISIS)'라고 부르게 되었다.[119] 이 새로운 정권은 통치하는 사람들에게 가혹한 억압을 가했으며, 특히 여성들에 대해 엄격하게 대했다. 또한 종교적 소수자들을 박해하고 여러 명의 서방인을 끔찍한 방식으로 공개적으로 처형했다.[120]

오바마 행정부는 ISIS가 반미 테러리즘의 근거지가 될 것을 우려하며, 이라크 정부가 ISIS에게 빼앗긴 영토를 탈환할 수 있도록 공군력과 군사 고문단을 지원하기로 결정했다. 결국 2017년, 이라크 당국은 해당 지역을 완전히 탈환하는 데 성공했다.[121] 이에 따라 2014년, 미군이 이라크에서 완전히 철수한 지 불과 3년 만에 다시 이라크로 복귀하게 되었다.

역사적 관점에서 볼 때, 오바마 행정부 시기의 국제관계에서 주목할 만한 점은 그의 행정부가 외교정책에서 무엇을 했거나 하지 못했는가가 아니라, 그 외부에서 벌어진 일들이었다. 오바마 행정부는 자신들(그리고 상당수의 미국 대중)이 조지 W. 부시 행정부의 실수라고 여긴 것들을 바로잡으려 했지만, 그 노력은 부분적으로만 성공했다. 그러는 사이, 미국 외교정책이 작동하는 글로벌 환경 자체가 급격하게, 그리고 미국에 불리한 방향으로 변화했다. 이러한 변화는 미국이 보편적으로 인정받는 유일무이한 초강대국(hyperpower)으로 군림했던 냉전 이후 시대, 즉 미국 외교정책의 '네 번째 시대'의 종말을 알리는 계기가 되었다.

탈냉전기의 종식

2015년까지 미국은 냉전 종식 이후 얻었던 국제적 위상을 더 이상 유지하지 못했다.[122] 미국의 극초강대국으로서의 위상은 단순히 군사적, 경제적 힘에서 비롯된 것이 아니라—이 두 가지 모두 다른 어느 나라보다 훨씬 더 강력했지만—어떤 다른 국가도 미국의 글로벌 질서에서의 위치에 도전하지 않으려 했다는 사실에서 비롯되었다. 냉전 이후 시대가 시작된 지 25년이 지나면서 미국의 우위는 심각한 도전을 맞이하게 되었다. 그 도전은 동아시아에서 미국을 대체하려는 상승하는 중국, 냉전 당시보다 규모와 경제적 여유는 적지만 미국이 유럽에서 차지한 군사적 우위를 뒤집고, 미국이 주도하여 만든 유럽 내 제도와 규칙들을 뒤집으려는 탈공산주의 러시아, 그리고 반서방 이데올로기를 가진 독재 정권을 가진 두 나라—북한과 이란—로부터 왔다. 이 두 나라는 핵무기 개발 등을 통해 자국의 권력을 강화하고 자국 지역의 정치적 안정을 교란하려 했다.

중국의 눈에 띄는 경제 성장은 냉전 이후 국제 질서와 그 지도국인 미국에 대한 도전의 근거가 되었다. 중국의 국내총생산(GDP)은 1980년 700억 달러에서 2014년 9조 달러로 성장했다. 1978년 중국의 1인당 연간 소득은 210달러였으나, 2016년에는 6,900달러로 증가했다. 세계은행 추정에 따르면, 약 5억 명의 중국인이—유럽연합(EU) 전체 인구와 비슷한 규모로—빈곤에서 벗어났다. 1978년 중국은 국제경제에서 미미한 존재였다. 그러나 2016년에는 전 세계 GDP의 16.4%, 글로벌 제조업의 20%, 글로벌 성장의 35%, 그리고 글로벌 무역의 11%를 차지하게 되었다.[123]

미국의 중국 정책은 자유주의 역사이론에 기반을 두고 있었다. 즉, 경제성장이 더 자유롭고 개방적이며 관용적이고 궁극적으로 민주적인 중국 정치체제로 이어질 것이며, 이는 결국 평화로운 중국의 외교정책을 촉진할 것이라는 믿음이었다. 중국의 정치와 경제의 진전은 이러한 믿음을 뒷받침할 만한 일부 증거를 제공했다. 중국 정부는 마오쩌둥이 권력을 쥐고 있던 시절에 비해 훨씬 억압적이지 않았고, 말할 필요 없이 훨씬 덜 잔혹했다. 개인의 자유 범위도 확장되었다. 중국인들은 여행을 하고, 재산을 소유하며, 심지어 제한된 범위 내에서 정치적 토론을 할 수 있게 되었다. 민간기업과 국제무역은 중국 경제에서 점점 더 큰 역할을 하게 되었고, 국가의 급속한 경제 성장에 중요한 기여를 했다.[124]

중국이 미국이 바람직하다고 여기는 정치적 방향으로 나아가는 듯 보일 때조차, 중국의 경제성장은 미국에 이익뿐만 아니라 비용도 안겨주었다. 중국의 낮은 임금 덕분에 중국 기업들은 장난감, 가구, 의류 등 제품을 미국 생산자들보다 저렴한 가격에 팔 수 있었고, 그로 인해 미국의 일자리가 이 산업들과 그 외 여러 산업에서 사라지게 되었다. 중국은 또한 미국 기술을 도용하는 관행을 이어갔다. 중국이 지적 재산을 훔쳤을 때, 미국법과 국제법에 따라 보상을 받아야 했던 미국 기업들은 적절한 보상을 받지 못했다.[125]

그런데 2012년 시진핑이 베이징에서 최고 권력자로 등장하면서, 중국 정권은 자국 내에서 더 억압적이었고, 그 외부에서는 더 공격적으로 변했다.[126] 시진핑은 표현의 자유의 범위를 좁히고, 자신이 무기한으로 권력을 유지할 수 있도록 중국 공산당의 규칙을 바꾸었다. 그는 중국 군사력, 특히 해군 능력을 지속적으로 성장시켰다. 중국의 해군 확보 세부 사항은 대만을 위협하거나 침략하려는 의도, 그리고 남중국해와 서태평양에서 미국을 제치고 지배하려는 목표를 나타내고 있었다.[127]

중국은 또한 남쪽과 동쪽으로 해양 영토 주장 범위를 현저히 확장했으며, 이는 다른 국가들이 국제법의 지지를 받아 자신의 영해로 간주한 것과 충돌했다. 게다가 중국은 남중국해에서 인공섬을 건설하고, 그 위에 군사기지를 설치했다.[128]

중국 정부가 외교를 비밀스럽게 처리했기 때문에 그들의 훨씬 더 적극적인 외교정책의 이유를 확실히 알기는 어려웠지만, 새로운 방향은 중국의 뿌리 깊은 민족주의에서 비롯된 것으로 보였다. 이 민족주의의 핵심에는 중국이 동아시아에서 지배적 지위를 차지하는 것이 자연스럽고 역사적으로 예정된 질서라는 확신이 있었다.[129] 중국이 국경을 넘어 더욱 공세적인 태도를 보이게 된 이유 중 하나는 시진핑 정부가 자국 내 정치적 정당성과 대중적 인기를 강화하기 위해 민족주의 정서를 활용하는 방식에 점점 더 의존하게 되었기 때문이었다. 이는 특히 지난 30년간 중국 정부의 정당성과 안정의 기반이 되었던 경제 성장률이 둔화하는 시점에서 더욱 두드러졌다.[130] 9·11 이후 미국의 실패가 중국의 더 공격적인 외교정책을 위한 이러한 유인을 만들지는 않았지만, 분명히 21세기 두 번째 10년의 후반부는 중국 지도부에게 이를 실행할 시기가 적절하다고 느껴지게 만들었다.

그 결과, 중국은 동아시아 국가들의 안보에 점점 더 큰 도전 과제가 되었다. 또한, 미국에 대해서도 경제적인 도전 과제가 되었다. 중국은 대규모 무역 흑자를 이용해 미국의 금융자산을 구매했으며, 이론상으로는 미국 정책에 대한 강력한 영향력을 행사할 수 있었다. 그러나 그 영향력은 대규모로 자산을 매각하여 미국에 경제적 어려움을 초래할 위협에서 비롯된 것이었다. 그러나 그렇게 하면 그 자산의 가치가 하락하고, 따라서 중국도 피해를 보게 되므로, 두 나라 간의 금융 관계의 이 측면은 냉전 시기의 두 초강대국 간 핵 '공포의 균형'에 비유될 수 있었다.[131]

중국 외교정책의 새로운 방향은 미국과 중국 인민공화국 간의 전반적인 관계를 변화시켰다. 미국은 더 이상 친근한 안내자이자 멘토, 파트너가 아니라, 급격히 성장하는 강대국에 대한 균형추 역할을 강제로 맡게 되었다. 아시아의 다른 국가들은 모두 중국에 대해 경계하고 있었으며, 일부는 미국과 양자 안보 협정을 체결한 상태에서, 중국의 지역적 및 글로벌 야망을 견제하는 데 있어 워싱턴이 주도적인 역할을 하기를 기대했다.[132] 동시에 그들은 중국 인민공화국과의 경제적 관계에서 얻는 이익을 유지하고자 했다.

러시아에서는 블라디미르 푸틴이 점점 더 권위주의적인 방식으로 통치하며 모든 반대 세력을 효과적으로 억압하고, 러시아 경제의 더 많은 부분을 정부의 통제하에 두었으며, 국가의 부를 자신의 측근과 지지자들에게 제공했다. 부패는 러시아 정치체제의 결정적인 특징이 되었고, 민주주의에서 멀어져 대신 금권정치(클렙토크라시, 도둑정부)로 변모했다.[133]

푸틴하의 러시아는, 빌 클린턴의 나토 확장 결정으로 시작된 미국과의 갈등을 다음 10년 동안 확대했다. 옐친이 권력을 쥐고 있었을 때에도 그는 나토의 승인 외에는 국제적 승인을 받지 못한 코소보 전쟁에 반대했다. 또한, 러시아 정부는 조지 W. 부시 행정부가 1972년 소련-미국 반탄도미사일 조약에서 일방적으로 탈퇴한 결정을 반대했다.[134]

2007년, 독일에서 열린 한 회의에서 푸틴은 미국을 공개적으로 비난했다.

> 오늘날 우리는 국제관계에서 거의 억제되지 않은 군사력의 남용을 목격하고 있다. 이 힘은 세계를 영구적인 갈등의 구렁텅이에 빠뜨리고 있다. 한 나라, 그리고 물론 그 나라가 바로 첫 번째로 미국인데, 그 나라가 모든 면에서 자국의 국경을 넘어섰다.[135]

이듬해, 부시 행정부는 조지아와 우크라이나(구 소련 공화국이었으나 독립한 국가들)가 NATO에 가입할 것이라고 선언했다.[136] 그러나 서유럽 회원국들은 두 국가의 가입에 대해 신중한 입장을 보였으며, NATO는 결국 조지아와 우크라이나의 회원국 지위 문제를 무기한 연기했다. 미국의 선언 직후, 러시아군은 조지아군과 단기간의 전투를 벌였고, 조지아는 이 전투에서 크게 패배했다.[137] 한편, 푸틴은 냉전 종식 직후 미국과의 협력 관계에서 벗어나 점점 더 러시아 외교정책을 독자적인 노선으로 전환했고, 그 과정에서 중국과의 관계를 더욱 강화했다. 이러한 러시아-중국 간의 새로운 전략적 동맹의 기반은 바로 '극초강대국(hyperpower)'인 미국에 대한 공동의 반감이었다. 그러던 중, 탈냉전 시대의 종말을 상징하는 동시에 직접적인 원인이 된 사건이 발생했다. 바로, 러시아의 우크라이나 침공이었다.

1991년 이후 독립한 소련의 여러 구성 공화국 중 우크라이나는 러시아에게 가장 큰 중요성을 지닌 나라였다. 그것은 가장 크고 경제적으로 중요한 국가였으며, 가장 오랫동안 러시아 지배하에 있었기 때문이다—18세기 이래로.[138] 2004년 우크라이나 대통령 선거에서 총리였던 빅토르 야누코비치는 부정선거를 통해 승자로 선언되었다. 이에 키예프를 비롯한 곳곳에서 일어난 시위, 즉 '오렌지 혁명'은 결국 그의 경쟁자 빅토르 유셴코를 권력에 올리게 했으며, 유셴코는 실제로 더 많은 표를 얻었고 서방과의 협력을 지지하는 성향을 가졌다.[139]

야누코비치는 이후 대통령 선거에서 승리하였고, 2013년에는 유럽연합과의 협정 체결 대신 러시아와의 경제적 관계를 강화하겠다고 발표했다. 이로 인해 다시 한번 대규모 시위가 일어났고, 야누코비치는 나라를 떠났다. 푸틴은 이 사건을 '마이단 혁명(2013년 말부터 2014년 초까지 우크라이나에서 발생한 대규모 반정부 시위와 정치적 변화)'으로 명명하며,[140] 이를 미국이 주도한 음모라고 비난했다.[141] 사실, 미국과 EU 국가들은 정부 변화 자체를 환영했지만 이를 일으킨 것은 아니었다. 서방 친화적인 정부가 키예프에 수립되자, 푸틴은 러시아군을 보내 크림반도를 점령했다. 크림반도는 러시아계 민족이 다수 거주하는 지역으로, 러시아 해군의 중요한 기지가 있는 곳이었다. (1954년, 당시 소련 정부는 크림반도를 우호적인 제스처로 우크라이나에 넘겼는데, 그 당시에는 정치적, 경제적 의미가 없었으므로 러시아와 우크라이나 모두 소련의 일부였기 때문이다.) 그 후, 푸틴은 우크라이나 동부 지역의 침공을 지원했는데, 이 지역 역시 대부분 러시아계 주민들이 거주하고 있었다. 두 경우 모두 침략자들은 러시아 군복을 입고 있지 않았지만, 모스크바가 작전을 개시하고 지원하고 있다는 점은 확실했다.[142]

푸틴은 우크라이나를 공격하는 여러 가지 동기를 가졌었다. 그중 가장 중요한 동기는 우크라이나에서 번영하는 민주주의가 출현하는 것을 막기 위한 것이었을 것이다. 그렇게 되면 러시아인들이 자신들도 그렇게 요구할 수 있다는 영감을 얻을 수 있기 때문이며, 이는 푸틴의 지속적인 독재적 통치와는 양립할 수 없었다. 또한 푸틴은 자신의 정권에 대한 대중의 지지를 강화하기 위해 자국에서 반서방 정서를 자극하려 했을 가능성이 크다. 이는 중국의 공산당 정부처럼, 푸틴의 정권도 국내 지지를 얻는 데 경제 성과에 의존하고 있었기 때문이다. 하지만 러시아의 경제 성과는 중국과 달리 에너지 판매에 의존하고 있었다. 에너지 가격이 최고점을 훨씬 밑도는 수준에 머무르고 있는 상황에서, 푸틴은 자신의 도둑(금권) 정권을 지지하기 위한 다른 방법이 필요했다.[143]

우크라이나 침공은 유럽에 있어서 중요한 전환점이었으며, 1930년대 후반과 1940년대 초반 히틀러의 난동 이후 가장 명백한 국경을 넘은 침략 사례였다. 독일의 앙겔라 메르켈 총리는 "베를린 장벽이 무너진 지 25년 만에... 이런 일이 유럽 한가운데서 일어날 수 있을 것이라고 누가 생각이나 했겠습니까?"라고 표현하며, 이는 널리 퍼진 감정을 대변했다.[144] 침공에 대응하여, 서방 국가들은 러시아에 경제제재를 부과했다. 이를 통해 서방 국가들은 냉전 종식 후 형성된 유럽의 정치 질서가 공격을 받고 있음을 인식한 것이었다. 중국이 동아시아에서 하려던 것처럼, 러시아는 유럽에서 현 상태를 뒤집으려 했고, 그로 인해 자국의 궁극적인 보장자인 미국에 대한 심각한 도전을 펼치고 있었다.

러시아와 중국보다 상대적으로 덜 강력한 두 나라 역시 탈냉전 새로운 국제질서와 그 수호자인 미국에 도전했다. 이 두 국가는 반미(反美) 정책을 외교정책의 핵심 요소로 삼았으며, 각각 급진적이고 반서방적인 이데올로기를 가진 정부가 통치하고 있었다. 또한, 경제규모가 작아 러시아나 중국과 같은 대규모 군사력을 유지할 수는 없었지만, 각국의 핵무기 개발 노력을 통해 주변국과 미국의 이익, 그리고 냉전 이후 국제질서에 중대한 위협을 가할 잠재력을 갖고 있었다. 이 두 나라가 바로 북한과 이란이었다. 냉전 시기에는 미국과 소련이 핵 확산 방지를 위해 협력했지만, 냉전 이후에는 이 역할이 사실상 미국 단독으로 맡아야 하는 과제가 되었다.

북한은 핵 임계점을 넘는 데 성공했다. 클린턴 행정부가 1994년에 북한과 체결한 협정은 이를 막기 위한 것이었지만, 2002년 미국의 정보기관은 북한의 비밀 핵 시설을 발견했고, 2007년 평양 정권은 첫 번째 핵폭발을 시험했다.[145] 중국은 자국의 공산주의 이웃의 핵 프로그램에 대해 불만을 가졌지만, 북한 정권에 대해 이를 끝내도록 압박하기 위해 식량과 연료 수송을 차단하겠다고 진지하게 위협할 의지가 없었다.[146] 미국은 평양에 대해 압도적인 군사적 우위를 가졌기 때문에 북한의 핵 시설을 공중 폭격을 통해 파괴할 수 있었다. 그러나 미국은 그런 캠페인을 수행하지 않았다. 북한이 보복으로 한국, 특히 서울을 심각하게 공격할 능력이 있었기 때문이다. 북한은 이 능력을 통해 미국을 효과적으로 억제했다.[147]

하지만 미국은 북한의 침략을 억제할 능력도 가지고 있었다. 미국은 한국전쟁 후 수십 년 동안 한국에 군사적 존재를 유지하며 바로 그 목적을 달성했다.[148] 이 오랜 정책은 동아시아의 다른 나라들, 특히 한국과 일본에게 자국의 안전이 북한의 공산주의 정부로부터 자신들을 보호하기 위해 자국의 핵무기를 보유할 필요가 없다는 확신을 주었다.

2015년까지 이란은 자체 핵무기를 개발하지 않았지만, 이란은 북한이 동아시아에 미친 위협보다 중동에서 더 큰 위협을 초래하고 있었다. 아랍의 봄(Arab Spring)의 격변은 이란이 자국 지역에서 북한이 동아시아에서 할 수 있는 것보다 훨씬 더 광범위하게 영향력을 확장할 수 있게 했다. 이러한 격변은 이슬람의 수니파와 시아파 간의 수백 년 된 갈등을 이 지역에서 가장 중요한 정치적 분열로 만들었다. 가장 큰 시아파 국가인 이란은 레바논, 이라크, 시리아, 예멘에서 시아파 민병대를 모집하고 훈련시켜, 이들을 자국의 군사적 및 정치적 대리인으로 활용할 수 있었다.[149]

이란의 지역적 야망은 '위대한 사탄(Great Satan)'이라 부르는 주요 적국인 미국으로부터 의도치 않게 상당한 지원을 받았다. 미국의 군사력은 시아파 전반, 특히 이란에 대해 적대적인 세 개의 수니파 정권을 제거했다. 먼저 아프가니스탄의 탈레반, 그다음 이라크의 사담 후세인 정권, 그리고 마지막으로 이라크와

시리아의 이슬람국가(ISIS)였다.[150]

북한처럼 이란도 비밀 핵무기 개발 프로그램을 시작했으나, 그 정권의 은폐 시도에도 불구하고 결국 그 프로그램은 세상에 드러났다.[151] 동아시아와 달리, 미국은 중동에서 비우호적인 정권에 대해 억제력을 행사한 오랜 역사를 가지고 있지 않았다. 그 이유로, 중동의 다른 국가들은 이란의 핵폭탄에 직면했을 때 미국의 보호에 대한 신뢰감을 덜 느꼈을 것이다.[152] 따라서 그들은 동아시아보다 더 그럴듯하게 자국의 핵무기 개발을 추구할 가능성이 컸다. 이란이 핵폭탄을 획득하는 것은 '핵확산 폭포(proliferation cascade)'를 촉발할 가능성이 매우 높았으며, 이는 여러 중동 국가들이 자국의 핵무기를 구축하게 만들어, 그 지역에서 파괴적인 핵전쟁의 가능성을 높일 수 있었다.[153]

미국 당국은 이란이 핵무기를 얻는 것을 허용하지 않겠다고 선언했지만, 오바마 행정부는 테헤란의 정권과 비밀 협상을 진행하여 이란의 핵 개발을 완벽히 차단하는 보증을 제공하지 못하는 협정을 체결했다. 2015년의 '포괄적 공동계획(JCPOA)'의 조건은 일부 이란의 양보를 포함하고 있었지만,[154] 미국이 이전에 절대로 허용하지 않겠다고 했던 사항을 포함하고 있었다. 그것은 바로 이란이 우라늄 농축 능력을 보유하는 것이었다. 농축된 우라늄은 핵폭발의 연료이며, 이를 제작하는 단계가 핵무기 제조에서 가장 마스터하기 어려운 단계로 간주된다.[155] 게다가 JCPOA는 이란이 핵 야망을 추구할 수 있도록, 제약의 대부분이 10년 후에는 만료되도록 규정했다.[156] 또한 이 협정은 이란의 이웃 국가들을 위협하는 많은 다른 활동들에 대한 제약을 두지 않았다.

이 협정은 미국이 이란과 체결한 매우 특이한 협정이었다. 왜냐하면 미국은 이슬람 공화국보다 훨씬 더 많은 군사력을 보유하고 있었고, 미국이 이란에 부과한 강력한 경제제재는 이란과 그 정부에 심각한 어려움을 안겨주었기 때문이다.[157] 이러한 협상에서 일반적으로 더 강한 당사가 나온 거래에서 우위를 점하게 되지만, JCPOA에서는 그와 같은 일이 일어나지 않았다.[158]

미국의 이란에 대한 관대함은 때때로 버락 오바마가 화해적인 접근 방식[159]이 1972년 리처드 닉슨의 중국 공산당과의 관계 정상화[160]처럼 이슬람 공화국과의 대대적인 화해를 이끌어낼 수 있다고 믿었다는 데서 비롯된 것처럼 보였다.다른 때에는 이란이 핵무기를 개발하는 것을 막기보다는 미국의 중동 개입을 대폭 줄이는 데 더 관심이 있는 듯 보였고,[161] 이는 미국이 이란이 핵무기를 획득할 때 이슬람 공화국과 맞서지 않도록 하기 위함이었다. 아마도 아프가니스탄과 이라크 전쟁에 대한 미국 대중의 환멸이 국가 지도자들에게 그러한 대결을 위해 필요한 대중의 지지를 빼앗았다고 결론지었을 것이다.

어떤 동기가 있었든, 오바마의 이란 화해 정책은 미국 외교정책 역사에서 전환점을 의미했다. 시진핑 하의 중국의 외교정책이 더 적극적이 되었고, 러시아가 우크라이나를 침공하고 점령했으며, 북한과 이란이 핵무기 개발을 추구한 것은 냉전 종식 후 세계에 남겨진 정치적, 경제적 질서가 더 이상 도전받지 않던 시대의 종말을 나타냈다. 오바마의 이란 정책은 미국이 이 최소한의 도전에도 적극적으로 대처하려 하지 않았음을 나타내었고, 그로 인해 탈냉전 질서를 보호하려는 노력도 없었다. 2015년 기준으로 군사적, 경제적 측면에서 미국은 여전히 세계에서 가장 강력한 나라였지만, 최소한 중동에서는 더 이상 하이퍼파워의 외교정책을 펼치고 있지 않았다.

냉전이 끝나면서 새로운 세계 질서가 시작되었다면, 25년이 지난 후 나타난 국제체제는 구 세계 질서와 매우 유사해 보였다. 가장 강력한 국가 간의 정치적 경쟁과 힘의 사용은 다시 한번 국제관계의 중요한 특징이 되었다. 냉전 당시처럼, 미국은 유럽과 아시아에서 공격적인 국가들에 맞서 싸우는 동맹에서 중심적인 역할을 했다. 그러나 냉전 당시와는 달리, 수정주의 세력들은 소련과 중국의 마르크스-레닌주의와 같은 공통적이고 잘 발전된 이데올로기를 내세우지 않았다. 또한 냉전 시대와는 달리 2015년 세계에서 주요 수정주의 세력들은 제2차 세계대전 이후 서방이 창출한 국제 경제체제에서 능동적이고 광범위한 역할을 했다. 경제적 상호 의존이 지정학적 경쟁과 수반되었다.

되돌아보면, 탈냉전기 미국 하이퍼파워의 외교정책은 모순적이다. 미국은 이전의 세 시기 어느 때보다 더 많은 힘을 가졌지만, 그 네 시기 중에서 미국이 목표를 달성하는 데 가장 적은 성공을 거둔 시기가 바로 마지막 시기였다.[162] 첫 번째 시기에서 미국은 독립을 확보하고 그 범위를 확장했다. 두 번째 시기에서는 다른 강대국들이 가졌던 것과 같은 영향력 영역을 확립하고, 여러 강대국과 함께 유럽에서 두 차례의 독일의 패권 시도를 저지했으며, 아시아에서 일본의 지배 야망도 막았다. 세 번째 시기에서는 미국이 소련과 국제 공산주의와의 체제 경쟁에서 승리한 동맹을 이끌었다. 그러나 탈냉전 시기에는 미국이 자국과 동맹국들의 정치적 가치와 정치적, 경제적 제도를 위한 도전을 막는 데 실패했다. 무엇이 잘못된 것일까?

미국은 몇 가지 실수를 범했다. NATO의 확장은 불필요하게 탈냉전의 러시아를 멀어지게 했고, 러시아 외교정책에서 미국의 주도적인 활동에 대한 반대가 기본적인 입장이 되게 만들었다. 이는 블라디미르 푸틴이 우크라이나를 침공한 동기 중 하나로 작용했다. 푸틴은 이를 미국의 공격에 대한 방어적 조치로 묘사하며, NATO 확장 이후 러시아 대중이 이를 믿을 준비가 되어 있었기 때문에, 자신이 국내에서의 인기를 높이는 데 이를 이용했다. 만약 러시아가 보리스 옐친이 채택한 친서방적 외교정책을 지속했다면, 미국이 러시아와의 국경에 NATO를 확장하고 러시아는 제외하는 결정을 내리지 않았다면, 모스크바는 미국의 중국 및 이란에 대한 정책을 지지하거나 적어도 적극적으로 반대하지 않았을 가능성이 크다. 이는 미국이 두 국가와의 관계에서 훨씬 더 강력한 입지를 확보하는 데 도움이 되었을 것이다. 그리고 이라크 전쟁은 미국을 비용이 많이 드는 늪에 빠지게 했으며, 결국 서방에 친숙한 훌륭하고 유능한 정부를 이라크에서 만들어내지 못했다.

두 경우에서 미국의 하이퍼파워로서의 지위는 오히려 불리하게 작용했다. 미국은 NATO를 확장하고 이라크에 개입한 이유는 단순히 할 수 있었기 때문이다. 다른 어떤 국가도 이 두 가지 일을 저지할 능력이 없었다. 두 경우 모두,

도전받지 않은 권력은 과신을 낳았다. 미국 정부는 러시아가 NATO 확장에 대해 큰 대가를 요구하지 않을 것이라고 확신했고, 사담 후세인이 권력을 잃으면 이라크는 평화롭고 궁극적으로 번영하며 민주주의를 실현할 것이라고 믿었다.

과신은 또 다른 비용이 큰 실수를 초래했으며, 이는 미국의 글로벌 영향력과 세계에서의 위상을 약화하고, 결과적으로 미국의 도전 받지 않던 패권의 종말에 기여했다. 2008년 글로벌 금융위기와 그 후의 심각한 경기침체였다. 미국의 정책 결정자들은 새로운 복잡한 부동산 자산의 확산 덕분에 미국의 금융 시스템이 계속해서 꾸준한 경제 성장을 이끌어낼 것이라고 믿었다. 그러나 그 새로운 금융상품들이 시스템을 붕괴시켰다. 보다 일반적으로, 제약 없는 금융시장의 안정성과 회복력에 대한 신뢰가 극적으로 잘못된 것이었다.[163]

그럼에도 불구하고, 냉전이 다른 국가들—특히 공산주의 유럽에서—에서 일어난 발전 덕분에 끝났던 것처럼, 탈냉전은 북미에서 멀리 떨어진 곳에서 일어난 추세들로 인해 지나가게 되었다. 미국의 외교정책으로 이를 막거나 바꿀 수 없었던 일들이었다.

중국의 적극적인 외교정책을 이끈 민족주의는 그 나라에서 깊은 역사적 뿌리를 두고 있었다. 시진핑 정권은 그 이전의 정권들보다 민족주의 정서를 더 강력하게 활용할 수 있었다. 왜냐하면 시진핑은 그들보다 더 강력한 국가를 이끌고 있었으며, 그 국가의 상승은 경제 성장에서 비롯되었기 때문이다. 이론적으로 미국은 중국의 경제 성장을 제한함으로써 그 권력을 제약할 수 있었을 것이다.

실제로 이는 결코 가능하지 않았다.[164] 미국의 기업과 소비자들은 중국의 경제 발전으로부터 혜택을 얻었다. 만약 미국 정부가 그 혜택을 희생하고 중국의 경제를 되돌리기 위한 조치를 취할 의향과 능력이 있었다 하더라도, 다른 나라들은 이를 따르지 않았을 것이다. 또한 미국인들 스스로도 아시아의 경제적 흐름에 반대하는 것에 불편함을 느꼈을 것이다. 이는 베이징의 공산 정권이 혼란스러운 지정학적 행위를 할 기반을 마련했지만, 동시에 수억 명의 사람들을 빈곤에서 벗어나게 했기 때문이다.

중국과 다른 곳에서, 미국은 자신의 힘뿐만 아니라 자유주의 역사이론의 동력에 의존하여 탈냉전 질서를 보존하고 강화하려 했다. 미국인들은 세계화가 경제 성장을 촉진하고, 경제 성장이 민주적 거버넌스를 촉진하며, 민주 정부가 평화적인 외교정책을 펼 것이라고 믿었다. 20세기의 역사는 이러한 가정을 일부 지지해 주었지만, 탈냉전 러시아와 중국의 역사는 그와는 다르게 전개되었다.

자국의 억압 도구를 가진 확고하고 단호한 지배 엘리트들—러시아의 블라디미르 푸틴과 그의 측근들, 중국의 공산당—은 권력 독점을 위협하는 정치적 변화를 성공적으로 차단했다. 미국은 이러한 정권들을 상상할 수 없을 만큼 비용이 큰 전쟁을 통해서만 제거할 수 있었을 것이다. 또한 자유주의 역사이론의 핵심인 민주적 정치와 자유 시장경제는 특정한 제도와 이를 운영하는 경험, 그리고 이를 지지하는 널리 공유된 가치들이 필요하다.[165] 세상 모든 나라가—그리고 특히 21세기 아프가니스탄, 이라크, 중국, 러시아—이들을 잘 갖추고 있는 것은 아니다.

이러한 이유로 인해, 미국은 2015년 새로운 외교정책 시대에 접어들었다. 이는 250년의 역사 속에서 다섯 번째 시대였다. 새로운 시대에서 미국 외교정책의 구체적인 특징은 항상 그렇듯 미리 알 수 없었지만, 한 가지 예측은 확실하게 할 수 있었다. 과거와 마찬가지로, 그 외교정책은 세 가지 강력하고 시대를 초월한 힘의 상호작용에서 비롯될 것이다. 이는 국제체제 내에서의 국가의 위상—즉, 그 국력; 세계에 대한 미국의 접근방식에 내재된 지속적인 이념적, 경제적, 민주적 특성; 그리고 예측할 수 없는 인류 역사 속 우연한 상황들이다.

미주

머리말

1. 유용한 연구로는, 조지 C. 헤링(George C. Herring)의 백과사전적 저작 *From Colony to Superpower* (미국사에 관한 훌륭한 옥스퍼드 미국사 시리즈의 한 권); 월터 라페버(Walter LaFeber)의 수려한 *The American Age*; 케임브리지 미국 외교사(Cambridge History of American Foreign Policy)의 네 권: 브래드포드 퍼킨스(Bradford Perkins)의 *The Creation of a Republican Empire, 1776-1865* (시리즈의 최신판에서는 윌리엄 E. 윅스(William E. Weeks)의 *Dimensions of the Early American Empire, 1754-1865*가 첫 번째 권으로 포함됨), 월터 라페버의 *The American Search for Opportunity, 1865-1913*, 아키라 이리에(Akira Iriye)의 *The Globalizing of America, 1913-1945*, 그리고 시리즈 편집자인 워렌 I. 코헨(Warren I. Cohen)의 *America in the Age of Soviet Power*, 그리고 새뮤얼 플래그 비미스(Samuel Flagg Bemis)의 고전 *A Diplomatic History of the United States*가 있다. 이 저작은 원래 1936년에 출판되었고, 네 번째이자 최종판은 1955년에 출판되었으며, 특히 19세기를 다루는 부분에서 여전히 매우 유용하다. 미국 외교정책의 역사라고 엄밀히 말할 수는 없지만, 이를 사고하게 만드는 두 권의 개관서 또한 주목할 가치가 있다. 월터 A. 맥두걸(Walter A. McDougall)의 *Promised Land, Crusader State*와 월터 러셀 미드(Walter Russell Mead)의 *Special Providence*가 그것이다.

감사의 말씀

1. 모두 옥스퍼드대학교 출판부(Oxford University Press)에서 출판된 이 저작들은 다음과 같다. 로버트 미들코프(Robert Middlekauff)의 *The Glorious Cause: The American Revolution, 1763-1789*; 고든 S. 우드(Gordon S. Wood)의 *Empire of Liberty: A History of the Early Republic, 1789-1815*; 다니엘 워커 하우(Daniel Walker Howe)의 *What Hath God Wrought: The Transformation of America, 1815-1848*; 제임스 M. 맥퍼슨(James M. McPherson)의 *Battle Cry of Freedom: The Civil War Era*; 리처드 화이트(Richard White)의 *The Republic for Which It Stands: The United States During Reconstruction and the Gilded Age*; 데이비드 M. 케네디(David M. Kennedy)의 *Freedom from Fear: The American People in Depression and War, 1929-1945*; 제임스 T. 패터슨(James T. Patterson)의 *Grand Expectations: The United States, 1945-1974*; 제임스 T. 패터슨(James T. Patterson)의 *Restless Giant: The United States from Watergate to Bush v. Gore*; 그리고 조지 C. 헤링(George C. Herring)의 *From Colony to Superpower: U.S. Foreign Relations Since 1776*이다.

서문

1. 국가들의 외교정책에 미치는 상대적 권력의 영향을 논의한 연구로는 마이클 맨델바움(Michael Mandelbaum)의 *The Fate of Nations: The Search for National Security in the Nineteenth and Twentieth Centuries* (뉴욕: 캠브리지대학교 출판부, 1988)이 있다. 특히 3장과 4장을 참조할 것.
2. 19세기에 영국은 유럽에서 입헌 정부와 자유를 옹호했지만, 자국의 제국 내에서는 그러하지 않았다. 이 시기 세계 최대의 교역국이자 가장 강력한 해군력을 보유한 국가로서, 영국은 상업을 이용해 정치적 목표를 추진한 사례가 있었다. 또한 영국 외교정책의 귀족적 관리자들조차도 대중 여론을 고려해야 했다.
3. D. H. 피셔(D. H. Fischer)의 *Albion's Seed: Four British Folkways in America* (뉴욕: 옥스포드대학교 출판부, 1989)은 특히 "East Anglia to Massachusetts"(청교도)와 "North Midlands to the Delaware"(퀘이커 교도)에 관한 부분이 주목할 만하다.
4. 새뮤얼 P. 헌팅턴(Samuel P. Huntington)의 *American Politics: The Promise of Disharmony* (캠브리지, 매사추세츠: 하버드대학교 벨크냅 출판부, 1981) 15쪽을 참조할 것.
5. "1815년까지 미국은 세계에서 가장 복음주의적 기독교 국가가 되었다." 고든 S. 우드(Gordon S. Wood), *Empire of Liberty: A History of the Early Republic, 1789-1815* (뉴욕: 옥스포드대학교 출판부, 2009). 미국의 외교정책과 개신교의 관계에 대해서는 제임스 R. 커스(James R. Kurth)의 "The Protestant Deformation" (*Orbis*, 1998년 봄호)와 애덤 가핑클(Adam Garfinkle)의 "The Anglo-Protestant Basis of U.S. Foreign Policy" (*Orbis*, 2018년 겨울호)을 참조할 것.

1부 첫 번째 시대

1. 사무엘 플래그 비미스(Samuel Flagg Bemis), *A Diplomatic History of the United States* (뉴욕: 헨리 홀트 앤드 컴퍼니, 네 번째 판, 1955), 86쪽.
2. 포식자는 생존을 위해 사냥하고 죽여야 하지만, 이는 국가라는 대규모 인간 집단에는 해당하지 않는다. 다만, 1930년대와 1940년대 나치 독일(Nazi Germany)과 제국주의 일본(Imperial Japan)처럼 지도자들이 정복하지 않으면 국가가 멸망할 것이라고 믿게 되는 경우가 간혹 있다.

1장

1. "1775년 영국으로 수출된 식민지 상품의 총 가치는 세기 초의 가치보다 7배를 초과했다." 로버트 미들코프(Robert Middlekauff), *The Glorious Cause: The American Revolution, 1763-1789* (뉴욕: 옥스퍼드대학교 출판부, 2005), 36쪽.
2. A. G. 홉킨스(A. G. Hopkins), *American Empire: A Global History* (프린스턴 및 옥스퍼드: 프린스턴대학교 출판부, 2018), 111쪽.
3. 에드먼드 S. 모건(Edmund S. Morgan), *The Birth of the Republic* (시카고 및 런던: 시카고대학교 출판부, 세 번째 판, 1992), 6쪽.
4. 미국인들에게는 이 전쟁이 때때로 프렌치 인디언 전쟁(French and Indian War)으로 알려져 있는데, 이는 이 전쟁에서 식민지 주민들의 적이 프랑스와 원주민들이었기 때문이다.
5. 때로는 나폴레옹 전쟁(Napoleonic Wars)으로도 불린다.
6. 프레드 앤더슨(Fred Anderson), *Crucible of War: The Seven Years' War and the Fate of Empire in British North America, 1754-1766* (뉴욕: 빈티지 북스, 2001), 5-7쪽.
7. 프랑스는 1800년 산일데폰소 조약(Treaty of San Ildefonso)을 통해 스페인으로부터 해당 영토를 양도받으며 북미 영토를 잠시 회복했다. 그러나 3년 후 프랑스는 이를 미국에 루이지애나 매입(Louisiana Purchase)의 형태로 매각했다.
8. 영국이 북미를 지배한 것은 미국인과 캐나다인이 영어를 사용하게 된 이유이며, 따라서 영어가 세계 공용어(global language)가 된 배경이다. 또한 영국이 7년 전쟁에서 남아시아에서 프랑스를 물리친 것은 영어가 세계 공용어가 되기 이전에 이미 아시아 아대륙의 다양한 민족들 사이에서 공통 언어가 된 이유이기도 하다.
9. 브렌던 심스(Brendan Simms), *Three Victories and a Defeat: The Rise and Fall of the First British Empire* (뉴욕: 베이직 북스, 2007), 504, 533-534쪽.
10. 크리스토퍼 콜럼버스(Christopher Columbus)는 일반적으로 북미로 항해한 첫 유럽인으로 여겨지는데, 그는 인도로 가는 길을 찾으려 했으며, 자신이 도착했다고 생각하여 그가 만난 사람들을 "인디언(Indians)"이라 명명했다.

11. 미들코프(Middlekauff), 앞서 인용한 책, 56쪽.

12. 홉킨스(Hopkins), 앞서 인용한 책, 101쪽.

13. 고든 S. 우드(Gordon S. Wood), *The American Revolution: A History* (뉴욕: 모던 라이브러리, 2002), 17쪽.

14. 심스(Simms), 앞서 인용한 책, 535-536쪽.

15. 그 전해 의회는 이미 존재하던 당밀법(Molasses Act of 1733)을 수정한 설탕법(Sugar Act)을 통과시켰다. 이는 외국산 당밀에 대한 관세를 부과하여 밀수를 줄이는 것을 목표로 한 법이었다.

16. 더글러스 A. 어윈(Douglas A. Irwin), *Clashing Over Commerce: A History of US Trade Policy* (시카고 및 런던: 시카고대학교 출판부, 2017), 40쪽.

17. "비수입(non-importation)의 경제적 영향이 (영국의) 불황과 비교했을 때 미미했더라도, 정치적 영향은 충분히 커서 시위자들이 목표를 달성했다. 영국 제조업체들의 압력은 의회가 인지세법(Stamp Act)을 폐지하기로 결정하는 데 중요한 요소였다." 같은 책.

18. 심스(Simms), 앞서 인용한 책, 581쪽.

19. 영국 측에서는 "미국인들이 무력 충돌의 전망에 움츠러들고, 강제법(Coercive Acts)이 매사추세츠를 다른 식민지로부터 고립시킬 것이며, 그렇게 고립된 매사추세츠 만 식민지의 제국 권력에 대한 저항은 곧 붕괴할 것이라고" 가정했다. 로버트 W. 터커(Robert W. Tucker)와 데이비드 C. 헨드릭슨(David C. Hendrickson), *The Fall of the First British Empire: Origins of the War of American Independence* (볼티모어 및 런던: 존스홉킨스대학교 출판부, 1982), 329쪽. 미국 측에서는 "만약 식민지들이 강제법에 반대해 단결하고 굳건히 맞선다면, 영국 정부는 후퇴하고 법 집행을 중단하며, 궁극적으로 이 법안을 철회할 것이라는" 기대가 지배적이었다. 같은 책, 330쪽.

20. 251-265페이지를 참조할 것.

21. 이는 버나드 베일린(Bernard Bailyn)의 주요 주제로, *The Ideological Origins of the American Revolution* (캠브리지, 매사추세츠: 하버드대학교 벨크냅 출판부, 1967)에 자세히 설명되어 있다.

22. 미들코프(Middlekauff), 앞서 인용한 책, 51페이지. 1688년의 사건들은 북미로까지 확산된 갈등을 촉발했다. 스티브 핀커스(Steve Pincus), *1688: The First Modern Revolution* (뉴헤이븐 및 런던: 예일대학교 출판부, 2009), 264쪽.

23. 베일린(Bailyn), 앞서 인용한 책, 140쪽.

24. 미들코프(Middlekauff), 앞서 인용한 책, 52쪽.

25. 홉킨스(Hopkins), 앞서 인용한 책, 119페이지; D. W. 마이니그(D. W. Meinig), *The Shaping of America: A Geographical Perspective on 500 Years of History, Volume 1: Atlantic America, 1492-1800* (뉴헤이븐 및 런던: 예일대학교 출판부, 1986), 296쪽; 심스(Simms), 앞서 인용한

책, 540-541쪽.

26. "로렌스 하퍼(Lawrence Harper, 1939)의 선구적인 계산에 따르면, 1773년 이 무역 제한으로 인해 식민지들이 부담한 비용과 혜택이 집계되었다. 그는 총 비용을 330만 달러로 추산했는데, 이는 식민지 소득의 약 2%에 불과했다." 또 다른 계산에 따르면, 영국 제국의 일원으로서의 혜택을 고려하면 "식민지의 순 비용은 단지 90만 달러, 즉 식민지 소득의 0.6%에 불과했다." 어윈(Irwin), 앞서 인용한 책, 36쪽.

27. 마이니그(Meinig), 앞서 인용한 책, 287-288페이지; 미들코프(Middlekauff), 앞서 인용한 책, 60쪽.

28. 월터 라페버(Walter LaFeber), *The American Age: U.S. Foreign Policy at Home and Abroad, 1750 to the Present* (뉴욕: W.W. 노턴, 1994, 두 번째 판), 15쪽.

29. 영국의 식민지와의 무역은 유럽 대륙과의 상업에 비해 상당히 덜 가치가 있었다. 심스(Simms), 앞서 인용한 책, 75쪽.

30. 같은 책, 357-358쪽.

31. 166-167페이지, 172-173쪽을 참조할 것.

32. 초기에는 미국인들이 런던이 북미에서 외부 경제 거래에는 과세할 권한이 있지만, 내부 경제 거래에는 권한이 없다고 주장했다. 그러나 실제로 이 용어를 정의한 방식에서는 두 가지 간의 차이가 거의 없었던 것으로 보인다. 베일린(Bailyn), 앞서 인용한 책, 214-215쪽; 터커(Tucker)와 헨드릭슨(Hendrickson), 앞서 인용한 책, 143, 342-343쪽; 미들코프(Middlekauff), 앞서 인용한 책, 128쪽.

33. 해당 전투는 브리드힐(Breed's Hill)과 벙커힐(Bunker Hill)에서 벌어졌다. 대부분의 전투가 브리드힐에서 벌어졌음에도, 이 사건은 역사적으로 벙커힐 전투(Battle of Bunker Hill)로 알려져 있다.

34. 영국군의 피해는 총 1,054명이었으며, 이 중 226명이 사망하고 828명이 부상을 입었다. 이는 전쟁 전체에서 단일 전투로는 가장 높은 피해 수치였다. 미국군의 피해는 115명이 사망하고, 305명이 부상당했으며, 30명이 포로로 잡혔다.

35. 존 퍼링(John Ferling), *Almost a Miracle: The American Victory in the War of Independence* (뉴욕: 옥스포드대학교 출판부, 2007), 574쪽.

36. 캐나다 원정에 관해서는 엘리엇 A. 코헨(Eliot A. Cohen), *Captured into Liberty: Two Centuries of Battles Along the Great Warpath That Made the American Way of War* (뉴욕: 베이직 북스, 2011), 147-160, 174쪽을 참조할 것.

37. 우드(Wood), 앞서 인용한 책, 75페이지.

38. 예를 들어, 존 로데해멀(John Rodehamel), *George Washington: The Wonder of the Age* (뉴헤이븐 및 런던: 예일대학교 출판부, 2017), 183쪽을 참조할 것.

39. 퍼링(Ferling), 앞서 인용한 책, 570쪽.

40. 우드(Wood), 앞서 인용한 책, 75쪽.

41. 워싱턴은 프로이센 출신의 프레데릭 폰 슈투벤(Frederick von Steuben)을 임명해 미군을 훈련시켰다. 미들코프(Middlekauff), 앞서 인용한 책, 423-425쪽.

42. 같은 책, 341쪽.

43. 영국은 "선량한 미국인들이 불량한 자들을 극복하도록 돕기를 기대했다. 영국군은 반군의 세력을 꺾고 충성파(loyalists)를 조직해 그들이 나라를 통제하도록 지원할 것이다." 피어스 맥시(Piers Macksey), *The War for America: 1775-1783* (링컨 및 런던: 네브래스카대학교 출판부, 1993, 초판 1964), 511쪽. 또한 앤드루 잭슨 오쇼네시(Andrew Jackson O'Shaughnessy), *The Men Who Lost America: British Leadership, the American Revolution, and the Fate of the Empire* (뉴헤이븐 및 런던: 예일대학교 출판부, 2013), 354쪽을 참조할 것.

44. 독립 전쟁 동안 영국은 독일의 여러 지역에서 32,000명 이상의 병력을 동원했다. 존 브루어(John Brewer), *The Sinews of Power: War, Money, and the English State, 1688-1783* (캠브리지, 매사추세츠: 하버드대학교 출판부, 1988), 41쪽.

45. 미들코프(Middlekauff), 앞서 인용한 책, 36쪽.

46. 대부분 농촌 지역이었던 미국인들은 경제적으로 자급자족이 가능했으며, 이는 식민지가 "해군력의 작용에 크게 영향을 받지 않았다."는 것을 의미했다. 폴 M. 케네디(Paul M. Kennedy), *The Rise and Fall of British Naval Mastery* (뉴욕: 찰스 스크리브너즈 손즈, 1976), 114쪽.

47. 맥시(Macksey), 앞서 인용한 책, 510쪽에서 인용됨.

48. 우드(Wood), 앞서 인용한 책, 114쪽; 팀 블래닝(Tim Blanning), *The Pursuit of Glory: Europe 1648-1815* (런던: 펭귄 북스, 2007), 304쪽.

49. 독립선언서 작성에 대한 권위 있는 설명은 American Scripture라는 제목으로 폴린 메이어(Pauline Maier)의 *American Scripture: Making the Declaration of Independence* (뉴욕: 알프레드 A. 노프, 1997)에서 찾아볼 수 있다.

50. 브래드포드 퍼킨스(Bradford Perkins), *The Cambridge History of American Foreign Relations, Volume I: The Creation of a Republican Empire, 1776-1865* (뉴욕: 캠브리지대학교 출판부, 1993), 19-20쪽; 심스(Simms), 앞서 인용한 책, 601-602쪽.

51. 월터 A. 맥두걸(Walter A. McDougall), *Promised Land, Crusader State: The American Encounter with the World Since 1776* (보스턴: 호턴 미플린, 1997), 5쪽.

52. 미들코프(Middlekauff), 앞서 인용한 책, 374쪽.

53. "버고인(Burgoyne)과 그의 크고 느리게 움직이는 수행단은 캐나다에서부터 점점 보급선이 길어지고, 뉴잉글랜드 애국 민병대의 괴롭힘을 받게 되었다. 버고인의 수송 행렬은 3마일이 넘었고, 그의 개인 수하물만 해도 30대 이상의 마차를 차지했다. 애국자들은 나무를 베고, 다리를 파괴하며, 물길을 바꾸는 등 험난한 지형을 더욱 통과하기 어렵게 만들기 위해 할 수 있는 모든 일을 했다. 버고인은 40개 이상의 새 다리를 건설해야 했고, 기존의 다리들도 수리해

야 했다. 어느 순간에는 하루에 1마일도 이동하지 못하는 상황이 되었다. 이 느린 속도는 보급 문제를 더욱 악화시켰다. 그의 부관 중 한 명은 버고인이 군대를 어떻게 싸울지 생각하는 데 1시간을 쓰면, 이를 먹여 살리는 방법을 고민하는 데 20시간을 써야 한다고 선언했다." 우드(Wood), 앞서 인용한 책, 81쪽.

54. 105페이지와 219-220쪽을 참조할 것.

55. 이 시는 Concord Hymn이다. 누가, 또는 어느 쪽이 첫 번째 총을 쏘았는지는 여전히 밝혀지지 않았다.

56. 44-46쪽을 참조할 것.

57. "전쟁 초기 몇 년 동안 식민지 주민들이 사용한 화약의 90%는 유럽에서 들여온 것이었으며, 외국의 지원은 처음부터 필수적이었다." 조지 C. 헤링(George C. Herring), *From Colony to Superpower: U.S. Foreign Relations Since 1776* (뉴욕: 옥스퍼드대학교 출판부, 2008), 18쪽.

58. 미들코프(Middlekauff), 앞서 인용한 책, 404쪽.

59. 이 표현은 에드먼드 S. 모건(Edmund S. Morgan)의 것으로, *Benjamin Franklin* (뉴헤이븐 및 런던: 예일대학교 출판부, 2002), 280쪽에서 인용됨.

60. 전쟁 중 미국은 프랑스로부터 "8백만 달러 이상의 보조금과 대출을 받았다. 프랑스의 동맹국인 스페인은 추가로 65만 달러를 지원했으며, 전쟁 말기에 네덜란드는 프랑스 보증 아래 180만 달러의 대출을 제공했다." 퍼킨스(Perkins), 앞서 인용한 책, 29페이지. 이러한 대출은 더욱 중요했는데, 이는 영국이 식민지에 부과한 상업적 제재로 인해 미국 역사상 최악의 경제 침체, 즉 1인당 소득의 약 20% 감소라는 결과가 초래되었기 때문이다. 어윈(Irwin), 앞서 인용한 책, 48쪽.

61. 사무엘 플래그 비미스(Samuel Flagg Bemis), *A Diplomatic History of the United States* (뉴욕: 헨리 홀트 앤드 컴퍼니, 네 번째 판, 1955), 23쪽.

62. 모건(Morgan), *The Birth of the Republic*, 83쪽.

63. "두 나라는 서로의 동의 없이 별도의 평화를 체결하지 않기로 쉽게 합의했다. 각국은 현재와 미래에 걸쳐 북미에서 상대방의 영토를 보장했다. 미국에 있어 이 협정의 필수적인 요소는 프랑스가 독립이 달성될 때까지 싸우겠다는 약속이었다. 미국은 프랑스가 서인도 제도에서 영국 영토를 차지하는 데 자유로운 손을 보장했다." 헤링(Herring), 앞서 인용한 책, 21쪽.

64. 조너선 덜(Jonathan Dull), *A Diplomatic History of the American Revolution* (뉴헤이븐 및 런던: 예일대학교 출판부, 1985), 124-126쪽.

65. "프랑스가 1778년 전쟁에 참전하면서 영국의 문제는 크게 확대되었다. 영국군은 본토 침략을 방어하고 카리브해, 인도, 아프리카, 지중해의 광범위한 제국 영토를 방어하기 위해 더욱 분산되어야 했다. 왕립 해군의 절대적인 우위는 즉시 위협받게 되었다." 퍼링(Ferling), 앞서 인용한 책, 564쪽.

66. 블래닝(Blanning), 앞서 인용한 책, 303쪽.

67. 케네디(Kennedy), 앞서 인용한 책, 111쪽.

68. 우드(Wood), 앞서 인용한 책, 83쪽.

69. "많은 면에서 1780년에서 1781년 사이 캐롤라이나와 조지아에서 벌어진 게릴라 전쟁은 전쟁이 승리로 돌아선 결정적 계기였다. 이 전투는 사우스캐롤라이나와 조지아를 영국의 정복으로부터 구했으며, 남부 전체를 상실하는 것을 막았을지도 모른다." 퍼링(Ferling), 앞서 인용한 책, 574쪽.

70. "(콘월리스의) 캐롤라이나에서의 문제는 하우(Howe)와 클린턴(Clinton)이 북부에서 겪었던 것과 동일했다. 미국의 충성을 회복하려면 반란을 진압해야 했다. 그러나 반란을 진압하는 과정은 그 반란의 근원을 더욱 부추기는 결과를 낳았다." 미들코프(Middlekauff), 앞서 인용한 책, 456쪽.

71. "9월 중순까지 두 군대는 수송물 및 보급품과 함께 약 450마일을 이동했다. 이 계획은 워싱턴의 조직 능력이 최고조에 달했음을 보여준다. 그는 몇몇 장교들과 함께 이 계획을 수립하며, 경로를 선정하고 보급품 운송에 필수적인 말과 마차를 준비한 것으로 보인다." 미들코프(Middlekauff), 앞서 인용한 책, 583쪽.

72. 로버트와 이자벨 톰스(Robert and Isabelle Tombs), *That Sweet Enemy: The French and the British from the Sun King to the Present* (런던: 윌리엄 하이네만, 2006), 176쪽.

73. 그는 처음에는 내무 및 식민지 문제 국무장관이었다. 그러나 총리였던 록킹엄 후작(Marquis of Rockingham)이 재임 중 사망하자 셸번(Shelburne)이 그의 뒤를 이었다.

74. "프랭클린이 이 승리를 얻은 것은 미국의 협상력이 매우 강했기 때문이 아니라, 셸번이 평화를 절실히 원했기 때문이다. 그는 미국인들에게 양보를 퍼부으며, 미국이 별도의 평화를 체결함으로써 영국군 수만 명이 서인도제도에서의 군사 작전에 투입될 가능성을 프랑스, 스페인, 네덜란드가 깨닫게 하려 했다." 덜(Dull), 앞서 인용한 책, 145쪽.

75. 미들코프(Middlekauff), 앞서 인용한 책, 594쪽.

76. 서부 영토에 거주하던 원주민들은 조약에서 언급되거나 협의되지 않았다. 같은 책, 574쪽.

77. 보상은 동플로리다와 지중해의 미노르카 섬의 형태로 이루어졌다. 덜(Dull), 앞서 인용한 책, 157쪽.

78. 요크타운에서의 패배 이후, 영국은 1782년 4월 9일부터 12일까지의 생츠 해전(Battle of the Saints)에서 해군 승리를 거두며 카리브해에서 위치를 회복했다. 비미스(Bemis), 앞서 인용한 책, 62-63쪽을 참조할 것.

79. H. M. 스콧(H. M. Scott), *British Foreign Policy in the Age of the American Revolution* (옥스포드, 영국: 옥스포드대학교 클라렌던 출판부, 1990), 339쪽.

80. 2장과 3장을 참조할 것.

81. 심스(Simms), 앞서 인용한 책, 593-594쪽.

82. 미들코프(Middlekauff), 앞서 인용한 책, 599쪽.

83. 우드(Wood), 앞서 인용한 책, 87쪽.

84. 미들코프(Middlekauff), 앞서 인용한 책, 602쪽.

85. 영국은 북미로의 접근성 문제 중 한 가지를 성공적으로 해결했다. 이는 "영국군이 필요로 하는 모든 비스킷, 병사, 총알을 3000마일에 달하는 대서양을 가로질러 운송해야 한다."는 물류적 도전이었다. 케네디(Kennedy), 앞서 인용한 책, 114페이지. 또한 브루어(Brewer), 앞서 인용한 책, 177-178쪽을 참조할 것. 이러한 도전을 극복하는 데 들어간 비용은 영국 재정에 막대한 부담을 가중시켰다.

86. 퍼킨스(Perkins), 앞서 인용한 책, 57쪽.

87. "... 제퍼슨 대사는 무역 문제에서 프랑스를 호혜적으로 설득하지 못했고, 스페인은 뉴올리언스 항구를 폐쇄하거나 항구 사용에 과도한 요금을 부과하는 일을 반복했다." 맥두걸(McDougall), 앞서 인용한 책, 26쪽.

88. "... 1780년대 동안 미국 경제는 심각한 상태에 빠져 있었다." 어윈(Irwin), 앞서 인용한 책, 50-51쪽.

89. 헤링(Herring), 앞서 인용한 책, 44쪽.

90. 같은 책, 46페이지; 퍼킨스(Perkins), 앞서 인용한 책, 56쪽.

91. 베일린(Bailyn), 앞서 인용한 책, 142쪽.

92. 어윈(Irwin), 앞서 인용한 책, 58쪽; 덜(Dull), 앞서 인용한 책, 162쪽.

93. 헤링(Herring), 앞서 인용한 책, 45-46쪽; 비미스(Bemis), 앞서 인용한 책, 73쪽; 모건(Morgan), *The Birth of the Republic*, 135쪽.

94. 퍼킨스(Perkins), 앞서 인용한 책, 56쪽. 1783년, 바르바리 해적들이 지중해에서 미국 선박을 납치하고 선원들을 몸값을 위해 억류했다. 미국 정부는 이들을 석방하기 위한 자금을 충분히 조달하지 못했다. 헤링(Herring), 앞서 인용한 책, 39-40쪽.

95. "셰이스의 반란(Shays's Rebellion)은 반란군이 영국과 연방으로부터의 분리를 논의했다고 보고된 바 있어 외교정책에도 영향을 미쳤다." 헤링(Herring), 앞서 인용한 책, 50쪽.

96. 제임스 매디슨(James Madison)은 1787년에 "이런 상황에서는 정부가 오래 지속될 수 없다."고 관찰했다. 어윈(Irwin), 앞서 인용한 책, 56쪽.

97. 캐서린 드링커 보웬(Catherine Drinker Bowen), *Miracle at Philadelphia: The Story of the Constitutional Convention, May to September 1787* (보스턴: 리틀 브라운, 1986, 초판 1966), 11쪽.

98. 퍼킨스(Perkins), 앞서 인용한 책, 58페이지; 헤링(Herring), 앞서 인용한 책, 40, 52쪽.

99. 99-111페이지를 참조할 것. 헌법회의는 대표 배분을 위해 각 노예(대부분 남부 주에 거주)가 5분의 3의 인구로 계산되며, 의회는 노예무역을 폐지할 권한을 갖되, 이는 1808년까지 시행

되지 않을 것이라는 결정을 내렸다. 헌법에는 또한 도망친 노예를 소유주에게 반환할 조항도 포함되었다.

100. 맥두걸(McDougall), 앞서 인용한 책, 6쪽.

2장

1. 1792년 워싱턴은 만장일치로 두 번째 임기에 선출되었다.

2. 에릭 홉스봄(Eric Hobsbawm), *The Age of Revolution: 1789-1848* (뉴욕: 반즈 앤 노블 북스, 1996, 초판 1962), 58쪽; 사이먼 샤마(Simon Schama), *Citizens: A Chronicle of the French Revolution* (뉴욕: 알프레드 A. 노프, 1989), 62쪽.

3. 삼부회(Estates-General)는 1614년에 마지막으로 소집되었다.

4. 고든 S. 우드(Gordon S. Wood), *Empire of Liberty: A History of the Early Republic, 1789-1815* (뉴욕: 옥스포드대학교 출판부, 2009), 175쪽. "파리 주재 미국 공사로서 토머스 제퍼슨은 프랑스 혁명의 폭력적이지만 희망적인 시작을 목격했으며, 인간과 시민의 권리 선언(Declaration of the Rights of Man and the Citizen)이 자신의 독립선언서에서 영감을 받았다고 스스로를 칭송했다." 월터 A. 맥두걸(Walter A. McDougall), *The Tragedy of U.S. Foreign Policy: How America's Civil Religion Betrayed the National Interest* (뉴헤이븐 및 런던: 예일대학교 출판부, 2016), 46쪽.

5. "... 1789년에서 1917년 사이의 유럽(혹은 세계) 정치는 주로 1789년의 원칙, 아니면 1793년의 더욱 급진적인 원칙을 두고 벌어진 투쟁이었다. 프랑스는 세계 대부분 지역에서 자유주의와 급진 민주주의 정치의 어휘와 문제를 제공했다. 프랑스는 민족주의(nationalism)의 첫 번째 위대한 사례, 개념, 그리고 어휘를 제공했으며, 대부분의 나라에 법전, 과학 및 기술 조직의 모델, 미터법 단위를 제공했다. 근대 세계의 이데올로기는 그 이전까지 유럽의 사상을 저항했던 고대 문명에 처음으로 프랑스를 통해 침투했다. 이는 프랑스 혁명의 성과였다." 홉스봄(Hobsbawm), 앞서 인용한 책, 53쪽.

6. 윌리엄 도일(William Doyle), *The Oxford History of the French Revolution* (옥스포드, 영국: 옥스포드대학교 클라렌던 출판부, 1989), 416-417쪽.

7. "프랑스 혁명 및 나폴레옹 전쟁 동안, 미국은 세계의 주요 운송국이 되었으나, 결국 미국이 갈등에 휘말리고 자국의 금수 조치와 이후 영국 해군의 봉쇄로 인해 그 지위를 잃었다." 사무엘 플래그 비미스(Samuel Flagg Bemis), *A Diplomatic History of the United States* (뉴욕: 헨리 홀트 앤드 컴퍼니, 네 번째 판, 1955, 초판 1936), 304쪽. 또한 월터 라페버(Walter LaFeber), *The American Age: U.S. Foreign Policy at Home and Abroad, 1750 to the Present* (뉴욕: W.W. 노턴, 1994), 71쪽; 더글러스 A. 어윈(Douglas A. Irwin), *Clashing Over Commerce: A History of U.S. Trade Policy* (시카고: 시카고대학교 출판부, 2017), 92쪽; 로버트 W. 터커(Robert W. Tucker)와 데이비드 C. 헨드릭슨(David C. Hendrickson), *Empire of Liberty: The Statecraft* *of Thomas Jefferson* (뉴욕: 옥스포드대학교 출판부, 1990), 193쪽를 참조할 것.

8. "... 이 전쟁들은 주요 해양 강국인 영국, 프랑스, 스페인의 에너지를 한 세대 동안 완전히 흡수하여, 미국은 약 30년간 비교적 간섭받지 않은 시기를 누렸다(1812년 전쟁을 초래한 일부 해양 문제를 제외하고). 이 행운의 시기에 신생 공화국은 비군사적 성격을 유지하면서 새로이 설립된 국가성을 공고히 하고 영토, 자원, 잠재적 힘을 국가 안전과 일치하는 수준으로 확장할 수 있었다..." 비미스(Bemis), 앞서 인용한 책, 95페이지. 이 기간 동안 나폴레옹은 북미에 프랑스 제국을 설립하려는 계획을 세웠으나 성공하지 못했다. 59-61쪽을 참조할 것.

9. 우드(Wood), 앞서 인용한 책, 101, 103쪽.

10. 같은 책, 92-93페이지; 브래드퍼드 퍼킨스(Bradford Perkins), *The Cambridge History of American Foreign Relations, Volume I: The Creation of a Republican Empire, 1776-1865* (뉴욕: 캠브리지대학교 출판부, 1993), 172쪽.

11. "제퍼슨은 북미 전역에 독립 공화국들이 널리 퍼진 '자유의 제국(empire of liberty)'을 구상했다." 조지 C. 헤링(George C. Herring), *From Colony to Superpower: U.S. Foreign Relations Since 1776* (뉴욕: 옥스퍼드대학교 출판부, 2008), 2쪽.

12. 퍼킨스(Perkins), 앞서 인용한 책, 93쪽.

13. 우드(Wood), 앞서 인용한 책, 291쪽.

14. 조셉 J. 엘리스(Joseph J. Ellis), *American Sphinx: The Character of Thomas Jefferson* (뉴욕: 알프레드 A. 노프, 1997), 8쪽. 또한 존 램버턴 하퍼(John Lamberton Harper), *American Machiavelli: Alexander Hamilton and the Origins of U.S. Foreign Policy* (뉴욕: 캠브리지대학교 출판부, 2004), 1쪽을 참조할 것.

15. 우드(Wood), 앞서 인용한 책, 189, 192쪽; 터커(Tucker)와 헨드릭슨(Hendrickson), 앞서 인용한 책, 255쪽.

16. 우드(Wood), 앞서 인용한 책, 644쪽; 헤링(Herring), 앞서 인용한 책, 99-100쪽.

17. 이 전쟁들은 1812년 전쟁(War of 1812), 멕시코 전쟁(Mexican War), 남북전쟁(Civil War), 미국-스페인 전쟁(Spanish-American War), 제1차 세계대전(World War I), 제2차 세계대전(World War II), 한국전쟁(Korean War), 베트남전쟁(Vietnam War), 1991년 걸프전(Gulf War of 1991), 아프가니스탄 전쟁(Afghan War), 2003년 걸프전(Gulf War of 2003)이다.

18. 헤링(Herring), 앞서 인용한 책, 65쪽.

19. 우드(Wood), 앞서 인용한 책, 179-181쪽.

20. 터커(Tucker)와 헨드릭슨(Hendrickson), 앞서 인용한 책, 58쪽.

21. 대통령의 선포와 이를 발행할 권리를 정당화하기 위해, 알렉산더 해밀턴(Alexander Hamilton)은 Pacificus라는 필명으로 일련의 에세이를 작성했다. 이에 대해 제임스 매디슨(James Madison)은 Helvidius라는 필명을 사용하여 대통령 권한의 제한을 주장하며 반박했

다. 우드(Wood), 앞서 인용한 책, 184-185쪽.

22. 펠릭스 길버트(Felix Gilbert), *To the Farewell Address: Ideas of Early American Foreign Policy* (프린스턴, 뉴저지: 프린스턴대학교 출판부, 1961), 117쪽.

23. "제네(Genet)의 기이한 미국 모험의 한 가지 지속적인 결과는 제네와 프랑스의 대의를 지지하기 위해 결성된 제퍼슨 공화당원 클럽들의 생성이었다." 이들은 "퍼레이드, 집회, 연회를 열고, 지역 선거 운동에 참여하며, 청원서를 작성하고, 야당 언론과 긴밀히 협력했다." 존 로데해멀(John Rhodehamel), *George Washington: The Wonder of the Age* (뉴헤이븐 및 런던: 예일대학교 출판부, 2017), 271쪽.

24. 프랑스 정부는 1796년 대통령 선거에서 워싱턴과 해밀턴의 연방당(Federalists) 후보였던 존 애덤스(John Adams)가 아닌 공화당 후보가 당선될 경우 프랑스에 유리한 정책을 채택할 것이라 믿으며, 선거를 기울이려 했으나 실패했다. 비미스(Bemis), 앞서 인용한 책, 104쪽.

25. 헤링(Herring), 앞서 인용한 책, 74-75쪽; 우드(Wood), 앞서 인용한 책, 194쪽.

26. 우드(Wood), 앞서 인용한 책, 195쪽.

27. 친영(親英) 성향의 알렉산더 해밀턴(Alexander Hamilton)은 협상에서 미국 측에 상당한 영향을 미쳤다. A. G. 홉킨스(A. G. Hopkins), American Empire: A Global History (프린스턴, 뉴저지: 프린스턴대학교 출판부, 2018), 159쪽.

28. 헤링(Herring), 앞서 인용한 책, 76-77쪽.

29. 같은 책, 78쪽에서 인용됨.

30. "미국 역사에서 이처럼 적대적인 대중 반응을 불러일으키고 격렬한 논쟁을 촉발한 조약은 없었다..." 같은 책. 제이 조약(Jay Treaty)에 대한 논쟁은 연방당(Federalists)과 공화당(Republicans)을 정치 정당으로 통합시키는 데 기여했으며, 이를 통해 미국 최초의 정당 체제가 형성되었다. 같은 책, 7쪽.

31. 같은 책, 80쪽.

32. 18세기에 영국 의회는 두 개의 정당으로 나뉘어 있었으나, 이들은 고정된 정치적 원칙보다는 개인적 유대로 묶인 귀족들이 지배하는 느슨한 결합체에 불과했다. 루이스 네이미어(Lewis Namier), *England in the Age of the American Revolution* (런던: 팔그레이브 맥밀란, 두 번째 판, 1961)을 참조할 것.

33. 이는 부분적으로 공화당의 친프랑스 성향을 겨냥한 것이었다. 헤링(Herring), 앞서 인용한 책, 83쪽.

34. 로데해멀(Rhodehamel), 앞서 인용한 책, 289페이지에서 인용됨. 또한 하퍼(Harper), 앞서 인용한 책, 177쪽을 참조할 것.

35. 우드(Wood), 앞서 인용한 책, 239쪽; 어윈(Irwin), 앞서 인용한 책, 98쪽.

36. 라페버(LaFeber), 앞서 인용한 책, 51페이지. XYZ 사건(XYZ Affair)에 대해서는 우드

(Wood), 앞서 인용한 책, 239-243쪽을 참조할 것.

37. 우드(Wood), 앞서 인용한 책, 247-250쪽.

38. 같은 책, 259쪽에서 인용됨.

39. 헤링(Herring), 앞서 인용한 책, 88-89쪽.

40. 나폴레옹은 유럽 전쟁을 프랑스에 유리한 조건으로 끝내고 북미에 프랑스 제국을 설립하려 했으며(59-61쪽 참조), 이 두 목표를 달성하는 데 미국과의 화해가 약간의 기여를 할 것이라고 믿었다. 같은 책, 89쪽.

41. 같은 책, 89-91쪽.

42. "미국 문화의 모든 측면—퍼레이드, 노래, 예술, 연극, 심지어 언어까지—가 프랑스 혹은 영국을 홍보하는 정당들 중 하나의 도구가 되었다." 우드(Wood), 앞서 인용한 책, 255쪽.

43. "영토 확장의 개념은 미국이 탄생했을 때 함께 탄생했다. 미국 내 대부분의 영국 식민지가 받은 헌장은 태평양까지의 지배권을 부여했다. 또한 연합 규약(Articles of Confederation)은 캐나다가 새로운 국가에 포함될 여지를 명시적으로 남겨두었다." 퍼킨스(Perkins), 앞서 인용한 책, 170쪽.

44. 우드(Wood), 앞서 인용한 책, 359쪽.

45. 헤링(Herring), 앞서 인용한 책, 101페이지. 열한 번째 대통령인 제임스 K. 포크(James K. Polk)는 이 점에서 제퍼슨과 동등한 인물이었다. 93-94쪽을 참조할 것.

46. 우드(Wood), 앞서 인용한 책, 357쪽.

47. 이 영토는 전년도 퐁텐블로 조약(Treaty of Fontainebleau)에 따라 비밀리에 양도되었다.

48. 스페인은 프랑스가 40년 전에 양도한 영토의 서쪽 지역과 플로리다 영토를 유지했다. 스페인이 이 영토를 양도한 또 다른 이유는, "유럽의 지배적인 강국인 프랑스가 미국과 멕시코의 은광을 가로막는 장벽을 더 잘 유지할 수 있을 것이라고 믿었기 때문이다." 우드(Wood), 앞서 인용한 책, 367쪽.

49. 헤링(Herring), 앞서 인용한 책, 102-103쪽.

50. 같은 책, 104쪽. 이러한 일반적인 문제들에 대해서는 터커(Tucker)와 헨드릭슨(Hendrickson), 앞서 인용한 책, 110-122쪽을 참조할 것.

51. "북미에서의 프랑스 식민지 제국 부흥의 구조는 산토도밍고(Santo Domingo) 섬에 기반을 둔 역삼각형이었다. 이 부유한 섬과 더 작은 과들루프(Guadeloupe) 및 마르티니크(Martinique)는 열대 산물의 번영하는 사업을 제공할 것으로 예상되었으며, 이는 프랑스의 항해를 활성화하고 뉴펀들랜드(Newfoundland) 어업과 함께 해군력을 강화할 수 있었다. 루이지애나는 이 섬들에 필요한 대륙적 보완 요소로, 독립적인 식량 및 목재 공급원이 되었으며, 이후에는 이 지역 자체가 매우 부유해질 가능성이 있었다." 비미스(Bemis), 앞서 인용한 책, 134쪽.

52. 같은 책, 130쪽.

53. 같은 책, 135쪽.

54. 터커(Tucker)와 헨드릭슨(Hendrickson), 앞서 인용한 책, 94, 167-171쪽.

55. 같은 책, 132쪽.

56. 미국 선주들은 "'파손된 항해(broken voyage)'라는 법적 허구를 발전시켰다. 프랑스 및 스페인 식민지에서 미국 항구로 물품을 운송하여 이를 하역하고 관세를 지불한 후, 대부분의 관세를 환급받고 다시 선적하여 이를 중립 상품으로 가장해 프랑스로 재수출하는 방식이었다." 이러한 방식은 처음에는 영국이 전시 무역에서 허용 가능한 것으로 정의한 기준에 부합했다. 그러나 이후 영국은 정책을 변경했다. "새로운 '연속 항해(continuous voyage)' 원칙에 따르면, 미국 상인들은 belligerent 항구에서 출발한 항해가 실제로 미국에서 종료될 의도가 있었음을 입증해야 했으며, 그렇지 않을 경우 적국 상품으로 간주되어 몰수될 수 있었다." 우드(Wood), 앞서 인용한 책, 624, 640쪽.

57. 터커(Tucker)와 헨드릭슨(Hendrickson), 앞서 인용한 책, 190쪽.

58. "왕립 해군은 매년 최소 3만에서 4만 명의 신규 선원을 모집해야 했기 때문에, 영국 항구의 영국인뿐 아니라 미국 상선으로 도망친 선원들—무시할 수 없는 숫자—에게도 강제징집(impressment)에 의존했다." 우드(Wood), 앞서 인용한 책, 642쪽. "미국 정부 스스로도 깨닫게 되었듯이, 영국 해군에 강제 징집된 미국 시민보다 미국 선박에 고용된 영국 선원이 훨씬 더 많았다." 터커(Tucker)와 헨드릭슨(Hendrickson), 앞서 인용한 책, 194쪽.

59. 존 라티머(Jon Latimer), *1812: War with America* (캠브리지, 매사추세츠: 하버드대학교 출판부, 2007), 2쪽.

60. "미국인을 가장 자극한 것은 실제 압수 건수가 아니라, 국왕 정부가 미국 무역이 허용될지 말지를 결정할 권리를 가지고 있다고 영국이 자부한 것이었다. 이는 미국을 다시 식민지 의존국의 지위로 격하시키는 것처럼 보였다." 우드(Wood), 앞서 인용한 책, 641쪽.

61. 폴 슈뢰더(Paul Schroeder), *The Transformation of European Politics, 1763-1848* (뉴욕 및 옥스포드: 옥스포드대학교 클라렌던 출판부, 1996), 435-436쪽.

62. 터커(Tucker)와 헨드릭슨(Hendrickson), 앞서 인용한 책, 203쪽.

63. 라페버(LaFeber), 앞서 인용한 책, 58-59쪽.

64. 이후 추가적인 법안이 금수 조치법(Embargo Act)을 보완했다. 비미스(Bemis), 앞서 인용한 책, 151페이지; 우드(Wood), 앞서 인용한 책, 650쪽을 참조할 것.

65. 월터 맥두걸(Walter McDougall), *The Tragedy of American Foreign Policy: How America's Civil Religion Betrayed the National Interest* (뉴헤이븐 및 런던: 예일대학교 출판부, 2016), 48쪽.

66. 어윈(Irwin), 앞서 인용한 책, 102쪽.

67. 우드(Wood), 앞서 인용한 책, 652, 654쪽; 터커(Tucker)와 헨드릭슨(Hendrickson), 앞서 인용한 책, 39, 46쪽.

68. 제퍼슨은 “나는 금수 조치가 이 경우뿐 아니라 미래에도 효과적인 무기가 될 수 있는지 실험이 완전히 이루어지는 것에 대해 엄청난 가치를 둔다.”고 말했다. 어윈(Irwin), 앞서 인용한 책, 110쪽에서 인용됨.

69. 같은 책; 슈뢰더(Schroeder), 앞서 인용한 책, 436쪽.

70. 같은 책.

71. 어윈(Irwin), 앞서 인용한 책, 106쪽. 102-109쪽에는 금수 조치가 미국 경제에 미친 영향을 상세히 분석하고 있다.

72. 금주법(Prohibition) 시대처럼, 금수 조치를 우회하려는 사람들은 캐나다를 이용해 활동을 벌였다. 헤링(Herring), 앞서 인용한 책, 120쪽.

73. 터커(Tucker)와 헨드릭슨(Hendrickson), 앞서 인용한 책, 204-205쪽. “금수 조치를 집행하기 위해 무장 군대를 사용하고 일부 정규군을 파견한 것은 제퍼슨이 소규모 정부에 대한 자신의 신념을 위배하는 것이었다.” 우드(Wood), 앞서 인용한 책, 654쪽.

74. 금수 조치는 1809년 3월 9일, 매디슨(Madison)의 취임식 당일 공식적으로 종료되었다.

75. 우드(Wood), 앞서 인용한 책, 664-667쪽.

76. 헤링(Herring), 앞서 인용한 책, 122쪽.

77. “일찍이 1809년에 대통령은 전쟁이 유일한 진정한 대안일지도 모른다고 생각했으며, 1811년까지는 이 점에 대해 확고히 믿게 되었다.” 라페버(LaFeber), 앞서 인용한 책, 60쪽.

78. 우드(Wood), 앞서 인용한 책, 660쪽.

79. “내 생각에 이 나라가 벌인 전쟁 중 가장 인기 없는 전쟁은 베트남 전쟁을 포함하더라도 1812년 영국과의 두 번째 전쟁일 것이다.” 사무엘 엘리엇 모리슨(Samuel Eliot Morison), Dissent in the War of 1812, 사무엘 엘리엇 모리슨, 프레더릭 메르크(Frederick Merck), 프랭크 프리델(Frank Friedel) 공저, *Dissent in Three American Wars* (케임브리지, 매사추세츠: 하버드대학교 출판부, 1970), 3쪽.

80. 이 주장에는 논쟁의 여지가 있다. “1812년에 더 빠른 통신 수단이 있었다면 불필요한 전쟁을 피할 수 있었을 것이라는 추측이 종종 제기되었지만, 이는 과도한 가정을 포함할 수 있다. 새로 출범한 영국 내각은 더 화해적인 태도를 보였으나 매디슨이 원하는 수준까지 양보할 준비는 되어 있지 않았다.” 헤링(Herring), 앞서 인용한 책, 125쪽.

81. 퍼킨스(Perkins), 앞서 인용한 책, 135쪽.

82. 매디슨은 전쟁 메시지에서 “영국 측에서는 미국에 대해 전쟁 상태가 존재했고, 미국 측에서는 영국에 대해 평화 상태가 존재했다.”고 말했다. 같은 책, 136쪽에서 인용됨.

83. 맥두걸(McDougall), *Promised Land, Crusader State*, 35쪽; 우드(Wood), 앞서 인용한 책,

667, 669-670쪽; 퍼킨스(Perkins), 앞서 인용한 책, 140페이지; 헤링(Herring), 앞서 인용한 책, 126쪽.

84. 퍼킨스(Perkins), 앞서 인용한 책, 138쪽.

85. "1812년 캐나다에 대한 미국의 세 갈래 공세는 완전한 실패였다. 더욱 나쁜 점은 이 실패가 캐나다 저항의 우월성보다는 미국이 군대를 모집하고 관리하는 데 실패했기 때문이었다." 우드(Wood), 앞서 인용한 책, 680쪽. 캐나다 원정에 대해서는 엘리엇 A. 코헨(Eliot A. Cohen), *Conquered into Liberty: Two Centuries of Battles Along the Great Warpath That Made the American Way of War* (뉴욕: 프리 프레스, 2011), 9장을 참조할 것.

86. "재앙의 규모는 엄청났다. 비스툴라(Vistula)를 건넌 65만 5천 명의 병력 중 단 9만 3천 명만이 생존했다. 약 37만 명이 적군의 공격, 질병, 또는 단순히 동사로 사망했으며, 약 20만 명이 포로로 잡혔는데, 그중에는 48명의 장군과 3,000명의 다른 장교들이 포함되었다." 블래닝(Blanning), 앞서 인용한 책, 664쪽.

87. "... 수년 후 매디슨은 프랑스의 패배를 예견했다면 1812년 전쟁을 지지하지 않았을 것이라고 고백했다." 퍼킨스(Perkins), 앞서 인용한 책, 137쪽.

88. 다니엘 워커 하우(Daniel Walker Howe), *What Hath God Wrought: The Transformation of America, 1815-1848* (뉴욕: 옥스퍼드대학교 출판부, 2007), 69페이지. 1814년 벨기에 겐트(Ghent)에서 열린 평화 협상에서 영국 측은 오하이오에서 위스콘신에 이르는 미국 북서부 지역에 인디언 완충국을 설립하자고 요구했다. 미국 측은 이 제안을 고려하지 않았으며, 영국은 이를 철회했다.

89. 영국은 워싱턴 D.C.를 점령할 의도가 없었다. "전략적으로, 체서피크(Chesapeake)를 공격한 영국의 목적은 미국이 캐나다를 정복하려는 시도를 저지하는 것이었고, 심리적으로는 매디슨 행정부의 신뢰를 실추시키는 것이었다. 두 가지 목표 모두 달성되었다." 하우(Howe), 앞서 인용한 책, 66쪽. 체서피크 캠페인에 대해서는 도널드 R. 히키(Donald R. Hickey), *The War of 1812: A Forgotten Conflict* (어바나 및 시카고: 일리노이대학교 출판부, 1989), 195-202쪽을 참조할 것.

90. "증거에 따르면, 영국은 뉴올리언스를 점령하려 한 주된 동기가 약탈의 가능성에서 비롯되었으며, 도시를 점령하더라도 그 통치는 단기간에 그쳤을 것이다." 하우(Howe), 앞서 인용한 책, 16쪽.

91. 라페버(LaFeber), 앞서 인용한 책, 65쪽.

92. 라티머(Latimer), 앞서 인용한 책, 347쪽.

93. "만약 전쟁과 그로 인한 경제적 고난이 훨씬 더 오래 지속되었다면, 연방정부, 헌법, 그리고 공화당은 온전하게 생존하지 못했을지도 모른다." 하우(Howe), 앞서 인용한 책, 73쪽.

94. 라티머(Latimer), 앞서 인용한 책, 408쪽.

95. "워털루(Waterloo) 전투의 승자가 될 웰링턴 공작(Duke of Wellington)의 의견에 따르면, 미

국은 쉽게 정복될 수 없으며, 특히 대호수(Great Lakes)에서 해군 우위를 확보하지 않고는 더욱 그렇다. 이 의견이 영국이 원래 조건들을 얻지 않고도 협상을 마무리하려는 의지를 확고히 했다." 우드(Wood), 앞서 인용한 책, 695쪽.

96. 비미스(Bemis), 앞서 인용한 책, 167쪽.

97. 데이비드 캐너딘(David Cannadine), *Victorious Century: The United Kingdom, 1800-1906* (뉴욕: 펭귄 북스, 2017), 70쪽.

98. 히키(Hickey), 앞서 인용한 책, 302쪽.

99. 하우(Howe), 앞서 인용한 책, 73쪽.

100. 경쟁 사례로는 20세기의 베트남 전쟁과 21세기의 두 번째 걸프 전쟁이 있다. 303-313쪽 및 428-435쪽을 참조할 것.

101. 우드(Wood), 앞서 인용한 책, 693페이지; 모리슨(Morison), 앞서 인용한 책, 16쪽.

102. 앤드류 램버트(Andrew Lambert), *Sea Power States: Maritime Culture, Continental Empires and the Conflict That Made the Modern World* (뉴헤이븐 및 런던: 예일대학교 출판부, 2018), 292-293쪽.

103. 슈뢰더(Schroeder), 앞서 인용한 책, 440페이지; 비미스(Bemis), 앞서 인용한 책, 138쪽.

104. 터커(Tucker)와 헨드릭슨(Hendrickson), 앞서 인용한 책, 219-220쪽.

105. 퍼킨스(Perkins), 앞서 인용한 책, 145-146쪽.

106. 라티머(Latimer), 앞서 인용한 책, 400쪽.

107. 우드(Wood), 앞서 인용한 책, 699쪽; 헤링(Herring), 앞서 인용한 책, 139쪽.

3장

1. 폴 슈뢰더(Paul Schroeder)의 *The Transformation of European Politics, 1763-1848* (옥스퍼드, 영국: 옥스퍼드 대학교 클라렌던 출판부, 1996)는 유럽 협조 체제(Concert of Europe)의 출현과 작동, 그리고 유럽 외교에서 이를 통해 나타난 선례와의 단절을 권위 있게 설명한다. "1763년에서 1848년 사이에 유럽 국제정치가 변혁되었으며, 결정적인 전환점은 1813-1815년에 발생했다. 국제정치의 지배 규칙, 규범, 관행에서 근본적인 변화가 일어났다." 같은 책, v쪽.

2. 폴 M. 케네디(Paul M. Kennedy), *The Rise and Fall of British Naval Mastery* (뉴욕: 찰스 스크리브너즈 손즈, 1976), 149-167쪽.

3. 19세기 영국의 세계적 패권에 대해서는 데이비드 캐너딘(David Cannadine), *Victorious Century: The United Kingdom, 1800-1906* (뉴욕: 펭귄 북스, 2017), 45, 102, 185, 266쪽과 리처드 에번스(Richard Evans), *The Pursuit of Power: Europe 1815-1914* (뉴욕: 바이킹, 2016), 26, 132, 140, 292-293쪽을 참조할 것.

4. "경제적으로, 미국은 대서양 교역 공동체의 필수적인 일부였다. 정치적으로, 미국은 유럽 내부 정치와 외부적 책략에 대해 멀리 떨어져 있는 무관심한 관찰자처럼 보였다." 조지 C. 헤링(George C. Herring), *From Colony to Superpower: U.S. Foreign Relations Since 1776* (뉴욕: 옥스퍼드대학교 출판부, 2008), 111쪽.

5. "세대를 아우르는 전쟁으로 피폐해진 유럽은 캐슬레이(Castlereagh)가 말했듯이 '휴식의 기간'이 필요했다. 유럽의 휴식 기간은 미국의 확장 기간이었다." 사무엘 플래그 비미스(Samuel Flagg Bemis), *A Diplomatic History of the United States* (뉴욕: 헨리 홀트 앤드 컴퍼니, 1955, 네 번째 판), 195쪽.

6. 월터 라페버(Walter LaFeber), *The American Age: U.S. Foreign Policy at Home and Abroad, 1750 to the Present* (뉴욕: W.W. 노턴, 두 번째 판, 1994), 76쪽.

7. 예를 들어, 브래드퍼드 퍼킨스(Bradford Perkins), *The Cambridge History of American Foreign Relations, Volume I: The Creation of a Republican Empire, 1776-1865* (뉴욕: 케임브리지대학교 출판부, 1993), 151쪽을 참조할 것.

8. 마이클 맨델바움(Michael Mandelbaum), *The Meaning of Sports: Why Americans Watch Baseball, Football and Basketball and What They See When They Do* (뉴욕: 퍼블릭어페어스, 2004), 64쪽.

9. 캐너딘(Cannadine), 앞서 인용한 책, 228쪽.

10. 존 다윈(John Darwin), *The Empire Project: The Rise and Fall of the British World-System, 1830-1970* (케임브리지, 영국: 케임브리지 대학교 출판부, 2009), 1, 10쪽; 존 다윈, *Unfinished Empire: The Global Expansion of Britain* (뉴욕: 블룸즈버리 프레스, 2012), 11쪽; 캐너딘(Cannadine), 앞서 인용한 책, 367페이지; 케네디(Kennedy), 앞서 인용한 책, 153쪽; 에번스(Evans), 앞서 인용한 책, 635쪽.

11. 코리 섀이크(Kori Schake), *Safe Passage: The Transition from British to American Hegemony* (케임브리지, 매사추세츠: 하버드대학교 출판부, 2017), 58쪽; A. G. 홉킨스(A. G. Hopkins), *American Empire: A Global History* (프린스턴, 뉴저지: 프린스턴대학교 출판부, 2018), 127쪽.

12. 앤드루 램버트(Andrew Lambert), *Seapower States: Maritime Culture, Continental Empires, and the Conflict That Made the Modern World* (뉴헤이븐 및 런던: 예일대학교 출판부, 2018), 261쪽.

13. 317-320쪽을 참조할 것. 러시-배것(Rush-Bagot) 협정은 "놀랍도록 오래 지속되었다. 링컨 행정부가 남부연합에 대한 영국의 지원에 대한 보복으로 이를 폐기하겠다고 위협했지만, 이 협정은 제2차 세계대전까지 지속되었다. 당시 캐나다와 미국은 더 이상 서로를 겨냥하지 않고 대호수에서 해군 건설과 훈련을 위해 이를 사용할 수 있도록 합의했다." 다니엘 워커 하우(Daniel Walker Howe), *What Hath God Wrought: The Transformation of America, 1815-1848* (뉴욕: 옥스퍼드대학교 출판부, 2007), 96쪽.

14. 1818년 협정은 실제로 네 가지 문제를 다뤘다. "어업, 노예, 경계선, 대서양 횡단 무역." 사무엘 플래그 비미스(Samuel Flagg Bemis), *John Quincy Adams and the Foundations of American Foreign Policy* (뉴욕: 알프레드 A. 크노프, 1965), 298쪽.

15. 하우(Howe), 앞서 인용한 책, 674-677쪽.

16. 이 조약은 "재커리 테일러(Zachary Taylor) 행정부에 있어 훌륭한 승리였다. 영국은 중앙아메리카에서 미국을 동등한 존재로 인정했다." 라페버(LaFeber), 앞서 인용한 책, 124쪽.

17. 슈뢰더(Schroeder), 앞서 인용한 책, 628-629쪽.

18. 이후 90-91쪽을 참조할 것.

19. 일부 미국인들은 남쪽으로 민주주의를 확산시키는 것이 가능할지에 대해 회의적이었다. 그들은 라틴 아메리카 사람들이 미국이 설치한 공화정부를 창설하고 유지할 능력이 있을지 의심했다. 퍼킨스(Perkins), 앞서 인용한 책, 14쪽.

20. 월터 A. 맥두걸(Walter A. McDougall), *Promised Land, Crusader State: The American Encounter with the World Since 1776* (보스턴: 호턴 미플린, 1997), 36쪽.

21. 어니스트 R. 메이(Ernest R. May), *The Making of the Monroe Doctrine* (케임브리지, 매사추세츠: 하버드 대학교 벨크냅 출판부, 1975), viii-ix페이지; 맥두걸(McDougall), 앞서 인용한 책, 74-75쪽.

22. 1848년 사건에 대한 미국의 반응에 대해서는 하우(Howe), 앞서 인용한 책, 792-795쪽 및 헤링(Herring), 앞서 인용한 책, 152-153쪽을 참조할 것.

23. 슈뢰더(Schroeder), 앞서 인용한 책, 630쪽; 비미스(Bemis), *A Diplomatic History of the United States*, 203쪽.

24. 하우(Howe), 앞서 인용한 책, 112-113쪽. "오레곤에 대한 즉각적인 러시아의 위협은 미국과 영국이 각각 1824년과 1825년에 러시아와 협정을 체결하면서 해결되었으며, 알래스카 남쪽 경계는 현재의 경계인 북위 54도 40분으로 정의되었다." 같은 책, 115쪽. 또한 맥두걸(McDougall), 앞서 인용한 책, 60-63쪽을 참조할 것.

25. 캐너딘(Cannadine), 앞서 인용한 책, 122, 133쪽.

26. 맥두걸(McDougall), 앞서 인용한 책, 62쪽; 섀이크(Schake), 앞서 인용한 책, 51쪽.

27. 어니스트 메이(Ernest May)는 애덤스(Adams)의 입장이 1824년 대선 승리에 대한 열망에 근거했다고 주장한다. 메이(May), 앞서 인용한 책, x쪽.

28. 먼로 독트린에 대한 간결한 개요는 라페버(LaFeber), 앞서 인용한 책, 84-87쪽에 있다.

29. 캐닝(Canning)은 런던에서 프랑스 대사 폴리냑 공(Prince Polignac)과 함께 라틴 아메리카를 다룰 때 영토 확장을 하지 않고 무력 사용을 포기하겠다는 내용의 양해각서에 서명했다. 슈뢰더(Schroeder), 앞서 인용한 책, 634페이지. 폴리냑 양해각서(Polignac Memorandum)는 먼로 독트린이 아니라 라틴 아메리카 공화국들의 단기적 독립을 보장했다. 맥두걸(McDougall),

앞서 인용한 책, 69쪽.

30. 영토 확장은 이 장의 다음 섹션에서 논의된다.

31. *The Statistical History of the United States from Colonial Times to the Present*, 벤 J. 와튼버그(Ben J. Wattenberg)의 서문 (뉴욕: 베이직 북스, 1976), 8쪽.

32. 이 기간 동안 백인(즉, 노예가 아닌) 여성들의 출산율은 다음과 같다: 1820년, 여성 1인당 평균 6.73명의 출생아; 1830년, 6.55명; 1840년, 6.14명; 1850년, 5.42명; 1860년, 5.21명. 마이클 헤인스(Michael Haines), "Fertility and Mortality in the United States," EH.net, https://eh.net/encyclopedia/fertility-and-mortality-in-the-united-states/.

33. 라페버(LaFeber), 앞서 인용한 책, 130-131쪽. 이후 시기에 아일랜드에서 더 많은 이민자가 왔는데, 이는 1840년대 대기근의 결과였다. 또한 독일에서도 많은 이민자가 왔는데, 이는 1848년 정치적 격변의 영향을 일부 받은 것이다. "1860년까지 전국적으로 외국 태생 중 아일랜드인이 39%로 가장 많았고, 독일인은 31%로 그 뒤를 이었다. 한편, 영국 태생의 '창립 주체'는 14%로 감소했다." 아리스티드 졸버그(Aristide Zolberg), *A Nation by Design: Immigration Policy in the Fashioning of America* (뉴욕: 러셀 세이지 재단, 2006), 130쪽.

34. 1790년에는 미국인의 5%만이 도시 거주자였으나, 1860년에는 훨씬 더 큰 인구 중 20%가 도시 거주자가 되었다. 앨런 그린스펀(Alan Greenspan)과 에이드리언 울드리지(Adrian Wooldridge), *Capitalism in America: A History* (뉴욕: 펭귄 프레스, 2018), 58쪽.

35. "미국은 성장이 중심이 된 시대—자원의 고정된 분배가 아니라 변화의 힘을 촉진하는 것이 경제의 핵심 과제였던 시대—에 태어난 첫 번째 나라였다." 같은 책, 7쪽.

36. 같은 책, 41쪽.

37. 같은 책, 42쪽; 하우(Howe), 앞서 인용한 책, 505쪽.

38. 하우(Howe), 앞서 인용한 책, 538쪽.

39. 더글러스 C. 노스(Douglass C. North), *The Economic Growth of the United States, 1790-1860* (뉴욕: W.W. 노턴, 1966), 67-69쪽.

40. 초기 주요 산업은 남부에서 재배된 면화를 사용하는 섬유산업이었다. 하우(Howe), 앞서 인용한 책, 132쪽.

41. 노스(North), 앞서 인용한 책, 70-71쪽.

42. 이 시기에는 신문, 잡지, 책의 증가도 의사소통의 범위와 속도를 확대시켰다. 하우(Howe), 앞서 인용한 책, 2쪽; 존 스틸 고든(John Steele Gordon), *An Empire of Wealth: The Epic History of American Economic Power* (뉴욕: 하퍼콜린스, 2004), 158-159쪽.

43. 하우(Howe), 앞서 인용한 책, 117-120쪽. 이리 운하(Erie Canal)는 뉴욕시를 미국의 경제 수도로 만드는 데 단일 개발로는 가장 중요한 역할을 했다. 같은 책, 120쪽.

44. "남북전쟁 이전, 외국 자본은 연방 및 주 기관, 철도, 공공시설, 교육에 자금을 지원함으로써

국가 건설에 중요한 역할을 했다.” 홉킨스(Hopkins), 앞서 인용한 책, 310페이지. 또한 같은 책, 166쪽; 폴 바르그(Paul Varg), *United States Foreign Relations, 1820-1860* (이스트 랜싱, 미시간: 미시간주립대학교 출판부, 1979), 25쪽을 참조할 것.

45. 1790년부터 1860년까지 관세는 연방정부 수입의 거의 90%를 차지했다. 더글러스 A. 어윈(Douglas A. Irwin), *Clashing Over Commerce: A History of US Trade Policy* (시카고: 시카고대학교 출판부, 2017), 7쪽.

46. “... 나라의 다양한 지역은 각기 다른 생산자 이해관계를 가지고 있으며, 특정 무역 정책에 대해 상당히 안정적인 선호를 가지는 경향이 있다. 의회 의원들은 보통 자신들의 지역구민의 이해관계를 반영하기 때문에, 의회 투표 패턴도 시간이 지나도 연속성을 보여준다.” 같은 책, 10쪽.

47. 19세기 전반기에 면화는 전체 미국 수출 가치의 절반을 차지할 만큼 중요한 품목이었다. 같은 책, 132쪽.

48. 두 정당은 무역 문제에 항상 동질적이지는 않았다. 두 정당 모두 북부 민주당원과 남부 휘그 당원처럼 전국적으로 존재감을 가지고 있었다.

49. 하우(Howe), 앞서 인용한 책, 84쪽.

50. 어윈(Irwin), 앞서 인용한 책, 128쪽.

51. 같은 책, 145쪽.

52. 하우(Howe), 앞서 인용한 책, 395-400쪽. 1828년 관세법은 1832년에 또 다른 관세법으로 이어졌다. 무효화(nullification)의 원칙을 주장한 칼훈(Calhoun)과 남부인들은 관세 문제를 염두에 두고 있었지만, 북부 주들이 노예제를 폐지하려고 할지도 모른다는 우려도 가지고 있었다.

53. 같은 책, 408쪽.

54. 어윈(Irwin), 앞서 인용한 책, 176쪽.

55. 17세기 가장 큰 분쟁 중 하나인 1675-1676년의 필립 왕 전쟁(King Philip's War)은 뉴잉글랜드에서 벌어졌다.

56. 윌리엄 T. 헤이건(William T. Hagan), *The Indian in American History* (뉴욕: 맥밀란 컴퍼니, 1963), 1쪽.

57. 헤링(Herring), 앞서 인용한 책, 80쪽; 라페버(LaFeber), 앞서 인용한 책, 48-49쪽.

58. 헤링(Herring), 앞서 인용한 책, 124쪽.

59. 헤이건(Hagan), 앞서 인용한 책, 4쪽.

60. 데이비드 A. 니콜스(David A. Nichols), “U.S. Indian Policy, 1783-1830,” Oxford Research Encyclopedia, 2015년 10월, 6쪽. 1831년 미국 대법원은 인디언 부족(이 경우 체로키족)이 주권 국가가 아닌 “국내 의존국(domestic dependent nations)”이라고 선언했다. 하우(Howe), 앞서 인용한 책, 355쪽.

61. 헤링(Herring), 앞서 인용한 책, 44쪽; 니콜스(Nichols), 앞서 인용한 책, 10-11페이지.

62. 니콜스(Nichols), 앞서 인용한 책, 12쪽.

63. 비미스(Bemis), *A Diplomatic History of the United States*, 170페이지. "1812년 전쟁의 결과로 외국 국가들은 더 이상 인디언에 개입하지 않았고, 이는 인디언들이 가지고 있던 약간의 지렛대(협상력)를 박탈했다. 인디언들은 더 이상 미국의 확장을 위협할 수 없게 되었다. 이 시점부터 미국은 그들에게 자신의 의지를 강요했다." 헤링(Herring), 앞서 인용한 책, 132쪽.

64. 하우(Howe), 앞서 인용한 책, 75-76쪽.

65. 같은 책, 386쪽.

66. 유럽에서 전래된 질병은 면역력이 없었던 인디언들의 인구를 심각하게 감소시켰다. 연방정부에 의해 인디언들이 겪은 다양한 좌절에 대해서는 하우(Howe), 앞서 인용한 책, 23, 342-357, 417-423, 810-811쪽을 참조할 것.

67. "미국은 일찍이 침투와 전복의 기술을 익혔으며, 스페인령 루이지애나에서 처음으로 플로리다, 텍사스, 캘리포니아, 하와이에서 성공적으로 사용한 전술을 적용했다." 헤링(Herring), 앞서 인용한 책, 102쪽.

68. 같은 책, 180쪽.

69. 그중 가장 논란이 컸던 것은 멕시코 전쟁이었다. 93-99쪽을 참조할 것.

70. 하우(Howe), 앞서 인용한 책, 706쪽.

71. "[애덤스는] 1822년에 내각에 '세상은 북미 대륙 전체를 우리의 정당한 영토로 간주하는 생각에 익숙해져야 한다'고 말했다." 헤링(Herring), 앞서 인용한 책, 139쪽.

72. 라페버(LaFeber), 앞서 인용한 책, 80-81쪽.

73. 사무엘 플래그 비미스(Samuel Flagg Bemis)는 애덤스를 높이 평가한 전기에서, 초대륙 조약(Transcontinental Treaty)을 "미국 역사상 개인이 이룬 가장 위대한 외교적 승리"라고 불렀다. 비미스(Bemis), John Quincy Adams, 340쪽.

74. 스페인이 웨스트 플로리다를 보유함으로써 미국은 뉴올리언스 동쪽의 멕시코만 해안 접근권을 얻지 못했다. 미국 정부는 웨스트 플로리다가 루이지애나 매입에 포함되었다고 주장했으나, 스페인은 이를 부인했다. 하우(Howe), 앞서 인용한 책, 301쪽.

75. 비미스(Bemis), *A Diplomatic History of the United States*, 186쪽.

76. 같은 책, 97쪽.

77. 같은 책, 100쪽; 헤링(Herring), 앞서 인용한 책, 147쪽.

78. 퍼킨스(Perkins), 앞서 인용한 책, 154쪽.

79. 프레더릭 머크(Frederick Merck), *Slavery and the Annexation of Texas* (뉴욕: 알프레드 A. 크노프, 1972), ix-x페이지. 멕시코 의회는 1830년에 이 정책을 뒤집었다. 같은 책, 178쪽.

80. 하우(Howe), 앞서 인용한 책, 660쪽.

81. 헤링(Herring), 앞서 인용한 책, 157쪽.

82. 같은 책, 189쪽.

83. 캐너딘(Cannadine), 앞서 인용한 책, 235쪽; 헤링(Herring), 앞서 인용한 책, 191쪽.

84. 1846년 6월 협정이 체결되었을 때, 영국 총리 로버트 필(Robert Peel)은 하원에서 "절제와 상호 타협으로 두 나라는 동족의 기원과 공통의 언어를 가진 두 민족 사이의 전쟁이라는 끔찍한 재앙을 피했다. 만약 이 전쟁이 발발했다면 이는 문명화된 세계를 전반적인 갈등에 휘말리게 할 수도 있었다."고 말했다. 캐너딘(Cannadine), 앞서 인용한 책, 236쪽. 또한 비미스(Bemis), *A Diplomatic History of the United States*, 277-278쪽과 하우(Howe), 앞서 인용한 책, 717-722쪽을 참조할 것. 미국이 오레곤에서 차지한 영역에는 "워싱턴, 오레곤, 아이다호의 미래 주 전역과 몬태나와 와이오밍의 일부가 포함되었다." 헤링(Herring), 앞서 인용한 책, 192쪽.

85. 머크(Merck), 앞서 인용한 책, 409-410쪽; 하우(Howe), 앞서 인용한 책, 719쪽.

86. "1844년 대선은 19세기 동안 외교 문제에 의존한 유일한 대통령 선거였다." 비미스(Bemis), *A Diplomatic History of the United States*, 229쪽.

87. 다른 두 목표는 국내 문제와 관련이 있었다. 1842년 관세를 낮추고, 통화 안정을 보장하기 위해 전임 대통령 마틴 밴 뷰런(Martin Van Buren)의 독립 재무부를 부활시키는 것이었다. 제임스 K. 포크(James K. Polk)는 이 목표들도 달성했다. 로버트 메리(Robert Merry), *A Country of Vast Designs: James K. Polk, the Mexican War, and the Conquest of the American Continent* (뉴욕: 사이먼 앤드 슈스터, 2009), 131쪽.

88. 하우(Howe), 앞서 인용한 책, 689-690쪽.

89. "... 뒤돌아보면 미국이 전쟁 없이 서부를 장악했을 가능성이 높아보인다. 태평양으로의 인구 확장은 이미 시작된 상태였다." 존 S. D. 아이젠하워(John S. D. Eisenhower), *So Far from God: The U.S. War with Mexico, 1846-1848* (뉴욕: 랜덤하우스, 1989), 195쪽.

90. 비미스(Bemis), *A Diplomatic History of the United States*, 238쪽; 메리(Merry), 앞서 인용한 책, 256쪽; 데이비드 플레처(David Pletcher), *The Diplomacy of Annexation: Texas, Oregon, and the Mexican War* (컬럼비아, 미주리: 미주리대학교 출판부, 1973), 585-586쪽. 회고적으로 캘리포니아에 대한 영국의 중대한 개입 가능성은 희박해 보인다. 플레처(Pletcher), 앞서 인용한 책, 592-596쪽.

91. 이를 위해 포크(Polk)는 망명 중인 지도자 안토니오 로페스 데 산타 안나(Antonio Lopez de Santa Anna)가 멕시코로 복귀해 권력을 잡고 미국과 조약을 체결하도록 협상했다. 산타 안나는 복귀 후 권력을 장악했지만 전쟁을 계속했다. 하우(Howe), 앞서 인용한 책, 766페이지. 미국 정부는 이후 수년 동안 겉으로는 우호적인 외국 지도자들에게 실망하거나 속거나 명백히 기만당하는 경험을 다시 겪게 된다.

92. "멕시코는 기능 장애를 겪고 불안정하며 약한 국가였으며, 그 인구는 자국 영토 전체를 통제

하기에 충분하지 않았다." 메리(Merry), 앞서 인용한 책, 476쪽. "[멕시코의] 정치적 불안정은 삶의 방식이었다... 쿠데타가 쿠데타를 이어갔으며, 1837년부터 1851년까지 16명의 대통령이 재임했다." 산타 안나(Santa Anna) 자신은 11번 대통령직을 맡았다. 헤링(Herring), 앞서 인용한 책, 196쪽.

93. 비미스(Bemis), *A Diplomatic History of the United States*, 237페이지. 또한 "멕시코인들은 미국의 군사력을 엄청나게 과소평가했다. 대부분은 당시 병력이 단지 7,000명에 불과했던 미군의 침공을 저지할 수 있다고 믿었다." 퍼킨스(Perkins), 앞서 인용한 책, 189쪽.

94. "... 포크가 대통령이 되었을 때, 그는 강경한 입장, 과장된 주장, 위협적인 대중 성명을 바탕으로 외교정책을 수립했다. 그는 전쟁을 원했기 때문이 아니라, 외국의 적들이 이해할 수 있는 유일한 언어가 이것이라고 느꼈기 때문이었다." 플레처(Pletcher), 앞서 인용한 책, 599-600쪽.

95. 하원 투표 결과는 174 대 14였으며, 반대자 중에는 존 퀸시 애덤스(John Quincy Adams)도 있었다. 상원에서는 40 대 2로 통과되었다. 라페버(LaFeber), 앞서 인용한 책, 117-118쪽.

96. 아이젠하워(Eisenhower), 앞서 인용한 책, 209-210쪽.

97. 헤링(Herring), 앞서 인용한 책, 200쪽. 반란군은 캘리포니아 그리즐리 곰을 상징으로 채택했으며, 이는 주 깃발에 곰 이미지가 포함된 이유이다. "플로리다의 잭슨(Jackson)과 텍사스의 로버트 스톡턴(Robert Stockton)의 역할은 캘리포니아에서 프리몬트(Fremont)에 의해 반복되었다. 이는 명확하지 않은 공식 승인을 받은 채로 국경지대에서 행동하는 고집 센 군사 지도자의 역할이었다." 하우(Howe), 앞서 인용한 책, 754쪽. 이러한 독립적 행위자들은 "필리버스터(filibusters)"로 알려졌다.

98. "포크(Polk)는 캘리포니아를 얻기 위해 매입, 혁명, 전쟁이라는 가능한 모든 경로를 동시에 추구했다." 하우(Howe), 앞서 인용한 책, 737쪽.

99. 같은 책, 772쪽.

100. 같은 책, 778쪽.

101. 아이젠하워(Eisenhower), 앞서 인용한 책, 284쪽.

102. 헨리 데이비드 소로우(Henry David Thoreau)의 에세이 "Civil Disobedience"(원래 강연으로 시작됨)는 1960년대의 마틴 루터 킹 주니어(Martin Luther King Jr.)와 시민권 운동에 큰 영향을 미쳤으며, 멕시코 전쟁과 이에 대한 그의 반대에서 부분적으로 영감을 받았다.

103. 하우(Howe), 앞서 인용한 책, 797페이지; 제임스 맥퍼슨(James McPherson), The War That Forged a Nation: Why the Civil War Still Matters (뉴욕: 옥스퍼드대학교 출판부, 2015), 22쪽.

104. "종교 지도자, 지식인, 일부 정치인들은 [이 전쟁을] '불법적이며, 부당하고, 저주받을 만하다(illegal, unrighteous, and damnable)'고 비난하며, 포크가 '국제법과 도덕적 정의의 모든 원칙을 위반했다.'고 주장했다." 헤링(Herring), 앞서 인용한 책, 203쪽. "수많은 비판자들의 의

견에 따르면, 멕시코 전쟁은 불필요하고, 비정치적이며, 불법적이고, 비도덕적이었다." 존 H. 슈뢰더(John H. Schroeder), Mr. Polk's War: American Opposition and Dissent, 1846-1848 (매디슨, 위스콘신: 위스콘신대학교 출판부, 1973), xiv쪽.

105. 프레더릭 머크(Frederick Merck), "Dissent in the Mexican War," 사무엘 엘리엇 모리슨(Samuel Eliot Morison), 프레더릭 머크, 프랭크 프리델(Frank Friedel), Dissent in Three American Wars (케임브리지, 매사추세츠: 하버드대학교 출판부, 1971, 네 번째 인쇄), 42쪽; 하우(Howe), 앞서 인용한 책, 764쪽.

106. 헤링(Herring), 앞서 인용한 책, 203쪽; 아이젠하워(Eisenhower), 앞서 인용한 책, 285쪽.

107. 7만 명 이상의 병력이 모집되었지만, 실제로 멕시코에서 복무한 병력은 3만 명이 채 되지 않았다. 전쟁 시작 당시 정규군 병력은 약 6,000명이었다.

108. 맥퍼슨(McPherson), 앞서 인용한 책, 18쪽.

109. 여기에는 미주리주 상원의원 토머스 하트 벤턴(Thomas Hart Benton)을 전쟁 전체를 총괄하는 자리에 임명하려는 시도와 병력을 보강하기 위해 10개 사단의 추가 병력 자금을 승인하려는 시도가 포함되었다.

110. 하우(Howe), 앞서 인용한 책, 800쪽.

111. 메리(Merry), 앞서 인용한 책, 407쪽. "... 대부분의 남부인들은 '멕시코 전체(All Mexico)'라는 개념에 혐오감을 느꼈다. 이는 수백만 명의 멕시코인, 주로 혼혈인이 포함될 것이며, 이들에게 시민권을 부여하는 것은 미국을 배타적 백인 공화국으로 유지하려는 본질을 심각하게 훼손할 수 있기 때문이었다." 하우(Howe), 앞서 인용한 책, 798쪽. 이와 관련해서는 메리(Merry), 앞서 인용한 책, 414쪽도 참조할 것.

112. 메리(Merry), 앞서 인용한 책, 398-400쪽.

113. 하우(Howe), 앞서 인용한 책, 802-805쪽.

114. 메리(Merry), 앞서 인용한 책, 428쪽.

115. 하우(Howe), 앞서 인용한 책, 807-808쪽.

116. "역사가들은 트리스트(Trist)가 명령을 거부하고 평화 조약을 확보하기 위해 남아 있기로 한 결정이 용감하고 정당했다고 압도적으로 결론지었다." 같은 책, 808쪽.

117. "포크는 전쟁을 도발하고, 이에 대한 의회의 지지를 확보하며, 전쟁 전략을 설계하고, 장군을 임명하며, 평화 조건을 정의하는 등 총사령관의 헌법적 잠재 권한을 성공적으로 발견했다." 같은 책.

118. 1854년 갯즈던 매입(Gadsden Purchase)은 현재 애리조나 남부와 뉴멕시코 남서부가 될 영토를 미국에 추가했다. 이 지역은 대륙횡단철도의 최적 남부 경로에 위치한 것으로 여겨졌다.

119. "대규모 공화국(멕시코)을 작은 미군 병력이 정복한 것은, 극복하기 어려운 지리적 장애와 적대적인 인구에도 불구하고, 19세기 가장 놀라운 군사적 성취 중 하나를 구성했다...." 하우

(Howe), 앞서 인용한 책, 2쪽.

120. "후대에 '산업, 공학, 기술적 숙련'을 강조하는 미국 특유의 전쟁 방식으로 인식될 것이 이미 나타나기 시작했다. 전쟁을 만든 것은 잭슨 시대의 농촌 미국, 그러나 전쟁을 이긴 것은 산업-기술적 미국이었다." 하우(Howe), 앞서 인용한 책, 746쪽. "13,283명의 미국 사망자(그중 7/8은 질병으로 사망)는 모든 미군 병력의 17%로, 남북전쟁을 제외하면 어떤 전쟁보다 높은 비율이었다." 맥퍼슨(McPherson), 앞서 인용한 책, 19쪽. 전쟁 수행 비용은 약 1억 달러로 추산된다. 플레처(Pletcher), 앞서 인용한 책, 579쪽.

121. 상원에서 휘그당(Whigs)은 샌프란시스코 항만을 제외한 어떠한 영토 획득도 없는 평화를 제안했다. 휘그당 상원의원 21명 중 18명이 이 제안에 찬성했으나, 법안은 통과되지 못했다. 하우(Howe), 앞서 인용한 책, 806-807쪽.

122. 머크(Merck), "Dissent," 52쪽.

123. 고든 S. 우드(Gordon S. Wood), *Empire of Liberty: A History of the Early Republic, 1789-1815* (뉴욕: 옥스포드대학교 출판부, 2009), 518쪽. 버지니아 출신의 혁명적 지도자 패트릭 헨리(Patrick Henry)는 노예제에 대해 "이 비참한 악을 폐지할 기회가 오기를 고대한다."고 말했다. 버나드 베일린(Bernard Bailyn), *The Ideological Origins of the American Revolution* (캠브리지, 매사추세츠: 하버드대학교 벨크냅 출판부, 1972), 236쪽.

124. 에반스(Evans), 앞서 인용한 책, 132-133쪽.

125. 윌리엄슨 머레이(Williamson Murray)와 웨인 웨이샹 시에(Wayne Wei-siang Hsieh), *A Savage War: A Military History of the Civil War* (프린스턴, 뉴저지: 프린스턴대학교 출판부, 2017), 17쪽. 한때 세계 면화 공급량의 3/4이 미국 남부에서 재배되었다. 제임스 맥퍼슨(James McPherson), *Battle Cry of Freedom: The Civil War* (뉴욕: 옥스포드대학교 출판부, 1988), 39페이지. 1815년 미국의 면화 수출 가치는 1,700만 달러였으나, 1860년에는 1억 9,100만 달러로 증가했다. 노스(North), 앞서 인용한 책, 233쪽.

126. "노예제는 기본적인 기후적 사실에 대한 끔찍한 대응이었다. 즉, 자유로운 사람들에게 뜨겁고 습한 환경에서 노동 집약적인 작물을 수확하게 할 수는 없었다." 그린스펀(Greenspan)과 울드리지(Wooldridge), 앞서 인용한 책, 33-34쪽.

127. "1860년에 노예의 재산적 가치는 총 30억 달러였으며, 이는 철도와 제조업에 투자된 자본을 합친 것보다 거의 20% 더 많았다. 이는 남부 플랜테이션 토지의 가치를 제외한 계산이다. 노예제는 소득 흐름을 창출하여 남부 백인의 1인당 평균 소득이 북부 백인과 비슷하게 유지되도록 했다. 7개의 면화 주에서 백인 소득의 거의 3분의 1이 노예 노동에서 나왔다. 따라서 노예제는 많은 남부 백인들의 번영과 생활 수준에 필수적이었다." 어윈(Irwin), 앞서 인용한 책, 163쪽. 또한 하우(Howe), 앞서 인용한 책, 56쪽과 그린스펀(Greenspan)과 울드리지(Wooldridge), 앞서 인용한 책, 76쪽을 참조할 것.

128. 하우(Howe), 앞서 인용한 책, 852쪽; 맥퍼슨(McPherson), *Battle Cry of Freedom*, 8쪽.

129. 하우(Howe), 앞서 인용한 책, 59쪽; 맥퍼슨(McPherson), *Battle Cry of Freedom*, 209-210쪽.

130. 그린스펀(Greenspan)과 울드리지(Wooldridge), 앞서 인용한 책, 80쪽.

131. 유럽에서 온 대부분의 이민자들은 북부에 정착했다.

132. 1860년 이전까지 미국 역사 대부분 기간동안 남부가 국가 정치를 지배했다. "1789년부터 1861년까지의 기간동안 미국 대통령의 3분의 2는 남부 노예 소유자였으며, 하원의장과 상원 의장 대행의 3분의 2 역시 남부 출신이었다. 이 기간동안 대법관 35명 중 20명이 노예 주 출신이었으며, 1861년 이전까지 대법원에서 항상 다수를 차지했다." 맥퍼슨(McPherson), *The War That Forged a Nation*, 7쪽.

133. 맥퍼슨(McPherson), *Battle Cry of Freedom*, vii, 309-310쪽.

134. 맥퍼슨(McPherson), *The War That Forged a Nation*, 126-127쪽.

135. 맥퍼슨(McPherson), *Battle Cry of Freedom*, 241쪽.

136. "[남부 정부는] 전쟁 마지막 해까지 대다수 노예를 소유하지 않은 남부 백인의 지지를 유지했다. 이러한 지지를 강화한 것은 제도로서의 노예제에 대한 광범위한 헌신, 백인 우월주의에 대한 깊이 뿌리박힌 신념, 종교적 교리와 성직자들의 격려, 지역적 및 가족적 유대, 적군의 공격에 대한 분노, 개인적 자존심과 명예에 대한 코드, 그리고 최종 승리에 대한 희망이었다." 브루스 레빈(Bruce Levine), *The Fall of the House of Dixie: The Civil War and the Social Revolution That Transformed the South* (뉴욕: 랜덤하우스, 2013), 288쪽. "북부 군대 전체는 연방의 대의를 위한 깊은 이념적 헌신을 보여주었으며, 이는 3년간 복무한 병사들 중 1864년에 복무를 갱신한 비율이 거의 60%에 달한 데서 가장 잘 나타난다." 머레이(Murray)와 시에(Hsieh), 앞서 인용한 책, 55쪽.

137. "남부인들은 군대의 고위 계급에서 북부인들보다 훨씬 더 잘 대표되었다. 사전에 준비된 미국 군인들 중 남부 출신은 북부 출신보다 인구가 적음에도 불구하고 *Dictionary of National Biography*에 기록될 만큼 저명한 인물의 비율이 두 배였다." 그린스펀(Greenspan)과 울드리지(Wooldridge), 앞서 인용한 책, 82쪽. 멕시코 전쟁에서는 자원병의 3분의 2가 노예주에서 나왔다. 맥퍼슨(McPherson), *Battle Cry of Freedom*, 4쪽.

138. "남부는 전쟁에서 패배하지 않음으로써 '승리'할 수 있었지만, 북부는 승리함으로써만 이길 수 있었다." 맥퍼슨(McPherson), *Battle Cry of Freedom*, 336쪽.

139. 같은 책, 313-314, 330-331쪽; 머레이(Murray)와 시에(Hsieh), 앞서 인용한 책, 8쪽.

140. "샤일로 전투(Shiloh)는 나라를 총력전(total war)의 급류로 밀어 넣었다." 맥퍼슨(McPherson), *Battle Cry of Freedom*, 424쪽.

141. 게리 W. 갤러거(Gary W. Gallagher), *The Confederate War* (캠브리지, 매사추세츠: 하버드대학교 출판부, 1997), 138-139쪽.

142. 맥퍼슨(McPherson), Battle Cry of Freedom, 504쪽. 그는 자신의 군사적 권한을 바탕으로 이러한 조치를 취했다. 그는 노예제를 유지하면서 연방에 남아 있던 주들(델라웨어, 미주리,

켄터키, 메릴랜드)의 노예를 해방시킬 법적 권한이 없다고 보았다. 모든 노예의 해방은 1865년 12월 헌법 제13차 수정안의 비준을 통해 이루어졌다.

143. 딘 B. 마힌(Dean B. Mahin), One War at a Time: The International Dimension of the American Civil War (워싱턴 D.C.: 브래시즈, 1999), 127쪽에서 인용됨.

144. "이 선언은 [링컨이] 전쟁 발발 이후 신중히 구축해 온 공화당, 전쟁 민주당(War Democrats), 국경 주 지도자들 간의 불안정한 연합을 붕괴시킬 위협을 가했다." 데이비드 허버트 도널드(David Herbert Donald), Lincoln (뉴욕: 사이먼 앤 슈스터, 1996), 377쪽. 또한 같은 책, 379쪽 참조.

145. 같은 책, 380쪽; 맥퍼슨(McPherson), Battle Cry of Freedom, 288, 436쪽.

146. 도널드(Donald), 앞서 인용한 책, 374쪽.

147. 108-109쪽 참조.

148. "1863년 1월 1일 이후 링컨은 내무부 관료에게 '전쟁의 성격이 바뀔 것이다. 그것은 이제 정복의 전쟁이 될 것이다.... [과거의] 남부는 파괴되고 새로운 제안과 아이디어로 대체될 것이다.'라고 말했다." 맥퍼슨(McPherson), Battle Cry of Freedom, 558쪽.

149. "빅스버그(Vicksburg) 함락은 전쟁에서 북부의 가장 중요한 전략적 승리였으며, 그랜트(Grant)의 '빅스버그가 함락되었을 때 남부 연합의 운명은 봉인되었다.'는 후대의 주장에 걸맞을 수 있다." 같은 책, 637쪽. 전투에 대해서는 같은 책, 626-638쪽을 참조할 것.

150. 게티스버그 전투(Gettysburg)에 대해서는 맥퍼슨(McPherson), Battle Cry of Freedom, 652-665쪽과 머레이(Murray)와 시에(Hsieh), 앞서 인용한 책, 272-290쪽을 참조할 것.

151. 그는 중장으로 승진하여 모든 연합군(Union forces)의 총사령관직을 맡았다.

152. 맥퍼슨(McPherson), Battle Cry of Freedom, 733-734쪽.

153. 같은 책, 771쪽.

154. 머레이(Murray)와 시에(Hsieh), 앞서 인용한 책, 460-468, 558쪽.

155. 맥퍼슨(McPherson), Battle Cry of Freedom, 854쪽. 1860년 군 복무 연령의 남부 백인 남성의 4분의 1이 사망했으며, 또 다른 4분의 1은 불구가 되었다. 갤러거(Gallagher), 앞서 인용한 책, 153쪽 이후.

156. 머레이(Murray)와 시에(Hsieh), 앞서 인용한 책, 6-7쪽.

157. 레빈(Levine), 앞서 인용한 책, 284쪽.

158. 갤러거(Gallagher), 앞서 인용한 책, 153쪽 이후.

159. "북부의 [최종] 전역의 암묵적 목적은 단순히 남부 연합군을 패배시키는 것이 아니라, 남부 연합 인구에게 전쟁의 참상을 알리는 것이었다. 셔먼(Sherman)의 말을 빌리자면, 백인 남부인들이 북부 군사력이 그들의 집, 토지, 필요하다면 생명까지 빼앗을 수 있다는 사실을 깨닫게 만드는 것이었다." 머레이(Murray)와 시에(Hsieh), 앞서 인용한 책, 507쪽.

160. 갤러거(Gallagher), 앞서 인용한 책, 126-127쪽.

161. 맥퍼슨(McPherson), Battle Cry of Freedom, 337쪽.

162. 갤러거(Gallagher), 앞서 인용한 책, 115쪽. 남부가 민족주의적 정서를 충분히 강하게 발전시키지 못했기 때문에 전쟁에서 패배했다는 논거에 대해서는 리처드 E. 베린저(Richard E. Beringer), 허먼 해터웨이(Herman Hattaway), 아처 존스(Archer Jones), 윌리엄 N. 스틸 주니어(William N. Still Jr.), Why the South Lost the Civil War (조지아주 애선스: 조지아대학교 출판부, 1986), 특히 17장을 참조할 것. 이에 대한 반론은 갤러거(Gallagher), 앞서 인용한 책, 81쪽을 참조할 것.

163. 총사령관으로서 링컨에 대해 논한 내용은 엘리엇 A. 코헨(Eliot A. Cohen), Supreme Command: Soldiers, Statesmen and Leadership in Wartime (뉴욕: 프리 프레스, 2002), 2장을 참조할 것.

164. 퍼킨스(Perkins), 앞서 인용한 책, 217쪽.

165. 쉐이크(Schake), 앞서 인용한 책, 86, 91, 97-98쪽.

166. "남북전쟁이 발발했을 때, 영국 인구의 약 5분의 1이 면화 제조업으로 생계를 유지했으며, 그 중 80%가 미국 남부에서 공급되었다." 헤링(Herring), 앞서 인용한 책, 226쪽.

167. 마힌(Mahin), 앞서 인용한 책, 86-88쪽; 헤링(Herring), 앞서 인용한 책, 236-237쪽; 맥퍼슨(McPherson), Battle Cry of Freedom, 386쪽. 영국은 북부에서 많은 곡물을 수입했으며, 이는 남부가 면화를 통해 가질 수 있었던 잠재적 영향력을 일부 상쇄했다. 같은 책.

168. 비미스(Bemis), A Diplomatic History of the United States, 373쪽; 쉐이크(Schake), 앞서 인용한 책, 99쪽; 엘리엇 A. 코헨(Eliot A. Cohen), Conquered into Liberty: Two Centuries of Battles Along the Great Warpath That Made the American Way of War (뉴욕: 프리 프레스, 2011), 317쪽.

169. 홉킨스(Hopkins), 앞서 인용한 책, 231쪽.

170. 비미스(Bemis), A Diplomatic History of the United States, 365쪽.

171. 데이비드 브라운(David Brown), Palmerston: A Biography (뉴헤이븐, 코네티컷: 예일대학교 출판부, 2010), 451쪽; 마힌(Mahin), 앞서 인용한 책, 23, 26쪽. 노예 해방 선언(Emancipation Proclamation)은 영국 내에서 북부의 대의를 지원하는 데 도움을 주었다.

172. "전쟁은 양국 모두에서 가능성이 높다고 간주되었으며(비공식적으로 위협되기도 했다)." 쉐이크(Schake), 앞서 인용한 책, 101쪽. 또한 램버트(Lambert), 앞서 인용한 책, 296쪽 참조.

173. 마힌(Mahin), 앞서 인용한 책, 5장; 비미스(Bemis), A Diplomatic History of the United States, 377-380쪽.

174. 비미스(Bemis), A Diplomatic History of the United States, 388-392페이지; 맥퍼슨(McPherson), Battle Cry of Freedom, 682쪽.

175. 마힌(Mahin), 앞서 인용한 책, 8장과 17장, 에필로그 I.

176. 머레이(Murray)와 시에(Hsieh), 앞서 인용한 책, 5-6, 513쪽.

177. 토니 스미스(Tony Smith), America's Mission: The United States and the Worldwide Struggle for Democracy in the Twentieth Century (프린스턴, 뉴저지: 프린스턴대학교 출판부, 1994), 23-27쪽; 데이비드 해켓 피셔(David Hackett Fischer), Albion's Seed: Four British Folkways in America (뉴욕: 옥스포드대학교 출판부, 1989), 862-863쪽; 홉킨스(Hopkins), 앞서 인용한 책, 290-292쪽.

178. 맥퍼슨(McPherson), Battle Cry of Freedom, 247쪽.

2부 두 번째 시대

1. 브래드포드 퍼킨스(Bradford Perkins), *The Cambridge History of American Foreign Relations, Volume I: The Creation of a Republican Empire, 1776-1865* (뉴욕: 캠브리지대학교 출판부, 1993), 230쪽에서 인용됨.

2. 강대국 경쟁의 역사는 폴 M. 케네디(Paul M. Kennedy), *The Rise and Fall of the Great Powers: Economic Change and Military Conflict from 1500 to 2000* (뉴욕: 랜덤하우스, 1987)의 주제이다.

3. 1907년에 작성된 자주 인용되는 메모에서, 영국 외무부 고위 관료인 에어 크로우 경(Sir Eyre Crowe)은 영국 외교정책을 지배했던 논리를 제시했다. 이 논리는 수정된 형태로 미국의 외교정책을 지도하기도 했다. 원문은 위키소스(https://en.wikisource.org/wiki/Memorandum_on_the_Present_State_of_British_Relations_with_France_and_Germany)에서 확인할 수 있다.

4. 18세기 유럽 세력 균형에 대한 영국의 정책에 대해서는 브렌던 심스(Brendan Simms), *Three Victories and a Defeat: The Rise and Fall of the First British Empire* (뉴욕: 베이직 북스, 2007)를 참조할 것.

4장

1. "강대국 체제에서 주요 국가들의 부상과 이후 몰락의 역사는 장기적으로 생산 능력과 세수 창출 능력 한편, 그리고 군사력 다른 한편 사이에 매우 중요한 상관관계가 있음을 보여준다." 폴 케네디(Paul Kennedy), *The Rise and Fall of the Great Powers: Economic Change and Military Conflict from 1500 to 2000* (뉴욕: 랜덤하우스, 1987), xvi쪽.

2. "남북전쟁 종결과 유럽에서 제1차 세계대전이 시작되기까지의 반세기 동안, 미국 경제는 그 이전 어느 50년보다 더 깊이 변화하고, 더 빠르게 성장하며, 더 다양해졌다." 존 스틸 고든(John Steele Gordon), *Empire of Wealth: The Epic History of American Economic Power* (뉴욕: 하퍼콜린스, 2004), 205쪽.

3. "1870년에 국가 인구의 약 4분의 1이 도시 지역으로 분류되었으나, 1900년에는 거의 40%에 달했다." 리처드 화이트(Richard White), *The Republic for Which It Stands: The United States During Reconstruction and the Gilded Age, 1865-1896* (뉴욕: 옥스포드대학교 출판부, 2017), 408쪽. 또한 같은 책, 501쪽과 홉킨스(Hopkins), 앞서 인용한 책, 307쪽 참조.

4. 아서 파워 더든(Arthur Power Dudden), *The American Pacific: From the Old China Trade to the Present* (뉴욕: 옥스포드대학교 출판부, 1992), 22쪽. 러시아는 이 매각이 미국의 우정을 얻는 데 도움이 될 것이라 믿었으며, 그 이후 몇십 년 동안 미국인들은 적어도 20세기의 대다수 기간동안의 태도와 비교할 때 러시아를 긍정적으로 보았다. 같은 책, 23쪽.

5. 이 명칭은 남북전쟁 이전 노예제 반대론자로 유명했던 매사추세츠 상원의원 찰스 섬너(Charles Sumner)가 사용했으며, 이는 그가 "위대한 땅(great land)"을 의미하는 토착어 "Al-esk-sa"라고 주장한 표현에서 유래했다. 같은 책, 23쪽.

6. 같은 책, 61쪽. 시워드(Seward)에 대해서는 월터 라페버(Walter LaFeber), *The Cambridge History of American Foreign Relations, Volume II: The American Search for Opportunity, 1865-1913* (뉴욕: 케임브리지대학교 출판부, 1993), 7-20쪽 참조.

7. 월터 라페버(Walter LaFeber), *The American Age: U.S. Foreign Policy at Home and Abroad, 1750 to the Present* (뉴욕: W.W. 노튼, 1994년 2판), 172-173쪽.

8. 새뮤얼 플래그 비미스(Samuel Flagg Bemis), *A Diplomatic History of the United States* (뉴욕: 헨리 홀트 앤드 컴퍼니, 1955년 4판), 407쪽.

9. 라페버(LaFeber), *The American Age*, 171쪽.

10. *The Statistical History of the United States: From Colonial Times to the Present* (뉴욕: 베이식 북스, 1976), 5쪽.

11. 리처드 J. 에번스(Richard J. Evans), *The Pursuit of Power: Europe, 1815-1914* (뉴욕: 바이킹, 2016), 352쪽.

12. *The Statistical History of the United States*, 105쪽.

13. 미국 인구조사국(U.S. Census Bureau), *Census of Population, 1850 to 2000*, 링크. "1891년부터 1920년까지의 이민자 중 약 3분의 2는 남부, 중부, 동유럽에서 왔다." 홉킨스(Hopkins), 앞서 인용한 책, 319쪽. 또한 화이트(White), 앞서 인용한 책, 706쪽 참조.

14. 케빈 H. 오루크(Kevin H. O'Rourke)와 제프리 G. 윌리엄슨(Jeffrey G. Williamson), *Globalization and History: The Evolution of a Nineteenth-Century Atlantic Economy* (캠브

리지, 매사추세츠: MIT 출판부, 1999), 124, 127쪽.

15. 같은 책, 159, 166쪽.

16. 화이트(White), 앞서 인용한 책, 254, 315-316쪽.

17. 존 탈리아페로(John Taliaferro), *All the Glittering Prizes: The Life of John Hay, from Lincoln to Roosevelt* (뉴욕: 사이먼 앤 슈스터, 2013), 461, 466-467쪽; 조지 C. 헤링(George C. Herring), *From Colony to Superpower: U.S. Foreign Relations Since 1776* (뉴욕: 옥스포드대학교 출판부, 2008), 252-253쪽.

18. 존 폼프렛(John Pomfret), *The Beautiful Country and the Middle Kingdom: America and China, 1776 to the Present* (뉴욕: 헨리 홀트 앤드 컴퍼니, 2016), 71, 77-78, 82-83, 118쪽.

19. 같은 책, 118쪽.

20. 월터 라페버(Walter LaFeber), *The Clash: U.S.-Japanese Relations Throughout History* (뉴욕: W.W. 노튼 앤드 컴퍼니, 1997), 88, 89, 97쪽.

21. *The Statistical History of the United States*, 224쪽.

22. "1913년까지 미국의 생산량은 영국 또는 독일의 2.5배, 프랑스의 4배였다. 1인당 GDP로 측정하면, 미국은 영국을 20%, 프랑스를 77%, 독일을 86% 초과했다." 데이비드 S. 랜디스(David S. Landes), *The Wealth and Poverty of Nations: Why Some Are So Rich and Some So Poor* (뉴욕: W.W. 노튼, 1998), 307쪽.

23. 헤링(Herring), 앞서 인용한 책, 340쪽.

24. 1873년 이후 "65개월간의 경기 침체는 미국 역사상 가장 길었다." 화이트(White), 앞서 인용한 책, 268쪽.

25. 제프리 A. 프리든(Jeffry A. Frieden), *Global Capitalism: Its Fall and Rise in the Twentieth Century* (뉴욕: W.W. 노튼, 2006), 61쪽; 라페버(LaFeber), *The American Search for Opportunity*, 23쪽.

26. 앨런 그린스펀(Alan Greenspan)과 에이드리언 울드리지(Adrian Wooldridge), *Capitalism in America: A History* (뉴욕: 펭귄 프레스, 2018), 45-47쪽.

27. "미국의 천재성은 발명보다 훨씬 더 미묘한 세 가지에 있었다. 혁신을 더 사용자 친화적으로 만드는 것, 이러한 혁신을 상업화할 수 있는 기업을 생산하는 것, 그리고 이러한 기업을 성공적으로 운영하는 기술을 개발하는 것이었다." 같은 책, 104쪽.

28. 다니엘 워커 하우(Daniel Walker Howe), *What Hath God Wrought: The Transformation of America, 1815-1848* (뉴욕: 옥스포드대학교 출판부, 2007), 596쪽. 휘그당(Whig) 프로그램에 성공적으로 반대했던 민주당(Democratic Party)은 1861년 이후 남부 주들의 분리로 인해 전국 정치에서 급격히 약화되었다.

29. 토머스 L. 프리드먼(Thomas L. Friedman)과 마이클 맨델바움(Michael Mandelbaum),

That Used to Be Us: How America Fell Behind in the World It Invented and How We Can Come Back (뉴욕: 파라, 스트라우스, 지룩스, 2011), 37-38쪽.

30. 제1차 세계대전 이전 유럽인들에게 "미국은 미래의 상징으로 떠오르기 시작했다." 에반스(Evans), 앞서 인용한 책, 622쪽.

31. 랜디스(Landes), 앞서 인용한 책, 301-304쪽.

32. 그린스펀(Greenspan)과 울드리지(Wooldridge), 앞서 인용한 책, 92쪽. "역사상 처음으로, 평범한 사람들도 시계, 자전거, 전화, 라디오, 가전제품, 무엇보다 자동차 같은 전통 사회에서 소수만이 누리던 물질적 소유를 꿈꿀 수 있게 되었다." 랜디스(Landes), 같은 책, 307쪽.

33. 더글러스 A. 어윈(Douglas A. Irwin), *Clashing Over Commerce: A History of U.S. Trade Policy* (시카고: 시카고대학교 출판부, 2017), 7, 209, 211쪽.

34. "관세는 그 시대의 가장 논쟁적인 정치적 문제였다." 헤링(Herring), 앞서 인용한 책, 288쪽.

35. 17쪽 참조.

36. 높은 관세와 급격한 성장이 동시에 발생했다고 해서 전자가 후자를 반드시 초래했다는 의미는 아니다. 어윈(Irwin), 앞서 인용한 책, 277-278쪽.

37. 에반스(Evans), 앞서 인용한 책, 285쪽.

38. 로널드 핀들레이(Ronald Findlay)와 케빈 H. 오루크(Kevin H. O'Rourke), *Power and Plenty: Trade, War, and the World Economy in the Second Millennium* (프린스턴, 뉴저지: 프린스턴대학교 출판부, 2007), 378-383쪽; 오루크(O'Rourke)와 윌리엄슨(Williamson), 앞서 인용한 책, 5장.

39. "미국의 수출은 신석기 시대 이후 유럽에서 식량 비용을 가장 빠르게 낮췄다." 화이트(White), 앞서 인용한 책, 220쪽.

40. 1895년 세계 총무역은 80억 달러 규모였으며, 1913년에는 180억 달러에 이르렀다. 프리든(Frieden), 앞서 인용한 책, 19쪽. 현대 세계화의 세 가지 뚜렷한 시대에 대해서는 마이클 맨델바움(Michael Mandelbaum), *The Road to Global Prosperity* (뉴욕: 사이먼 & 슈스터, 2014), xv-xvi쪽 참조.

41. 어윈(Irwin), 앞서 인용한 책, 298쪽.

42. "1874년 이후 [미국의] 수출은 1875년, 1888년, 1893년을 제외하고 1971년 하락 전환점까지 매년 수입을 초과했다." 라페버(LaFeber), *The American Search for Opportunity*, 26쪽.

43. 아키라 이리에(Akira Iriye), *The Cambridge History of American Foreign Relations, Volume III: The Globalizing of America, 1913-1945* (뉴욕: 케임브리지대학교 출판부, 1993), 13-14쪽.

44. 금본위제는 자본 보유자들에게 유리하고 노동자와 농민들에게 불리하게 작용했기 때문에

중요한 정치적 문제로 부각되었다. 이는 1896년 대통령 선거의 중심 이슈였다. 네브래스카의 윌리엄 제닝스 브라이언(William Jennings Bryan)은 "금 십자가(Cross of Gold)" 연설로 알려진 후보 지명 연설에서 금본위제를 열렬히 비판하며 민주당 대통령 후보로 지명되었다. 브라이언은 선거에서 윌리엄 매킨리(William McKinley)에게 패했으며, 미국은 1934년이 되어서야 금본위제를 최종적으로 포기했다. 화이트(White), 앞서 인용한 책, 842-849쪽.

45. 1889년에 관세는 연방정부 수입의 60%를 차지했다. 같은 책, 631쪽.

46. 152쪽 참조.

47. 245-246쪽 및 394-396쪽 참조.

48. "1880년대 후반까지 미국은 2류 국가로 간주되었다." 어니스트 R. 메이(Ernest R. May), *Imperial Democracy: The Emergence of America as a Great Power* (뉴욕: 하코트 브레이스 앤드 월드, 1961), 3쪽.

49. "남북전쟁 이후, [미국은] 군대를 해산했을 뿐만 아니라, 더 중요한 것은 절반 이상의 군함을 폐기하고 나머지는 부식되도록 방치했다." 같은 책, 7쪽. 20세기 초반에 "미국 육군은 병력이 2만 8천 명에 불과했으며, 같은 시기에 독일은 50만 명 이상의 병력을 유지하고 있었다." 화이트(White), 앞서 인용한 책, 632쪽.

50. "1913년, 워싱턴의 국무부에서 일하는 직원은 서기, 전령, 육체노동자를 포함해 단 213명이었고, 해외에 파견된 미국 외교 및 영사 서비스 전체 인력은 450명도 되지 않았다." 존 A. 톰슨(John A. Thompson), *A Sense of Power: The Roots of America's Global Role* (이타카, 뉴욕: 코넬대학교 출판부, 2015), 37쪽.

51. 이는 파리드 자카리아(Fareed Zakaria)의 *From Wealth to Power: The Unusual Origins of America's World Role* (프린스턴, 뉴저지: 프린스턴대학교 출판부, 1998)의 논지이다. 예를 들어, 9, 11, 87-88쪽 참조. 심각한 위협의 부재와 매우 작은 정부의 유지는 관련이 있다. 유럽에서는 군사적 위협과 실제 무력 충돌이 강력한 정부를 탄생시켰고, 이는 찰스 틸리(Charles Tilly)의 "전쟁이 국가를 만들었고, 국가는 전쟁을 만들었다."는 문구로 표현되었다. 그러나 미국에서는 전쟁이 국가를 만들지 않았다. 연방정부의 역할을 확장한 것은 국내 문제에 대응해야 한다는 필요성이었다. 같은 책, 95쪽.

52. 1856년, 의회는 대통령에게 바다새와 박쥐의 배설물로 비옥한 섬을 점유할 권한을 부여하는 "구아노법(Guano Law)"을 통과시켰다. 이 배설물은 우수한 비료로 여겨졌다. 1880년까지 거의 모두가 무인 화산섬인 50개 섬이 미국의 통제하에 들어왔다. 더든(Dudden), 앞서 인용한 책, 65쪽. 같은 법에 따라 1867년 미국은 미드웨이 환초(Midway Atoll)를 점유했다. "미 해군의 기대와는 달리, 미드웨이는 깊은 항구로는 적합하지 않았으나, 항공력이 주요 요인이 된 후 일본과의 태평양 전쟁에서 중심적인 전략적 역할을 하게 되었다." 마이클 J. 그린(Michael J. Green), *By More Than Providence: Grand Strategy and American*

Power in the Asia Pacific Since 1783 (뉴욕: 컬럼비아대학교 출판부, 2017), 62쪽.

53. 더든(Dudden), 앞서 인용한 책, 40쪽.

54. 쿡(Cook)의 첫 항해에서 그는 호주와 뉴질랜드에 도달했다.

55. 당시 국무장관 대니얼 웹스터(Daniel Webster)는 미국이 "다른 어떤 나라보다도 이 섬들과 그 정부의 운명에 더 큰 관심이 있다."고 말하며, 대통령이 "샌드위치 제도(Sandwich Islands)의 정부가 존중받아야 하며, 어떤 국가도 정복이나 식민화 목적으로 섬을 점유해서는 안 된다고 선언하는 데 전적으로 동의한다."고 밝혔다. 더든(Dudden), 앞서 인용한 책, 58-59쪽.

56. 같은 책, 62-63쪽.

57. 헤링(Herring), 앞서 인용한 책, 306쪽.

58. 더든(Dudden), 앞서 인용한 책, 67-68쪽.

59. 같은 책, 65쪽.

60. 같은 책, 65쪽. 사모아에서의 열강 간 관계에 대한 권위 있는 연구는 Paul M. Kennedy의 *The Samoa Tangle: A Study in Anglo-German-American Relations, 1878-1900* (더블린: 아이리시대학교 출판부, 1974)이다.

61. 남북전쟁 이후부터 20세기 초에 이르는 수십 년 동안, "알래스카에서 하와이와 사모아에 이르기까지, 미국은 태평양을 가로지르는 전략적 요충지를 확보했다.... 이는 조용한 힘의 정치의 시대였으며, 노골적인 팽창의 시대는 아니었다." Green, 앞의 책(op. cit.), 73쪽.

62. 미국은 쿠바, 아이티, 도미니카공화국, 그리고 파나마에서 특히 활발하고 개입적이었다. "19세기 동안 미국은 카리브-중앙아메리카 지역에 반복적으로 군함을 파견하고 군대를 상륙시켰다. 그러나 1898년 이후 그 속도는 더욱 빨라졌다. 1898년에서 1920년 사이에 미국 해병대는 카리브 지역 국가들에 무려 20회 이상 진입했다." LaFeber, *The American Search for Opportunity*, 195쪽.

63. Herring, 앞의 책(op. cit.), 306쪽.

64. 같은 책, 255쪽; LaFeber, *The American Search for Opportunity*, 62-63쪽; Bemis, 앞의 책(op. cit.), 411-412쪽.

65. Herring, 앞의 책(op. cit.), 307쪽.

66. Kori Schake, *Safe Passage: The Transition from British to American Hegemony* (캠브리지, 매사추세츠: 하버드대학교 출판부, 2017), 158쪽.

67. "영국은 미국이 중재 조건을 수용하자 중재에 동의했다. 이후 두 나라는 분노한 베네수엘라에 중재를 규정하고 위원회에 베네수엘라의 대표성을 배제하는 조약을 강요했다. 영국은 원하는 것 중 상당 부분을 얻었다...." 같은 책, 308쪽. 또한 Zakaria, 앞의 책(op. cit.), 151-152쪽을 참고할 것.

68. Bemis, 앞의 책(op. cit.), 523-525쪽; Schake, 앞의 책(op. cit.), 170-171쪽.

69. 출처: https://www.ourdocuments.gov/doc.php?flash=false&doc=56&Page=transcript

70. "이 조약 [헤이-파운스풋 조약(Hay-Pauncefote Treaty)] 체결 후 몇 년 내에, 영국은 서인도제도에서의 상설 주둔군을 축소하고 주요 해군 병력을 철수했다. 영국은 그 지역에서의 미국 우위를 상당히 명확히 용인했다...." Bemis, 앞의 책(op. cit.), 511쪽.

71. David Cannadine, *Victorious Century: The United Kingdom, 1800-1906* (뉴욕: 펭귄북스, 2017), 433-446쪽. 이 주제는 Aaron L. Friedberg의 *The Weary Titan: Britain and the Experience of Relative Decline, 1895-1905* (프린스턴, 뉴저지: 프린스턴대학교 출판부, 1988)에서도 다루어진다.

72. Schake, 앞의 책(op. cit.), 163-164쪽.

73. Cannadine, 앞의 책(op. cit.), 479쪽.

74. 관세 지지자들은 때때로 이를 언급했는데, 이는 영국산 산업 제품들이 미국산 제품들의 주요 경쟁 상품이 되는 경향이 있었기 때문이다. Hopkins, 앞의 책(op. cit.), 294쪽.

75. 1897년부터 1898년까지 런던 주재 미국 대사이자 1898년부터 1905년까지 국무장관이었던 존 헤이(John Hay)는 이러한 인물들 중 가장 두드러진 인물 중 하나였다. Bradford Perkins, *The Great Rapprochement: England and the United States, 1895-1914* (뉴욕: 아테니움, 1968), 87쪽.

76. Richard Hofstadter, *Social Darwinism in American Thought* (보스턴: 비콘 프레스, 1955; 초판 1944), 172쪽, 179-180쪽; Herring, 앞의 책(op. cit.), 305쪽.

77. Green, 앞의 책(op. cit.), 53-54쪽.

78. 1787년에서 1790년 사이, 미국 선박들은 그곳으로 9번의 무역 항해를 했다. 같은 책, 22쪽.

79. Stephen R. Platt, *Imperial Twilight: The Opium War and the End of China's Last Golden Age* (뉴욕: 알프레드 A. 크노프, 2018), xvii-xxvii쪽, 75쪽.

80. 영국은 상업적 이유만으로 전쟁에 나선 것이 아니었다. 런던 정부의 관점에서 위신의 문제도 관련이 있었다. 같은 책, 403-404쪽.

81. 같은 책, 426쪽.

82. Pomfret, 앞의 책(op. cit.), 17쪽.

83. "... [비록 중국 무역이 미국 전체 교역에서 차지하는 비중은 크지 않았으며-19세기 초에 미국 전체 대외 무역의 약 5%에 불과했지만—중국 무역에 종사한 가문들은 소수였고, 그들 대부분은 가족 경영 형태로 운영되었다. 따라서 중국에서 성공을 거둔 미국인들은 실로 막대한 부를 축적할 수 있었다." Platt, 앞의 책(op. cit.), 203쪽.

84. 80-81쪽을 참고할 것.

85. 영국은 미국의 입장을 "하이에나 외교(jackal diplomacy)"라고 불렀다. Green, 앞의 책

(op. cit.), 23쪽.

86. LaFeber, The Clash, 20-23쪽; Green, 앞의 책(op. cit.), 48-51쪽; Herring, 앞의 책(op. cit.), 213-214쪽.

87. 메이지 유신에 대해서는 Marius B. Jansen, *The Making of Modern Japan* (캠브리지, 매사추세츠: 하버드대학교 출판부, 2000), 11장과 12장을 참고할 것.

88. 151-152쪽을 참고할 것.

89. 또한 조약에 따르면, "외국인은 어디든 여행할 수 있었다. 기독교 신자는 보호를 받았다. 아편은 합법화되었다. 그리고 청나라 조정에게 가장 우려스러운 것은, 영국과 기타 서방 세계가 베이징에 대표를 주재할 수 있게 되었으며, 이는 외국인들이 천자의 지위와 동등하다는 것을 암시했다." Pomfret, 앞의 책(op. cit.), 51쪽.

90. 같은 책, 62-65쪽; LaFeber, *The American Age*, 81쪽.

91. "1880년대까지 모든 주요 중국 도시에 최소한 한 개 이상의 개신교 교회가 있었다. YMCA와 YWCA는 중국의 도시 전역으로 퍼져나갔다." Pomfret, 앞의 책(op. cit.), 93쪽.

92. 태평천국 운동에 대해서는 Jonathan D. Spence, *God's Chinese Son: The Taiping Heavenly Kingdom of Hong Xiuquan* (뉴욕: W.W. 노튼, 1996)을 참고할 것.

93. Green, 앞의 책(op. cit.), 69쪽.

94. "6개월 만에 일본은 중국뿐 아니라 전 세계를 놀라게 했다. 일본은 중국 함대를 완전히 격파하고 한국, 만주, 그리고 중국 본토에서 거의 원하는 대로 중국군을 무너뜨렸다." Warren I. Cohen, *America's Response to China: A History of Sino-American Relations* (뉴욕: 컬럼비아대학교 출판부, 4판, 2000), 34쪽.

95. Green, 앞의 책(op. cit.), 69쪽.

96. Herring, 앞의 책(op. cit.), 330쪽; LaFeber, *The American Age*, 200쪽.

97. "1899년 중반까지, 러시아와 독일은 중국의 전략적 지역을 식민화하고 폐쇄하려는 위협을 가했다." LaFeber, *The American Age*, 217쪽.

98. 구체적으로, 그는 중국 전역에서 최혜국 대우(Most Favored Nation)를 요구했다. 같은 책, 220-224쪽.

99. Herring, 앞의 책(op. cit.), 333-334쪽.

100. Cohen, 앞의 책(op. cit.), 38-42쪽; Taliaferro, 앞의 책(op. cit.), 357-360쪽.

101. Green, 앞의 책(op. cit.), 95쪽.

102. Cohen, 앞의 책(op. cit.), 42쪽.

103. 몇몇 영향력 있는 미국 인사들은 중국에서 영토 획득을 주장하기도 했다. 같은 책, 49쪽; Green, 앞의 책(op. cit.), 92, 93쪽.

104. Taliaferro, 앞의 책(op. cit.), 377쪽.

105. 의화단 운동(Boxer Rebellion)의 진압은 잔혹하고 유혈로 얼룩진 사건이었으며, 일부 추정에 따르면 10만 명의 중국인이 사망했다. Ian Kershaw, *To Hell and Back: Europe, 1914-1949* (뉴욕: 펭귄 프레스, 2015), 22쪽.

106. LaFeber, *The American Search for Opportunity*, 77쪽.

107. "... [예상되었던 중국의 분할은 끝내 일어나지 않았다. 유럽 열강들은 [의화단] 운동으로 인해 심각한 충격을 받았다. 단지 조약항구만으로도 이런 반응이 나왔다면, 전체 나라를 점령하려고 할 경우 어떤 일이 일어날지 예측할 수 없었다. 이런 상황에서 추가적인 영토 확장은 바람직하지 않아 보였다. 게다가, 관련 열강 중 러시아와 일본은 만주에서의 영토 획득을 둘러싸고 심각한 경쟁 관계에 있었으며, 두 나라가 분할에 대해 평화롭게 합의하는 것은 불가능했다...." Evans, 앞의 책(op. cit.), 651쪽.

108. 일본에 대한 미국의 호의적인 태도는 19세기 마지막 10년 동안 미국이 일본에 수출한 양이 중국으로의 수출량보다 두 배 많았던 사실과 무관하지 않았다. LaFeber, *The Clash*, 59쪽.

109. 조약은 "최혜국 대우에 의한 무역, 외교 관계의 수립, 그리고 이전의 중국 및 일본과의 조약에서처럼 치외법권을 규정했다." Herring, 앞의 책(op. cit.), 286쪽.

110. 동아시아에서 러시아의 야망을 우려한 영국은 1902년 일본과 협력 조약을 체결했으며, 이는 반(反)러시아 목적을 가지고 있었다. Cohen, 앞의 책(op. cit.), 51쪽. 일부 미국인들은 일본으로부터의 잠재적 도전에 대해 우려하기도 했다. LaFeber, *The American Search for Opportunity*, 102쪽.

111. 예를 들어, 토마스 제퍼슨(Thomas Jefferson)은 그가 북아메리카에서 예견한 "자유의 제국(empire of liberty)"에 쿠바가 포함될 것이라고 기대했다. Howe, 앞의 책, 703쪽. 존 퀸시 애덤스(John Quincy Adams)는 섬이 스페인으로부터 분리되면 "오직 북아메리카 연합으로만 '중력적으로 향할 수 있다'"고 예측했다. Herring, 앞의 책, 162쪽. 멕시코-미국 전쟁이 끝날 무렵, 제임스 K. 포크(James K. Polk) 대통령은 쿠바를 구입하겠다고 제안했다(Bemis, 앞의 책, 313쪽). 그리고 1858년, 제임스 뷰캐넌(James Buchanan) 대통령은 의회에 자금을 할당해 달라고 촉구했다. LaFeber, *The American Age*, 144쪽.

112. 1895년에서 1898년 사이, 약 30만 명의 쿠바인이 봉기 중에 사망했다. Hopkins, 앞의 책, 399쪽.

113. LaFeber, *The American Search for Opportunity*, 131쪽; Bemis, 앞의 책, 442쪽.

114. May, 앞의 책, 142, 146-147쪽.

115. 당시 구호는 종종 "그리고 스페인은 지옥으로!(And to hell with Spain)"라는 문구로 이어졌다.

116. 3월 20일부터 28일 사이, 맥킨리(McKinley) 대통령은 스페인 정부에 일련의 요구사항을 보냈다. 그러나 한 역사학자의 판단에 따르면, 스페인 정부는 이를 수락한다면 정권을 유지할 수 없었을 것이다. LaFeber, The American Age, 201-202쪽.

117. Herring, 앞의 책, 316쪽.

118. 워런 짐머만(Warren Zimmerman), *First Great Triumph: How Five Americans Made Their Country a World Power* (뉴욕: 파라, 스트라우스, 지룩스, 2002), 274쪽. 해당 연대는 "특이한 구성"을 가지고 있었다. 병사들의 4분의 3은 애리조나, 뉴멕시코, 오클라호마, 인디언 준주(Indian Territory) 등 남서부에서 모집되었다. 나머지 병사들 중 많은 수는 하버드, 예일, 프린스턴, 니커보커 클럽(Knickerbocker Club) 등 상류층 출신들이었다. 같은 책, 273쪽.

119. May, 앞의 책, 7쪽; Green, 앞의 책, 75쪽.

120. LaFeber, *The American Search for Opportunity*, 145쪽. 전쟁으로 인해 2,900명의 미국인이 사망했으며, 이 중 2,500명은 질병으로 사망했다. LaFeber, *The American Age*, 209쪽.

121. Green, 앞의 책, 86쪽; May, 앞의 책, 244쪽.

122. 148-152쪽 참조.

123. "물론 플랫 수정헌법(Platt Amendment)하에서 쿠바에는 독립이라는 것이 거의 없거나 전혀 없다."라고 군사 총독 레너드 우드(Gen. Leonard Wood)가 솔직히 인정했다. Herring, 앞의 책, 325쪽. 미국이 획득한 기지 중 하나인 관타나모만(Guantanamo Bay)은 120년 후에도 여전히 미국의 손에 남아 있었다.

124. 필리핀을 획득함에 따라 하와이는 태평양에서 전략적으로 더욱 중요한 전초기지가 되었다. Green, 앞의 책, 88쪽. 그러나 맥킨리(McKinley) 대통령은 조약으로 하와이를 합병하려 하지 않고 의회의 단순 과반수 투표로 이를 실행했다. 조약에는 3분의 2 다수가 필요했을 것이다.

125. Hopkins, 앞의 책, 400쪽.

126. Cohen, 앞의 책, 37쪽. 1898년 미국 정책에 대한 다양한 설명의 요약은 어니스트 R. 메이(Ernest R. May)의 *American Imperialism: A Speculative Essay* (뉴욕: 아테니움, 1968), 1장을 참조할 것.

127. 짐머만(Zimmerman), 앞의 책, 251, 262쪽; 프랭크 프라이델(Frank Freidel), "스페인-미국 전쟁과 필리핀 반란에서의 반대(Dissent in the Spanish-American War and the Philippine Insurrection)," 새뮤얼 엘리엇 모리슨(Samuel Eliot Morison), 프레더릭 멀크(Frederick Merck), 프랭크 프라이델이 편집한 *Dissent in Three American Wars* (매사추세츠주 캠브리지: 하버드대학교 출판부, 1971), 70, 72쪽.

128. 헤링(Herring), 앞의 책, 311쪽; 라페버(LaFeber), *The American Age*, 198쪽.

129. 헤링(Herring), 앞의 책, 266쪽.

130. 같은 책, 308-309쪽.

131. 이는 로널드 로빈슨(Ronald Robinson)과 존 갤러거(John Gallagher), 앨리스 데니(Alice Denney)의 *Africa and the Victorians: The Climax of Imperialism* (뉴욕 가든 시티: 더블데이 앵커 북스, 1968), 초판 1961의 주제이다.

132. 홉킨스(Hopkins), 앞의 책, 284쪽; 에반스(Evans), 앞의 책, 643-644쪽; 메이(May), *American Imperialism*, 196쪽.

133. 이와 같은 분석 중 가장 영향력 있었던 것은 볼셰비키 혁명의 미래 지도자인 V. I. 레닌(Lenin)의 *Imperialism: The Highest Stage of Capitalism* (1917년 차르 체제 붕괴 이후 권력을 장악)으로, 제1차 세계대전 중인 1916년에 출판되었다. 또 하나는 영국 경제학자 J. A. 홉슨(J. A. Hobson)의 *Imperialism: A Study* (1902)이다. 이들의 논문 및 관련 논문들에 대한 비판은 벤자민 J. 코헨(Benjamin J. Cohen)의 *The Question of Imperialism: The Political Economy of Dominance and Dependence* (뉴욕: 베이직 북스, 1973)을 참조할 것.

134. 일부 미국인은 자국이 생산한 것을 국내에서 모두 소비할 수 없으므로 해외 시장이 필요하다는 "과잉(glut)" 이론을 지지했다. 헤링(Herring), 앞의 책, 270쪽. 이 시기의 미국 외교정책에 대한 경제적 해석은 라페버(LaFeber)의 *The American Search for Opportunity* 및 본장에서 인용된 이 저자의 다른 저작들의 주요 주제이다.

135. 로버트 L. 베이스너(Robert L. Beisner), *From the Old Diplomacy to the New, 1865-1900* (일리노이주 휠링: 할란 데이빗슨, 1986), 21쪽; 홉킨스(Hopkins), 앞의 책, 358-359, 380쪽; 톰슨(Thompson), 앞의 책, 16, 19쪽.

136. 이는 홉킨스(Hopkins), 앞의 책, 338-339, 344쪽의 주장이다.

137. 그러한 갈등은 화이트(White), 앞의 책의 주요 주제이다.

138. "스페인-미국 전쟁은 미국 역사상 가장 대중적인 분쟁 중 하나였다. 모든 지역, 특히 남부에서 이를 지지했다." 데이비드 해킷 피셔(David Hackett Fischer), *Albion's Seed: Four British Folkways in America* (뉴욕: 옥스포드대학교 출판부, 1989), 866쪽.

139. 21세기의 사례는 마이클 맨델바움(Michael Mandelbaum)의 *The Rise and Fall of Peace on Earth* (뉴욕: 옥스포드대학교 출판부, 2019)를 참조할 것.

140. 톰프슨(Thompson), 앞의 책, 24, 26쪽.

141. 홉킨스(Hopkins), 앞의 책, 508쪽.

142. 월터 러셀 미드(Walter Russell Mead), *Special Providence: American Foreign Policy and How It Changed the World* (뉴욕: 알프레드 A. 노프, 2001), 39-44쪽.

143. 홉킨스(Hopkins), 앞의 책, 362-365, 378쪽. 이는 짐머만(Zimmerman), 앞의 책의 주요 주제이다.

144. 뉴욕: 힐 앤 왕, 1968.

145. 마한(Mahan)과 그의 영향력에 대해서는 그린(Green), 앞의 책, 78-86쪽을 참조할 것.

146. 짐머만(Zimmerman), 앞의 책, 152, 185쪽; 탈리아페로(Taliaferro), 앞의 책, 342쪽.

147. 라페버(LaFeber), *The American Search for Opportunity*, 149쪽; 홉킨스(Hopkins), 앞의 책, 416쪽.

148. 더든(Dudden), 앞의 책, 84쪽에서 인용.

149. "... [맥킨리(McKinley)의 발언]이 전체 이야기나 진실된 이야기라고 믿는 사람은 거의 없다...." 같은 책, p. 84. "맥킨리의 성격의 수수께끼는 그의 정책 아래 숨겨진 동기를 이해하기 어렵게 만든다." 메이(May), *Imperial Democracy*, 114쪽.

150. 그린(Green), 앞의 책, 5쪽.

151. "1901년 미국 군대가 [필리핀 반군 지도자 에밀리오] 아기날도(Emilio Aguinaldo)를 생포했다. 반란은 꺾였지만, 전투는 1913년까지 감소된 수준으로 계속되었다." 라페버(LaFeber), *The American Age*, 217쪽.

152. 같은 책, 215쪽.

153. 비미스(Bemis), 앞의 책, 471쪽.

154. 메이(May), *American Imperialism*, 201쪽; 톰슨(Thompson), 앞의 책, 41쪽; 홉킨스(Hopkins), 앞의 책, 367쪽.

155. 필리핀 합병에 대한 반대는 인종적, 종교적 이유에도 근거했으며, 이 두 기준에서 필리핀인은 바람직하지 않은 존재로 여겨졌다. 헤링(Herring), 앞의 책, 323쪽.

156. 제국주의에 관한 "대논쟁"은 같은 책, 322쪽에 요약되어 있다.

157. 프라이델(Friedel), 앞의 책, 82쪽.

158. 라페버(LaFeber), *The American Age*, 226쪽.

159. 비미스(Bemis), 앞의 책, 475쪽.

160. 마한(Mahan)은 제국주의를 "외부 공동체에 대한 국가 권위의 확장"으로 정의했다. 짐머만(Zimmerman), 앞의 책, 13쪽.

161. "미국은 유럽과 일본의 영토적 식민지 제국 추구에 동참하기를 원하지 않았다. 미국 관료들은 상업적 팽창주의를 위한 기지로 활용할 수 있는 적은 면적의 지역만을 원했다." 라페버(LaFeber), *The American Quest for Opportunity*, 238쪽.

162. 메이(May), *American Imperialism*, 14쪽; 홉킨스(Hopkins), 앞의 책, 610쪽.

163. 그린(Green), 앞의 책, 91쪽.

164. 샤크(Schake), 앞의 책, 174쪽.

165. 더든(Dudden), 앞의 책, 92쪽; 홉킨스(Hopkins), 앞의 책, 627-628쪽.

166. 292쪽을 참조할 것.

167. 홉킨스(Hopkins), 앞의 책, 659쪽.

168. 메이(May), *Imperial Democracy*, 264쪽.

169. 라페버(LaFeber), *The American Search for Opportunity*, 178쪽에서 인용. 1902년, 우드로 윌슨(Woodrow Wilson)은 "스페인과의 전쟁만큼 우리를 변화시킨 전쟁은 없었다.... 이 나라는 세계의 공개적인 무대로 발걸음을 내디뎠다."라고 썼다. 헤링(Herring), 앞의 책, 335쪽에서 인용.

170. "... [루스벨트(Roosevelt)와 윌슨(Wilson)의 외교정책에 관한 관점의 충돌과 같은 갈등은] 제퍼슨(Jefferson)과 해밀턴(Hamilton) 시절 이후로 미국에서 목격된 적이 없었다." 존 밀턴 쿠퍼 주니어(John Milton Cooper Jr.), *The Warrior and the Priest: Woodrow Wilson and Theodore Roosevelt* (매사추세츠주 케임브리지: 하버드대학교 출판부 벨크냅 프레스, 1983), xiii쪽.

171. "해밀턴(Hamilton)은 남북전쟁에서의 연합군의 승리 이후 공화당의 상징이 되었으며, 20세기 초 과감하고 군사적인 외교정책의 지지자였던 시어도어 루스벨트(Theodore Roosevelt), 헨리 캐벗 로지(Henry Cabot Lodge) 및 기타 인물들의 사랑을 받았다." 존 램버턴 하퍼(John Lamberton Harper), *American Machiavelli: Alexander Hamilton and the Origins of U.S. Foreign Policy* (뉴욕: 케임브리지 대학교 출판부, 2004), 1쪽. 로지는 해밀턴에 대한 찬사로 가득한 전기를 저술했다. 짐머만(Zimmerman), 앞의 책, 164쪽.

172. "외교 문제에서 루스벨트는 종종 갈등을 환영했으며, 외교적 약속의 실질적인 한계를 강조하는 경우가 많았다. 반면 윌슨은 국제문제를 보다 평화로운 방향으로 개혁하려고 노력했으며, 도덕적이고 종교적 가치를 호소하는 고양된 수사로 자신의 정책을 정당화했다." 쿠퍼(Cooper), 앞의 책, xiv쪽.

173. 같은 책, 6, 15쪽.

174. 그 선거의 세 번째 주요 후보는 루스벨트의 뒤를 이어 1908년에 대통령이 된 공화당의 윌리엄 하워드 태프트(William Howard Taft)였다. 1912년 선거에 대해서는 제임스 체이스(James Chace), *1912: Wilson, Roosevelt, Taft & Debs—the Election That Changed the Country* (뉴욕: 사이먼 앤 슈스터, 2004)를 참조할 것.

175. 퍼킨스(Perkins), 앞의 책, 289, 290쪽.

176. 라페버(LaFeber), *The American Age*, 235쪽; 샤크(Schake), 앞의 책, 178쪽; 쿠퍼(Cooper), 앞의 책, 210-211쪽.

177. 자카리아(Zakaria), 앞의 책, 164쪽.

178. 라페버(LaFeber), *The American Age*, 233쪽. 1898년, 전투를 경험한 적이 없었던 루스벨트는 남북전쟁에서 싸웠던 맥킨리(McKinley)보다 스페인과의 전쟁을 더 열망했다. 맥킨리는 그 분쟁에 참전한 마지막 참전 용사 출신 대통령이었다.

179. 그레그 러셀(Greg Russell), *The Statecraft of Theodore Roosevelt: The Duties of Nations and World Order* (네덜란드 도르드레흐트: 마르티너스 니호프 출판사, 2009), 57쪽. "... 루스벨트는 주요 국가 간의 관계에서 힘을 정당하고 통제적인 요소로 받아들였다.... [그는] 유럽에서는 균형을 유지하고 아시아에서는 미국이 용인할 만한 균형을 얻기 위해 능숙하게 무게를 조절했다." 존 모튼 블룸(John Morton Blum), *The Republican Roosevelt* (매사추세츠주 케임브리지: 하버드대학교 출판부, 1967), 132-133쪽. "... 루스벨트는 세계의 사건과 정책을 힘의 관점에서 바라보았다. 그는 힘과 힘의 문제, 그리고 힘을 둘러싼 경쟁에 깊이 매

료되었다." 하워드 비얼(Howard Beale), *Theodore Roosevelt and the Rise of America to World Power* (볼티모어: 존스홉킨스대학교 출판부, 1956), 449쪽.

180. 이는 멕시코에 대한 윌슨의 정책의 주요 목표 중 하나였다. 153-154쪽을 참조할 것.

181. 175-177쪽을 참조할 것. 1906년 노벨 평화상을 수상하면서 루스벨트(Roosevelt)는 "국제적인 포세 코미타투스(international posse comitatus)"를 주장했다. 블룸(Blum), 앞의 책, 137쪽. 그러나 그의 의도는 윌슨(Wilson)이 국제연맹(League of Nations)을 위해 구상했던 것과는 전혀 달랐다. "... 루스벨트의 사고방식에 따르면, 국제기구는 전통적인 외교 방식을 대체할 수 없었다." 러셀(Russell), 앞의 책, xiv쪽.

182. "세계 문제에 있어서 시어도어 루스벨트(Theodore Roosevelt)는 위대한 강대국의 지도자로 자각적으로 행동한 첫 대통령이 되었고, 그는 국제적 활동주의에 대한 지칠 줄 모르는 전도사였다." 쿠퍼(Cooper), 앞의 책, xii쪽.

183. 헤링(Herring), 앞의 책, 348-349쪽.

184. 같은 책, 349쪽.

185. 홉킨스(Hopkins), 앞의 책, 382쪽.

186. 라페버(LaFeber), *The American Search for Opportunity*, 198쪽. 루스벨트는 미국이 필리핀을 차지했듯 도미니카공화국(Dominican Republic)을 병합하는 데에는 관심이 없다고 선언했다. "섬을 병합하는 것은, 마치 포식한 보아뱀이 가시를 거꾸로 삼키려는 것과 같다." 같은 책.

187. 블룸(Blum), 앞의 책, 129쪽.

188. 헤링(Herring), 앞의 책, 367-369쪽. "루스벨트는 니카라과인들과 협상하고, 콜롬비아인들과 교섭하며, 파나마를 선동해 혁명을 일으키고, 새로운 국가를 인정하며, 마침내 새로운 조약을 체결할 때 의회와 협의조차 하지 않았다." 자카리아(Zakaria), 앞의 책, 168쪽.

189. 헤링(Herring), 앞의 책, 360쪽.

190. 같은 책, 361쪽.

191. 1910년 일본은 1895년 중국을 패배시킨 이후 지배하던 한국을 공식적으로 병합했다. 라페버(LaFeber), *The Clash*, 96쪽.

192. 헤링(Herring), 앞의 책, 362쪽; 퍼킨스(Perkins), 앞의 책, 229쪽.

193. 헤링(Herring), 앞의 책, 362쪽; 폼프렛(Pomfret), 앞의 책, 125쪽.

194. "[알헤시라스(Algeciras)]는 중요한 성과가 아니었고, 미국의 역할도 결정적이지 않았다." 짐머만(Zimmerman), 앞의 책, 473쪽. 블룸(Blum), 앞의 책, 133-134쪽도 참조할 것.

195. 에밀리 S. 로젠버그(Emily S. Rosenberg), *Financial Missionaries to the World: The Politics and Culture of Dollar Diplomacy, 1900-1930* (매사추세츠주 케임브리지: 하버드대학교 출판부, 1999), 1-2쪽; 헤링(Herring), 앞의 책, 372-373쪽.

196. 코헨(Cohen), 앞의 책, 64-65쪽; 라페버(LaFeber), *The Clash*, 93쪽.

197. 중국에서 달러 외교(dollar diplomacy)는 "완전히 실패했다." 그린(Green), 앞의 책, 122쪽.

198. 코헨(Cohen), 앞의 책, 71쪽.

199. 얀 빌렘 슐테 노르홀트(Jan Willem Schulte Nordholt), *Woodrow Wilson: A Life for World Peace*, 허버트 H. 로웬(Herbert H. Rowen) 번역, (캘리포니아주 버클리: 캘리포니아대학교 출판부, 1991), 116쪽.

200. 루스벨트(Roosevelt)와 윌슨(Wilson)을 연구한 한 역사학자는 "1913년과 1914년 윌슨의 초기 외교적 행동과 10여 년 전 루스벨트의 행동 사이의 유사성"을 언급했다. 쿠퍼(Cooper), 앞의 책, 266쪽.

201. 패트리샤 오툴(Patricia O'Toole), *The Moralist: Woodrow Wilson and the World He Made* (뉴욕: 사이먼 앤 슈스터, 2018), 91쪽. "다른 민족들이 민주적이고 질서 있는 사회가 되도록 돕고자 결심한 윌슨은 스스로 미국 역사상 가장 많은 군사 개입을 한 인물이 되었다. 1921년 퇴임할 때까지 그는 ... 반다스(Latin American upheavals)에서 미군을 동원했다. 윌슨은 질서를 유지하려면 군사 개입이 필요하다는 것을 배웠다." 라페버(LaFeber), *The American Age*, 277쪽.

202. "1910년, 멕시코 혁명이 일어나기 직전, 미국 시민들은 멕시코 재산의 43%를 소유하고 있었으며 이는 멕시코인들이 소유한 것보다 많았다." 라페버(LaFeber), *The American Search for Opportunity*, 68쪽.

203. 헤링(Herring), 앞의 책, 391쪽. "미국은 전통적으로 정권이 권력을 유지하고 국제적 의무를 이행하는지 여부에 따라 정부를 인정해 왔다. 그러나 멕시코의 경우, 윌슨은 도덕적이고 정치적인 기준을 도입했다." 같은 책. 또한 비미스(Bemis), 앞의 책, 546-547쪽 참조.

204. 윌슨은 의회에 "미국의 권리와 존엄성을 최대한 인정받기 위해" 멕시코에서의 미군 사용을 승인해 줄 것을 요청했다. 넬 어빈 페인터(Nell Irvin Painter), *Standing at Armageddon: The United States, 1877-1919* (뉴욕: W.W. 노튼 앤 컴퍼니, 1987), 291쪽.

205. 점령은 소규모 국가 건설 연습으로 변모했다. 미국 군사 정부는 "도로와 배수로를 건설하고, 거리와 공공건물에 전기 조명을 제공했으며, 학교를 재개하고, 청소년 범죄, 도박, 매춘을 단속했으며, 세금 및 관세 징수를 더 공정하고 효율적이며 정부에 수익성 있게 만들었으며, 위생과 공중보건 프로그램을 개발했다...." 헤링(Herring), 앞의 책, 394쪽. 그러나 이러한 노력은 지속적인 효과를 내지 못했다. "... [해병대가 떠난 후 몇 주 만에] 미국인이 베라크루스(Veracruz)에 있었다는 것을 알아보기 어려웠다." 같은 책.

206. 같은 책, 395쪽; 비미스(Bemis), 앞의 책, 551쪽.

207. 헤링(Herring), 앞의 책, 394-396쪽; 비미스(Bemis), 앞의 책, 552-553쪽.

5장

1. 제1차 세계대전의 기원에 대한 문헌은 방대하다. 전쟁 발발에 대한 비교적 간략한 개요는 리처드 에반스(Richard Evans), *The Pursuit of Power: Europe 1815-1914* (뉴욕: 바이킹, 2016), 704-713쪽을 참조할 것.
2. 제1차 세계대전의 직접적인 결과로 약 2천만 명이 사망했으며, 이 중 절반은 군인이었고 절반은 민간인이었다.
3. 존 톰슨(John Thompson), *A Sense of Power: The Roots of America's Global Role* (이타카, 뉴욕: 코넬대학교 출판부, 2015), 58쪽.
4. 50-51, 52쪽을 참조할 것.
5. 조지 C. 헤링(George C. Herring), *From Colony to Superpower: U.S. Foreign Relations Since 1776* (뉴욕: 옥스포드대학교 출판부, 2008), 406-407쪽.
6. 톰슨(Thompson), 앞의 책, 59쪽.
7. 헤링(Herring), 앞의 책, 399쪽.
8. 브래드포드 퍼킨스(Bradford Perkins), *The Great Rapprochement: England and the United States, 1895-1914* (뉴욕: Atheneum, 1968), 306-307쪽.
9. 아키라 이리에(Akira Iriye), *The Cambridge History of American Foreign Relations, Volume III: The Globalizing of America, 1913-1945* (뉴욕: 케임브리지대학교 출판부, 1993), 23-24쪽.
10. 월터 라페버(Walter LaFeber), *The American Age: U.S. Foreign Policy at Home and Abroad, 1750 to the Present* (뉴욕: Viking, 1994), 285쪽.
11. 존 밀턴 쿠퍼 주니어(John Milton Cooper Jr.), *Woodrow Wilson: A Biography* (뉴욕: Alfred A. Knopf, 2009), 268쪽.
12. 로버트 W. 터커(Robert W. Tucker), *Woodrow Wilson and the Great War: Reconsidering America's Neutrality, 1914-1917* (버지니아주 샬러츠빌: 버지니아대학교 출판부, 2007), x, 80쪽.
13. 같은 책, 6, 8, 205쪽; 톰슨(Thompson), 앞의 책, 63, 72쪽; 헤링(Herring), 앞의 책, 399쪽.
14. 66쪽을 참조할 것.
15. 터커(Tucker), 앞의 책, x-xi쪽.
16. 헤링(Herring), 앞의 책, 399쪽.
17. "전쟁 이전, 미국 수출의 63%가 엔텐트(Entente) 동맹국들로 갔고, 전쟁 중에는 그 비율이 89%로 증가했다." 코리 샤크(Kori Schake), *Safe Passage: The Transition from British to American Hegemony* (매사추세츠주 케임브리지: 하버드대학교 출판부, 2017), 220쪽.
18. "... 1916년 가을까지 영국 재무부의 전쟁 지출의 거의 40%가 북미에서 이루어졌다." 존 A. 톰슨(John A. Thompson), *Woodrow Wilson* (런던: Longman, 2002), 2쪽. "1914년 8월부

터 1917년 3월까지 미국이 영국과 동맹국들에게 판매한 무기는 총 22억 달러에 달했다. 이는 미국의 중립 기간동안 이루어진 것이며, 1913년 미국 수출액이 24억 달러를 조금 넘었던 것을 고려할 때 상당한 금액이다." 이리에(Iriye), 앞의 책, 25쪽.

19. "동맹국들은 미국 은행들과의 더 강한 연결을 통해 [1915년 중반부터] 이후 2년 동안 25억 달러를 차입했다.... 중앙 동맹국들은 그 금액의 10분의 1도 받지 못했다." 라페버(LaFeber), 앞의 책, 289쪽.

20. 새뮤얼 플래그 비미스(Samuel Flagg Bemis), *A Diplomatic History of the United States* (뉴욕: Henry Holt and Company, 네 번째 판, 1955), 596-600쪽; 터커(Tucker), 앞의 책, 140, 211쪽; 톰슨(Thompson), *A Sense of Power*, 62쪽.

21. 헤링(Herring), 앞의 책, 502쪽. "노트(note)의 엄격함과 그 안에 담긴 경고는 인상적이었다." 터커(Tucker), 앞의 책, 95쪽. "중립 기간동안 미국 정부가 내린 모든 결정 중에서 ... 가장 중대한 것은 무제한 잠수함전(submarine warfare)에 대한 단호한 입장이었다." 톰슨(Thompson), *A Sense of Power*, 107쪽.

22. 이 배는 영국을 위한 군수품을 실어나르고 있었다. 헤링(Herring), 앞의 책, 403쪽.

23. "제1차 세계대전에서의 미국 중립 역사에서, 루시타니아(Lusitania)호의 침몰은 중요한 사건으로 두드러진다. 그 영향은 즉각적이고 깊었으며, 침몰에 대한 충격과 분노는 시간이 지나면서 완화되었지만, 이 사건의 여파는 지속적이었다." 터커(Tucker), 앞의 책, 108쪽.

24. 톰슨(Thompson), *A Sense of Power*, 68쪽.

25. 휴 스트래컨(Hew Strachan), *The First World War* (뉴욕: The Penguin Press, 2005), 225쪽.

26. 헤링(Herring), 앞의 책, 403쪽; 터커(Tucker), 앞의 책, 20쪽.

27. 톰슨(Thompson), *A Sense of Power*, 71쪽.

28. 하우스-그레이 메모랜덤(House-Grey memorandum)은 두 인물이 다음과 같이 이해했음을 기록했다. 윌슨 대통령은 "프랑스와 영국으로부터 적절한 시기가 되었다는 소식을 듣는 즉시 전쟁을 끝내기 위해 회담을 제안할 준비가 되어 있었다. 만약 연합국들이 이 제안을 받아들이고 독일이 이를 거부한다면, 미국은 독일에 대항해 전쟁에 참여할 것이다." 루이스 오킨클로스(Louis Auchincloss), *Woodrow Wilson* (뉴욕: 바이킹, 2000), 70쪽에서 인용. 윌슨은 메모를 보고 "아마도 전쟁에 참여할 것이다(probably enter the war)"로 수정해야 한다고 말했다(아마도(probably) 추가). 프랑스와 영국은 여러 이유로 이 제안을 실행하지 않았다. 터커(Tucker), 앞의 책, 171쪽.

29. 헤링(Herring), 앞의 책, 403쪽. 그러나 이 약속은 "미국이 독일을 항복시키기 위해 설정한 봉쇄를 연합국들이 포기하도록 설득하는 조건에 달려 있었다. 미국이 그렇게 하지 않으면, 독일은 행동의 자유를 유지할 것이다." 윌리엄 E. 로이첸버그(William E. Leuchtenburg), *The Perils of Prosperity, 1914-1932* (시카고: 시카고대학교 출판부, 2판, 1993), 18-19쪽. 터커(Tucker), 앞의 책, 126쪽도 참조할 것. 연합국들은 봉쇄를 포기하지 않았다.

30. 터커(Tucker), 앞의 책, 132-133쪽.

31. 긴장의 원인은 헤링(Herring), 앞의 책, 404쪽에 나열되어 있다. 또한 톰슨(Thompson), *A Sense of Power*, 79쪽을 참조할 것. 영국-미국 관계는 "오레곤과 앨라배마 협상, 헤이(Hay), 루트(Root), 밸푸어(Balfour), 랜스다운(Landsdowne)의 국무장관 시절, 가족 간의 결혼, 서적과 여행자의 교류, 영국과 미국의 개혁 운동 간의 상호작용을 통해 쌓아온 상호 신뢰의 기반 위에서" 분쟁을 이겨냈다. 어니스트 R. 메이(Ernest R. May), *The World War and American Neutrality, 1914-1917* (매사추세츠주 케임브리지: 하버드대학교 출판부, 1963), 434쪽.

32. 메이(May), 앞의 책, 414쪽. "독일 해군 지도부는 유보트(U-boat)가 매달 60만 톤의 선박을 침몰시킬 수 있다고 계산했다. 이는 5개월 안에 영국을 붕괴 상태로 몰아넣을 것이며, 그 시점에 미국은 전쟁 결과에 영향을 미치지 못할 것이다." 이안 커쇼(Ian Kershaw), *To Hell and Back: Europe 1914-1919* (뉴욕: 바이킹, 2015), 54쪽.

33. 헤링(Herring), 앞의 책, 409쪽. 미국은 2월 3일 독일과의 외교 관계를 단절했다.

34. 비미스(Bemis), 앞의 책, 612-614쪽.

35. "윌슨은 러시아가 '항상 사실상 민주주의적인 마음을 가지고 있었기 때문에' 적합한 파트너라고 선언하기까지 했다." 라페버(LaFeber), 앞의 책, 296쪽.

36. 터커(Tucker), 앞의 책, 191쪽.

37. 같은 책, 2, 202쪽; 톰슨(Thompson), *A Sense of Power*, 89쪽. 윌슨은 또한 전쟁에 미국이 참여하면 전후 합의를 형성하는 데 있어 더 많은 권력을 얻게 될 것이라는 생각에 영향을 받았다. 헤링(Herring), 앞의 책, 409쪽; 톰슨(Thompson), *A Sense of Power*, 82쪽; 토머스 J. 녹(Thomas J. Knock), *To End All Wars: Woodrow Wilson and the Quest for a New World Order* (뉴저지주 프린스턴: 프린스턴대학교 출판부, 1992), 118쪽.

38. 로버트 H. 지거(Robert H. Zieger), *America's Great War: World War I and the American Experience* (메릴랜드주 래넘: 로우맨 앤 리틀필드 출판사, 2000), 57, 58쪽.

39. 넬 어빈 페인터(Nell Irvin Painter), *Standing at Armageddon: The United States, 1877-1919*, (뉴욕: W.W. 노튼 앤 컴퍼니, 1987), 331쪽.

40. 로버트 D. 호르매츠(Robert D. Hormats), *The Price of Liberty: Paying for America's Wars* (뉴욕: 타임즈 북스 헨리 홀트 앤 컴퍼니, 2007), 125쪽.

41. 같은 책, 115쪽.

42. 앨런 그린스펀(Alan Greenspan)과 에이드리언 울드리지(Adrian Wooldridge), *Capitalism in America: A History* (뉴욕: 펭귄 프레스, 2018), 186쪽.

43. 개럿 펙(Garrett Peck), *The Great War in America: World War I and Its Aftermath* (뉴욕: 페가수스 북스, 2018), 107쪽.

44. 데이비드 M. 케네디(David M. Kennedy), *Over Here: The First World War and American Society* (뉴욕: 옥스퍼드대학교 출판부, 1980), 128, 134-135쪽; 펙(Peck), 앞의 책, 108쪽.

45. 지거(Zieger), 앞의 책, 70쪽.

46. 전쟁 중 여성들은 이전보다 더 많은 숫자로 노동력에 참여했다. 로이첸버그(Leuchtenburg), 앞의 책, 158쪽.

47. 펙(Peck), 앞의 책, 109쪽.

48. "교향악단은 더 이상 독일 음악을 연주할 엄두를 내지 못했고, 독일어와 독일 철학은 여러 대학의 교육과정에서 삭제되었다." 얀 빌렘 슐테 노르홀트(Jan Willem Schulte Nordholt), *Woodrow Wilson: A Life for Peace*, 허버트 H. 로웬(Herbert H. Rowen) 번역 (캘리포니아주 버클리: 캘리포니아대학교 출판부, 1991), 235쪽.

49. 이 법은 "군대에서 불복종이나 저항을 '야기하거나 시도'하거나 모집 또는 입대를 방해하는" 것을 불법으로 규정했다. 패트리샤 오툴(Patricia O'Toole), *The Moralist: Woodrow Wilson and the World He Made* (뉴욕: 사이먼 앤 슈스터, 2018), 293쪽.

50. 같은 책, 293-294쪽.

51. 같은 책, 300쪽.

52. 로널드 스틸(Ronald Steel), *Walter Lippmann and the American Century* (보스턴: 리틀 브라운 앤 컴퍼니, 1980), 166-167쪽; 페인터(Painter), 앞의 책, 381쪽; 로이첸버그(Leuchtenburg), 앞의 책, 77-78쪽.

53. 녹(Knock), 앞의 책, 144-145쪽.

54. 스틸(Steel), 앞의 책, 130-131쪽.

55. 윌슨은 또한 자유주의적 전쟁 목표를 선언하면 독일 국민들이 그들의 정부에 반대하게 될 것이라는 희망을 품었다. 스틸(Steel), 앞의 책, 134쪽.

56. 이 연설은 미국이 전쟁에 참여하기 전 윌슨이 발표한 것으로, 그는 "승리 없는 평화(peace without victory)"를 촉구했다. 톰슨(Thompson), *A Sense of Power*, 76-77쪽; 존 밀턴 쿠퍼(John Milton Cooper), *The Warrior and the Priest: Woodrow Wilson and Theodore Roosevelt* (매사추세츠주 케임브리지: 하버드대학교 출판부, 1983), 312-313쪽.

57. 14개 조항(Fourteen Points)은 마거릿 맥밀런(Margaret Macmillan), *Paris 1919: Six Months That Changed the World* (뉴욕: 랜덤하우스, 2001), 495-496쪽에 재인쇄되었다.

58. 스틸(Steel), 앞의 책, Chapter 11.

59. 8번째 조항은 또한 독일이 1870-1871년 프랑스-프로이센 전쟁(Franco-Prussian War)에서 정복한 알자스(Alsace)와 로렌(Lorraine) 지방을 프랑스에 반환할 것을 요구했다.

60. 1917년 말, 미국이 전쟁에 참여한 지 8개월이 지났을 때, 유럽에 도착한 미군 병력은 단 17만 5천 명에 불과했다. 이들 중 전투를 경험한 병사는 거의 없었다. 페인터(Painter), 앞의 책,

340쪽; 오툴(O'Toole), 앞의 책, 308쪽.

61. 1918년 봄, 독일군 공세로 연합군이 압박을 받자 퍼싱(Pershing)은 양보하여 미군 병력이 유럽 연합군의 병력을 보충하도록 허용했다. 펙(Peck), 앞의 책, 164쪽.

62. 지거(Zieger), 앞의 책, 92쪽.

63. 총 1만 명의 이탈리아인이 사망하고, 3만 명이 부상을 입었으며, 25만 명 이상이 포로로 잡혔다. 펙(Peck), 앞의 책, 155쪽.

64. "서부 전선에서 교착 상태를 끝내기 위해, 프랑스와 영국은 [1917년] 봄과 여름에 대규모 공세를 감행했다. 그러나 그들의 영토적 성과는 미미했고, 인명 피해는 끔찍했다. 사상자는 50만 명에 이르렀다." 오툴(O'Toole), 앞의 책, 302쪽.

65. 지거(Zieger), 앞의 책, 95쪽.

66. 주요 미국 전투는 같은 책, 97-99쪽에 설명되어 있다. 또한 펙(Peck)의 Chapter 6을 참조할 것.

67. "파리를 위협하던 독일군의 위협을 막으려는 성공적인 노력에서 비롯된 이 거대한 전투에서, [프랑스군 총사령관 페르디낭] 포슈(Ferdinand Foch)는 프랑스 수도 북쪽과 동쪽에서 공격을 재개하려던 독일군 계획을 방해했다." 지거(Zieger), 앞의 책, 97쪽.

68. "뫼즈-아르곤(Meuse-Argonne) 공세는 독일군의 주요 보급선을 타격했으며, 미군이 참전한 모든 전투 중 가장 많은 병력과 사상자를 동반했다. 이는 제2차 세계대전의 벌지 전투(Battle of the Bulge)보다도 규모가 컸다." 쿠퍼(Cooper), *Woodrow Wilson*, 438쪽.

69. 헤링(Herring), 앞의 책, 415쪽.

70. 지거(Zieger), 앞의 책, 108쪽. 비교하자면, "독일은 전쟁에서 180만 명을 잃었고, 러시아는 170만 명, 프랑스는 138만 5천 명, 오스트리아-헝가리는 120만 명, 영국은 94만 7천 명을 잃었다." 로이첸버그(Leuchtenburg), 앞의 책, 32쪽. "1918년 가을 치명적인 인플루엔자 팬데믹은 병사들을 죽이거나 무력화시키는 데 있어 전장 활동에 필적했다. 1918년 9월에서 11월 사이, 프랑스에 있던 미원정군(AEF) 병사 중 약 10만 명이 감염되었고, 이들 중 약 10%가 사망했다." 지거(Zieger), 앞의 책, 109쪽.

71. "적과 동맹군 모두 [프랑스에서 싸운 미국 병사와 해병대의] 활력, 용기, 열정을 증언했다." 지거(Zieger), 앞의 책, 102쪽.

72. "퍼싱(Pershing)과 그의 지휘관들은 신선하고 활기찬 미국 병력이 잘 참호에 고립된 독일 베테랑 군대조차 밀어낼 수 있을 것이라고 믿었으나, 뫼즈-아르곤(Meuse-Argonne) 전장은 곧 그렇지 않음을 증명했다.... 반복적인 정면 공격에도 불구하고 제1군(First Army)의 병사들은 목표에 훨씬 못 미친 채로 곧 멈추고 말았다." 같은 책, 100쪽. 또한 펙(Peck), 앞의 책, 186, 190쪽 및 케네디(Kennedy), 앞의 책, 173-175쪽 참조.

73. "1918년 말까지 18만 명 이상의 외국 병력이 러시아 땅에 있었고, 몇몇 백군(White Russian) 군대는 연합국의 자금과 무기를 지원받고 있었다." 맥밀런(MacMillan), 앞의 책, 71쪽.

74. 비미스(Bemis), 앞의 책, 686-687쪽; N. 고든 레빈(N. Gordon Levin), *Woodrow Wilson and World Politics: America's Response to War and Revolution* (뉴욕: 옥스퍼드대학교 출판부, 1968), 87쪽; 헤링(Herring), 앞의 책, 414-415쪽; 맥밀런(MacMillan), 앞의 책, 71, 73쪽.

75. 헤링(Herring), 앞의 책, 418쪽.

76. 라페버(LaFeber), 앞의 책, 318쪽.

77. 그는 재임 중 유럽을 방문한 첫 번째 대통령이었다. 맥밀런(MacMillan), 앞의 책, 3쪽.

78. 헤링(Herring), 앞의 책, 420쪽.

79. 4대 강대국은-일시적으로 이탈리아의 주장에 대한 경시로 보이는 문제에 항의하여 올란도(Orlando)가 회담에서 잠시 철수하면서 3대 강대국이 되었던-145번의 비공개회의를 통해 주요 결정을 내렸다.

80. 스틸(Steel), 앞의 책, 164쪽.

81. 헤링(Herring), 앞의 책, 419쪽; 톰슨(Thompson), *Woodrow Wilson*, 212쪽.

82. 헤링(Herring), 앞의 책, p. 420. 실제로, 연합국은 윌슨이 약속한 종류의 합의를 저지할 수 있는 권한을 통해, 그리고 그러한 합의 전망에 그의 개인적 명성과 정치적 자본을 대거 투자하게 만든 점에서 윌슨에게 레버리지를 가지고 있었다. 톰슨(Thompson), *A Sense of Power*, 95쪽.

83. 톰슨(Thompson), *Woodrow Wilson*, 192쪽; 하조 홀본(Hajo Holborn), *The Political Collapse of Europe* (뉴욕: 알프레드 A. 노프, 1963), 100쪽. 윌슨은 또한 1918년 11월 미국의 총선 결과로 인해 더욱 약화되었는데, 이 선거에서 공화당은 상·하원 모두에서 다수를 차지하게 되었다.

84. 헨리 키신저(Henry Kissinger)는 1957년 비엔나 회의(Congress of Vienna)에 관한 그의 저서에 *A World Restored*라는 제목을 붙였다.

85. 라페버(LaFeber), 앞의 책, 316쪽.

86. 독일에 대한 관대함의 경제적 필요성을 주장한 사례 중 두드러진 것은 존 메이너드 케인스(John Maynard Keynes)의 1920년 출판된 널리 영향력 있는 저서 *The Economic Consequences of the Peace*였다.

87. 이리에(Iriye), 앞의 책, 64쪽; 맥밀런(MacMillan), 앞의 책, 188쪽.

88. 맥밀런(MacMillan), 앞의 책, 189쪽; 톰슨(Thompson), *Woodrow Wilson*, 196쪽.

89. 톰슨(Thompson), *A Sense of Power*, 91쪽; 홀본(Holborn), 앞의 책, 95쪽. 제1차 세계대전 중 오스트리아-헝가리 제국의 붕괴에 대해서는 루이스 네이미어(Lewis Namier), "The Downfall of the Habsburg Monarchy," 네이미어, *Vanished Supremacies: Essays on European History, 1812-1918* (뉴욕 및 일리노이주 에반스턴: 하퍼 토치북스, 1958), 122-164쪽을 참조할 것.

90. 새로 생긴 국가들은 핀란드, 에스토니아, 라트비아, 리투아니아, 체코슬로바키아, 유고슬라비아, 폴란드, 오스트리아, 헝가리, 터키였다. 커쇼(Kershaw), 앞의 책, 114, 122쪽.

91. 노르홀트(Nordholt), 앞의 책, 261쪽.

92. 이들 신생 국가 중 일부는 소수 민족 권리를 보호하는 조약에 서명했으나, 이는 기껏해야 일관되게 효과적이지 못했다. 자라 스타이너(Zara Steiner), *The Lights That Failed: European International History, 1919-1933* (옥스포드, 영국: 옥스포드대학교 출판부, 2005), 607쪽.

93. 패전국들과의 조약은 각각 프랑스 수도의 다른 교외 지역에서 체결되었다. 터키와는 세브르(S vres), 오스트리아와는 생제르맹앙레(Saint-Germain-en-Laye), 불가리아와는 뇌이쉬르센(Neuilly-sur-Seine), 독일과는 베르사유(Versailles), 헝가리와는 트리아농(Trianon)에서 조약이 체결되었다.

94. 맥밀런(MacMillan), 앞의 책, Chapter 29.

95. 로잔(Lausanne)은 (현재도) 스위스의 도시로, 파리 교외 지역이 아니다.

96. 독일은 영토의 13%와 인구의 10%를 잃었다. 맥밀런(MacMillan), 앞의 책, 465쪽.

97. 맥밀런(MacMillan), 앞의 책, 216, 236쪽. 윌슨의 14개 조항에는 재건된 폴란드가 바다로 접근할 수 있도록 하겠다는 약속이 포함되어 있었는데, 이는 독일계 주민이 포함된 영토를 폴란드에 제공하는 것이었다.

98. 같은 책, 69-71쪽. 윌슨은 레닌(Lenin)의 혁명 정부와의 대화를 시작하려는 시도를 승인했으나, 이는 아무런 성과도 거두지 못했다. 라페버(LaFeber), 앞의 책, 319쪽.

99. 1915년 일본은 중국에 "21개조 요구(21 Demands)"를 제시했는데, 이는 주로 독일로부터 얻은 이익을 정당화하고 만주와 해안 지역에서 일본의 영향력을 확대하려는 것이었다. 헤링(Herring), 앞의 책, 384쪽. 중국 정부는 이러한 요구에 저항하기 위해 미국에 도움을 요청했으나, 미국 정부는 중국을 거의 지원하지 않았다. 같은 책, 385쪽; 이리에(Iriye), 앞의 책, 31-34쪽.

100. 윌슨은 일본이 국제연맹(League of Nations)에 가입하도록 하기 위해 일본에 양보했다. 윌슨이 평화 합의에서 가장 우선시한 요소는 국제연맹이었다. 1922년 9개국 조약(Nine-Power Treaty)에서 일본은 산둥(Shantung)을 중국에 반환했다. 일본은 국제연맹 헌장에 인종 평등 조항을 삽입할 것을 제안했으나 채택되지 않았다.

101. "독립을 위한 투쟁은 국제화되었고, 윌슨은 이를 의도치 않게 옹호하게 되었다. 세계 곳곳의 억압받는 민족들이 자신들의 열망을 실현하기 위해 파리를 바라보았다. 그러나 평화 협상가들이 그들의 요구를 인정조차 하지 않은 것은 자연스럽게 광범위한 환멸과 분노를 촉발했다. 인도, 이집트, 한국, 중국 등 여러 곳에서 대규모 시위가 발생했다." 헤링(Herring), 앞의 책, 426쪽.

102. "위임통치제도(mandate system)는 사실상 변형된 병합에 불과했다." 같은 책, 421쪽.

103. 톰슨(Thompson), *A Sense of Power*, 104쪽.

104. 170쪽을 참조할 것.

105. 맥밀런(MacMillan), 앞의 책, 482, 493쪽.

106. 182-183, 186-187쪽을 참조할 것.

107. 국제연맹은 43개 창립 회원국으로 시작했고, 1920년에서 1937년 사이에 추가로 21개국이 가입했다.

108. 미국이 국제연맹에 가입하지 않았기 때문에, 이사회는 4개의 상임이사국으로 구성되었다.

109. 제2차 세계대전 이후 국제노동기구(International Labor Organization)는 유엔의 전문 기구가 되었으며, 현재까지도 존재하고 있다.

110. 그레그 러셀(Greg Russell), *The Statecraft of Theodore Roosevelt: The Duties of Nations and World Order* (네덜란드 도르드레흐트: 마르티너스 니호프 출판사, 2009), 162쪽; 비미스(Bemis), 앞의 책, 646쪽; 헤링(Herring), 앞의 책, 406쪽.

111. 톰슨(Thompson), *A Sense of Power*, 96쪽.

112. 헤링(Herring), 앞의 책, 423쪽; 맥밀런(MacMillan), 앞의 책, 85쪽; 라페버(LaFeber), 앞의 책, 320쪽.

113. 이 조항에 대한 반대 의견은 비미스(Bemis), 앞의 책, 653쪽에 명시되어 있다.

114. 톰슨(Thompson), *A Sense of Power*, 99쪽.

115. 로지(Lodge)는 시어도어 루스벨트(Theodore Roosevelt)에게 "나는 정치에서 윌슨에 대한 것만큼 증오를 느껴본 적이 없다."고 편지를 썼다. 오킨클로스(Auchincloss), 앞의 책, 108쪽에서 인용.

116. 헤링(Herring), 앞의 책, 433쪽.

117. 톰슨(Thompson), *A Sense of Power*, 102쪽.

118. 윌슨은 상원 외교위원회에 "미국은 세계의 이익을 위해 기꺼이 일부 주권을 포기할 것"이라고 말했다. 녹(Knock), 앞의 책, 233쪽. 논리적으로 결론을 내리자면, 10조(Article X)가 내포한 내용은 국제체제를 무정부 상태에서 계층적 구조로 변화시킬 것이었으며, 이는 주권국가들이 결코 허용하려 하지 않은 변화였다.

119. 톰슨(Thompson), *Woodrow Wilson*, 223쪽.

120. 조항의 문구는 다음과 같다. "미국은 10조(Article X) 규정에 따라 다른 어떤 국가의 영토 보전이나 정치적 독립을 유지하거나, 국제연맹 회원국이든 아니든 국가 간 분쟁에 개입할 의무를 지지 않으며, 어떤 조약 조항에 따라 미군 또는 해군을 어떠한 목적으로든 사용하는 것을 헌법상 전쟁 선포나 군사력 사용을 승인할 유일한 권한을 가진 의회가 법률 또는 공동 결의에 의해 승인하지 않는 한 의무를 지지 않는다." 톰슨(Thompson), *Woodrow Wilson*, 234쪽에서 인용.

121. 이 조항에 대한 반대 의견은 미국의 지원이 불확실해지면 국제연맹의 공격 억제력이 약화

될 것이라는 점에서 기인했다. 윌리엄 와이더너(William Widenor), *Henry Cabot Lodge and the Search for an American Foreign Policy* (캘리포니아주 버클리: 캘리포니아대학교 출판부, 1880), 339쪽; 톰슨(Thompson), *A Sense of Power*, 99-100쪽.

122. 톰슨(Thompson), *A Sense of Power*, 100, 101쪽; 와이더너(Widenor), 앞의 책, 286, 297, 331쪽; 쿠퍼(Cooper), *The Warrior and the Priest*, 332, 333쪽; 홀본(Holborn), 앞의 책, 115-117쪽.

123. "프랑스의 안보를 보장하는 양자 조약은 상원 외교위원회(Foreign Relations Committee)에서조차 보고되지 않았다." 톰슨(Thompson), *A Sense of Power*, 101쪽. 로이첸버그(Leuchtenburg), 앞의 책, 63쪽, 및 쿠퍼(Cooper), *The Warrior and the Priest*, 343쪽도 참조할 것.

124. "미국이 세계와 만난 역사에서 우드로 윌슨은 중심 인물이다." 터커(Tucker), 앞의 책, ix쪽. "윌슨은 현대 미국 외교정책의 지형에서 그 어떤 개인보다도 두드러지며, 지배적인 인물이고 선구적인 인물이다." 헤링(Herring), 앞의 책, 379쪽.

125. 라페버(LaFeber), 앞의 책, 269쪽.

126. 랜싱(Lansing)은 윌슨에 대해 "백악관에 자리 잡은 그는 자신의 독선 속에서 난공불락이었고, 자신의 확신 속에 갇혀 있었다."고 말했다. 오킨클로스(Auchincloss), 앞의 책, 113쪽에서 인용. "윌슨은 조언을 구하려 하지 않았고, 자신이 듣고 싶지 않은 이야기를 듣는 것을 꺼렸으며, 자신이 듣고 싶지 않은 말을 한 사람들을 즉각적으로 싫어하는 경향이 있다는 점은 그를 섬긴 모든 이들이 인식한 특성이었다." 터커(Tucker), 앞의 책, 21쪽.

127. 월터 맥두걸(Walter McDougall), *The Tragedy of U.S. Foreign Policy: How America's Civil Religion Betrayed the National Interest* (코네티컷주 뉴헤이븐: 예일대학교 출판부, 2016), 174쪽; 헤링(Herring), 앞의 책, 467-468쪽.

128. "1920년대 미국은 평시 역사상 가장 국제 문제에 깊이 관여했다." 워렌 I. 코헨(Warren I. Cohen), *Empire Without Tears: America's Foreign Relations, 1921-1933* (뉴욕: 알프레드 A. 노프, 1987), xii쪽.

129. 헤링(Herring), 앞의 책, 440쪽; 로이첸버그(Leuchtenburg), 앞의 책, 104-105쪽.

130. 멜빈 레플러(Melvyn Leffler), *The Elusive Quest: America's Pursuit of European Stability and French Security, 1919-1933* (노스캐롤라이나주 채플힐: 노스캐롤라이나대학교 출판부, 1979), 363쪽; 스타이너(Steiner), 앞의 책, 621쪽. 그럼에도 불구하고, "약 14만 명의 미군 병력은 전쟁 이전보다 50% 이상 많았으며, 장교단 규모는 세 배로 증가했다." 톰슨(Thompson), *A Sense of Power*, 115쪽.

131. 헤링(Herring), 앞의 책, 450쪽; 톰슨(Thompson), *A Sense of Power*, 112쪽.

132. 헤링(Herring), 앞의 책, 472쪽; 톰슨(Thompson), *A Sense of Power*, 113쪽. 1924년에서 1929년 사이, 라틴 아메리카 전체에 대한 미국의 투자는 두 배 이상 증가했다. 라페버

(LaFeber), 앞의 책, 357쪽.

133. 코헨(Cohen), 앞의 책, 72-74쪽.

134. 톰슨(Thompson), *A Sense of Power*, 120-121쪽; 코헨(Cohen), 앞의 책, 92쪽.

135. 점령에 벨기에 병력도 참여했다.

136. 헤링(Herring), 앞의 책, 458쪽.

137. 로카르노(Locarno)는 스위스의 도시이다.

138. 커쇼(Kershaw), 앞의 책, 180쪽; 스타이너(Steiner), 앞의 책, 395-404쪽. 미국은 독일의 재정적 의무를 조정하고 로카르노 조약을 위한 길을 닦은 도스 계획(Dawes Plan)의 추진에 기여했다. 186-187쪽 참조.

139. 라페버(LaFeber), 앞의 책, 347쪽; 스타이너(Steiner), 앞의 책, 572-574쪽.

140. 이는 로저 딩맨(Roger Dingman), *Power in the Pacific: The Origins of Naval Arms Limitation, 1914-1922* (시카고: 시카고대학교 출판부, 1976)의 주요 주제이다. "... 세 주요 해군 국가들의 수도 내의 정치적 역학이 이들 간의 국제적 관계보다 현대 최초의 전략적 군비 제한 협정의 성격을 결정하고 성공을 보장했다." 같은 책, xii쪽.

141. 코헨(Cohen), 앞의 책, 46-47쪽.

142. 딩맨(Dingman), 앞의 책, 159쪽; 헤링(Herring), 앞의 책, 452쪽.

143. 일본에 관해서는 딩맨(Dingman), 앞의 책, Chapter 2를 참조할 것.

144. 비미스(Bemis), 앞의 책, 690쪽.

145. 톰슨(Thompson), *A Sense of Power*, 113쪽.

146. 미국, 영국, 일본 간의 비율은 5:5:3이었다. 조약 조항에는 세 나라가 자신들이 통제하는 섬에 기지를 요새화하거나 새로운 기지를 건설하지 않을 것이라는 내용이 포함되었다. 코헨(Cohen), 앞의 책, 52쪽. 서명국들은 또한 10년 동안 주력함(capital ships)을 더 이상 건조하지 않기로 약속했다. 샤크(Schake), 앞의 책, 236쪽.

147. 4개국 조약(Four-Power Treaty)은 1902년 체결된 영일 동맹(Anglo-Japanese Treaty)을 대체했다. 미국은 이를 달가워하지 않았고, 영국은 미국을 달래고자 했다.

148. 137쪽을 참조할 것. 조약에 따라 일본은 파리 평화회의에서 비준된 산둥(Shantung)에 대한 통제를 포기했다. 코헨(Cohen), 앞의 책, 53쪽.

149. 317-320쪽을 참조할 것.

150. 스타이너(Steiner), 앞의 책, 588-591쪽.

151. 청 왕조(Qing Dynasty)는 17세기에 만주족(Manchus)에 의해 설립되었으며, 만주족은 한족(Han Chinese)과는 민족적으로 구별되었다. 만주족은 중국 전역을 정복하고 민족적으로 한족이었던 명 왕조(Ming Dynasty)를 전복시켰다.

152. 헤링(Herring), 앞의 책, 486쪽.

153. 장제스(Chiang Kai-shek)의 캠페인은 "중국인들이 만주로 이주하도록 장려하고, 일본 제품에 대한 불매운동을 추진하며, 지역 군벌들에게 일본이 통제하는 남만주철도(South Manchurian Railway)와 평행한 철도 노선을 건설하도록 독려하는 것"을 포함했다. 헤링(Herring), 앞의 책, 488쪽.

154. "결국 7만 명의 일본군이 상하이에 진입했다. 비행기와 해군 함정은 도시의 일부 지역을 폭격했으며, 이로 인해 대규모 민간인 사상자가 발생했다. 이는 이후 10년 동안 민간인들에게 가해질 참상을 예고하는 것이었다." 같은 책, 490쪽.

155. 만주 사건과 이에 대한 미국의 대응에 대해서는 헤링(Herring), 앞의 책, 486-490쪽; 코헨(Cohen), 앞의 책, 107-116쪽; 스타이너(Steiner), 앞의 책, Chapter 13 참조.

156. 스타이너(Steiner), 앞의 책, 719-720쪽.

157. 앨런 그린스펀(Alan Greenspan)과 에이드리언 울드리지(Adrian Wooldridge), *Capitalism in America: A History* (뉴욕: 펭귄 프레스, 2018), 192쪽.

158. 같은 책, 194쪽.

159. 존 스틸 고든(John Steele Gordon), *An Empire of Wealth: The Epic History of American Economic Power* (뉴욕: 하퍼콜린스, 2004), 299쪽.

160. 로이첸버그(Leuchtenburg), 앞의 책, 108쪽. 같은 책, 194쪽도 참조할 것.

161. 그린스펀(Greenspan)과 울드리지(Wooldridge), 앞의 책, 205쪽. 이들 산업 중 일부는 전쟁 이전에 시작되었다. 이리에(Iriye), 앞의 책, 112쪽.

162. 그린스펀(Greenspan)과 울드리지(Wooldridge), 앞의 책, 200쪽. 이 두 산업의 결과에 대한 상세 분석은 로버트 J. 고든(Robert J. Gordon), *The Rise and Fall of American Growth: The U.S. Standard of Living Since the Civil War* (뉴저지주 프린스턴: 프린스턴대학교 출판부, 2016), Chapter 4와 5를 참조할 것.

163. 그린스펀(Greenspan)과 울드리지(Wooldridge), 앞의 책, 196쪽.

164. "새로운 자동차 산업 없이는 '광란의 20년대(Roaring Twenties)'의 번영은 거의 불가능했을 것이다. 한 세대 만에 이뤄진 자동차 산업의 발전은 현대 기술의 가장 위대한 성과였다." 로이첸버그(Leuchtenburg), 앞의 책, 185쪽.

165. 그린스펀(Greenspan)과 울드리지(Wooldridge), 앞의 책, 202쪽. "'미국에서 전기의 사용이 지속적으로 증가한 것은 20세기의 경이로움 중 하나이다. 1902년 미국은 60억 킬로와트시(kilowatt-hours)의 전기를 사용했으며, 1인당 약 79킬로와트시였다. 1929년에는 1180억 킬로와트시, 1인당 960킬로와트시로, 1인당 소비량이 10배 이상 증가했다. 오늘날 [2004년] 사용량은 3조 9천억 킬로와트시에 달하며, 1인당 13,500킬로와트시 이상으로, 1902년 1인당 소비량의 170배 이상이다.'" 고든(Gordon), 앞의 책, 307쪽.

166. 더글러스 A. 어윈(Douglas A. Irwin), *Clashing Over Commerce: A History of U.S. Trade Policy* (시카고: 시카고대학교 출판부, 2017), 352-356쪽.

167. 이리에(Iriye), 앞의 책, 96쪽.

168. 호르매츠(Hormats), 앞의 책, 130쪽.

169. "… 1919년에서 1929년 사이 미국에서 이루어진 해외 대출은 다른 모든 자본 수출국들이 제공한 총액을 합친 것보다 많았다." 톰슨(Thompson), *A Sense of Power*, 123쪽.

170. 코헨(Cohen), 앞의 책, pp. 38-39. "1930년까지 미국의 직접 투자는 프랑스, 네덜란드, 독일을 합친 것보다 많았다." 헤링(Herring), 앞의 책, 447쪽.

171. 헤링(Herring), 앞의 책, 450쪽.

172. "… 세계대전 동안 미국 정부는 전례 없는 규모로 국제 대출자 역할을 맡았으며, 이는 미국이 유럽의 금융 문제에 전례 없는 수준으로 관여하도록 만들었다." 코헨(Cohen), 앞의 책, 21쪽.

173. 헤링(Herring), 앞의 책, 461쪽.

174. 이리에(Iriye), 앞의 책, 89쪽.

175. 미국의 관세는 유럽에 도움이 되지 않았다. 관세는 유럽 국가들이 미국에서 판매할 수 있는 물품을 제한했으며, 이는 유럽 국가들이 부채를 상환하기 위해 벌어들일 수 있는 달러를 줄였다. 톰슨(Thompson), *A Sense of Power*, 116쪽; 로이첸버그(Leuchtenburg), 앞의 책, 109쪽; 라페버(LaFeber), 앞의 책, 343쪽.

176. "[1925년에서 1929년 사이] 미국 은행들은 독일에 거의 12억 5천만 달러의 대출을 제공했으며, 단기 신용으로 수십억 달러를 추가로 제공했다. 미국인들은 독일 공장에 직접 2억 달러를 투자했다." 라페버(LaFeber), 앞의 책, 349쪽.

177. 로이첸버그(Leuchtenburg), 앞의 책, 111쪽.

178. 스타이너(Steiner), 앞의 책, 240쪽.

179. 코헨(Cohen), 앞의 책, 33쪽.

180. 스타이너(Steiner), 앞의 책, 615쪽.

181. 커쇼(Kershaw), 앞의 책, 153쪽.

182. 스타이너(Steiner), 앞의 책, 470-473쪽. "… [후버 대통령과 스팀슨 국무장관은] 이 계획에 미온적인 지지 이상을 보내지 않았다." 헤링(Herring), 앞의 책, 481쪽.

183. 주식 시장에 대규모로 투자한 사람들이 겪은 대공황의 경험에 대한 생생한 허구적 묘사는 업턴 싱클레어(Upton Sinclair), *Between Two Worlds* (뉴욕: 바이킹, 1941), Chapter 39 및 40을 참조할 것.

184. "1929년에서 1933년 사이, 국가 은행의 40%인 9,460개 은행이 파산했다." 그린스펀(Greenspan)과 울드리지(Wooldridge), 앞의 책, 234쪽.

185. 유럽 은행 위기는 1931년 5월 비엔나에서 크레디탄슈탈트(Creditanstalt) 은행의 파산으로 시작되었다.

186. 미국에서 "[경제] 활동은 1929년 말부터 1933년 초까지 전반적으로 감소했다. 1932년까지

산업 생산, 실질 GDP, 그리고 물가는 1929년 수준에 비해 각각 46%, 25%, 24% 감소했다." 그린스펀(Greenspan)과 울드리지(Wooldridge), 앞의 책, 223쪽.

187. 대공황의 원인에 대해서는, 예를 들어, 어윈(Irwin), 앞의 책, 397쪽 및 그린스펀(Greenspan)과 울드리지(Wooldridge), 앞의 책, 226-237쪽을 참조할 것.

188. 배리 아이켄그린(Barry Eichengreen), *Hall of Mirrors: The Great Depression, the Great Recession, and the Uses—and Misuses—of History* (뉴욕: 옥스포드대학교 출판부, 2015), 2쪽.

189. 미국은 1930년에 스무트-홀리 관세법(Smoot-Hawley Tariff)을 통과시켰다. 어윈(Irwin), 앞의 책, 371-394쪽.

190. 잘못된 생각에 사로잡힌 것 외에도, 미국 연방정부는 20세기 동안 경제 침체에 대응하기 위해 확보하게 될 도구들을 당시에는 갖추지 못하고 있었다. 데이비드 M. 케네디(David M. Kennedy), *Freedom from Fear: The American People in Depression and War, 1929-1945* (뉴욕: 옥스포드대학교 출판부, 1999), 57쪽; 아이켄그린(Eichengreen), 앞의 책, 155쪽.

191. 스타이너(Steiner), 앞의 책, 803쪽.

192. 이는 찰스 P. 킨들버거(Charles P. Kindleberger), *The World in Depression, 1929-1939* (캘리포니아주 버클리: 캘리포니아대학교 출판부, 1973)의 주장이다. "... 1929년 대공황이 매우 광범위하고, 심각하며, 길었던 이유는 국제경제체제가 영국의 무능력과 미국의 책임 회피로 인해 불안정해졌기 때문이다. 이는 다음 세 가지 사항에서 나타난다: (a) 과잉생산품에 대해 비교적 개방된 시장 유지, (b) 경기 역행적 장기 대출 제공, (c) 위기 상황에서의 재할인." 같은 책, 291-292쪽.

193. "... 세계 경제가 안정되려면, 반드시 한 명의 안정자가 있어야 한다." 같은 책, 305쪽.

194. 존 스틸 고든(John Steele Gordon), 앞의 책, 322-323쪽. 사실, 두 종류의 지불(배상금 및 전쟁 채무) 중 어떤 것도 다시 재개되지 않았다.

6장

1. "그는 굴하지 않는 낙관주의자였으며, 이는 경제 위기와 전쟁 시기에 그와 국가에 큰 도움이 된 특성이었다." 조지 C. 헤링(George C. Herring), *From Colony to Superpower: U.S. Foreign Relations Since 1776* (뉴욕: 옥스퍼드대학교 출판부, 2008), 492쪽.

2. 루스벨트의 행정 스타일, 특히 외교정책에 관해서는 로버트 달렉(Robert Dallek), *Franklin D. Roosevelt and American Foreign Policy, 1932-1945* (뉴욕: 옥스포드대학교 출판부, 1979), vii쪽; 켄트 로버츠 그린필드(Kent Roberts Greenfield), *American Strategy in World War II: A Reconsideration* (볼티모어: 존스홉킨스대학교 출판부, 1963), 76쪽; 존 램버턴 하퍼(John Lamberton Harper), *American Visions of Europe: Franklin D. Roosevelt, George F. Kennan, and Dean G. Acheson* (캠브리지, 영국: 캠브리지대학교 출판부, 1994), 12쪽; 윌리엄 L. 오닐(William L. O'Neill), *A Democracy at War: America's Fight at Home and Abroad*

(뉴욕: 프리 프레스, 1993), 98쪽을 참조할 것.

3. 마이클 베슐로스(Michael Beschloss), *The Conquerors: Roosevelt, Truman, and the Destruction of Hitler's Germany, 1941-1945* (뉴욕: 사이먼 앤 슈스터, 2002), 88쪽.

4. 하퍼(Harper), 앞의 책, 87쪽에서 인용.

5. 달렉(Dallek), 앞의 책, 3쪽.

6. 존 A. 톰슨(John A. Thompson), *A Sense of Power: The Roots of America's Global Role* (이타카, 뉴욕: 코넬대학교 출판부, 2015), 146-147, 156쪽. 제2차 루스벨트는 그의 정부에 윌슨주의자들을 포함했는데, 이는 그들이 그의 민주당에 잘 대표되어 있었기 때문이었다. 가장 두드러진 인물은 국무장관 코델 헐(Cordell Hull)과 또 다른 국무부 관료였으며 대통령의 개인적 친구였던 섬너 웰스(Sumner Welles)였다. 달렉(Dallek), 앞의 책, 421쪽.

7. 존 밀턴 쿠퍼(John Milton Cooper), *The Warrior and the Priest: Woodrow Wilson and Theodore Roosevelt* (매사추세츠주 캠브리지: 하버드대학교 출판부, 1983), 360쪽; 달렉(Dallek), 앞의 책, 16쪽. 루스벨트의 연설문 작성자이자 이후 전기 작가가 된 로버트 셔우드(Robert Sherwood)에 따르면, "윌슨의 비극은 항상 그의 의식 가장자리 어딘가에 자리 잡고 있었다.... 루스벨트의 전시 정치 정책 전반에서 그 어떤 동기보다도 같은 실수를 반복하지 않으려는 결의가 가장 강력한 추진력이었다." 톰슨(Thompson), 앞의 책, 154쪽에서 인용.

8. 쿠퍼(Cooper), 앞의 책, xii쪽.

9. 데이비드 케네디(David Kennedy), *Freedom from Fear: The American People in Depression and War, 1929-1945* (뉴욕: 옥스포드대학교 출판부, 1999), 107, 157, 375, 388쪽.

10. 같은 책, 155쪽; 월터 라페버(Walter LaFeber), *The American Age: U.S. Foreign Policy at Home and Abroad, 1750 to the Present* (뉴욕: W.W. 노튼, 2판, 1994), 372쪽.

11. "... [미국 무역 정책에 영향을 준 사람들 중] 코델 헐보다 더 크고 지속적인 영향을 미친 사람은 없었다." 더글라스 어윈(Douglas A. Irwin), *Clashing Over Commerce: A History of U.S. Trade Policy* (시카고: 시카고대학교 출판부, 2017), 421쪽.

12. 달렉(Dallek), 앞의 책, 92쪽.

13. 어윈(Irwin), 앞의 책, 8-9, 413쪽.

14. 같은 책, pp. 427, 430쪽.

15. 헤링(Herring), 앞의 책, 464쪽.

16. 라페버(LaFeber), 앞의 책, 370쪽.

17. 달렉(Dallek), 앞의 책, 86쪽. 또한 141쪽 참조.

18. 아키라 이리에(Akira Iriye), *The Cambridge History of American Foreign Relations, Volume III: The Globalizing of America* (뉴욕: 캠브리지대학교 출판부, 1993), 147쪽; 헤링(Herring),

앞의 책, 499쪽.

19. 이리에(Iriye), 앞의 책, 161쪽; 라페버(LaFeber), 앞의 책, 578쪽.

20. 헤링(Herring), 앞의 책, 556-561쪽; 이리에(Iriye), 앞의 책, 195쪽.

21. 새뮤얼 플래그 비미스(Samuel Flagg Bemis), *A Diplomatic History of the United States* (뉴욕: 헨리 홀트 앤 컴퍼니, 4판, 1955), 831쪽.

22. 종종 "반코민테른 조약(Anti-Comintern Pact)"이라고 불렸다.

23. "1938년까지 비옥한 중국 대부분, 특히 황허강(Yellow River)과 양쯔강(Yangtse River) 계곡은 일본군의 점령하에 있었다. 새로운 수도 난징(Nanking)과 구 수도 베이징(Peking)은 모두 침략자에게 함락되었고, 당시 정부 수반이었던 장제스(Chiang Kai-shek)는 양쯔강 상류의 충칭(Chungking)으로 내륙으로 철수했다." 존 키건(John Keegan), *The Second World War* (뉴욕: 펭귄 북스, 1990), 243쪽.

24. "... [적어도 1930년대 후반까지] 주요 해외 전쟁에 개입하지 않는 것이 미국 외교정책의 최우선 목표로 간주되었으며, 이는 다른 모든 목표를 능가했다." 톰슨(Thompson), *A Sense of Power*, 135쪽. 또한 달렉(Dallek), 앞의 책, 97쪽 참조.

25. 월터 A. 맥두걸(Walter A. McDougall), *Promised Land, Crusader State: The American Encounter with the World Since 1776* (보스턴: 하우튼 미플린, 1997), 39쪽; 헤링(Herring), 앞의 책, 502쪽.

26. 케네디(Kennedy), 앞의 책, 386쪽. "1937년 여론조사에서 미국인의 3분의 2는 전쟁 참여를 실수로 간주하게 되었다...." 톰슨(Thompson), 앞의 책, 139쪽.

27. 헤링(Herring), 앞의 책, 502-503쪽.

28. 톰슨(Thompson), 앞의 책, 133쪽.

29. 라페버(LaFeber), 앞의 책, 384-385쪽; 헤링(Herring), 앞의 책, 501쪽.

30. 1937년 10월, 그는 "... 우리는 전쟁의 참혹한 결과와 개입의 위험에 대해 스스로를 보호할 수 없다.... 세계의 다른 지역에서 일어나는 경제적, 정치적 격변으로부터 어떤 국가도 완전히 고립될 수는 없다."고 말했다. 톰슨(Thompson), 앞의 책, 145쪽에서 인용. 1939년, 그는 상원 군사위원회(Senate Military Affairs Committee)에서 "유럽을 한 국가가 지배하는 즉시, 그 국가는 세계 무대로 눈을 돌릴 것이다.... 그렇기 때문에 라인강(Rhine) 전선의 안전이 우리와 관련이 있는 것이다."라고 경고했다. 케네디(Kennedy), 앞의 책, 421쪽.

31. "뮌헨 협정(Munich settlement) 이후, 그는 히틀러를 '신뢰할 수 없는 약속과 끝없는 야망을 가진 위험한 인물'로 결론내린 것으로 보인다. 히틀러의 야망은 더 강력한 힘에 의해 단호히 저지되어야만 했다." 톰슨(Thompson), 앞의 책, 157쪽.

32. 다른 요인들도 루스벨트의 국제적 활동 범위를 제한했다. 보수적 반대에 맞서 그의 뉴딜(New Deal)을 보호하려는 정치적 자본 투자 필요성이 그중 하나였다. 1938년 중간선거에서 민주

당이 패배한 이후 그의 정치적 약화도 또 다른 요인이었다.

33. 피터 칼보코레시(Peter Calvocoressi)와 가이 윈트(Guy Wint), *Total War: Causes and Courses of the Second World War* (영국 하먼즈워스: 펭귄북스, 1974), 71쪽. 유화 정책에는 경제적 동기가 있었다. 이안 커쇼(Ian Kershaw), *To Hell and Back: Europe 1914-1949* (뉴욕: 바이킹, 2015), 321쪽.

34. 달렉(Dallek), 앞의 책, 130쪽; 톰슨(Thompson), 앞의 책, 148쪽.

35. "... [1939년 1월 국정연설(State of the Union Address)에서] 루스벨트는 '전쟁에 이르지 않는 방법이지만 단순한 언어보다 강력하고 효과적인 방법으로 공격적 정부에 우리 국민의 집단적 감정을 전달해야 한다.'는 일반적인 주장을 공개적으로 제기했다." 톰슨(Thompson), 앞의 책, 159쪽에서 인용.

36. 이리에(Iriye), 앞의 책, 164쪽; 라페버(LaFeber), 앞의 책, 389쪽.

37. 톰슨(Thompson), *A Sense of Power*, 157, 159쪽.

38. 이리에(Akira Iriye), 앞의 책, 162쪽.

39. 나치-소련 불가침 조약(Nazi-Soviet Pact)을 이용해, 1940년 소련군은 발트 3국(에스토니아, 라트비아, 리투아니아)을 점령하고 핀란드를 공격했다.

40. 그다음 해 독일군은 노르웨이, 북아프리카, 그리고 크레타에서 영국군에 군사적 패배를 안겼다.

41. 헤링(Herring), 앞의 책, 519-520쪽.

42. 이 점에 대해서는 존 루카스(John Lukacs), *Five Days in London: May 1940* (코네티컷주 뉴헤이븐: 예일대학교 출판부, 1999)를 참조할 것.

43. 게르하르트 와인버그(Gerhard Weinberg), *A World at Arms: A Global History of World War II* (영국 케임브리지: 케임브리지대학교 출판부, 1994), 156쪽; 릭 앳킨슨(Rick Atkinson), *The Day of Battle: The War in Sicily and Italy, 1943-1944* (뉴욕: 헨리 홀트 앤 컴퍼니), 3쪽.

44. 159쪽 참조.

45. 톰슨(Thompson), 앞의 책, 165쪽에서 인용.

46. "1939년 9월과 10월 여론조사에 따르면 80% 이상이 연합군의 승리를 지지했으며, 비슷한 비율로 독일, 특히 히틀러가 전쟁의 책임이 있다고 보았다." 같은 책. "아일랜드계, 독일계, 이탈리아계 미국인 같은 소수 집단이 추축국에 적어도 약간의 동정을 품었으나, 대부분의 미국인(여론조사에서 84%)과 특히 국제문제에 관심이 있는 엘리트들은 연합군의 승리를 지지했다." 헤링(Herring), 앞의 책, 518쪽.

47. 161쪽 참조.

48. 톰프슨(Thompson), 앞의 책, 155쪽.

49. 케네디(Kennedy), 앞의 책, 455쪽; 쿠퍼(Cooper), 앞의 책, 351쪽; 달렉(Dallek), 앞의 책, 250쪽.

50. 케네디(Kennedy), 앞의 책, 463쪽; 라페버(LaFeber), 앞의 책, 395쪽.

51. "아메리카 퍼스트(America First)는 사업가, 옛 진보주의자와 좌파, 그리고 강력히 반유대주의적인 단체들로 이루어진 다루기 힘든 연합이었다." 헤링(Herring), 앞의 책, 521-522쪽. "고립주의자들은 중서부와 서부의 농촌 지역, 그리고 아일랜드계, 이탈리아계, 독일계 미국인들이 예배하던 로마 가톨릭 및 루터교 교회에서 가장 강력했다." 라페버(LaFeber), 앞의 책, 393쪽.

52. 케네디(Kennedy), 앞의 책, 468-469쪽에서 인용.

53. 톰슨(Thompson), 앞의 책, 151쪽.

54. 같은 책, 165쪽; 달렉(Dallek), 앞의 책, 291쪽.

55. 라페버(LaFeber), 앞의 책, 395쪽; 헤링(Herring), 앞의 책, 524쪽.

56. 톰슨(Thompson), 앞의 책, 190쪽.

57. 케네디(Kennedy), 앞의 책, 459, 496쪽.

58. 같은 책, 469-475쪽.

59. 같은 책, 481-482쪽; 톰슨(Thompson), 앞의 책, 154.

60. 케네디(Kennedy), 앞의 책, 496쪽에서 인용.

61. 윌슨주의 원칙에 대한 언급은 1941년 6월 독일의 소련 공격 이후 결정된 소련 지원과 관련이 있다. 이는 비자유주의적인 정치체제를 가진 소련을 지원하는 상황에서 미국의 외교정책이 여전히 미국의 기본 정치 원칙을 반영한다는 점을 미국 국민에게 안심시키는 방법이었다. 달렉(Dallek), 앞의 책, 281쪽.

62. 같은 책, 274쪽.

63. 톰슨(Thompson), *A Sense of Power*, 189쪽.

64. 케네디(Kennedy), *Freedom from Fear*, 505쪽.

65. 같은 책, 510-511쪽; 라페버(LaFeber), 앞의 책, 398쪽; 달렉(Dallek), 앞의 책, 275쪽.

66. "신문, 대중, 그리고 공식적인 의견은 모두 일본에 대한 유화 정책에 반대했다. 예를 들어, 1941년 9월 루스벨트는 대중의 67%가 일본의 세력 확대를 막기 위해 전쟁을 감수할 준비가 되어 있다는 것을 알게 되었다." 달렉(Dallek), 앞의 책, 502쪽. 또한 같은 책, 531쪽; 헤링(Herring), 앞의 책, 530쪽; 톰슨(Thompson), 앞의 책, 189쪽 참조.

67. 왜 히틀러는 영국이 굴복하지 않은 상태에서 공격을 감행했을까? 이로 인해 독일은 불필요하게 적의 목록을 늘리게 되었다. "히틀러는 독일이 유럽을 장악하고 나아가 세계를 지배할 가장 좋은 기회를 향해 달리고 있다는 시간에 집착했다. 그는 초기의 사고방식을 완전히 뒤집었다. 그는 장군들에게 영국을 물리치는 방법은 먼저 소련을 물리치는 것이라고 말했다." 커쇼(Kershaw), 앞의 책, 350쪽.

68. 바르바로사 작전에 대해서는 리처드 오버리(Richard Overy), *Russia's War* (런던 앨렌 레인:

펭귄 프레스, 1998), Chapter 3을 참조할 것. "1942년 2월까지 독일군에게 포로로 잡힌 390만 명의 병사 중 대다수인 약 280만 명이 사망했다. 최소 25만 명은 총살당했으며, 나머지는 독일군이 강요한 끔찍한 조건에서 사망했다." 와인버그(Weinberg), 앞의 책, 300쪽.

69. 오버리(Overy), 앞의 책, 119쪽.

70. "처칠은 즉시 공개적으로 독일의 침략의 최신 희생자인 소련에 대한 영국의 연대를 선언했다." 와인버그(Weinberg), 앞의 책, 283쪽.

71. 와인버그(Weinberg), 앞의 책, 243쪽. 바르바로사 작전이 시작된 지 이틀 후인 6월 24일, 루스벨트는 "물론 우리는 소련에 가능한 모든 지원을 제공할 것이다."라고 말했다. 로버트 A. 디바인(Robert A. Divine), *The Reluctant Belligerent: American Entry into World War II* (뉴욕: 존 윌리 앤 선즈, 1965), 123쪽에서 인용.

72. "여론은 소련에 대한 마지못한 동정을 반영하는 경향이 있었다. 1941년 6월 말과 7월 초에 실시된 여론조사에서 조지 갤럽(George Gallup)은 질문받은 사람들의 70% 이상이 소련이 독일을 물리치기를 원한다고 답했다는 것을 발견했다. 그러나 소련에 대한 이념적 불신은 여전히 많은 미국인에게 영향을 미쳤다. 소련에 전쟁 물자를 영국과 같은 조건으로 보내는 것에 찬성하느냐는 질문에는 35%만이 그렇다고 대답했다." 디바인(Divine), 앞의 책, 125쪽.

73. 오버리(Overy), 앞의 책, 327쪽. 바르바로사에 대한 일반적인 미국의 반응은 달렉(Dallek), 앞의 책, 278, 297쪽, 와인버그(Weinberg), 앞의 책, 286쪽 참조.

74. 케네디(Kennedy), 앞의 책, 484쪽.

75. 협상에 관해서는 와인버그(Weinberg), 앞의 책, 246-247, 257쪽; 케네디(Kennedy), 앞의 책, 508, 513-515쪽; 톰슨(Thompson), 앞의 책, 189쪽; 달렉(Dallek), 앞의 책, 302쪽을 참조할 것.

76. 미국 관리들은 일본의 공격 가능성을 높게 보았지만, "일본이 어디를 공격할 계획인지는 알지 못했다. 그들은 공격이 동남아시아와 필리핀에 있는 대규모 미군 기지에서 일어날 것이라고 추정했다." 라페버(LaFeber), 앞의 책, 403쪽. 약간 다른 견해는 톰슨(Thompson), 앞의 책, 193쪽을 참조할 것. 진주만 공격이 있을 것을 루스벨트가 알고도 의도적으로 이를 막지 않았다는 비난에 대한 반박은 테드 모건(Ted Morgan), *FDR: A Biography* (뉴욕: 사이먼 앤 슈스터, 1985), 619-622쪽을 참조할 것.

77. 케네디(Kennedy), 앞의 책, 522쪽.

78. "루스벨트는 이후 처칠(Churchill)과 스탈린(Stalin)에게 '일본의 공격이 없었다면 미국 국민을 전쟁에 참여시키는 데 큰 어려움이 있었을 것'이라고 말했다." 달렉(Dallek), 앞의 책, 307쪽.

79. 유일한 반대표는 몬태나주의 평화주의자이자 하원에 선출된 최초의 여성인 지넷 랭킨(Jeanette Rankin)이었다.

80. 케네디(Kennedy), 앞의 책, 616쪽.

81. 히틀러의 미국에 대한 태도에 관해서는 존 루카스(John Lukacs), *The Hitler of History* (뉴욕:

알프레드 A. 노프, 1997), 153-156쪽을 참조할 것.

82. 사실, 독일의 전쟁 선포와 미국의 프랑스 상륙 사이에는 2년 반의 시간이 걸렸다.

83. 라페버(LaFeber), 앞의 책, 418쪽; 달렉(Dallek), 앞의 책, 324쪽; 헤링(Herring), 앞의 책, 570-572쪽.

84. 벤 스틸(Benn Steil), *The Battle of Bretton Woods: John Maynard Keynes, Harry Dexter White, and the Making of a New World Order* (뉴저지주 프린스턴: 프린스턴대학교 출판부, 2013), 14, 110, 115쪽; 어윈(Irwin), 앞의 책, 459쪽.

85. 로버트 스키델스키(Robert Skidelsky), *John Maynard Keynes: Fighting for Freedom, 1937-1946* (뉴욕: 바이킹, 2000), xxii쪽; 월터 A. 맥두걸(Walter A. McDougall), *The Tragedy of American Foreign Policy: How America's Civil Religion Betrayed the National Interest* (코네티컷주 뉴헤이븐: 예일대학교 출판부, 2016), 209쪽.

86. 케네디(Kennedy), 앞의 책, 576-577, 701쪽. 미국 군사 지도자들은 이 전략에 강력히 반대했다. 같은 책, 585쪽. 또한 달렉(Dallek), 앞의 책, 372쪽; 키건(Keegan), 앞의 책, 312, 318쪽; 와인버그(Weinberg), 앞의 책, 682쪽 참조.

87. 릭 앳킨슨(Rick Atkinson), *The Guns at Last Light: The War in Western Europe, 1944-1945* (뉴욕: 헨리 홀트 앤 컴퍼니, 2013), 35쪽.

88. 달렉(Dallek), 앞의 책, 378-379, 459-462, 538쪽; 라페버(LaFeber), 앞의 책, 421쪽; 스미스(Smith), 앞의 책, 15쪽; 하퍼(Harper), 앞의 책, 113쪽; 존 모튼 블럼(John Morton Blum), *V Was for Victory: Politics and American Culture During World War II* (뉴욕: 하코트 브레이스 조바노비치, 1976), 258쪽.

89. 루스벨트는 1942년 초 처칠에게 전보를 보내며 이렇게 말했다. "내가 솔직하게 말하더라도 개의치 않을 것이라고 믿습니다. 저는 스탈린을 당신의 외무부나 나의 국무부보다 더 잘 다룰 수 있을 것 같습니다. 스탈린은 당신 측 주요 인물들[당신도 포함해서일까요?]을 매우 싫어합니다. 그는 저를 더 좋아한다고 생각하며, 그가 계속 그렇게 느끼길 바랍니다." 하퍼(Harper), 앞의 책, 82쪽, 각주 17에서 인용.

90. 달렉(Dallek), 앞의 책, 338쪽; 하퍼(Harper), 앞의 책, 123쪽.

91. 앳킨슨(Atkinson), *The Day of Battle*, 18쪽; 달렉(Dallek), 앞의 책, 321쪽.

92. 그린필드(Greenfield), 앞의 책, 55쪽.

93. 오닐(O'Neill), 앞의 책, 144쪽.

94. 에릭 라라비(Eric Larrabee), *Commander in Chief: Franklin Delano Roosevelt, His Lieutenants, and the War* (뉴욕: 하퍼 앤 로우, 1987), 3쪽.

95. 케네디(Kennedy), 앞의 책, 747쪽. "결국 이들 중 4분의 3이 해외로 파견되었는데, 이는 1917-1918년에 미국 원정군(American Expeditionary Force)과 함께 프랑스로 간 병력의 6

배였다.” 같은 책.

96. “루스벨트는 그 건물의 건축 양식을 싫어했고, 전쟁이 끝난 후에는 창고로 사용될 것으로 예상했다.” 헤링(Herring), 앞의 책, 544쪽.

97. 초기 구성원은 의장 윌리엄 리히(William Leahy) 제독, 그리고 각각 육군, 해군, 그리고 육군 항공대(당시 공군의 명칭)를 대표하는 조지 마셜(George Marshall) 장군, 어니스트 킹(Ernest King) 제독, 그리고 헨리 H. 아널드(H. H. Arnold) 장군이었다.

98. 라라비(Larrabee), 앞의 책, 150쪽.

99. 헤링(Herring), 앞의 책, 542쪽.

100. 윌리엄슨 머레이(Williamson Murray)와 앨런 R. 밀렛(Alan R. Millett), *A War to Be Won: Fighting the Second World War* (매사추세츠주 캠브리지: 하버드대학교 출판부, 2000), 181-182쪽.

101. 아이젠하워(Eisenhower)는 1890년, 맥아더(MacArthur)와 마셜(Marshall)은 1880년에 태어났다.

102. “만약 아이크(Ike)가 ‘위대함’이라는 칭호를 받을 자격이 있다면, 이는 그의 지휘 아래 있었던 장군들—전쟁 사상 가장 다루기 힘들고 자기중심적인 이들로 구성된—을 효과적으로 관리한 그의 역량에 기인한다.” 머레이(Murray)와 밀렛(Millett), 앞의 책, 416쪽.

103. 가장 두드러진 해군 지도자는 해군 작전참모 어니스트 킹(Ernest King) 제독, 태평양 함대 사령관 체스터 니미츠(Chester Nimitz) 제독, 그리고 남태평양 지역 사령관 윌리엄(“불”) 할시(William “Bull” Halsey) 제독이었다. 그들이 감독한 전역이 광활한 태평양의 낯선 지역에서 벌어졌거나, 육군 복무 인원이 해군 복무 인원보다 많았던 이유 때문인지, 제독들은 장군들만큼의 명성을 얻지 못했다.

104. 마셜은 프랑스 침공 지휘를 희망했지만, 루스벨트는 그 임무를 아이젠하워에게 맡겼다. 루스벨트는 마셜에게 “당신이 나라 밖에 있는 동안 나는 마음 편히 잠들 수 없을 것 같았다.”라고 설명했다. 케네디(Kennedy), 앞의 책, 687쪽에서 인용. 미국 대중이 아이젠하워에 대해 가졌던 엄청난 존경과 애정은 유럽 전역에서 그의 역할에서 비롯되었다. 만약 루스벨트가 그 책임을 마셜에게 맡겼다면, 아이젠하워가 대통령이 되는 일은 없었을 것이다.

105. 케네디(Kennedy), 앞의 책, 655쪽. “비교하자면, 독일은 44,857대의 전차와 111,767대의 항공기를 제작했고, 일본은 소수의 전차와 69,910대의 항공기를 제작했다. 영국은 훨씬 긴 1934년에서 1945년 기간 동안 123,819대의 군용 항공기를 제작했다.” 같은 책.

106. 같은 책, 654쪽. 미국은 생산뿐만 아니라 장비와 기타 물자를 전장에 있는 병사들에게 전달하는 물류(logistics)에서도 뛰어났다. 태평양 전쟁의 마지막 1년 반 동안, 미국 정부는 각 미국 병사당 4톤의 물자를 제공했다. 반면, 일본은 병사당 2파운드의 물자를 제공했다. 같은 책, 668쪽.

107. 앳킨슨(Atkinson), *The Guns at Last Light*, 218쪽.

108. 키건(Keegan), 앞의 책, 218쪽.

109. "전쟁 전체는 미국 납세자들에게 2,960억 달러의 비용을 초래했으며, 이는 2012년 기준으로 약 4조 달러에 해당한다." 앳킨슨(Atkinson), *The Guns at Last Light*, 633쪽.

110. 로버트 호머츠(Robert Hormats), *The Price of Victory: Paying for America's Wars* (뉴욕: 타임즈 북스 헨리 홀트 앤 컴퍼니, 2007), 148쪽.

111. 같은 책, 163쪽.

112. 오닐(O'Neill), 앞의 책, 215쪽.

113. 호머츠(Hormats), 앞의 책, 171쪽.

114. 케네디(Kennedy), 앞의 책, 647쪽. "미국에서는 1940년에서 1944년 사이 실질적으로 소비자 지출이 10.5% 증가했다." 앨런 그린스펀(Alan Greenspan)과 에이드리언 울드리지(Adrian Wooldridge), *Capitalism in America: A History* (뉴욕: 펭귄 프레스, 2018), 270쪽.

115. 미국이 전쟁에 공식적으로 참전하기 전에도 루스벨트는 "FBI가 법을 어기고 추축국 동조자로 의심되는 인물들의 전화 도청과 우편물 개봉을 허가했다. 그는 또한 FBI가 그를 비판하기만 한 국회의원들을 감시하는 것을 허락했다." 라페버(LaFeber), 앞의 책, 406쪽.

116. 달렉(Dallek), 앞의 책, 334-335쪽; 블럼(Blum), 앞의 책, 159-163쪽.

117. 케네디(Kennedy), 앞의 책, 758-759쪽. "1944년 12월 18일, 대법원이 코레마츠 사건(Korematsu case)에 대해 판결을 내렸을 때, 이미 11월 대통령 선거 이후 안전한 시기였으며, 수용소는 비우기 시작한 상태였다. 대법원의 결정 발표 바로 전날, 정부는 '군사적 필요' 기간이 종료되었다고 선언했다." 같은 책, 759쪽.

118. 관련 법안은 1988년에 통과되었다.

119. 그린필드(Greenfield), 앞의 책, 15쪽; 케네디(Kennedy), 앞의 책, 579쪽. 영국은 북아프리카 선택을 선호했다. 라라비(Larrabee), 앞의 책, 133쪽.

120. 스탈린그라드에 대해서는 머레이(Murray)와 밀렛(Millett), 앞의 책, 283-291쪽; 키건(Keegan), 앞의 책, 227-237쪽; 오버리(Overy), 앞의 책, Chapter 6; 이안 커쇼(Ian Kershaw), *Hitler, 1936-1945: Nemesis* (뉴욕: WW. 노튼, 2000), 534-538쪽을 참조할 것.

121. 칼보코레시(Calvocoressi)와 윈트(Wint), 앞의 책, 477쪽.

122. 이는 폴 케네디(Paul Kennedy), *The Rise and Fall of the Great Powers: Economic Change and Military Conflict from 1500 to 2000* (뉴욕: 랜덤하우스, 1987)의 주요 주제이다.

123. 1961년, 스탈린 사망 8년 후, 이 도시는 본래 이름인 볼고그라드(Volgograd)로 변경되었다.

124. 전쟁 이후, 남서태평양에 있는 네덜란드의 섬 영토는 인도네시아라는 독립 국가가 되었다.

125. "1941년 12월 진주만 사건에서 1942년 5월 영국군이 버마에서 축출되기까지의 6개월 동안, 일본은 이전에 스페인, 네덜란드, 영국, 프랑스, 러시아 등 다섯 개의 제국이 시도했으나 실패했던 목표를 달성했다. 일본은 중국해역을 둘러싼 모든 땅의 주인이 되었고, 정복지를 강력한

중심지로 연결했다. 실제로, 서태평양에서 제국적 야망을 가진 강국 중 하나로 중국을 포함한다면, 일본은 그녀의 성취조차도 초과했다." 키건(Keegan), 앞의 책, 546쪽.

126. 라페버(LaFeber), 앞의 책, 419쪽.

127. 칼보코레시(Calvocoressi)와 윈트(Wint), 앞의 책, 760-761쪽.

128. 키건(Keegan), 앞의 책, 275-278쪽. "정확히 5분, 10시 25분에서 10시 30분 사이에 태평양 전쟁의 전체 흐름이 반전되었다. [일본의] 제1항공함대는 화려한 함선, 현대적인 항공기, 뛰어난 조종사들과 함께 참혹한 피해를 입었다." 같은 책, 278쪽. 미드웨이에 대해서는 또한 머레이(Murray)와 밀렛(Millett), 앞의 책, 194쪽 참조.

129. "태평양 전쟁 전반에 걸쳐 일본은 모든 유형의 항공모함 14척을 취역시켰고, 미국은 104척을 취역시켰다." 와인버그(Weinberg), 앞의 책, 338쪽. 또한 키건(Keegan), 앞의 책, 555쪽 참조.

130. 헤링(Herring), 앞의 책, 552쪽.

131. 219-220쪽 참조.

132. 키건(Keegan), 앞의 책, 425쪽; 그린필드(Greenfield), 앞의 책, 6쪽.

133. 칼보코레시(Calvocoressi)와 윈트(Wint), 앞의 책, 498쪽.

134. 데이비드 케네디(David Kennedy), 앞의 책, 744쪽; 와인버그(Weinberg), 앞의 책, 580쪽; 머레이(Murray)와 밀렛(Millett), 앞의 책, 332쪽.

135. 달렉(Dallek), 앞의 책, 373쪽에서 인용.

136. 데이비드 케네디(David Kennedy), 앞의 책, 592-593쪽.

137. 대서양 전투에서 연합군의 승리에 대한 최고의 설명은 폴 케네디(Paul Kennedy), *Engineers of Victory: The Problem Solvers Who Turned the Tide in the Second World War* (뉴욕: 랜덤하우스 트레이트 페이퍼백, 2013), Chapter 1에 있다.

138. 진주만 공격 8개월 전 루스벨트는 처칠에게 "나는 이 투쟁의 결과가 대서양에서 결정될 것이라고 믿는다. 만약 히틀러가 그곳에서 승리할 수 없다면, 결국 그는 세계 어느 곳에서도 승리할 수 없다."라고 썼다. 라라비(Larrabee), 앞의 책, 639쪽에서 인용. 또한 오닐(O'Neill), 앞의 책, 144쪽 참조.

139. 헤링(Herring), 앞의 책, 539쪽; 그린필드(Greenfield), 앞의 책, 60쪽; 라페버(LaFeber), 앞의 책, 414쪽.

140. 폴 케네디(Paul Kennedy), *Engineers of Victory*, 7, 21-22쪽.

141. 같은 책, 34-38쪽; 오닐(O'Neill), 앞의 책, 149쪽.

142. 와인버그(Weinberg), 앞의 책, 375쪽.

143. 폴 케네디(Paul Kennedy), *Engineers of Victory*, 52-53쪽.

144. 같은 책, 53-54쪽. 또한 중요한 것은 독일 잠수함을 단순히 회피하려는 시도가 아니라 이를 공격하려는 연합군의 결정이었다. 같은 책, 40쪽.

145. "전쟁 전체 기간 동안 V-보트 승무원의 사망률은 놀랍게도 63%였으며, 포로로 잡힌 선원들을 포함하면 76%에 달했다. 이 투쟁에서 어떤 주요 병력도 이 끔찍한 손실률에 근접하지 못했다." 폴 케네디(Paul Kennedy), *Engineers of Victory*, 71쪽.

146. "'루스벨트는 테헤란에 와서 스탈린과 협력하기로 결심했으며,' 루스벨트의 오랜 참모인 해리 홉킨스(Harry Hopkins)는 처칠의 개인 주치의인 모런 경(Lord Moran)에게 말했다. '그 목적을 방해하는 어떤 것도 허용하지 않을 것이다... 결국,' 홉킨스는 말했다. '그는 평생 동안 사람을 다루는 데 익숙했고, 스탈린도 본질적으로 다른 사람들과 크게 다르지 않을 것이라고 생각했다.'" 데이비드 케네디(David Kennedy), 앞의 책, 676쪽에서 인용.

147. 데이비드 케네디(David Kennedy), 앞의 책, 679-680쪽; 달렉(Dallek), 앞의 책, 433쪽.

148. 이리에(Iriye), 앞의 책, 198쪽. "루스벨트의 생각에는, 중국이 전후 아시아에서 영국 및 다른 유럽 열강에 대한 균형추 역할을 하여 영구적인 탈식민화를 보장할 수 있을 것이라고 보았다. 강력한 중국은 부활하는 일본을 견제하고 지역에서 소련의 야망을 막는 데도 기여할 것이다. 처칠은 중국이 결국 강대국이 될 것이라는 루스벨트의 개념을 터무니없는 생각으로 간주했다." 데이비드 케네디(David Kennedy), 앞의 책, 670쪽.

149. 스틸웰(Stilwell)과 장제스(Chiang) 간의 관계는 바바라 W. 터크먼(Barbara W. Tuchman), *Stilwell and the American Experience in China, 1911-1945* (뉴욕: 맥밀란 컴퍼니, 1971)에 서술되어 있다. 또한 헤링(Herring), 앞의 책, 574-576쪽 참조.

150. 데이비드 케네디(David Kennedy), 앞의 책, 814쪽.

151. "더글라스 맥아더(Douglas MacArthur)를 달래려는 욕망, 필리핀이라는 잃어버린 미국 식민지에 충성을 보이는 정치적 필요, 그리고 남서태평양에 이미 다소 우발적으로 투자한 것들이 모두 [sic] 맥아더의 요구를 승인하는 데 기여했다. 그는 북뉴기니 해안을 따라 올라가 필리핀을 해방시키고 포르모사(현재의 대만)와 중국 해안으로의 추가 공격을 준비할 수 있도록 허락받았다." 같은 책, 816쪽. 맥아더는 필리핀에 도달했지만 포르모사나 중국에는 도달하지 못했다.

152. 이 작전에 대한 훌륭한 설명은 폴 케네디(Paul Kennedy), *Engineers of Victory*, Chapter 4를 참조할 것. "D"는 작전 일을 나타내며, 그다음 날은 D+1 등으로 표현된다.

153. 키건(Keegan), 앞의 책, 373-374쪽; 오닐(O'Neill), 앞의 책, 344쪽. 연합군 공군은 북서부 프랑스의 수송망을 폭격하여 독일군이 노르망디로 병력을 급파하는 것을 방해했다. 폴 케네디(Paul Kennedy), *Engineers of Victory*, 252쪽; 머레이(Murray)와 밀렛(Millett), 앞의 책, 413-416쪽; 키건(Keegan), 앞의 책, 376쪽.

154. 앳킨슨(Atkinson), *The Guns at Last Light*, 12쪽.

155. 폴 케네디(Paul Kennedy), *Engineers of Victory*, 273쪽.

156. "6월 말까지, 미국과 영국 부대는 내륙으로 20마일을 진격하며 남쪽으로 향하고 있었다..." 같은 책, 250쪽.

157. 머레이(Murray)와 밀렛(Millett), 앞의 책, 444-445쪽. "유럽에서의 13개 미국 사단은 최소

100%의 사상률을 기록했으며, 5개 사단은 200%를 초과했다…. 대부분의 영국과 미국 군사 사망자, 소련 사망자의 상당 비율, 전쟁 전체에서 독일 군사 사망자의 절반, 그리고 민간인 사망자의 대다수가 전쟁 마지막 11개월 동안 발생했다." 커쇼(Kershaw), 앞의 책, 354쪽.

158. 머레이(Murray)와 밀렛(Millett), 앞의 책, 432-433쪽.

159. 같은 책, 436-444쪽; 데이비드 케네디(David Kennedy), 앞의 책, 735-736쪽.

160. 머레이(Murray)와 밀렛(Millett), 앞의 책, 463-471쪽.

161. "아이젠하워는 베를린을 소련이 점령하도록 한 결정을 정당화하며, 첫째, [1945년 2월 얄타 회담에서] 이미 베를린이 소련 점령 구역에 속한다고 빅3가 합의한 점, 둘째, 수도까지 200마일을 진격하는 것은 결국 떠나야 할 도시를 점령하기 위해 그의 병사들을 지나치게 많이 희생시킬 것이라고 우려한 점을 들었다." 라페버(LaFeber), 앞의 책, 443쪽. "처칠은 미국이 베를린으로 진격하지 않기로 한 결정에 격분하며 루스벨트와 아이젠하워에게 '독일 내 가능한 한 멀리 동쪽으로 진군하고, 가능하다면 폴란드로 진군하라'고 호소했다." 하퍼(Harper), 앞의 책, 128쪽.

162. "이 대량 학살 계획은 처음부터 동부를 대상으로 한 전체 이념적 전쟁의 주요 부분을 차지했으며, 의도된 인구 혁명을 포함했다." 와인버그(Weinberg), 앞의 책, 192쪽.

163. 독일 내의 수용소들은 "가장 파괴적인 수용소들 중 하나가 아니었다. 이들은 학살 수용소가 아니었다. 그 안에서 벌어진 공포는 아우슈비츠(Auschwitz), 마이단크(Majdanek), 그리고 폴란드에 위치한 다른 네 곳의 학살 센터에서 자행된 수백만 건의 살인과는 다른 차원의 것이었다." 데이비드 S. 와이먼(David S. Wyman), *The Abandonment of the Jews: America and the Holocaust, 1941-1945* (뉴욕: 판테온 북스, 1984), 325쪽.

164. 이는 같은 책의 주제이다. 주요 결론은 x-xi쪽에 요약되어 있다.

165. 같은 책, 316쪽; 데이비드 케네디(David Kennedy), 앞의 책, 415쪽; 달렉(Dallek), 앞의 책, 167-168쪽.

166. 헤링(Herring), 앞의 책, 557쪽; 달렉(Dallek), 앞의 책, 447쪽.

167. "수백만 명을 구출하는 것은 아마도 불가능했을 것이다. 그러나 전쟁 노력에 지장을 주지 않고도 수만 명, 아마도 수십만 명을 추가로 구할 수 있었을 가능성이 크다." 와이먼(Wyman), 앞의 책, 331쪽. 저자는 이어서 실행 가능한 열두 가지 조치를 나열한다. 같은 책, 331-334쪽.

168. 스틸(Steil), 앞의 책, 165쪽.

169. 스키델스키(Skidelsky), 앞의 책, 182, 357쪽. 케인스는 잉여국이 조정을 맡는 것을 선호하는 덜 이기적인 이유를 가지고 있었다. 그는 잉여국들이 잉여를 소비하도록 강제하는 것이 전 세계의 총산출을 확대할 것이라고 믿었으며, 반면 적자국들이 조정을 위해 취해야 하는 조치는 그렇지 않을 것이라고 생각했다.

170. 톰슨(Thompson), 앞의 책, 222쪽.

171. 이 좌석들은 소련 자체와 우크라이나 및 벨로루시 소비에트 공화국에 할당되었다.

172. 따라서 프랑스는 자신들이 패배한 전쟁 이후 독일에 대해 이전 전쟁에서 승리했을 때보다 더 큰 통제력을 확보했다.

173. 데이비드 케네디(David Kennedy), 앞의 책, 677-678쪽; 톰슨(Thompson), 앞의 책, 224쪽.

174. 이는 포츠담(Potsdam) 회담에서 확인되었다.

175. 달렉(Dallek), 앞의 책, 520쪽.

176. "루스벨트는 자유 선거와 루블린(현 바르샤바) 정부의 확대를 주장했지만, 이는 주로 형식적인 문제라는 것을 인식하고 있었다. 형식은 국내 여론을 위해 중요했지만, 폴란드에 대한 소련의 통제라는 본질에는 영향을 미치지 않았다." 하퍼(Harper), 앞의 책, 123쪽.

177. 톰슨(Thompson), 앞의 책, 226쪽.

178. "10년도 채 지나지 않아, 초기 냉전의 긴장된 분위기 속에서 얄타는 배신의 상징이 되었다. 루스벨트의 격렬한 당파적 비판자들은 죽어가던 대통령이 친공산주의 조언자들에게 속아 폴란드와 동유럽에 대한 소련의 통제를 인정했다고 주장했다." 헤링(Herring), 앞의 책, 585쪽.

179. 같은 책, 584쪽.

180. 같은 책, 583쪽.

181. 와인버그(Weinberg), 앞의 책, 895쪽.

182. 데이비드 케네디(David Kennedy), 앞의 책, 823-828쪽; 머레이(Murray)와 밀렛(Millett), 앞의 책, 365-369쪽.

183. 데이비드 케네디(David Kennedy), 앞의 책, 829-834쪽; 머레이(Murray)와 밀렛(Millett), 앞의 책, 510-516쪽.

184. 머레이(Murray)와 밀렛(Millett), 앞의 책, 515-516쪽.

185. 데이비드 케네디(David Kennedy), 앞의 책, 846-847쪽.

186. 키건(Keegan), 앞의 책, p. 576; 밀렛(Millett)과 머레이(Murray), 앞의 책, 507쪽.

187. 총 사망자 수는 약 27만 6천 명으로 추정된다. 헤링(Herring), 앞의 책, 593쪽.

188. 데이비드 케네디(David Kennedy), 앞의 책, 838-840쪽; 헤링(Herring), 앞의 책, 591-592쪽.

189. 데이비드 케네디(David Kennedy), 앞의 책, 834-835쪽; 라페버(LaFeber), 앞의 책, 447-448쪽.

190. 데이비드 케네디(David Kennedy), 앞의 책, 856쪽; 오버리(Overy), 앞의 책, 288쪽; 키건(Keegan), 앞의 책, 590-592쪽; 존 W. 다우어(John W. Dower), *War Without Mercy: Race and Power in the Pacific War* (뉴욕: 판테온 북스, 1986), 297쪽; https://en.wikipedia.org/wiki/World_War_II_casualties

3부 세 번째 시대

1. “냉전(Cold War)”이라는 용어를 처음 사용한 공로는 영국 작가 조지 오웰(George Orwell)과 미국 금융업자 버나드 버루크(Bernard Baruch) 모두에게 돌려지고 있다. 1947년, 미국 칼럼니스트 월터 립먼(Walter Lippmann)이 The Cold War: A Study in U.S. Foreign Policy라는 제목의 책을 출간하면서 이 용어를 대중화시켰다.
2. “슈퍼파워(superpower)”라는 용어의 기원에 대해서는 데릭 A. 리버트(Derek A. Leebaert)의 *Grand Improvisation: America Confronts the British Superpower, 1945-1957* (뉴욕: 파라, 스트라우스 앤 지룩스, 2018), 6쪽을 참조할 것.
3. 핵무기가 발명되지 않았더라도 1945년 이후 미국과 소련이 전쟁을 피했을 것이라는 주장에 대해서는 존 뮬러(John Mueller)의 *Retreat from Doomsday: The Obsolescence of Major War* (뉴욕: 베이직 북스, 1989)를 참조할 것.
4. 영국, 프랑스, 중국은 핵무기를 보유하게 되었고, 이스라엘도 핵무기를 보유한 것으로 여겨졌으나 이를 인정하지 않았다.
5. 19세기에 한 프랑스 귀족이 러시아를 방문한 기록에서 유사점이 분명히 드러난다: 아스톨프 드 퀴스틴(Astolphe de Custine), *Journey for Our Time: The Russian Journals of the Marquis de Custine* (워싱턴 D.C.: 게이트 에디션스, 1987).
6. 이 용어는 제2차 세계대전 이전 독일과 이탈리아의 파시스트 정부를 묘사하기 위해 생겨났다. 전쟁 이후에는 공산주의 정권에 적용되었다.
7. 다른 갈등들도 정치적(및 종교적) 이념의 차이로 대립하는 국가들 사이에서 발생했지만, 냉전은 경제 체제 간 경쟁을 포함했다.
8. 263-265쪽을 참조할 것.
9. 존 루이스 개디스(John Lewis Gaddis), *The Long Peace: Inquiries into the History of the Cold War* (뉴욕: 옥스퍼드대학교 출판부, 1987).

7장

1. 존 루카스(John Lukacs), *1945: Year Zero: The Shaping of the Modern Age* (뉴욕: 더블데이, 1978). 전후 즉각적인 상황을 나타내는 독일어 표현은 “스툰데 눌(Stunde Null)”로, ‘제로 아워(Zero Hour)’를 의미한다.
2. “영국은 전쟁 이전 자산의 약 25%를 잃었고, 약 140억 달러 상당의 파운드화 부채를 떠안았으며, 수출량이 약 3분의 2로 감소했다.” 레프러(LefHer), 앞서 언급된 책, 62-63쪽. 또한 데릭 리버트(Derek Leebaert), *Grand Improvisation: America Confronts the British Superpower, 1945-1957* (뉴욕: 파라, 스트라우스 앤 지룩스, 2018), 29쪽도 참조할 것.
3. 토니 저트(Tony Judt), *Postwar: A History of Europe Since 1945* (뉴욕: 펭귄 프레스,

2005), 117쪽.

4. 스탈린의 국제적 관점에 대해서는 보이텍 마스트니(Vojtech Mastny), *The Cold War and Soviet Insecurity: The Stalin Years* (뉴욕: 옥스포드대학교 출판부, 1996), 제1장; 블라디슬라프 주복(Vladislav Zubok)과 콘스탄틴 플레샤코프(Constantine Pleshakov), *Inside the Kremlin's Cold War: From Stalin to Khrushchev* (캠브리지, 매사추세츠: 하버드대학교 출판부, 1996), 7, 12, 27, 34쪽; 블라디미르 O. 페차트노프(Vladimir O. Pechatnov), "The Soviet Union and the World, 1944-1953," 멜빈 P. 레프러(Melvyn P. LefHer)와 오드 아르네 베스타드(Odd Arne Westad) 편집, *Cambridge History of the Cold War, 제1권: 기원(Origins)*, (캠브리지, 영국: 캠브리지대학교 출판부, 2010), 91, 93쪽; 존 루이스 개디스(John Lewis Gaddis), *We Now Know: Rethinking Cold War History* (옥스포드, 영국: 옥스포드대학교 출판부, 1997), 15, 25쪽; 그리고 저트(Judt), 앞서 언급된 책, 118-119쪽을 참조할 것.

5. 존 A. 톰슨(John A. Thompson), *A Sense of Power: The Roots of America's Global Role* (이타카, 뉴욕: 코넬대학교 출판부, 2015), 230쪽. "[미국의] GNP는 소련의 세 배 이상, 영국의 거의 다섯 배에 달했다. 미국은 세계 금 보유량의 약 3분의 2, 투자 자본의 4분의 3, 세계 선박의 절반을 보유하고 있었다." 같은 책(Ibid).

6. 같은 책, 235쪽; 제임스 T. 패터슨(James T. Patterson), *Grand Expectations: The United States, 1945-1974* (뉴욕: 옥스포드대학교 출판부, 1996), 121쪽.

7. 톰슨(Thompson), 앞서 언급된 책, 232-233쪽; 레프러(LefHer), 앞서 언급된 책, 11, 56쪽.

8. 해리 트루먼(Harry Truman)은 처음에는 이 견해를 공유했다. 멜빈 P. 레프러(Melvyn P. Leffler), *For the Soul of Mankind: The United States, the Soviet Union, and the Cold War* (뉴욕: 힐 앤 왕, 2007), 43-44쪽. "적어도 1946년 중반까지, 많은 미국 지도자들은 스탈린과의 전시 동맹이 계속될 것이라고 진심으로 믿는 것처럼 말하고 행동했다." 저트(Judt), 앞서 언급된 책, 108-109쪽.

9. 톰슨(Thompson), 앞서 언급된 책, 231쪽; 조지 C. 헤링(George C. Herring), *From Colony to Superpower: U.S. Foreign Relations Since 1776* (뉴욕: 옥스포드대학교 출판부, 2008), 612-613쪽; 태미 L. 거트너(Tammi L. Gutner), *The Story of SAIS* (워싱턴 D.C.: 존스홉킨스대학교 SAIS, 1987), 4-7쪽.

10. 1947년 프린스턴 대학교 학생들에게 한 연설에서, 당시 트루먼 행정부의 국무장관이었던 조지 C. 마셜(George C. Marshall)은 "제1차 세계대전 후 미국이 취한 부정적인 행동 방침은 질서나 안보를 이루지 못했으며, 이는 최근 전쟁과 그 끝없는 비극에 직접적인 영향을 미쳤다."고 말했다. 벤 스틸(Benn Steil), *The Marshall Plan: Dawn of the Cold War* (뉴욕: 사이먼 앤 슈스터, 2018), 23쪽에서 인용.

11. 더글러스 A. 어윈(Douglas A. Irwin), *Clashing Over Commerce: A History of U.S. Trade*

Policy (시카고: 시카고대학교 출판부, 2017), 455-456, 463-465쪽.

12. 같은 책(Ibid), 478-480쪽.

13. 같은 책(Ibid), 480-482쪽.

14. "6개월간의 협상 끝에, 초기 GATT 회원국들은 100개 이상의 협정을 체결했으며, 45,000개 이상의 관세에 영향을 미쳤고 이는 세계 무역의 약 절반을 포괄했다. 협상자들은 평균적으로 관세를 3분의 1 이상 줄였으며, 국가 간 차별을 하지 않기로 합의했다." 제프리 프리든(Jeffry Frieden), *Global Capitalism: Its Fall and Rise in the Twentieth Century* (뉴욕: W.W. 노트 앤 컴퍼니, 2006), 288쪽.

15. 어윈(Irwin), 앞서 언급된 책, 489쪽.

16. 같은 책(Ibid), 22쪽.

17. 같은 책(Ibid), 486쪽. "1950년 이후 세계 무역은 폭발적으로 증가했다. 수출은 경제보다 두 배 이상 빠른 연 8.6%의 속도로 성장했다. 이는 세계 무역에서 전례 없는 증가였다. 1914년 이전 고전적 자유주의의 영광스러운 시기 동안, 세계 무역량은 20~25년마다 두 배로 증가했었다. 그러나 전후 첫 25년 동안, 세계 무역량은 10년마다 두 배로 증가했다." 프리든(Frieden), 앞서 언급된 책, 289쪽.

18. 그는 1947년에 이 발언을 했다. 헤링(Herring), 앞서 언급된 책, 618쪽에서 인용. 프랑스, 이탈리아, 그리고 영국에서는 "농촌에서 도시로 음식이 더 이상 공급되지 않았고, 공장들은 필수 원자재를 구걸하듯 찾아 헤맸다. 연료와 같은 필수품을 수입할 금과 달러는 거의 소진되었다. 파업이 확산되고 있었으며, 인플레이션은 상승하고 있었다." 스틸(Steil), 앞서 언급된 책, 94쪽.

19. 헤링(Herring), 앞서 언급된 책, 605쪽.

20. 같은 책(Ibid), 617쪽.

21. 1948년에서 1951년 사이 영국은 총 분배된 자금의 25% 이상을 받았다. A.G. 홉킨스(A.G. Hopkins), *American Empire: A Global History* (프린스턴, 뉴저지: 프린스턴대학교 출판부, 2018), 475쪽. 1945년에서 1950년까지 마셜 플랜을 포함한 유럽에 대한 원조는 총 260억 달러로, 이는 미국 연간 국내총생산(GDP)의 10%에 해당했다. 톰슨(Thompson), 앞서 언급된 책, 230-231쪽.

22. 스틸(Steil), 앞서 언급된 책, 166쪽.

23. 같은 책(Ibid), 192-201쪽.

24. 멜빈 P. 레프러(Melvyn P. Leffler), *A Preponderance of Power: National Security, the Truman Administration and the Cold War* (스탠퍼드, 캘리포니아: 스탠포드대학교 출판부, 1992), 159쪽; 스틸(Steil), 앞서 언급된 책, 342-343쪽; 윌리엄 히치콕(William Hitchcock), The Marshall Plan and the Creation of the West, 레프러(Leffler)와 베스타드(Westad) 편집, 앞서 언급된 책, 159-160쪽.

25. 오드 아르네 베스타드(Odd Arne Westad), *The Cold War: A World History* (뉴욕: 베이직 북스, 2017), 112쪽.

26. 마셜 플랜에 대한 동유럽의 참여와 관련된 스탈린의 지시에 대해서는 노먼 나이마크(Norman Naimark), The Sovietization of Eastern Europe, 1944-1953, 레프러(Leffler)와 베스타드(Westad) 편집, 앞서 언급된 책, 189쪽; 마스트니(Mastny), 앞서 언급된 책, 28-29쪽; 그리고 스틸(Steil), 앞서 언급된 책, 135-137쪽을 참조할 것. "크렘린의 관점에서 마셜 플랜은 트로이 목마로, 전후 전략적 과제의 핵심인 동유럽과 중앙유럽의 안보 지대를 약화하기 위해 고안된 것으로 보였다." 페차트노프(Pechatnov), 앞서 언급된 책, 104쪽.

27. 소련식 경제 체제는 1917년 혁명 이후 이어진 내전 중에 시작되었다. 1921년, 소련 지도자 V.I. 레닌은 자유 시장 요소를 포함한 "신경제정책(New Economic Policy)"을 도입했다. 1928년, 그의 후계자인 스탈린은 전시 경제 절차로 되돌아갔다. 마틴 말리아(Martin Malia), *The Soviet Tragedy: A History of Socialism in Russia, 1917-1991* (뉴욕: 프리 프레스, 1994), 제4-6장을 참조할 것.

28. 계획 경제(및 공산주의 정부)를 가진 국가들은 1949년에 상호경제원조회의(Council for Mutual Economic Assistance)를 결성했지만, 이는 대륙 서쪽의 시장 경제 국가들 사이에서 실현된 광범위한 경제적 상호의존으로 이어지지는 못했다. 프리든(Frieden), 앞서 언급된 책, 274쪽; 로널드 핀들레이(Ronald Findlay)와 케빈 H. 오루크(Kevin H. O'Rourke), *Power and Plenty: Trade, War and the World Economy in the Second Millennium* (프린스턴, 뉴저지: 프린스턴대학교 출판부, 2007), 478쪽.

29. 찰스 S. 메이어(Charles S. Maier), The World Economy and the Cold War in the Middle of the Twentieth Century, 레프러(Leffler)와 베스타드(Westad) 편집, 앞서 언급된 책, 48쪽.

30. 같은 책(Ibid), 46쪽; 프리든(Frieden), 앞서 언급된 책, 275-276쪽.

31. "1인당 국내총생산(GDP), 즉 유럽의 일반 거주자가 구매할 수 있는 소득은 20세기 후반에 세 배로 증가했다." 배리 아이켄그린(Barry Eichengreen), *The European Economy Since 1945: Coordinated Capitalism and Beyond* (프린스턴, 뉴저지: 프린스턴대학교 출판부, 2007), 1쪽.

32. 히치콕(Hitchcock), 앞서 언급된 책, 166쪽.

33. 저트(Judt), 앞서 언급된 책, 93쪽.

34. 스틸(Steil), 앞서 언급된 책, 322쪽. 석탄철강공동체(Coal and Steel Community)의 창립 회원국은 프랑스, 독일, 이탈리아, 벨기에, 네덜란드, 룩셈부르크로, 이는 우연이 아니게도 유럽경제공동체(European Economic Community)의 창립 회원국과 동일하다.

35. 2020년, 영국이 탈퇴하면서 회원국 수는 27개국으로 감소했다.

36. 어윈(Irwin), 앞서 언급된 책, 495쪽. "미국 관료들은 유럽이 미국으로부터 수입할 능력을

지원하기를 원했는데, 이는 단순히 수출을 유지하기 위해서만이 아니라 유럽의 회복을 방해하여 경제 붕괴, 정치적 혼란, 그리고 잠재적인 공산주의 접수를 초래할 어떤 것도 미국의 국가 안보에 해가 될 수 있었기 때문이다." 같은 책(Ibid), 498쪽.

37. 스틸(Steil), 앞서 언급된 책, 190쪽; 톰슨(Thompson), 앞서 언급된 책, 246쪽.

38. 레프러(Leffler), *A Preponderance of Power*, 160쪽.

39. 존 루이스 개디스(John Lewis Gaddis), *The Cold War: A New History* (뉴욕: 펭귄 프레스, 2005), 32쪽; 베스타드(Westad), 앞서 언급된 책, 113쪽; 스틸(Steil), 앞서 언급된 책, 191쪽.

40. 스틸(Steil), 앞서 언급된 책, 229쪽.

41. 베스타드(Westad), 앞서 언급된 책, 88쪽; 저트(Judt), 앞서 언급된 책, 122쪽.

42. 데이비드 할러웨이(David Holloway), *Stalin and the Bomb: The Soviet Union and Atomic Energy, 1939-1956* (뉴헤이븐, 코네티컷: 예일대학교 출판부, 1994), 150쪽.

43. 같은 책(Ibid), 218-219쪽.

44. 개디스(Gaddis), *We Now Know*, 260쪽.

45. 이란 정부는 모스크바에 이란 내 석유 채굴권을 약속했으나, 그 약속을 번복했다. 소련-이란 사건에 대해서는 레이 타케이(Ray Takeyh), *The Last Shah* (뉴욕: 옥스포드대학교 출판부, 2020), 제2장을 참조할 것.

46. 스틸(Steil), 앞서 언급된 책, 24쪽; 개디스(Gaddis), *George F. Kennan*, 254쪽.

47. 마이클 맨델바움(Michael Mandelbaum), *The Nuclear Question: The United States and Nuclear Weapons, 1946-1976* (뉴욕: 캠브리지대학교 출판부, 1979), 23-27쪽; 조지프 I. 리버만(Joseph I. Lieberman), *The Scorpion and the Tarantula: The Struggle to Control Atomic Weapons, 1945-1949* (보스턴: 하우튼 미플린, 1970), 제13-17장; 할러웨이(Holloway), 앞서 언급된 책, 161-162쪽; 개디스(Gaddis), *We Now Know*, 97쪽.

48. 저트(Judt), 앞서 언급된 책, 134-137쪽.

49. 나이마크(Naimark), 앞서 언급된 책, 188쪽.

50. "1945년, 동독 공산당 지도자 발터 울브리히트(Walter Ulbricht)는 당 정책에 의문을 제기하는 당원들에게 이렇게 사적으로 설명했다. '명백히, 민주적으로 보여야 한다. 하지만 모든 것을 우리의 통제하에 두어야 한다.'" 저트(Judt), 앞서 언급된 책, 131쪽. 또한 말리아(Malia), 앞서 언급된 책, 298쪽을 참조할 것.

51. 나이마크(Naimark), 앞서 언급된 책, 182-183쪽.

52. 베스타드(Westad), 앞서 언급된 책, 79-87쪽; 페차트노프(Pechatnov), 앞서 언급된 책, 105쪽.

53. 나이마크(Naimark), 앞서 언급된 책, 196-197쪽; 페차트노프(Pechatnov), 앞서 언급된

책, 94쪽.

54. 동독, 체코슬로바키아, 폴란드는 소련의 서부 국경과 독일 연방 공화국이 된 지역의 동부 국경 사이에 위치했다.

55. 저트(Judt), 앞서 언급된 책, 130쪽.

56. 레프러(Leffler), *A Preponderance of Power*, 512쪽; 베스타드(Westad), 앞서 언급된 책, 79-80쪽; 저트(Judt), 앞서 언급된 책, 168쪽.

57. 레프러(Leffler), *A Preponderance of Power*, 204-205쪽; 베스타드(Westad), 앞서 언급된 책, 95-96쪽. 공산주의 쿠데타 당시 체코슬로바키아에는 소련군이 주둔하지 않았다.

58. 트루먼 대통령 자신은 "스탈린이 동유럽에 민주주의를 설립하겠다는 약속을 저버렸다고 느끼며, 동유럽에서 소련의 행동에 격분했다." 베스타드(Westad), 앞서 언급된 책, 89쪽.

59. 같은 책(Ibid), 97쪽.

60. 같은 책(Ibid), 88-89쪽; 존 램버튼 하퍼(John Lamberton Harper), *The Cold War* (뉴욕: 옥스퍼드대학교 출판부, 2011), 43쪽; 레프러(Leffler), *A Preponderance of Power*, 7쪽.

61. "미국 관료들은 영국의 힘이 미국 안보 이익에 매우 중요하다고 여겼기 때문에 영국의 결정은 미국 정부에 충격을 주었다." 레프러(Leffler), *A Preponderance of Power*, 61쪽. 이 시기의 영국-미국 관계는 리버트(Leebaert), 앞서 언급된 책의 주요 주제이다.

62. 헤링(Herring), 앞서 언급된 책, 615쪽에서 인용.

63. *https:llwww.ourdocuments.gov/doc.php?flash=false&doc=81&page=transcript*

64. *https:llavalon.law.yale.edu/20th_century/trudoc.asp*

65. 상원에서는 67대 23, 하원에서는 284대 107로 표결되었다. 제임스 T. 패터슨(James T. Patterson), *Grand Expectations: The United States, 1945-1974* (뉴욕: 옥스포드대학교 출판부, 1996), 129쪽.

66. 헤링(Herring), 앞서 언급된 책, 616쪽.

67. "이념적 십자군을 알리는 듯한 막연한 글로벌 정책은 한계가 없다. 이를 통제할 수 없으며, 그 효과를 예측할 수도 없다. 모든 사람이 자신의 두려움과 희망을 거기에 투영하며, 이는 국가적 협력이 섬세하고 불안정한 나라들에서 쉽게 내전을 유발하거나 부추길 수 있다." 로널드 스틸(Ronald Steel), *Walter Lippmann and the American Century* (보스턴: 리틀, 브라운 앤 컴퍼니, 1980), 438-439쪽에서 인용. 조지 케넌(George Kennan)도 립먼(Lippmann)의 우려에 동의했다. 개디스(Gaddis), *조지 F. 케넌(George F. Kennan)*, 256-257, 268, 279쪽.

68. 275-276, 308-309쪽 참조.

69. 웨스태드(Westad), 앞의 책, 102-103쪽. 월러스(Wallace)는 전체 득표의 2.5%를 얻었다.

70. 톰슨(Thompson), 앞의 책, 246쪽. 마셜 플랜의 한 가지 효과는 서유럽 공산당의 정치적 입지

를 약화시키는 것이었다. 스탈린은 이들이 원조를 수용하는 것을 반대하는 인기 없는 입장을 취하도록 지시했다. 히치콕(Hitchcock), 앞의 책, 170쪽.

71. "소련 지도자는 그리스 공산주의자들에게 반복적으로 지원을 거부했고, 종종 그들의 정책을 의도적으로 훼손했다. 이용 가능한 증거는 스탈린이 그리스에서 친소 정권을 심각하게 고려한 적이 없음을 시사한다. 그는 그것이 자신이 이해하기에 영국과 미국의 중요한 이익 영역을 침해할 것을 우려했기 때문이다." 스베토자르 라작(Svetozar Rajak), The Cold War in the Balkans, 1945-1956, 레프러(Leffler)와 웨스태드(Westad) 편집, 앞의 책, 206쪽.

72. 냉전에서 독일의 중심성에 대해 논의한 마크 트라흐텐버그(Marc Trachtenberg), *A Constructed Peace: The Making of the European Settlement, 1945-1963* (프린스턴, 뉴저지: 프린스턴대학교 출판부, 1999) 참조.

73. 톰슨(Thompson), 앞의 책, 240쪽. "점령국 중 어느 나라도 독일 경제에 기여하려 하지 않았으며, 오히려 '독일에 배상금을 지급하고 있다'는 입장이었다. 이는 재정적으로 어려움을 겪던 영국의 표현이었다." 웨스태드(Westad), 앞의 책, 107-108쪽.

74. 웨스태드(Westad), 앞의 책, 108쪽.

75. 같은 책, 111쪽.

76. 주트(Judt), 앞의 책, 105쪽; 스틸(Steil), 앞의 책, 161쪽.

77. 스틸(Steil), 앞의 책, 249쪽.

78. 이 시점에서 스탈린은 통일된 독일이 친소적이거나 적어도 친서방적이지 않고 소련의 영향을 받는 상태로 남기를 희망했던 것으로 보인다. 개디스(Gaddis), *We Now Know*, 127쪽; 레프러(Leffler), *A Preponderance of Power*, 204쪽.

79. 페차토노프(Pechatnov), 앞의 책, 107쪽; 마스트니(Mastny), 앞의 책, 49쪽.

80. 헤링(Herring), 앞의 책, 624쪽.

81. 데릭 리버트(Derek Leebaert), *The Fifty-Year Wound: How America's Cold War Victory Shapes Our World* (보스턴: 리틀, 브라운 앤 컴퍼니, 2002), 63쪽. 영국 왕립 공군은 전체 비행의 3분의 1을 담당했다.

82. 톰슨(Thompson), 앞의 책, 242쪽; 스틸(Steil), 앞의 책, 319쪽.

83. 헤링(Herring), 앞의 책, 626쪽에서 인용.

84. 178쪽 참조.

85. 주트(Judt), 앞의 책, 149-150쪽.

86. 이 문제의 역사에 대해서는 데이비드 P. 칼레오(David P. Calleo), *The German Problem Reconsidered: Germany and the World Order, 1870 to the Present* (뉴욕: 캠브리지대학교 출판부, 1978) 참조.

87. 냉전 수정주의 학파에 대한 설명과 평가를 위해 찰스 S. 마이어(Charles S. Maier), Revisionism and the Interpretation of Cold War Origins, 마이어 편집, *The Origins of the Cold War and Contemporary Europe* (뉴욕: 뉴 뷰포인츠/프랭클린 와츠, 1978), 11-14쪽; 하퍼(Harper), 앞의 책, 84-85쪽; 톰슨(Thompson), 앞의 책, 252쪽 참조.

88. 나선형 모델(spiral model)에 대해서는 로버트 저비스(Robert Jervis), *Perception and Misperception in International Politics* (프린스턴, 뉴저지: 프린스턴대학교 출판부, 1976), 62-76쪽 참조.

89. 라작(Rajak), 앞의 책, 206쪽.

90. 홀로웨이(Holloway), 앞의 책, 151, 368쪽.

91. 이 주제는, 예를 들어, 레프러(Leffler), *A Preponderance of Power*에서 발견할 수 있다. 이에 대한 비판으로는 마크 트라흐텐버그(Marc Trachtenberg), "Melvyn Leffler and the Origins of the Cold War," *Orbis*, 1995년 여름호를 참조할 것.

92. "전후 국제 관계의 대체적 경로를 상상하려는 모든 시도는 스탈린 자신에 부딪힌다. 이 시기를 반사적으로(counterfactually) 생각하려면 스탈린이 없다는 가정을 해야 할 것이다. 그의 악의적이고 의심 많은 성격은 이 시기의 역사에 전반적으로 스며들어 있다." 홀로웨이(Holloway), 앞의 책, 370쪽.

93. 스탈린은 전시 동맹국들을 "이기적이고 교활한 위선자들이며, 본질적으로 반소적"이라고 보았다. 그는 "소련이 불가피한 새로운 대결을 대비해 힘을 모아야 한다는 필요성을 믿었다." 페차토노프(Pechatnov), 앞의 책, 93쪽. 또한 개디스(Gaddis), *We Now Know*, 25쪽 참조.

94. "이전과의 단절이 너무나 날카로워, 1945년 9월을 하나의 장의 끝이 아니라 하나의 이야기의 끝으로, 그 이후의 모든 것을 새로운 시작의 일부로 간주하려는 유혹을 받는다." W. G. 비즐리(W. G. Beasley), *The Rise of Modern Japan: Political, Economic and Social Change Since 1850* (뉴욕: 세인트마틴 출판사, 1995), 214쪽.

95. "일본의 목조 도시들은 미국의 소이탄에 의해 재로 변했다. 도쿄에서는 도시의 3분의 1 미만만이 남아 있었고, 그조차도 폭탄으로 심각한 피해를 입었다. … 곳곳에서 기반 시설은 혼란 상태에 있었고, 수백만 명이 집을 잃거나 국내 난민으로 살고 있었다. 그리고 제국이 붕괴되면서, 해외에서 돌아온 거의 300만 명의 일본 난민들은 그들 중 다수가 한 번도 본 적이 없는 본국으로 왔다." 웨스태드(Westad), 앞의 책, 134쪽.

96. 월터 라페버(Walter LaFeber), *The Clash: U.S.-Japanese Relations Throughout History* (뉴욕: WW. 노튼 앤 컴퍼니, 1997), 261쪽. 처칠은 이것을 "전쟁의 모든 놀라운 행동들 중에서 가장 용감한 행동"이라고 불렀다. 같은 책.

97. 일본 주재 최고위급 미국 외교관 윌리엄 세발드(William Sebald) 대사는 일본에서 맥아더의 권한에 대해 이렇게 말했다. "미국 역사상 단 한 사람에게 이토록 엄청나고 절대적인

권력이 주어진 적은 없었다." 윌리엄 맨체스터(William Manchester), *American Caesar: Douglas MacArthur, 1880-1964* (보스턴: 리틀, 브라운 앤 컴퍼니, 1978), 470쪽에서 인용.

98. 미국이 주도한 개혁에 대해서는 마리우스 B. 얀센(Marius B. Jansen), *The Making of Modern Japan* (캠브리지, 매사추세츠: 하버드대학교 출판부의 벨크냅 프레스(The Belknap Press), 2000), 680-688쪽 참조.

99. 웨스태드(Westad), 앞의 책, 136쪽.

100. 비즐리(Beasley), 앞의 책, 223쪽.

101. 제9조는 "일본 국민은 국가의 주권적 권리로서 전쟁을 영원히 포기하며," "육상, 해상, 공군 및 기타 전쟁 수행 수단을 유지하지 않는다."고 명시했다. 비즐리(Beasley), 같은 책, 220쪽에서 인용.

102. 사유리 거스리-시미즈(Sayuri Guthrie-Shimizu), Japan, the United States, and the Cold War, 1945-1960, 레플러(Leffler)와 웨스태드(Westad) 편집, 앞의 책, 248쪽.

103. 같은 책, 249-250쪽; 헤링(Herring), 앞의 책, 634쪽; 얀센(Jansen), 앞의 책, 698-699쪽; 마이클 J. 그린(Michael J. Green), *By More Than Providence: Grand Strategy and American Power in the Asia Pacific Since 1788* (뉴욕: 컬럼비아대학교 출판부, 2017), 264쪽.

104. 얀센(Jansen), 앞의 책, 703-704쪽.

105. 358-359쪽 참조.

106. "얄타와 포츠담에서의 합의를 바탕으로, 미국 지도자들은 통일된 중국이 한 세기 동안 아시아에서 열강의 경쟁을 불러왔던 공백을 메우고, 극동지역에서 소련 세력에 대한 지역적 균형추 역할을 할 것이라고 기대했다." 그린(Green), 앞의 책, 253쪽.

107. 마스트니(Mastny), 앞의 책, 86쪽; 존 폼프렛(John Pomfret), *The Beautiful Country and the Middle Kingdom: America and China, 1776 to the Present* (뉴욕: 헨리 홀트 앤드 컴퍼니, 2016), 338쪽.

108. "분쟁의 시점은 냉전에 의해 크게 결정되었다. 사실, 국민당(GMD)과 중국공산당(CCP) 간 협상의 양상은 미소 관계의 변화에 따라 직접적으로 변화했다. 냉전이 시작되면서, ... 국민당과 중국공산당은 모두 초강대국들이 그들의 전반적 목표를 추구하는 과정에서 점점 더 명백해지는 모순과 긴장을 이용할 기회를 보았다." 뉴 준(Niu Jun), The Birth of the People's Republic of China and the Road to the Korean War, 레프러(Leffler)와 웨스태드(Westad) 편집, 앞의 책, 226쪽.

109. 마셜 사절단(Marshall Mission)에 대해서는 다니엘 커츠-펠란(Daniel Kurtz-Phelan), *The China Mission: George Marshall's Unfinished War, 1945-1947* (뉴욕: WW. 노턴 앤드 컴퍼니, 2018) 참조. 회고적으로 보면, 통일된 중국을 지지했던 미국의 변함없는 입장은 잘못된 것으로 평가되었다. 트루먼은 마셜에게 "강하고, 통일되고, 민주적인" 국가를 만들도록 합의를 도출하라고 지시했다. 그러나 전후 독일과 같은 분단된 국가가 되었더라면, 이는 미국에 더 유리

했을 것이라는 주장이 있다. 그린(Green), 앞의 책, 259-260쪽.

110. "1948년 4개월 동안, 장제스(蔣介石, Chiang Kai-shek)는 병력의 거의 50%와 무기의 75%를 잃었다. 10월 한 달 동안에만 30만 명의 국민당군이 항복했다." 헤링(Herring), 앞의 책, 632쪽.

111. 중국 내전의 전개 과정에 대해서는 조너선 D. 스펜스(Jonathan D. Spence), *The Search for Modern China* (뉴욕: WW. 노튼 앤 컴퍼니, 1990), 제18장 참조.

112. 백서(White Paper)에 대한 평가는 그린(Green), 앞의 책, 258-262쪽 참조.

113. 폼프렛(Pomfret), 앞의 책, 322-323, 344쪽.

114. 웨스태드(Westad), 앞의 책, 144쪽.

115. "소련의 마오쩌둥(毛澤東, Mao Zedong) 지원은 장제스에 대한 미국의 지원에 비하면 부족했지만, 내전의 마지막 단계에서는 상당한 수준에 도달했다." 커츠-펠란(Kurtz-Phelan), 앞의 책, 349쪽. 또한 폼프렛(Pomfret), 앞의 책, 359쪽 참조.

116. 폼프렛(Pomfret), 앞의 책, 339쪽; 웨스태드(Westad), 앞의 책, 139쪽.

117. 내전 종료 직후, 국가안전보장회의(NSC)가 발표한 문서는 "대만(타이완)에서의 개입주의를 배제하고 '계산된 비활동'을 선호했다." 그린(Green), 앞의 책, 262쪽. 또한 하퍼(Harper), 앞의 책, 96-97쪽 참조.

118. 톰슨(Thompson), 앞의 책, 239쪽.

119. 돈 오버도퍼(Don Oberdorfer), *The Two Koreas: A Contemporary History* (레딩, 매사추세츠: 애디슨-웨슬리, 1997), 3쪽.

120. 웨스태드(Westad), 앞의 책, 162-163쪽.

121. 윌리엄 스투크(William Stueck), The Korean War, 레프러(Leffler)와 웨스태드(Westad) 편집, 앞의 책, 273쪽.

122. 스탈린의 입장 변화 이유에 대해서는 웨스태드(Westad), 앞의 책, 167쪽과 윌리엄 스투크(William Stueck), *Rethinking the Korean War: A New Diplomatic and Strategic History* (프린스턴, 뉴저지: 프린스턴대학교 출판부, 2002), 73쪽 참조.

123. 웨스태드(Westad), 앞의 책, 164쪽.

124. 어니스트 R. 메이(Ernest R. May), *"Lessons" of the Past: The Use and Misuse of History in American Foreign Policy* (뉴욕: 옥스포드대학교 출판부, 1976. 초판 1973), 64-67쪽.

125. 헤링(Herring), 앞의 책, 640쪽.

126. 웨스태드(Westad), 앞의 책, 170쪽. 유엔은 한국에서의 군사적 노력에서 거의 전적으로 상징적 역할만을 했으며, 연합군의 군사력을 통제하지 않았다. 병력의 90%를 미국이 공급했다. 같은 책, 178쪽.

127. 스펜스(Spence), 앞의 책, 525-526쪽.

128. 톰슨(Thompson), 앞의 책, 268쪽; 하퍼(Harper), 앞의 책, 97-98쪽. 주요 표면적 이유는 해협을 넘어 상호 공격을 방지하기 위한 것이었다. 스투크(Stueck), The Korean War, 275쪽.

129. 웨스태드(Westad), 앞의 책, 168쪽; 스투크(Stueck), *Rethinking the Korean War*, 73쪽.

130. "국무장관 애치슨(Acheson)이 말했듯, '서구의 강인함과 결단력을 상징적으로 보여주는' 결정적인 조치가 필요했다. 덜 행동한다면 '다른 곳에서 새로운 공격적 행동'을 고무시키고 '소련의 궤도에 인접한 국가들을' 사기 저하시킬 것이라고 했다." 스투크(Stueck), The Korean War, 276쪽. 당시 컬럼비아 대학교 총장이었던 드와이트 아이젠하워(Dwight Eisenhower)는 "우리가 단호한 입장을 취하지 않는다면 곧 열두 개의 한국 전쟁을 겪게 될 것이다."라고 말했다. 패터슨(Patterson), 앞의 책, 214쪽에서 인용. 또한 그린(Green), 앞의 책, 274쪽 참조.

131. 스투크(Stueck), *Rethinking the Korean War*, 81쪽; 가디스(Gaddis), *We Now Know*, 75쪽.

132. 스투크(Stueck), *The Korean War*, 277-279쪽.

133. 북한군은 전쟁 초기에 한 가지 중요한 실패를 겪었다. 김일성은 스탈린에게 남한의 한국인들이 자신을 지지하며 봉기할 것이라고 장담했지만, 웨스태드(Westad), 앞의 책, 168쪽. 이는 실현되지 않았다.

134. 패터슨(Patterson), 앞의 책, 219쪽; 그린(Green), 앞의 책, 276쪽.

135. 톰슨(Thompson), 앞의 책, 269쪽.

136. 스투크(Stueck), *Rethinking the Korean War*, 105쪽; 웨스태드(Westad), 앞의 책, 172쪽.

137. "... 맥아더(MacArthur)는 만주의 기지 폭격, 중국 연안 봉쇄, 대만의 국민당군 병력 증강을 요구했다. 그는 미국군 병력을 크게 추가하지 않고도, 아마도 핵무기를 사용해 승리를 달성할 수 있음을 암시했다." 톰슨(Thompson), 앞의 책, 269쪽. 또한 그린(Green), 앞의 책, 278쪽 참조.

138. 페차트노프(Pechatnov), 앞의 책, 110쪽.

139. 두 진영은 특히 전쟁포로의 운명 문제로 교착 상태에 빠졌다. 중국과 북한은 강제 송환을 주장했지만, 미국은 이를 거부했다. 헤링(Herring), 앞의 책, 644-645쪽.

140. 웨스태드(Westad), 앞의 책, 181쪽; 마스트니(Mastny), 앞의 책, 172쪽.

141. 스투크(Stueck), *Rethinking the Korean War*, 3쪽. "또 다른 500만 명이 난민이 되었고, 아마도 그 두 배에 달하는 사람들이 영구적으로 가족과 분리되었다." 스투크(Stueck), The Korean War, 283쪽.

142. 헤링(Herring), 앞의 책, 645쪽.

143. 이 표현은 헌법학자 에드워드 S. 코윈(Edward S. Corwin)의 것이다.

144. 아서 M. 슐레진저 주니어(Arthur M. Schlesinger Jr.), *The Imperial Presidency* (보스턴: 하우튼 미플린, 1973), 132-133, 138, 142쪽.

145. "... 1950년 10월 초 여론조사에서는 북한을 침공하고 항복을 강요하는 데 찬성하는 다수가 있었다. 그러나 대통령의 지지율은 11월에 급락했고, 1951년 1월에는 갤럽(Gallup) 조사에

서 응답자의 3분의 2가 '한국에서 가능한 한 빨리 미군을 철수해야 한다.'고 답했으며, 의견을 가진 사람들 중 44%는 처음부터 개입이 '실수'였다고 생각했다." 톰슨(Thompson), 앞의 책, 269쪽.

146. 이는 존 뮬러(John Mueller)의 주장이다. *War, Presidents, and Public Opinion* (뉴욕: 존 와일리 앤드 컴퍼니, 1973).

147. 309, 432-433쪽 참조.

148. 대중에게 가장 큰 영향을 미친 사건은 전 국무부 관리였던 알저 히스(Alger Hiss)와, 육군에서 얻은 핵무기 제조 관련 정보를 소련 요원에게 전달한 줄리어스 로젠버그(Julius Rosenberg)와 에델 로젠버그(Ethel Rosenberg)의 사례였다. 이 사건에 대한 논의는 앨런 웨인스타인(Allen Weinstein), *Perjury: The Hiss-Chambers Case* (뉴욕: 알프레드 A. 노프, 1978), 및 로널드 라도쉬(Ronald Radosh)와 조이스 밀턴(Joyce Milton), *The Rosenberg File: A Search for the Truth* (뉴욕: 홀트, 라인하르트 앤 윈스턴, 1983) 참조.

149. "... 몇천 명이 일자리를 잃었고, 몇백 명이 감옥에 갔으며, 150명 이상이 추방되었고, 줄리어스 로젠버그(Julius Rosenberg)와 에델 로젠버그(Ethel Rosenberg) 두 명은 1950년에 체포된 공산주의자로 사형을 당했다...." 패터슨(Patterson), 앞의 책, 204쪽.

150. 매카시즘(McCarthyism) 시대에 대한 논의는 ibid., 178-205쪽 참조.

151. "미국의 군사 조달은 침체된 일본 경제에 23억 달러를 투입했다. 수출은 전쟁 전 수준보다 50% 증가했으며, GNP는 10% 증가했다." 헤링(Herring), 앞의 책, 646쪽. 또한 리버트(Leebaert), *The Fifty-Year Wound*, 102-103쪽 및 라페버(LaFeber), 앞의 책, 293쪽 참조.

152. 셰일라 스미스(Sheila Smith), *Japan Rearmed: The Politics of Military Power* (캠브리지, 매사추세츠: 하버드대학교 출판부, 2019), 25쪽.

153. 톰슨(Thompson), 앞의 책, 260쪽.

154. 웨스태드(Westad), 앞의 책, 103-105쪽; 헤링(Herring), 앞의 책, 638쪽.

155. 헤링(Herring), 앞의 책, 646쪽. 육군은 50% 증가하여 350만 병력이 되었고, 공군 비행 그룹은 두 배 증가하여 95개가 되었다. Ibid.

156. 국방비 지출은 1957년 소련의 최초 인공위성 스푸트니크(Sputnik) 발사와 1979년 소련의 아프가니스탄 침공 이후 증가했다. 285, 342-343, 345쪽 참조.

157. 가디스(Gaddis), *We Now Know*, 125쪽.

158. 스투크(Stueck), *Rethinking the Korean War*, 136쪽.

159. 가디스(Gaddis), *We Now Know*, 110쪽. 이 주제에 대해서는 로버트 E. 오즈굿(Robert E. Osgood), *Limited War: The Challenge to American Strategy* (시카고: 시카고대학교 출판부, 1957) 참조.

160. "... 스탈린은 ... 한반도 상공에서 소련 전투기, 소련 조종사들을 사용하는 것을 승인했다. 이들

은 미군 조종사가 조종하는 미군 전투기와 교전했다. 이로 인해 미국과 소련 간에 총격전이 벌어졌으나, 이는 냉전 기간 동안 단 한 번 발생한 일이었다. 그러나 양측 모두 이를 비밀로 유지했다." 개디스(Gaddis), *The Cold War: A New History*, 60쪽.

161. 스투크(Stueck), *Rethinking the Korean War*, 124쪽.

162. 패터슨(Patterson), 앞의 책, 224쪽에 인용됨. "1950년 12월 말, 공포에 질린 장군(맥아더)은 트루먼에게 중국의 진격을 막기 위해 26개의 목표에 핵폭탄을 투하할 것을 비밀리에 요청했다. 트루먼은 이 요청을 거부했다...." 라페버(LaFeber), 앞의 책, 286쪽. 아이젠하워 행정부는 한국 전쟁을 끝내기 위해 핵무기 사용을 고려했다. 마스트니(Mastny), 앞의 책, 164쪽.

163. 개디스(Gaddis), *A New History of the Cold War*, 58-60쪽; 개디스(Gaddis), *We Now Know*, 105-106쪽.

8장

1. 이 표현은 오스카 와일드(Oscar Wilde)의 희곡 *The Importance of Being Earnest*에서 나온 것이다.

2. 토니 저트(Tony Judt), *Postwar: A History of Europe Since 1945* (뉴욕: 펭귄 프레스, 2005), 523쪽.

3. 윌리엄 맥킨리(William McKinley)는 남북전쟁에서 뛰어난 활약을 했지만, 소령으로 복무했다. 시어도어 루스벨트(Theodore Roosevelt)는 명예 대령(honorary colonel) 직함을 가지고 스페인-미국 전쟁에서의 업적으로 전국적으로 명성을 얻었다. 140쪽 참조.

4. 제임스 T. 패터슨(James T. Patterson), *Grand Expectations: The United States, 1945-1974* (뉴욕: 옥스포드대학교 출판부, 1996), 272쪽.

5. 존 루이스 가디스(John Lewis Gaddis), *We Now Know: Rethinking Cold War History* (뉴욕: 옥스포드대학교 출판부, 1997), 226쪽.

6. 274쪽 참조.

7. 월터 라페버(Walter LaFeber), *The American Age: U.S. Foreign Policy at Home and Abroad, 1750 to the Present* (뉴욕: W.W. 노튼 앤 컴퍼니, 2판, 1994), 555-556쪽; 조지 C. 헤링(George C. Herring), *From Colony to Superpower: U.S. Foreign Relations Since 1776* (뉴욕: 옥스포드대학교 출판부, 2008), 670쪽.

8. 헤링(Herring), 앞의 책, 698-699쪽.

9. 패터슨(Patterson), 앞의 책, 251쪽; 워런 I. 코헨(Warren I. Cohen), *The Cambridge History of American Foreign Relations, Volume IV: America in the Age of Soviet Power, 1945-1991* (뉴욕: 캠브리지대학교 출판부, 1993), 81, 86쪽.

10. 마이클 맨델바움(Michael Mandelbaum), *The Nuclear Question: The United States and*

Nuclear Weapons, 1946-1976 (뉴욕: 캠브리지대학교 출판부, 1979), 49쪽; 데이비드 할로웨이(David Holloway), Nuclear Weapons and the Escalation of the Cold War, 1945-1962, 멜빈 P. 레플러(Melvyn P. Leffler)와 오드 아르네 웨스타드(Odd Arne Westad) 편집, *The Cold War, Volume 1 - Origins*, (캠브리지, 영국: 캠브리지대학교 출판부, 2010), 385-386쪽.

11. 맨델바움(Mandelbaum), 앞의 책, 47쪽.

12. 맨델바움(Mandelbaum), 앞의 책, 51쪽에 인용됨. 또한 패터슨(Patterson), 앞의 책, 287쪽 참조.

13. 전반적인 아이젠하워의 군사 전략에 대해서는 존 루이스 개디스(John Lewis Gaddis), *Strategies of Containment: A Critical Appraisal of Postwar American National Security Policy* (뉴욕: 옥스포드대학교 출판부, 1982), 제5장 및 제6장 참조.

14. 맨델바움(Mandelbaum), 앞의 책, 52쪽; 헤링(Herring), 앞의 책, 659쪽.

15. 미국의 핵탄두 수는 1953년 1,000개에서 1961년 초 18,000개로 증가했다. 라페버(LaFeber), 앞의 책, 541쪽. 이후 이 숫자는 계속 증가했다.

16. 맨델바움(Mandelbaum), 앞의 책, 61쪽; 헤링(Herring), 앞의 책, 692쪽.

17. 해당 기사의 저자는 랜드(RAND) 코퍼레이션의 분석가였던 알버트 월슈테터(Albert Wohlstetter)이다. 그는 이 기사를 1951년과 1955년에 자신과 다른 랜드 분석가들이 작성한 보고서에서 각색했다. 맨델바움(Mandelbaum), 앞의 책, 56-57, 66쪽.

18. 패터슨(Patterson), 앞의 책, 420쪽; 헤링(Herring), 앞의 책, 692쪽; 할로웨이(Holloway), 앞의 책, 387쪽.

19. 맨델바움(Mandelbaum), 앞의 책, 74-76쪽.

20. 맨델바움(Mandelbaum), 앞의 책, 11쪽.

21. 패터슨(Patterson), 앞의 책, 290쪽.

22. 맨델바움(Mandelbaum), 앞의 책, 59쪽.

23. 프랜시스 J. 개빈(Francis J. Gavin), Nuclear Proliferation and Non-proliferation During the Cold War, 멜빈 P. 레프러(Melvyn P. Leffler)와 오드 아르네 웨스타드(Odd Arne Westad) 편집, *The Cold War, Volume II: Crises and Detente* (캠브리지, 영국: 캠브리지대학교 출판부, 2010), 398-402쪽; 마크 트라흐텐버그(Marc Trachtenberg), The Structure of Great Power Politics, 1963-1975, 같은 책, 487쪽.

24. 맨델바움(Mandelbaum), 앞의 책, 90-92쪽.

25. 이 병력은 종종 "트립와이어(tripwire)"라고 불리며, 유럽 전쟁에서 이 병력이 관여(또는 관여할 것으로 예상됨)하게 되면 미국이 분쟁에 개입하게 된다는 의미였다.

26. 저트(Judt), 앞의 책, 249쪽.

27. 핵전쟁 수행 방안을 찾기 위한 다양한 시도에 대한 자세한 내용은 맨델바움(Mandelbaum),

앞의 책, 제5장, 그리고 윌리엄 버(William Burr)와 데이비드 앨런 로젠버그(David Alan Rosenberg), Nuclear Competition in an Era of Stalemate, 1963-1975, 레프러(Leffler)와 웨스타드(Westad) 편집, *Crises and Detente*, 95, 99쪽.

28. 데이비드 할로웨이(David Holloway), *Stalin and the Bomb: The Soviet Union and Atomic Energy, 1939-1956* (뉴헤이븐, 코네티컷: 예일대학교 출판부, 1994), 369쪽.

29. 베를린과 쿠바 위기에 대한 자세한 설명은 로렌스 프리드먼(Lawrence Freedman), *Kennedy's Wars: Berlin, Cuba, Laos and Vietnam* (뉴욕: 옥스포드대학교 출판부, 2000), 제8-9장 및 제18-24장, 그리고 마이클 베슐로스(Michael Beschloss), *The Crisis Years: Kennedy and Khrushchev, 1960-1961* (뉴욕: 하퍼콜린스, 1991), 215-290, 377-545쪽 참조.

30. 과거에는 신임 대통령들이 임기 두 번째 해 1월까지 이 연설을 기다리는 것이 일반적이었다.

31. 맨델바움(Mandelbaum), 앞의 책, 70쪽에 인용됨. 냉전과 관련된 이유로 케네디가 미국인을 달에 보내겠다는 약속을 했다.

32. 블라디슬라브 주복(Vladislav Zubok)과 콘스탄틴 플레샤코프(Constantine Pleshakov), *Inside the Kremlin's Cold War: From Stalin to Khrushchev* (캠브리지, 매사추세츠: 하버드대학교 출판부, 1996), 210쪽; 보이테크 마스트니(Vojtech Mastny), Soviet Foreign Policy, 1953-1962, 레프러(Leffler)와 웨스타드(Westad) 편집, *Origins*, 318쪽.

33. 마스트니(Mastny), 앞의 책, 333쪽.

34. 흐루쇼프(Khrushchev)는 서베를린을 "서방의 약점(testicles)"이라고 칭하며, "내가 서방이 비명을 지르게 하고 싶을 때마다, 나는 베를린을 쥐어짠다."고 말했다. https://erenow.net/ww/the-cold-war-history-in-an-hourII2.php

35. 빌프리드 로트(Wilfried Loth), The Cold War and the Social and Economic History of the Twentieth Century, 레프러(Leffler)와 웨스타드(Westad) 편집, *Crises and Detente*, 517쪽.

36. 개디스(Gaddis), *We Now Know*, 147쪽.

37. 구체적으로, 흐루쇼프(Khrushchev)는 "서방 국가들이 서베를린의 지위를 동독 당국과 협상할 시간을 6개월 주겠다고 발표했다. 이 기한이 지나면, 소련은 동독과 별도의 평화 조약을 체결해 서베를린에 대한 서방의 접근 문제를 동독에 맡길 것이다. 덜레스(Dulles)의 경고에 따르면 서방은 서베를린 접근을 보장하기 위해 필요한 경우 무력을 사용할 것이라 했고, 이에 대해 흐루쇼프는 제3차 세계대전이 뒤따를 것이라고 응수했다." 코헨(Cohen), 앞의 책, 124-125쪽.

38. 오드 아르네 웨스타드(Odd Arne Westad), *The Cold War: A World History* (뉴욕: 베이직 북스, 2017), 293-294쪽.

39. 코헨(Cohen), 앞의 책, 132쪽; 라페버(LaFeber), 앞의 책, 596쪽; 웨스타드(Westad), 앞의 책, 294쪽.

40. 개디스(Gaddis), *We Now Know*, 148쪽.

41. 베를린 장벽은 1961년 8월 13일에 세워졌다. 10월 17일, 흐루쇼프는 베를린 최후통첩을 철회했다.

42. 웨스타드(Westad), 앞의 책, 296쪽. 베를린 위기 동안 케네디의 활동에 대한 자세한 설명은 리처드 리브스(Richard Reeves), *President Kennedy: Profile of Power* (뉴욕: 사이먼 & 슈스터, 1993), 제16장 참조.

43. 코헨(Cohen), 앞의 책, 130-131쪽.

44. 쿠바에 미사일을 배치한 흐루쇼프의 동기는 상당한 사후 분석과 추측의 대상이 되어 왔다. 가용 증거에 따르면 쿠바 혁명을 보호하는 것이 그에게 가장 중요했음을 시사한다. 제임스 G. 허시버그(James G. Hershberg), The Cuban Missile Crisis, 레프러(Leffler)와 웨스타드(Westad) 편집, *Crises and Detente*, 그리고 윌리엄 타우브만(William Taubman), *Khrushchev: The Man and His Era* (뉴욕: W.W. 노튼 앤 컴퍼니, 2003), 535쪽 참조.

45. 병력은 전술 핵무기로 무장했다. 헤링(Herring), 앞의 책, 720쪽; 개디스(Gaddis), *We Now Know*, 274쪽.

46. 케네디는 이전에 미국이 쿠바에 "공격적" 무기가 배치되는 것을 용인하지 않을 것이라고 선언했다. 코헨(Cohen), 앞의 책, 138쪽.

47. 개디스(Gaddis), *We Now Know*, 146쪽.

48. "미사일은 미사일이다.", 맥나마라(McNamara)가 말했다고 전해진다. "소련에서 발사된 미사일에 의해 죽든 쿠바에서 발사된 미사일에 의해 죽든 큰 차이는 없다." 맨델바움(Mandelbaum), 앞의 책, 136쪽.

49. 미사일 발견을 발표하는 연설에서 케네디는 전간기(interwar period)를 언급했다. "1930년대는 우리에게 명확한 교훈을 주었다. 공격적인 행위는 만약 방치되고 도전받지 않는다면 궁극적으로 전쟁으로 이어진다." 웨스타드(Westad), 앞의 책, 306쪽에 인용됨. 대통령은 또한 쿠바의 소련 미사일이 그의 행정부와 11월 초 의회 선거를 앞둔 민주당에 정치적 손해를 끼칠 수 있다는 점을 염두에 두었다.

50. 타우브만(Taubman), 앞의 책, 531, 553쪽.

51. 웨스타드(Westad), 앞의 책, 307-308쪽. 미사일 위기 동안 전쟁 가능성에 대한 사후 평가에 대해서는 허시버그(Hershberg), 앞의 책, 83-84쪽 참조.

52. 타우브만(Taubman), 앞의 책, 568쪽.

53. 맨델바움(Mandelbaum), 앞의 책, 146-148쪽.

54. 약속의 전달자는 대통령의 형제이자 법무장관인 로버트 케네디(Robert Kennedy)였으며, 그는 워싱턴 주재 소련 대사 아나톨리 도브리닌(Anatoly Dobrynin)과의 비공식 소통 경로를 마련했다. 웨스타드(Westad), 앞의 책, 308쪽.

55. 베를린과 쿠바 위기에 가장 가까운 유사 사례는 1973년 10월, 당시 진행 중이던 아랍-이스라엘 전쟁에 소련이 군대를 파견하려 한다는 위협에 대응하여 미국 정부가 군사 경보를 발령한 것이다. 333쪽 참조.

56. 웨스타드(Westad), 앞의 책, 219-220쪽.

57. 일본 경제에 대해서는 마리우스 B. 얀센(Marius B. Jansen), *The Making of Modern Japan* (캠브리지, 매사추세츠: 하버드대학 출판부, 2000), 729쪽 참조.

58. 리처드 N. 쿠퍼(Richard N. Cooper), Economic Aspects of the Cold War, 1962-1975, 레프러(Leffler)와 웨스타드(Westad) 편집, *Crises and Detente*, 49쪽. 1970년대 후반 미국 경제의 어려움에 대해서는 340쪽 참조.

59. 같은 책, 49쪽.

60. 배리 아이켄그린(Barry Eichengreen), *The European Economy Since 1945: Coordinated Capitalism and Beyond* (프린스턴, 뉴저지: 프린스턴대학교 출판부, 2007), 89쪽; 주드(Judt), 앞의 책, 327-328쪽.

61. 아이켄그린(Eichengreen), 앞의 책, 178쪽.

62. 웨스타드(Westad), 앞의 책, 217-218쪽. 유럽은 또한 급속한 성장을 가능하게 하는 정치적, 경제적 제도를 갖추고 있었기 때문에 빠르게 성장할 수 있었다. 아이켄그린(Eichengreen), 앞의 책, 3-4쪽.

63. 쿠퍼(Cooper), 앞의 책, 49쪽.

64. W. G. 비즐리(W. G. Beasley), *The Rise of Modern Japan: Political, Economic and Social Change Since 1850* (뉴욕: 세인트 마틴스 프레스, 1995), 제5장.

65. 아이켄그린(Eichengreen), 앞의 책, 180쪽; 더글라스 A. 어윈(Douglas A. Irwin), *Clashing Over Commerce: A History of U.S. Trade Policy* (시카고: 시카고대학교 출판부, 2017), 528, 555쪽.

66. 개디스(Gaddis), *We Now Know*, 201, 219-220, 288-289쪽.

67. 월터 라페버(Walter LaFeber), *The Clash: U.S.-Japanese Relations Throughout History* (뉴욕: W.W. 노튼 앤 컴퍼니, 1997), 319쪽.

68. 프레데릭 보조(Frederic Bozo), France, Gaullism, and the Cold War, 레프러(Leffler)와 웨스타드(Westad) 편집, *Crisis and Detente*, 172쪽.

69. 쿠퍼(Cooper), 앞의 책, 49쪽.

70. 아이켄그린(Eichengreen), 앞의 책, 133-146쪽; J. F. 브라운(J. F. Brown), *The Grooves of Change: Eastern Europe at the Turn of the Millennium* (더럼, 노스캐롤라이나: 듀크대학교 출판부, 2001), 60-61쪽; 주드(Judt), 앞의 책, 427쪽; 웨스타드(Westad), 앞의 책, 187-188쪽; 로스(Loth), 앞의 책, 515-516쪽.

71. 헤링(Herring), 앞의 책, 665쪽; 차바 베케스(Csaba Bekes), East Central Europe, 1953-1956, 레프러(Leffler)와 웨스타드(Westad) 편집, *Origins*, 337쪽.

72. "스탈린의 부정적 성격은 ... 마지막 몇 년 동안 중대한 권력 남용으로 변모했다. 이는 우리 당에 헤아릴 수 없는 피해를 입혔다 .... 스탈린은 설득, 설명, 인내심 있는 협력을 통해 행동하지 않고 자신의 개념을 강요하며 자신의 의견에 절대적인 복종을 요구했다. 이를 반대한 사람은 누구든 ... 지도 집단에서 제거되고 이후 도덕적, 물리적 말살의 운명을 맞게 되었다." 웨스타드(Westad), 앞의 책, 199쪽에 인용됨.

73. 베케스(Bekes), 앞의 책, 346-347쪽; 주드(Judt), 앞의 책, 312-313쪽; 웨스타드(Westad), 앞의 책, 200-201쪽.

74. 주드(Judt), 앞의 책, 320쪽.

75. 베케스(Bekes), 앞의 책, 348-351쪽; 웨스타드(Westad), 앞의 책, 203-205쪽. "20만 명의 헝가리인이 서방으로 도피했고, 2만 명이 체포되었으며, 나지(Imre Nagy) 총리를 포함한 그의 측근 몇 명을 포함해 230명이 처형되었다." 웨스타드(Westad), 앞의 책, 205쪽.

76. 찰스 가티(Charles Gati), *Failed Illusions: Moscow, Washington, Budapest, and the 1956 Hungarian Revolt* (워싱턴 D.C.: 우드로 윌슨 센터 프레스 및 스탠포드, 캘리포니아: 스탠포드 대학교 출판부, 2006), 162-171, 181-186, 199-203쪽.

77. 아치 브라운(Archie Brown), *The Rise and Fall of Communism* (뉴욕: 에코(Ecco), 2009), 382쪽.

78. 같은 책, 385쪽.

79. 두브체크(Alexander Dubček)는 실제로는 슬로바키아계였다.

80. 주드(Judt), 앞의 책, 442-445쪽. 침공에 참여한 다섯 국가는 폴란드, 헝가리, 불가리아, 동독, 그리고 소련이었다.

81. J. F. 브라운(J. F. Brown), 앞의 책, 45쪽.

82. 마크 필립 브래들리(Mark Philip Bradley), Decolonization, the Global South, and the Cold War, 1919-1962, 레프러(Leffler)와 웨스타드(Westad) 편집, *Origins*, 479-480쪽; 웨스타드(Westad), 앞의 책, 270-271쪽.

83. 웨스타드(Westad), 앞의 책, 435-436쪽.

84. 같은 책, 392-393쪽.

85. 헤링(Herring), 앞의 책, 680-681쪽.

86. 프레데릭 로게발(Frederik Logevall), The Indochina Wars and the Cold War, 1945-1975, 레프러(Leffler)와 웨스타드(Westad) 편집, *Crises and Detente*, 290-291쪽; 헤링(Herring), 앞의 책, 662쪽.

87. 헤링(Herring), 앞의 책, 673쪽.

88. 1961년 피그스만 침공(Bay of Pigs operation)을 간접 개입으로 간주할 경우, 미국의 직접적 개입은 1954년 과테말라(301쪽 참조)와 1965년 도미니카 공화국에서 이루어졌다. 도미니카 개입에 대해서는 코헨(Cohen), 앞의 책, 166쪽, 그리고 헤링(Herring), 앞의 책, 735쪽 참조.

89. 라페버(LaFeber), *The American Age*, 688쪽; 헤링(Herring), 앞의 책, 837-838쪽.

90. 이란에서의 사건에 대해서는 레이 타키에(Ray Takeyh), *The Last Shah: America, Iran, and the Fall of the Pahlavi Dynasty* (뉴욕: 옥스포드대학교 출판부, 2021), 제3장과 제4장 참조.

91. 같은 책, 135-138쪽.

92. 같은 책, 146-149, 151쪽.

93. 웨스타드(Westad), 앞의 책, 345-347쪽. 미국의 개입은 "과테말라 내부의 사건 전개를 크게 바꾸지 못했는데, 이는 아르벤스(Arbenz) 정권이 지주와 군부 내에서 너무 많은 적을 만들어내어 어쨌든 오래 지속되지 못했을 것이기 때문이다." 개디스(Gaddis), *We Now Know*, 178쪽.

94. 이라크와 과테말라에서의 CIA 역할에 대해서는 팀 와이너(Tim Wiener), *Legacy of Ashes: The History of the CIA* (뉴욕: 앵커 북스, 2007), 제9장과 제10장 참조.

95. 헤링(Herring), 앞의 책, 674-675쪽.

96. "위기 초반부터 [아이젠하워의] 사고를 지속적으로 이끈 핵심 가정은, 운하를 둘러싼 전쟁이 최악의 선택이라는 점이었다. 이는 전쟁이 아랍 세계, 더 나아가 전 개발도상국을 소련의 품으로 몰아넣을 것이기 때문이다." 마이클 도런(Michael Doran), *Ike's Gamble: America's Rise to Dominance in the Middle East* (뉴욕: 프리 프레스, 2016), 193쪽.

97. "아이젠하워와 덜레스(Dulles)는 헝가리에서의 소련의 탄압이 서방이 국제 정치에서 도덕적 우위를 점할 수 있는 주요 기회를 제공한다고 보았으며, 이집트에서의 총포 외교는 이를 파괴하고 있다고 판단했다." 같은 책, 197쪽.

98. 웨스타드(Westad), 앞의 책, 273쪽.

99. 수에즈 위기 전반에 대해서는 도런(Doran), 앞의 책, 제11장과 제12장; 더글라스 리틀(Douglas Little), The Cold War in the Middle East: Suez Crisis to Camp David Accords, 레프러(Leffler)와 웨스타드(Westad) 편집, *Crises and Detente*, 306-310쪽; 그리고 데릭 리버트(Derek Leebaert), *Grand Improvisation: America Confronts the British Superpower, 1945-1957* (뉴욕: 파라 스트라우스 앤 지룩스, 2018), 467-479쪽 참조.

100. 코헨(Cohen), 앞의 책, 114쪽; 라페버(LaFeber), *The American Age*, 565-566쪽.

101. 케네디는 "모든 주요 보좌관들에게 해당 연설을 신중히 검토할 것을 지시하며, '읽고, 표시하고, 배우며, 내면적으로 소화하라.'고 강조했다." 패터슨(Patterson), 앞의 책, 488쪽.

102. 게릴라 전쟁의 역사에 대해서는 맥스 부트(Max Boot), *Invisible Armies: An Epic History of Guerrilla Warfare from Ancient Times to the Present* (뉴욕: 리버라이트, 2013) 참조.

103. 케네디 행정부의 대외원조와 경제개발 접근방식에 대해서는 로버트 A. 패켄햄(Robert A.

Packenham), *Liberal America and the Third World* (프린스턴, 뉴저지: 프린스턴대학교 출판부, 1973), 59-74쪽 참조.

104. 쿠퍼(Cooper), 앞의 책, 62쪽.

105. 헤링(Herring), 앞의 책, 716쪽.

106. 같은 책, 712쪽; 웨스타드(Westad), 앞의 책, 291쪽.

107. 중국 내전의 최종적이고 결정적인 단계에서는 공산당이 대규모 군대를 동원해 국민당과 정규전을 벌였다.

108. 말라야와 필리핀에서의 반란에 대해서는 마이클 벌리(Michael Burleigh), *Small Wars, Faraway Places: Global Insurrection and the Making of the Modern World, 1945-1965* (뉴욕: 바이킹, 2013), 제6장과 제7장 참조.

109. 마이클 J. 그린(Michael J. Green), *By More Than Providence: Grand Strategy and American Power in the Asia Pacific Since 1783* (뉴욕: 컬럼비아대학교 출판부, 2017), 268-272쪽; 조지 C. 헤링(George C. Herring), *America's Longest War: The United States and Vietnam, 1950-1975* (뉴욕: 맥그로 힐, 제2판, 1986), 5-14, 24쪽.

110. 헤링(Herring), *America's Longest War*, 55쪽.

111. 같은 책, 68쪽.

112. 패터슨(Patterson), 앞의 책, 510쪽.

113. 어니스트 R. 메이(Ernest R. May), *Lessons of the Past: The Use and Misuse of History in American Foreign Policy* (뉴욕: 옥스포드대학교 출판부, 1976), 107-108쪽; 웨스타드(Westad), 앞의 책, 321, 323쪽; 코헨(Cohen), 앞의 책, 151-152, 164쪽.

114. 패터슨(Patterson), 앞의 책, 515쪽.

115. 라페버(LaFeber), *The American Age*, 548쪽.

116. 코헨(Cohen), 앞의 책, 154쪽.

117. 110-111쪽 참조.

118. 프레데릭 로그발(Frederik Logevall), *Choosing War: The Last Chance for Peace and the Escalation of the War in Vietnam* (버클리, 캘리포니아: 캘리포니아대학교 출판부, 1999), 278쪽; 헤링(Herring), *America's Longest War*, 45-47쪽.

119. 헤링(Herring), *America's Longest War*, 141쪽; 로그발(Logevall), *Choosing War*, 388-389쪽.

120. 1965년에서 1968년 사이 북베트남에 약 50,000명의 중국군이 주둔하며 대규모 중국 개입의 위협 신뢰도를 높였다. 앨런 화이팅(Allen Whiting), *The Chinese Calculus of Deterrence: India and Indochina* (앤아버, 미시간: 미시간대학교 출판부, 1975), 제6장.

121. 프레데릭 로그발(Frederik Logevall), *Embers of War: The Fall of an Empire and the Making of America's Vietnam* (뉴욕: 랜덤하우스, 2012), 712쪽.

122. 패터슨(Patterson), 앞의 책, 595쪽.

123. 라페버(LaFeber), *The American Age*, 612쪽; 헤링(Herring), *America's Longest War*, 147쪽.

124. 다니엘 엘스버그(Daniel Ellsberg)는 존슨 대통령 이전의 베트남 정책에서도 이와 같은 상황이 있었다고 주장한다. 다니엘 엘스버그, "The Quagmire Myth and the Stalemate Machine," *Papers on the War* (뉴욕: 사이먼 & 슈스터, 1972), 71, 78쪽.

125. 패터슨(Patterson), 앞의 책, 599쪽; 헤링(Herring), *America's Longest War*, 150-151쪽.

126. 헤링(Herring), *From Colony to Superpower*, 770쪽.

127. 헤링(Herring), *America's Longest War*, 128-129쪽. 1964년 8월, 미국은 통킹만에서 미국 선박에 대한 공격으로 간주된 사건에 대한 보복으로 북베트남 목표물을 제한적으로 공습했다. 패터슨(Patterson), 앞의 책, 603쪽.

128. 헤링(Herring), *America's Longest War*, 152쪽.

129. "1968년 초까지 미국과 남베트남의 화력은 신뢰할 만한 추정에 따르면 약 220,000명의 적 병사를 살해했다. 같은 기간 동안 베트남에서 전사한 미국 병사는 13,500명으로, 이는 약 16배에 달한다." 패터슨(Patterson), 앞의 책, 596쪽.

130. 엘스버그(Ellsberg), 앞의 책, 30쪽에서 인용.

131. 헤링(Herring), *America's Longest War*, 5, 15쪽; 로그발(Logevall), *Embers of War*, xix쪽; 웨스타드(Westad), 앞의 책, 313-314쪽.

132. 로그발(Logevall), *Choosing War*, 376쪽.

133. 케넌(Kennan)에 관한 내용은 존 루이스 개디스(John Lewis Gaddis), *George F. Kennan: An American Life* (뉴욕: 펭귄 프레스, 2011), 591-594쪽 참조. 립먼(Lippmann)에 관한 내용은 로널드 스틸(Ronald Steel), *Walter Lippmann and the American Century* (보스턴: 리틀 브라운 앤 컴퍼니, 1980), 제42장과 제43장 참조.

134. 이는 존 뮬러(John Mueller)의 주장이다. *War, Presidents, and Public Opinion* (뉴욕: 존 와일리 & 선즈, 1973).

135. 대학생들이 반전 운동의 주요 활동 세력을 구성했지만, 미국 대학생 전체 중에서 참여한 비율은 소수에 불과했다. 패터슨(Patterson), 앞의 책, 627쪽.

136. 반전 운동은 때로 그 과도한 행동이 대중의 반감을 사서, 정작 운동의 본래 목적에 해가 되는 결과를 초래했다. 이는 정부의 전쟁 정책에 대한 동정심을 증가시키기도 했다. 애덤 가핑클(Adam Garfinkle), *Telltale Hearts: The Origins and Impact of the Vietnam Antiwar Movement* (뉴욕: 세인트 마틴 프레스, 1995), 제1장 참조. 또한 마이클 맨델바움(Michael Mandelbaum), "Vietnam: The Television War," *Print Culture and Video Culture*, *Daedalus*, 1982년 가을호, 165-166쪽.

137. 헤링(Herring), *America's Longest War*, 186-191쪽.

138. "구정(Tet) 공세 이후 3주 동안의 총 희생자 수에 대한 대략적인 추정치는 북베트남군과 NLF(남베트남 해방민족전선)의 전투 사망자가 40,000명에 달한 반면, 남베트남군은 2,300명, 미군은 1,100명이었다." 패터슨(Patterson), 앞의 책, 679-680쪽.

139. 웨스타드(Westad), 앞의 책, 334. 구정 공세(Tet Offensive)에 대한 일반적인 내용은 돈 오버도퍼(Don Oberdorfer), *Tet!* (가든 시티, 뉴욕: 더블데이, 1971) 참조. 구정 공세의 언론 보도에 관한 내용은 피터 배스트럽(Peter Baestrup), *Big Story: How the American Press and Television Reported and Interpreted the Crisis of Tet 1968 in Vietnam and Washington* (볼더, 콜로라도: 웨스트뷰 프레스, 1977) 참조.

140. "존슨 대통령의 전쟁 수행에 대한 대중의 지지율은 11월의 홍보 캠페인 이후 40%로 이미 낮았으나, 구정 공세 직후에는 26%로 하락했다." 패터슨(Patterson), 앞의 책, 681쪽.

141. 태드 슐츠(Tad Szulc), *The Illusion of Peace: Foreign Policy in the Nixon Years* (뉴욕: 바이킹, 1978), 27-28쪽.

142. 헨리 키신저(Henry Kissinger), "The Vietnam Negotiations," *American Foreign Policy* (뉴욕: W.W. 노튼 앤 컴퍼니, 확장판, 1974), 112쪽.

143. 1973년 미국에서 병역 징집 제도가 폐지되었는데, 이는 전쟁의 비인기 요인 중 하나였다.

144. 헤링(Herring), *America's Longest War*, 251-252쪽.

145. 캄보디아는 전쟁 이후 끔찍한 운명을 맞이했다. 권력을 잡은 공산주의 세력인 크메르 루즈(Khmer Rouge)는 도시를 비우는 잔혹한 정책을 실행했으며, 주민들을 시골에서 생존을 위해 살아가도록 강제했다. 약 150만 명의 캄보디아인이 사망했는데, 이는 전체 인구의 약 4분의 1에 해당한다. 제임스 T. 패터슨(James T. Patterson), *Restless Giant: The United States from Watergate to Bush v. Gore* (뉴욕: 옥스포드대학교 출판부, 2005), 101쪽. 캄보디아에 대한 미국 정책에 대한 비판적 서술은 윌리엄 쇼크로스(William Shawcross), *Sideshow: Kissinger, Nixon, and the Destruction of Cambodia* (뉴욕: 사이먼 & 슈스터, 1979) 참조.

146. 일부 해석에 따르면, 소위 "크리스마스 폭격"은 불만이 많았던 남베트남 정부가 평화협정을 수용하도록 설득하려는 목적도 있었다.

147. 파리 협정(Paris Accords)은 다른 조항들과 더불어 북베트남에 억류된 미국 전쟁포로들의 석방을 포함했다. 대부분은 공산주의 방공망에 의해 격추된 비행기 승무원들이었다. 포로들의 신분은 미국 대중에게 중요한 이슈가 되었다.

148. 로그발(Logevall), "The Indochina Wars and the Cold War," 300쪽.

149. 헤링(Herring), *From Colony to Superpower*, 820-822쪽; 헤링, *America's Longest War*, 265-267쪽.

150. 라페버(LaFeber), *The American Age*, 668쪽.

151. 383-390쪽 참조.

152. 헤링(Herring), *From Colony to Superpower*, 812쪽; 패터슨(Patterson), *Grand Expectations*, 600쪽.

153. 헤링(Herring), *From Colony to Superpower*, 803쪽.

154. 패터슨(Patterson), *Restless Giant*, 99쪽.

155. 헤링(Herring), *America's Longest War*, 273쪽.

156. 패터슨(Patterson), *Grand Expectations*, 772쪽; 라페버(LaFeber), *The American Age*, 618쪽. 워터게이트 스캔들에 대한 상세한 설명은 J. 앤서니 루카스(J. Anthony Lukas), *Nightmare: The Underside of the Nixon Years* (뉴욕: 바이킹, 1976) 참조.

157. 루카스(Lukas), 앞의 책, 제4장.

158. 라페버(LaFeber), *The American Age*, 636쪽.

159. https://avalon.law.yale.edu/20th_century/nixon1.asp

160. 패터슨(Patterson), *Grand Expectations*, 744쪽; 헤링(Herring), *From Colony to Superpower*, 785-786쪽.

161. (뉴욕: 그로셋 앤 던랩, 1964).

162. 헤링(Herring), *From Colony to Superpower*, 723. 317쪽도 참조.

163. 웨스타드(Westad), 앞의 책, 385-388쪽. 오스트폴리틱(Ostpolitik)에 대한 상세한 설명은 티모시 가튼 애쉬(Timothy Garton Ash), *In Europe's Name: Germany and the Divided Continent* (뉴욕: 랜덤하우스, 1993), 제11장과 제12장 참조.

164. 레이몬드 가르토프(Raymond Garthoff), *Detente and Confrontation: American-Soviet Relations from Nixon to Reagan* (워싱턴 D.C.: 브루킹스 연구소, 1985), 248-249, 254, 295쪽.

165. 같은 책, 10쪽.

166. 같은 책, 42-43쪽.

167. 스베틀라나 사브란스카야(Svetlana Savranskaya)와 윌리엄 타우브만(William Taubman), "Soviet Foreign Policy, 1962-1975," *Crises and Detente*, 레프러(LefHer)와 웨스타드(Westad) 편집, 142쪽.

168. 가르토프(Garthoff), 앞의 책, 31-32쪽.

169. 321, 324-325쪽 참조.

170. 가르토프(Garthoff), 앞의 책, 289-291쪽.

171. 부분적 핵실험금지조약(Test Ban Treaty)은 지하 핵실험을 허용했으며, 미국과 소련은 지하에서의 핵실험을 계속 수행했다. 조약에 대한 자세한 내용은 맨델바움(Mandelbaum), 앞의 책, 7장 참조.

172. 1972년 합의로 이어진 협상에 대한 자세한 설명은 존 뉴하우스(John Newhouse), *Cold Dawn: The Story of SALT* (뉴욕: 홀트, 라인하르트 & 윈스턴, 1973) 참조.

173. 조약은 각국이 두 개의 방어 시스템만 배치하도록 허용했는데, 하나는 수도를 보호하고, 다른 하나는 주요 미사일 기지를 방어하기 위한 것이었다.

174. 449쪽 참조.

175. 버(Burr)와 로젠버그(Rosenberg), 앞의 책, 108쪽; 헤링(Herring), *From Colony to Superpower*, 819쪽.

176. SALT II 협정으로 이어진 협상에 대한 자세한 내용은 스트로브 탈보트(Strobe Talbott), *Endgame: The Inside Story of SALT II* (뉴욕: 하퍼 & 로우, 1979) 참조.

177. 개디스(Gaddis), *We Now Know*, 292쪽.

178. 트라흐텐버그(Trachtenberg), 앞의 책, 501쪽.

179. 2015년 기준으로 5개국(인도, 파키스탄, 남수단, 이스라엘, 북한)만이 조약 서명국이 아니었다. 북한은 한때 서명했으나 2003년에 탈퇴했다.

180. 개빈(Gavin), 앞의 책, 396쪽.

181. 같은 책, 400쪽.

182. "9개의 유럽공동체(EC) 회원국은 협상에 인권 조항을 포함할 것을 주장했다. 그들의 끈질긴 노력 덕분에 헬싱키 최종의정서(Helsinki Final Act)의 제7원칙에 '사상, 양심, 종교 또는 신념의 자유를 포함한 인권과 기본적 자유 존중'이 포함되었으며, *CSCE*의 제3바구니 조항 아래에서 인적 교류와 교환을 확대하는 여러 구체적인 조치가 합의되었다." 로즈메리 풋(Rosemary Foot), "The Cold War and Human Rights," *The Cold War, Volume III: Endings*, 레프러(LefHer)와 웨스타드(Westad) 편집, (캠브리지, 영국: 캠브리지대학교 출판부, 2010), 459쪽.

183. 헨리 키신저(Henry Kissinger)는 헬싱키 협정을 읽어보지도 않았다. 미국 국무장관인 키신저는 *CSCE*에 대해 일관되게 미온적인 태도를 보였으며, 한때 헬싱키 최종의정서가 차라리 '스와힐리어로 작성된 것과 다름없다.'고 농담하기도 했다. 주시 M. 한히마키(Jussi M. Hanhimaki), "Detente in Europe, 1962-1975," *Crises and Detente*, 레프러와 웨스타드 편집, 214쪽.

184. 주트(Judt), 앞의 책, 501-503쪽.

185. 가르토프(Garthoff), 앞의 책, 12-13, 26-27쪽. 일반적인 정부 관행과는 눈에 띄게 다른 방식으로, 키신저(Kissinger)와 이후 닉슨(Nixon)은 "중국 지도자들과의 사적인 회담에서 어떠한 미국 통역사도 참석시키지 않았다. 이러한 관행은 소련에서도 적용되었다." 같은 책, 233쪽.

186. 웨스타드(Westad), 앞의 책, 441-444쪽.

187. "닉슨은 항공모함 USS 엔터프라이즈(Enterprise)와 세 척의 호위함을 벵골만에 배치하도록 명령해 파키스탄을 안심시키고 인도를 억제하고자 했다." 헤링(Herring), *From Colony to Superpower*, 790쪽.

188. 325-328쪽 참조.

189. 닉슨 행정부의 1971년 전쟁 정책에 대한 비판적인 설명은 게리 J. 배스(Gary J. Bass), *The Blood Telegram: Nixon, Kissinger, and a Forgotten Genocide* (뉴욕: 알프레드 A. 노프, 2013) 참조.

190. 알렌데(Allende)는 쿠데타에 대응하여 자살로 생을 마감했다.

191. 웨스타드(Westad), 앞의 책, 356-357쪽.

192. 헤링(Herring), *From Colony to Superpower*, 803-804쪽; 쿠퍼(Cooper), 앞의 책, 55-56쪽.

193. 애그뉴(Agnew)는 메릴랜드 주지사로 재직하던 시절 뇌물을 받은 혐의에 직면하여 사임했다. 리처드 코헨(Richard Cohen)과 줄스 윗커버(Jules Witcover), *A Heartbeat Away: The Investigation and Resignation of Vice President Spiro T. Agnew* (뉴욕: 바이킹, 1974) 참조.

194. 카터(Carter)는 취임 연설에서 미국의 "인권에 대한 헌신은 절대적이어야 한다."고 말했다. 헤링(Herring), *From Colony to Superpower*, 846쪽에서 인용.

195. 가르토프(Garthoff), 앞의 책, 544-545쪽.

196. 같은 책, 551쪽; 헤링(Herring), *From Colony to Superpower*, 551쪽.

197. 헤링(Herring), *From Colony to Superpower*, 795쪽.

198. 웨스타드(Westad), 앞의 책, 482-484쪽.

199. 라페버(LaFeber), *The American Age*, 690-691쪽.

200. 가르토프(Garthoff), 앞의 책, 521-523쪽. 소련 측은 특히 제3세계에서 미국과의 경쟁을 계속할 의도를 명확히 했다. "1972년과 1973년의 데탕트 협정이 체결된 후에도 ... 브레즈네프(Brezhnev)는 '혁명, 계급투쟁, 그리고 해방운동은 협정에 의해 폐지될 수 없다.'고 재차 강조했다." 같은 책, 43-44쪽에서 인용.

201. 웨스타드(Westad), 앞의 책, 484쪽.

202. 1975년 레이건(Reagan)은 "모든 미국인은 헬싱키 최종 의정서(Helsinki Final Act)에 반대해야 한다."고 말했다. 로버트 슐칭거(Robert Schulzinger), "Detente in the Nixon-Ford Years, 1969-1975," *Crises and Detente*, 레프러(LefHer)와 웨스타드(Westad) 편집, 391쪽에서 인용.

203. "전쟁은 불가능하지 않으나, 평화는 불가능하다(war improbable, peace impossible)."라는 표현은 프랑스 정치 작가 레이몽 아롱(Raymond Aron)에게서 비롯되었다. 324쪽 참조.

204. "중국-미국 관계에서의 돌파구는 아시아를 포함한 세계 나머지 지역에 전략적 지진과도 같은 영향을 미쳤다." 웨스타드(Westad), 앞의 책, 412쪽.

205. 헤링(Herring), *From Colony to Superpower*, 662-664, 693쪽. 초기 위기 동안 미국의 공식 성명은 핵무기 사용 가능성을 암시했다.

206. 1958년에서 1961년 사이 대약진운동(Great Leap Forward) 기간 동안, "적어도 4천만 명이 사망했으며, 대부분은 과로와 식량 부족의 결합으로 인해 사망했다." 웨스타드(Westad), 앞의

책, 243-244쪽.

207. 같은 책, 255쪽.

208. 중소 분열(Sino-Soviet Split)에 대해서는 세르게이 라드첸코(Sergey Radchenko), "The Sino-Soviet Split," 레프러(LefHer)와 웨스타드(Westad) 편집, *Crises and Detente* 참조.

209. 그린(Green), 앞의 책, 331, 345쪽; 제임스 만(James Mann), *About Face: A History of America's Curious Relationship with China, from Nixon to Clinton* (뉴욕: 알프레드 A. 노프, 1999), 96, 39쪽.

210. 닉슨은 기사에서 "우리는 중국을 영원히 국가 가족밖에 남겨둘 여유가 없다."고 썼다. 그린(Green), 앞의 책, 326쪽에서 인용.

211. 헤링(Herring), *From Colony to Superpower*, 791쪽.

212. 제임스 만(Mann), 앞의 책, 48쪽에서 인용.

213. 그린(Green), 앞의 책, 353쪽.

214. 헤링(Herring), *From Colony to Superpower*, 793쪽.

215. 같은 책, 791, 793쪽.

216. 제임스 만(Mann), 앞의 책, 81-82, 102-103쪽.

217. 1848년 3월 1일 하원 연설 중 발언.

218. 스테판 쿠르투아(Stephane Courtois) 외, *The Black Book of Communism: Crimes, Terror, Repression* (캠브리지, 매사추세츠: 하버드대학교 출판부, 1999) 참조.

219. 코헨(Cohen), 앞의 책, 190쪽; 헤링(Herring), *From Colony to Superpower*, 793쪽.

220. 제임스 만(Mann), 앞의 책, 35, 56, 73-74, 76, 86, 111쪽.

221. 1979년 마오 사후 중국 지도자인 덩샤오핑(Deng Xiaoping)의 미국 방문 중, 카터 대통령은 중국인의 이민 허용 정책에 대해 질문했다고 전해진다. 덩은 "얼마나 많은 백만 명을 원합니까?"라고 답한 것으로 알려졌으며, 이후 이 주제가 다시 논의되지 않은 것으로 보인다.

222. 특히 키신저는 중국의 두 최고 지도자에게 매료되었다. 그는 저우언라이(Zhou Enlai)를 극찬하며 "세련되고, 무한히 인내심이 있으며, 매우 지적이고, 미묘하며, 우리 논의를 우아한 태도로 이끌었다."고 표현했다. 제임스 만(Mann), 앞의 책, 32쪽에서 인용. 마오쩌둥(Mao Tse-tung)에 대해서는 "마오는 권위와 깊은 지혜를 방출했다."고 언급했다. 같은 책, 61쪽.

223. 달러의 두 가지 역할 간의 모순은 벨기에-미국 경제학자인 로버트 트리핀(Robert Triffin)의 이름을 따서 "트리핀 딜레마(Triffin Dilemma)"로 알려졌다. 배리 아이켄그린(Barry Eichengreen), *Exorbitant Privilege: The Rise and Fall of the Dollar and the Future of the International Monetary System* (뉴욕: 옥스포드대학교 출판부, 2011), 50쪽.

224. 이는 프랜시스 J. 개빈(Francis J. Gavin)의 *Gold, Dollars, and Power: The Politics of International Monetary Relations, 1958-1971* (채플 힐, 노스캐롤라이나: 노스캐롤라이나

대학교 출판부, 2004)의 주제이다. 미국 금 보유량 감소에 대해서는 앨런 그린스펀(Alan Greenspan)과 에이드리언 울드리지(Adrian Wooldridge), *Capitalism in America: A History* (뉴욕: 펭귄 프레스, 2018), 307-308쪽 참조.

225. 로버트 길핀(Robert Gilpin), *The Challenge of Global Capitalism: The World Economy in the 21st Century* (프린스턴, 뉴저지: 프린스턴대학교 출판부, 2000), 60-61쪽.

226. 같은 책, 70쪽; 배리 아이켄그린(Barry Eichengreen), *Exorbitant Privilege*, 61쪽.

227. 이는 조앤 고와(Joanne Gowa)의 *Closing the Gold Window: Domestic Politics and the End of Bretton Woods* (이타카, 뉴욕: 코넬대학교 출판부, 1983)의 주제이다. 재무장관 조지 슐츠(George Shultz)는 "미국의 글로벌 결제 시스템 관리자 역할은 끝났다. '산타클로스는 죽었다.'"고 말했다. 개빈(Gavin), *Gold, Dollars, and Power*, 196쪽.

228. 그린(Green), 앞의 책, 344쪽.

229. 길핀(Gilpin), 앞의 책, 70쪽.

230. 개빈(Gavin), *Gold, Dollars, and Power*, 13쪽.

231. 마이클 맨델바움(Michael Mandelbaum), *The Ideas That Conquered the World: Peace, Democracy and Free Markets in the Twenty-first Century* (뉴욕: 퍼블릭어페어즈, 2002), 350-351쪽.

232. 같은 저자, *The Road to Global Prosperity* (뉴욕: 사이먼 & 슈스터, 2014), 24-25쪽.

233. 나다브 사프란(Nadav Safran), *Israel - The Embattled Ally* (캠브리지, 매사추세츠: 하버드대학교 출판부, 1978), 482-483쪽.

234. 제프리 프리든(Jeffry Frieden), *Global Capitalism: Its Fall and Rise in the Twentieth Century* (뉴욕: W.W. 노튼 앤 캠퍼니, 2006), 365쪽.

235. 석유달러(petrodollars)의 상당량이 서구 은행을 통해 비산유 제3세계 국가로 유입되었으며, 이들 국가는 대출을 통해 필요로 하는 고가의 석유를 구매했다. 같은 책, 370쪽.

236. 같은 책, 365쪽.

237. 사프란(Safran), 앞의 책, 493-495쪽.

238. 1973년 10월 전쟁 동안의 미소 관계에 대해서는 가소프(Garthoff), 앞의 책, Chapter 11 참조.

239. 마이클 맨델바움(Michael Mandelbaum), *The Fate of Nations: The Search for National Security in the Nineteenth and Twentieth Centuries* (뉴욕: 캠브리지대학교 출판부, 1988), 288쪽.

240. 키신저(Kissinger)는 1973년 전쟁 이후의 평화 구축 노력과 자신이 이에 기여한 내용을 자신의 정부 재직 시절에 대한 3권의 회고록 중 두 번째와 세 번째 권에서 설명한다. *Years of Upheaval* (보스턴: 리틀 브라운, 1982), Chapters XI-XIII, XVII, XVIII, XXI, XXIII, 및 *Years of Renewal* (뉴욕: 사이먼 앤 슈스터, 1999), Part Four 참조.

241. 맨델바움(Mandelbaum), *The Fate of Nations*, 297, 305-306쪽; 사프란(Safran), 앞의 책, 531, 557-558쪽.

242. 맨델바움(Mandelbaum), *The Fate of Nations*, 307-308쪽.

243. 만(Mann), 앞의 책, 98-100쪽.

9장

1. 아민 사이칼(Amin Saikal), Islamism, the Iranian Revolution, and the Soviet Invasion of Afghanistan, 멜빈 P. 레프러(Melvyn P. Leffler)와 오드 아르네 웨스타드(Odd Arne Westad) 편집, *The Cambridge History of the Cold War*, Volume III: *Endings* (캠브리지, 영국: 캠브리지대학교 출판부, 2010), 116-117쪽.

2. "…[샤는] 약하고 우유부단했으며 의지의 마비에 시달렸다." 즈비그뉴 브레진스키(Zbigniew Brzezinski), *Power and Principle: Memoirs of the National Security Adviser, 1977-1981* (뉴욕: 파라, 스트라우스, 지룩스, 1983), 395쪽.

3. 샤의 몰락에 관한 내용은 레이 타케이(Ray Takeyh), *The Last Shah: America, Iran, and the Fall of the Pahlavi Dynasty* (뉴욕: 옥스포드대학교 출판부, 2021), Chapter 8 참조.

4. 일반적으로 국무부와 국무장관 사이러스 밴스(Cyrus Vance)는 유화적인 접근법을 옹호했으나, 국가안보회의(NSC)와 그 수장 즈비그뉴 브레진스키는 단호한 입장을 선호했다. 브레진스키, 앞의 책, 355, 393쪽; 게리 식(Gary Sick), *All Fall Down: America's Tragic Encounter with Iran* (뉴욕: 랜덤하우스, 1983), 70-71쪽.

5. 호메이니(Khomeini)는 인질 사건을 이용해 샤를 축출한 연합 세력 중 자신의 이슬람 정부 해석에 반대하는 세력을 정치적으로 꺾었다. 식, 앞의 책, 204-206, 278쪽.

6. 브레진스키, 앞의 책, 517쪽.

7. 식, 앞의 책, 296-299쪽.

8. "이란의 석유 생산량은 *프라이데이*(1978년 9월 8일) 이전의 하루 580만 배럴에서 11월에는 230만 배럴로, 1979년 1월에는 거의 제로로 감소했다." 타케이, 앞의 책, 224쪽.

9. 1978년 말부터 1980년 1분기까지 석유 가격은 125% 상승했다. 스티븐 D. 크래스너(Stephen D. Krasner), *Structural Conflict: The Third World Against Global Liberalism* (버클리, 캘리포니아: 캘리포니아대학교 출판부, 1985), 106쪽.

10. 앨런 그린스펀(Alan Greenspan)과 애드리언 울드리지(Adrian Wooldridge), *Capitalism in America: A History* (뉴욕: 펭귄 프레스, 2018), 300-301쪽; 제임스 T. 패터슨(James T. Patterson), *Restless Giant: The United States from Watergate to Bush v. Gore* (뉴욕: 옥스포드대학교 출판부, 2005), 62쪽.

11. 이것은 로버트 J. 고든(Robert J. Gordon)의 주요 주제이다. *The Rise and Fall of American*

Growth: The U.S. Standard of Living Since the Civil War (프린스턴, 뉴저지: 프린스턴대학교 출판부, 2016).

12. "생계비는 1973년에서 1983년 사이에 연평균 8.2% 상승했으며, 이는 1963년에서 1973년 사이의 두 배 이상의 비율이다." 패터슨, 앞의 책, 65쪽.

13. 그린스펀과 울드리지, 앞의 책, 305-306쪽; 패터슨, 앞의 책, 65쪽.

14. 필립스 곡선(Phillips Curve)은 인플레이션과 실업률 간의 안정적이고 역의 관계를 측정하는 널리 인정된 경제 개념이었다. 그린스펀과 울드리지, 앞의 책, 309쪽.

15. 인플레이션율과 실업률의 조합은 "고통 지수(Misery Index)"라고 불렸다. 이는 제2차 세계대전 이후 어떤 대통령 행정부보다 카터 행정부 시기에 평균적으로 더 높았다. *https:11*en.wikipedia.org/wikilMisery _index_Ceconomics)#Misery _index_by_US_presidential_administration

16. "…1970년대 후반의 분위기는 20세기 후반 미국 역사에서 가장 암울했던 시기로 중요한 의미를 가진다." 패터슨, 앞의 책, 15쪽.

17. "경제 문제의 악화는 이미 강한 경향을 가진 내향적 태도를 더욱 강화시켰다... 1965년 미국인들이 가장 관심을 가졌던 다섯 가지 이슈는 모두 외교 문제와 관련되었지만, 9년 후인 1974년에는 상위 세 가지가 모두 국내 문제였다." 헤링, *From Colony to Superpower: U.S. Foreign Relations Since 1776*, 811쪽.

18. 같은 책, 858쪽.

19. 존 코크런(John Cochrane), "The Cold War in Central America," 레프러와 웨스타드 편집, 앞의 책, 206쪽.

20. 이 주제에 대해서는 다니엘 파이프스(Daniel Pipes)와 애덤 가핑클(Adam Garfinkle) 편집, *Friendly Tyrants: An American Dilemma* (뉴욕: 세인트마틴 출판사, 1991) 참조.

21. 사이칼, 앞의 책, 128쪽.

22. 월터 라페버(Walter LaFeber), *The American Age: U.S. Foreign Policy at Home and Abroad, 1750 to the Present* (뉴욕: W.W. 노튼 앤 컴퍼니, 2판, 1994), 699쪽.

23. 소련의 아프가니스탄 쿠데타는 마이클 돕스(Michael Dobbs), *Down with Big Brother: The Fall of the Soviet Empire* (뉴욕: 알프레드 A. 노프, 1997), 18-24쪽에 묘사되어 있다.

24. 낸시 미첼(Nancy Mitchell), "The Cold War and Jimmy Carter," 레프러와 웨스타드 편집, 앞의 책, 83-84쪽.

25. "새 지도자 하피줄라 아민(Hafizullah Amin)이 소련 고문단을 철수시키고 미국, 파키스탄, 중국과의 관계를 재정립하려 했다는 강력한 신호를 보았다." 레이몬드 가스오프(Raymond Garthoff), *Detente and Confrontation: American-Soviet Relations from Nixon to Reagan* (워싱턴 D.C.: 브루킹스 연구소, 1985), 920쪽.

26. 같은 책, 930쪽.

27. 사이칼, 앞의 책, 129쪽; 가스오프, 앞의 책, 946, 949쪽. 소련의 침공과 관련해 카터 대통령과 논의하면서, 그의 국가안보보좌관은 "문제는 브레즈네프의 아프가니스탄 침공의 주관적 동기가 무엇이었는지가 아니라, 페르시아만에 훨씬 더 가까워진 소련 군사 주둔의 객관적 결과였다."고 강조했다고 기록했다. 브레진스키, 앞의 책, 430쪽.

28. 가스오프, 앞의 책, 952쪽에는 카터 행정부가 시행한 조치 목록이 나와 있다.

29. 관련 문장은 다음과 같다: "어떤 외부 세력이든 페르시아만 지역을 장악하려는 시도는 미국의 중대한 이익에 대한 공격으로 간주되며, 그러한 공격은 군사력을 포함한 모든 필요한 수단을 동원하여 격퇴될 것이다." 같은 책, 954쪽에서 인용됨. 국방부는 페르시아만과 그 석유 지역을 보호하기 위한 특별 "신속 전개군(Rapid Deployment Force)"을 창설했다.

30. 헤링, 앞의 책, 855쪽.

31. 블라디슬라프 주보크(Vladislav Zubok), Soviet Foreign Policy from Detente to Gorbachev, 1975-1985, 레프러와 웨스타드 편집, 앞의 책, 104쪽; 가스오프, 앞의 책, 937쪽; 시크, 앞의 책, 291쪽.

32. 가스오프, 앞의 책, 950쪽에서 인용됨.

33. 레이건은 50.7%의 국민투표를 얻어 카터의 41%를 앞질렀으며, 선거인단 투표에서는 489표 대 49표로 승리했다.

34. 비교하자면, 우드로 윌슨은 뉴저지 주지사로 한 번의 2년 임기를 수행했고, 프랭클린 루스벨트는 뉴욕 주지사로 두 번의 2년 임기를 수행했다.

35. 레이몬드 가스오프, *The Great Transition: American-Soviet Relations and the End of the Cold War* (워싱턴 D.C.: 브루킹스 연구소, 1994), 14쪽.

36. 리처드 리브스(Richard Reeves), *President Reagan: The Triumph of Imagination* (뉴욕: 사이먼 앤 슈스터, 2005), 108-109쪽. 소련을 겨냥한 전략을 개략적으로 설명한 1982년 국가안보문서는 "대통령이 냉전에서 공격적으로 나서겠다는 결심을 내비쳤다."고 명확히 밝혔다. 같은 책, 104쪽.

37. 라페버, 앞의 책, 705쪽.

38. "취임 후 불과 2주도 지나지 않아 레이건은 카터가 임기 마지막 주에 요청했던 2,003억 달러의 방위 예산에 추가로 326억 달러를 즉각 증액하는 것을 승인했다. 이 요청은 이전해보다 265억 달러가 늘어난 것이었다." 가스오프, *The Great Transition*, 33쪽. 방위비 지출은 1981년에서 1986년 사이에 연간 7%씩 증가했다. 헤링, 앞의 책, 867쪽.

39. 마이클 맨델바움(Michael Mandelbaum)과 스트로브 탤벗(Strobe Talbott), *Reagan and Gorbachev* (뉴욕: 빈티지 북스, 1987), 119쪽.

40. 285쪽 참조.

41. 맨델바움과 탤벗, 앞의 책, 114-118쪽.

42. 288-289쪽 참조.

43. 관련 국가는 서독, 벨기에, 이탈리아, 네덜란드, 그리고 영국이었다.

44. 오드 아르네 베스타드(Odd Arne Westad), *The Cold War: A World History* (뉴욕: 베이직 북스, 2017), 506쪽.

45. 스트로브 탤벗(Strobe Talbott), *Deadly Gambits: The Reagan Administration and the Stalemate in Nuclear Arms Control* (뉴욕: 알프레드 A. 노프, 1984), 제4장 및 제5장.

46. 웨스타드, 앞의 책, 521쪽; 가스오프, *The Great Transition*, 552쪽.

47. 맨델바움과 탤벗, 앞의 책, 124쪽.

48. 헤링, 앞의 책, 869쪽; 리브스, 앞의 책, 142쪽.

49. 리브스, 앞의 책, 146쪽.

50. 행정부 내부와 외부의 일부 인사들은 어떤 탄도미사일 방어 시스템도 미국의 안전을 보장할 수 없다고 가정했지만, 배치 가능성을 소련과의 군축 협상에서 "협상 카드"로 사용할 수 있다고 믿었다. 이는 소련의 양보를 이끌어내기 위한 교환의 대상으로 사용되었다. 워렌 I. 코헨(Warren I. Cohen), *The Cambridge History of American Foreign Relations, Volume IV: America in the Age of Soviet Power, 1945-1991* (뉴욕: 캠브리지대학교 출판부, 1993), 226쪽; 맨델바움과 탤벗, 앞의 책, 128쪽.

51. 패터슨, 앞의 책, 206쪽.

52. 라페버, 앞의 책, 719-720쪽; 헤링, 앞의 책, 887-888쪽; 리브스, 앞의 책, 183-189쪽.

53. 헤링, 앞의 책, 889쪽.

54. 존 H. 코츠워스(John H. Coatsworth), "The Cold War in Central America, 1973-1991," 레프러와 웨스타드 편집, 앞의 책, 212쪽.

55. 헤링, 앞의 책, 884쪽.

56. 같은 책, 884쪽; 가스오프, *Detente and Confrontation*, 1057-1058쪽.

57. 헤링, 앞의 책, 889쪽.

58. 패터슨, 앞의 책, 227쪽.

59. 베스타드, 앞의 책, 532쪽.

60. 가스오프, *Detente and Confrontation*, 1,063쪽.

61. 라페버, 앞의 책, 730쪽.

62. 헤링, 앞의 책, 876-877쪽.

63. 데니스 로스(Dennis Ross), "American Military Policy Outside Europe," 마이클 맨델바움 편집, *America's Defense* (뉴욕: 홀름스 & 마이어, 1989), 186-187쪽.

64. 헤링, 앞의 책, 878-879쪽.

65. 리브스, 앞의 책, 375쪽.

66. 레이건의 지지율은 36%로 떨어졌다. 헤링, 앞의 책, 891쪽.

67. 같은 책, 883쪽.

68. 그린스펀과 울드리지, 앞의 책, 329쪽.

69. 같은 책.

70. "… [1981년에서 1989년 사이에] 매달 약 20만 개의 일자리가 증가했으며, 총 1,800만 개 이상의 일자리가 창출되었다. 다우존스 산업평균지수는 [레이건의] 첫 번째 취임 당시의 950.88에서 8년 후 2,239로 급등했다." 제임스 T. 패터슨(*Grand Expectations: The United States, 1945-1974*), 앞의 책, 169-170쪽.

71. 배리 아이켄그린(Barry Eichengreen), *The European Economy Since 1945: Coordinated Capitalism and Beyond* (프린스턴, 뉴저지: 프린스턴대학교 출판부, 2007), 224쪽.

72. "… [유럽 국가들은] 완전 고용, 높은 실질 임금, 경제 성장을 동시에 충족하는 데 실패했다." 토니 저트(Tony Judt), *Postwar: A History of Europe Since 1945* (뉴욕: 펭귄 프레스, 2005), 462쪽.

73. 같은 책, 549-553쪽.

74. 1980년대 주요 유럽 국가들의 연간 경제 성장률은 존 W. 영(John W. Young), Western Europe and the End of the Cold War, 1979-1989, 멜빈 P. 레프러(Melvyn P. Leffler)과 오드 아르네 웨스타드(Odd Arne Westad) 편집, 앞의 책, 300쪽 참조.

75. 웨스타드, 앞의 책, 593쪽.

76. 당시 유럽 공동체(European Community)는 1980년대에 회원국을 확장하며, 1983년 그리스를, 1986년 스페인과 포르투갈을 회원국으로 받아들였다.

77. 328-331쪽 참조.

78. 더글라스 A. 어윈(Douglas A. Irwin), *Clashing Over Commerce: A History of U.S. Trade Policy* (시카고: 시카고대학교 출판부, 2017), 559쪽.

79. 같은 책, 565쪽.

80. 같은 책, 575-592쪽; 로버트 길핀(Robert Gilpin), *The Challenge of Global Capitalism: The World Economy in the 21st Century* (프린스턴, 뉴저지: 프린스턴대학교 출판부, 2000), 233-238쪽.

81. 어윈, 앞의 책, 605, 610쪽.

82. 제프리 A. 프리든(Jeffry A. Frieden), *Global Capitalism: Its Fall and Rise in the Twentieth Century* (뉴욕: W.W. 노튼 앤 컴퍼니, 2006), 377쪽; 로버트 캠벨(Robert Campbell), *The Socialist Economies in Transition: A Primer on Semi-Reformed Economies* (블루밍턴, 인디애

나: 인디애나대학교 출판부, 1991), 123쪽.

83. 자크 레베스크(Jacques Levesque), "The East European Revolutions of 1989," 레프러와 웨스타드 편집, 앞의 책, 314쪽.

84. 존 루이스 개디스(John Lewis Gaddis), Grand Strategies in the Cold War, 멜빈 P. 레프러와 오드 아르네 웨스타드 편집, *The Cambridge History of the Cold War, Volume II: Crises and Detente* (캠브리지, 영국: 캠브리지대학교 출판부, 2010), 17-18쪽; 아이켄그린, 앞의 책, 297-298쪽; 빌프리드 로트(Wilfried Loth), The Cold War and the Social and Economic History of the Twentieth Century, 레프러와 웨스타드 편집, 앞의 책, 521쪽.

85. 마샬 I. 골드먼(Marshall I. Goldman), *Petrostate: Putin, Power, and the New Russia* (뉴욕: 옥스포드대학교 출판부, 2008), 51-53쪽.

86. "… [소련 경제는] 두 개의 실질적으로 다른 부문으로 구성되었다. 하나는 특권을 누리며 군사생산 및 국방 관련 산업에 종사하는 세계적 수준의 부문이었고, 다른 하나는 자본, 신기술, 그리고 중요성을 박탈당한 민간 산업 부문으로, 열악한 소비재를 제공하며 제대로 지원받지 못하는 소련 국민을 위해 존재했다." 아치 브라운(Archie Brown), *The Gorbachev Factor* (옥스포드, 영국: 옥스포드대학교 출판부, 1996), 159쪽.

87. 맨델바움(Mandelbaum)과 탤보트(Talbott), 앞의 책, 68쪽.

88. 캠벨(Campbell), 앞의 책, 141쪽. 집약적 및 확장적 경제 성장에 대한 논의는 마이클 맨델바움(Michael Mandelbaum), *The Ideas That Conquered the World: Peace, Democracy and Free Markets in the Twenty-First Century* (뉴욕: 퍼블릭어페어스, 2002), 287-293쪽, 및 아이켄그린(Eichengreen), 앞의 책, 6쪽 참조.

89. 레베스크(Levesque), 앞의 책, 312쪽.

90. 게일 스톡스(Gale Stokes), *The Wall Came Tumbling Down: The Collapse of Communism in Eastern Europe* (뉴욕: 옥스포드대학교 출판부, 1993), 33쪽; 티모시 가턴 애쉬(Timothy Garton Ash), *The Magic Lantern: The Revolutions of '89 Witnessed in Warsaw, Budapest, Berlin and Prague* (뉴욕: 랜덤하우스, 1990), 133쪽.

91. 연대(Solidarity) 운동의 부상에 대해서는 티모시 가턴 애쉬(Timothy Garton Ash), *The Polish Revolution: Solidarity* (뉴욕: 찰스 스크리브너의 아들들, 1983), 및 돕스(Dobbs), 앞의 책, 30-53쪽 참조.

92. 야루젤스키(Jaruzelski)는 소련의 침공을 막기 위해 행동했다고 주장했다. 하지만 몇 년 후 공개된 소련 정치국의 폴란드에 대한 논의 기록에 따르면, 소련 지도부는 폴란드에 소련군을 파견하는 것에 강력히 반대했음을 보여준다. 주복(Zubok), 앞의 책, 100쪽.

93. 프리든(Frieden), 앞의 책, 374-375쪽; 웨스타드(Westad), 앞의 책, 572-573쪽. 부채 위기에 대한 자세한 분석은 마일스 케일러(Miles Kahler) 편집, *The Politics of International Debt* (이타카, 뉴욕: 코넬대학교 출판부, 1986) 참조.

94. 맨델바움(Mandelbaum), *The Ideas That Conquered the World*, 281-282쪽.

95. 프리든(Frieden), 앞의 책, 319-320쪽.

96. 같은 책, 421-423쪽.

97. 중국 수도의 영어 표기는 1979년 웨이드-자일스(Wade-Giles) 체계에서 핀인(Pinyin) 체계로 대체되면서 "Peking"에서 "Beijing"으로 변경되었다. 마오쩌둥(Mao Zedong)도 이전에는 마오쩌둥(Mao Tse-tung)으로 표기되었다.

98. 프리든(Frieden), 앞의 책, 376-377쪽; 웨스타드(Westad), 앞의 책, 556-559쪽; 첸 지아(Chen Jia), China and the Cold War After Mao, 멜빈 P. 레프러(Melvyn P. Leffler)와 오드 아르네 웨스타드(Odd Arne Westad) 편집, *Endings*, 195-196쪽.

99. 프리든(Frieden), 앞의 책, 376, 425쪽.

100. 이 표현은 새뮤얼 P. 헌팅턴(Samuel P. Huntington), *The Third Wave: Democratization in the Late Twentieth Century* (노먼, 오클라호마: 오클라호마대학교 출판부, 1991)에서 비롯된 것이다. 이 책은 1980년대 민주주의 정부 증가에 대해 상세히 논의하며, 민주주의 확산의 역사를 보여주는 도표는 14쪽에 나타난다.

101. 프리든(Frieden), 앞의 책, 375쪽.

102. 민주주의 확산의 원인에 대한 분석은 마이클 맨델바움(Michael Mandelbaum), *Democracy's Good Name: The Rise and Risks of the World's Most Popular Form of Government* (뉴욕: 퍼블릭어페어스, 2007), 제2장과 제3장에 있다. 또한 헌팅턴(Huntington), 앞의 책, 제2장 참조.

103. *The Tiananmen Papers*, 장량(Zhiang Liang) 편집, 앤드루 J. 네이선(Andrew J. Nathan) 및 페리 링크(Perry Link) 편집 (뉴욕: 퍼블릭어페어스, 2002), viii쪽.

104. 웨스타드(Westad), 앞의 책, 587-588쪽; 해리 하딩(Harry Harding), *A Fragile Relationship: The United States and China Since 1972* (워싱턴 D.C.: 브루킹스 연구소, 1992), 219-223쪽.

105. 스톡스(Stokes), 앞의 책, 70쪽. 고르바초프(Gorbachev)는 1931년, 브레즈네프(Brezhnev)는 1906년, 안드로포프(Andropov)는 1914년, 체르넨코(Chernenko)는 1911년에 태어났다.

106. 마틴 말리아(Martin Malia), *The Soviet Tragedy: A History of Socialism in Russia, 1917-1991* (뉴욕: 프리 프레스, 1994), 411-413쪽; 맨델바움(Mandelbaum)과 탤보트(Talbott), 앞의 책, 75쪽.

107. "[글라스노스트(Glasnost)], 일반적으로 '개방(openness)'이나 '공개(publicity)'로 번역되지만, 사실 알렉산드르 2세 시대까지 거슬러 올라가는 관료적 용어로, 정부가 비판적이지만 건설적으로 논의되길 원하는 문제에 대한 공식적으로 장려된 공개를 의미한다." 말리아(Malia), 앞의 책, 421쪽.

108. 같은 책, 428-429쪽; 브라운(Brown), 앞의 책, 188-190쪽.

109. 브라운(Brown), 앞의 책, 190-191쪽.

110. 소련 시대 이전과 이후에 이 도시의 이름은 니즈니 노브고로드(Nizhni Novgorod)였다.

111. 웨스타드(Westad), 앞의 책, 514쪽; 브라운(Brown), 앞의 책, 164쪽.

112. 소련 시대 전후로 스베르들롭스크(Sverdlovsk)는 예카테린부르크(Ekaterinburg)라는 이름을 가지고 있었다.

113. 옐친(Yeltsin)에 대해서는 레온 아론(Leon Aron), *Boris Yeltsin, A Revolutionary Life* (뉴욕: 하퍼콜린스, 2000), 제2부 참조.

114. 298-299쪽 참조.

115. 탤보트(Talbott), 앞의 책, 7쪽.

116. 1984년 고르바초프가 서기장이 되기 전 대처(Thatcher) 총리는 고르바초프를 만난 후 레이건에게 다음과 같은 전문을 보냈다. "나는 고르바초프 씨를 좋아합니다. 우리는 그와 함께 일을 진행할 수 있을 것입니다." 리브스(Reeves), 앞의 책, 238쪽.

117. 가르토프(Garthoff), *The Great Transition*, 285-291쪽; 리브스(Reeves), 앞의 책, 343-358쪽.

118. pp. 253-254 참조.

119. 리브스(Reeves), 앞의 책, 357-358쪽; 맨델바움(Mandelbaum)과 탤보트(Talbott), 앞의 책, 175쪽.

120. 웨스타드(Westad), 앞의 책, 581쪽.

121. 리브스(Reeves), 앞의 책, 417쪽.

122. 가르토프(Garthoff), *The Great Transition*, 327쪽.

123. 318-319쪽 참조.

124. 웨스타드(Westad), 앞의 책, 549쪽.

125. "레이건의 첫 번째 SDI 연설 이후 5년 이상과 120억 달러 이상의 예산을 투입한 후, 합동참모본부(Joint Chiefs of Staff)는 최선의 실현 가능한 시스템(실제로 시스템이 실현 가능하다면)이 소련의 대규모 선제공격에서 발사된 탄두의 30%만 차단할 수 있을 것이라는 자체 비밀 연구에 기반해 예산 제안을 준비하고 있었다." 리브스(Reeves), 앞의 책, 461-462쪽.

126. 같은 책, 482쪽.

127. CFE 협정에 대한 내용은 마이클 맨델바움(Michael Mandelbaum), *The Dawn of Peace in Europe* (뉴욕: 트웬티스 센추리 펀드, 1996), 90-92쪽 참조.

128. 공동 안보(common security)에 대한 내용은 같은 책, 제2부(Part Two) 참조.

129. 한 추정에 따르면 "소련은 해외 동맹국들에 매년 400억 달러를 지출하고 있었다." 코헨(Cohen), 앞의 책, 232쪽.

130. 이 협정은 나미비아의 독립도 인정했다. 웨스타드(Westad), 앞의 책, 568쪽.

131. 라페버(LaFeber), 앞의 책, 748쪽. 니카라과 전쟁에서 약 3만 명이 사망한 것으로 추정된다. 코츠워스(Coatsworth), 앞의 책, 215쪽.

132. 말리아(Malia), 앞의 책, 417쪽.

133. 돕스(Dobbs), 앞의 책, 17쪽.

134. "1987년 말까지, 100만 명 이상의 아프가니스탄인이 사망했고, 또 다른 300만 명이 대부분 파키스탄의 난민 캠프로 피신했으며, 소련 군인과 항공병 1만 2천에서 1만 5천 명이 전사했다." 리브스(Reeves), 앞의 책, 448쪽.

135. 베트남과 마찬가지로, 아프가니스탄의 교전 당사자들 간에 평화협정이 체결되었으나, 이는 실제로 전투를 끝내지는 못했으며, 모스크바가 병력을 철수할 명분만 제공했다. 사이칼(Saikal), 앞의 책, 133쪽.

136. 가르토프(Garthoff), *The Great Transition*, 31쪽. "미국은 비공산주의 반대 단체인 연대(Solidarity)가 서방과의 접촉을 유지하고 폴란드 내에서 그들의 대의를 촉진할 수 있도록 지원했다. 미국 자금은 개인용 컴퓨터와 팩스기를 구입하는 데 사용되었고, 연대 구성원들이 이를 사용해 뉴스레터와 선전물을 발행하도록 도왔다. 이 비밀 프로그램은 계엄령 기간동안 연대가 생존할 수 있도록 도왔다 .... " 헤링(Herring), 앞의 책, 881-882쪽.

137. " ... [협상에서] 반대 세력이 460석의 의석 중 35%를 차지하기로 합의되었고, 나머지 65%는 [공산주의자들]에게 양보되었다. 새로운 기구로 권한이 훨씬 적은 100석의 상원이 자유 선거로 선출되기로 했다 .... [선거 첫 라운드에서] 연대의 시민위원회는 상원 100석 중 92석을 차지해 예상을 뛰어넘는 성과를 거두었다. 그러나 가장 큰 놀라움은 [공산주의자들]이 의회에서 자신들에게 배정된 의석에 대해 처참한 성적을 기록한 것이다. 연대는 경쟁 가능한 161석 중 160석을 차지했다. 반면, 집권 연합에 배정된 299석 중, 겨우 5명의 후보만이 과반수의 표를 얻는 데 성공했다 .... 일부 사람들은 투표용지에서 모든 공산주의자들의 이름을 지워버렸고, 다른 이들은 가장 저명한 인물들의 이름만 지웠다." 르베스크(Levesque), 앞의 책, 317-318쪽.

138. 폴란드의 사건들에 대해서는 스톡스(Stokes), 앞의 책, 제4장, 및 J. F. 브라운(J. F. Brown), *Surge to Freedom: The End of Communist Rule in Eastern Europe* (더럼, 노스캐롤라이나: 듀크 대학교 출판부, 1991), 제3장 참조.

139. 르베스크(Levesque), 앞의 책, 324쪽.

140. 헝가리에서 일어난 사건들에 대해서는 스톡스(Stokes), 앞의 책, 132-136쪽 및 J. F. 브라운(J. F. Brown), 앞의 책, 제4장 참조.

141. 웨스타드(Westad), 앞의 책, 591쪽.

142. 헬가 하프텐도른(Helga Haftendorn), The Unification of Germany, 1885-1991, 레프러(Leffler)와 웨스타드(Westad) 편집, *Endings*, 339쪽.

143. 스톡스(Stokes), 앞의 책, 136-141쪽.

144. 독일 통일에 대한 내용은 하프텐도른(Haftendorn), 앞의 책 참조. 미국의 역할에 대해서는 조지 부시(George Bush)와 브렌트 스코크로프트(Brent Scowcroft), *A World Transformed* (뉴욕: 알프레드 A. 노프, 1998), 제8-12장, 그리고 필립 젤리코우(Philip Zelikow)와 콘돌

리자 라이스(Condoleezza Rice), *Germany Unified and Europe Transformed: A Study in Statecraft* (캠브리지, 매사추세츠: 하버드대학교 출판부, 1995) 참조.

145. 이 이름은 1977년 설립된 해에서 유래했다.

146. 르베스크(Levesque), 앞의 책, 324-327쪽; 스톡스(Stokes), 앞의 책, 148-157쪽; J. F. 브라운(J. F. Brown), 앞의 책, 제6장.

147. 르베스크(Levesque), 앞의 책, 330-331쪽; 스톡스(Stokes), 앞의 책, 141-149쪽; J. F. 브라운(J. F. Brown), 앞의 책, 제7장.

148. 스톡스(Stokes), 앞의 책, 158-167쪽; J. F. 브라운(J. F. Brown), 앞의 책, 제8장.

149. 마이클 베슐로스(Michael Beschloss)와 스트로브 탤벗(Strobe Talbott), *At the Highest Levels: The Inside Story of the End of the Cold War* (보스턴: 리틀, 브라운 앤 컴퍼니, 1993), 85, 86, 91쪽.

150. 알렉스 프라브다(Alex Pravda), The Collapse of the Soviet Union, 1990-1991, 레프러(Leffler)와 웨스타드(Westad) 편집, 앞의 책, 364쪽.

151. 리투아니아에서 지역 소련 당국이 주도한 몇 차례의 폭력적인 탄압으로 인해 소수의 목숨이 희생되었다. 아치 브라운(Archie Brown), 앞의 책, 280쪽.

152. 웨스타드(Westad), 앞의 책, 609쪽.

153. 소련 서부에서 이러한 사건들이 벌어지는 동안, 남부 코카카스 지역에서는 민족주의 갈등이 폭발하고 있었다. "1989년, 붉은 군대는 조지아에서 민족주의 시위를 해산하기 위해 무력을 사용했으며, 이로 인해 20명이 사망했다. 1990년 1월에는 몇달 간의 소요와 아제르바이잔인과 아르메니아인 간의 민족적 충돌 이후, 소련 특수부대가 강력한 아제르바이잔 민족주의 반대 속에서 아제르바이잔 수도 바쿠를 장악했다." 같은 책, 602쪽.

154. 가르토프(Garthoff), *The Great Transition*, 471쪽에서 인용.

155. 프라브다(Pravda), 앞의 책, 366쪽.

156. 같은 책, 373쪽.

157. 소련 붕괴로 이어진 사건들에 대해서는 웨스타드(Westad), 앞의 책, 611-615쪽, 및 아치 브라운(Archie Brown), 앞의 책, 294-305쪽 참조.

158. 헤링(Herring), 앞의 책, 913쪽.

159. "붕괴로 끝난 과정은 예외적인 지도자 고르바초프가 급진적 개혁을 통해 체제를 되살리려는 의지를 갖지 않았다면 시작되지 않았을 가능성이 높다." 프라브다(Pravda), 앞의 책, 358쪽.

160. 아치 브라운(Archie Brown), The Gorbachev Revolution and the End of the Cold War, 레프러(Leffler)와 웨스타드(Westad) 편집, 앞의 책, 244-245쪽; 아치 브라운(Archie Brown), *The Gorbachev Factor*, 161쪽.

161. 웨스타드(Westad), 앞의 책, 545쪽.

162. 아치 브라운(Archie Brown), The Gorbachev Revolution and the End of the Cold War, 앞의 책, 248쪽.

163. 말리아(Malia), 앞의 책, 413쪽.

164. J. F. 브라운(J. F. Brown), 앞의 책, 60쪽.

165. 웨스타드(Westad), 앞의 책, 614쪽; 프라브다(Pravda), 앞의 책, 370쪽.

166. 애쉬(Ash), *The Magic Lantern*, 141-142쪽.

167. 폴 케네디(Paul Kennedy), *The Rise and Fall of the Great Powers: Economic Change and Military Conflict from 1500 to 2000* (뉴욕: 랜덤 하우스, 1987), xxiv쪽.

4부 네 번째 시대

1. 폴 케네디(Paul Kennedy), "The Colossus with an Achilles Heel," *New Perspectives Quarterly*, Fall 2001.

2. 마이클 맨델바움(Michael Mandelbaum), *The Rise and Fall of Peace on Earth* (뉴욕: 옥스포드대학교 출판부, 2019), 2쪽.

3. 이 표현은 언론인 찰스 크라우트해머(Charles Krauthammer)가 만들었다. 조지 C. 헤링(George C. Herring), *From Colony to Superpower: U.S. Foreign Relations Since 1776* (뉴욕: 옥스포드대학교 출판부, 2008), 921쪽.

4. 안심(Reassurance)에 대해서는 마이클 맨델바움(Michael Mandelbaum), *The Case for Goliath: How America Acts as the World's Government in the Twenty-first Century* (뉴욕: 퍼블릭어페어즈, 2005), 33-35쪽 참조.

5. 이것은 같은 책의 주요 주제다. 특히 제1장 참조.

6. "민주평화(Democratic Peace)" 이론에 대해서는 마이클 맨델바움(Michael Mandelbaum), *Democracy's Good Name: The Rise and Risks of the World's Most Popular Form of Government* (뉴욕: 퍼블릭어페어즈, 2007), 제4장 참조.

7. 이 표현은 맨델바움(Mandelbaum)의 *The Ideas That Conquered the World*에서 나온다. 제3부, 특히 275쪽 참조.

10장

1. 로렌스 프리드먼(Lawrence Freedman)과 에프라임 카쉬(Efraim Karsh), *The Gulf Conflict, 1990-1991: Diplomacy and War in the New World Order* (프린스턴, 뉴저지: 프린스턴대학교 출판부, 1993), 37-40, 61-62, 429쪽.

2. 같은 책, 57-58쪽.

3. 월터 라페버(Walter LaFeber), *The American Age: U.S. Foreign Policy at Home and Abroad, 1750 to the Present* (뉴욕: W.W. 노튼 앤 컴퍼니, 2판, 1994), 760쪽; 조지 C. 헤링(George C. Herring), *From Colony to Superpower: U.S. Foreign Relations Since 1776* (뉴욕: 옥스포드대학교 출판부, 2008), 908쪽.

4. 프리드먼(Freedman)과 카쉬(Karsh), 앞의 책, 52-54쪽.

5. 같은 책, 58쪽.

6. 같은 책, 71쪽.

7. 같은 책, 74쪽.

8. 같은 책, 73쪽.

9. 조지 부시(George Bush)와 브렌트 스코크로프트(Brent Scowcroft), *A World Transformed* (뉴욕: 알프레드 A. 노프, 1998), 354, 400쪽.

10. 전쟁을 시작하며 부시는 다음과 같이 말했다. "우리는 우리 자신과 미래 세대를 위해 새로운 세계 질서를 만들어낼 기회를 가지고 있습니다. 이것은 정글의 법칙이 아닌 법의 지배가 국가들의 행동을 통제하는 세계입니다...." 인용 출처: 존 뮐러(John Mueller), *Policy and Opinion in the Gulf War* (시카고: 시카고대학교 출판부, 1994), 52쪽.

11. 프리드먼(Freedman)과 카쉬(Karsh), 앞의 책, 86-97쪽.

12. 하원 투표 결과는 250 대 183이었다. 제임스 T. 패터슨(James T. Patterson), *Restless Giant: The United States from Watergate to Bush v. Gore* (뉴욕: 옥스포드대학교 출판부, 2005), 233쪽.

13. 프리드먼(Freedman)과 카쉬(Karsh), 앞의 책, 376-378쪽; 부시(Bush)와 스코크로프트(Scowcroft), 앞의 책, 470, 479쪽.

14. 프리드먼(Freedman)과 카쉬(Karsh), 앞의 책, 196, 210쪽.

15. 정밀 유도 탄약은 전쟁 중 이라크 목표물에 투하된 전체 폭탄의 약 10%를 차지했다.

16. 이라크는 사우디아라비아에도 스커드 미사일을 발사했다.

17. 프리드먼(Freedman)과 카쉬(Karsh), 앞의 책, 307-308, 332-334쪽.

18. 조지 H. W. 부시(George H. W. Bush)의 아들인 조지 W. 부시(George W. Bush) 행정부는 이라크 점령에 대해 다른 접근 방식을 취했다. 430-431 참조.

19. 마틴 인다이크(Martin Indyk), *Innocent Abroad: An Intimate Account of American Peace Diplomacy in the Middle East* (뉴욕: 사이먼 앤 슈스터, 2009), 35쪽.

20. 프리드먼(Freedman)과 카쉬(Karsh), 앞의 책, 420-424쪽. "약 5,000명의 미군이 북부 이라크에 배치되었으며, 2,000명의 영국군, 1,000명의 프랑스군, 소규모의 네덜란드군이 함께 배치되었다." 같은 책, 424쪽.

21. 약 35,000명의 이라크인이 사망했다. 프리드먼(Freedman)과 카쉬(Karsh), 앞의 책, 408쪽.

22. "미국 대중은 미군의 사상자에 대한 관용도가 매우 낮았고, 미군이 상당한 대가를 치렀다면 지지는 빠르게 줄어들었을 것이다." 뮐러(Mueller), 앞의 책, xvi쪽.

23. 같은 책, xv쪽.

24. 같은 책, xvii쪽; 프리드먼(Freedman)과 카쉬(Karsh), 앞의 책, 212, 223-224쪽.

25. 프리드먼(Freedman)과 카쉬(Karsh), 앞의 책, 284쪽.

26. 같은 책, 430쪽.

27. 인용 출처: 같은 책, xxix쪽.

28. 걸프전이 끝난 지 거의 2년이 지나 선거일을 맞이한 1992년 대통령 선거에서 걸프전의 영향은 미국 역사에서 반복되는 패턴을 따랐다. "유권자들은 단순히 전쟁을 완전히 잊고 더 즉각적인 문제들, 특히 국내 문제들로 관심을 돌리게 된다." 뮐러(Mueller), 앞의 책, p. 99.

29. 클린턴의 베트남 전쟁 중 군 복무 회피 역사에 대한 논란이 1992년 선거운동 중 제기되었다.

30. 마이클 맨델바움(Michael Mandelbaum), *The Ideas That Conquered the World: Peace, Democracy and Free Markets in the Twenty-first Century* (뉴욕: 퍼블릭어페어즈, 2002), 330-331쪽.

31. "이제 더 이상 지정학이 없으니," 한 클린턴 보좌관은 선언했다. "무역이 게임의 핵심이다." 헤링(Herring), 앞의 책, 926쪽.

32. 클린턴은 취임 초기 "경제에 집중할 것이다. 레이저처럼 초점을 맞출 것"이라고 약속했다. 인용 출처: 마이클 맨델바움(Michael Mandelbaum), *Mission Failure: America and the World in the Post-Cold War Era* (뉴욕: 옥스포드대학교 출판부, 2016), 16쪽.

33. "20세기 말까지 미국은 정보 혁명을 지배했으며, 이는 19세기 말 미국이 석유와 철강 산업을 지배했던 만큼이나 철저했다." 앨런 그린스펀(Alan Greenspan)과 애드리안 울드리지(Adrian Wooldridge), *Capitalism in America: A History* (뉴욕: 펭귄 프레스, 2018), 349쪽.

34. 17-18쪽 참조.

35. 맨델바움(Mandelbaum), *The Ideas That Conquered the World*, 332쪽.

36. 인용 출처: 더글러스 A. 어윈(Douglas A. Irwin), *Clashing Over Commerce: A History of U.S. Trade Policy* (시카고: 시카고대학교 출판부, 2017), 657쪽.

37. 맨델바움(Mandelbaum), *Mission Failure*, 17쪽.

38. 어윈(Irwin), 앞의 책, 626-632쪽.

39. 같은 책, 624쪽.

40. 같은 책, 658-660쪽. 남부 외부의 민주당원들, 특히 서부의 민주당원들은 첨단 기술과 항공우주와 같은 수출 지향 산업을 보유한 주를 대표했다. 그들은 개방 무역을 지지했던 당의 전통적 입장을 고수했다. 민주당원들 간의 지역적 분열은 북-남보다는 노동조합과의 강한 연계를

가진 주와 그렇지 않은 주 사이에서 더 두드러졌다. 같은 책, 660쪽.

41. 맨델바움(Mandelbaum), *The Ideas That Conquered the World*, 361쪽.

42. 어윈(Irwin), 앞의 책, 631-642쪽. 하원은 NAFTA를 234 대 200으로 승인했으며, 민주당 다수는 반대했지만 공화당 다수는 찬성했다. 상원은 61 대 38로 승인했다. 같은 책, 641-643쪽.

43. 같은 책, 644, 651쪽.

44. 제2차 세계대전 이후 이와 유사한 조직에 대한 제안은 의회의 승인을 받지 못했다. 같은 책, 504-505쪽. 1996년에 WTO는 128개 회원국을 보유했으며, 2015년에는 160개 이상으로 증가했다. 같은 책, 655쪽.

45. 같은 책, 652쪽. 하원은 288 대 146, 상원은 76 대 24로 승인했다.

46. 같은 책, 635-636쪽.

47. 같은 책, 572, 668쪽.

48. 같은 책, 662쪽.

49. 396, 398-399쪽 참조.

50. 인용 출처: 마이클 맨델바움(Michael Mandelbaum), *The Road to Global Prosperity* (뉴욕: 사이먼 앤 슈스터, 2014), 83쪽.

51. 같은 책, 86-87쪽.

52. 같은 책, xix, 76쪽.

53. 폴 블루스틴(Paul Blustein), *The Chastening: Inside the Crisis That Rocked the Global Financial System and Humbled the IMF* (뉴욕: 퍼블릭어페어즈, 2001), 16쪽.

54. 같은 책, 78쪽. 비판자들은 "멕시코에 대한 IMF 대출이 본질적으로 월스트리트를 구제하기 위한 것"이라고 주장했다. 클린턴 행정부는 이를 부인할 수 없었다. 미국 투자자들과 증권회사들은 수십억 달러 상당의 멕시코 단기 정부 채권(테소보노스, tesobonos)을 매입했으며, 구제 패키지는 멕시코가 이러한 채권들에 대해 디폴트를 피할 수 있도록 충분한 달러를 제공하고 있었다. 워싱턴의 변호는, 대안을 허용할 경우—즉 디폴트를 허용할 경우—미국의 이익과 글로벌 경제 전반에 헤아릴 수 없는 타격을 줄 것이라는 것이었다." 같은 책, 111쪽.

55. "서구 대출금을 상환하기 위해 아시아 정부들은 자국 통화를 평가절하해야 했으며, 이는 수입 비용을 증가시키고 기업과 국민들을 더 가난하게 만들었다." 맨델바움, *The Road to Global Prosperity*, 89쪽.

56. 블루스틴, 앞의 책, 114-112, 372쪽.

57. 맨델바움(Mandelbaum), *Mission Failure*, 51쪽.

58. 같은 책, 20쪽.

59. 같은 책, 24쪽.

60. 제임스 만(James Mann), *About Face: A History of America's Curious Relationship with*

China, from Nixon to Clinton (뉴욕: 알프레드 A. 노프, 1999), 296, 301-303쪽.

61. 같은 책, 284-287, 308-309쪽.

62. 맨델바움(Mandelbaum), *Mission Failure*, 19, 37쪽.

63. 135-136쪽 참조.

64. 클린턴은 이를 단독으로 실행할 수 있었는데, 이는 폐기된 연계 정책이 의회의 입법이 아닌 자신이 내린 행정명령에 의해 부과된 것이었기 때문이다. 만(Mann), 앞의 책, 281쪽.

65. 맨델바움(Mandelbaum), *Mission Failure*, 32-33쪽.

66. 같은 책, pp. 33-35; 만(Mann), 앞의 책, 328, 335-337쪽. 1979년 *대만 관계법*(Taiwan Relations Act)은 미국이 대만을 방어할 의무를 부여하지 않았지만, 군사적 혹은 기타 적대적 행동이 "서태평양 지역의 평화에 대한 위협이자 미국에 중대한 우려가 될 것"이라고 규정했다. 같은 책, 95쪽.

67. 돈 오버도퍼(Don Oberdorfer), *The Two Koreas: A Contemporary History* (레딩, 매사추세츠: 애디슨-웨슬리, 1997), 308쪽.

68. 패터슨(Patterson), 앞의 책, 340쪽.

69. 만(Mann), 앞의 책, 331-332쪽.

70. 존 폼프렛(John Pomfret), *The Beautiful Country and the Middle Kingdom: America and China, 1776 to the Present* (뉴욕: 헨리 홀트 앤 컴퍼니, 2016), 548-549쪽.

71. 헤링(Herring), 앞의 책, 920쪽. 냉전 이후 "미국은 냉전 기간보다 더 자주 대규모 군사 개입을 수행했으며, 1991년 이전에는 평균 18개월마다 한 번씩 이루어졌다." 월터 A. 맥두걸(Walter A. McDougall), *The Tragedy of U.S. Foreign Policy: How America's Civil Religion Betrayed the National Interest* (뉴헤이븐, 코네티컷: 예일대학교 출판부, 2016), 18쪽.

72. 388쪽 참조.

73. 중동 및 기타 지역의 다른 정부들과 마찬가지로, 쿠르드 정권도 부패에서 자유롭지 않았다.

74. 라잔 메논(Rajan Menon), *The Conceit of Humanitarian Intervention* (뉴욕: 옥스포드대학교 출판부, 2016), 9쪽.

75. 맨델바움(Mandelbaum), *Mission Failure*, 79-80쪽.

76. "그러나 나는, 나중에 유엔에 의해 채택된 특정한 다른 문서들, 특히 세계 인권 선언(Universal Declaration of Human Rights)이 이 불가침의 주권 개념을 암묵적으로 문제 삼고 있지 않은지 물어볼 수 있고, 심지어 물어봐야 한다고 생각한다. 헌장이 확인한 국가의 권리와 세계 인권 선언이 확인한 개인의 권리 사이에 균형이 설정된 것이 아닌가? 우리는 도덕적 신념으로 억압받는 사람들을 보호해야 한다는 태도가 국경과 법적 문서를 초월해야 한다는 믿음으로 대중의 태도가 아마도 저항할 수 없는 방향으로 변화하고 있는 것을 분명히 목격하고 있다." 맨델바움, 같은 책, 80-81쪽에서 인용.

77. 같은 책, 87쪽.

78. 같은 책, 88쪽에서 인용.

79. 같은 책, 88-89쪽.

80. 같은 책, 91쪽.

81. 같은 책, 90-92쪽. 카터는 상원 군사위원회 위원장을 오랫동안 역임했던 조지아 주 상원의원 샘 넌(Sam Nunn)과 전 합참의장 콜린 파월(Colin Powell)과 동행했다.

82. 데이비드 핼버스탬(David Halberstam), *War in a Time of Peace: Bush, Clinton, and the Generals* (뉴욕: 스크리브너, 2001), 273쪽.

83. 맨델바움(Mandelbaum), *Mission Failure*, 93-94쪽. 한 회고 연구에 따르면, 미국이 개입했더라도 학살된 투치족 대부분을 구하지는 못했을 것이라고 결론 내렸다. 앨런 J. 쿠퍼만(Alan J. Kuperman), *The Limits of Humanitarian Intervention: Genocide in Rwanda* (워싱턴 D.C.: 브루킹스 연구소 출판부, 2001).

84. 헤링(Herring), 앞의 책, 924쪽.

85. 스티븐 L. 버그(Steven L. Burg)와 폴 S. 슈프(Paul S. Shoup), *The War in Bosnia-Herzegovina: Ethnic Conflict and International Intervention* (아르몽크, 뉴욕: M.E. 샤프, 1999), 26쪽.

86. "보스니아의 무슬림, 세르비아인, 크로아티아인들은 모두 잘 확립된 국제 원칙을 근거로 자신들의 입장을 정당화할 수 있었으며, 실제로 그렇게 했다. 무슬림들이 호소한 원칙은 기존 국경의 신성불가침성으로, 이는 국제법에 단단히 뿌리를 두고 있었다.... [이 원칙에 따르면] ... 주권은 유고슬라비아의 구성 공화국, 즉 보스니아와 같은 공화국에 부여되고 있었다.... 반면 보스니아의 세르비아인들과 크로아티아인들은 미국 대통령 우드로 윌슨(Woodrow Wilson)이 1차 세계대전 이후 파리 평화회의에서 국제 문제의 중심에 놓은 민족 자결 원칙에 호소할 수 있었고 실제로 그렇게 했다." 맨델바움(Mandelbaum), *Mission Failure*, 97쪽.

87. 버그(Burg)와 슈프(Shoup), 앞의 책, Chapter 3.

88. 맨델바움(Mandelbaum), *Mission Failure*, 99쪽.

89. 같은 책, 102쪽; 버그(Burg)와 슈프(Shoup), 앞의 책, 200-201쪽.

90. 버그(Burg)와 슈프(Shoup), 앞의 책, 12쪽.

91. 같은 책, 38쪽. "여론조사와 선거 결과에 따르면 보스니아에 거주하는 대다수 사람은 다민족 보스니아 정체성을 받아들이지 않았다.... 대신 보스니아 주민들은 무엇보다도 자신을 세 개의 민족 집단 중 하나의 구성원으로 여겼다." 맨델바움(Mandelbaum), *Mission Failure*, 103쪽. 클린턴 행정부의 관계자들은 또한 세르비아의 무슬림에 대한 전쟁이 집단 학살 행위에 해당하며, 이는 국제 사회가 이를 중단해야 할 도덕적 의무를 부여한다고 믿었다. 같은 책, 104쪽.

92. 맨델바움(Mandelbaum), *Mission Failure*, p. 108; 버그(Burg)와 슈프(Shoup), 앞의 책, 146,

298, 339, 347쪽.

93. 버그(Burg)와 슈프(Shoup), 앞의 책, 316-317, 323, 325, 349, 384쪽.

94. 폭격 작전은 군사적 목표보다는 정치적 목표를 지니고 있었다. "미국은 자신들이 세르비아인들에게 굴복했다는 비난을 피하기 위해 나토 공중 작전이 시작된 이후에야 무슬림들에게 자유롭게 압력을 가할 수 있었다 .... " 같은 책, 413쪽.

95. 협상 과정에서 미국은 "이전에 유럽 및 유엔 협상가들이 취했던 입장들을 비판했던 것과 같은 입장을 채택했다." 같은 책, 383쪽.

96. 맨델바움(Mandelbaum), *Mission Failure*, 98-99쪽.

97. 같은 책, 111쪽.

98. "코소보 해방군(KLA)은 스스로 세르비아인들을 축출하고 독립을 쟁취할 희망이 없었다. 대신 서방의 개입을 촉발할 만큼 충분히 가시적이고 잔혹한 세르비아의 반응을 유도하려 했다. 서방은 세르비아인들을 주에서 몰아낼 군사력을 보유하고 있었기 때문이다. 바로 그것이 실제로 일어났다." 같은 책, 113쪽.

99. 같은 책, 115쪽.

100. 같은 책, 116쪽. 매들린 올브라이트의 측근은 람부예 회담의 유일한 목적이 "전쟁을 시작하고 유럽인들을 개입시키는 것"이라고 말했다. 이보 H. 달더(Ivo H. Daalder)와 마이클 E. 오핸런(Michael E. O'Hanlon), *Winning Ugly: NATO's War to Save Kosovo* (워싱턴 D.C.: 브루킹스 연구소 출판부, 2000), 89쪽에서 인용.

101. 달더와 오핸런, 앞의 책, 108쪽; 맨델바움, *Mission Failure*, 117쪽.

102. "1999년에 집을 잃은 사람들은 전쟁 이전 약 180만 명의 알바니아계 주민 중 거의 4분의 3에 달했다." 달더와 오핸런, 앞의 책, 108-109쪽.

103. 같은 책, 91, 103-105쪽.

104. 맨델바움(Mandelbaum), *Mission Failure*, 118쪽.

105. 같은 책, 126쪽.

106. 같은 책, 127-131쪽.

107. 인간사에서 문화의 광범위한 역할에 대해서는 로렌스 E. 해리슨(Lawrence E. Harrison)과 새뮤얼 P. 헌팅턴(Samuel P. Huntington) 편집, *Culture Matters: How Values Shape Human Progress* (뉴욕: 베이직 북스, 2000) 참조.

108. 폼프렛(Pomfret), 앞의 책, 564-565쪽.

109. 달더(Daalder)와 오핸런(O'Hanlon), 앞의 책, 125-126, 196-197쪽; 맨델바움, *Mission Failure*, 124쪽.

110. 러시아인들 스스로도 종종 이 선례를 언급했다. J. L. 블랙(J. L. Black), *Russia Faces NATO Expansion: Bearing Gifts or Bearing Arms?* (란햄, 메릴랜드: 로먼 & 리틀필드, 2000), 2쪽.

111. 제임스 M. 골드가이어(James M. Goldgeier)와 마이클 맥폴(Michael McFaul), *Power and Purpose: U.S. Policy Toward Russia After the Cold War* (워싱턴 D.C.: 브루킹스 연구소 출판부, 2003), 89쪽.

112. 같은 책, 127쪽.

113. 같은 책, 145쪽.

114. 같은 책, 94쪽.

115. 같은 책, 126-130쪽.

116. 블루스틴(Blustein), 앞의 책, 242쪽; 앤더스 애슬런드(Anders Aslund), *How Capitalism Was Built: The Transformation of Central and Eastern Europe, Russia, the Caucasus, and Central Asia* (뉴욕: 캠브리지대학교 출판부, 3판, 2013), 61쪽; 대니얼 트레이스먼(Daniel Treisman), *The Return: Russia's Journey from Gorbachev to Medvedev* (뉴욕: 프리 프레스, 2011), 204-205쪽.

117. 골드가이어와 맥폴, 앞의 책, 12쪽.

118. 같은 책, 61, 72, 79쪽.

119. 같은 책, Chapter 4, 특히 84-86쪽; 앤더스 애슬런드, *Russia's Capitalist Revolution: Why Market Reform Succeeded and Democracy Failed* (워싱턴 D.C.: 피터슨 국제경제연구소, 2007), 116-118쪽. "1991년 이후 8년 동안 러시아의 외채 이자 지급액은 국가가 받은 모든 원조와 신규 대출 금액을 초과했다." 트레이스먼, 앞의 책, 315쪽.

120. 애슬런드(Aslund), *Russia's Capitalist Revolution*, 119쪽.

121. 트레이스먼(Treisman), 앞의 책, 199쪽.

122. 이 약어는 "Gosudartsvennye Kratkosrochney Obligatsii-국가 단기 채권"을 뜻했다. 블루스틴(Blustein), 앞의 책, 238쪽.

123. 같은 책, 229쪽; 골드가이어(Goldgeier)와 맥폴(McFaul), 앞의 책, 229쪽.

124. 트레이스먼, 앞의 책, 230-231쪽.

125. GKO 위기에 대해서는 블루스틴, 앞의 책, 247-273쪽 참조.

126. 트레이스먼, 앞의 책, 232쪽.

127. 골드가이어와 맥폴, 앞의 책, 233쪽.

128. 맨델바움(Mandelbaum), *Mission Failure*, 64쪽.

129. 골드가이어와 맥폴, 앞의 책, 11-12, 158, 173-174쪽. "1990년에서 1996년 사이, 모스크바 지휘하의 활동 중인 병력 수는 340만에서 130만으로 감소했다." 트레이스먼, 앞의 책, 316쪽.

130. 골드가이어와 맥폴, 앞의 책, 54-58, 166-171쪽.

131. 같은 책, 41, 51, 108쪽; 맨델바움, *Mission Failure*, 66쪽.

132. 잭 F. 매틀록 주니어(Jack F. Matlock Jr.), *Superpower Illusions: How Myths and False*

Ideologies Led America Astray-and How to Return to Reality (뉴헤이븐, 코네티컷: 예일대학교 출판부, 2010), 170쪽; 블랙, 앞의 책, 22쪽; 골드가이어와 맥폴, 앞의 책, 184-185쪽.

133. 클린턴 행정부의 NATO 확장 결정에 대해서는 M. E. 사롯(M. E. Sarotte), "How to Enlarge NATO: The Debate Inside the Clinton Administration, 1993-1995," *International Security* 44:1, 2019년 여름호 참조.

134. 이후 알바니아, 크로아티아, 몬테네그로, 북마케도니아도 NATO에 가입했다.

135. 마이클 맨델바움, *The Dawn of Peace in Europe* (뉴욕: 트웬티스 센추리 펀드 프레스, 1996), 58-61쪽; 골드가이어와 맥폴, 앞의 책, 203쪽; 블랙, 앞의 책, 8쪽.

136. 마이클 맨델바움, *NATO Expansion: A Bridge to the Nineteenth Century* (베데스다, 메릴랜드: 정치 및 전략 연구소, 1997), 4-5쪽.

137. 같은 책, 35쪽; 맨델바움, *The Dawn of Peace in Europe*, 46-52쪽.

138. 맨델바움(Mandelbaum), *NATO Expansion*, 5쪽.

139. 같은 책, 18쪽; 골드가이어와 맥폴, 앞의 책, 193, 202쪽; 트레이스먼, 앞의 책, 317-318쪽.

140. 확장 결정에 영향을 미친 당파적 정치적 고려 사항에 대해서는 사롯, 앞의 글, 26, 35, 39쪽 참조.

141. 골드가이어와 맥폴, 앞의 책, 16, 206쪽.

142. "상원이 NATO 확장을 비준한 것은 댐, 우체국, 특정 산업이나 기업에 유리한 세제 변경을 승인하는 것과 같은 정치적 계산에 기반을 둔 것이었다.: 몇몇 정치적으로 중요한 세력이 이를 지지했고, 부정적 입장을 강력히 주장한 정치 세력은 없었다." 맨델바움, *Mission Failure*, 71-72쪽.

143. 블랙, 앞의 책, 111, 114쪽.

144. 맨델바움(Mandelbaum), *Mission Failure*, 14쪽에서 인용.

145. 지중해와 아라비아해 사이에 위치한 대체로 이슬람 국가들로 구성된 지역을 가리키는 용어는 영국에서 비롯되었으며, 여기서는 동아시아와 구분하기 위해 근동(Near East)이라고도 불렸다. 미국의 관점에서는 태평양 건너편에 위치한 동아시아가 "극서(Far West)"에 해당한다.

146. 342-343쪽 참조.

147. 맨델바움(Mandelbaum), *Mission Failure*, 248-249쪽.

148. 같은 책, 245쪽.

149. 같은 책, 187-188쪽; 마이클 R. 고든(Michael R. Gordon)과 버나드 E. 트레이너(Bernard E. Trainor), *Cobra II: The Inside Story of the Invasion and Occupation of Iraq*,(뉴욕: 판테온 북스, 2006), 13쪽.

150. 인딕, 앞의 책, 36, 41-42쪽.

151. 데니스 로스(Dennis Ross), *The Missing Peace: The Inside Story of the Fight for Middle East*

Peace (뉴욕: 파라, 스트라우스, 지룩스, 2004), 80-81쪽.

152. 맨델바움(Mandelbaum), *Mission Failure*, 263쪽.

153. 같은 책, 261쪽.

154. 같은 책, 261-263쪽; 인딕, 앞의 책, 279-281쪽.

155. 이스라엘-시리아 협상에 대해서는 이타마르 라비노비치(Itamar Rabinovich), *The Brink of Peace: The Israeli-Syrian Negotiations*, 프린스턴, 뉴저지: 프린스턴 대학교 출판부, 1998 참조.

156. 맨델바움(Mandelbaum), *Mission Failure*, 264쪽; 로스, 앞의 책, 186쪽.

157. 맨델바움(Mandelbaum), *Mission Failure*, 267-270쪽; 인딕, 앞의 책, 342쪽.

158. 엘리엇 에이브럼스(Elliott Abrams), *Tested by Zion: The Bush Administration and the Israeli-Palestinian Conflict* (뉴욕: 캠브리지대학교 출판부, 2013), 1-2쪽.

159. 콜린 듀크(Colin Dueck), *The Obama Doctrine: American Grand Strategy Today* (뉴욕: 옥스포드대학교 출판부, 2015), 48쪽.

160. 이들은 부시 행정부 2기 때의 콘돌리자 라이스와 오바마 행정부 2기 때의 존 케리였다. 맨델바움, 앞의 책, 282-284쪽.

161. 로스, 앞의 책, 771쪽.

162. "미국 정부가 20세기에 쿠바 미사일 위기(1962년)와 같은 핵 위기관리 및 전쟁 수행 외에, 2000년에 중동 평화 프로세스에 할애한 만큼 지속적이고 고위급의 주의를 기울인 국제적 문제는 없었다." 맨델바움, *Mission Failure*, 268쪽.

163. 데니스 로스와 데이비드 마코브스키(David Makovsky), *Myths, Illusions, and Peace: Finding a New Direction for America in the Middle East* (뉴욕: 바이킹, 2009), Chapter 2.

164. 맨델바움(Mandelbaum), *Mission Failure*, 252, 271쪽. 팔레스타인 측은 어떤 합의에도 "귀환권(right of return)"이 포함되어야 한다고 주장했는데, 이는 1948년 이후 이스라엘이 된 지역과 선조들을 연결할 수 있는 모든 아랍인이 그곳으로 돌아갈 권리를 가진다는 개념이었다. 이는 의도적으로 유대인 국가의 인구학적 붕괴를 초래할 수 있는 방안이었다. 같은 책, 269쪽; 인딕, 앞의 책, 374쪽. 이 점에 대해서는 아디 슈워츠(Adi Schwartz)와 에이낫 빌프(Einat Wilf), *The War of Return: How Western Indulgence of the Palestinian Dream Has Obstructed the Path to Peace* (뉴욕: 올 포인트 북스, 2020) 참조.

165. 맨델바움(Mandelbaum), *Mission Failure*, 251쪽.

166. 미국은 또 다른 잘못된 믿음을 가졌는데, 이는 협상 과정 자체가 친밀감을 조성하여 신뢰를 낳고 궁극적으로 합의를 이끌어낼 것이라는 것이었다. 그러나 이는 실현되지 않았다.

11장

1. 알 카에다(Al Qaeda)는 아랍어로 "기지" 또는 "근거지"를 의미한다.

2. 421쪽 참조.

3. 마이클 맨델바움(Michael Mandelbaum), *Mission Failure: America and the World in the Post-Cold War Era* (뉴욕: 옥스포드대학교 출판부, 2016), 139-140쪽.

4. 피터 베이커(Peter Baker), *Days of Fire: Bush and Cheney in the White House* (뉴욕: 더블데이, 2013), 65쪽.

5. 맨델바움, 앞의 책, 143-143쪽.

6. 베이커, 앞의 책, 50쪽.

7. 맨델바움, 앞의 책, 133쪽에 인용됨.

8. 마이클 하워드(Michael Howard), "What's in a Name? How to Fight Terrorism," *Foreign Affairs*, 2002년 1/2월호 참조.

9. 존 뮬러(John Mueller)와 마크 G. 스튜어트(Mark G. Stewart), *Terror, Security, and Money: Balancing the Risks, Benefits, and Costs of Homeland Security* (뉴욕: 옥스포드대학교 출판부, 2011), 3쪽.

10. 같은 책, 160쪽. 국토안보 예산의 나머지는 주로 위험 완화 및 회복력 강화에 사용되었다. 같은 책, 167쪽.

11. 이 주장은 같은 책에서 제시되었다.

12. 같은 책, 147쪽.

13. "9·11 이후 몇 년 동안 전쟁 지역 외에서 이슬람 극단주의자들에 의해 살해된 사람들의 총 수는 연간 약 200~300명에 이른다.... 비교를 위해 같은 기간 동안 미국에서만 연간 320명이 욕조에서 익사했다." 같은 책, 42쪽. 또한 53, 95-96, 141-142, 189쪽 참조.

14. 베이커, 앞의 책, 148쪽.

15. 맨델바움, 앞의 책, 151쪽.

16. 같은 책, 153-158쪽.

17. 베이커, 앞의 책, 193-194쪽.

18. 같은 책, 163-164, 171쪽.

19. 104, 214-215쪽 참조.

20. 예를 들어, 베이커, 앞의 책, 483-484쪽 참조.

21. 351쪽 참조.

22. 탈레반(Taliban)의 영어 번역은 "학생들"이다.

23. 맨델바움, 앞의 책, 161-162쪽.

24. 9·11 이후 북대서양조약기구(NATO) 회원국들은 동맹 헌장 제5조를 처음으로 발동했는데, 이는 한 회원국에 대한 공격이 전체 회원국에 대한 공격으로 간주된다는 내용을 담고 있다. 같은 책, 161쪽.

25. 같은 책, 163-164쪽.

26. 같은 책, 168-169쪽.

27. 같은 책, 170쪽.

28. 같은 책, 165쪽. 2021년 8월, 탈레반이 아프가니스탄 전역을 점령했다.

29. 같은 책, 171-174쪽.

30. 같은 책, 194쪽; 베이커, 앞의 책, 207, 215-216쪽.

31. 토마스 릭스(Thomas Ricks), *Fiasco: The American Military Adventure in Iraq* (뉴욕: 펭귄 프레스, 2006), 377쪽.

32. 피터 베이커(Peter Baker), *Days of Fire: Bush and Cheney in the White House* (뉴욕: 더블데이), 191쪽.

33. 릭스, 앞의 책, 14, 30쪽.

34. 부시 대통령은 한 인터뷰에서 "우리가 공격당했기 때문에 모든 위협을 재분석해야 했다."고 말했다. 같은 책, 375쪽.

35. 미국의 이라크 침공 이후 이 가정이 옳았음을 시사하는 증거가 나타났다. 멜빈 레프러(Melvyn Leffler), "The Decider: Why Bush Chose War in Iraq," *Foreign Affairs*, 2020년 11/12월호, 146쪽.

36. 부시 대통령은 2002년 국정연설에서 "나는 위험이 고조될 때까지 기다리지 않을 것이다.... 미국은 세계에서 가장 위험한 정권들이 세계에서 가장 파괴적인 무기로 우리를 위협하는 것을 결코 허용하지 않을 것이다."라고 말했다. https://georgewbush-whitehouse.archives.gov/news/releases/2002/01/20020129-11.html. 또한 베이커, 앞의 책, 109, 176-177, 181, 210-211, 219-224쪽 참조.

37. 프랑스가 이라크 전쟁에 반대했던 이유에 대해서는 필립 H. 고든(Philip H. Gordon)과 제레미 샤피로(Jeremy Shapiro), *Allies at War: America, Europe, and the Crisis over Iraq* (뉴욕: 맥그로-힐, 2004), 11쪽 참조.

38. 마이클 R. 고든(Michael R. Gordon)과 버나드 E. 트레이너(Bernard E. Trainor) 장군, *Cobra II: The Inside Story of the Invasion and Occupation of Iraq* (뉴욕: 판테온 북스, 2006), 115쪽.

39. 같은 책, 14~21장; 릭스, 앞의 책, 7장.

40. 고든과 트레이너, 앞의 책, 138, 459쪽; 릭스, 앞의 책, 140쪽.

41. 고든과 트레이너, 앞의 책, 73, 162쪽.

42. 같은 책, 467-468쪽; 라지브 찬드라세카란(Rajiv Chandrasekaran), *Imperial Life in the*

Emerald City: Inside Iraq's Green Zone (뉴욕: 알프레드 A. 노프, 2006), 46쪽.

43. 래리 다이아몬드(Larry Diamond), *Squandered Victory: The American Occupation and the Bungled Effort to Bring Democracy to Iraq* (뉴욕: 타임스 북스/헨리 홀트 앤드 컴퍼니, 2005), 37쪽. 맥아더(MacArthur)의 일본에서의 활동에 대해서는 266-267쪽 참조.

44. 찬드라세카란, 앞의 책, 61, 145쪽.

45. 베이커, 앞의 책, 374-375쪽.

46. 고든과 트레이너, *The Endgame: The Inside Story of the Struggle for Iraq, from George W. Bush to Barack Obama* (뉴욕: 판테온, 2012), 8, 46, 112쪽; 베이커, 앞의 책, 290-291쪽.

47. 맨델바움, 앞의 책, 207-208쪽.

48. 388쪽 참조.

49. 고든과 트레이너, *The Endgame*, 24, 32쪽.

50. 같은 책, 22-23쪽.

51. 고든과 트레이너, *The Endgame*, 230, 315-316쪽; 다이아몬드, 앞의 책, 222쪽. "이라크 내 반군들은 아랍 언론과 위성 채널, 그리고 이웃 아랍 국가들의 엘리트 및 대중 여론의 동정에 힘입어 무장 투쟁을 이어갔다." 푸아드 아자미(Fouad Ajami), *The Foreigner's Gift: The Americans, The Arabs, and the Iraqis in Iraq* (뉴욕: 프리 프레스, 2006), 275쪽.

52. 고든(Gordon)과 트레이너(Trainor), *The Endgame*, 192-194쪽.

53. 같은 책, 354쪽.

54. 베이커(Baker), 앞의 책, 332쪽; 찬드라세카란(Chandrasekaran), 앞의 책, 61쪽. 국방부의 군사 장교들과 관료들은 필요한 병력 수에 대해 서로 이견을 보였다. 고든과 트레이너, *Cobra II*, 101-104쪽; 베이커, 앞의 책, 248-249쪽.

55. 존 뮐러(John Mueller), "The Iraq War and the Management of American Public Opinion," *War and Ideas: Selected Essays* (뉴욕: 라우틀리지, 2011), 196쪽.

56. 베이커, 앞의 책, 326쪽. "2007년 8월까지 미국인의 4분의 3은 갈등에 대해 비관적인 견해를 보였으며, 10명 중 6명은 미국이 이라크에 개입하지 말았어야 한다고 믿었고, 부시 대통령의 전쟁 수행 방식을 승인한 비율은 23%에 불과했다." 조지 C. 헤링(George C. Herring), *From Colony to Superpower: U.S. Foreign Relations Since 1776* (뉴욕: 옥스포드대학교 출판부, 2008), 956쪽.

57. 307쪽 참조.

58. 베이커, 앞의 책, 326쪽; 릭스(Ricks), 앞의 책, 199-200, 290-293쪽.

59. 뮐러, 앞의 책, 200쪽.

60. 리처드 하스(Richard Haass), *War of Necessity, War of Choice: A Memoir of Two Iraq Wars* (뉴욕: 사이먼 앤 슈스터, 2009), 230쪽; 고든과 트레이너, *Cobra II*, 135쪽.

61. 맨델바움(Mandelbaum), 앞의 책, 196-197, 231-232쪽.

62. 고든과 트레이너, *The Endgame*, 366쪽.

63. 병사들에게 "밖으로 나가, 보이고, 네가 여기 있다는 것을 알리라."는 명령이 내려졌다. 고든과 트레이너, *The Endgame*, 373쪽에서 인용. 또한 카터 말카시안(Carter Malkasian), *Illusions of Victory: The Anbar Awakening and the Rise of the Islamic State* (뉴욕: 옥스포드대학교 출판부, 2017), 198-201쪽 참조.

64. 고든과 트레이너, *The Endgame*, 430쪽.

65. 마이클 맨델바움(Michael Mandelbaum), *The Rise and Fall of Peace on Earth* (뉴욕: 옥스포드대학교 출판부, 2019), 102쪽. 이라크 사망자는 10만 명에 달했을 가능성이 있다. 베이커, 앞의 책, 649쪽.

66. 맨델바움, *Mission Failure*, 229쪽.

67. 네타 C. 크로퍼드(Neta C. Crawford), "United States Budgetary Costs of Post-9/11 Wars Through FY 2020: $6.4 Trillion," 브라운 대학교 전쟁 비용 프로젝트(Brown University Costs of War Project), 2019년 11월 13일, https://watson.brown.edu/costsofwar/files/cow/imce/papers/2019/US Budgetary Costs Of Wars November 2019.pdf).

68. 애덤 투즈(Adam Tooze), *Crashed: How a Decade of Financial Crises Changed the World* (뉴욕: 펭귄 북스, 2019), 185쪽.

69. 같은 책, 43쪽.

70. 같은 책, 48-55쪽.

71. 같은 책, 63쪽; 맨델바움, *The Road to Global Prosperity* (뉴욕: 사이먼 앤 슈스터, 2014), 92쪽.

72. 마틴 울프(Martin Wolf), *The Shifts and the Shocks: What We've Learned-and Have Still to Learn-from the Financial Crisis* (뉴욕: 펭귄 프레스, 2014), 4쪽.

73. 투즈(Tooze), 앞의 책, 56-59쪽.

74. 앨런 그린스펀(Alan Greenspan)과 에이드리언 울드리지(Adrian Wooldridge), *Capitalism in America: A History* (뉴욕: 펭귄 프레스, 2018), 383쪽.

75. 투즈, 앞의 책, 65쪽.

76. 같은 책, 143쪽.

77. 같은 책, 60, 146, 149쪽.

78. 맨델바움(Mandelbaum), *The Road to Global Prosperity*, 90-91쪽.

79. 투즈, 앞의 책, 207쪽.

80. 같은 책, 174쪽.

81. 맨델바움, 앞의 책, 97쪽.

82. 투즈, 앞의 책, 208, 211쪽.

83. 같은 책, 9, 202-203, 214, 219쪽.

84. 같은 책, 157, 159-160쪽.

85. 승인된 금액은 이후 4,750억 달러로 줄어들었다.

86. 다른 나라들 또한 경제에 재정 부양책을 투입했다. 투즈, 앞의 책, 264쪽.

87. 같은 책, 255-261쪽. "이 위기의 총비용이 얼마나 클지는 여전히 알 수 없다. 하지만 미국과 영국의 경우, 재정 비용은 세계대전과 비슷한 규모에 해당한다 .... 위기에 직면한 유로존 국가들의 경우 비용은 더 클 것이다." 울프, 앞의 책, 325쪽.

88. "내 중국인 대화 상대들에 따르면, 2008년 금융 붕괴 이후 중국의 글로벌 권력이 빠르게 상승했다고 느끼는 중국 대중과 엘리트들이 많다. 월가가 붕괴하면서 미국 '패권'은 타격을 입었다. 반면, 중국은 안정적이고 강력해 보였다 .... " 토머스 J. 크리스텐슨(Thomas J. Christensen), *The China Challenge: Shaping the Choices of a Rising Power* (뉴욕: W.W. 노튼 앤 컴퍼니, 2015), 242쪽. 또한 에드워드 N. 러트웍(Edward N. Luttwak), *The Rise of China vs. the Logic of Strategy* (캠브리지, 매사추세츠: 하버드대학교 출판부, 2012), 8, 257쪽, 존 폼프렛(John Pomfret), *The Beautiful Country and the Middle Kingdom: America and China, 1776 to the Present* (뉴욕: 헨리 홀트, 2016), 599쪽 참조.

89. "유로존 위기는 2008년 북대서양 금융 시스템의 지진의 거대한 여진으로, EU의 복잡한 정치적 틀을 통해 시간차를 두고 그 여파가 퍼져 나갔다." 투즈, 앞의 책, 14쪽.

90. 울프, 앞의 책, 46-48쪽.

91. 북유럽 은행들은 그리스와 기타 남유럽 국가들의 채무를 상당량 보유하고 있어, 북유럽 정부들이 그들을 보호할 이해관계를 갖게 되었다.

92. 투즈, 앞의 책, 112쪽.

93. 같은 책, 323-331쪽. 유로 위기에 대한 내용은 Ashoka Mody, *Euro Tragedy: A Drama in Nine Acts* (뉴욕: 옥스포드대학교 출판부, 2018), 특히 4-7장 참조.

94. 투즈(Tooze), 앞의 책, 2, 4쪽.

95. 두 위기는 모두 "글로벌 저축 과잉"에서 비롯되었다. 울프(Wolf), 앞의 책, 151쪽.

96. 같은 책, 9쪽; 투즈, 앞의 책, 10, 574-575쪽.

97. 177쪽 참조.

98. 더글러스 A. 어윈(Douglas A. Irwin), *Clashing Over Commerce: A History of U.S. Trade Policy* (시카고: 시카고대학교 출판부, 2017), 685-686쪽.

99. 맨델바움(Mandelbaum), *Mission Failure*, 179쪽.

100. 같은 책, 177-178쪽.

101. 같은 책, 179-182쪽; 스티븐 세스타노비치(Steven Sestanovich), *Maximalist: America in the World from Truman to Obama* (뉴욕: 알프레드 A. 노프, 2014), 304-308쪽; 제임스 만(James

Mann), *The Obamians: The Struggle Inside the White House to Redefine American Power* (뉴욕: 바이킹, 2012), 137-140쪽.

102. 오바마는 아프가니스탄과 관련하여 미완의 과제를 하나 완수했다. 그는 미국 정보부가 오사마 빈 라덴이 은신 중이라 판단한 파키스탄의 한 별장에 대한 공격을 승인했다. 작전을 수행한 미 특수부대는 빈 라덴을 그곳에서 발견해 사살했다.

103. 맨델바움, *Mission Failure*, 298쪽.

104. 367-370쪽 참조.

105. 스티븐 A. 쿡(Steven A. Cook), *False Dawn: Protest, Democracy, and Violence in the New Middle East* (뉴욕: 옥스포드대학교 출판부, 2017), 17-18쪽.

106. 맨델바움, *Mission Failure*, 309-310쪽.

107. 341쪽 참조.

108. 콜린 듀크(Colin Dueck), *The Obama Doctrine: American Grand Strategy Today* (뉴욕: 옥스포드대학교 출판부, 2015), 77쪽.

109. 맨델바움, *Mission Failure*, 299-300쪽.

110. 세스타노비치, 앞의 책, 315-317쪽; 만(Mann), 앞의 책, 289-290쪽. 리비아 개입은 유엔 결의안 1973호의 지지를 받아 이루어졌다.

111. 맨델바움, *Mission Failure*, 302-305쪽; 쿡, 앞의 책, 123-132, 148-150쪽.

112. 맨델바움, *The Rise and Fall of Peace on Earth*, 122-124쪽; 제이 솔로몬(Jay Solomon), *The Iran Wars: Spy Games, Bank Battles, and the Secret Deals That Reshaped the Middle East* (뉴욕: 랜덤 하우스, 2016), 225쪽.

113. 맨델바움, *The Rise and Fall of Peace on Earth*, 125-126쪽.

114. 맨델바움, *Mission Failure*, 305쪽. 2018년까지 사망자 수는 45만 명에 이르렀고 난민 수는 1,100만 명에 달했다. 맨델바움, *The Rise and Fall of Peace on Earth*, 129쪽.

115. 세스타노비치, 앞의 책, 318쪽; 로버트 S. 싱(Robert S. Singh), *After Obama: Renewing American Leadership, Restoring Global Order* (뉴욕: 캠브리지대학교 출판부, 2016), 31쪽.

116. 맨델바움, *Mission Failure*, 306쪽.

117. 같은 책, 306-307쪽; 세스타노비치(Sestanovich), 앞의 책, 318-319쪽. 이후 보고서들과 시리아의 화학 무기 공격들은 아사드가 자신이 통제하던 화학 무기를 모두 포기하지 않았음을 시사했다.

118. 맨델바움, *Mission Failure*, 240-241쪽; 맨델바움, *The Rise and Fall of Peace on Earth*, 124-125쪽; 말카시안(Malkasian), 앞의 책, 202-207쪽.

119. 이는 ISIL(이라크 및 레반트 이슬람 국가)로도 알려져 있었다.

120. 이슬람 국가에 관한 내용은 쿡(Cook), 앞의 책, 195-200쪽 참조.

121. 맨델바움, *Mission Failure*, 307-308쪽.

122. 미국 외교정책사에서 네 번째 시기의 종말은 맨델바움, *The Rise and Fall of Peace on Earth*에서 다루어졌다.

123. 같은 책, 50-51쪽.

124. 같은 책, 54-55쪽.

125. 폼프렛(Pomfret), 앞의 책, 622쪽.

126. 맨델바움, *The Rise and Fall of Peace on Earth*, 71쪽.

127. 같은 책, 66-67쪽; 맨델바움, *Mission Failure*, 348쪽; 폼프렛, 앞의 책, 628쪽; 하워드 W. 프렌치(Howard W. French), *Everything Under the Heavens: How the Past Helps Shape China's Push for Global Power* (뉴욕: 알프레드 A. 노프, 2017), 11, 120쪽.

128. 맨델바움, *Mission Failure*, 349-350쪽.

129. 프렌치, 앞의 책, 266쪽; 맨델바움, *The Rise and Fall of Peace on Earth*, 56-57쪽.

130. 맨델바움, *The Rise and Fall of Peace on Earth*, 72-76쪽.

131. 투즈(Tooze), 앞의 책, 35쪽.

132. 맨델바움, *The Rise and Fall of Peace on Earth*, 86쪽.

133. 같은 책, 17-19쪽; 맨델바움, *Mission Failure*, 357-358쪽. 러시아의 부패에 관한 내용은 카렌 다위샤(Karen Dawisha), *Putin's Kleptocracy: Who Owns Russia?* (뉴욕: 사이먼 앤 슈스터, 2014) 참조.

134. 맨델바움, *The Rise and Fall of Peace on Earth*, 13쪽.

135. 같은 책, 26쪽에서 인용.

136. 베이커(Baker), 앞의 책, 585-587쪽.

137. 맨델바움, *Mission Failure*, 360쪽.

138. 라잔 메논(Rajan Menon)과 유진 루머(Eugene Rumer), *Conflict in Ukraine: The Unwinding of the Post-Cold War Order* (캠브리지, 매사추세츠: MIT 출판부, 2015), 14쪽; 맨델바움, *The Rise and Fall of Peace on Earth*, 23쪽.

139. 메논과 루머, 앞의 책, 32-35쪽.

140. 이는 시위대가 모인 키이우(Kiev)의 중심 광장에서 따온 이름이다.

141. 러시아인의 대다수는 그를 믿는 듯했다. 메논과 루머, 앞의 책, 88쪽.

142. 같은 책, Chapter 2.

143. 맨델바움, *The Rise and Fall of Peace on Earth*, 21-22, 30-33쪽.

144. 맨델바움, *Mission Failure*, 311쪽에서 인용.

145. 베이커, 앞의 책, 227; 맨델바움, *Mission Failure*, 331-332쪽.

146. 맨델바움, *Mission Failure*, 334쪽.

147. 같은 책.

148. 같은 책, 335쪽.

149. 맨델바움, *The Rise and Fall of Peace on Earth*, 111-112쪽; 솔로몬(Solomon), 앞의 책, 32쪽.

150. 맨델바움, *Mission Failure*, 336쪽.

151. 같은 책, 337쪽.

152. 맨델바움, *The Rise and Fall of Peace on Earth*, 114쪽.

153. 맨델바움, *Mission Failure*, 342쪽.

154. 솔로몬, 앞의 책, 294쪽.

155. 같은 책, 264; 맨델바움, *Mission Failure*, 328, 339쪽.

156. 솔로몬, 앞의 책, 277쪽.

157. 같은 책, 4, 206-207쪽.

158. 맨델바움, *The Rise and Fall of Peace on Earth*, 118-119쪽.

159. 오바마 시절 미국의 이란 접근 방식이 전적으로 화해적이었던 것은 아니었다. 미국은 이란 핵무기 프로그램에 "스턱스넷(Stuxnet)" 바이러스를 삽입해 진행을 지연시켰다. 데이비드 생어(David Sanger), *Confront and Conceal: Obama's Secret Wars and Surprising Use of American Power* (뉴욕: 크라운 퍼블리셔스, 2012), 194-209쪽.

160. 마이클 도란(Michael Doran), "Obama's Secret Iran Strategy," *Mosaic*, 2015년 2월 2일, https://www.hudson.org/research/10989-obama-s-secret-iran-strategy

161. 솔로몬, 앞의 책, 8쪽.

162. 맨델바움, *Mission Failure*, 368쪽.

163. 울프(Wolf), 앞의 책, 136쪽; 투즈(Tooze), 앞의 책, 67쪽.

164. 맨델바움, *The Rise and Fall of Peace on Earth*, 52-53쪽.

165. 409쪽 참조.

역자 후기

한 나라의 외교정책은 국가의 생존과 번영을 좌우하는 핵심 수단이다. 미국은 건국 이래 불과 250년이 채 안 되는 기간 동안 국제사회에서 최고의 위치를 차지하게 되었다. 그 과정에서 미국 외교정책은 단순한 국익 추구를 넘어 국제질서의 방향과 규범을 설정하는 데 중요한 역할을 해 왔다. 오늘날 국제질서를 이해하고 전망하기 위해서는 미국 외교정책의 역사적 흐름과 그 이면의 논리를 깊이 있게 파악하는 것이 필요하다.

본 번역서의 원저인 맨델바움(Michael Mandelbaum)의 *The Four Ages of American Foreign Policy*(미국 외교정책: 약소국에서 극초강대국으로의 이행)는 2015년까지의 미국 외교정책의 역사를 다루며 새로운 시각을 제공하고 있다. 그 책은 미국이 약소국, 강대국, 초강대국, 극초강대국으로 부상하는 과정을 묘사하고 미국 외교정책의 세 가지 뚜렷한 특징을 제시한다. 한마디로 말하여, 미국 외교정책이 어떻게 형성되고 변화해 왔는지를 시대별로 차근차근 풀어가는 책이다. 복잡한 사건들도 체계적으로 쉽게 정리하고 있어서 일반 독자들도 부담 없이 읽을 수 있다.

번역 작업을 진행하며 가장 중점을 둔 것은 원문의 의미를 정확하게 전달하는 동시에, 한국 독자들이 자연스럽게 읽을 수 있도록 하는 것이었다. 또한 문장 구성에 있어 학술적 정확성을 유지하면서도 독자의 이해를 고려해 자연스러운 한글 문장으로 다듬었다. 무엇보다도, 미국의 외교정책을 조금이라도 더 흥미롭고 정확하게 전달하고자 심혈을 기울였다.

이 책이 외교정책을 연구하거나 국제정치를 공부하는 학생들뿐만 아니라, 국제문제에 관심을 가진 일반 독자들에게도 유용한 참고자료가 되기를 기대한다. 이 책을 계기로 미국 외교정책에 대한 보다 다양하고 비판적인 연구가 국내에서도 활성화되기를 바란다. 끝으로, 이 책을 국내에 소개할 수 있도록 도와주신 한국해양전략연구소와 박영사에 깊은 감사를 드리며, 번역과정에서 조언과 격려를 아끼지 않은 여러 학문적 동료들에게도 깊은 감사의 마음을 전한다. 또한 번역의 여정에 함께해준 아내와 두 딸에게도 고마움을 전한다.

2025년 7월

이문동 연구실에서
역자

찾아보기

ㄴ

ㄷ

ㄹ

ㅁ

ㅂ

ㅅ

ㅇ

ㅈ

ㅊ

ㅋ

ㅌ

ㅍ

ㅎ

역자 소개

이상환

학력사항

미시간주립대학교(Michigan State University) 정치학박사(Ph.D.)

미시간주립대학교(Michigan State University) 정치학석사(M.A.)

한국외국어대학교 정치학사(B.A.)

일반 경력사항

(현재)

한국외국어대학교 정치외교학과 교수

외교부 정책자문위원

Korean Journal of International Studies 편집장(Editor-in-Chief)

(역임)

한국외국어대학교 정치행정언론대학원장/연구산학협력단장/학생복지처장/글로벌정치연구소장/외무고시반 지도교수 등

미시간주립대학교 아시아연구센터 풀브라이트방문학자(Fulbright Visiting Scholar)

한국연구재단 정치학분야 RB

한국국제교류재단 글로벌시티즌십 프로그램 사업 주관교수

한국국제교류재단 공공외교역량강화대학 사업 주관교수

제24회 세계모의유엔대회(Harvard-HUFS WorldMUN) 주관교수

제17회 전국대학생모의유엔대회(한국외대) 주관교수

대통령 외교안보자문위원

청와대 국가안보실 정책자문위원

통일부 정책자문위원

민주평화통일자문회의 자문위원

국민권익위원회 자문위원

미래창조과학부 국제화사업추진위원

한국도핑방지위원회 국제위원

국립외교원 설립 추진위원

서울동부지역 산학단장협의회 회장

국립 창원대학교 국제관계학과 교수

육군 정훈장교(중위)로 군복무

학회 경력사항

한국국제정치학회 회장

한국정치정보학회 회장

International Studies Association 정회원

American Political Science Association 정회원(Governing Board Member, International Political Science Committee)

Midwest Political Science Association 정회원

International Political Science Association 정회원

기타 경력사항

외무-행정-입법-사법고등고시 출제/채점/검토/면접 위원

법학적성시험(LEET) 출제위원

대입 수학능력시험 기획/출제/검토자문 위원

중등교사임용시험 출제/검토 위원

중등교과서(정치와법/법과정치/정치) 검정/연구 위원, 심의위원장

교육부(한국연구재단) 대학혁신통합사업관리위원

교육부 대학평가위원(장)(에이스사업·링크사업·대학구조개혁평가 등)

수상

한국외국어대학교 우수교원표창(연구업적, 2004-2005-2006-2007-2008)

연구실적

"국제사회와 감염병: Post COVID-19의 국제관계" 「정치정보연구」 27-3 (2024).

"패권과 패권국, 그리고 글로벌 패권질서: 미·중 패권경쟁의 동학" 「정치정보연구」 26-2 (2023).

"세계화와 탈세계화 그리고 국제관계의 변화" 「정치정보연구」 25-3 (2022).

"미국·중국 간 통화 패권경쟁과 국제정치경제질서 전망" 「정치정보연구」 24-3 (2021).

"Post COVID-19 시대의 국제정치: 탈세계화, 디지털화 그리고 신냉전 질서의 도래" 「정치정보연구」 23-3 (2020).

"The United States and Asia in 2023: In Search of Global Shared Interests" *Asian Survey* 64-2 (2024), University of California Press (CA, USA).

"The United States and Asia in 2022: Looking for Shared Values or Interests" *Asian Survey* 63-2 (2023), University of California Press (CA, USA).

외 국영문 연구논문 120여 편.

「국제정치경제: 시각과 쟁점」. 박영사 (2021/2024개정판).

「국제관계개론」. 박영사 (2022).

「글로벌 공공외교 기관과 활동」. HUINE (2022).

Issues and Perspectives in the Korean Peace Process. Korean Association of International Studies, HUINE (2021).

외 국영문 저역서 40여 권.

한국해양전략연구소 총서 108
미국 외교정책:
약소국에서 극초강대국으로의 이행

초판발행 2025년 7월 31일

지은이 Michael Mandelbaum
옮긴이 이상환
펴낸이 안종만·안상준

편 집 이수연
기획/마케팅 박부하
표지디자인 BEN STORY
제 작 고철민·김원표

펴낸곳 (주) 박영사
서울특별시 금천구 가산디지털2로 53, 210호(가산동, 한라시그마밸리)
등록 1959.3.11. 제300-1959-1호(倫)
전 화 02)733-6771
f a x 02)736-4818
e-mail pys@pybook.co.kr
homepage www.pybook.co.kr
ISBN 979-11-303-2278-0 93340

정 가 31,000원